张庄村志

《张庄村志》编纂委员会　编

古吴轩出版社

中国·苏州

图书在版编目（CIP）数据

张庄村志 /《张庄村志》编纂委员会编 . —苏州：
古吴轩出版社，2017.12
　　ISBN 978-7-5546-1059-6

　　Ⅰ . ①张… Ⅱ . ①张… Ⅲ . ①村史—苏州 Ⅳ .
① K295.35

中国版本图书馆CIP数据核字（2017）第304641号

封面题签：汤钰林
责任编辑：徐小良
见习编辑：赵亚婷
责任校对：俞　都　陈　盼
装帧设计：吴　静
责任照排：吴　静

书　　　名：张庄村志
编　　　者：《张庄村志》编纂委员会
出 版 发 行：古吴轩出版社
　　　　地址：苏州市十梓街458号　　邮编：215006
　　　　Http://www.guwuxuancbs.com　　E-mail:gwxcbs@126.com
　　　　电话：0512-65233679　　传真：0512-65220750
出 版 人：钱经纬
印　　刷：苏州市越洋印刷有限公司
开　　本：787×1092　　1/16
印　　张：34　　插页：40
版　　次：2017年12月第1版　　第1次印刷
书　　号：ISBN 978-7-5546-1059-6
定　　价：150.00 元

如有印装质量问题，请与印刷厂联系。0512-68180628

《张庄村志》编纂委员会

（2016 年 2 月）

主　　任：陆林发
副主任：杨菊英
委　　员：陆锦良　陆永根　汤三男　沈雪男　蒋文元
主　　编：金　波

《张庄村志》编纂办公室

主　　任：沈雪男
资料收集：沈雪男　汤三男　陆永根
摄　　影：陆兆里　俞雪龙
编　　务：陈晓闻　陈蒋华

《张庄村志》审定单位

中共苏州市相城区黄桥街道张庄村总支部委员会
苏州市相城区黄桥街道张庄村村民委员会
苏州市相城区档案局
苏州市相城区地方志编纂委员会办公室

有关资料提供者名单

姚根林　秦子茂　秦玉林　沈桂林　陆长泉　姚全根　朱金媛
沈金华　韩小夯　郭桂泉　贝阿六　杨维贤　秦水松　沈水成
汤小惠　薛建林　陈五男　陈白男　胡大男　蒋关福　杨泉林
汤大男　杨敖根　杨永发　汤福荣　蒋林根　陈盘妹　刘　芳
沈彩芳　秦大男　刘建明　陆关庆　项　丽　庄建金　吴飞飞
汤建华　陆才兴　吴福寿　陈永康　陈蒋华　陆锦良　陆林发
杨菊英　杨桂英　杨　丽　沈　洋　谢青龙　沈建芳　陆巧根
蒋文元　蒋建荣　蒋福林

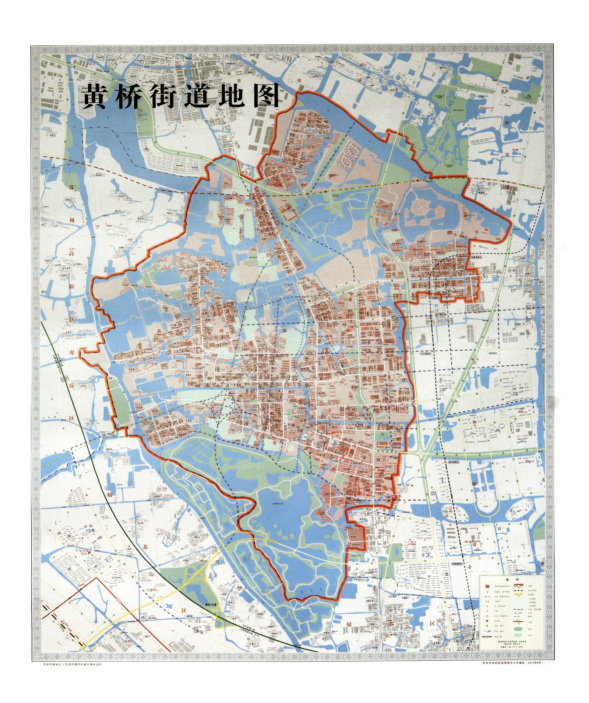

黄桥街道地图

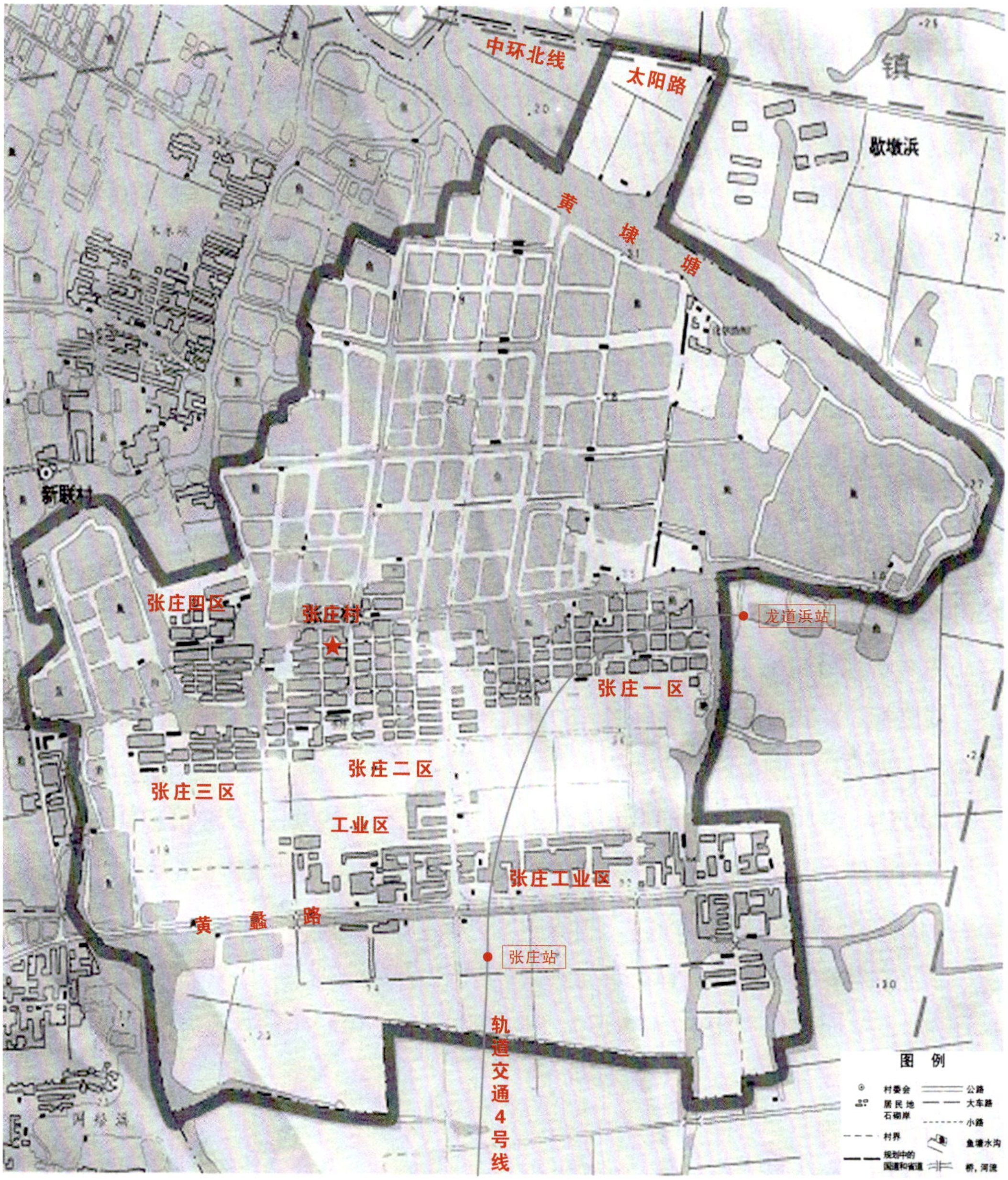
中环北线
太阳路
镇
歇墩浜
黄埭塘
新联村
张庄四区
张庄村
龙道浜站
张庄一区
张庄二区
张庄三区
工业区
张庄工业区
黄蠡路
张庄站
轨道交通4号线
图例
村委会
公路
居民地
大车路
石砌岸
小路
村界
鱼塘水沟
规划中的国道和省道
桥，河流

▲ 张庄村域图

▶ 第一届张庄村党支部委员会于 1957 年 10 月成立。自左至右：吴水泉（书记）、姚根林、朱金媛、秦子茂（1959 年摄）

▶ 自左至右：沈长根、姚根林、吴水泉（书记）、秦子茂、朱金媛（1973 年摄）

▶ 前排自左至右：陆二男、姚根林（书记）、沈金华

后排自左至右：汤招娣、秦玉林、沈长根、汤钰林（1975 年摄）

▲　前排自左至右：陆二男、沈金华、姚根林（书记）、陆永根
后排自左至右：汤招娣、秦玉林、胡大男（1991年摄）

▲　自左至右：胡大男、秦玉林、陆永根、姚根林（书记）、沈金华、陆二男、蒋建荣、汤招娣（1994年摄）

自左至右：陆才兴、杨菊英、▲ 自左至右：陆才兴、杨菊英、▲ 自左至右：陆巧根、杨菊英、
根、蒋文元（书记）、汤三男、 胡玉庆（书记）、陆林发、汤三男 陆林发（书记）、陆锦良、蒋卫龙
发（2001 年摄） （2005 年摄） （2006 年摄）

▲ 自左至右：庄建金、蒋卫龙、陆锦良、陆林发（书记）、杨菊英、项丽、陆巧根（2017 年摄）

文明单位

江苏省人民政府
一九八八年六月

先进基层党组织

中共江苏省委
一九九三年五月　颁

电话小康村

陈焕友题

江苏省邮电管理局

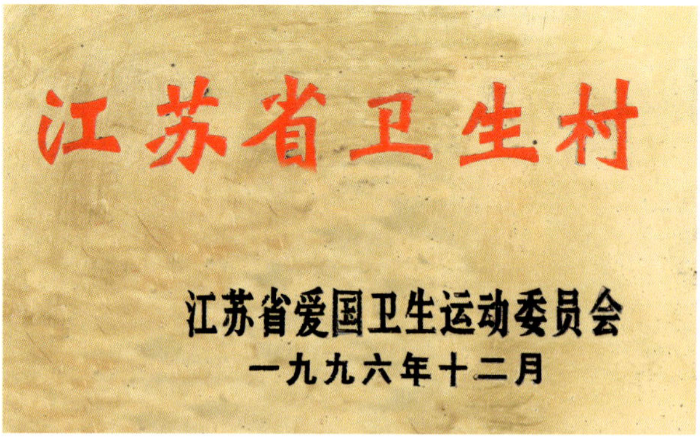

江苏省卫生村

江苏省爱国卫生运动委员会
一九九六年十二月

江苏省文明村
Civilized Village in Jiangsu Province
1997年、1998年

江苏省精神文明建设指导委员会
JIANGSU PROVINCIAL STEERING COMMITTEE
FOR IDEOLOGICAL AND ETHICAL ADVANCEMENT

江苏省
民主法治示范村

江苏省依法治省领导小组
2008年11月

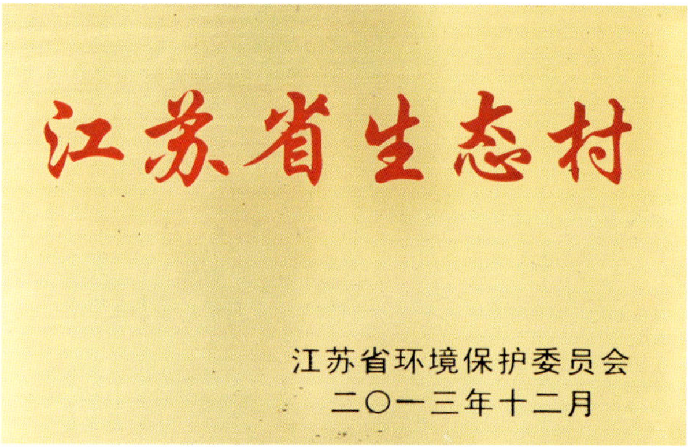

江苏省生态村

江苏省环境保护委员会
二〇一三年十二月

先进基层党组织

中共苏州市委

一九九三年七月

苏州市社会治安综合治理

先进单位

中共苏州市委　苏州市人民政府

一九九五年二月

苏州市人民政府奖状

在社会主义建设中成绩显著
决定授予苏州市先进集体称号。

市长 辛荣发

一九九七年十一月

文明单位

Civilized Unit

中共苏州市委员会
苏州市人民政府
一九九八年颁

一九九四年度

十佳党组织

中共吴县市委员会

一九九五年度

明星村

中共吴县市委员会
吴县市人民政府
一九九六年四月

一九九六年度

明星村

中共吴县市委员会
吴县市人民政府
一九九七年四月

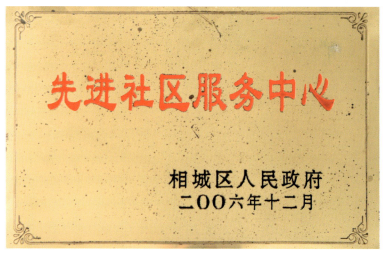

先进基层党组织

中共苏州市相城区委员会
二〇〇八年七月

村民自治模范村

相城区人民政府
二〇〇九年十月

二〇〇九年度"四城杯"竞赛活动

集体先进奖

中国共产党苏州市相城区委员会
苏 州 市 相 城 区 人 民 政 府
二〇一〇年二月

二〇一六年度

优秀人民调解委员会

苏 州 市 相 城 区 司 法 局
苏州市相城区人民调解工作指导委员会
二〇一七年五月

▲　张庄新农村面貌（1982 年摄）

▲　张庄社区服务中心（外）（2015年摄）

▲　张庄社区服务中心（内）（2015年摄）

▲ 古银杏树（1982 年摄）

◀ 穿越张庄村域的广
济北路（2014 年摄）

◀ 张庄河桥
（2015 年摄）

◀ 轨道交通 4 号线张
庄站（2016 年摄）

◀ 社员正在田间插秧
（1979 年摄）

▶ 苏州市水稻田间管理现
场会（1979 年摄）

▲ 检查稻苗生长情况（1988 年摄）

▲ 油菜长势旺盛（1991 年摄）

▶ 机械化养鱼
试验池
（1985 年摄）

▶ 鱼池增氧机
（1988 年摄）

▶ 改造后的方
格化鱼池
（1992 年摄）

▲　日本代表团赠送给吴县塑料彩印厂的四色彩印机开工剪彩典礼合影（1986年摄）

▲　苏州市华明塑料制品有限公司外景（1992年摄）

▲　江苏张庄集团公司成立典礼（1994 年摄）

▲　苏州市华杰电子有限公司外景（2010 年摄）

◀ 吴县塑料彩印厂生产车间
（1992 年摄）

▶ 吴县日用化学品三厂生
产车间（1989 年摄）

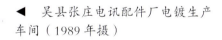

◀ 吴县张庄电讯配件厂电镀生产
车间（1989 年摄）

▶ 黄桥街道党工委书记
袁宏伟（右二）深入苏州
市博丽塑料彩印包装有限
公司调研（2016 年摄）

▲　村老党员座谈会（2014 年摄）

▲　张庄村党员和村民代表会议（2014 年摄）

▲ 张庄村党员大会（2015 年摄）

▲ 全村党员重温入党宣誓（2015 年摄）

► 相城区委书记曹后灵慰问全国农业劳动模范姚根林（2015年摄）

► 区、街道领导给百岁老人送上慰问金
（2015年摄）

► 苏州市春菊电器有限公司董事长李菊坤（左三）向张庄村捐赠15万元

▲ 1978 年 5 月，联合国粮农组织代表团参观张庄渔业现场

▲ 1985 年陈云夫人、谢觉哉夫人视察张庄

▲ 1987 年 8 月，卢森堡副首相稚克·普斯（前排中）率政治经济代表团参观张庄村

▲ 1988 年 5 月，国务院秘书长陈俊生（右一）视察张庄村

▲　1994 年 9 月，江苏省委农工部部长范育民（右二）率全国农村改革论证研讨会代表参观张庄村

▲　1994 年 9 月，江苏省副省长、苏州市委书记杨晓堂（左一），市长章新胜（右二）走访张庄村

▲ 张庄小学参加中小学文艺调演（1976年摄）　　▲ 乒乓球赛获奖（1991年摄）

▲ 张庄村女子舞龙队在表演（2009年摄）

◀　村民在张庄农家书屋看书
（2013 年摄）

◀　张庄村女子腰鼓队在演出
（2014 年摄）

◀　张庄小学学生足球队在集训
（2015 年摄）

▲　汤钰林作品

▲　沈雪男作品

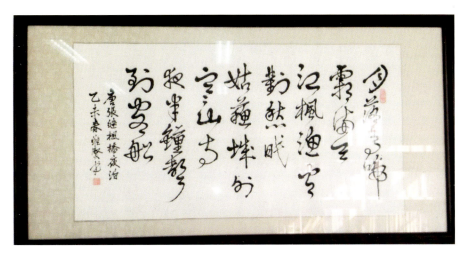

▲　杨维贤作品

▲　陈根寿作品

▲　姚根林（三排右六）与苏州市第七届人民代表大会代表合影（1983 年摄）

▲　张庄村党总支委员会、村民委员会领导合影（2017 年摄）

▲　2016 年 2 月召开首次村志工作会

▲　编纂办公室成员（自左至右：沈雪男、汤三男、金波、陆永根）

▲　《张庄村志》评审会

▲　2017年11月18日，《张庄村志》评审人员合影（从左至右：庄建金、陆巧根、陆永根、蒋卫龙、陆锦良、陆林发、钱辰、杨菊英、金波、汤三男、沈雪男、项丽）

序　一

欣逢盛世年华，《张庄村志》出版问世，这不仅是张庄村有史以来的第一部志书，也是张庄乃至黄桥文化建设的一件大事。

张庄村地处相城区黄桥镇域东北，素称鱼米之乡，历史上却是个贫穷之地。中华人民共和国成立后，张庄从一个鲜为人知的小村落，发展为吴县（市）农业高产稳产和水产养殖现代化的先进典型，名扬省内外。在改革开放的发展中，又成为创建农业现代化的试点村、示范村，尤其是建区（相城）以来，积极推进社会主义新农村建设，加快发展步伐，与时俱进。这一切，我们有责任铭志载史，完成前人未竟之业，以鉴古察今，为后人留下一笔丰富的精神财富。

盛世修志，既是历史所需，又是现实所求。2016年2月，张庄村村民委员会组建编纂委员会，着手编修《张庄村志》，制订纲目，搜集资料，走访座谈，特别对即将丢失的资料包括物化遗存、口头传承进行及时抢救，经过两年努力，适时地编纂成书，实现了张庄村首部志书面世的初衷，我们难以抑制心中的喜悦与激动。

《张庄村志》本着实事求是的原则，全面地、真实地记述村域内自然、社会的历史和现状，用较多文字记述中华人民共和国成立以来，尤其是改革开放中日新月异的发展变化。喜和忧，兴与衰，前进与停滞，成功与失败，尽显其中，有助于其发展"存史、资治、教化"的作用。此外，村志还有其个性化的一面，即用较大篇幅对张庄村每户村民的家庭现状和历史片段略作记述。户户记载，人人入志，可视作家谱的雏形。在此，谨向握笔谋篇的编纂人员、悉心指导的专家学者，以及参与和帮助编修的各界人士、父老乡亲表示诚挚的感谢！

如今的张庄村，已是相城经济发展最具活力的一方热土。正是这方水土哺育我成长，在党的领导下，成为普通的农村基层干部。让我深感荣幸的是，能在任职期间组织编修《张庄村志》，并为其作序，这也算是为大家关心张庄、了解张庄、服务张庄稍尽绵薄之力吧。

愿张庄村在万众谱写伟大中国梦的篇章中，再次留下辉煌的一页。

中共张庄村总支部委员会书记　陈林发
2017年10月

序　二

　　张庄村，曾经的苏州"北大荒"，曾经的被遗忘的角落，因为水太多，导致交通不便，经济落后。

　　今天的张庄，水仍然很多，但早已不是穷田瘦水。张庄人凭着自己的艰苦努力，使张庄变成了精彩的世界，富饶的乡村。今天的张庄村，就是一幅全新的盛世繁华图。

　　盛世修志。张庄人修志了。

　　《张庄村志》，一册在手，张庄村一切的一切，历历在目。历史的沉淀，文化的积累，习俗的展示，战争的阴影，天灾的痕迹，社会的发展，建置的变革，人物的影响，等等，容量之浩大，收集资料之全面，文字组织之完善，令人惊叹。举一村之力修志如此，实属不易，令人钦佩。

　　《张庄村志》，得力于张庄村丰厚土壤的滋养；《张庄村志》，来自于张庄人对张庄村的热爱；《张庄村志》，是张庄人站在今天向未来致敬的最好的方式。

范小青

2017 年 6 月 17 日

（范小青，江苏省作协主席）

序 三

张庄村是我的家乡，我在那里度过了我的少儿时光和青葱岁月，留下了许多挥之不去的回忆，这是我魂牵梦萦的地方。

张庄村是我成长的摇篮，在那里曾经流淌过我的汗水，踏留过我的足迹，磨炼过我的意志，为我的事业发展铺垫了坚实的基础。

张庄村的发展历史，如同苏南其他农村一样，伴随着国家的发展命运而脉动，凭借着领导者的德量才能而起伏，历尽兴衰，几度春秋。

全面客观地整理和记录张庄村的史料，真实反映其自然、人文和发展变迁，不仅是对张庄村过去的总结，给人们留下记忆，还将为后人昭示经验，使后人获得启迪。

随着苏州城市化的进程，张庄的村域可能将被湮没，但张庄村的发展经验和历史贡献将永载史册，这典型的江南鱼米之乡将在人们的记忆中永存！

2017 年 6 月 18 日

（汤钰林，苏州市文化广电新闻出版局原局长）

题词一

昨日粮丰鱼跃，

今朝富民强村。

苏州市相城区黄桥街道党工委书记 胡士法

题词二

发扬张庄精神

描绘张庄蓝图

苏州市相城区黄桥街道办事处主任 吕益良

题词三

写在《足声》出版之际

惠农留声

顺民赢心

秦康林

2017·11·

（秦康林，苏州市相城区政协原副主席）

凡　例

一、本志遵循辩证唯物主义和历史唯物主义观点，实事求是地全面反映苏州市相城区黄桥街道张庄村自然、经济、政治、文化和社会的历史与现状。

二、本志系张庄村首部村志，上限尽可能追溯，下限截至 2015 年 12 月 31 日。大事记延伸至 2016 年末，村民家庭记载延伸至 2017 年。

三、本志地域记述为 2015 年 12 月的村域范围。

四、本志编纂采用章、节、目结构，横分门类，纵记史实，辅以图表、照片。

五、本志文体，《序》《概述》以述为主，作适当归纳、评议；大事记以编年体为主，与纪事本末体相结合；其余用记述体表述，以资料为主，不作主观评论。

六、本志纪年方法，民国以前及民国时期用朝代纪年，括注相应公元纪年；中华人民共和国成立后一律用公元纪年。

七、本志记述地名和机构，均按当时名称。频繁使用的名称，首次出现用全称，其后用简称。

八、本志计量单位，采用国务院颁布的法定计量单位。历史上使用的计量单位照实记载。

九、本志数字书写，表示数的用阿拉伯数字，习惯用语、成语、专用名称、表述性语言中的数字用汉字，百分比均用阿拉伯数字。

十、本志所载人物遵循"生不立传"原则，立传人物以本籍为主，在世人物按以事系人和列表的形式记载。

十一、本志所采用的有关资料，主要以经过核实的历史文献、档案和年鉴为主，一般不注明出处，另加核实的其他内容。

目　录

概　述

　　张庄村，又称张家里，地处黄桥集镇地东北边缘，距黄桥集镇地约 3 千米。东以东塘河与元和街道分界，南与元和街道姚祥社区接壤，西和方浜村毗邻，北濒黄埭塘，与元和施埂村隔河相望。地理坐标为北纬 31°24′22″，东经 120°35′29″。村域范围总面积 2.25 平方千米，下设 12 个村民小组。2015 年末，有户籍人口 599 户 2346 人，其中男 1136 人，女 1210 人。外来暂住人口 6622 人。

　　清雍正年间（1723~1735），时张庄属苏州府长洲县依仁乡。清末，属长洲县金鹅乡（金杯里）上十四都上下二十一图。民国元年（1912）1 月，属吴县金鹅乡。民国 18 年（1929），属吴县第六区（陆墓）张家庄乡。民国 23 年（1934）2 月，属吴县第六区（黄埭）行仁乡。是年 11 月，属吴县第六区（黄埭）埭南乡第 9 保、第 10 保。民国 36 年（1947）2 月，属吴县第六区（黄埭）蠡胡乡第 6 保。1950 年 3 月，属吴县陆墓区蠡口乡蠡西村。1956 年 3 月，属吴县黄埭区蠡口乡。1957 年 3 月，属吴县黄土桥乡。1958 年 10 月，属黄桥人民公社，与郑仙、朱坝组成黄桥公社第三大队。1959 年 4 月，单独建立张庄大队（又称第四大队，1961~1981 年又称第六大队）。1983 年 7 月，属黄桥乡。1993 年 3 月，属黄桥镇。1995 年 6 月，属吴县市黄桥镇。2001 年 2 月，属苏州市相城区黄桥镇。2005 年 12 月，属相城区黄桥街道。

　　张庄村地势平坦，水系畅通，是典型的江南鱼米之乡。具有四季分明、温暖湿润、光照充足、降水丰沛和无霜期长的气候特征，适宜稻、麦、油菜等农作物生长。由于多低洼沼泽，有利于筑堤养鱼，发展渔业生产。村域内除水路交通外，穿越村域的黄蠡路、广济北路，以及苏州轨道交通 4 号线等道路交通更助便捷出行。

　　张庄村历来以农业、渔业生产为主，种植、养殖业历史久远。中华人民共和国成立之前，村民种田、养鱼，长期处于自给自足的小农经济状态。1951 年土地改革，农民生产热情高涨。1954~1956 年，大多数农民参加初级社、高级社，实现农业合作化，从粮食增产中看到了经济发展的希望。1958 年，实行公社化，掀起"大跃进"运动，加上自然灾害的侵袭，粮食减产，造成大饥荒。1962 年，张庄大队实行"三级所有，队为基础"的经济核算方法，克服平均主义，纠正"共产风"、高指标等错误，社员生活相应得到改善。1973年，张庄大队掀起农田基本建设高潮，平坟墩，整田地，修新路，同时大面积改造旧鱼池，开挖新鱼池。男女老少连续苦干6个冬春，使500余亩农田变成吨粮田，并实现748亩89只鱼池方格化。干部社员虽在"文化大革命"时期经受政治上的冲击，但集体经济仍稳步发展，粮食不断增产，农业基础设施建设逐步改善。1978年，党的十一届三中全会召开后，张庄大队推行家庭联产承包责任制，农村劳动生产力得到解放。1979年，张庄大队稻麦相加亩产2104斤，首次实现亩产一吨粮，成为黄桥乡第一个突破亩产吨粮关的生产大队。1987年9月，张庄成为苏南地区社会主义农业现代化试验区首批试点村之一。1989年，张庄村建设三麦、水稻丰产方，并连续2年分别获得江苏省农林厅"丰收杯"高产竞赛二等奖、三等奖。1994年，村南660亩吨粮田建设成"南北走向划一，大小规格统一，明沟暗渠配套，路网布局合理，涝能排，旱能灌，渍能降"的高标准农田。是年9月，经农业部专家验收，张庄村成为全国农业现代化试点单位。

据说，明清时期张庄池塘养殖普及村民，素以放养四大家鱼（青、草、鲢、鳙鱼）著名。20世纪70年代中后期，张庄大队改革养殖制度，改善池塘条件，合理混放密放。同时采用高密度机械增氧技术，科学管理，提高单位面积产量。1975年始，由原来15个生产队各自养鱼，改由大队统一经营管理，建立渔业生产专业队伍承包养殖。1986年，张庄村500亩鱼池平均亩产1670斤。1987年，张庄村被江苏省人民政府授予"水产先进单位"称号。1993年，被列为吴县人民政府批准的科学养鱼示范基地。张庄村养鱼出了名，输出技术力量，分赴外地帮助和指导发展渔业生产。20世纪70~80年代，柬埔寨、几内亚、墨西哥、孟加拉国、日本等国家代表团及其领导、专家先后到张庄村（大队）参观、考察渔业生产情况。

20世纪70年代中期，张庄大队利用集体积累资金发展队办企业。以开综合厂起步，水泥制品厂、电讯配件厂、塑料彩色印刷厂、日用化学品厂陆续建成投产。1988年，张庄村被黄桥乡列为四大工业先行村之一。吴县人民政府连续两年分别授予张庄村1991年度、1992年度"工业明星村"称号。1992年，张庄村与中国台商合资创办苏州华杰电子有限公司。是年，张庄村工业产值1.14亿元，列吴县各乡镇村办企业工业产值第2位。1994年，由村内6家企业组建张庄集团公司，为吴县第一家村级集团公司。1997~1999年，村办企业产权制度改革，转为个体私营企业。1999年，张庄村相继在青龙桥东、村域中部（1号路、2号路两侧）开辟两个工业区，让本地户籍人士和外来客商共同办厂置业。至2015年，张庄工业区、张庄工业园、青龙桥工业区共有私营企业181家。是年，苏州华杰电子有限公司、苏州永通滚针有限责任公司被黄桥街道列入纳税五十强企业。

改革开放以来，加强新农村建设步伐。20世纪60~70年代，村域内的基础设施变化不大。自80年代改革开放以来，村级经济实力大幅度提升，投资道路、桥梁等基础设施建设，修筑成张庄大道、村中路、村前路、石马坟路、徐家浜路等，原有石桥被改建为水泥平桥，河道两岸砌起石驳岸，开辟健身场地及停车场。早在1977年，张庄大队制定规划（1977~1985年），统一安排，集体补贴，为社员建造新楼房。90年代后期，又规划建设农民别墅区。1989年，投资50余万元建成25米高水塔1座，供应村民生活用水和工业区用水。2002年，投入134万元建造固定农贸市场。2003年始，疏浚村域内河道，仅2005年疏浚村后河、陈家湾河2100余米，彻底清淤8200立方米。2007年，投入46.8万元建成张庄公交首末站。2009年，投入90余万元实施村庄综合治理第二期工程（包括铺设配套污水处理网管和提升绿化观感）。为维护村庄整治效果，全面落实道路、河道长效管理制度。

改革开放以来，社会保障制度逐步完善。早在1984年，张庄村制定《关于集体福利事业几项规定》，试行老年人退休制。2003年7月，黄桥镇为相城区首批试行农村养老保险单位。是年，张庄村参加养老保险，覆盖率97.2%。2004年，相城区政府征（使）用张庄村土地。2010年9月，张庄村被征地农民全部纳入城镇养老保险。实施扶贫帮困工程，为贫困家庭捐助资金、介绍就业，帮助贫困家庭脱贫致富；为低保户、低保边缘户提供生活保障和社会救助。

"农业安家，渔业起家，工业发家"，这是当年张庄作为先进典型的真实写照。而今，在描绘伟大中国梦的画卷中，无数张庄人正以当年的精气神，为未来留下浓墨重彩的一笔。

大事记

清

雍正年间（1723~1735）

今徐家浜、东家村、河南、林浜、吴家里、北巷、沈巷、板桥、南巷、中巷、朝西、朝南、后浜、西海、陈家湾等自然村，属苏州府长洲县依仁乡。直至清朝末年，属金鹅乡（金杯里）上十四都上下二十一图。

中华民国

民国元年（1912）

1月，长洲县与吴县合并，张庄属吴县金鹅乡。11月，属吴县陆墓市金鹅乡。

民国 18 年（1929）

8月，吴县第六区（陆墓）设张家庄乡，张庄属张家庄乡管辖。

民国 23 年（1934）

2月，张家庄乡并入吴县第六区（黄埭）行仁乡，张庄属行仁乡。11月，张庄属吴县第六区（黄埭）埭南乡第9保、第10保。

民国 26 年（1937）

农历十二月二十九日，朝西村民汤春宝自上海返乡途中，经昆山关卡，因没有向日军岗哨及时行礼，遭一顿毒打，回到家中卧床不起。

民国 29 年（1940）

春，北巷村民陆云毛去蠡口，返程途中遭两个日军士兵训斥，因陆一脸不服气的样子，被日军士兵在身上划了五刀，尽管没被刺死，浑身血流不止。

6月，西海村民贝阿兰（曾在上海经商），捐资建成青龙桥，桥为木质平桥。

11月21日上午，日军将南巷保长陈伟桥抓去查问新四军游击队下落。陈无言回答，受严刑拷打，因伤势过重，不久身亡。

民国30年（1941）

7月21日，东家村刘姓村民（绰号"大猛门"）等3人摇船卖西瓜，途经浒墅关大庄时，遇关卡躲避不及，遭日军枪杀。

民国31年（1942）

秋，中巷村民陈金木、陈大木及林浜村民蒋阿木与新四军有往来。某日，日伪军侦知赶来捉人，陈金木被抓获，被日伪军杀害于浒墅关杨安塘。

民国33年（1944）

5月25日，日军乘木汽艇驶来林浜河，七八个人住进吴水荣宅，抢走附近村民鸡鸭无数、菜油10余斤、白米150余斤，当夜强奸村妇3人。

夏，朝西村民汤阿三摇船至太平镇附近捞水草，被日军查问良民证，发现其未带在身上便抓去灌河水下肚，幸有当地人向日军翻译解释，才救得一条性命。

民国34年（1945）

8月下旬，苏州县政府发动数千群众开展破袭战，黄土桥区武工队发动张庄数十名村民，两天内在平门塘口附近筑断黄埭荡100余米，阻止日军汽艇溃逃。

民国35年（1946）

冬，北巷村民沈阿小煮笋干不慎失火，殃及邻居7户，烧毁房屋20余间，有一个小孩遇害。

民国36年（1947）

2月，张庄属吴县第六区（黄埭）蠡胡乡第6保（保长陈阿福）。

民国38年（1949）

4月27日，吴县宣告解放。

7月24日，6号台风袭击张庄，一昼夜连续降水132.9毫米，加之入梅以来连续大雨，太湖水位不断上涨。张庄遭遇百年少有的洪涝灾害，农田及鱼池全部被淹没。

中华人民共和国

1949 年

10月1日，中华人民共和国成立，当地村民参加蠡口乡集会游行，举行建国庆典。

1950 年

3月，张庄村（时称张家里）属吴县陆墓区蠡口乡蠡西村。

10月，张家里所属自然村进行土地改革，至1951年3月结束。在土改划分成分时，除6户地主、5户富农外，绝大多数是雇农、贫农和中农。

1951 年

6月，吴县人民政府颁发土地房产所有证，张家里361户1326人领到土地房产所有证。

下半年，张家里组织民兵加入蠡口乡民兵中队。

1952 年

2月17~21日，为贯彻中共中央《关于农业生产互助合作的决议》，陆墓区开办互助合作训练班，张家里东家村有2名骨干分子参加学习。

8月1~30日，吴县城乡物资交流大会于黄埭镇召开，张家里村民赶赴大会购置货物。

12月，兴办冬学、民校，村民掀起扫除"文盲"热潮。

1953 年

春，东家村秦子茂组织互助组，成为蠡口乡早期一批中心互助组之一，作为全乡典型推广。不久，林浜姚根林、中巷罗金火、西海贝阿六等组织互助组19个，入组农户120余户。

5月，久旱无雨，太湖水位降至2.4米，至8月，黄埭塘干涸。

1954 年

6~7 月，出现梅雨型特大洪涝，降雨 763.8 毫米，场上可停木船，踏板飘到前屋。8 月 25 日，遭强台风袭击，降雨 93.8 毫米。

9 月，金星、灯塔（属蠡口乡）、光明、建胜、和平（属长泾乡）初级农业生产合作社相继成立。

12 月，风雪交加，黄埭塘及港口水面封冻，冰层厚 10 厘米左右。

1955 年

春，金星、灯塔初级社出动百余人，修筑被洪水冲垮的黄埭塘南岸鱼池外围堤岸约 800 米。

1956 年

3 月，陆墓区与黄埭区合并为黄埭区，张家里属吴县黄埭区蠡口乡。是月，金星、光明、建胜、和平初级社合并为金星高级社（社长姚根林），分设 3 个大队 14 个生产队。

1957 年

7 月上旬，遭遇暴风雨袭击，金星高级社部分稻田受淹，绝大部分鱼池淹没，鱼苗逃失。

8 月，中共金星高级社支部委员会建立，属中共黄桥乡委员会领导，吴水泉任支部书记。

9 月，撤区并乡，张庄（前身为张家里）属黄土桥乡。是月，灯塔初级社并入金星高级社。

1958 年

春，金星高级社试种双季稻，至 1976 年，张庄大队百分之百实现双季稻、三熟制。至 1987 年，恢复一年稻麦两熟耕作制度。

6 月，金星高级社组织民兵 30 余人，参加沪宁线复线工程。

9 月，金星高级社安排 6 人赴蠡口参加大炼钢铁运动，为期 58 天。

10 月，黄桥人民公社成立，张庄与朱坝、郑仙组成黄桥公社第三大队，设 10 个生产队。一度改为营连建制，第三大队为 1 个营 10 个连 30 个排 90 个班。吴水泉任中共第三大队支部委员会书记，姚根林任第三大队大队长。

1959 年

3月，姚根林（中共第三大队支部委员会副书记）出席中共吴县委员会第二次代表大会。

4月，第三大队划分出张庄，设立张庄大队管理委员会，即第四大队（至1960年末），分为8个连。吴水泉任支部书记，姚根林任大队长。是月，第四大队开办8个公共食堂，就餐人数1213人，实行粮食供给制，吃饭不要钱。1961年6月，公共食堂解散。

1960 年

1月，全大队8个公共食堂统一规定，男女社员按年龄实行每月以人定粮标准。

是年，西海生产队长姚全根、沈巷沈阿金分别作为先进生产队代表、先进个人代表出席吴县社会主义建设先进单位代表大会。

是年，徐家浜徐水根、徐水泉、徐林根、阿歪，北巷沈金泉夫妇、蔡永林兄弟，南巷陈阿多、杨小夯，朝西马林宝、汤香妹响应政府号召，支援新疆农场建设。

1961 年

1月，黄桥公社贯彻中共中央《关于农村人民公社当前政策问题的紧急指示信》（即"十二条"），开展整风整社，退赔"一平二调"款（其中以物抵物折价85%，赔偿现金15%），应退赔张庄大队现金27199元，其中26060元未做处理。是月，张庄大队由第四大队变更为第六大队，直至1981年末。

3月，张庄大队建立第一个队办企业张庄布衬厂，后改名为张庄综合厂，至1991年歇业。

是年，因粮食歉收，社员口粮相应减少，人口口粮250斤稻谷，只得以瓜菜、糠麸代粮，或用野草、树叶充饥，年老体弱者十有七八患浮肿、消瘦病。张庄大队有48个患病者死亡，占总人口的3.66%。

1962 年

1月4日，陈家湾陈维善、邱寿松、陈阿长、陈阿福家当夜发生火灾，共烧毁房屋15间。

3月，姚根林任中共张庄大队支部书记。

9月6日，因受第14号台风影响，发生洪涝灾害，张庄大队粮田受淹171.7亩，鱼池沉没750亩，损坏桥梁2座、房屋4间等。年末，国家从应交公粮181214斤中，减少47621斤。

9月，蒋介石妄图进犯大陆沿海，为做好战时兵员动员准备，张庄大队有多名复员、退伍军人进行预备役登记工作。

是年，张庄大队16个生产队均以生产队为基本核算单位，实行土地、劳力、耕畜、农具"四固定"和"三定一奖"（定产量、定劳动日、定成本，超产及节约生产费用给予适当奖励）条例。

1963 年

5月，姚根林任张庄大队大队长。

9月，吴水泉任中共张庄大队支部委员会书记。

10月，黄桥公社卫生院委派沈水成为张庄小学保健医生。

1964 年

4月，张庄大队开展系统的社会主义教育运动，又称"四清"（清工分、账目、仓库、财务，后来发展到清思想、政治、组织、经济）运动，至10月结束。在清经济、财务中，没有发现大队、生产队干部有贪污挪用现象。

7月1日，全国第二次人口普查标准时点，张庄大队409户1453人，其中男718人，女735人。

是年，张庄大队鱼池面积939亩，总产量2121担，亩产量225.8斤，列黄桥公社各大队鱼池养殖平均亩产量第2位，仅次于生田大队亩产量238斤。

1965 年

1月，黄桥公社贫农、下中农协会筹备委员会（简称"贫筹会"）成立，张庄大队相应成立贫筹会小组（组长杨阿根）。10月，成立贫协小组（组长杨阿根）。

3月30日，秦玉林任东家生产队队长兼张庄大队民兵营长。

8月，秦玉林任张庄大队大队长。

1966 年

8月，张庄大队组织团员青年破"四旧"（旧思想、旧文化、旧风俗、旧习惯）、立"四新"（新思想、新文化、新风俗、新习惯）。后团员青年成立"红卫兵""战斗队"组织，查抄"四旧"物资，并批斗"四类分子"及其子女。

1967 年

春，黄桥公社"文化大革命"领导小组成立，张庄大队相应建立组织。大队"文革"小组召开批斗会，采取挂牌示众、宣布罢官撤职等手段，批斗"四类分子"，涉及大队、生产队干部和少数社员群众。

9月，张庄大队红卫兵、造反派组织围绕苏州市革命委员会的不同态度，形成"支派""踢派"两种对立观点，由文斗发展到武斗，卷入派性斗争。

1968 年

4月，张庄大队管理委员会改称张庄大队革命委员会。吴水泉任大队革委会第一主任，姚根林任大队革委会主任。1981 年 1 月，张庄大队恢复管理委员会。

6月，黄桥公社成立群众专政指挥部，张庄大队相应建立组织，开始"清理阶级队伍"，对"政治有问题的人"或称作"阶级异己分子"进行审查、批斗、关押。1969 年 10 月，撤销大队"群专部"。

12月，黄桥公社实行合作医疗制度，张庄大队建立合作医疗室，配备经培训的卫生员，俗称"赤脚医生"。

是年，黄埭公社知识青年 3 人（钱其新、薛卫敏、潘邦珍），黄桥公社 2 人（张建明、钟小年）分别插队落户张庄大队沈巷、北巷、陈家湾、后浜，均于 1978 年返回原地安排工作。

1969 年

2月，吴县革命委员会批复，黄桥公社革命委员会组成人员 25 人。其中陈企达、汤永兵、吴水泉为张庄大队干部。陈企达为公社革委会 7 个常务委员之一。

是年，张庄小学在大队贫下中农管理学校期间，附设初中班，招收本大队小学毕业生入学，俗称"戴帽"初中。1977 年称为黄桥中学张庄片中学，于 1980 年 8 月撤销。

1970 年

1月 5 日，张庄大队各生产队安排劳动力参加阳澄湖第一期泄洪工程，拓浚 5 条河道，6 月完工。

2月中旬，张庄大队开展"一打三反"（打击现行反革命分子，反对贪污盗窃、投机倒把、铺张浪费）运动，进行大检举、大揭发、大批判。

3月 12 日，晚上打雷下雪，雪深约 15 厘米，大批电线杆被压倒，夏熟作物生长受到严重影响。

春，在专业人员带领下，张庄大队出动数百劳力查螺灭螺，查出有螺面积 13318 平方米。对重点区域按规定剂量反复投药，并采取深埋等方法灭螺。

8月，中共张庄大队支部委员会恢复正常的组织活动。因受"文化大革命"影响，组织瘫痪，曾一度停止活动。

9月，朱金媛（女）出席中共吴县第四次代表大会。

11月5日，中共吴县委员会任命吴水泉为张庄大队党支部书记、革委会第一主任，姚根林为党支部副书记、革委会主任，汤永兵为革委会副主任。

1971年

3月12日，中共吴县委员会批复，张庄大队团支部书记沈雪男当选为黄桥公社团委委员。

3月，张庄大队民兵20人参加南京军区8312国防工程（即光福机场）施工，历时两年半，其中14人历时5年。

9月，修筑自青龙桥经石马坟至无塘河的渠道，全长1500米，完成土方4500立方米（包括填没张虎浜附近大塘）。

10月14~19日，张庄大队党支部书记集中到县里听取传达中共中央关于林彪"九一三"叛国外逃事件的有关文件，月底传达到社员群众。

是年，张庄大队养猪1044头，实现公社号召"一亩一头猪"目标。年末圈存数1038头，其中集体434头（含母猪85头），个人604头，当年向国家出售肥猪928头。

1972年

3月，吴县革命委员会政工组任命吴水泉为张庄大队支部委员会书记，姚根林为副书记。是月，于杨木圩浜沈埂上建成大队水泥预制场，1974年改称张庄水泥制品厂，于1998年转制为私营企业。

5月，于青龙桥南开办大队碾米厂，后增加饲料加工机械，于2002年1月停办。

9月，修筑自徐家浜南仓圩至大垟田上的渠道，全长700米，完成2100立方米（包括填没赵天香大塘）。

11月，张庄大队民兵参加常熟白茆塘拓浚工程。

1973年

春，全大队开展以挑坟墩、平田整地、挖河、修路为重点的农田基本建设。至1980年投入306余万元，建成500亩高标准粮田。同时，大面积改造旧鱼池，开挖新鱼池，至1978年连续苦干6个冬春，开挖土方55.92万立方米，使748

亩 89 只鱼池方格化。

9 月 26 日，原吴县黄桥公社第六大队棕麻加工厂改名为"吴县黄桥公社张庄综合厂"。

1974 年

2 月，生产队组织开展"批林批孔"运动。

4 月 22 日，溧阳上沛东发生 5.5 级地震，张庄大队有强烈震感。

是年，张庄大队三麦亩产 581.9 斤，水稻亩产 1198.3 斤，稻麦相加亩产 1780.2 斤，达到超"双纲"指标。

1975 年

春，推行"突出政治，为革命种田"的大寨式评工记分，至"文化大革命"结束后停止。

4 月 22 日，陆二男、沈金华任大队党支部委员。

4 月，姚根林任张庄大队支部委员会书记。

9 月 20 日，沈金华任张庄大队党支部副书记、革委会副主任。

是年，吴县水产局分配张庄大队 1 台鱼池增氧机。

是年，张庄渔业生产专业队成立，简称"渔专队"，队长陆二男。由原来各个生产队各自养鱼，改为由渔专队承包经营。

1976 年

1 月 8 日，周恩来逝世，张庄大队组织开展悼念活动。

1 月，张庄大队出动 90 多名民工参加开挖朝阳河。

7 月 25 日至 8 月 4 日，中央农林部在吴县召开第三次连家渔船社会主义改造座谈会期间，与会代表参观张庄大队现场。

9 月 9 日，毛泽东逝世，张庄大队组织开展悼念活动。

10 月中旬，张庄大队欢庆中共中央粉碎"江青反革命集团"的历史性胜利。

10 月，北京全国农业展览馆展示张庄大队（包括黄桥公社其他大队）等地水产成就。是月，江苏省省长惠浴宇一行视察张庄大队。

1977 年

1 月 31 日，严寒，大雪纷飞，张庄大队 740 余亩鱼池全部被封冻。

2 月 14 日，沈长根、秦玉林任张庄大队党支部委员。

春，张庄大队进行党的基本路线教育，在干部群众中开展打击贪污盗窃、投机倒把，狠刹资本主义歪风活动，称作"两打"运动。"两打"运动中，由公社革委会查获一个利用张庄大队暂养鱼池进行贪污盗窃的团伙。

5月，张庄大队投资1.5万元，办成由30个职工组成的塑料彩印厂，至1984年12月，改称为吴县塑料彩色印刷厂，厂长胡大男。1998年转制为私营企业。

6月，张庄综合厂辟一个线路板生产车间，1979年末由张庄印刷厂管理。至1984年，建立张庄电讯配件厂，厂长陆永根。1997年转制为私营企业。

9月，张庄大队制定统一安排，集体补贴，为社员规划建房（1977~1985年）。10月，建房工程启动。至1987年，建成新楼房67幢，集体补贴230余万元。

10月19日，柬埔寨党政代表团在中共中央政治局委员、全国人大常委会副委员长乌兰夫陪同下，考察张庄大队渔业生产情况。

10月30日，墨西哥代表团参观张庄大队农业、渔业生产情况。

是年，张庄大队15个生产队合并为4个生产区。

1978年

1月，张庄大队民兵80余人随同黄桥公社其他大队民兵参加东太湖大堤（渡村段）复堤工程，完成工程进度在公社内名列第一。

5月8日，联合国粮农组织（13个国家20人）代表团，在苏州市市长俞兴德陪同下，参观张庄大队渔业生产现场。

5月11日，孟加拉国代表团参观张庄大队农业、渔业生产情况。

7月，全国农田基本建设会议代表参观张庄大队现场。

8月，国家水电部部长钱正英、农业部副部长刘锡庚，由吴县革委会主任蔡福泉陪同视察张庄大队水利设施。

10月4日，几内亚副总理一行参观张庄大队农业、渔业生产情况。

11月，张庄大队民兵100余人参加太浦河（吴江段）复建工程，历时20多天。

12月，张庄大队获得吴县畜禽水产红旗单位。

12月，沈金华当选江苏省第五届人民代表大会代表。

1979年

1月，张庄大队被确定为苏州地区对外开放单位。

3月15日，张庄大队被国家农委、科委列为农业现代化综合科学实验基地养鱼现代化实验基点。

3月，姚根林被江苏省人民政府评为省劳动模范。是月，对张庄大队原有的6户地主、5户富农，除历年死亡（沈关荣、陈水根、陆水泉、杨阿关）外，全部改正，恢复公民权，并对其子女重新确定成分，同样恢复公民权。

4月6日，沈金华任张庄大队大队长。

8月，张庄大队落实党的有关政策，对"文化大革命"中成为运动对象的75人，全部给予平反恢复名誉。另外，对在运动中被揪斗致伤及受审查造成经济困难的10人，平反纠错后落实经济补助。

9月，联合国粮农组织代表团参观张庄大队农业、渔业和工业生产情况。

12月，张庄大队获得吴县夏熟高产"丰产杯"奖。

是年，张庄大队稻麦相加亩产量2104斤，首次实现亩产一吨粮，成为黄桥公社首个突破亩产吨粮关的生产大队。

是年，张庄大队鱼池亩产量1013斤，比1973年亩产量491斤翻了一番。时全县鱼池亩产量不足300斤。

1980年

1月，苏州地委推广张庄大队及黄埭公社渔业大队集约经营、多种经营经验。

3月13日，中巷陈阿夯替张庄渔专队运送鱼苗，不幸被昆山轮船站763号客轮伤害身亡，其留下的子女（2男1女）均由张庄大队每年给予抚恤金至16岁。

3月，江苏省妇联授予张庄大队妇女主任汤招娣"三八红旗手"称号。

12月，张庄大队团支部书记汤钰林被共青团中央授予"新长征突击手"称号。

1981年

1月，张庄大队恢复管理委员会，沈金华任张庄大队大队长。

3月，汤钰林出席吴县第七届人民代表大会。

4月，黄桥公社第二次土壤普查，张庄大队有869亩耕地属粉质黄泥土，有112亩耕地属乌栅土。

5月，张庄大队贯彻执行县政府批转县计划生育办公室《关于计划生育工作的暂行规定》，鼓励晚婚、晚育，大力提倡一对夫妇只生一个孩子。

11月10~17日，国家农委、科委在吴县召开11省农业技术推广工作座谈会。与会代表参观张庄大队。

是年，张庄大队实施农业、渔业、工业"三业分开、专业承包、大组联产"的生产责任制，并签订"三业"承包责任书。

1982 年

1 月 4~10 日，姚根林参加吴县召开的两级干部冬训会议，研究农业生产责任制问题，做大会发言。

7 月 1 日零时，全国第三次人口普查标准时点，张庄大队 563 户 1952 人，其中男 970 人，女 982 人。

9 月，联合国粮农组织代表团考察张庄大队农业、渔业生产情况。

12 月，张庄大队党支部书记姚根林出席江苏省农业先进代表会议，并在会上做交流发言。

是年，张庄大队陆林发、陆阿年、蒋新龙，经 3 年函授学习电子技术与应用专业知识，获得苏州职工大学毕业证书。

是年，张庄大队 47.7 亩鱼池经第二次改造，水深从原来 2 米加深至 3 米，为密放混养、宽水养鱼创造条件，总产量 79516 斤，亩产量 1667 斤。

1983 年

1 月 28 日，汤钰林因工作需要调离张庄大队，任共青团吴县委员会常委。

1 月，张庄大队被评为 1982 年省农业先进单位。

3 月，姚根林出席苏州市第九届人民代表大会，并当选人大常务委员会委员。

6 月 28 日，张庄村经过 3 年的科学实验，完成省、市、县下达的 5 项科研任务，撰写《内塘养鱼高产技术》专题报告。

7 月，张庄大队改称张庄村，设立村民委员会，原有的 4 个生产区更名为 4 个村民小组。选举陆二男为村民委员会主任。

是年，张庄村全面推行家庭联产承包责任制，分田到户。时 579 户 1970 人，承包口粮田 886 亩、饲料田 95 亩（因耕地少，未分责任田），加上村民自留田 110.62 亩，共有耕地 1091.62 亩。

1984 年

1 月 17 日，上午 11 时降雪，至 19 日止，持续降雪 45 小时，积雪深 18 厘米。干部群众投入抗雪防冻救灾工作。

春，张庄村组成农业服务站，对全村 886 亩耕地实行"六统一"服务，"六统一"即建立作物统一布局、统一留种供秧、统一机械耕作、统一水浆管理、统一肥药供应、统一防病治虫服务体系。

7 月 28 日晚至 29 日凌晨，天气闷热，造成鱼池缺氧"泛池"。张庄村鱼池由于使用增氧机，死鱼数量不多。

是年，吴县保险公司在黄桥乡开办养鱼保险业务，张庄村是首批办理养鱼保险的单位之一。

1985 年

1月，张庄村出动民兵60余人参加西太湖第三期复堤工程。

2月，张庄村建立治安值班小组，时称"护村哨"，有6人值班。

4月，张庄村落实党的有关政策，将60余户被查抄出的物资原物发还，或补偿现金；将被查封、挤占的房屋腾退出来，一律归还产权所有人。

6月1日，联合国经济及社会理事会举办的亚太地区发展中国家发展经济讨论会第二阶段会议在张庄村举行。

9月26日，马达加斯加全国议会议长吕西安·安德里亚纳·拉欣贾卡率领代表团参观张庄村、占上村。

10月28日，蒋新龙被选为吴县第十次团代会代表，汤招娣当选吴县第六次妇代会代表。

10月，吴县县委书记徐彦同陪同陈云夫人、谢觉哉夫人视察张庄村。

11月，张庄村在苏州市凤凰街友谊菜场内开设"沧张水产商店"。

是年，张庄村92%的村民住进新楼房，人均拥有住房面积25平方米。

是年，张庄村投入资金先后修筑成张庄大道、村中路、村前路、石马坟路。

1986 年

1月，日本福冈县客人一行7人访问张庄村，名古屋电视台记者将张庄作为中国江南新农村典型摄制成录像，带回日本播放。

3月26日，日本长崎丸本公司吉冈泰志考察张庄彩印厂。

4月19日，汤加国原副首相一行参观张庄机械化养鱼及村办企业、村民家庭。

4月，黄桥乡桥梁普查资料显示，张庄村有大小桥梁22座。

8月，张庄村创办吴县日用化学品三厂，厂长沈金华。1999年转为私营企业。

9月1日，张庄村选派4名学生去大专院校定向培训，贝雪根、朱钰泉到苏州蚕桑专科学校淡水养殖专业学习，杨金龙、蒋大男去常熟师范专科学校化工专业学习。是日，日本九州县青年"友好之船"427人访问张庄村。

10月14日，日本代表团参加赠送张庄村四色彩印设备及开印剪彩仪式。由苏州市委副书记黄俊度、吴县县委书记管正陪同参加。

11月30日，吴县日用化学品三厂与上海日化四厂举行施美面膜产品开工剪彩典礼。

是年，张庄村投资修筑成徐家浜路。

是年，张庄村 500 亩鱼池平均亩产量 1670 斤。

1987 年

1 月 18 日，在江苏省人民政府召开的省水产工作会议上，张庄村被授予"水产先进单位"称号。

4 月，姚根林出席吴县第九届人民代表大会。

6 月 9 日，日本代表团参观张庄村农民住宅及机械化养鱼。

6 月 15~19 日，美国官方高级进修生格雷戈里·维克来张庄村考察农业耕作和施肥方法。

8 月 28 日，卢森堡副首相率领政治经济代表团访问张庄村。

8 月，黄桥乡人民政府任命沈雪男为张庄完小校长。

8 月，张庄村通过市、县达标验收，成为吴县首个用电标准村。

9 月，张庄村与韩村（陆墓镇）、登云村（蠡口乡）、渭西村（渭塘乡）、占上村（黄桥乡）被列入苏南地区社会主义农业现代化试验区首批试点村。

10 月 13 日，英国代表团参观张庄村。

12 月，阜宁县沟墩镇党委与张庄村签订联营养鱼协议，张庄村负责鱼种和技术人员指导，对方出水面和劳力。

是年，北京农村读物出版社出版发行《虎丘山后一渔村》（范小青、范万钧著），把张庄村作为一个具有时代意义的典型向全国介绍。

是年，张庄村妇代会被江苏省人民政府评为"三八红旗"先进集体。

1988 年

1 月 18 日，苏联渔业部第一副部长率领渔业代表团参观张庄村鱼池和村办企业。

1 月 20 日，江苏省副省长凌启鸿视察张庄村。

1 月 23 日，波兰议会顾问委员会副主席率领农村经济政策代表团参观张庄村农民别墅和村办企业。

5 月 20 日，国务委员、国务院秘书长陈俊生视察张庄村。

6 月，张庄小学获少先队"小建设"全国最佳阵地奖。

7~11 月，黄蠡路（张庄段）柏油马路全面竣工。

1988~1989 年，张庄村三麦、水稻丰产方连续两年分别获得江苏省农林厅丰收高产竞赛二等奖、三等奖。

1989 年

5 月 10 日，黄埭乡遭受龙卷风和暴雨袭击，张庄村受到严重影响。

8 月 17 日，张庄小学陈雪琴获"中国好儿童"称号。

8 月，张庄村一区秦泉宝出席吴县第二次归侨、侨眷代表大会。

12 月，张庄利用原大队大会堂对面 5 间空闲平房，设立村老年活动室。

是年，投资 50 余万元，于张庄大道中段旁建立 25 米高麻菇状水塔 1 座，容量 150 吨，供应村民生活及工业用水。

1990 年

2 月 10 日 1 时 58 分，常熟、太仓交界地处发生 5.1 级地震，张庄村有明显震感。

2 月，张庄村团支部被评为"吴县先进集体"。

5 月，姚根林荣获"全国农业劳动模范"称号。

7 月 1 日零时，全国第四次人口普查标准时点，张庄村 547 户 2011 人，其中男 1001 人，女 1010 人。

7 月 12 日，苏州市以夏促秋力争"三超"现场会在吴县举行，与会代表参观张庄村水稻现场。

8 月 31 日~9 月 1 日，黄埭乡遭 15 号强台风、暴雨袭击，张庄村受到影响。

是年，吴县人民政府授予胡大男"吴县劳动模范"称号。

1991 年

1 月，中共吴县委员会决定将张庄村设为"建设社会主义现代化新农村示范村"试点。

6 月上旬至 7 月，普降大暴雨，7 月上旬又逢梅雨，两度降水量累计 678 毫米。张庄村粮田、鱼池受淹，直接经济损失数十万元。村民参加救灾募捐，个人捐款 820 元，村办企业募集 1300 元。

11 月 8 日，全国人大常委会副委员长彭冲视察张庄村。是月，张庄电讯配件厂被评为"省级档案工作先进单位"。

是年，张庄渔专队改制，由秦兴泉、陆根弟、沈阿三等 37 人承包经营养鱼。

1992 年

3 月，吴县人民政府授予张庄村 1991 年度"工业明星村"称号。

5月，日本爱知县少年教育考察团访问张庄小学，盛赞学生自己动手办的"小手抄报"。是月，张庄村与台商李中杰联合投资创办首家合资企业——苏州华杰电子有限公司，主要生产电讯配件、电子元件等产品。

7月29日，气温高达39.2℃，创中华人民共和国成立后有气象记录以来境内气温最高纪录。

7月，日本大学生代表团访问张庄小学并与学生举行联谊活动。

11月25日，苏州市第三次冬管水利现场会在吴县召开，与会代表参观张庄村高产吨粮田。

12月，为太湖大桥筹集建桥资金，张庄村捐资34410元。

是年，张庄村工农业产值超亿元。

1993年

2月1日，吴县人民政府授予张庄村1992年度"工业明星村"称号。

2月，沈金华出席吴县第十一届人民代表大会。

3月，黄桥乡撤乡建镇，张庄村属黄桥镇管辖。

7月中旬，江苏省委、省政府授予张庄村"1991~1992年度江苏省文明单位"称号。

8月，张庄村被列为吴县农村综合实力百强村之一。

1994年

1月，张庄农工商实业总公司组建张庄集团公司，为吴县首家村级集团公司。董事长姚根林，总经理沈金华。

4月，张庄村推行村民大病风险医疗制度，参保率95.6%。

5月5日，张庄村组织村办企业副厂长以上干部39人，赴江阴市华西村参观，学习发展集体经济、走共同富裕之路的经验。

6月25日，中共黄桥镇委员会做出在全镇开展"村庄学张庄、干部学姚根林同志"活动的决定。

9月7日，出席全国农业现代化试验区苏南土地适度规模经营论证会的代表，参观张庄村农、副、工三业生产现场。

9月25日，苏州市委书记杨晓堂、副书记黄俊度视察张庄村农业丰产示范方。

10月，中共张庄村支部委员会升格建立中共张庄村总支部委员会，由姚根林任总支部书记，沈金华、陆永根、蒋建荣为总支部副书记。

是年，吴县人民政府授予沈金华"吴县劳动模范"称号。

1995 年

3 月，张庄村被列为吴县农业现代化试点乡镇、村之一，农田基础设施建设和农业机械化程度进一步提高。

6 月 8 日，国务院批准吴县撤县建市，张庄村隶属吴县市黄桥镇。

6 月 30 日，在吴县市委召开的纪念党的 74 周年成立大会暨表彰 1994 年"十佳党组织""十佳党员"大会上，张庄村党总支部被评为"十佳党组织"，姚根林被评为"十佳党员"。

11 月 30 日，苏州市副市长王振明、苏州市人大常委会原主任戴心思由吴县市委副书记陈祥男、副市长李云龙等陪同视察张庄村农业丰产示范方。

1996 年

3 月，姚根林出席中共吴县市委第九次代表大会。

4 月 25 日，吴县市委、市政府授予张庄村等 10 个村"1995 年度明星村"称号。

5 月，选举陆永根为张庄村村民委员会主任。

9 月，经吴县市卫生局验收合格，张庄村卫生室成为甲级村合格卫生室。

10 月 16 日，参加苏州市农业和农村现代会建设座谈会的全体人员视察张庄村市级丰产方。

11 月 16 日，中共吴县市委决定：在全市范围内开展向黄桥镇张庄村总支部书记姚根林学习的活动。

12 月，张庄村被江苏省爱国卫生运动委员会命名为"江苏省卫生村"。

是年，张庄村新建村南吨粮丰产方 660 亩。至 1999 年，被吴县市政府确认为 20 个市级丰产方之一。

1997 年

8 月，沈金华任中共张庄村总支部书记，陆永根、蒋建荣、蒋文元为总支部副书记。

11 月，因上海市日用化学品四厂宣告破产，张庄村的村办企业吴县日用化学品三厂损失 1993.5 万元。

是年，吴县市人民政府授予张庄村"工业明星村"称号。

是年，吴县市人民政府授予蒋文元"吴县市劳动模范"称号。

1998 年

1 月，杨菊英出席吴县市第十二届人民代表大会。

3月20~21日，受寒潮袭击，境内普降大雪。

7月，张庄村实现"一公开四民主"（村务公开、民主选举、民主决策、民主管理、民主监督）村务公开制度。

8月，为稳定和完善农村土地承包关系，根据中央有关文件精神，明确土地承包期从1998年开始延长30年，张庄村向村民发放土地承包经营权证书（546户1978人，土地面积730.851亩）。是月，张庄小学内1株古银杏树（高约20米）上半部遭雷击被折断。

是年，张庄村投资实施全村电网改造工程，完成1户1表更换和变压器增容。

1998~1999年，张庄村的吴县塑料彩色印刷厂、张庄金属喷涂厂等5家村办企业相继转为私营企业。

1999年

春，张庄村建成青龙桥工业区，占地约150亩，有苏州市华事达印刷包装厂等8家企业入驻。

6月8~30日，连续性暴雨，梅雨量746.6毫米。7月8日，太湖最高水位5.03米（望亭沙墩港），为历史记载以来最高水位。造成百年未遇特大洪涝灾害，境内农田、鱼池受淹，村民紧急行动，抗洪抢险。

10月，张庄村被江苏省农林厅评为"江苏省百佳生态村"之一。

2000年

4月，张庄村6家线路板企业（吴县市科发电路板有限公司、张庄电讯仪器厂、吴县市星光电子设备厂、苏州市贝士特电器有限公司、苏州市金莱佳电子元件厂、苏州市华声广播器材厂）建立废水处理工程，废水排放指标达到一级标准，经吴县市环保局验收合格。

11月1日零时，全国第五次人口普查标准时点，张庄村534户1926人，其中男956人，女970人。

2001年

2月28日，撤销吴县市，设立苏州市相城区、吴中区。张庄村属相城区黄桥镇管辖。

6月，蒋文元任中共张庄村总支部委员会书记，陆永根为总支部副书记。

12月，张庄村召开由全体党员参加的"三个代表"重要思想学习教育活动动员大会。

2002 年

1 月 7 日，朝南村民汤根发、施杏娥夫妇在家中洗澡，不慎因煤气泄漏中毒，双双身亡。

1 月，张庄村实行村级财务代理记账制，由上级委派代理会计员负责财务管理工作，实现电算化记账。

10 月，张庄工业区基础设施工程启动，占地面积 400 亩，张庄工业区落成后，有 20 余家私营企业入驻。

是年，修筑成张庄工业区 1 号路（长约 1000 米，宽 6 米）、2 号路（长约 600 米，宽 6 米）。

2003 年

3 月，黄桥镇工会批复，张庄村工联会成立，陆永根任张庄村工联会主席。

4 月，张庄村在预防控制非典型肺炎（简称"非典"）的 3 个月中，全村无一例"非典"确诊和疑似病例。

8 月 13 日，张庄村参加相城区委、区政府在黄桥镇召开的农村社会养老保险待遇发放仪式。是年，张庄村实施农村社会养老保险，参加 2264 人，覆盖率 97.2%。

10 月 28 日，张庄农贸市场正式开业。占地面积 4000 余平方米，建筑面积 1901 平方米，设有大小摊位 23 个，商店 15 家。

2004 年

5 月，张庄村卫生室改称社区卫生服务站，由黄桥卫生院统一管理。

12 月，相城区举办首届文化艺术节，苏州市滑稽剧团来张庄村演出节目。

是年，张庄村实施大病医疗统筹、家庭医疗保健账户和医疗救助三位一体的农村合作医疗制度。

2005 年

3 月 7 日，中共相城区委员会、相城区人民政府授予郭玉珍、汤育琴、陈盘妹、蒋泉珍为首届"好媳妇"称号。

3 月，胡玉庆任中共张庄村总支部书记，汤三男为总支部副书记。

4 月，黄桥镇党委任命陆林发、杨菊英为张庄村总支部副书记。

9 月 16 日，张庄村成立资产股份合作社，将数年积累的集体资产 1416.27 万元折成 1409 股（每股 10051 元）量化给村民 597 户 2060 人。

12 月 26 日，黄桥镇撤销，设立黄桥街道办事处。张庄村属黄桥街道管辖。

2006 年

1 月，杨菊英出席相城区第一届六次人大会议。

9 月，陆林发任中共张庄村总支部委员会书记，杨菊英为总支部副书记。

11 月，选举杨菊英为张庄村村民委员会主任。

12 月，位于张庄村的华杰电子有限公司、科发电路板有限公司等 20 家企业响应相城区慈善会发起的百家企业慈善认捐活动，捐赠慈善款。

2007 年

1 月，杨菊英出席相城区第一届七次人大会议。

6 月，相城区人民政府授予杨菊英"相城区劳动模范"称号。

8 月，张庄村投资 46.84 万元建设张庄公交首末站，占地面积 3000 平方米，翌年 3 月通车。

9 月，张庄村籍学生并入黄桥实验小学木巷分校就读。

12 月 18 日，黄桥街道征（使）用张庄村鱼池 868 亩、桥梁 4 座、坟墓 65 个、树 200 株、平房 600 平方米、挂机船 43 只、仓库 43 个、护坡楼板 6200 平方米、电表等 43 只、电缆 500 米，计 272.04 万元。

12 月，苏州自来水公司征（使）用张庄村 189.54 亩土地，建成自来水中转站（位于东塘河），即相城水厂。是月，杨菊英出席相城区第二届人民代表大会。

是年，黄桥街道征（使）用张庄村板桥港南 359.1 亩土地，建成张庄工业园。

2008 年

2 月，李中杰、陆林发、赖桂财等 79 家企业主捐赠慈善款 180400 元。

3 月，张庄警务室被苏州市公安局评定为"一级警务室"。

5 月，四川汶川地震后，张庄村募集抗震救灾慈善款 75152 元，中共党员 34 人以"特殊党费"的名义捐赠 26900 元。

10 月，张庄村 617 户村民启用苏州市自来水公司中转站（即相城水厂）的太湖自来水，村内原有水塔废弃并停止供水。

是年，村民姚苏华、韩春龙、杨文斌等 30 户宅基地房屋拆迁，迁至荷馨苑。

是年，张庄村迁移坟墓 532 穴，补偿 60.54 万元。

2009 年

1 月，张庄村 10 名企业主陆林发、杨菊英、汤建华、吴大奎、刘建明、阮才坤、汤根林、陆卫明、韩建林、陈金龙与 10 个贫困户结对帮扶，通过捐助资金、介绍就业等形式帮助其脱贫致富。

5月23日下午，相城区文化体育局、文学艺术界联合会，以及黄桥街道送文化下乡，于张庄公交首末站广场举办文艺演出，张庄村舞龙队也参与表演。

7月9日，张庄村工会于高温天看望12位企业退休女职工，并送上生活用品和慰问金。

9月，张庄村女子舞龙队在苏州市群众民俗团队大比拼活动中，获得三等奖。

是年，张庄村投资90余万元，整治主干道2500米，清除家前屋后垃圾400余车，拆除广济北路沿线违章建筑270平方米，治理卫生死角12处，铺设地下水管2500米等，做好村庄综合整治工作。

2010年

3月，中共苏州市委员会授予张庄村2009年度"先锋村"称号。

7月1日零时，全国第六次人口普查标准时点，张庄村625户2246人，其中男1103人，女1143人。

8月，张庄村学生沈俊杰（就读黄桥实验小学三年级）将平时节省的9000元捐赠给相城区慈善会黄桥街道分会。

是年，原张庄小学招收外来务工人员子女，成为一所公办外来务工人员子女学校。

2011年

2月，在相城区委、区政府组织的"四城杯"（水城、花城、商城、最佳生态休闲人居城）竞赛活动中，陆林发荣获"先进个人"称号。

3月7日，杨桂英（村妇女主任）被相城区妇联聘为"爱心妈妈"，结对帮扶对象姚龙英儿子。

7月1日，在相城区庆祝建党90周年，唱响红色经典歌曲文艺汇演中，张庄村女子腰鼓舞《大喜日子》，荣获优秀表演奖。

12月，张庄村企业主、党员干部及村民向关爱扶贫基金会捐款432020元。

2012年

3月，杨菊英出席相城区第三届人民代表大会。

6月，张庄社区服务中心行政大楼建设开工，2013年竣工，占地面积1.5万平方米，建筑面积6000平方米。

12月，张庄村投资54万元，疏浚河道3100余米。定向疏通板桥港。

是年，村域内主干道两侧、宅前屋后进行绿化修补，全面提升绿化观感。至2015年，全村绿化面积约120亩，绿化率为39%。

2013 年

1月22日，苏州华杰电子有限公司被黄桥街道评为"2012年度外贸纳税明星企业"。

3月，张庄村经一年多动员和清理，取缔村内脱色行业（因其污染环境）42户，补偿116.12万元。

夏，高温日共52天，为境内有气象记录以来最炎热夏季，其中40℃及以上高温日18天。

10月，中巷村民陈才根将其父陈德宝收藏保存的《明永历帝玉玺图》（由国民党元老李根源题字）公之于世。经苏州市书法家对李根源题字的鉴定，初步推测为真品。

是年，黄桥街道投资149.64万元，建设张庄小学运动场。投资402万元，改建张庄小学及幼儿园。

2014 年

1月14日，苏州市永通滚针有限公司被黄桥街道评为"2013年度纳税先进企业"。

2月，连续阴雨天气，平均降水量143.1毫米，其中5~9日、16~19日和24~28日分别出现三段连续阴雨雪天气。

是月，张庄村被江苏省环境保护委员会命名为"江苏省生态村"。

是月，中共张庄村总支部委员会召开党员群众路线教育实践活动动员会，在此后几个月里，全体党员参加教育实践活动。

3月4日，杨菊英被江苏省妇联评为"江苏省优秀女村官"，并受到表彰。

5月22日，相城区总工会及黄桥街道工会慰问姚根林，并送上慰问金。

9月20日，中共张庄村总支部委员会邀请苏州市委党校方伟教授向全体党员上党课，讲授《治国理政新思路——习近平新常态》。

11月18日，张庄村日间照料中心成立，由村团支部、妇代会、老龄协会组成志愿队，为老年人提供服务。

2015 年

1月25日，黄桥街道工会慰问姚根林、沈金华、胡大男，并送上慰问金。30日，相城区总工会慰问张庄村困难职工 5 人。

2 月 4 日，相城区委书记曹后灵、组织部长林小明来张庄村慰问姚根林，并参观张庄社区卫生服务中心、老年日间照料中心。

8 月 6 日，苏州市残疾人联合会、苏大附属理想眼科医院来张庄村为老年人开展白内障筛查，并提供用眼健康咨询。

是年，在"相城风气"好公婆、好夫妻、好邻居系列评选中，姚根林、薛凤青夫妇被评为 20 对好夫妻之一，秦大男被评为 20 家好邻居之一。

是年，自 1979 年张庄大队育龄妇女领取独生子女证始，累计领取 424 张独生子女证。按上级政府文件规定，从 2016 年 1 月 1 日起取消发放独生子女证。

是年，苏州轨道交通 4 号线于张庄大道南建成张庄站出入口。

2016 年

1 月 6~8 日，杨菊英出席相城区第三届五次人大会议。

2 月，中共张庄村总支部委员会、张庄村村民委员会组建《张庄村志》编纂委员会，着手资料搜集和编纂工作，并召开有关座谈会。

4 月 12 日，苏州市地方志办公室陈兴南一行 6 人，调研张庄村村志编修工作。

7 月 1 日，中共张庄村总支部委员会召开党员"两学一做"教育活动动员会。会前，听取专题讲座"学党章党规、学系列讲话，做合格党员"。

7 月 20 日~8 月 2 日，持续高温 40℃左右 14 天；8 月 11~20 日，持续高温 40℃左右 10 天。

9 月 25 日，中共张庄村总支部进行换届选举，陆林发当选总支部书记，杨菊英、陆锦良当选总支部副书记，陆巧根、蒋卫龙、项丽、庄建金当选总支部委员。

10 月 22~28 日，张庄村 65 周岁以上老人 668 人，到相城区康复医院（黄桥街道卫生院）免费体检。

11 月 26 日，张庄村第十一届村民委员会组织换届选举，杨菊英当选张庄村村民委员会主任，陆锦良当选张庄村村民委员会副主任，庄建金、陈永康、沈洋、杨丽、谢青龙当选村民委员会委员。

12 月 8 日，陆林发当选相城区第四届人民代表大会代表。

第一章 建置地理

张庄村，又称张家里、张家庄。古时五家为邻，五邻为里。其"庄""里"之字义相近，均为较小的居住地。10 余个庄、里，四处零星散落，为区别才有"前后""朝南朝北"之分。

今张庄村所辖村域范围主要包括其中部的徐家浜、东家村、河南、林浜、吴家里、北巷、沈巷、板桥、南巷、中巷、朝西、朝南、后浜、西海、陈家湾等自然村，以及村域南部、北部的大片农田和鱼池。

1954 年，在农业合作化时期，张庄以"金星"命名初级社（另有光明、灯塔、和平、建胜）、高级社。1958 年 10 月，黄桥人民公社成立，张庄与郑仙、朱坝组成黄桥公社第三大队。1959 年 4 月，建立张庄大队。先后以第三、第四、第六大队相称。1983 年 7 月，改称张庄村。

历史上，张庄村行政归属不定。清时，张庄属苏州府长洲县，民国元年（1912）归属吴县，先后由陆墓市金鹅乡，第六区（陆墓）张家庄乡，第六区（黄埭）行仁乡、埭南乡、蠡胡乡，第六区（陆墓）蠡口乡、黄土桥乡管辖。

1983 年 7 月，张庄村属黄桥乡管辖。

1993 年 3 月，张庄村属黄桥镇管辖。

2005 年 12 月 26 日，黄桥镇建制撤销，设立黄桥街道办事处，张庄村属黄桥街道管辖。

2015 年末，张庄村辖 12 个村民小组，分属 4 个区。

第一节 自然环境

张庄村地处黄桥集镇地东北边缘，整个村域版图略呈牛头形，距黄桥集镇地约 3 千米。东以东塘河与元和街道（原蠡口镇）分界，南与元和街道姚祥社区接壤，西和方浜村毗邻，北濒黄埭塘，与元和池埂村隔河相望。东西最大距离约 1400 米，南北最大距离约 1460 米。地理坐标为北纬 31° 24′ 22″，东经 120° 35′ 29″。

2015年，张庄村村域总面积2.25平方千米。

村域内属冲湖积高亢平原亚区，地面成陆为河流冲积相物质，以黏性土为主，质地坚实，土壤为粉质黄泥土和乌栅土，适宜栽种水稻、小麦。村域内地面较为平坦，自南向北微有倾斜，地面高程一般3.3~4米（吴淞标高）。

村域内属北亚热带湿润性季风气候，具有四季分明、温暖湿润、日照充足、雨量丰沛和无霜期长的气候特征。全年平均气温16.5~17℃。春季（3~5月），平均气温15.3℃。冷暖多变，风向由西北逐渐转向东南。春季平均降水量227.4毫米。夏季（6~8月），平均气温27℃。6月中下旬进入梅雨季节，7月上中旬出梅进入盛夏。炎热多雨，最高气温35℃及以上高温日，夏季占97%，极端最高气温41℃（2013年7月30日）。夏季是全年降水量最多的季节，平均降水量487毫米。秋季（9~10月），平均气温21.6℃。9月上旬最高气温都在30℃以上，出现35℃及以上气温，俗称"秋老虎"。秋季天高气爽，是全年降水量最少的季节，平均降水量153.4毫米。冬季（11月至次年2月），平均气温7.5℃。寒冷干燥，冬季最低气温低于0℃的天数占全年的9.5%，极端最低气温-7.9℃（1991年12月29日）。冬季平均降水量228毫米。

当地近年最高气温及夏季高温天数统计资料显示，2003~2015年高温天数与最高气温分别为：2003年28天，38℃；2004年21天，38.1℃；2005年23天，38.1℃；2006年26天，37.7℃；2007年23天，39.3℃；2008年18天，38.2℃；2009年21天，39.2℃；2010年26天，39.7℃；2011年20天，37.2℃；2012年22天，37.7℃；2013年52天，41℃；2014年6天，37.3℃；2015年11天，38.5℃。

村域内河道系平原河，水面较小，流速缓慢，水位变化受太湖制约，并与降水季节分配一致，起着引调蓄纳、灌溉吞吐和水路交通的作用。每年6~10月为丰水期，水位在3.1~3.6米。12月至次年2月为枯水期，水位降为2.2~2.7米，其他月份为平水期。

原有主要河道黄埭塘、板桥港、村后河、老圩溇、东塘河、无塘河等。

黄埭塘，位于村域最北端，西通黄埭镇，东入元和塘，东西流向，全长3760米，流经张庄1000余米，平均水面宽250米，水深3.8米。

板桥港，位于村域南部，西通无塘河，东至塘前港（或称平门塘河），东西流向，全长1500米，平均水面宽14米，河床底宽7米，河道面积2.1万平方米，水深约2.5米，1978年由张庄大队改造整治开挖成。

村后河，位于村域中部，西通无塘河，东至塘前港或称平门塘河，东西流向，全长1000余米，平均水面宽15米，河床底宽7米，河道面积1.5万平方米，深约2.5米，1975年由张庄大队改造整治开挖成。

老圩溇，位于村域北部，南起林浜河口，北至黄埭塘，南北流向，全长600余米，平均水面宽14米，河床底宽7米，河道面积0.84万平方米，深约2.5米。1978年由张庄大队重新开挖，1992年因荷塘月色二期开发被填埋，不复存在。

东塘河，位于村域东侧，南北流向，北端流入黄埭塘，向南流经张庄村水域称塘前港（或称平门塘河），平均水面宽40米，河床底宽25米，河道面积0.8万平方米，水深约3.2米。

无塘河，位于村域西南侧，或误称"武塘河"。"塘"亦作"岸"解释，无塘之河意为水域宽阔，而此河南北两端相对狭窄。无塘河折西流经方浜、木巷至黄桥，是张庄通向黄桥集镇地的必经水道；折东流向平门塘入元和塘。2006年，无塘河大部分河段被填得狭窄。

另有大会堂浜、同桥浜、前浜漾等多条狭窄而短浅的小浜，由于农田水利工程建设和道路修筑，先后被填平淤塞，不复存在。

张庄村陆路交通便捷，村域内道路呈五横三纵状。五横有东西向的村中路、村前路、张庄工业区2号路、张庄工业区1号路、黄蠡路段；三纵有南北向的石马坟路、张庄大道、徐家浜路（包括助剂厂路）。

村中路（原称村前路），东塘河至广济北路，长约1000米，宽3~6米不等，混凝土路面，1985年修筑成。

村前路，村东至村西，长约990米，宽5米，混凝土路面，1985年修筑成。

张庄工业区1号路，西起石马坟路，东至徐家浜路，长约1000米，宽6米，混凝土路面，2002年修筑成。

张庄工业区2号路，西起张庄大道，东至徐家浜路，长约600米，宽6米，混凝土路面，2002年修筑成。

张庄南路（又称黄蠡路段），西起无塘河，东至青龙桥，长1020米，宽8米，混凝土路面。1993年，吴县交通局和黄桥镇联合投资修建，原称方蠡路（西起方浜加油站，东至蠡口镇），是镇间公路。2003年重建后改称黄蠡路（黄桥至蠡口）。

张庄大道，南起张庄南路（黄蠡路），北至村中路（村委会驻地），长480米，宽8米，混凝土路面，1985年修筑成。

徐家浜路，南起张庄南路（黄蠡路），北至助剂厂，长1180米（包括助剂厂路），宽5米，混凝土路面，1986年修筑成。

石马坟路，南起张庄南路（黄蠡路），北至村中路，长550米，宽5米，混凝土路面，1987年修筑成。

东村路，南起村前路，北至林浜河，长约250米，宽5米，混凝土路面，1986年修筑成。

20 世纪 70 年代，张庄大队拓宽加固原有灌溉渠道形成机耕路，后经公社统一规划，成为镇村之间道路，逐步改造成石子路、弹石路。90 年代后期，浇铸混凝土刚性路面，村支路和村主干道互相连接，形成网络，各自然村均可通行车辆。

2007 年 12 月，张庄大道农贸市场西侧设立公交 878 首末站，公交线路可直通苏州市。2015 年，于张庄大道南建成苏州轨道交通 4 号线张庄站出入口。

20 世纪 50~60 年代，村民大都步行前往黄桥、蠡口集镇地。一般跨青龙桥往东，经坟长桥，过元和塘石拱桥（俗称环龙桥）至蠡口集镇地，约 6 里路。一般经石马坟往南，跨无塘河桥，绕方浜渠道，沿流动浜（方浜村域内）至旺埭，直达黄桥集镇地，约 10 里路。

1958 年 10 月，黄桥人民公社成立，黄桥公社第三大队（张庄、郑仙、朱坝）有耕地面积 1925.76 亩，鱼池 2136.7 亩。

1959 年 4 月，张庄大队有耕地面积 1116 亩。

1962 年，实行"四固定"（土地、劳动力、耕畜、农具），有耕地面积 1033.497 亩（不含社员自留地 104.757 亩）。

1983 年，按联产承包田统计，有耕地面积 1091.92 亩，其中口粮田 886 亩，饲料田 95 亩，自留地 110.92 亩。因耕地少，未分责任田。

1998 年，按土地经营权证书统计，有耕地面积 730.851 亩，其中预留机动田 17.765 亩，实发证面积 713.086 亩。不包括社员自留地。

2004 年，张庄村基本农田保护面积 974.3 亩，其中耕地 91.2 亩，其他农用地 881.6 亩（包括养殖水面积 765.7 亩，其他 115.9 亩），荒草地 1.5 亩，均被苏州市相城区人民政府先后征（使）用，村民无耕地耕种，无水面养殖。村民都得到征地补偿或置换城镇基本养老保险，享受"失地有补，老有所养，病有所医，贫有所扶，增收有门"的社会公共福利。

第二节　建置沿革

清代雍正年间（1723~1735），时张庄属苏州府长洲县依仁乡。

清末，张庄属长洲县金鹅乡（金杯里）上十四都上下二十一图。

金鹅乡上十四都统 13 个图，即后一图（离苏州城 18 里）、上下十一图（离城 20 里）、上下十二图（离城 25 里）、十五图（离城 20 里）、上下十六图（离城 18 里）、十七图（离城 21 里）、十八图（离城 20 里）、上下十九图（离城 22 里）、上下二十图（离城 20 里）、上下二十一图（离城 17 里）、二十二图（离城 27 里）、上下二十七图（离城 19 里）、二十八图（离城 17 里）。

其中上下二十一图，含郭家庄、张家庄、郭家坟头、陈孝子里（元末孝子陈兴立所居，俗称观音堂前）、徐家浜、东家村、沈埂上、林家村、姚家里、吴家村、北海巷、鱼行浜、井塘头、陈家湾、同桥浜、西板桥、东板桥、马家浜 18 个自然村。

民国元年（1912）1 月，长洲县与吴县合并，时张庄属吴县金鹅乡。11 月，实施市乡制，属陆墓市金鹅乡。

民国 18 年（1929）8 月，实施区、乡（镇）制，吴县第六区（陆墓）设张家庄乡。第六区（陆墓）辖 1 镇 15 乡：陆墓镇（镇长程禹贤）、陆塘乡（乡长徐炳章）、胡巷乡（乡长胡景淘）、李庄乡（乡长顾学明）、池龙乡（乡长庞礼卿）、施更乡（乡长王焕章）、蠡北乡（乡长胡鹤年）、蠡南乡（乡长杜杏生）、斜浜乡（乡长戴步瀛）、张家庄乡（乡长丁克仁）、南望乡（乡长杨凤璋、杨仲茂）、占上乡（乡长胡公豪）、黄桥乡（乡长王益生）、总堂乡（乡长倪培鸿）、叶浜乡（乡长卢芳奇）、邱家乡（乡长陈桐生）。张庄属张家庄乡管辖。

民国 23 年（1934）2 月，张家庄乡并入吴县第六区（黄埭）行仁乡，张庄属行仁乡。11 月，并区，推行保甲制。张庄属吴县第六区（黄埭）埭南乡第 9 保、第 10 保。

民国 36 年（1947）2 月，张庄属吴县第六区（黄埭）蠡胡乡第 6 保（保长陈阿福），直至 1949 年 4 月 27 日吴县解放，吴县人民政府宣告成立。

中华人民共和国成立后，吴县人民政府保留区、乡（镇）制，废保、甲，改设行政村。

1950 年 3 月，张庄（时称张家里）属吴县陆墓区蠡口乡蠡西村。

1956 年 3 月，陆墓区与黄埭区合并为黄埭区，张庄属吴县黄埭区蠡口乡。

1957 年 3 月，撤区并乡。9 月，张庄村属吴县黄土桥乡。

1958 年 10 月，黄桥人民公社成立，实行政社合一体制。张庄与郑仙、朱坝组成黄桥公社第三大队，设管理委员会，驻地为陈家湾村民 2 间空房。

1959 年 4 月，张庄与郑仙、朱坝分离，建立张庄大队（亦称第四大队，至 1960 年末），设管理委员会，驻地为陈家湾村民住宅。"文化大革命"初期，迁至沈巷新屋廊。1978 年，再迁至张庄小学东侧大会堂。1982 年，移至大会堂南首。

1968 年 4 月，张庄大队管理委员会改称张庄大队革命委员会（至 1981 年 1 月恢复管理委员会）。

1977 年，第 1~3 生产队划分为第一区，第 4~7 生产队划分为第二区，第 8~11 生产队划分为第三区，第 12~15 生产队划分为第四区。

1983 年 7 月，政社分设，撤销人民公社管理委员会，生产大队改为村，生产队改为村民小组。张庄大队改为张庄村，设党支部、村民委员会和经济合作社，4 个生产区改为 4 个村民小组。张庄村属黄桥乡管辖，驻地未变。

1993 年 3 月，撤乡建镇，张庄村属黄桥镇管辖，驻地未变。

2005 年 12 月，黄桥镇建置撤销，设立黄桥街道办事处，张庄村属黄桥街道管辖，驻地为张庄大道北端东侧，2013 年移至西侧。2007 年，4 个村民小组增加为 12 个村民小组，仍分为第一至四区。

表 1-1　张庄村建置沿革变更

时间	自然村、保、村、生产队、村民小组	隶属
清雍正年间（1723~1735）	上十四都上下二十一图自然村：郭家庄、张家庄、郭家坟头、陈孝子里、徐家浜、东家村、沈埂上、林家村、姚家里、吴家村、北海巷、鱼行浜、井塘头、陈家湾、同桥浜、西板桥、东板桥、马家浜	苏州长洲县依仁乡、金鹅乡
民国元年（1912）	张庄所含自然村	1 月，吴县金鹅乡；11 月，吴县陆墓市金鹅乡
民国 18 年（1929）	张庄所含自然村	吴县第六区（陆墓）张家庄乡
民国 23 年（1934）	张庄所含自然村	2 月，吴县第六区（黄埭）行仁乡；11 月，吴县第六区（黄埭）埭南乡
民国 36 年（1947）	张庄所含自然村	吴县第六区（黄埭）蠡胡乡
1950 年 3 月	张庄（时称张家里）为蠡西村其中一个自然村	吴县陆墓区蠡口乡
1956 年 3 月	张庄所含自然村	黄埭区蠡口乡
1957 年 3 月	张庄所含自然村	黄土桥乡
1958 年 10 月	张庄与郑仙、朱坝组成第三大队	黄桥人民公社
1959 年 4 月	徐浜、东家、林浜、北巷、南巷、朝西、后浜、西海 8 个生产队（连）	黄桥人民公社
1961 年 1 月	徐浜为张庄大队第 1 生产队，东家为第 2 生产队，河南为第 3 生产队，河北为第 4 生产队，林浜为第 5 生产队，吴家为第 6 生产队，北巷为第 7 生产队，沈巷为第 8 生产队，板桥为第 9 生产队，南巷为第 10 生产队，中巷为第 11 生产队，朝西为第 12 生产队，朝南为第 13 生产队，后浜为第 14 生产队，西海为第 15 生产队，陈家为第 16 生产队（1970 年第 3、第 4 生产队合并为第 3 生产队）	黄桥人民公社
1977 年	第 1~3 生产队为第一区，第 4~7 生产队为第二区，第 8~11 生产队为第三区，第 12~15 生产队为第四区	黄桥人民公社

续表

时间	自然村、保、村、生产队、村民小组	隶属
1983 年 7 月	张庄大队改称张庄村， 4 个生产区改称 4 个村民小组	黄桥乡
1993 年 3 月	张庄村所含 4 个村民小组	黄桥镇
2005 年 12 月	张庄村所含 4 个村民小组	黄桥街道
2007 年	张庄所含 4 个村民小组增加为 12 个村民小组	

第三节　自然村

张庄村辖 4 个区，含 12 个村民小组，分属徐家浜、东家村、河南、林浜、吴家里、北巷、沈巷、板桥、南巷、中巷、朝西、朝南、后浜、西海、陈家湾等自然村。

自然村毗连、聚合、紧凑，平面形态呈矩形。村巷平直，东南西北井字形排列，规整有序，相连互通。自然村名称富有民间色彩，一般称"某家里"，也有的以张庄村的河浜、桥梁、村巷、姓氏聚居地名字相称，别致而不雷同。

一、徐家浜　东家村　河南

位于村域中部偏东，濒临东塘河，为张庄村第一区。

清雍正年间至清末，属长洲县依仁乡、金鹅乡上十四都上下二十一图。

民国元年（1912），属吴县金鹅乡。

民国 18 年（1929），属吴县张家庄乡。

民国 23 年（1934），属吴县第六区（黄埭）行仁乡、埭南乡。

民国 36 年（1947），属吴县第六区（黄埭）蠡胡乡。

1950 年 3 月，属吴县陆墓区蠡口乡蠡西村。

1957 年 9 月，属吴县黄土桥乡。

1958 年 10 月，黄桥人民公社成立，为黄桥公社第三大队（与郑仙、朱坝合并）。

1959 年 4 月，为黄桥公社张庄大队（亦称第四大队，至 1960 年末）徐家浜、东家村生产队（连）。

1961 年 1 月，徐家浜为第 1 生产队、东家村为第 2 生产队、河南为第 3 生产队（时河北为第 4 生产队，1970 年并入第 3 生产队）。

1977 年，为张庄大队第一生产区。

1983 年 7 月，第 1、第 2、第 3 生产队改为第 1 村民小组。

徐家浜、东家村素以徐、秦姓家族聚居为主，定居历史较早。后徐氏迁居蠡口秦埂上，秦姓迁居陆墓御窑里、苏州齐门等地。

徐家浜附近有沈埂上，后与徐家浜合称之。

河南隔河相望的河北，原为第 4 生产队，1970 年并入第 3 生产队。河南、河北间有一座石梁平桥（名为东家村桥，又称预制场桥）连通两岸，后改建为水泥平桥。

主要道路有贯通南北的徐家浜路，东西走向的村中路（原称村前路）。

民国 30 年（1941）7 月 21 日，东家村刘姓村民（绰号"大猛门"）等 3 人摇船卖西瓜，途经浒墅关大庄时，遇关卡躲避不及，遭日军枪杀。

1953 年春，东家村民秦子茂组织互助组，成为蠡口乡最早的中心互助组之一。

1954 年 9 月，沈玉庆（徐家浜村民）组织灯塔初级农业生产合作社。1957 年，并入金星高级农业生产合作社。

1960 年，徐家浜徐水根、徐水泉、徐林根、阿歪响应政府号召，支援新疆农场建设。

二、林浜　吴家里　北巷　沈巷

位于村域中部中段，东邻河南，西接后浜，为张庄村第二区。

清雍正年间至清末，属长洲县依仁乡、金鹅乡上十四都上下二十一图。

民国元年（1912），属吴县金鹅乡。

民国 18 年（1929），属吴县张家庄乡。

民国 23 年（1934），属吴县第六区（黄埭）行仁乡、埭南乡。

民国 36 年（1947），属吴县第六区（黄埭）蠡胡乡。

1950 年 3 月，属吴县陆墓区蠡口乡蠡西村。

1957 年 9 月，属吴县黄土桥乡。

1958 年 10 月，黄桥人民公社成立，为黄桥公社第三大队（与郑仙、朱坝合并）。

1959 年 4 月，为黄桥公社张庄大队（亦称第四大队，至 1960 年末）林浜、北巷生产队（连）。

1961 年 1 月，林浜为第 5 生产队、吴家里为第 6 生产队、北巷为第 7 生产队、沈巷为第 8 生产队（1970 年，林浜、吴家里、北巷、沈巷分别改为第 4、第 5、第 6、第 7 生产队）。

1977 年，为张庄大队第二生产区。

1983 年 7 月，第 4、第 5、第 6、第 7 生产队改为第 2 村民小组。

林浜又称凌浜、林家村，历史上称姚家里。

北巷、沈巷原统称北海巷，后分为两地，北巷以陆姓人家为主，沈巷以沈姓人家为主。清末，蠡口南丘巷沈庭章迁来北海巷，将附近一片水沼地开挖成鱼池，养鱼发家，后于沈巷建造一批宅院。自此，北海巷四周形成大片鱼池。

主要道路有东西走向的村中路（原称村前路）。

民国 29 年（1940）春，沈巷村民陆云毛去蠡口集镇地，返程时遭两个日军训斥，日军见他不理不睬，一脸轻蔑的样子，便用刺刀在他面前晃来晃去加以威吓，最后在他身上划下 5 刀（左右太阳穴各 1 刀，肚皮上 1 刀，屁股左右侧各 1 刀），尽管没被刺死，浑身血流不止。

民国 33 年（1944）5 月 25 日，一艘日军木汽艇驶来林浜河，艇上的七八个日军住进吴家里吴水荣宅，日军士兵四处乱转，抢走村民鸡鸭无数、菜油 10 余斤、白米 150 余斤，当夜强奸村妇 3 人。

民国 35 年（1946）冬，北巷村民沈阿小因过春节煮笋干不慎失火，殃及邻居沈火生、沈祥生、陆松亭、陆松德、陆小弟等 7 户房屋，共烧毁房屋 20 余间，有一个小孩遭害。

民国 36 年（1947）秋末，有一只外来渔船摇来机塘浜附近的阿其塘偷鱼，偷的是陈大夯养的鱼。偷鱼人是叔嫂俩，后来被人捉住，连人带船沉于黄埭塘深水处。此后，其家属曾假扮乞丐到张庄一带打探实情，未果。

1953 年春，林浜村民姚根林组织 1 个互助组。

1954 年 9 月，林浜村民姚根林组织金星初级农业生产合作社。北巷村民陆长泉组织建胜初级农业生产合作社。1956 年，金星、建胜等初级社转为金星高级农业生产合作社。

1960 年，沈巷沈金泉夫妇、蔡永林父女响应政府号召，支援新疆农场建设。

三、板桥　南巷　中巷　朝西

位于村域中部中段，东邻沈巷，西接朝南，为张庄村第三区。

清雍正年间至清末，属长洲县依仁乡、金鹅乡上十四都上下二十一图。

民国元年（1912），属吴县金鹅乡。

民国 18 年（1929），属吴县张家庄乡。

民国 23 年（1934），属吴县第六区（黄埭）行仁乡、埭南乡。

民国 36 年（1947），属吴县第六区（黄埭）蠡胡乡。

1950 年 3 月，属吴县陆墓区蠡口乡蠡西村。

1957 年 9 月，属吴县黄土桥乡。

1958 年 10 月，黄桥人民公社成立，为黄桥公社第三大队（与郑仙、朱坝合并）。

1959 年 4 月，为黄桥公社张庄大队（亦称第四大队，至 1960 年末）南巷、朝西生产队（连）。

1961年1月，板桥为第9生产队、南巷为第10生产队、中巷为第11生产队、朝西为第12生产队（1970年，板桥、南巷、中巷、朝西分别改为第8、第9、第10、第11生产队）。

1977年，为张庄大队第三生产区。

1983年7月，第8、第9、第10、第11生产队改为第3村民小组。

历史上，南巷、中巷称陈孝子里，以陈姓人家为主，至2015年末陈姓有295人，列张庄村诸姓人数之首。陈孝子里因元末该地有个孝子陈兴立所居而得名，里人亦称该地为观音堂前。

相传元末张士诚曾驻军于张庄附近，在板桥港中段北侧沙石泾的河浜两岸养马。其时，沙石泾水面都用厚木板铺设于上，一则便于马群在上面行走，二则木板下面可藏匿装有马草的船只。

中巷，是张庄村最长的村巷，有30余户。民国年间，有6株大榉树，分属王阿土1株、陈老桐1株、阿六头1株、陈惠良1株、韩火根1株、陈寿达1株。其中陈老桐1株榉树，胸径2米，高20米左右。1955~1958年，6株榉树均由主人自伐出售。

板桥西侧200余米处，原是一片荒坟场，有大小几十个坟堆（当地传说有103个），较大的有石马坟（坟主不详，坟上置石人石马而得名）、郭家坟、杨木圩坟（坟主不详，因坐落其间故称之）、黄家里坟（坟主不详）等。耆老回忆，民国38年（1949）初，黄家里坟上曾被张庄村民杀死一个汉奸、原日军翻译沈士健（太平桥镇沈店桥人），沈曾多次带人到张庄抢劫掳掠，村民恨之入骨。

自青龙桥向西至石马坟，原有一条约300米长的青石板道，据说是坟主筑坟时特地修建的。1958年，坟地里所有置放的墓碑、祭台等青石材，都被公社装运走。20世纪70年代，大搞农田基本建设，大小坟堆被均被夷为平地。

广福庵，俗称观音堂，位于中巷，今张庄小学内，建造年代不详，庵前植有两株银杏树，据说由乡绅吴作堂于清嘉庆年间（1796~1820）植于天井内。一株因树根遭火焚而受损，1958年黄桥公社砍伐后制成绞关犁，另一株于20世纪70~80年代曾两次遭雷击，虽树干炸裂，但仍存活于今。中华人民共和国成立初，受破除迷信的口号影响，神像被毁。1966年广福庵被拆除，木料砖瓦被用于建造张庄小学及大队大会堂。2005年，村民自发在原址南侧建造4间房屋。

主要道路有东西走向的村中路（原称村前路）。

民国26年（1937）农历十二月二十九日，汤春宝（朝西人）自上海返乡途中，经昆山的关卡上，因没及时行礼，遭日军岗哨一顿毒打，回到家中卧床不起。

民国 29 年（1940）11 月 21 日上午，日军将保长陈伟桥（南巷人）抓去，查问当地新四军抗日游击队下落。陈无言回答，受严刑拷打，送回家中，因伤势过重，不久身亡。

民国 31 年（1942）秋，中巷村民陈金木、陈大木及林浜村民蒋阿木与新四军有往来，秘密参加抗日活动，为其奔走传递情报。某日，日伪军侦知赶来捉人审问，却搜不到其三人，他们便威吓住在陈金木隔壁的陈阿林，要他及时通报，否则烧毁其屋。临走时将陈阿林两个儿子带走，关押至黄埭镇公所。后陈金木抓获，被日伪军杀害于浒关杨安塘。

民国 33 年（1944）夏，朝西村民汤阿三摇船至太平镇附近捞水草，被日军岗哨查问良民证（苏州沦陷后，日军为控制百姓，在占领区发良民证），发现其未带良民证，便抓去灌河水下肚。幸有当地村民倪云根看见后，向日军翻译解释，才救得一条性命。

民国 34 年（1945）7 月，抗日战争胜利在望，新成立的苏州县抗日民主政府移至方浜村。某日中午时分，4 个县政府及武装人员来到张庄板桥，从事建筑业的把作师傅（俗称匠作头）庄永岐看见后，即刻把他们迎进门，并热情招待他们吃中饭。谁料刚把 4 个人送出大门，受日伪军指使的陆墓自卫队闻讯追来了。自卫队员看见桌上的碗筷还没收拾，就要在屋里搜查。经庄永岐再三解释，才幸免其难。

1953 年春，中巷村民罗金虎组织 1 个互助组。

1954 年 9 月，中巷村民韩火根组织光明初级农业生产合作社。1956 年，转入金星高级农业生产合作社。

1960 年，汤香妹、陈阿多、杨小夯、汤林宝响应政府号召，支援新疆农场建设。

1980 年 9 月 2 日，板桥村民庄菊元参加黄桥建筑公司工程队建造"工办大楼"时，因突发事故，不幸身亡。

1980 年 9 月 27 日，汤海仙（女）自大队农科站至黄埭塘北田里干活，乘船摆渡时被东桥公社过往的挂机船冲撞，落水身亡，时年 24 岁。

四、朝南　后浜　西海　陈家湾

位于村域中部偏西，靠近广济北路，为张庄村第四区。

清雍正年间至清末，属长洲县依仁乡、金鹅乡上十四都上下二十一图。

民国元年（1912），属吴县金鹅乡。

民国 18 年（1929），属吴县张家庄乡。

民国 23 年（1934），属吴县第六区（黄埭）行仁乡、埭南乡。

民国 26 年（1937），陈家湾陈万福（1850~1919）的三子陈春茂（1893~？）被日军拉夫，至今未返。

民国 36 年（1947），属吴县第六区（黄埭）蠡胡乡。

1950 年 3 月，属吴县陆墓区蠡口乡蠡西村。

1957 年 9 月，属吴县黄土桥乡。

1958 年 10 月，黄桥人民公社成立，为黄桥公社第三大队（与郑仙、朱坝合并）。

1959 年 4 月，为黄桥公社张庄大队（亦称第四大队，至 1960 年末）后浜、西海生产队（连）。

1961 年 1 月，朝南为第 13 生产队、后浜为第 14 生产队、西海为第 15 生产队、陈家湾为第 16 生产队（1970 年，朝南、后浜、西海、陈家湾分别改为第 12、第 13、第 14、第 15 生产队）。

1977 年，为张庄大队第四生产区。

1983 年 7 月，第 12、第 13、第 14、第 15 生产队改为第 4 村民小组。

历史上朝南与朝西两地，原本无名，取民宅方位而名之。

主要道路有东西走向的村中路（原称村前路）、贯通南北的石马坟路。另有西侧的广济北路。

耆老回忆，民国年间，张庄的富户大族都集中在陈家湾。相传与陈家湾东首隔水的"一箭之地"后浜，有个叫泥溇塘的地方长着一株高大的榉树。此树枝丫弯曲呈龙状，树冠偏西伸展两丈余，被当地奉为"龙树"。因龙树瞄准陈家湾，带来祥瑞，当地村民认为那里是块风水宝地，谁落脚谁就财运亨通。

民国 36 年（1947）春，东家村数户村民因闹春荒，家中无米下锅，召集 10 余人同去西海、陈家湾借米。时西海、陈家湾多富门大户，日子过得充裕。谁料陆水泉等富户见之，怕人哄抢，非但不借米给众人，反而聚众大打出手。有个沈姓的右耳被拉扯掉，一个叫姚双宝的人活活被打死。东家村人只得逃生，帮凶们一路追打到吴家里地界，殃及一户三间瓦房险些损毁。

1953 年春，西海贝阿六联合几户村民，以相互伴工的形式互相帮助耕种，后来组成互助组，坚持常年伴工搞生产。

1954 年 9 月，后浜村民陆宝兴组织和平初级农业生产合作社。1956 年，转入金星高级农业生产合作社。

1962 年 1 月 4 日，陈家湾陈维善、邱寿松、陈阿长、陈阿福家失火，共烧毁房屋 15 间。

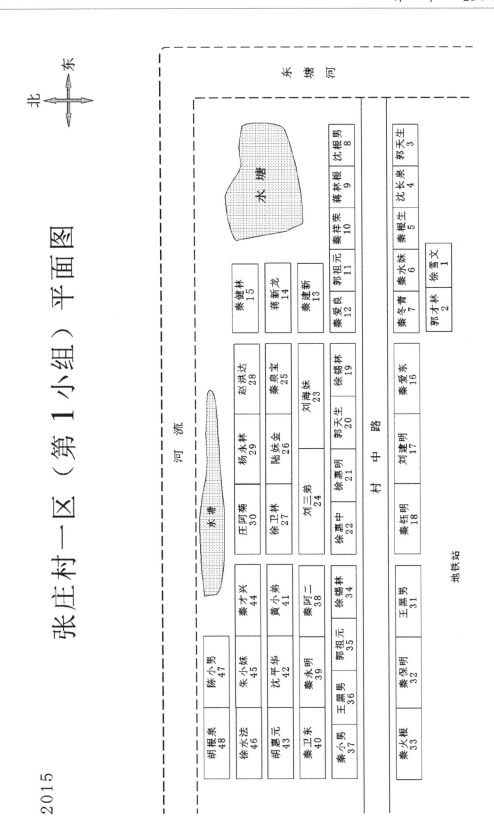

张庄村一区（第1小组）平面图

2015

张庄村一区（第2小组）平面图

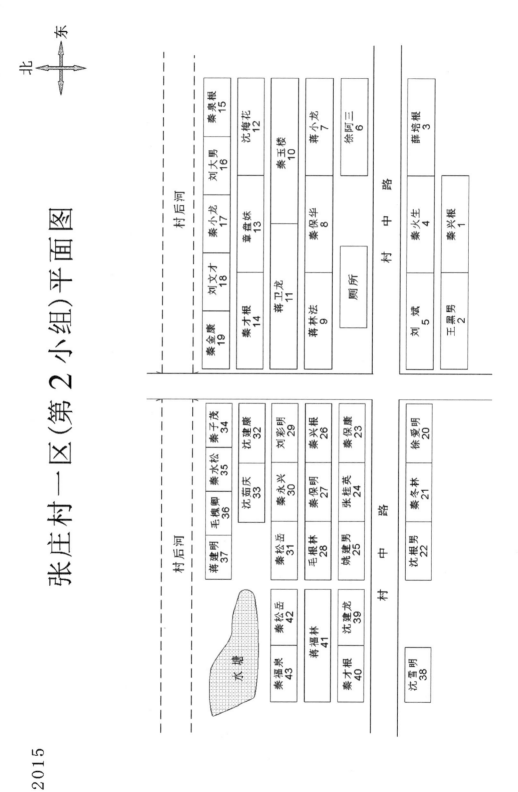

村后河

村 中 路

秦金康 19 | 秦才根 14 | 刘文才 18
蒋卫龙 11 | 秦小龙 17
韦盘妹 13 | 刘大男 16
蒋林法 9 | 秦保华 8 | 秦玉楼 10 | 沈梅花 12
厕所 | 蒋小龙 7 | 秦桌根 15
徐阿三 6

村 中 路

刘 斌 5 | 秦火生 4 | 薛培根 3
王黑男 2 | 秦兴根 1

村后河

蒋建明 37 | 毛槐卿 36 | 秦水松 35 | 沈茹庆 33 | 秦子茂 34 | 沈建康 32
秦松岳 31 | 秦永兴 30 | 刘彩明 29
毛根林 28 | 秦保明 27 | 秦兴根 26
姚建男 25 | 张桂英 24 | 秦保康 23

村 中 路

沈雪明 38 | 沈根男 22 | 秦冬林 21 | 徐爱明 20

秦才根 40 | 蒋福林 41 | 秦松岳 42 | 秦福泉 43
沈建龙 39

水塘

张庄村一区（第3小组）平面图

2015

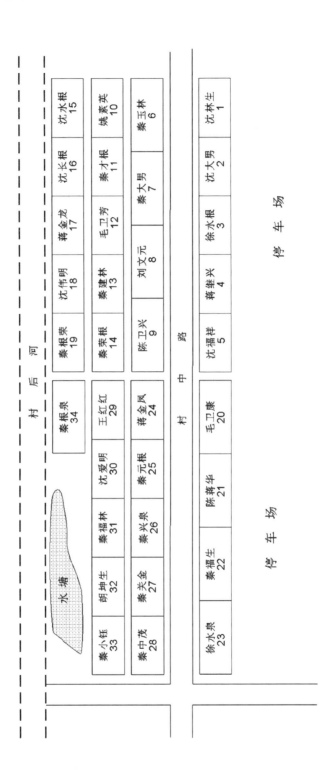

					村　后　河	
沈水根 15	沈长根 16	蒋金龙 17	沈伟明 18	秦根荣 19	秦根泉 34	
姚素英 10	秦才根 11	毛卫芳 12	秦建林 13	秦荣根 14	王红红 29	沈爱明 30	秦福林 31	明坤生 32	秦小钰 33
秦玉林 6	秦大男 7	刘文元 8	陈卫兴 9		蒋金凤 24	秦元根 25	秦兴泉 26	秦关金 27	秦中茂 28
				村　中　路	
沈林生 1	沈大男 2	徐水根 3	蒋乐兴 4	沈福祥 5	毛卫康 20	陈蒋华 21	秦福生 22	徐水泉 23
			停　车　场		停　车　场	

水塘

张庄村二区（第4小组）平面图

2015

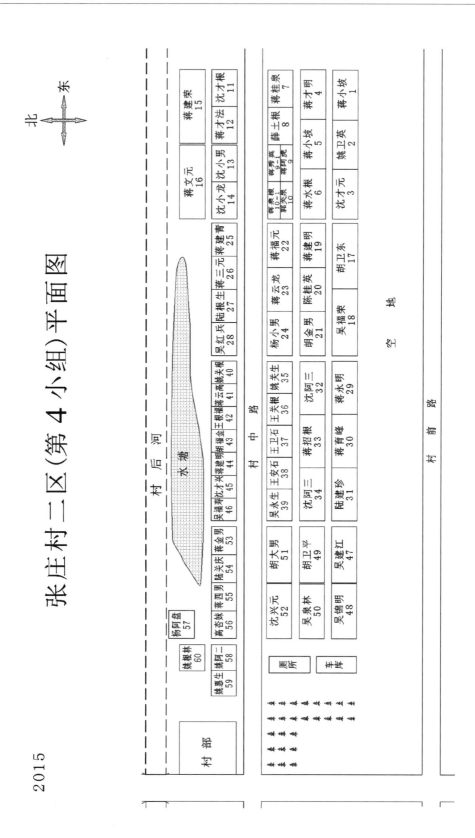

张庄村二区（第 5 小组）平面图

2015

北　东

张　庄　大　道

村　中　路

村　前　路

陈二男 1　陈明山 2　姚素英 3　庄建金 4
汤卫元 5　陈红兵 6　邱卫明 7　蒋林根 8
杨素华 9　庄文元 10　陈根寿 11　陆洪良 12

姚建华 13　陆林根 14　陆才法 15　贝阿盘 16
汤三男 17　陆全根 18　杨兴果 19　杨建林 20
蒋全生 21　章林根 22　陆才明 23　汤阿多 24
郭卫洪 25　陆林发 26　汤根元 27　汤建明 28

沈凡泉 29　明荣荣 30　吴金生 31
蒋大男 32　沈卫东 33　沈建明 34
沈阿二 35　姚阿二 36　吴介明 37
蒋桂福 38　沈大男 39　蒋国英 40　蒋根男 41　吴才生 42
沈才兴 43　李雪英 44　蒋全生 45　蒋洪生 46　蒋阿四 47
朱林法 48　明才良 49　吴文明 50
吴小芬 51　陆建林 52
吴泉元 53　陆建明 54　明雪良 55
吴爱生 56　阿明福 57　新明福 58　姚志明 59　陆夫泉 60
蒋红星 61　蒋傲傲 62　蒋可三 63　顾金元 64　蒋荣珍 65

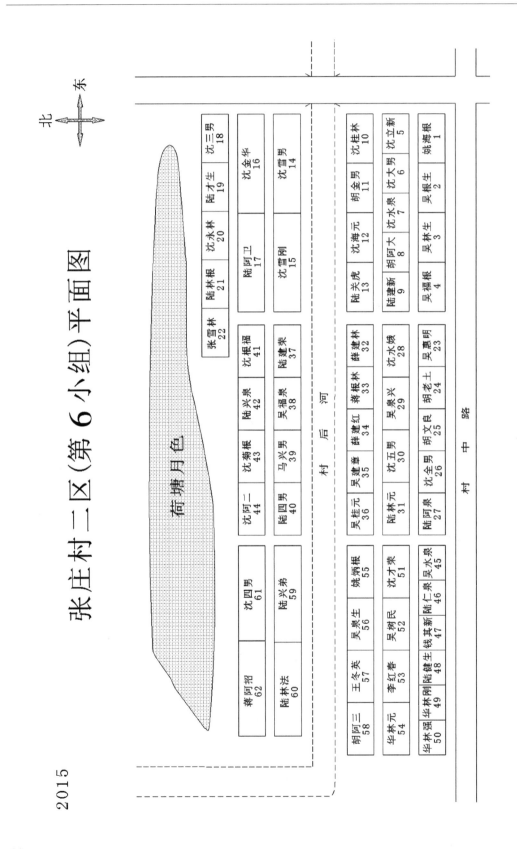

张庄村二区（第6小组）平面图

2015

张庄村三区（第 7 小组）平面图

2015

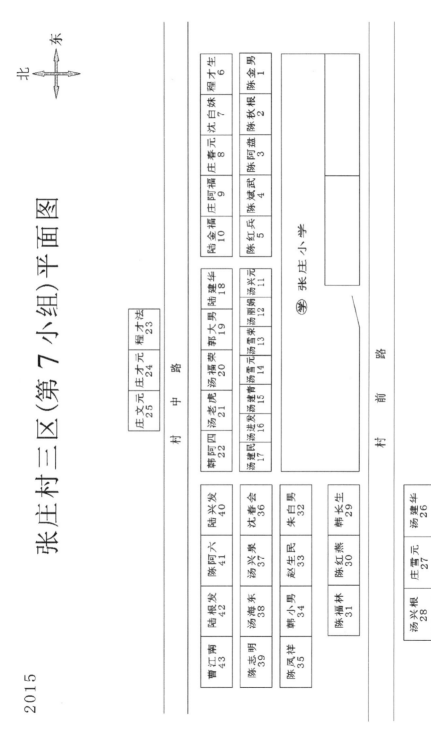

北
东

村 中 路

村 前 路

曹江南 43	陆根发 42	陈阿六 41	陆兴发 40
陈志明 39	汤海东 38	汤兴泉 37	沈春会 36
陈凤祥 35	韩小男 34	赵生民 33	朱白男 32
	陈福林 31	陈红燕 30	韩长生 29
	汤兴根 28	庄雪元 27	汤建华 26

庄文元 25 | 庄才元 24 | 程才法 23

韩阿四 22 | 汤老虎 21 | 郭大男 19 | 陆建华 18
汤建民 17 | 汤进发 16 | 汤健青 15 | 汤雨娟 12 | 汤兴元 11
汤雪荣 14 | 汤雪荣 13

张庄小学

陆金福 10 | 庄阿福 9 | 庄春元 8 | 沈白妹 7 | 程才生 6
陈红兵 5 | 陈斌武 4 | 陈阿盘 3 | 陈秋根 2 | 陈金男 1

张庄村三区（第8小组）平面图

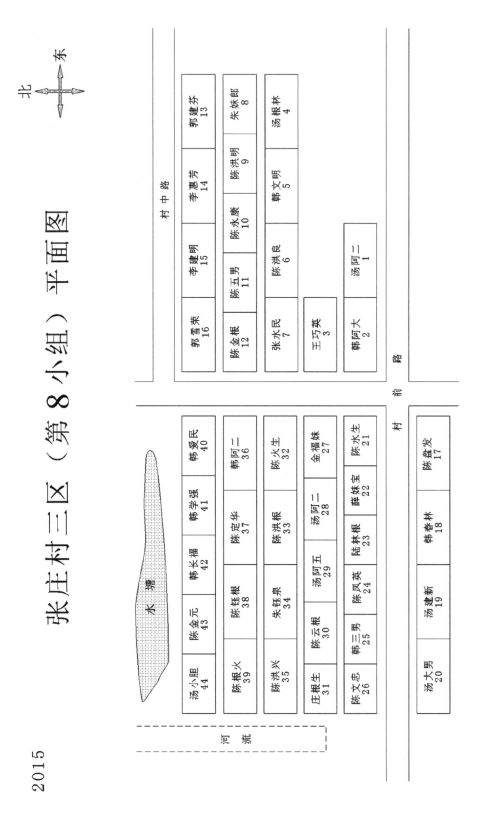

北 东

村 中 路

郭雪荣 16	李建明 15	李惠芳 14	郭建芬 13
陈金根 12	陈五男 11	陈永康 10	陈洪明 9	朱妹郎 8
张永民 7	陈洪良 6	韩文明 5	汤根林 4
王巧英 3			
韩阿大 2	汤阿二 1		

前 村 路

水塘

汤小胆 44	陈金元 43	韩长福 42	韩学强 41	韩爱民 40
陈根火 39	陈钰根 38	陈定华 37	韩阿二 36
陈洪兴 35	朱钰泉 34	陈洪根 33	陈火生 32
陈文忠 26	陈云根 30	汤阿五 29	汤阿二 28	金福妹 27
庄根生 31	韩三男 25	陈凤英 24	陆林根 23	薛妹宝 22	陈水生 21
汤大男 20	汤建新 19	韩春林 18	陈盘发 17

河 流

2015

张庄村三区（第 9 小组）平面图

2015

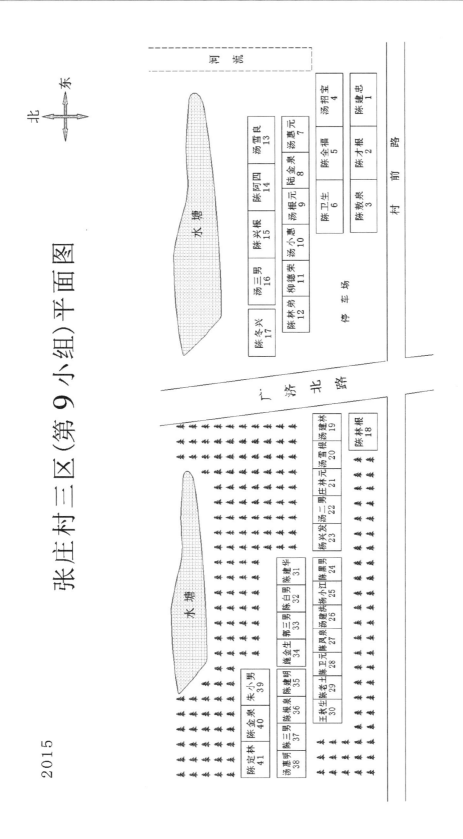

张庄村一区（第10小组）平面图

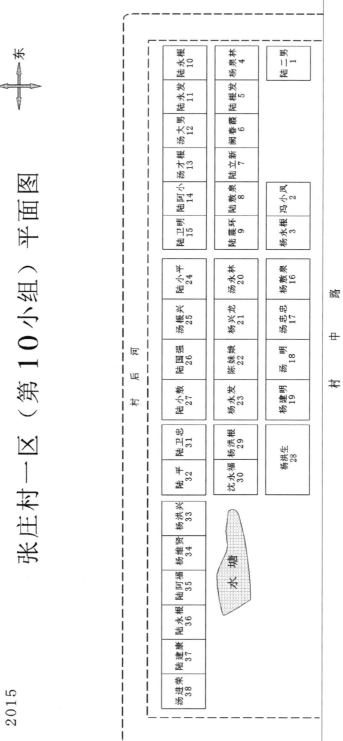

2015

北 东

村 后 河

村 中 路

陆永根 10	陆永发 11	汤大男 12	汤才根 13
杨荣林 4	陆根发 5	阙春馨 6	陆立新 7
陆二男 1			

水 塘

张庄村一区（第11小组）平面图

2015

北
东

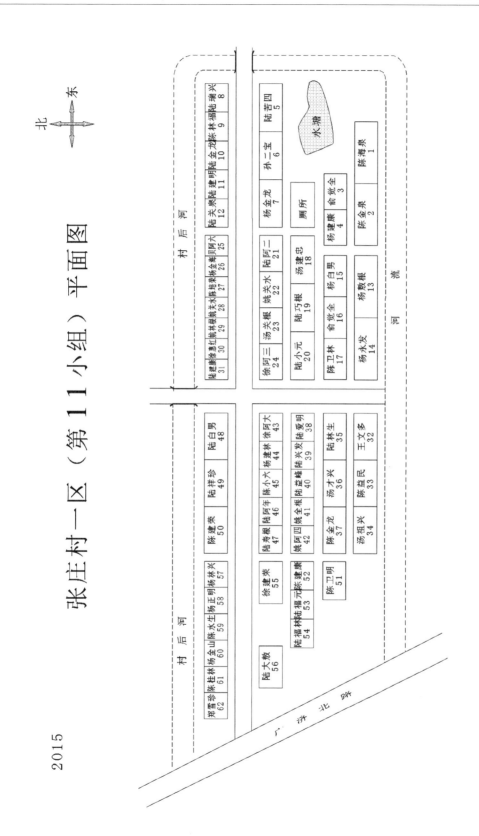

村后河

村后河

村后河

| 陈海泉 1 |
| 陈金泉 2 |
| 俞觉全 3 |
| 杨建康 4 |
| 陆若四 5 |
| 孙二宝 6 |
| 杨金龙 7 |
| 厕所 |
| 陈福林 9 陈瑞兴 8 |
| 陆金功 10 |
| 陆建明 11 |
| 陆关泉 12 |

水塘

| 杨敖根 13 |
| 杨永发 14 |
| 杨白男 15 |
| 俞觉全 16 |
| 陈卫林 17 |
| 汤建忠 18 |
| 陆巧根 19 |
| 陆小元 20 |
| 陆阿二 21 |
| 姚夫水 22 |
| 汤关根 23 |
| 徐阿三 24 |
| 陆金明 27 陆荣根 26 陈顺阿大 25 |
| 陆福林 29 姚阿红 28 |
| 陆庚康 31 陈惠珍 30 |

河流

广学北舍

| 陈金龙 37 |
| 汤才兴 36 |
| 陆林生 35 |
| 汤祖兴 34 |
| 陈益民 33 |
| 王文多 32 |
| 姚阿四 42 姚全根 41 陆益峰 40 陈兴发 39 陆爱明 38 |
| 陈阿牛 46 陆小六 45 徐阿大 44 杨建林 43 |
| 陆寿根 47 |
| 陆祥珍 49 |
| 陆白男 48 |
| 陈建荣 50 |

| 陈卫明 51 |
| 陈福元 陈建康 52 |
| 陆福林陆福元 54 陆福元 53 |
| 徐建荣 55 |
| 陆大数 56 |
| 陈正明杨林兴 57 |
| 杨正明 58 |
| 陈水生 59 |
| 杨金山 60 |
| 陈桂林 61 |
| 郑雪珍 62 |

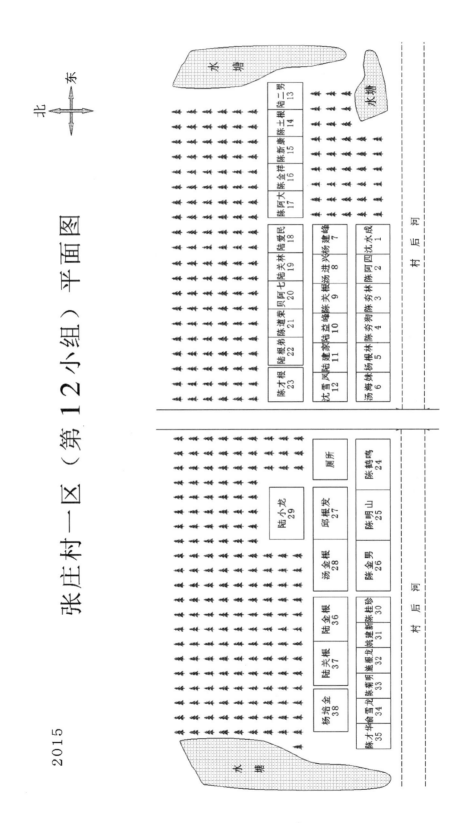

张庄村一区（第12小组）平面图

2015

第二章 人口

自古张庄一带多沼泽湿地,荒无人烟。据记载,先民始随宋赵构南渡入境,傍水而居,至元代移民逐年增多,陈孝子里(观音堂前)陈氏一脉定居较早。明清时期,移民从四方涌来,生息繁衍,渐成村落。

张庄村常住户籍中,以陈、陆、沈、秦、汤、蒋、杨、吴、韩、姚为主要姓氏,大多数系外地迁徙而来,村民居住相对集中。岁月日增,人丁兴旺。

20世纪60~70年代,张庄大队人口出生率较高,至70年代初开展计划生育工作以来,人口增长进入有效控制平缓增长阶段。80~90年代,村民的健康状况日趋好转,平均寿命不断延长。

2015年末,张庄村有599户2346人,其中男1136人,女1210人,女性略多于男性。

第一节 人口总量

1951年,张庄包括西板桥、马家浜、沈埂上、徐家浜、东家村、林浜、姚家里、吴家里、北海巷、张庄中村、朝东屋、吴巷浜东、张家庄、吴外浜、吴巷浜、井上头、西海屋、朝南村、凡头湾、上街屋、倪家坟、钱家花园、朝西屋、观音堂北、瓦屋上、新屋场、三间头、堰头上、后浜、西海村、朝北屋、行堂口、南巷、中巷、钱家庄东、东海、石上头、夜豆朗、贤头上、陈家湾等地,共计361户1326人。

1958年,张庄与郑仙、朱坝合并为第三大队,其中张庄219户748人。

1959年,396户1482人。

1969年,425户1694人。

1979年,505户1856人。

1989年,547户2015人。

1999年,534户1969人。

2009 年，625 户 2167 人。

上述人口统计数据显示，1959~2009 年的 50 年内，张庄村（大队）由 396 户 1482 人增加到 625 户 2167 人，平均每年增加 14 人左右。

表 2-1　张庄村 1958~2015 年人口一览表

年份	户数	人口	其中		年份	户数	人口	其中	
			男	女				男	女
1958	219	748	—	—	1987	551	2012	954	1058
1959	396	1482	730	752	1988	565	2007	963	1044
1960	398	1413	664	749	1989	547	2015	969	1046
1961	406	1381	663	718	1990	547	2017	984	1033
1962	411	1369	661	708	1991	544	2040	993	1047
1963	417	1427	699	728	1992	546	2051	1008	1043
1964	409	1469	710	759	1993	546	2061	1027	1034
1965	412	1488	720	768	1994	546	2041	996	1045
1966	416	1556	762	794	1995	548	2012	987	1025
1967	417	1608	788	820	1996	546	1996	967	1029
1968	419	1653	801	852	1997	547	1989	963	1026
1969	425	1694	834	860	1998	547	1979	963	1016
1970	436	1712	836	876	1999	534	1969	958	1010
1971	436	1758	837	921	2000	534	1930	935	995
1972	450	1767	849	918	2001	534	1917	926	991
1973	457	1782	849	933	2002	534	1909	928	981
1974	463	1799	857	942	2003	534	1910	927	983
1975	463	1803	860	943	2004	534	1934	958	976
1976	463	1819	870	949	2005	599	2062	1001	1061
1977	485	1822	877	945	2006	604	2104	1004	1100
1978	496	1834	878	956	2007	625	2114	1025	1089
1979	505	1856	889	967	2008	625	2143	1037	1106
1980	517	1868	900	968	2009	625	2167	1049	1118
1981	561	1867	911	956	2010	625	2257	1095	1162
1982	563	1961	931	1030	2011	625	2260	1095	1165
1983	579	1963	935	1028	2012	625	2278	1104	1174
1984	580	1958	925	1033	2013	599	2280	1105	1175
1985	580	1978	922	1056	2014	599	2307	1120	1187
1986	551	2006	947	1059	2015	599	2346	1136	1210

注：1958 年第三大队内张庄 219 户，人口 748 人。

中华人民共和国成立以来，经全国第一、第二、第三、第四、第五、第六次人口普查，每次人口普查性别比例各有不同，女性略高于男性。

表 2-2　张庄村全国第一至第六次人口普查情况

普查年次	户数	登记总人口				
		男（人）	比例（%）	女（人）	比例（%）	合计（人）
1953 年第一次		尚未查到有关资料				
1964 年第二次	409	718	49.4	735	50.6	1453
1982 年第三次	563	970	49.7	982	50.3	1952
1990 年第四次	547	1001	49.8	1010	50.2	2011
2000 年第五次	534	956	49.6	970	50.4	1926
2010 年第六次	625	1103	49.1	1143	50.9	2246

第二节　人口变动

一、自然增长

20 世纪 60~70 年代，张庄大队人口出生率较高，属高自然增长期。

1963 年，张庄大队 417 户 1427 人，当年出生 38 人，死亡 11 人，自然增长率 18.9‰。

1964 年，409 户 1469 人，当年出生 31 人，死亡 12 人，自然增长率 12.9‰。

1971 年，436 户 1758 人，当年出生 41 人，死亡 15 人，自然增长率 14.8‰。

1976 年，463 户 1819 人，当年出生 23 人，死亡 12 人，自然增长率 6‰。

1979 年，505 户 1856 人，当年出生 36 人，死亡 11 人，自然增长率 13.5‰。

1983 年，579 户 1963 人，当年出生 16 人，死亡 22 人，首次出现负增长（自然增长率为 –3‰）。

1984 年，580 户 1958 人，当年出生 7 人，死亡 11 人，连续出现负增长（自然增长率为 –2‰）。

1997 年、2000 年、2007 年，自然增长率再次出现负增长，分别为 –1‰、–4.1‰、–1.4‰。

2015 年，自然增长率为 5.9‰。

表2-3　1963~2015年部分年份张庄村人口自然增长率统计

年份	总人口	其中		年内出生（人）	年内死亡（人）	自然增长率（‰）	年份	总人口	其中		年内出生（人）	年内死亡（人）	自然增长率（‰）
		男（人）	女（人）						男（人）	女（人）			
1963	1427	699	728	38	11	18.9	1992	2051	1008	1043	40	10	14.6
1964	1469	710	759	31	12	12.9	1993	2061	1027	1034	21	10	5.3
1971	1758	837	921	41	15	14.8	1994	2041	996	1045	23	17	2.9
1973	1782	849	933	26	15	6.2	1995	2012	987	1025	13	9	1.9
1974	1799	857	942	24	8	8.9	1996	1996	967	1029	16	13	1.5
1975	1803	860	943	25	12	7.2	1997	1989	963	1026	11	13	−1
1976	1819	870	949	23	12	6	1998	1979	963	1016	16	16	0
1977	1822	877	945	29	16	7.1	1999	1969	958	1010	11	11	0
1978	1834	878	956	28	9	10.4	2000	1930	935	995	12	20	−4.1
1979	1856	889	967	36	11	13.5	2001	1917	926	991	12	10	1.1
1980	1868	900	968	23	12	5.9	2003	1910	927	983	21	14	3.7
1982	1961	931	1030	34	12	11.2	2005	2062	1001	1061	21	17	1.9
1983	1963	935	1028	16	22	−3	2007	2114	1025	1089	19	22	−1.4
1984	1958	925	1033	7	11	−2	2008	2143	1037	1106	24	19	2.3
1985	1978	922	1056	25	10	7.6	2009	2167	1049	1118	20	18	2.3
1986	2006	947	1059	42	11	15.5	2010	2257	1095	1162	40	12	11
1987	2012	954	1058	31	11	9.9	2011	2260	1095	1165	23	15	3.9
1988	2007	963	1044	22	15	3.5	2012	2278	1104	1174	33	142	7.9
1989	2015	969	1046	31	11	9.9	2013	2280	1105	1175	25	22	0
1990	2017	984	1033	32	14	8.9	2014	2307	1120	1187	17	16	3
1991	2040	993	1047	20	13	3.4	2015	2346	1136	1210	21	14	5.9

二、人口迁移

中华人民共和国成立后，张庄村（大队）人口迁移，一般年份主要有学生升学迁出及青年应征入伍和转业复员迁移，大多数是男女婚嫁。其他迁移人口主要是苏州市国营和集体工矿企业招工迁出。

1960年，有村民迁往新疆支边（迁出后有人自行返回）。

20世纪60~70年代，有知识青年插队落户迁入当地。

1978年后，人口迁移流向则以农村迁往集镇地和县、市为主。

20世纪80年代后期，一度出现缴钱买户口，"农转非"人口迁入城镇。其间，苏北、无锡等地外地女子与当地大龄男子成婚，造成人口变动。

1958 年，张庄（时属第三大队）迁入 2 人，迁出 8 人。

1959 年，张庄大队迁入 4 人，迁出 14 人。

1960 年，张庄大队徐家浜徐水根、徐水泉、徐林根、阿歪，沈巷沈金泉夫妇、蔡永林弟兄，朝西马林宝、汤香妹，南巷陈阿多、杨小夯，支援新疆农场建设，本人户籍随之迁移。其中，徐水根于 1987 年 11 月迁回原地，徐水泉于 1986 年 7 月迁回原地，沈金泉夫妇于 1986 年 3 月迁回原地。

1963 年，张庄大队迁入 2 人，迁出 3 人。

1964 年，张庄大队迁入 8 人，迁出 15 人。

1971 年，张庄大队迁入 5 人，迁出 12 人。

1975 年，张庄大队迁入 7 人，迁出 12 人。

1978 年，张庄大队迁入 8 人，迁出 15 人。

1984 年，张庄村迁（移）入 10 人，迁（移）出 14 人。

1987 年，张庄村迁（移）入 26 人，迁（移）出 26 人。

1994 年，张庄村迁（移）入 5 人，迁（移）出 31 人。

1998 年，张庄村迁（移）入 4 人，迁（移）出 14 人。

2000 年，张庄村迁（移）入 6 人，迁（移）出 36 人。

2002 年，张庄村迁（移）入 11 人，迁（移）出 24 人。

2015 年，张庄村迁（移）入 21 人，迁（移）出 9 人。

三、外来人口

民国时期，张庄有少数外来的逃荒难民落脚于此，做长工、月头工和临时工。

20 世纪 60~70 年代，主要有城镇插队知识青年及下放干部等。90 年代后，来自县、市外的外籍人员于村域内务工经商、种植、养殖和办企业，大多数暂住于此。

1968 年，黄埭公社知识青年 3 人插队落户于此，钱其新（落户沈巷）、薛卫敏（女，落户北巷）、潘邦珍（女，落户陈家湾）；黄桥公社知识青年 2 人落户于此，张建明（落户后浜）、钟小年（女，落户陈家湾）。均于 1978 年返回原地安排工作。

20 世纪 80 年代始，张庄村（大队）村办工业发展较快，吸引外来人员，外来人员逐年增多。90 年代，外来人员大量涌入，总人口成倍超过当地常住户籍村民数量。

2000 年，有外来人员 3994 人。2005 年，有外来人员 4998 人。2007 年，有外来人员 6240 人。2015 年，有外来人员 6622 人。

表 2-4 2008~2015 年张庄村外来人员统计

单位：人

省份	年份							
	2008 年	2009 年	2010 年	2011 年	2012 年	2013 年	2014 年	2015 年
安徽	2236	2480	2541	2357	2379	2558	2417	2251
河南	2191	2273	2329	2580	2691	2651	2581	2409
江苏	535	550	539	554	549	497	506	517
江西	470	512	468	515	496	466	429	469
贵州	282	314	352	395	380	370	351	386
四川	273	271	301	332	340	361	377	351
湖北	120	151	139	148	146	171	162	130
湖南	96	82	101	132	158	125	129	118
浙江	89	78	90	92	83	99	74	96
云南	76	96	93	80	89	96	106	92
山东	45	52	50	47	41	57	81	76
甘肃	41	46	36	29	18	19	25	40
重庆	31	32	30	46	50	52	45	36
广西	14	16	13	9	14	17	23	17
山西	15	20	17	15	11	20	16	18
合计	6514	6973	7099	7331	7445	7559	7322	7006

第三节 人口构成

一、民族

张庄村在第一、第二、第三次全国人口普查时，居住人口都是汉族。1990年后陆续有少数民族女子嫁至当地。

2000年、2010年第五、第六次全国人口普查时，张庄村有羌族2人、畲族1人、土家族1人、壮族1人。

至2015年，张庄村有少数民族5人，其中女性3人，男性2人。

二、姓氏

2015年常住户籍姓氏统计，全村共有姓氏110个，其中陈、陆、沈、秦、汤、蒋、杨、吴、韩、姚为十大姓氏。

100人以上相同姓氏有7个。依次为陈姓295人、陆姓277人、沈姓199人、秦姓177人、汤姓153人、蒋姓144人、杨姓135人。

50~99人相同姓氏有5个。依次为吴姓99人、韩姓69人、姚姓65人，徐姓 64 人、胡姓 57 人。

50 人以下相同姓氏有 98 个，其中单人姓氏 46 个。

陈姓，集中居住在南巷、中巷、陈家湾，295 人，列村内诸姓之首。民国年间，陈姓家族每逢婚丧诸事，族人或庆贺，或吊唁，不送礼、收礼，聚餐三天，尤以陈家湾陈氏如此。此风俗直至 20 世纪 60 年代"文化大革命"到来而终止。

陆姓，集中居住在北巷，277 人，列村内诸姓人数第 2 位。

沈姓，集中居住在沈巷，199 人，由蠡口镇南丘巷迁移至此，列村内诸姓人数第 3 位。

秦姓，集中居住在东家村，177 人，由蠡口镇秦埂上迁移至此，列村内诸姓人数第 4 位。

汤姓，集中居住在朝西，153 人，由蠡口镇汤埂上迁移至此，列村内诸姓人数第 5 位。

蒋姓，集中居住在林浜，144 人，列村内诸姓人数第 6 位。

杨姓，集中居住在朝南，135 人，列村内诸姓人数第 7 位。

吴姓，集中居住在吴家里，99 人，列村内诸姓人数第 8 位。

韩姓，集中居住在南巷，69 人，由黄埭西横头韩大桥港迁移至此，列村内诸姓人数第 9 位。

姚姓，集中居住在姚家里，65 人，列村内诸姓人数第 10 位。

表 2-5　张庄村人口姓氏统计表

序号	姓氏	人数	序号	姓氏	人数	序号	姓氏	人数
1	陈	295	15	朱	41	29	顾	10
2	陆	277	16	郭	41	30	冯	9
3	沈	199	17	张	36	31	华	9
4	秦	177	18	李	35	32	程	9
5	汤	153	19	薛	29	33	邱	7
6	蒋	144	20	周	25	34	俞	7
7	杨	135	21	庄	22	35	赵	7
8	吴	99	22	孙	14	36	曹	7
9	韩	69	23	黄	14	37	万	6
10	姚	65	24	贝	13	38	殷	6
11	徐	64	25	毛	12	39	马	5
12	胡	57	26	郑	12	40	吕	5
13	王	45	27	金	12	41	施	5
14	刘	44	28	高	11	42	唐	5

续表

序号	姓氏	人数	序号	姓氏	人数	序号	姓氏	人数
43	彭	5	66	孔	1	89	岳	1
44	何	4	67	尤	1	90	房	1
45	余	4	68	代	1	91	苗	1
46	范	4	69	包	1	92	姜	1
47	章	4	70	卢	1	93	宫	1
48	葛	4	71	史	1	94	洪	1
49	雷	4	72	归	1	95	费	1
50	于	3	73	艾	1	96	郦	1
51	柳	3	74	任	1	97	饶	1
52	钱	3	75	向	1	98	翁	1
53	魏	3	76	祁	1	99	袁	1
54	方	2	77	许	1	100	常	1
55	叶	2	78	阮	1	101	戚	1
56	田	2	79	吾	1	102	傅	1
57	严	2	80	杜	1	103	腊	1
58	宋	2	81	汪	1	104	董	1
59	邵	2	82	肖	1	105	覃	1
60	林	2	83	芮	1	106	谢	1
61	罗	2	84	谷	1	107	阙	1
62	夏	2	85	邹	1	108	靳	1
63	涂	2	86	孟	1	109	熊	1
64	龚	2	87	季	1	110	潘	1
65	卞	1	88	宗	1	合计	—	2346

三、年龄

张庄村人口年龄结构统计资料显示，女性寿命普遍长于男性，人口状态正以儿童人数减少、老年人增多的趋势特点发生变化。

1983 年，第一区总人口 422 人，其中 1~3 周岁 21 人、4~6 周岁 15 人，占总人口的 0.85%，60 周岁以上 52 人，占总人口的 12.32%。

第二区总人口 528 人，其中 1~3 周岁 20 人、4~6 周岁 26 人，占总人口的 0.87%，60 周岁以上 64 人，占总人口的 12.12%。

第三区总人口 507 人，其中 1~3 周岁 24 人、4~6 周岁 20 人，占总人口的 0.86%，60 周岁以上 56 人，占总人口的 11.04%。

第四区总人口 507 人，其中 1~3 周岁 21 人、4~6 周岁 23 人，占总人口的 0.86%，

60 周岁以上 57 人，占总人口的 11.24%。

2015 年，张庄村总人口 2346 人，其中 1~3 周岁 86 人、4~6 周岁 84 人，共 170 人，占总人口的 7.2%，60 周岁以上 556 人，占总人口的 23.7%。其中 60~69 周岁有 322 人，70~79 周岁有 148 人，80~89 周岁有 79 人，90 周岁以上有 7 人。其中生活不能自理的有 5 人，半自理的有 4 人。其中空巢老人有 60 户，残废老人有 26 人。

表 2-6　2015 年张庄村人口年龄构成

年龄	人数			年龄	人数			年龄	人数		
	小计	男	女		小计	男	女		小计	男	女
0	25	12	13	27	31	15	16	54	6	2	4
1	24	13	11	28	35	15	20	55	18	7	11
2	25	12	13	29	45	22	23	56	18	8	10
3	37	21	16	30	37	17	20	57	35	16	19
4	21	8	13	31	16	7	9	58	52	30	22
5	44	24	20	32	26	11	15	59	42	19	23
6	19	12	7	33	45	20	25	60	40	18	22
7	28	15	13	34	46	23	23	61	45	18	27
8	21	8	13	35	29	14	15	62	31	11	20
9	24	12	12	36	37	20	17	63	43	25	18
10	22	12	10	37	36	15	21	64	32	11	21
11	22	13	9	38	35	16	19	65	39	21	18
12	14	5	9	39	27	17	10	66	27	13	14
13	24	13	11	40	31	16	15	67	33	18	15
14	18	10	8	41	22	11	11	68	29	17	12
15	15	5	10	42	22	10	12	69	16	8	8
16	14	9	5	43	24	14	10	70	23	11	12
17	16	7	9	44	47	22	25	71	19	11	8
18	11	4	7	45	34	17	17	72	10	5	5
19	18	10	8	46	53	29	24	73	12	8	4
20	12	5	7	47	49	24	25	74	25	13	12
21	23	6	17	48	40	19	21	75	7	3	4
22	23	9	14	49	43	26	17	76	13	5	8
23	38	17	21	50	41	21	20	77	17	10	7
24	21	10	11	51	51	20	31	78	10	3	7
25	35	21	14	52	58	27	31	79	16	9	7
26	35	15	20	53	26	13	13	80	16	5	11

续表

年龄	人数			年龄	人数			年龄	人数		
	小计	男	女		小计	男	女		小计	男	女
81	12	8	4	89	2	—	2	97	—	—	—
82	12	5	7	90	3	—	3	98	—	—	—
83	12	3	9	91	1	1	—	99	—	—	—
84	9	3	6	92	1	1	—	100	—	—	—
85	7	3	4	93	1	—	1	101	—	—	—
86	6	2	4	94	—	—	—	102	1	—	1
87	2	1	1	95	—	—	—	103	—	—	—
88	4	1	3	96	1	1	—	合计	2346	1136	1210

表 2-7　2015 年张庄村 80 周岁（含）以上老人名单

序号	姓名	性别	年龄	出生日期	组别
1	郭小妹	女	86	民国 18 年（1929）1 月 12 日	1 组
2	刘小妹	女	85	民国 19 年（1930）8 月 29 日	1 组
3	沈根林	男	83	民国 21 年（1932）1 月 12 日	1 组
4	殷根妹	女	83	民国 21 年（1932）8 月 29 日	1 组
5	秦泉生	男	82	民国 22 年（1933）12 月 23 日	1 组
6	秦小男	男	81	民国 23 年（1934）6 月 10 日	1 组
7	朱小妹	女	80	民国 24 年（1935）6 月 27 日	1 组
8	张银妹	女	80	民国 24 年（1935）9 月 14 日	1 组
9	蒋洪达	男	84	民国 20 年（1931）8 月 12 日	2 组
10	秦子茂	男	82	民国 22 年（1933）7 月 28 日	2 组
11	秦松岳	男	81	民国 23 年（1934）7 月 6 日	2 组
12	毛根林	男	80	民国 24 年（1935）5 月 10 日	2 组
13	沈林妹	女	80	民国 24 年（1935）10 月 20 日	2 组
14	秦泉宝	男	96	民国 8 年（1919）10 月 14 日	3 组
15	秦阿根	女	90	民国 14 年（1925）10 月 21 日	3 组
16	陈凤宝	女	84	民国 20 年（1931）5 月 14 日	3 组
17	秦妹郎	女	83	民国 21 年（1932）8 月 12 日	3 组
18	秦玉书	男	80	民国 24 年（1935）1 月 29 日	3 组
19	徐水林	女	80	民国 24 年（1935）1 月 29 日	3 组
20	沈金凤	女	93	民国 11 年（1922）5 月 9 日	4 组
21	胡福金	女	86	民国 18 年（1929）3 月 15 日	4 组
22	陈四妹	女	86	民国 18 年（1929）11 月 1 日	4 组
23	姚根林	男	85	民国 19 年（1930）11 月 16 日	4 组

续表

序号	姓名	性别	年龄	出生日期	组别
24	姚根妹	女	84	民国 20 年（1931）7 月 7 日	4 组
25	薛凤青	女	84	民国 20 年（1931）10 月 8 日	4 组
26	蒋云高	男	84	民国 20 年（1931）11 月 7 日	4 组
27	冯彩娥	女	83	民国 21 年（1932）10 月 10 日	4 组
28	陆根生	男	83	民国 21 年（1932）7 月 30 日	4 组
29	陆四妹	女	82	民国 22 年（1933）1 月 10 日	4 组
30	陈根娣	女	82	民国 22 年（1933）7 月 18 日	4 组
31	冯阿大	女	81	民国 23 年（1934）4 月 1 日	4 组
32	蒋泉根	男	81	民国 23 年（1934）11 月 26 日	4 组
33	沈金泉	男	80	民国 24 年（1935）6 月 12 日	4 组
34	万阿娥	女	89	民国 15 年（1926）8 月 27 日	5 组
35	姚金妹	女	88	民国 16 年（1927）3 月 9 日	5 组
36	杨阿兴	男	87	民国 17 年（1928）11 月 26 日	5 组
37	赵根宝	女	84	民国 20 年（1931）5 月 13 日	5 组
38	杨巧宝	女	81	民国 23 年（1934）7 月 9 日	5 组
39	陈明山	男	80	民国 24 年（1935）1 月 1 日	5 组
40	孙桂宝	女	80	民国 24 年（1935）7 月 1 日	5 组
41	殷招媛	女	80	民国 24 年（1935）12 月 5 日	5 组
42	陈根妹	女	90	民国 14 年（1925）1 月 15 日	6 组
43	陆长泉	男	86	民国 18 年（1929）9 月 13 日	6 组
44	蒋阿招	女	86	民国 18 年（1929）9 月 26 日	6 组
45	吴大小妹	女	85	民国 19 年（1930）3 月 3 日	6 组
46	冯盘妹	女	80	民国 24 年（1935）7 月 27 日	6 组
47	陆大妹	女	102	民国 3 年（1914）5 月 1 日	8 组
48	庄根生	男	92	民国 12 年（1923）7 月 18 日	8 组
49	张大媛	女	88	民国 16 年（1927）7 月 20 日	8 组
50	陈水生	男	86	民国 18 年（1929）1 月 6 日	8 组
51	高根宝	女	83	民国 21 年（1932）1 月 22 日	8 组
52	金福妹	女	83	民国 21 年（1932）3 月 28 日	8 组
53	薛妹宝	女	82	民国 22 年（1933）5 月 26 日	8 组
54	杨秀英	女	82	民国 22 年（1933）11 月 15 日	8 组
55	陈火生	男	81	民国 23 年（1934）8 月 21 日	8 组
56	韩阿大	男	81	民国 23 年（1934）8 月 23 日	8 组
57	蒋小妹	女	80	民国 24 年（1935）2 月 10 日	8 组
58	陈云根	男	80	民国 24 年（1935）10 月 16 日	8 组
59	陈金根	男	80	民国 24 年（1935）12 月 2 日	8 组

续表

序号	姓名	性别	年龄	出生日期	组别
60	韩小夯	男	84	民国20年（1931）8月5日	9组
61	汤金明	男	81	民国23年（1934）3月13日	9组
62	杨桂娥	女	81	民国23年（1934）8月28日	9组
63	杨大宝	女	83	民国21年（1932）7月21日	10组
64	汤才根	男	83	民国21年（1932）8月26日	10组
65	孙根林	女	82	民国22年（1933）5月1日	10组
66	陆妹妹	女	82	民国22年（1933）6月2日	10组
67	杨大夯	男	81	民国23年（1934）7月3日	10组
68	汤关根	男	91	民国13年（1924）5月18日	11组
69	陆巧根	女	89	民国15年（1926）5月17日	11组
70	姚全根	男	88	民国16年（1927）2月15日	11组
71	杨　氏	女	88	民国16年（1927）6月15日	11组
72	陆阿三	男	85	民国19年（1930）7月17日	11组
73	田妹妹	女	85	民国19年（1930）7月19日	11组
74	蒋小白	女	84	民国20年（1931）9月2日	11组
75	姚根妹	女	84	民国20年（1931）11月13日	11组
76	董保根	女	83	民国21年（1932）11月19日	11组
77	贝阿六	男	81	民国23年（1934）9月19日	11组
78	秦根妹	女	81	民国23年（1934）5月19日	11组
79	冯阿多	女	80	民国24年（1935）1月13日	11组
80	杨惠英	女	80	民国24年（1935）10月1日	11组
81	孙二宝	女	80	民国24年（1935）11月15日	11组
82	孙巧英	女	90	民国14年（1925）10月27日	12组
83	胡大妹	女	87	民国17年（1928）1月27日	12组
84	陈阿毛	男	85	民国19年（1930）1月7日	12组
85	韩云宝	女	85	民国19年（1930）1月10日	12组
86	杨水英	女	83	民国21年（1932）1月13日	12组
87	陆水林	女	83	民国21年（1932）1月19日	12组
88	陈阿壮	男	82	民国22年（1933）5月19日	12组
89	朱大妹	女	82	民国22年（1933）6月23日	12组
90	陈阿夯	男	82	民国22年（1933）11月17日	12组

四、劳动人口

民国时期及中华人民共和国成立初，徐家浜、东家村、林浜、吴家里、北海巷等自然村男女劳动力主要集中从事农业生产及养鱼等活动，很少涉及其他职业。

直到 20 世纪 70 年代，黄桥公社的社办企业及张庄大队的队办企业兴起和发展，劳动力构成发生变化。

1963 年，张庄大队 1427 人，男女劳动力 787 人，均从事农、渔业生产。

1964 年，1467 人，男女劳动力 790 人，均从事农、渔业生产。

1975 年，1803 人，男女劳动力 908 人，从事农、渔业生产 689 人，参加队办企业 190 人，从事其他行业 29 人。

1978 年，1834 人，男女劳动力 940 人，从事农、渔业生产 353 人，参加队办企业 274 人，建筑业 72 人，搞运输 4 人，经商 2 人，文教卫生工作 13 人，从事其他行业 222 人。

1981 年，1867 人，男女劳动力 983 人，从事农业生产 274 人，渔业生产 208 人，参加队办企业 418 人，从事其他行业 83 人。

1986 年，2006 人，男女劳动力 1214 人，从事农、渔业生产 219 人，参加村办企业 873 人，从事其他行业 122 人。

1994 年，2041 人，男女劳动力 1293 人，从事农、渔业生产 114 人，参加村办企业 1147 人，村级管理 11 人，镇级企事业劳动力 21 人。

2008 年，2143 人，男女劳动力 1287 人，参加个体私营企业 1078 人，建筑业 45 人，交通运输业 14 人，商业 19 人，餐饮服务 31 人，教育卫生工作 4 人，行政管理 8 人，其他 88 人。

2011 年，2260 人，男女劳动力 1310 人，家庭经营 212 人，外出务工 48 人，参加个体私营企业 956 人，其他 94 人。

2015 年，2346 人，男女劳动力 1418 人，其中有固定职业 1205 人，占 85%，无固定职业 213 人，占 15%。

五、文化程度

民国时期，徐家浜、东家村、北海巷、南巷、中巷等自然村内儿童入学率低，主要是西海、陈家湾等富户贤人家的学童聘请塾师开设学馆，入学就读认字。成年人中尤其女性 90% 不识字，半文盲及文盲较普遍。

中华人民共和国成立初，成年人上冬学和民校，学习文化，参加扫除文盲活动。经过几年扫盲，村内文盲及半文盲人数逐渐减少。同时学龄儿童基本入学，具有小学以上文化程度的人数逐年增加，有的升入中学，有的考上大学，文化程度越来越高。

1964 年，张庄大队 409 户 1469 人中，12 周岁以下不在校 389 人（其中 7~12 周岁 180 人），不识字 589 人（其中 13~40 周岁 320 人），初识字 124 人

（其中 13~40 周岁 97 人），初小 249 人（其中 13~40 周岁 141 人），高小 64 人，初中 41 人，高中 4 人。

1965 年，张庄大队考入农业中学的有陈才根、吴爱生、秦泉根，考入陆墓中学的有吴福寿、汤云男、汤大男、蒋金男、陈二男。

1970 年，张庄大队 436 户 1712 人中，初中学历 22 人，高中学历 9 人。

1982 年，张庄大队 563 户 1961 人中，不识字、少识字 697 人，小学学历 821 人，初中学历 282 人，高中学历 69 人，大学学历 7 人，学龄前儿童 85 人。

1995 年，张庄村 548 户 2012 人中，不识字、少识字 531 人（其中 12 周岁以上 244 人），小学学历 954 人，初中学历 328 人，高中及大专、大学学历 117 人，学龄前儿童 82 人。

是年，张庄村对不识字、少识字对象进行扫盲工作，村内 15~43 周岁 487 人中，有文盲 69 人，经扫盲 11 人脱盲。

2005~2015 年，张庄村每千人中拥有小学、初中、高中、大专以上文化程度的人数逐年增长，其中拥有大专、大学文化程度的人数增长最快，近几年中成倍增长。不识字、少识字的人越来越少。

中华人民共和国成立至 2015 年，张庄村（大队）有大专、大学毕业（在读）生 339 人，具体名单如下：

陈鹤皋	陈鹤鸣	王志农	沈卫明	胡才明	沈建华	陆国荣
沈强华	杨建中	陈小英	陈建宏	陈惠明	姚惠生	朱钰泉
蒋大男	杨金龙	贝雪根	秦秋语	秦依美	蒋鼎	陆羽玲
王秦浩	秦芸帆	徐静	徐振华	钱鑫	徐敏博	秦祎
刘华	秦娟	郭燕	王红马	郭华	蒋丽	沈利淑
秦晨曦	秦彬	曹梦艺	秦艳萍	秦诚	胡建良	胡啸天
秦萍萍	倪以朋	秦晓芳	秦芳	周晓剑	郭晓萍	秦凯
范玲玲	蒋银华	沈贤敏	蒋伟	蒋福林	毛小兵	陈小红
沈攸	包汉臣	蒋家娴	徐姚育	徐鸣	王卫琴	秦诚
秦攀峰	秦莉	秦韶华	金璟	沈丹妮	赵启文	秦瑜
刘梓隆	沈国庆	蒋银燕	毛晓龙	秦庆红	秦时锋	沈怡静
谢燕平	秦纯婷	秦晋	李琦	蒋景琪	蒋洁涵	沈琳
吴成娟	蒋伊丽	胡菊明	胡菊芳	蒋育宇	姚晓宇	谈小青
姚晓东	钱立琴	胡怡婷	姚鹤芳	蒋文斌	姚泽源	王鹤祺
吴福寿	黄旻鸣	沈灵杰	吴筠	陆雅婷	汤仁志	归仁芳
沈维	沈晓蒙	姚志将	吴彩琴	汤晓俊	邵丹丹	蒋诚

徐晓楚	胡涛	陆春瑶	陈春凤	陈志强	陆志文	姚燕青
秦一琴	赵泽	陈莉琴	庄琪	沈智晶	胡卫	陈斌
沈新康	沈新秋	高宝康	蒋铭	龚云辉	蒋斌	吴晓斌
宋艺雯	薛银萍	陆晓娇	杨俊杰	陈德引	沈黎婷	沈梅林
杨吉琦	胡锦芳	沈洁	陆明霞	陈佳	蒋洁艳	吴娟
蒋鹤	王悦佳	蒋娟	陈莉平	沈雪男	李靖	钱其新
华新萍	华新毅	姚梦奇	李明瑜	吴晨晨	华新满	沈芳
陆春凤	薛俊文	薛俊华	吴红芳	吴梦笔	沈斌	吴洁瑜
沈国华	沈彩华	陆继忠	陆继祖	姚嘉仁	吴阮婷	陆单吉
陆晓丰	徐钱琴	沈亚明	陆育芳	李菊花	陆新荣	孙海珍
陆春琴	黄锋雷	沈佳	陆金荣	陈亚峰	汤丽娟	郭健
郑学秋	汤思晨	徐雨青	陆仁强	汤文雯	傅驰	韩琴华
李忠洲	汤忆文	陈晨	陈娟	陈燕	陈卫忠	汤惠艳
陆恺迪	汤敏杰	邹晴	汤华	汤丽梦	朱光乔	成萍
陈燕琦	韩星宁	韩一凡	陈建军	陈柳花	程中	郭艳妮
韩逸悦	陈炎婷	陈尧奇	陈梦娓	汤潇圆	汤学成	金建平
汤天贻	李文静	陈宗焰	韩丽雅	韩仁良	韩梦霞	徐健
施虹	韩丹萍	韩双	郭玲芳	郭玲刚	郭智仁	陈金华
陈根妹	陈彦瑜	陈丽艳	陈光	陈董阳	陈华	张信粉
陈志丹	陈玉龙	陈岳红	陈雪琴	陈涛	邹燕	陈波
秦晓娟	陈毅	潘晓燕	陈惠其	陈菁	陈怡玲	汤蒙汐
汤晓俊	韩祺峰	汤哲琦	庄敏武	周文兰	朱钰明	朱子奇
汤建惠	秦凤娟	汤耀晨	陆晓莲	任泽武	陆怡薇	陆晓衍
薛红娟	汤雅萍	朱志刚	史博文	杨雅琴	刘俊杰	陆春燕
何力波	杨兰燕	吴克华	庄景武	陆祯妮	陆新宇	王斌
杨晓祺	吴小男	杨丽	汤文娟	陆振	程雯婷	杨承倪
汤钰林	陈晓闻	杨思晨	汤晓丽	陆文怡	陈志刚	陆宵霞
陈川川	陆倩雯	陆丹艳	陈宇奇	沈伟峰	杨伟峰	陆敏君
陆敏瑜	徐冰凌	陆芳丽	杨争艳	陈怿文	汤萍萍	姚云峰
贝科德	朱晓芸	陈婷	姚春宇	姚梦华	李杨	陈莉琴
陈鹤峰	陈斌	陈小明	陈晓峰	金燕萍	杨建华	陈琦
陆静	陆忆学	陈梦瑶	陈淳	杨菊英	陆林发	陆锦良
陆巧根	倪新芳	殷丽琼				

表 2-8　张庄村大学生统计

（截至 2015 年）

组别	大学生人数	其中			备注
		本科生	硕士	博士	
1	31	19	1	—	秦秋语硕士（美国东北大学）
2	25	13	2	—	蒋银华硕士、沈贤敏硕士
3	12	6	—	1	王志农博士
4	21	13			
5	49	25	3	—	陆志文硕士生导师、 吴娟硕士、杨吉琦硕士
6	40	18	1	—	沈卫明硕士（西安交通大学）
7	23	9	1	—	汤丽梦硕士
8	19	11			
9	45	23	3	—	陈金华硕士、朱子奇硕士、汤耀晨硕士
10	27	15	2	—	陆祯妮硕士、王斌硕士
11	28	12	2	—	贝科德硕士、朱晓云硕士
12	19	9			
合计	339	173	15	1	

第四节　人口控制

民国时期，村民受封建的传统生育观念影响，早婚、早育、多子女现象普遍，尽管受经济条件制约，终生生育 5~6 胎的夫妇比较多，吴家里吴小和尚夫妇生育 7 胎（6 男 1 女）。时青年结婚年龄一般男 18 虚岁，女 16 虚岁左右。

20 世纪 50 年代中期，在农业合作化高潮中，金星高级农业生产合作社为体现农业合作化优越性，对多胎生育的育龄妇女予以奖励和产假，曾一度出现生育高峰期。

20 世纪 60 年代后期至 70 年代，张庄大队按照黄桥公社部署，推行计划生育工作，由大队妇女主任与各生产队妇女队长负责。许多育龄妇女因连生数胎（有的双胞胎），受多子女拖累，主动采取绝育措施，也有的夫妇对此项工作持不同看法。

1971 年，张庄大队贯彻国务院和江苏省革命委员会文件，发动群众制定晚婚晚育规定，重点控制多胎生育。

1974 年，张庄大队执行"晚、稀、少"的计划生育政策，青年结婚年龄规定男性 25 周岁、女性 23 周岁，至 1978 年适当调整结婚年龄。

1979 年 10 月，张庄大队 24 对夫妇首批领取独生子女证。具体名单：

蒋小阿四和蒋荣妹、陆根发和沈玉英、陆阿二和李秀英、郭雪荣和杨大妹、陆阿福和庄小雪、陈培荣和薛小香、陆才兴和陆荣妹、薛土根和陆金玲、陈关根和陈杏妹、蒋水生和张桂英、沈阿三和张菊英、杨敖泉和陈三妹、杨小男和陈全英、陆苦四和陆菊妹、陈福根和陈白妹、汤小男和陈腊妹、徐雪林和陈丙珍、胡阿三和陆大妹、秦才兴和徐水英、陆林根和庄秋英、胡金男和陈全妹、郭全根和金小妹、沈林生和陆元妹、汤桂兴和马根媛。

20 世纪 80 年代，张庄村（大队）建立节育保健网，配备节育保健员。1980 年 9 月 25 日，《中共中央关于控制我国人口增长问题致全体共产党员、共青团员的公开信》发表后，张庄大队全面实施一对夫妇生育一个孩子政策。

1980 年，张庄大队出生率控制在 12.3‰，独生子女率达 62.7%。1981 年春节，56 对结婚夫妇中有 53 对表示终生只生 1 个孩子。

1982 年 5 月，张庄大队成立计划生育领导小组，由姚根林（组长）、沈金华、陆二男、汤招娣、汤海根组成。并出台本大队计划生育奖罚措施。

20 世纪 80 年代后期，由个人（夫妇）申请，报请县计划生育管理部门批准核实，可安排生育二胎。1987 年，张庄村有 4 对夫妇被批准生育二胎。此后每年均有照顾生育二胎的夫妇。

20 世纪 90 年代，由于外来人口不断增多，张庄村加强流动人口和外来人口计划生育工作，避免计划外生育现象。

2013 年，张庄村计划生育领导小组由陆林发任组长，杨菊英任副组长，以及陆锦良、项丽、陆巧根、庄建金、蒋卫龙、秦卫英、汤建红、刘芳、陈永康、杨桂英、陈莉琴、陈盘妹、郭玉珍等组成。

是年，张庄村 599 户 2280 人，12 个村民小组配备 4 个计生节保员，有育龄妇女 548 人（未婚 88 人，已婚 460 人），其中落实计划生育措施：上环 208 人，工具 78 人，结扎 110 人，按计划生育 42 人，绝经 22 人。新婚登记 10 对夫妇，再婚登记 3 对夫妇，申请二胎 9 对夫妇。当年出生 20 人（男性 11 人，女性 9 人）。

外来人口 4351 人中，有育龄妇女 1547 人，其中已婚育龄妇女 1221 人。对于他们，做好管理和服务工作。

自 1979 年 10 月张庄大队育龄妇女领取独生子女证始，至 2015 年，张庄村（大队）累计领取 424 张独生子女证，按照上级政府文件规定，从 2016 年 1 月 1 日起取消发放独生子女证。

平时，张庄村（大队）在开展计划生育工作中，做到加强宣传教育。利用人口分校，开展各类培训，发放宣传品，每月9日组织计生节保员例会一次，了解育龄妇女孕情，做到早发现、早汇报、早采取补救措施，利用重大节日开展系列活动，在"5·29"纪念日、"9·25"公开信活动中宣传计划生育政策。做好开展优质服务。做好育龄妇女婚前婚后随访、怀孕期间随访、送避孕药具和计划免疫预防。做到加强流动人口管理与服务。对流动人口每月清查一次，采集信息及时汇报，对他们进行同等管理，为他们提供同等服务，使他们得到同等享受。

附：张庄村关于计划生育的福利待遇

根据县政府文件和公社党委规定精神，以及村实际情况，对本村关于计划生育的福利待遇特作如下规定：

一、独生子女待遇

（一）独生子女每年补助独生子女费50元。

（二）独生子女免费看病，免费入托（儿所）、入园（幼儿园）、入学。

（三）独生子女享受两份自留地，对已划一份自留地的再补一份，按标准结算经济，没有划到自留地的补二份经济，每份自留地费13.5元。

二、育龄妇女产假期内报独生子女的，产假期为45天。

三、引产补贴25天，另外补助服侍人6天。

四、人工流产同时上环补贴20天（其中人工流产15天，上环5天）。

五、男女结扎各补贴50天，若结扎失败，重新结扎，补贴30天，另外补助服侍人6天。

六、育龄妇女上环后，需要查环每次补贴1天。

七、自1986年1月1日起，报独生子女夫妇，享受原造房补贴两份，每份800元，合计1600元。

八、凡照顾符合生育二胎子女的夫妇，均不享受独生子女一切福利待遇。

张庄村村民委员会
1989年4月

表 2-9 张庄村实施人口控制选年（2006~2015 年）统计

年份	出生人数	计划生育数	计划生育率（％）	计划外生育数	应采取节育措施人数	节育率（％）	独生子女证数	新婚夫妇对数	晚婚率（％）	已婚育龄妇女人数
2006	22	52	236.4	—	24	46.2	119	17	—	545
2007	19	42	221.1	—	20	47.6	86	18	—	536
2008	24	49	204.2	—	16	32.7	76	19	5.3	551
2009	20	59	295	—	22	37.3	63	21	—	586
2010	40	68	170	1	17	25	58	20	—	611
2011	23	83	360.9	—	20	24.1	44	20	5	606
2012	33	64	194	1	19	29.7	37	16	—	594
2013	25	46	184	1	4	8.7	36	9	—	546
2014	17	49	288.2	—	7	14.3	31	10	—	536
2015	21	45	214.3	—	7	15.6	26	13	—	508

第三章　农村经济体制变革

民国时期，地主、富农占有土地，贫苦农民除少量自耕田外，靠租种土地和出卖劳动力维持生计。

1950年10月，经过土地改革，农民有了自己的土地。1952~1956年，建立农业生产互助组、初级农业生产合作社和高级农业生产合作社。1958年10月建立人民公社，实行政社合一的统一管理体制，生产资料为集体所有。由于"左"倾思想影响和自然灾害侵袭，农业生产一度停滞不前。

1983年，全面推行家庭联产承包责任制。1998年，稳定和完善农村土地承包关系，发放土地承包经营权证书。2005年，建立村股份合作社。

1995年3月，张庄村被列为吴县农业现代化试点乡镇、村之一，农田基础设施建设和农业机械化程度进一步提高。

第一节　封建土地所有制

一、土地占有

中华人民共和国成立前，沈埂上、徐家浜、东家村、东板桥、西板桥等自然村共有土地（包括内塘鱼池）约2080亩，其中1/6的土地被地主、富农占有，大多数贫农、中农占有土地极少，只得向蠡口富户孙二宝、孙三根，以及苏州等地租栈租地耕种。每年缴纳地租后，所剩无几，苦度光阴。

为维持生计，男做长工女帮佣。如东家村有7户贫雇农每年替人家做长工、月头工（即临时工）。北巷陆长泉每年6、7、8月做月头工，每天只得1升米（1斤半）。陈家几户贫困户的孩子替人看牛，人家只管吃饭，不付工钿。沈巷有胡氏靠帮佣为生。还有无法生活的，朝西有陆姓，东家有阿小弟父子等几户出门乞讨过日子。

1950年调查，黄土桥乡有人口3614人，土地8394.5亩，其中44.7%的土地被占总人口1.52%的地主、富农和工商资本家占有。而占总人口98.5%的雇农、贫农和中农占有55.3%的土地。

二、租贷

（一）地租

凡向地主租田耕种，出租土地者和承租土地者之间形成业佃关系。业主属"田底"（即土地所有权），佃户属"田面"（即土地使用权），亦称"头租"。佃户可转租他人，若转租他人（称"二租"），每年的地租由头租人转缴业主。

地租分为定租和活租两类。定租规定租额及缴租时间和地点，或规定出租年限，不管收成好坏，租额必须缴足。一般稻田租额每亩1石零8升（折合162斤）糙粳，或1石2斗（折合120斤）糙粳。活租一般不规定租额，或每三年规定一次，双方视收成好坏商定租额。凡稻田佃户与业主对半分，租养鱼池收入，佃户得3成，业主得7成。

每年秋收后，业主派催子（为业主催租和收租者）或账房上门催租。佃户无力缴租，业主通过保长、警察上门逼租，或逼佃户当长工、帮佣、卖女儿抵租；甚至让他们坐牢，俗称"吃租米官司"。民国时期，有佃户数人遭关押，吃租米官司。

（二）高利贷

分实物、货币借贷两种。实物借贷有"粒半头"（在限期内借1石还1石半）、"卖青苗"（在青黄不接的7~8月借1石糙粳，3个月内得还1.5石糙粳），货币借贷以借印子钿为多，10天为限，利率20%。

（三）捐税

村民除逐年加重的田赋外，至少有10多项捐税与田赋相近。抗日战争时期，当地村民要捐军米，一般每年每亩2~4升糙粳。民国36年（1947），吴县第六区（黄埭）的捐税，有壮丁费，自卫自治费，乡镇经常费，临时军草费，慰劳费，保丁和保安队附饷费，难民费，船捐，公路费等。

第二节　土地改革

1950年10月，吴县农村土改工作队进驻乡、村，开展废除封建土地私有制土地改革运动。大致经过宣传政策、登记土地、划分阶级成分、征收没收和分配土地财产、改选基层政权等步骤，至1951年3月结束。

时张庄称张家里，属陆墓区蠡口乡蠡西村，有6名土改工作队员驻村开展工作。在进行登记土地时，全村有361户1326人，耕地1416.186亩，非耕地897.671亩（其中鱼池871.14亩、坟地25.949亩、旱地0.582亩）。耆老回忆，西板桥庄根发、庄根生、郭福康等 8 户 28 人，有耕地 40.412 亩，非耕地 0.194 亩。马家浜（今板桥）郭宝根、王根木、李阿根等 11 户 28 人，有耕地 40.845 亩，非耕地 1.203 亩。徐家浜徐火根、蒋阿二、徐阿虎等 7 户 31 人，有耕地 28.188 亩，非耕地 11.227 亩。

在划分阶级成分中，发动群众自报公议，经农民协会（简称"农会"）小组、村农会和乡农会三级审议确定，报区政府审定批准后正式公布。张家里除 6 户地主、5 户富农外，绝大多数村民是雇农、贫农和中农。

在划分阶级成分后，为扫除土改中的障碍，掀起对恶霸和不法地主斗争的高潮，彻底摧毁封建势力，确保土改运动顺利进行，蠡口乡组织召开斗争地主打击封建势力的群众大会，张家里有 250 余人参加大会。

土改中，依次没收地主土地及财产（农民称"四大财产"：土地、耕畜农具、房屋家具、多余粮食）。在土地分配中，先分户（指原耕农民）每人平均 1.7 亩，后分户（指无地缺地农民）每人平均 1.3 亩。如中巷陈卫良、南巷韩阿苗、北巷张银子都分得土地耕种。无房居住户韩金福（朝西）、邱寿松（陈家湾）、杨小男（沈巷）及外籍户蔡永林等都分得房屋居住。

中华人民共和国成立之初农民土地证

1951 年 6 月，为保障农民土地和房屋所有权，人民政府给分得土地、房屋的农民颁发土地证，并进行土改复查验收。

吴县人民政府给张家里 361 户 1326 人颁发土地房产所有证。时张家里登记耕地 1416.186 亩，非耕地 897.671 亩（其中鱼池 871.14 亩），瓦房 897 间，草房 1 间，瓦房和草房地基 57.192 亩。

附：

1951 年黄土桥乡先分户 391 户 1554 人，变租田为自田 2971.81 亩。后分户 897 户 2418 人，变租田为自田 3768.84 亩。没收地主财产及分配：土地 3358.353 亩（其中内塘水面 2496.86 亩），房屋 153 间，鱼种 2498.86 公斤，耕牛 3.5 头，家具 183 件。分给雇农土地 224.2 亩、家具 17 件、牛 1 头。分给贫农土地 2266.16 亩、家具 153 件、牛 2.5 头。分给中农土地 118.5 亩、家具 3 件。保留分余财产：房屋 15 间、家具 10 件。

表 3-1　1951 年蟊西村张家里土地房产所有证明细

自然村	户主	人口	土地（亩）				房产		备注
			耕地	非耕地	其中		瓦房（间）	地基（亩）	
					坟地	鱼池			
西板桥	庄根发	5	5.481	—	—	—	3	0.364	
西板桥	庄根生	4	4.705	—	—	—	3	0.243	猪圈 1 个
西板桥	庄永岐	4	8.837	—	—	—	8	0.485	猪圈 1 个
西板桥	陆王氏	1	0.873	—	—	—	—	—	
西板桥	王老太	1	3.298	—	—	—	1	0.068	
西板桥	陈阿贵	3	2.813	0.194	0.194	—	4	0.679	
西板桥	陆杏全	4	3.686	—	—	—	2	0.388	树 2 棵
西板桥	郭福康	6	10.719	—	—	—	2	0.340	树 2 棵
马家浜	郭宝根	6	7.972	0.349	0.349	—	2	0.233	
马家浜	郭宝全	5	6.453	0.175	0.175	—	3	0.242	
马家浜	王根全	1	1.164	0.194	0.194	—	1	0.097	
马家浜	王根木	1	0.970	0.097	0.097	—	1	0.145	
马家浜	李富林	3	3.879	—	—	—	3	0.243	
马家浜	郭云亭	2	2.716	—	—	—	1	0.048	
马家浜	陈寿生	2	2.134	—	—	—	3	0.242	
马家浜	郭老太	1	1.455	—	—	—	3	0.242	
马家浜	李锦林	1	3.433	—	—	—	4	0.242	
马家浜	郭全根	2	3.395	—	—	—	3	0.242	树 2 棵
马家浜	李阿根	4	7.274	0.388	—	0.388	4	0.485	
沈埂上	郭阿根	5	4.355	0.970	0.970	—	1	0.242	
沈埂上	郭根福	4	3.249	0.097	0.097	—	1	0.240	
沈埂上	沈全兴	4	3.260	0.291	0.291	—	3	0.320	
沈埂上	胡河生	2	3.541	0.291	0.291	—	2	0.307	
沈埂上	郭小弟	2	3.153	—	—	—	1	0.194	树 1 棵
沈埂上	沈坤全	6	7.004	—	—	—	3	0.291	
沈埂上	胡小弟	5	2.377	5.820	1.940	3.880	3	0.194	
沈埂上	徐杏生	7	7.857	2.231	2.231	—	4	0.194	
徐家浜	徐火根	5	3.946	—	—	—	1	0.145	
徐家浜	徐金生	5	3.813	5.747	0.388	5.359	2	0.145	
徐家浜	蒋阿二	2	4.733	—	—	—	2	0.194	
徐家浜	徐阿关	7	5.532	0.291	0.291	—	3	0.194	
徐家浜	蒋水根	4	4.645	0.145	0.145	—	2	0.194	
徐家浜	徐阿虎	6	2.997	4.753	0.291	4.462	1	0.097	

续表

自然村	户主	人口	土地（亩）				房产		备注
			耕地	非耕地	其中		瓦房（间）	地基（亩）	
					坟地	鱼池			
徐家浜	徐根寿	2	2.522	0.291	0.291	—	1	0.097	
东家村	秦大夯	6	0.970	12.416	—	12.416	2	0.388	
东家村	蒋春园	3	3.686	—	—	—	2	0.155	
东家村	薛家临	6	2.134	0.233	0.233	—	3	0.097	
东家村	蒋文才	4	6.063	0.146	0.146	—	3	0.097	
东家村	沈大阿姐	1	1.940	0.291	0.291	—	—	—	
东家村	秦云泉	1	0.776	0.582	0.582	—	1	0.049	
东家村	蒋鸿良	4	2.377	1.358	—	1.358	2	0.146	
东家村	秦阿五	5	6.867	6.247	—	6.247	2	0.146	
东家村	秦杏生	4	2.813	4.074	—	4.074	3	0.359	
东家村	秦小福	9	11.184	3.444	—	3.444	8	0.728	
东家村	秦老太	1	2.929	0.776	—	0.776	3	0.194	
东家村	秦火根	6	7.771	0.291	0.291	—	2	0.252	
东家村	沈根荣	6	3.444	2.183	—	2.183	5	0.437	
东家村	沈根荣	1	—	3.298	—	3.298	—	—	
东家村	黄小弟	3	2.716	—	—	—	2	0.146	
东家村	秦大娘	4	1.630	4.365	—	4.365	2	0.126	
东家村	秦根生	5	4.783	—	—	—	4	0.213	
东家村	蒋俞氏	1	1.843	—	—	—	1	0.049	
东家村	秦阿六	1	2.910	—	—	—	—	—	
东家村	秦殷氏	3	0.592	6.548	2.668	3.880	3	0.165	
东家村	秦汉山	5	7.556	5.210	1.077	4.133	4	0.155	
东家村	秦阿夯	3	4.171	2.134	1.552	0.582	2	0.097	
东家村	秦阿夯	1	4.443	0.049	0.049	—	3	0.233	
东家村	秦汉其	1	2.124	—	—	—	—	—	
东家村	秦根金	5	3.589	3.637	0.097	3.540	3	0.165	
东家村	秦木根	5	5.917	0.097	0.097	—	3	0.194	
东家村	秦阿土	4	1.252	0.049	0.049	—	2	0.126	
东家村	秦招泉	4	5.209	—	—	—	3	0.146	
东家村	秦汉高	1	1.911	—	—	—	1	0.097	
东家村	秦阿水	2	0.873	3.192	—	3.192	2	0.107	
东家村	秦泉宝	4	4.445	2.367	—	2.367	2	0.078	
东家村	秦阿根	5	5.219	6.449	—	6.449	2	0.213	
东家村	沈水根	3	3.493	0.146	0.146	—	2	0.194	

续表

| 自然村 | 户主 | 人口 | 土地（亩） | | 其中 | | 房产 | | 备注 |
			耕地	非耕地	坟地	鱼池	瓦房（间）	地基（亩）	
东家村	沈水生	3	2.522	—	—	—	—	—	
东家村	秦阿二	4	5.432	—	—	—	1	0.194	
东家村	秦松□	3	4.405	3.492	—	3.492	2	0.194	
东家村	秦阿三	2	2.732	2.551	—	2.551	2	0.243	
东家村	秦阿三	—	8.167	4.375	—	4.375	4	0.338	
东家村	秦阿大	6	6.839	2.134	—	2.134	1	0.194	
东家村	沈呆大	1	0.873	0.097	0.097	—	1	0.194	
东家村	秦杏根	2	3.008	8.691	—	8.691	4	0.213	
东家村	秦汉松	8	9.859	7.431	—	7.431	6	0.359	
东家村	沈阿多	4	4.511	—	—	—	1	0.097	
东家村	沈根虎	1	—	4.656	—	4.656	—	—	
东家村	秦小弟	2	0.970	1.455	—	1.455	1	0.097	
东家村	秦海根	4	4.802	0.582	0.582	—	3	0.292	
东家村	刘春全	5	6.765	1.930	—	1.930	7	0.340	
东家村	刘起仲	5	4.850	7.071	—	7.071	3	0.097	
东家村	沈阿三	3	5.268	0.776	—	0.776	1	0.194	
东家村	毛根寿	5	4.295	5.840	—	5.840	7	0.583	
东家村	刘水根	7	4.656	3.201	—	3.201	2	0.146	
东家村	蒋木匠	5	4.026	—	—	—	2	0.194	
东家村	秦招根	6	3.686	5.433	—	5.433	5	0.223	
东家村	秦水宝	5	4.802	2.862	0.049	2.813	3	0.243	
东家村	沈根火	3	4.307	—	—	—	—	—	
徐家浜	沈玉庆	2	4.928	—	—	—	1	0.165	
东家村	沈伯林	3	5.743	—	—	—	2	0.194	
东家村	刘春生	5	4.462	4.268	—	4.268	3	0.243	
东家村	刘春泉	1	—	15.364	—	15.364	—	—	
林浜	蒋阿木	8	4.123	2.425	—	2.425	3	0.146	
林浜	蒋根寿	7	10.429	15.236	—	15.236	8	0.407	
林浜	蒋进德	1	—	0.388	0.388	—	5	0.097	
林浜	蒋仲康	3	3.386	6.742	0.146	6.596	3	0.097	
林浜	蒋阿荣	7	5.869	0.097	—	0.097	4	0.194	
林浜	蒋春祥	6	4.656	5.190	0.049	5.141	3	0.087	
林浜	蒋云寿	7	6.044	0.388	—	0.388	4	0.097	
林浜	蒋关生	3	5.626	—	—	—	5	0.243	

续表

自然村	户主	人口	耕地	非耕地	坟地	鱼池	瓦房（间）	地基（亩）	备注
			土地（亩）		其中		房产		
林浜	蒋云虎	7	5.966	5.428	—	5.428	4	0.194	
林浜	蒋春林	1	—	6.111	—	6.111	—	—	
林浜	蒋春其	6	12.127	5.665	—	5.665	7	0.291	
林浜	蒋阿四	3	4.414	—	—	—	4	0.195	
林浜	毛小妹	1	1.940	—	—	—	—	—	
林浜	蒋福根	4	6.790	0.097	—	0.097	6	0.291	
林浜	蒋根虎	2	0.291	0.049	0.049	—	1	0.097	
林浜	蒋阿桂	4	4.015	—	—	—	1	0.034	
林浜	姚金生	4	2.551	—	—	—	1	0.068	
林浜	蒋水福	7	9.846	0.291	0.291	—	3	0.165	
林浜	蒋桂兴	2	2.329	—	—	—	2	0.034	
林浜	蒋仲荣	1	—	2.697	—	2.697	—	—	
林浜	蒋春林	5	5.772	2.522	—	2.522	7	0.291	
姚家里	姚小弟	5	2.231	5.917	0.097	5.820	2	0.097	
吴家里	姚虎根	2	0.291	0.146	0.146	—	1	0.049	
吴家里	姚和生	4	1.290	12.309	—	12.309	2	0.631	
吴家里	陈小男	1	—	—	—	—	2	0.121	
姚家里	姚根土	2	2.813	0.883	0.107	0.776	1	0.039	
吴家里	吴四宝	4	4.317	0.059	0.059	—	5	0.194	
吴家里	吴阿小	5	4.676	3.832	0.049	3.783	3	0.146	
吴家里	吴水根	6	8.116	0.359	0.359	—	5	0.194	
姚家里	姚木根	4	5.917	5.140	0.029	4.850	4	0.223	
吴家里	沈文安	2	3.686	0.087	0.087	—	1	0.097	
吴家里	沈文荣	3	2.163	1.455	—	1.455	2	0.049	
吴家里	王根水	2	3.783	0.146	0.146	—	3	0.146	
吴家里	吴焕章	2	2.813	0.194	0.194	—	3	0.146	
吴家里	吴阿春	4	1.873	0.020	0.020	—	2	0.146	
姚家里	姚老元	5	4.149	3.688	—	3.688	3	0.146	
姚家里	姚公地	—	0.097	0.097	—	—	—	—	公用地
姚家里	姚仁甫	3	0.970	4.608	0.049	4.559	3	0.146	
姚家里	姚万仓	4	1.358	4.384	—	4.384	1	0.097	
吴家里	姚大根林	4	2.158	9.044	0.005	9.039	3	0.146	
姚家里	姚根林	3	1.314	—	—	—	3	0.146	
吴家里	吴土根	1	2.037	—	—	—	1	0.049	

续表

自然村	户主	人口	土地（亩）				房产		备注
			耕地	非耕地	其中		瓦房（间）	地基（亩）	
					坟地	鱼池			
吴家里	吴阿五	3	1.135	—	—	—	2	0.097	
吴家里	吴根全	5	4.900	—	—	—	2	0.146	
吴家里	吴水泉	3	2.959	4.462	—	4.462	2	0.097	
吴家里	姚万和	4	1.795	6.160	—	6.160	3	0.175	
吴家里	吴阿四	3	2.444	—	—	—	2	0.058	
吴家里	吴桂和	4	3.522	3.056	—	3.056	2	0.097	
吴家里	吴阿七	5	2.425	—	—	—	2	0.097	
吴家里	胡伯荣	5	2.348	5.005	—	5.005	4	0.194	
吴家里	胡福生	2	2.474	—	—	—	1	0.194	
吴家里	吴招根	4	2.863	2.522	—	2.522	2	0.146	
吴家里	吴小弟	1	1.756	—	—	—	1	0.097	
吴家里	胡寿生	3	2.474	4.074	—	4.074	1	0.194	树2棵
胡家里	沈彩峰	2	3.589	6.120	—	6.120	4	0.340	
胡家里	沈根寿	4	5.520	18.372	—	18.372	4	0.340	
吴家里	吴阿三	6	2.668	8.924	—	8.924	1	0.058	
吴家里	吴桂泉	5	6.975	—	—	—	2	0.097	
吴家里	薛夯木	4	3.638	0.873	—	0.873	1	0.073	
吴家里	沈金寿	3	1.154	2.862	—	2.862	—	—	
吴家里	杨阿二	1	1.067	—	—	—			
张庄中村	沈阿土	5	4.656	0.291	—	0.291	2	0.194	
北海巷	陆才生	2	4.026	—	—	—	6	0.213	
北海巷	陆老太	1	1.165	—	—	—			
北海巷	沈泉根	4	5.820	0.049	0.049	—	2	0.194	
北海巷	陆根生	6	7.276	4.171	0.194	3.977	4	0.194	
北海巷	陆根泉	3	3.396	—	—	—	3	0.097	
北海巷	陆松亭	7	4.560	9.332	—	9.332	4	0.213	
北海巷	陆长泉	3	3.298	7.469	0.194	7.275	2	0.194	
北海巷	沈宝生	4	4.171	3.104	—	3.104	3	0.097	
北海巷	沈云根	5	3.395	2.474	—	2.474	3	0.097	
北海巷	沈金木	4	3.104	3.065	0.097	2.968	1	0.175	
北海巷	沈国冬	3	2.367	1.087	1.087	—	3	0.194	
北海巷	沈虎生	4	2.571	1.290	1.290	—	2	0.126	
北海巷	沈根土	3	1.019	4.074	—	4.074	2	0.097	
北海巷	沈阿小	6	4.656	4.365	—	4.365	3	0.194	

续表

自然村	户主	人口	土地（亩）				房产		备注
			耕地	非耕地	其中		瓦房（间）	地基（亩）	
					坟地	鱼池			
北海巷	沈宝仁	6	0.825	6.812	—	6.812	4	0.194	
吴外浜	沈阿五	4	2.474	5.335	—	5.335	2	0.146	
吴外浜	陆云毛	5	4.443	0.126	—	0.126	2	0.049	
北海巷	胡阿根	4	1.795	—	—	—	1	0.049	
北海巷	胡长根	2	1.283	—	—	—	2	0.213	
朝东屋	胡根生	6	5.045	1.261	—	1.261	4	0.340	
朝东屋	沈阿金	6	3.253	5.626	—	5.626	2	0.097	
北海巷	沈文浩	5	5.666	14.373	—	14.373	4	0.378	
吴外浜	沈金根	3	2.910	0.970	—	0.970	2	0.097	
北海巷	蒋世全	3	—	3.890	—	3.890	2	0.097	树2棵
张家庄	杨阿二	3	3.492	—	—	—	2	0.049	
吴巷浜东	沈金泉	2	2.134	6.208	—	6.208	1	0.097	
北海巷	沈阿小	4	2.522	3.104	—	3.104	3	0.194	
吴行浜	陆三泉	4	1.989	1.125	—	1.125	2	0.049	
北海巷	蔡永林	2	2.522	—	—	—	1	0.039	
北海巷	王阿桂	2	2.716	0.243	0.243	—	1	0.039	
北海巷	陆阿全	2	1.116	1.552	—	1.552	1	0.049	
吴巷浜	陆云根	4	0.805	—	—	—	1	0.030	
北海巷	沈关荣	6	1.039	4.492	—	4.492	5	0.291	
北海巷	沈妹妹	1	—	2.444	—	2.444	—	—	
北海巷	郭水根	2	2.246	0.369	0.369	—	1	0.049	
吴巷浜	陆阿根	1	1.746	—	—	—	1	0.020	
北海巷	胡阿小	3	0.729	4.773	0.020	4.753	2	0.097	树1棵
北海巷	姚妹妹	1	1.067	—	—	—	—	—	
北海巷	胡木根	5	6.868	0.109	0.109	—	1	0.022	
北海巷	沈杏生	1	1.625	—	—	—	3	0.369	
北海巷	沈宝寿	7	5.823	11.822	—	11.822	6	0.447	
井上头	汤阿根	5	5.665	—	—	—	1	0.048	
西海屋	杨仲康	5	10.67	9.428	—	9.428	9	0.345	树1棵
张家庄	陆阿敖	3	3.128	—	—	—	3	0.291	
张家庄	杨根生	6	9.476	8.342	—	8.342	4	0.291	
朝南村	杨阿虎	4	6.298	—	—	—	4	0.116	
朝南村	杨关水	4	4.577	4.676	—	4.676	4	0.155	
凡头湾	杨雪根	3	4.607	4.579	—	4.579	3	0.107	

续表

自然村	户主	人口	土地（亩）				房产		备注
			耕地	非耕地	其中		瓦房（间）	地基（亩）	
					坟地	鱼池			
上街屋	陆哑子	1	1.552	—	—	—	1	0.048	
井郎头	陆根生	5	3.733	0.747	—	0.747	2	0.048	
倪家坟	杨德新	9	4.559	11.640	—	11.640	2	0.194	
井郎头	贝金木	1	3.298	—	—	—	2	0.069	
钱家花园	苏阿娥	1	2.328	—	—	—	1	0.048	
井郎头	汤阿金	4	4.466	0.630	0.630	—	3	0.096	
井郎头	陆阿荣	3	4.462	0.032	0.032	—	2	0.048	
井郎头	杨小妹	1	1.843	—	—	—	—	—	
倪家坟	杨关根	3	3.055	—	—	—	2	0.194	
井上头	汤春宝	3	4.151	—	—	—	2	0.048	
井上头	杨阿根	3	3.977	—	—	—	1	0.048	
井上头	汤杏宝	1	1.843	—	—	—	1	0.048	
井上头	许见民	3	0.931	—	—	—	—	—	
朝西屋	汤焕庆	3	2.677	6.208	—	6.208	2	0.165	
朝西屋	汤耀邦	1	1.678	—	—	—	—	—	
观音堂北	汤阿金	4	7.760	—	—	—	4	0.194	
瓦屋上	汤招宝	5	11.943	3.007	—	3.007	7	0.388	树1棵
朝西村	汤林宝	5	3.298	4.850	—	4.850	4	0.223	
新屋场	汤黄胖	2	0.970	—	—	—	1	0.029	
观音堂北	汤根木	4	3.279	3.376	—	3.376	2	0.175	
观音堂北	汤阿三	4	3.298	0.776	—	0.776	3	0.156	
观音堂北	汤嘉鹤	4	3.307	4.763	—	4.763	4	0.200	
新屋上	汤根荣	6	10.151	0.292	—	0.292	5	0.291	
新屋上	汤彩炳	1	—	1.513	—	1.513	—	—	
新屋上南	汤焕章	2	1.397	3.007	—	3.007	1	0.019	
三间头	汤阿宝	4	2.745	0.019	0.019	—	2	0.097	
堰头上	汤金根	4	5.481	—	—	—	5	0.388	
西海	陈根发	5	12.368	0.146	0.146	—	2	0.097	树1棵
后浜	杨杏生	6	2.970	3.104	—	3.140	2	0.097	
西海村	陆全根	4	3.250	0.097	0.097	—	2	0.097	
西海村	陈老太	1	2.348	0.049	0.049	—	2	0.097	
朝南	汤才根	2	2.910	1.164	—	1.164	2	0.019	
朝南	陆云根	1	1.164	—	—	—	—	—	
朝北屋	陆根荣	6	1.989	2.328	—	2.328	2	0.098	

续表

自然村	户主	人口	土地（亩）				房产		备注
			耕地	非耕地	其中		瓦房（间）	地基（亩）	
					坟地	鱼池			
西海	杨小木	4	6.238	8.982	—	8.982	3	0.116	
西海	杨大妹	1	2.910	—	—	—	—	—	
西海	杨大木	5	11.417	12.785	—	12.785	6	0.650	
行堂口	杨小多	4	4.870	—	—	—	1	0.058	
行堂口	汤阿泉	5	5.820	0.049	0.049	—	3	0.136	
西海	陆阿金	6	4.608	10.282	0.388	9.894	5	0.243	
朝南	杨阿敖	6	7.784	—	—	—	3	0.097	
朝南	汤老太	1	0.922	0.485	—	0.485	—	—	
后浜	杨云泉	9	6.917	5.088	—	5.088	2	0.146	
南巷	陈阿二	5	6.224	—	—	—	4	0.243	
南巷	陈祥洲	5	10.631	7.469	—	7.469	4	0.146	
南巷	朱阿三	4	0.175	7.275	—	7.275	4	0.146	
南巷	陈菊生	4	4.467	—	—	—	1	0.097	
南巷	陈阿三	3	3.502	0.320	—	0.320	2	0.097	
南巷	陈水生	6	3.689	6.150	0.039	6.111	2	0.146	
南巷	陈金根	5	6.510	—	—	—	1	0.049	
南巷	陈金娥	1	1.940	—	—	—	—	—	
南巷	陈老太	1	1.872	—	—	—	1	0.010	
南巷	陈阿敖	4	3.929	—	—	—	3	0.146	
南巷	陈林妹	1	4.528	4.940	—	4.940	1	0.097	
南巷	陈水根	3	20.857	12.575	—	12.575	3	0.153	
南巷中	陈水根	5	4.695	—	—	—	4	0.194	
中巷	陈金虎	4	7.198	0.049	0.049	—	4	0.213	
南巷中	陈根水	5	5.754	—	—	—	4	0.194	
南巷中	陈玉亭	2	4.978	—	—	—	2	0.146	
南巷东	汤金明	3	2.891	3.861	—	3.861	3	0.129	
南巷中	陈小关	6	5.141	—	—	—	2	0.146	
南巷东	王阿土	2	4.899	—	—	—	5	0.194	
钱家庄东	汤彩法	6	4.268	—	—	—	3	0.116	
东海	庄仁福	1	0.970	—	—	—	1	0.032	
南巷	陈老太	1	1.552	0.388	0.388	—	1	0.029	
南巷	王阿根	1	2.134	—	—	—	—	—	
南巷	韩阿三	11	9.051	8.776	—	8.776	7	0.262	
南巷中	陈惠庆	6	10.321	5.908	—	5.908	7	0.243	

续表

自然村	户主	人口	土地（亩）				房产		备注
			耕地	非耕地	其中		瓦房（间）	地基（亩）	
					坟地	鱼池			
南巷	陈根宝	4	8.440	5.490	—	5.490	3	0.116	
南巷	陈惠楚	7	10.017	5.574	—	5.574	4	0.194	
张家庄东	陈春香	5	9.459	—	—	—	5	0.223	
南巷	杨大妹	2	2.874	0.010	0.010	—	2	0.087	
南巷	陈　氏	1	1.261	—	—	—	—	—	
南巷	陈才宝	5	7.430	6.111	—	6.111	5	0.262	
南巷	陈荣生	5	6.984	4.074	—	4.074	3	0.116	
南巷中	韩虎根	5	4.772	0.679	0.097	0.582	3	0.116	
南巷	韩泉福	5	6.324	—	—	—	3	0.088	
张家庄中	韩阿多	4	1.998	—	—	—	1	0.039	
南巷西	陈根木	4	5.967	—	—	—	2	0.097	
南巷西	陈锡贞	2	3.783	—	—	—	2	0.155	
南巷中	韩万祥	4	7.179	2.426	—	2.426	5	0.233	
南巷西	陈德宝	4	7.751	8.245	—	8.245	4	0.155	
南巷西	陈云根	2	3.784	2.328	—	2.328	3	0.146	
南巷中	陈福生	5	15.767	1.649	—	1.649	6	0.272	
南巷中	陈寿达	4	6.470	—	—	—	3	0.165	
南巷中	韩阿金	1	1.843	—	—	—	2	0.116	
南巷中	韩阿炳	4	2.638	—	—	—	2	0.078	
南巷中	韩小根	6	7.043	2.910	—	2.910	4	0.146	
南巷中	陈老土	2	1.989	—	—	—	1	0.029	
南巷中	陆元兴	1	5.093	10.292	—	10.292	5	0.194	
后浜	陆阿多	1	—	0.388	—	0.388	—	—	
后浜	陆桂招	6	5.462	8.837	—	8.837	3	0.107	
后浜	陆根土	7	2.376	8.730	—	8.730	5	0.495	树 1 棵
后浜	陆阿壮	1	—	7.566	—	7.566	—	—	
后浜	陆阿三	4	2.765	1.431	0.073	1.358	2	0.097	
后浜	陆虎泉	3	3.783	0.097	0.097	—	1	0.039	
后浜	陆阿壮	5	3.492	—	—	—	2	0.087	
后浜	陆卫生	5	4.850	—	—	—	2	0.078	
后浜	陆大呆	4	0.601	0.384	0.384	—	4	0.195	
后浜	陆根木	3	4.540	0.388	—	0.388	3	0.146	树 5 棵
后浜	陆三男	3	3.589	—	—	—	1	0.049	
后浜	陈金妹	1	4.268	—	—	4.268	—	—	

续表

自然村	户主	人口	土地（亩）				房产		备注
			耕地	非耕地	其中		瓦房（间）	地基（亩）	
					坟地	鱼池			
后浜	陆招根	7	7.518	3.201	—	3.201	6	0.369	
后浜	陆泉兴	4	3.784	—	—	—	1	0.049	
后浜	陆宝兴	3	2.814	1.843	—	1.843	2	0.087	
后浜	胡老太	1	1.358	—	—	—	1	0.097	
后浜	陆筱白	5	1.455	7.915	—	7.195	3	0.300	
后浜	陆阿根	1	—	5.990	0.073	5.917	1	0.097	
后浜	陆根妹	5	6.111	12.463	0.485	11.978	4	0.195	
后浜	陆金荣	2	4.026	0.551	—	0.551	2	0.097	
后浜	陈阿娥	1	1.678	—	—	—	1	0.165	
后浜	陆阿夯	4	2.153	4.462	—	4.462	2	0.097	
后浜	陆阿多	7	3.822	0.437	0.437	—	3	0.223	
后浜	陆根香	6	1.851	3.841	—	3.841	3	0.388	
石上头	汤阿四	5	2.785	2.425	—	2.425	2	0.105	
石上头	汤彩议	1	3.530	4.850	—	4.850	—	—	
石上头	汤金生	3	5.413	—	—	—	3	0.107	
石上头	陆彩发	5	8.663	0.097	0.097	—	5	0.185	
石上头北	陆小男	2	4.126	—	—	—	2	0.097	
新屋上	陆惠康	7	4.725	5.141	—	5.141	4	0.388	
新屋上	陈阿三	7	7.165	4.709	—	4.709	6	0.524	
夜豆朗	陆和尚	3	2.910	0.049	0.049	—	2	0.291	
贤头上	陆小男	4	4.947	0.097	0.097	—	1	0.146	
贤头上	徐火根	5	3.104	5.820	—	5.820	—	—	
夜头上	姚山全	5	3.929	5.432	—	5.432	1	0.097	
夜头上	杨良生	1	—	—	—	—	1	0.165	
夜头上	姚水全	3	1.698	1.504	—	1.504	1	0.097	
夜头上	贝阿三	4	4.637	—	—	—	3	0.281	树4棵
陈家湾	陈阿夯	3	4.074	6.014	—	6.014	2	0.107	
陈家湾	陆阿全	2	2.551	—	—	—	1	0.049	
陈家湾	陆荣水	1	1.587	—	—	—	—	—	
陈家湾	陈维寿	7	6.787	11.127	—	11.127	6	0.378	
陈家湾	陈根元	2	1.523	4.025	—	4.025	3	0.194	
陈家湾	陈千金	1	2.144	—	—	—	1	0.078	
陈家湾	陆阿生	1	1.750	—	—	—	1	0.019	
姚家里	陈泉福	2	2.425	—	—	—	1	0.194	

续表

自然村	户主	人口	土地（亩）				房产		备注
			耕地	非耕地	其中		瓦房（间）	地基（亩）	
					坟地	鱼池			
陈家湾	邱寿松	4	0.291	—	—	—	3	0.194	
陈家湾	陈根妹	2	4.627	1.145	—	1.145	3	0.155	
陈家湾	陈春乔	8	12.086	0.437	0.437	—	3	0.233	
陈家湾	陈水生	1	1.261	—	—	—	1	0.097	
陈家湾	汤根良	3	1.358	4.414	0.049	4.365	3	0.155	
陈家湾	陈根梅	1	1.261	0.776	—	0.776	2	0.067	
陈家湾	陆水泉	5	7.585	18.566	—	18.566	9	0.786	
陈家湾	陆焕和	2	3.425	3.026	—	3.026	2	0.097	
陈家湾	陆汉如	2	2.813	7.566	—	7.566	2	0.097	
陈家湾	陈阿福	7	2.852	5.723	—	5.723	4	0.388	
陈家湾	陈仰乔	7	2.328	7.421	—	7.421	4	0.194	
陈家湾	陈根泉	4	3.880	—	—	—	1	0.097	
陈家湾	陈阿长	8	1.203	7.081	—	7.081	4	0.213	
陈家湾	陈耀明	8	10.311	5.626	—	5.626	5	0.301	
陈家湾	陆招全	3	5.578	5.190	—	5.190	3	0.194	
陈家湾	陆长全	7	1.989	4.006	—	4.006	3	0.291	
陈家湾	陈木根	8	6.111	4.802	—	4.802	4	0.233	
陈家湾	陈小弟	7	4.462	4.850	—	4.850	2	0.194	
陈家湾	陈杏林	1	2.910	—	—	—	1	0.049	
陈家湾	陈阿二	4	3.007	11.864	—	11.864	3	0.369	
陈家湾	陈公记	1	0.970	—	—	—	—	—	
陈家湾	陈根宝	4	2.231	3.783	—	3.783	4	0.207	

注：户主姓名按原证不变。

第三节 农业合作化

一、互助组

土地改革后，农民分得土地，生产积极性提高，有的为解决农忙劳动力不足的困难，以相互伴工的方式，互相帮助，通过临时性伴工、季节性伴工，后发展成临时互助组，或常年固定互助组。

1953年春，东家（自然村）率先组织互助组，成为蠡口乡最早的一批中心互助组，作为全乡典型推广。此后，林浜姚根林、中巷罗金火、西海贝阿六等组织临时性的，或常年性的互助组 16 个，入组农户 120 余户。互助组一般由 7~8 户自发组成，农忙伴工，常年互助，民主评分，发给工票，年终一次核算。

二、初级农业生产合作社

1954 年 9 月，金星、灯塔（属蠡口乡）、光明、建胜、和平（属长泾乡）初级农业生产合作社先后成立。

金星初级社，35 户 146 人，入股土地 147.855 亩，农船 18 只。社长姚根林，会计沈桂林。35 户名单如下：杨小男、沈文浩、蒋妹妹、沈长根、胡长根、胡阿根、胡阿小、沈阿金、陆阿泉、沈金根、沈阿五、姚大根林、姚水根、王阿泰、薛夯木、吴大水泉、姚金寿、沈根寿、沈彩丰、沈根土、吴水泉、沈阿小、沈天官、蒋根火、蒋云火、蒋仲康、蒋水福、蒋阿关、蒋阿四、蒋阿木、蒋关关、蒋春波、姚阿八里、姚木根、姚根林。

灯塔初级社，33 户 114 人，入股土地 92.5 亩，农船 28 只。社长沈玉庆，会计蒋洪达。

光明初级社，26 户 92 人，入股土地 130.1 亩，农船 14 只，牛 3 头。社长韩火根。社内有共产党员 2 人，青年团员 1 人。

建胜初级社，21 户 73 人，入股土地 68.79 亩，农船 15 只。社长陆长泉。社内有共产党员 4 人，青年团员 2 人。

和平初级社，51 户 121 人，入股土地 88.4 亩，农船 32 只。社长陆宝兴。

初级农业生产合作社保留社员生产资料所有权，实行土地入股，耕畜和大农具作价归合作社或由合作社租用。实行统一经营、统一核算，按土地 4 分和劳动力 6 分进行分配结算，社员有自留地。

三、高级农业生产合作社

1956 年 3 月，由金星初级社、光明初级社、建胜初级社、和平初级社合并，提升为高级农业生产合作社，取名"金星"，分设 3 个大队 14 个生产队。金星高级社第一大队含 6 个生产队，第二大队含 4 个生产队，第三大队含 4 个生产队。

金星高级社 272 户，其中贫农 189 户，中农 68 户，富农 7 户，地主 8 户；1140 人，其中男 551 人，女 589 人。劳动力 618 人，其中女 322 人。社内共产党员 4 人，青年团员 9 人。社务管理人员 17 人。有土地 1091.386 亩，鱼池 712 亩，农船 110 只，耕牛 4 头（其中黄牛 1 头），猪 6 只。

是年，金星高级社小麦种植面积 981 亩，亩产量 187 斤；水稻种植面积 1091 亩，亩产量 528 斤，全年粮食总产量 759295 斤，平均亩产 696 斤。农业收入 70711.59 元，副业收入 127391.83 元。缴纳农业税 18000 元，公积金 3962.04 元，公益金 1981.03 元。社员分配总额 111725.33 元，总工分 668607 分，工分值 1.551 元。

原金星初级社小麦种植面积 204.17 亩，亩产量 148 斤；水稻种植面积 204.17 亩，亩产量 466.5 斤，全年粮食总产量 141705.5 斤。人均口粮 520 斤。

1957 年，灯塔初级社并入金星高级社。

是年，灯塔初级社 71 户，其中贫农 58 户，中农 13 户；281 人，其中男 136 人，女 145 人。劳动力 159 人，其中女 79 人。社内共产党员 2 人，青年团员 4 人。社务管理人员 7 人。土地 283.142 亩，鱼池 166.38 亩，农船 31 只，人力水车 10 部，猪 6 头。小麦种植面积 261 亩，亩产量 186 斤；水稻种植面积 283.142 亩，亩产量 490 斤，全年粮食总产量 142590 斤。农副业收入 41326.11 元。公积金 806.52 元，公益金 459.26 元。社员分配总额 21224.6 元。

高级农业生产合作社生产资料有偿转为集体所有，由合作社统一经营、统一核算，按劳分配。夏季预分，秋季决算。社员自留地户均 1~2 分不等。

1957 年，由于对农业合作化操之过急，对入社群众思想工作做得不充分，发展中一些遗留问题未能及时解决，以致高级社成立后出现社员闹分社、退社现象。8 月，金星高级社在中共吴县委员会领导下，开展以社会主义教育为主题的整风整社运动，发动干部群众围绕粮食征购和合作化问题开展大辩论。

第四节　人民公社

1958 年 10 月，黄桥人民公社成立，张庄、朱坝、郑仙所在的前进六社、七社组成黄桥公社第三大队。

时第三大队有 726 户 2969 人（男 1435 人，女 1534 人），其中农业户 718 户 2934 人。另有下放干部 1 户 1 人。劳动力 1471 人，其中女 826 人。有土地 2059.257 亩，鱼池 2136.7 亩。有耕牛 6 头，其中黄牛 1 头。农船 283 只，水车 161 部（其中风力车 2 部），犁 42 张（其中绞关犁 35 张），脱粒机 45 台，喷雾器 42 台，喷粉器 3 台，水泵 1 台。

第三大队设 10 个生产队，大致按自然村设置，一度改为营、连建制，分为 1 个营 10 个连 30 个排 90 个班，以适应当时"大兵团作战"的生产方式。

是年，第三大队设大队党支部和大队管理委员会，实行党支部领导下的分工负责制，在公社党委统一领导下，管理本大队农、副（渔）、工业生产，社员政治、文化生活及社会福利事业，调解民事纠纷。由生产队为基本核算单位，各生产队由生产队长、副队长、会计组成生产队管理委员会，组织全队的农业生产，安排社员生活。

1959 年 4 月，张庄与郑仙、朱坝分离，建立张庄大队（亦称第四大队，至 1960 年末），396 户 1482 人（其中男 721 人，女 761 人），耕地 1116.323 亩。大致按自然村分设 16 个生产队，徐浜为第 1 生产队，东家为第 2 生产队，河南为第 3 生产队，河北为第 4 生产队，林浜为第 5 生产队，吴家为第 6 生产队，北巷为第 7 生产队，沈巷为第 8 生产队，板桥为第 9 生产队，南巷为第 10 生产队，中巷为第 11 生产队，朝西为第 12 生产队，朝南为第 13 生产队，后浜为第 14 生产队，西海为第 15 生产队，陈家为第 16 生产队。

时张庄大队一度改为营、连建制，分为 8 个连（2 个生产队合为 1 个连）。徐浜连长蒋阿二、东家连长秦松山、林浜连长蒋泉根、北巷连长陆长泉、南巷连长韩招根、后浜连长陆三男、朝西连长陈洪发、西海连长姚全根。

1961 年始，张庄大队变更为第六大队，直至 1981 年。

1968 年 4 月，"文化大革命"期间，张庄大队管理委员会改称张庄大队革命委员会，生产队管理委员会改称生产队革命领导小组。至 1981 年恢复管理委员会。

1970 年，第 4 生产队（河北）并入第 3 生产队（河南），张庄大队的生产队减至 15 个。

1977 年，张庄大队并队设生产区。即第 1、第 2、第 3 生产队为第一区。第 4、第 5、第 6、第 7 为第二区。第 8、第 9、第 10、第 11 生产队为第三区。第 12、第 13、第 14、第 15 生产队为第四区。

1983 年 8 月，张庄大队改称张庄村，4 个区亦称 4 个村民小组，人民公社制度不复存在。

表 3-2　张庄村（大队）各生产队队长、会计、妇女队长名录

生产队	职务	姓名			
徐家浜	队长	沈玉庆			
	会计	徐玉书	胡阿三	徐雪文	徐泉宝
	妇女队长	钦寿妹	徐水玲	徐招林	徐小妹
东家村	队长	蒋洪良	秦玉林	胡根泉	
	会计	沈阿坤	蒋洪达	秦松鹤	
	妇女队长	蒋玲英	沈玉英		
河南（包括河北）	队长	秦松山	秦阿夯	沈阿三	秦玉兰
	会计	刘文元	毛惠庆	毛根林	沈福祥　秦根荣
	妇女队长	刘小妹	陆妹金		

续表

生产队	职务	姓名
林浜	队长	蒋泉根　蒋关生
	会计	胡阿三　蒋仲康　蒋泉生
	妇女队长	姚根妹　朱金媛　冯阿大
吴家	队长	姚阿三　姚黑男　王惠石
	会计	王安石　吴桂元
	妇女队长	吴壮妹　陆小妹　陆金玲
北巷	队长	陆长泉　陆小黑
	会计	陆兴田
	妇女队长	姚阿娥　沈小妹（腊小妹）
沈巷	队长	沈阿五　沈天官　胡老土
	会计	陆阿泉
	妇女队长	顾根妹　姚金妹　沈腊妹
板桥	队长	郭宝泉　郭桂泉　陈老土　韩小夯
	会计	郭桂泉　庄阿福　王秋生
	妇女队长	袁小招　庄林妹　徐小妹　周玉英
南巷	队长	陈寿达　陈泉福
	会计	陈念屺　陈双根
	妇女队长	杨才英　韩彩娥
中巷	队长	韩招根　韩阿炳　汤根林　韩阿大
	会计	陈志明　陈白男
	妇女队长	蒋小妹　杨黑妹
朝西	队长	汤春宝　陈洪发　汤杏生
	会计	汤老土　汤三男
	妇女队长	汤大香妹　陆水妹
朝南	队长	汤阿根　杨关水　汤白白
	会计	杨白男
	妇女队长	杨齐妹　汤白白　沈惠玲
后浜	队长	陆三男　陆二男　陆才兴
	会计	汤根发　胡淑英　蒋云山　陆永根　杨金水
	妇女队长	陆妹妹
西海	队长	姚全根　陈洪发
	会计	陈土根　杨维贤　杨永发　陈金祥
	妇女队长	李大妹　田妹妹　陆彩宝
陈家	队长	陈阿二　陈永良
	会计	陈小六　陆福荣
	妇女队长	陆水玲

第五节 经济体制改革

一、联产承包责任制

1981年，张庄大队实施农业、渔业、工业"三业分开、专业承包、大组联产"的生产责任制。根据上年生产基数和国家、集体计划，确定生产指标，由大队管理委员会同生产区、渔业专业队和综合厂各单位签订"三业"承包责任书。

粮食产量由4个生产区承包，采取"五定一奖"（定面积、产量、工分、成本、收入，超产奖励）。工业产值和利润由综合厂各单位承包，采取"四定一奖"（定项目、劳力、产值、利润，超产奖励）。渔业生产由大队渔业专业队承包，采取"六定一奖"（定面积、鱼种、劳力、饲料、产量、收入，超产奖励）。

是年，张庄大队534户1867人，1065个劳动力，其中285个劳动力（占26.8%）从事农业生产，208个劳动力（占19.5%）从事渔业生产，572个劳动力（占53.7%）从事工业企业生产。

农业大组（即生产区）联产，采取4种定额计酬办法：联产到组，以产计酬；分组生产，大包小评；工种到劳，按件计工（指独立生产的工种）；考核成果，评定成数（指难定工分的杂工）。1981年9月7日，大队党支部书记姚根林参加吴县三级干部大会，并在会上做了"张庄大队实施大组联产责任制"的介绍。

1983年，张庄村全面实施家庭联产承包责任制，分田到户（1982年11月）后，在"三不变"（集体所有制、按劳分配原则、基本核算单位）、"四统一"（种植、经营、管理、投资）的原则下，改为按人口分口粮，按劳动力包责任田，按猪只派购任务定饲料田。"三田"（口粮田、责任田、饲料田）包干到户。承包农户按合同出售粮食（除去口粮）上缴款额。分配方式是缴足国家的农业税、定购粮食，留足集体的公积金、公益金、义务工，剩下的归农户所有。

是年，张庄村集体经营的承包口粮田886亩、饲料田95亩，因耕田少，分田到户时，未分责任田，加上村民自留田110.62亩，共有耕地1091.62亩。其中第一区425人，承包口粮田189.8亩，饲料田20.3亩，自留田23.8亩，共有耕地233.9亩。第二区530人，承包口粮田244.5亩，饲料田26.3亩，自留田31.86亩，共有耕地302.66亩。第三区506人，承包口粮224.8亩，饲料田14.1亩，自留田25.03亩，共有273.93亩。第四区510人，承包口粮田226.9亩，饲料田24.3亩，自留田29.93亩，共有耕地281.13亩。

是年，张庄村小麦亩产量497.9斤，水稻亩产量1223斤，全年粮食总产量155.82万斤，比上年提高12%。

表 3-3　1983 年张庄村承包口粮田、饲料田统计

区别	人口	耕地面积（亩）				备注
		总计	口粮田	饲料田	自留田	
一	425	233.9	189.8	20.3	23.8	因人多田少，未分责任田
二	530	302.66	244.5	26.3	31.86	
三	506	273.93	224.8	14.1	25.03	
四	510	281.13	226.9	24.3	29.93	
合计	1971	1081.62	886	85	110.62	

张庄村实施家庭联产承包责任制后，于 1984 年组成农业服务站，下设农技组、机耕租、管水组和肥药供应组，除了承包耕地 210 亩外，以集体的农业机械等设施，对全村 507 户 886 亩口粮田实行"六统一"服务，建立作物统一布局、统一留种供秧、统一机械耕作、统一水浆管理、统一肥药供应、统一防病治虫的农业社会化服务体系。村投资 30 余万元，为农业服务站添置配套机械设备 48 台。1990 年投资 8.2 万元，新建两片 3000 平方米的水泥场，用于稻麦脱粒。

农业服务站 35 人，占全村总劳动力的 2.3%，使 95% 以上的劳动力腾出手来从事工业、渔业生产。

1998 年 8 月，为稳定和完善农村土地承包关系，张庄村向 546 户 1978 人，按户发放土地经营权证书，应发面积 730.851 亩。因 20 人自动放弃，加之 3 人（现役军人、服刑人员），发证人 1955 人，实际发证面积 713.086 亩（人均 0.36 亩），集体预留机动田 17.765 亩。

第一区 104 户 421 人，自动放弃 6 人，承包发证面积 152.199 亩。

第二区 149 户 508 人，自动放弃 10 人（包括 2 名现役军人），承包发证面积 180.985 亩。

第三区 149 户 515 人，自动放弃 3 人（包括服刑 1 人），承包发证面积 187.279 亩。

第四区 144 户 534 人，自动放弃 4 人，承包发证面积 192.623 亩。

表 3-4　1998 年张庄村发放土地经营权证书明细

区别	户数	人口	人均承包面积（亩）	自愿放弃人数	实发人数	机动田（亩）	实发证面积（亩）	备注
一	104	421	0.36	6	415	—	152.199	
二	149	508	0.36	10	500	—	180.985	现役军人 2 人未统计在人口内
三	149	515	0.36	3	513	—	187.279	服刑人员 1 人未统计在人口内
四	144	534	0.36	4	530	—	192.623	

续表

区别	户数	人口	人均承包面积（亩）	自愿放弃人数	实发人数	机动田（亩）	实发证面积（亩）	备注
合计	546	1978	0.36	23	1958	17.765	713.086	全村总面积730.851亩

二、股份合作制

张庄村实施农村家庭联产承包责任制后，为使村民发展"三业"（农业、渔业、工业）生产持续增长，村民按照"自愿入股，投股分红；利益共享，风险共担；民主管理，民主监督；依法登记，依法经营"的原则，于2005年9月16日成立张庄村资产股份合作社。为使村民自我管理，共同得益，探索集体资产管理新机制，张庄村将历年积累的集体净资产1416.27万元折成1409股（每股10051元）量化给村民597户2060人，覆盖率100%。2006年1409股，每股分红220元。2010年1634.5股，每股分红100元。2011年1675.75股，每股分红180元。2013年1665股，每股分红300元。2014年1660.5股，每股分红350元。2015年2346股，每股分红390元。2015年6月底，全村股份进行固化（不增不减）。

第六节 农业现代化发展

1987年9月，张庄村被列为苏南地区社会主义农业现代化试验区首批试点村之一。

1992年，张庄村成为江苏省、苏州市两级农业现代化试点村之一。至1994年9月，张庄村作为首批五个之一的农业现代化建设试点村通过农业部专家验收，成为全国农业现代化试点单位。

1995年3月，张庄村被列为吴县农业现代化试点村之一。

一、丰产方建设

20世纪70年代中期，张庄大队启动丰产方建设，按照苏州地区"挡得住、排得快、降得好、灌得好、园艺化、配套全"标准建设吨粮田。1979 年，丰产方稻麦亩产量 2104 斤。1994 年，张庄村投入 200 多万元，填没 8 个鱼池和 9 条小河浜，砌筑 4600 米防渗沟渠和 2100 米块石护坡，建成 1 座灌溉站和 3 座农桥，村南 660 亩吨粮田变成"南北走向划一，大小规格统一，明沟暗渠配套，路网布局合理，涝能排，旱能灌，渍能降"的高标准农田。是年 9 月，张庄村通过农业部专家组验收，成为全国农业现代化试点单位。

二、适度规模经营

1984 年，张庄村挑选一批素质较好的生产队长、农技员和机耕手组成村农业服务组，共 35 人，承包耕地 210 亩，试行土地适度规模经营，并对全村 507 户承包家庭提供种植、管理等统一配套服务，走出一条"分户经营，集中服务"的路。

为加快农业现代化建设，农业服务组在专业承包的基础上，除了提高服务质量，一方面搞好种子优化，提高科学种田水平，为农户提供稻麦优良品种，另一方面搞好承包农田设施的高标准建设。

三、农业机械增长

早在张庄村被列为农业现代化试点村前，张庄村（大队）逐年添置农业机械设备（1962 年，张庄大队购置农业机械设备 13 万元），解决农业生产繁重劳动，提高土地产出率和劳动生产率。

据统计，1978 年张庄大队农、渔机械动力 1004.6 马力，其中耕作机械 88 马力（手扶拖拉机 7 台、插秧机 1 台）、灌排机械 190 马力（内燃机 2 台、电动机 21 台、抽水机 2 台、农用水泵 18 台、潜水泵 2 台）、收割机械 47 马力（脱粒机 21 台）、农用综合动力 164 马力（内燃机 18 台、电动机 46 台）、农产品加工机械 64 马力（碾米机 2 台、磨粉机 3 台）、运输机械 65 马力、植保机械 6 马力、饲料机械 95 马力、渔业生产机械 285.6 马力。至 1981 年，全村拥有农、渔业机械动力 1334.5 马力，亩均（含渔业）0.83 马力。有手扶拖拉机 13 台、开沟机 2 台、条播机 8 台、脱粒机 38 台、插秧机 2 台、割晒机 1 台、弥雾机 15 架、抽水机 5 台（并配套 8 千瓦发电机 5 台）、3 千瓦电动机 42 台。另有电灌房 1 座，基本实现耕作、开沟、灌排、脱粒和植保机械化。

1990 年，收割、脱粒等全部实现机械化，基本解决农业劳动中的弯腰问题。

1996 年，张庄村 546 户村民，拥有 3 台大中型拖拉机、13 台小型拖拉机、45 台电动脱粒机。

2004 年，相城区人民政府征（使）用张庄村土地后，不再增添农业机械。

第四章　农业　副业

村域内耕地历来种植水稻、三麦、油菜等农作物。

中华人民共和国成立前，受封建生产关系束缚，小农经济抵御自然灾害能力薄弱，农业生产水平不高，稻麦产量较低，正常年成稻两石、麦五斗（指亩产量），种田的村民勉强度日。中华人民共和国成立后，经过土地改革，农民组织起来，兴修水利，推广科学种田，生产水平有所提高，粮食产量不断提高。20世纪70年代，全面推行双季稻三熟制，但增产不增收，村民受益不多。

1983年，全面实行家庭联产承包责任制，从集体大呼隆生产恢复到单家独户分散生产的状态，恢复传统的一年稻麦两熟耕作制度，粮食产量大幅提高，村民生活越来越好。

村民除种植粮食等作物外，还从事养猪以及糊布衬、荷包片等传统家庭副业项目。"文化大革命"期间，村民的糊布衬、荷包片副业被当作"资本主义尾巴"砍掉。20世纪80年代实行家庭联产承包责任制后，因大量的生产劳动力转移至乡镇企业，村民停止此项家庭传统副业。

第一节　耕地和产量

一、耕地分布和面积

张庄村（大队）的耕地分布比较集中，分布在自然村东、南部，大致分布30多处。

1997年8月统计，第一区徐家浜、东家村、河南耕地分布在东场门前（8.37亩）、西场门前（18.18亩）、徐家浜角（16.055亩）、官坟丘（17.678亩）、西十字垾（8.144亩）、东十字垾（11.888亩）、机房北畈（19.02亩）、西区田（16.664亩）、东塘角（22.51亩）、西塘角（13.48亩），合计151.989亩。

第二区林浜、吴家里、北巷、沈巷耕地分布在村前路（8.511亩）、中畈（27.58亩）、上高田（17.81亩）、东河南（38.54亩）、四区田北畈（59.61亩）、四区田南畈（13.96亩）、四区西河南田（10.7亩），合计176.711亩。

　　第三区板桥、南巷、中巷、朝西耕地分布在第一畈（50.099亩）、第二畈（64.125亩）、第三畈（39.52亩）、四区田（32.736亩），合计186.48亩。

　　第四区朝南、后浜、西海、陈家湾耕地分布在东部渠南（20.83亩）、东部老高田（48.335亩）、西部老高田（30.524亩）、西部中畈（32.36亩）、西部南畈（34.97亩）、西部下畈（16.071亩）、东部西河南（7.35亩），合计190.44亩。

高标准农田（1995年摄）

　　另有青龙桥（农业服务站）耕地34.392亩、黄埭塘北耕地59.32亩。

　　1951年，蠡西村张家里（即张庄）有耕地1416.186亩，非耕地897.671亩。

　　1954年9月，金星、灯塔、光明、建胜、和平初级社共有耕地527.645亩。

　　1956年3月，金星高级社有耕地1091.386亩。

　　1958年10月，第三大队（张庄、郑仙、朱坝）有耕地2059.257亩，因水利建设、修筑道路等减少耕地133.495亩（其中水利工程用地84.495亩、修路16.5亩、集体建设用地32.5亩）。

　　1959年4月，张庄大队有耕地1116.323亩。

　　1962年，因开荒增加23.795亩，有耕地1140.118亩（其中集体耕种1034.288亩、自留地105.83亩）。

　　1971年，有耕地1033.495亩。

　　1983年，有耕地981亩，因村民建房、水利工程建设、集体基建占地〔包括村（队）办企业〕等减少耕地。

　　1998年8月，土地经营权证书发放的土地面积显示，有耕地730.851亩，另加黄埭塘北59.32亩，共有790.171亩。

　　2004年6月，张庄村基本农田保护面积有关资料显示，张庄村基本农田保护面积包括耕地，园地，林地，其他农业用地（水面等），待开发及待复垦地。其四址东自鱼池，西至方浜村，南自张庄村落，北至元和街道（黄埭塘北田）。张庄村基本农田保护面积974.3亩，其中耕地91.2亩，其他农业用地881.6亩（养殖水面765.7亩、其他115.9亩），待开发及待复垦地1.5亩（即荒草地）。

　　二、耕地土壤

　　1981年4月黄桥公社第二次土壤普查资料显示，张庄大队土壤分布为2个土属，2个土种，即粉质黄泥土和乌栅土。

张庄大队981亩耕地中，有869亩属粉质黄泥土，占总面积88.6%；有112亩属乌栅土，占总面积11.4%。

粉质黄泥土是个理想的土种，适宜水稻、三麦、油菜等农作物生长，但是个可变性土种。因施肥水平、耕作方式不同，可变为鳝血黄泥土、乌黄泥土（分布在近村及沿河地带，土色发乌，又称乌土，土壤肥力比较高，土壤中水分含量多）、僵黄泥土（因灌溉排水条件差、耕作层浅，土质黏且硬，群众称它"敲敲一个洞，岔岔一条缝"，土壤肥力不高，种植稻麦易引起前期僵苗不发，后期贪青迟熟）、一般黄泥土。其中鳝血黄泥土经过长期耕作，土壤高度熟化，养分丰富而协调，物理性质较好，有明显的"鳝血斑"（系在通气透水条件下生成的有机质与铁的混合物），土壤疏松，通透性好。1980年抽样测定，土壤总重1.05克/立方厘米，总孔速度60.2%，非毛管孔速10.4%；土壤有机质在3%~4.33%之间，平均为4.25%；速效磷10ppm（1ppm=0.001‰）左右；速效钾80ppm。

张庄大队869亩粉质黄泥土，4个变种黄泥土，其中鳝血黄泥土285亩，占总面积32.8%；乌黄泥土482亩，占总面积55.5%；僵黄泥土10亩，占总面积1.2%；一般黄泥土92亩，占总面积10.5%。

三、耕作制度

历史上村民种植以一年稻麦两熟为主，夏种秋粮以粳稻为主，秋播夏熟以三麦（小麦、大麦、元麦）为主，油菜次之，搭配一定量的蚕豆、绿肥，用以留作秧田。

中华人民共和国成立初，仍沿袭一年稻麦两熟耕作制度。1958年春，金星高级社试种双季稻5.7亩，前季稻单产462.4斤。

1959年，张庄大队种植双季稻113.4亩，前季稻单产484斤，1960年种植双季稻113.4亩，前季稻单产460斤。两季合计比单季稻亩产增幅不大。

1966年始，由于改革品种，前季稻引进早籼矮脚南特号，后季稻以"农垦58"为主，扩种面积达211.56亩，前季稻单产650斤。1968年种植328.4亩，前后季单产合计901.5斤。1969年种植402.1亩，前后季单产合计899斤。可见两年种植双季稻比当年单季稻亩产810斤显著增产。

1971年，由于品种更换，以及育秧等栽培技术的改进，张庄大队双季稻种植面积扩大到678亩，从绿肥茬（两熟制）发展到麦、油菜等三熟制茬口。

1976年，双季稻种植面积879亩，占总面积1101亩的80%，扣除留作后季稻秧田外，基本实现百分之百双季稻、三熟制，从而形成绿肥—稻—稻及麦—稻—稻及油菜—稻—稻的耕作制度。

1977~1980 年，种植面积均在 800~850 亩左右，前季单产在 800~900 斤内。

每年 7 月 25 日至 8 月 12 日，进入前季稻收割、后季稻移栽阶段，称为"双抢"（抢收抢种）大忙季节。各生产队先收割几块前季稻，安排双抢期间的社员口粮（因劳动强度大，一日数餐，饭量大增）。双抢季节，天未明，社员就出门下田。高温天，不顾背上太阳晒、脚下田水发烫，冒着酷热，大汗淋漓，中饭有时带到田头，一直要忙到天黑才收工。有时移栽抢时间，晚上还要挑灯夜战。一般双抢季节要连续 20 多天干个不停，身处极度疲劳状态，尤其是后季稻秧移栽不可超过"立秋"日，更要拼命干。

自 1981 年始，张庄大队根据生产土地与劳动力负担、产量水平和生产条件等情况，调整双季稻种植比例。1981 年种植 640.1 亩，1983 年种植 428.9 亩。

1983 年实行家庭联产承包责任制后，双三熟制的种植比例大幅度缩减。至 1984 年，张庄村不再种植双季稻，恢复一年稻麦两熟的耕作制度。

四、粮食产量

民国时期，村民靠天吃饭，种田依赖风调雨顺。一年稻（大熟）麦（小熟）两熟。正常年成，水稻亩产两石（每石 150 斤糙米），最高 2.5 石，低则 1.2 石。小麦亩产 5 斗。一年稻麦双熟 2.5 石，最高 3.3 石，低则 1.5 石。若遇灾荒，不同程度地减产，甚至连种子也收不到手。

1956 年，金星初级社三麦种植面积 204.17 亩，单产 148 斤；水稻种植面积 204.17 亩，单产 466.5 斤。

1957 年，灯塔初级社三麦种植面积 261 亩，单产 186 斤；水稻种植面积 283.142 亩，单产 490 斤。

1959 年，张庄大队 586.795 亩三麦，单产 206.1 斤；1116.323 亩水稻，单产 665 斤。

20 世纪 60 年代初，由于受"左"倾思想的影响和自然灾害的侵袭，粮食产量有所下降。

1961 年，张庄大队 564 亩三麦，单产 195.1 斤；1086.4 亩水稻，单产 524 斤。

1962 年，张庄大队 739 亩三麦，单产 267.7 斤；1065.54 亩水稻，单产 558 斤。

20 世纪 70 年代，大力发展双三熟制，增加粮食产量。1971~1979 年，张庄大队粮食总产量由 148.88 万斤增加到 206.4 万斤。因为过多发展双三熟制，致使劳动力紧张，肥料供应不足，粮食增产了，农本也相应增长，增产不增收。

1979 年，张庄大队三麦种植面积 620 亩，单产 752.8 斤；水稻种植面积 981 亩，单产 1627.5 斤，稻麦相加 2104 斤，首次实现亩产一吨粮，成为黄桥乡第一个突破亩产吨粮关的生产大队。

1983 年实行家庭联产承包责任制后，充分发挥农民种田的积极性，张庄村粮食产量大幅度增长，水稻、三麦平均单产都增长 3~5 成。

1990 年后，村民的粮食产量通过抽样调查，根据穗数、粒数、粒重按亩测算，经有关部门核实后得出每户的粮食总量。有的农户自行统计，村、乡级有关部门不再统一核算。

表 4-1　张庄村（大队）粮食产量选年统计

年份	年末耕地（亩）	其中：集体经营（亩）	全年粮食产量			其中								
			单产（斤）	稻麦相加单产（斤）	总产（万斤）	夏粮			秋粮					
						面积（亩）	单产（斤）	总产（万斤）	面积（亩）	单产（斤）	总产（万斤）	其中：双季前作		
												面积（亩）	单产（斤）	总产（万斤）
1959	1116	1116	773.3	871.1	86.3	586.7	206.1	12.1	1116	665	74.2	113.4	484	5.5
1960	1116	1116	1056.4	1147.5	117.9	715.8	253.1	18.1	1116	894.4	99.8	113.4	460	5.2
1961	1116	1086.4	625	719.1	67.9	564	195.1	11	1086.4	524	56.9	—	—	—
1962	1116	1034.2	745	850	79.4	739	267.7	19.8	1065.5	558	59.6	—	—	—
1963	1116	1033	819	877	84.6	739	203	15	1033	674	69.6	—	—	—
1964	1116	1033	1002	1050.8	103.5	739	171	12.6	1033	879.8	90.9	—	—	—
1965	1116	1033	1084.2	1165.1	112	767.3	313	24	1033	852.1	88	5.7	462.6	0.3
1966	1132	1033.5	1256.5	1358	129.8	711.7	328	23.3	1033.5	1030	106.5	211.5	650	13.8
1967	1132	1033.5	981.6	1062.6	101.4	671.4	232.4	15.6	1033.5	830.2	85.8	111.7	676.9	7.6
1968	1132	1033.5	—	—	—	—	347.5	—	—	634.9	—	328.4	—	—
1969	1132	1033.5	—	—	—	—	291	—	—	940	—	402.1	—	—
1970	1132	1033.5	—	—	—	—	341	—	—	1014.2	—	—	—	—
1971	1132	1033.5	1440.5	1607.7	148.88	674.5	480.2	32.4	1033.4	1127.5	116.4	678		
1972	1132	1033.5	1327.5	1515	137.2	650	504.7	32.8	1033.5	1010.3	104.4	895.1	681.5	61
1973	1101	1033.5	1436.6	1585.6	148.4	651.3	403.7	26.3	1033.5	1181.3	122.1	895.8	681.6	61.1
1974	1101	1033.5	1564.6	1780.2	161.7	651.3	581.9	37.8	1033.5	1198.3	123.9	—	—	—
1975	1101	1033.5	1483.3	1678.1	153.3	650	526.1	34.2	1033.5	1152	119.1	886.5	681.5	60.4
1976	1101	1033.5	1718.3	1956.2	177.5	650	642.8	41.8	1033.5	1313.4	135.7	879	765	67.3
1977	1101	1033.5	1510.4	1648.2	156.1	620	344	21.3	1033.5	1304.2	134.8	856.5	731.2	62.6
1978	1101	1033.5	1904.2	2166.4	196.8	650	706	45.9	1033.5	1460.4	150.9	847.4	805	68.2
1979	1091	981	2104	2380.3	206.4	620	752.8	46.7	981	1627.5	159.7	803.6	905	72.7
1980	1087	981	1603.5	1903.6	157.3	605	782	47.3	981	1121.6	110	803.6	856.7	68.8
1981	1087	981	1555.5	1830.7	152.5	605	716.4	43.3	981	1114.3	109.3	640.1	830.2	53.1
1982	1087	981	1935.8	2212.8	189.9	627	767	48.1	981	1445.8	141.8	711.4	886.4	63.1
1983	1014	904.2	1635.7	1901.2	147.9	550	678.1	37.3	904.2	1223.1	110.6	428.9	771	33.1

表4-2　1972年各生产队粮食油菜产量统计

队别	稻麦相加总产（斤）	平均亩产（斤）	三麦面积（亩）	三麦单产（斤）	三麦总产（斤）	水稻面积（亩）	水稻单产（斤）	水稻总产（斤）	油菜面积（亩）	油菜单产（斤）	油菜总产（斤）
徐家浜	59091.1	1367.7	30.100	455.9	13725	49.732	911.8	45366.1	4.5	226	1016.5
东家村	81700.5	1507.6	39.450	471	18584	60.891	1036.6	63116.5	6.90	142.5	983.5
河南	158463	1612.3	71.9	516.3	37123	100.722	1096	121340	8.300	310	2573
林浜	113492	1532.9	53.49	503.8	26952	84.093	1029	86540	8.28	257.2	2129.5
吴家里	87533.7	1409.7	44.672	455	20317.9	70.398	954.7	67215.8	5.80	289	1676.8
北巷	81440.4	1319.4	44.800	439.3	19681	70.173	880.1	61759.4	5.00	263.5	1316.5
沈巷	92825.5	1510	44.070	511	22524	70.373	999	70301.5	6.90	318	2193
板桥	69687	1511.5	32.186	560	18014	53.742	961.5	51673	5.00	187	936
南巷	87843	1704.7	36.526	541.3	19783.9	58.521	1163.4	68059.5	5.50	247	1344
中巷	96064.5	1546.4	44.711	512.4	22909.5	70.754	1033	73155	7.60	205	1558
朝西	84417.4	1625.5	37.100	536.6	19909.9	59.179	1090	64507.5	6.73	293.4	1975
朝南	80556.5	1432.3	40.855	508.4	20779	64.699	924	59777	6.928	332.7	2306
后浜	107195.7	1646.6	46.732	584.3	27307	75.2	1062	79888.7	7.800	210.6	1643
西海	100611	1544.9	47.32	498.4	23585	74.633	1046.5	77026	6.00	292	1858
陈家湾	71375.9	1371.2	36.090	470.2	16969.9	60.385	901	54406	5.50	249.8	1384
合计	1372298.5	1514.8	650.034	504.8	328164.7	1033.495	1010.7	1044132	86.738	287	24892.8

五、作物栽培

（一）水稻

育秧　一般在立夏前后浸种。旧式种田做法简单，耕作粗糙。一块大田经过耕翻、捣碎、灌水后，用门板压平做成秧板，踏脚印成沟，然后撒种落谷，再撒上草木灰即成。1953年开始，为培育壮秧及防治病虫害，用泥水及药剂浸种，秧田被做成垄式秧板，做到平、光、滑、肥。20世纪60年代，改水秧田为半旱秧田，即通气秧田，先将秧田放样开沟成垄，浅削整平，灌水捣烂，并用门板将垄面推平，从而减少浸种时间，省工省力。秧田与大田比例为1∶8或1∶10。种植双季稻时，育秧采用药剂浸种，温水催芽，塑料薄膜育秧。一度推广两段育秧，也称条寄育秧，这对抢季节、促早熟有良好作用。

移栽　一般在夏至前后移栽（指单季晚稻）。早熟品种在5月底至6月初移栽，中、晚熟品种在6月下旬移栽结束。中华人民共和国成立前，移栽行距稀、株距大，每亩1.3万~1.5万穴左右，10万~12万基本苗。1957年，推广合理密植，一般株、行距为4.5×5寸。20世纪70年代，双季稻移栽密度较高，采用拉绳插秧（除竖里拉绳外，横里由田边插秧的两人每插完一行秧，即刻将绳向后移动），属高密度移栽，插下的秧苗横竖匀齐，株、行距为3×4.5寸，每亩2.6万穴，9万~10万基本苗。插秧要求严格，以浅、直、匀为好，而浅插不倒为优。浅插优点是返

青快，分蘖早。插秧要做到不插隔夜秧、不插落坑秧、不插清水秧、不插扯蓬秧、不插大水秧、不插灰堆秧、不插烟筒秧。移栽后，保持田间1~2寸水，促使成活后，有"浅水插秧、深水活棵"之说。

田间管理　以水、肥、防治病虫害为主。移栽后灌深水防败苗，活棵后浅水勤灌，促进分蘖，分蘖末期脱水轻搁田，控制无效分蘖，促进根系生长；中期水浆以浅为主，大暑前后适当重搁田（把田间水放干，待土壤微白裂缝），扬花期保持浅水层（即没脚背水）；后期浅水勤管，干干湿湿，以湿为主，灌一次"跑马水"

（即灌即放），增加谷粒千粒重（专用词，1000粒稻谷重量的单位）。20世纪50年代，移栽后半月分别用大耥、小耥（一种耥稻工具）在行、株距间除草各一次。耥稻不仅除去杂草，还能疏通土壤，增强土壤通透性能。还要两次耘稻，第一次全凭人跪在田间边爬行边用手除草，第二次连水带泥抹一遍，使草不能重生。80年代开始，除草使用药物，不用耥稻、耘稻。移栽三四天后施肥，用除草醚，每亩1斤拌细土撒入田内，保持深水三四天，杂草嫩芽即被清除，省工省力。90年代采用乙草净、稻草畏与化肥混合施用除草。一般耘耥前，施用追肥以农家猪羊灰为主，待搁田后施用人粪尿。20世纪50年代始，逐年增施化肥，品种有碳铵、过磷酸钙、钾肥（用作基肥为宜）、尿素、氯化氨、复合肥等。水稻主要病虫害有稻蓟马、纹枯病、稻瘟病、条纹叶枯病、螟虫、纵卷叶虫、稻飞虱等，一般用药剂、药粉防治，或担水泼浇，或兑水喷洒。主要选用稻瘟净、稻脚青（粉剂）、马拉松混合剂、乐胺磷乳剂等防病治虫。

附：双季稻

双季稻按季节分为两熟制（前茬休闲田或红花草田）、早三熟（前茬元麦、蚕豆）、晚三熟（前茬小麦或油菜）。前季稻秧田面积为种植面积的18%。育秧方法先后有露地育秧，尼龙棚架及尼龙平盖、尼龙打洞，地膜育秧，条寄育秧等多种。分别不同茬口和不同育秧方法在3月下旬和4月下旬落谷，每亩秧田播60~120千克（条寄育秧小秧田播200千克），每亩大田用种17.5千克。通过稀播、足肥、精管培育两熟制嫩壮秧，早、中三熟健壮秧，晚三熟老健秧。大田前茬腾出后干耕，整平田面抢早栽，采用基肥足、面肥速、追肥早的"一轰头"施肥方法。中、晚三熟茬口多用"栽前施肥法"，把90%的化肥在移栽前一次性施下田，留10%化肥在移栽后"捉黄塘"。后季稻按种植面积20%留足秧田，每亩大田用17.5千克。播种期为晚稻6月10~18日，中稻6月20~27日，早籼稻早翻早7月8~13日。育秧方式以水育大苗为主，另有两段育秧，抽条留苗，秧田套种杂优稻的，培育绿中带黄、不披叶、不疯长的老健秧。移栽施足有机基肥，以每亩25千克碳铵为好，移栽后原则上不追肥。

（二）三麦

三麦是指小麦、元麦、大麦（含壳）的统称，当地一般种植小麦较多，次为元麦，不种大麦。元麦作为酿酒的原料和养猪的饲料，小麦供食用。民国时期，当地农民对三麦生产不重视，称其为小熟，粗耕粗种，故产量较低。中华人民共和国成立后，注重精耕细作，改进栽培技术，实施宽垄深沟、薄片深翻、精捣细斩，确保全苗。田间管理强调早施苗肥，施足腊肥，补施拔节孕穗肥，同时注意沟系配套，防治渍害。1975年，部分田块采用暗沟，既可防地下水，又能扩大播种面积。1984年全面推行"免耕板田麦"法，减少耕翻环节，提早播种季节，充分利用表面熟土，打好三麦早发高产基础。一般小麦在芒种前收获。"稻要养，麦要抢"，小麦收获期不可耽误。

（三）油菜

油菜的品种以白菜型本地种为主，有黄种、黑种、上菜、大叶黄等。1954年引入甘草蓝型品种。1959年引进泰县油菜，本地油菜基本淘汰。20世纪60年代始，针对油菜属喜磷作物的特点，在秧苗培育期施用磷肥，做到培育壮秧，移栽田块改为阔垄深沟，劈横移栽，带肥移栽，合理密植。成活后施好追肥，冬季增施腊肥，抄沟壅土，防治冻害。清明前施好临花肥，形成冬壮春发，并防治病虫害。70年代后期，试行"免耕板田油菜栽种"法，劈横移栽，提高土地利用率。

六、农具　农机

民国时期，农民种田使用农具大都为小型农具，以铁耙岔田，人力水车灌田，用木质稻床、稻桶脱粒，农船运输载物，许多农活都是靠人工完成。直至中华人民共和国成立，耕作、排灌、收获、加工运输农具都保持原有状态。1958年公社化后，耕田较多地使用牛力，排灌实现机械化替代人力。20世纪70年代中期，由小型拖拉机耕田，基本实现耕作机械化。80年代之后，随着农业机械化的发展，收割脱粒、农副产品加工和农田运输逐渐实现了机械化。

耕作机具：犁、耙（百草耙、刀耙）、铁耙（以齿型分满锋、菱叶、尖齿、钉齿、板齿、凿子齿）、锄头、铁抄（圆抄）、手扶拖拉机、插秧机。

排灌工具：人力水车、牛力水车、风力水车、水泵。

收获工具：镰刀、稻床、稻桶、风车、竹匾、筛子、栲栳、山耙、斗、斛、脚踏轧稻机、稻麦两用脱粒机、联合收割机。

粮食加工机具：石臼（舂米用）、木砻、石磨（磨粉用）、砻谷机、碾米机、粉碎机、小钢磨。

运输机具：扁担、担绳、杠棒、农船（配有橹、篙、桅、篷）、板车、机动拖车、挂机船。

用于积肥施肥工具：罱网、罱泥箩头、粪桶、粪勺。

第二节 生产经营管理

一、核算单位

金星、灯塔、光明、建胜、和平初级社时期，保留社员生产资料所有权，实行土地入股，耕畜和大农具作价归社或由合作社租用。实行合作社统一经营，统一核算，按土地、劳动力分配。

金星高级社时期，生产资料有偿转为集体所有，由社内统一经营，统一核算，按劳分配。

黄桥人民公社成立后，高级社时期的生产资料无偿给公社，形成"一大二公"体制。

1962年，张庄大队贯彻中央《农村人民公社工作条例（草案）》（即农业"60条"）后，实施三级（人民公社、生产大队、生产队）所有，队为基础的核算办法，确定生产队为集体所有制的基本核算单位。并对生产队实行土地、劳动力、耕畜、农具"四固定"和执行"三定一奖"（即定产量产值、定劳动日、定农本及超产和节约生产费用给予适当奖励）制度，划分社员自留地。

时张庄大队16个生产队（徐家浜、东家村、河南、河北、林浜、吴家里、北巷、沈巷、板桥、南巷、中巷、朝西、朝南、后浜、西海、陈家湾），411户1369人，劳动力756人，耕地1033.83亩，鱼池939.32亩，耕牛5头，农船132只，脱粒机36台，犁（包括绞关犁）17张，耙2张，三车（人力、风力、畜力）52部，喷雾器19台。社员家有镰刀、铁耙、铁抄、土筐、铡刀等小农具约1200件，另有竹制农具山笆、栲栳、筛、竹匾、栈条等520件。每户社员按人口划分自留地，合计105.83亩，其中水田59亩，旱地36.83亩。是年，大队投资1.3万元，购置各类农业机械设备。

其中板桥生产队21户72人，劳动力33人（其中泥瓦匠、木匠7人），耕地53.742亩，鱼池2.53亩，有农船4只，耕牛1头。1962年三麦单产270斤（1961年170斤），水稻单产604斤（1961年543斤），全年粮食总产量45606斤，总收入13418.16元（1961年7749.6元），人均口粮488斤，分配水平134元，全队无超支透支户。

附：第三大队、张庄大队耕牛、农船及农业机械选年统计资料

1958年10月，第三大队有耕牛7头（水牛6头、黄牛1头）、农船283只、脱粒机45台、犁7张、绞关犁35张、耙5张、三车161部（其中风力车2部）、喷雾器43台、喷粉器2台、水泵1台。

1959年4月，张庄大队有耕牛5头、农船132只（1吨以下2只、1~2吨10只、2~3吨51只、3~4吨33只、其他36只）、脱粒机36台、犁3张、绞关犁17张、耙2张、三车68部、喷雾器20台。

1963年，有耕牛4头、农船113只（农用船73只、渔业用船39只、运输船1只）、脱粒机29台、犁7张（木质犁6张、新式步犁1张）、耙2张、三车27部（人力车26部、畜力车1部）、喷雾器18台、喷粉器6台、粪桶495只。

1966年，有耕牛2头、农船117只（农用船35只、渔业用船81只、运输船1只）、脱粒机35台、犁6张、耙4张、三车23部（人力车22部、畜力车1部）、喷雾器22只。

1970年，有耕牛4头、农船147只（木质船132只、水泥船15只）、脱粒机（机电）21台、内燃机4台、喷雾器15台、喷粉器17台、三车18部。

1972年，徐家浜有脱粒机（机电）1台、农用船8只、砖场（脱粒用）17平方米。

东家村有脱粒机（机电）1台、农用船10只、砖场50平方米。

河南有电动机1台（2.8千瓦）、农用船18只、脱粒机（机电）1台、脱粒用场地1块、喷雾器2只。

林浜有脱粒机（机电）1台、农用船13只、水泥场36平方米。

吴家里有脱粒机（机电）1台、农用船12只、砖场40平方米。

北巷有脱粒机（机电）1台、电动机1台（2.8千瓦）、农用船13只、喷雾器1台、砖场40平方米。

沈巷有脱粒机（机电）1台、电动机1台（2.8千瓦）、农用船14只、砖场30平方米。

板桥有脱粒机（机电）1台、农用船5只、脱粒用场地1块。

南巷有脱粒机（机电）3台、农用船11只、电动机1台（4千瓦）、喷雾器2台、砖场40平方米。

中巷有脱粒机（机电）2台、农用船13只、电动机2台（6.8千瓦）、砖场18平方米。

朝西有脱粒机（机电）2台、农用船12只、砖场30平方米。

朝南有脱粒机（机电）2台、农用船11只、喷雾器2台、砖场40平方米。

后浜有脱粒机（机电）2台、电动机1台（4千瓦）、农船17只、砖场25平方米。

西海有农船11只、砖场30平方米。

陈家湾有脱粒机（机电）2台、农用船9只、砖场20平方米。

大队负责使用手扶拖拉机1台（12马力）、喷雾器1台、电动机3台（20.3千瓦）、内燃机4台（71马力）、农用船3只。

1980年，有耕牛2头、农用船72只（木质船42只、水泥船30只）、手扶拖拉机13台（156马力）、脱粒机（机电）25台。

1985年，张庄村农业机械总动力1843.6马力。

其中，耕作机械156马力，包括手扶拖拉机13台，以及小型配套农机30件（双铧犁13张、旋耕机13台、盖麦机2台、条播机1台及拖斗1台）。

排灌机械143马力，包括44马力流动机械4台、74马力内燃机3台、25马力农用水泵14台。

收割机械72马力，以及49台脱粒机、3台碾米机、2台磨粉机的机械动力192马力。

运输机械243马力，包括90马力汽车1辆、36马力挂浆机3台、117马力运输船（50吨）5艘。

植保机械14.4马力，即汽油机9台。

渔业机械166马力，包括120马力渔用船（48吨）6艘、46马力鱼饲料粉碎机2台。

农用综合利用机械1030马力，包括498马力发电机7台、532马力电动机102台，以及机械手推车10辆、人工喷雾器3台、非机动车船55只（木质20只、水泥船35只）。

表4-3 1962年张庄大队各生产队"四固定"统计

| 队别 | 户数 | 人口 | 劳动力（人） | 耕地（亩） | 自留地（亩） | 耕牛（头） | 农具 | | | | | | 鱼池（亩） |
							农船（只）	脱粒机（台）	犁（张）	耙（张）	三车（部）	喷雾器（台）	
徐家浜	20	64	45	49.732	4.95	—	—	—	—	—	—	—	38.934
东家村	24	88	51	60.991	6.80	1	—	—	—	—	—	—	60.718
河南	20	67	44	55.666	5.18	1	—	—	—	—	—	—	49.686
河北	18	68	38	55.056	5.25	—	—	—	—	—	—	—	48.525
林浜	33	113	62	84.193	8.73	—	—	—	—	—	—	—	73.064
吴家里	22	82	43	70.398	6.38	—	—	—	—	—	—	—	56.064
北巷	28	80	56	70.273	6.18	1	—	—	—	—	—	—	56.064
沈巷	27	81	44	70.373	6.26	—	—	—	—	—	—	—	62.251
板桥	21	72	33	53.742	6.56	—	—	—	—	—	—	—	2.53
南巷	27	94	44	58.612	7.12	1	—	—	—	—	—	—	67.287
中巷	28	96	49	70.754	7.27	—	—	—	—	—	—	—	90.774
朝西	27	90	50	59.179	6.86	—	—	—	—	—	—	—	79.037

续表

队别	户数	人口	劳动力（人）	耕地（亩）	自留地（亩）	耕牛（头）	农具						鱼池（亩）
							农船（只）	脱粒机（台）	犁（张）	耙（张）	三车（部）	喷雾器（台）	
朝南	22	90	44	64.799	6.85	—	—	—	—	—	—	—	55.855
后浜	33	100	43	75.302	7.63	—	—	—	—	—	—	—	65.695
西海	32	103	65	74.733	7.80	—	—	—	—	—	—	—	73.085
陈家湾	29	81	45	60.485	6.01	—	—	—	—	—	—	—	60.385
合计	411	1369	756	1033.28	105.8	5	132	36	17	2	52	19	939.32

注：农具统计数为全大队合计。

二、劳动管理

1958年10月，黄桥人民公社成立初，由公社统一指挥和调动生产队劳动力。张庄所在的第三大队劳动力按军事编制，分为营、连、排、班，采取大协作和"大兵团作战"方式搞农业生产。为适应其生产方式，办起农村公共食堂和托儿所。1959年4月，张庄大队办公共食堂8个，就餐人数达1213人，蔬菜基地45.7亩，食堂工作人员18人，还办托儿所2个。

1959~1960年，张庄大队受黄桥公社平调劳动力，赴沪宁线复线工程、太浦河水利工程、上方山开塘工程、金山浜水利工程进行支援，折合劳动日20611个。此外，还调用劳动力赴蠡口炼钢铁，支援唯亭公社种秧，到渔业试验场支援渔业等，折合劳动日1199个。

1962年，实行以生产队为单位核算，由生产队统一安排和调配劳动力，组织集体生产。每天出工前，由生产队长分配安排当日农活，收工前由记工员或会计按农活定额检查验收，得出每人工分，加以记录。

是年，张庄大队各生产队实行土地、劳动力、耕畜、农具"四固定"后，一改往日集体农具损坏现象。1960年，张庄大队有农船133只，因不注意加强管理，133只农船中失窃和损坏22只，剩余111只农船仅43只完好，有的缺橹板，有的漏水，有的多年未修理。另有90张犁中损坏4张，7个牛车盘中损坏4个，12台脱粒机中损坏4台等。

20世纪70年代初，各生产队加强劳动管理，实施"分组生产、四定（任务、工种、质量、工分）到位、检查验收、民主评分"的办法。此外，对于生产队"五匠"（即当地泥瓦匠、木匠、竹匠、石匠、铁匠），按公社革委会规定交钱记工，领取做工补贴金，并要求农忙务农、农闲做工、亦工亦农。凡生产队外出务工人员亦如此。

1975 年，张庄大队推行"突出政治，为革命种田"的大寨式评工记分，按照公社革命会要求，各生产队确定标兵（即符合思想觉悟高、农活质量好、出勤足的社员）为标兵工分，其他社员以标兵为榜样，互评应得工分，最后统一评定。实行大寨式评工记分后，生产队普遍出现"生产大呼隆，工活磨洋工""出工不出力，人在心不在"现象。"文化大革命"结束后，仍恢复原来按农活定额标准评工记分的方法。1977 年 1 月 4 日，第二区 4 个女社员油菜田壅土 1.7 亩，比未按农活定额计工节省 4 个劳动日。3 月 10 日，第一区社员翻灰潭 14 只（每只灰潭容积 4 立方米，用 3 个劳动日），每只灰潭比未按农活定额计工节省 1 个劳动日。

20 世纪 80 年代实行家庭联产承包责任制后，每户自行安排农活，结束集体生产劳动弊端。

三、分配管理

1955 年 10 月，金星、灯塔、和平、建胜、光明初级社的收益分配，按"劳力报酬应稍高于土地报酬"的规定，实行土地、劳力按比例分配。时金星初级社以土地 40%、劳力 60% 比例分配。

1956 年，高级社取消土地报酬，实行按劳分配。社员分配一年两次，夏季预分，秋季决算。分配中，先交清农业税和出售余粮，后归还国家到期贷款，再提留 3%~5% 的公积金、公益金，并留足生产资金和管理费，然后进行社员的经济、粮食分配。是年 11 月，金星高级社总收入 198102.02 元，其中农业收入 70710.59 元，副业收入 127391.43 元。总支出 86376.69 元，其中农业支出 12072.63 元，副业支出 55860.44 元，管理费 443.62 元，农业税 18000 元。公积金 3946.6 元，公益金 1981 元。可分配总额 111725.33 元，实际分配 103739.26 元（按社员总工分 668607 分计算，每个劳动日 10 分，单价 1.551 元）。另支付租金 2043.01 元，剩余生产资金 5943.06 元。

1958 年 10 月，黄桥人民公社成立，当年分配仍按高级社分配方式进行经济、粮食分配。1959 年取消按劳分配制度，实行供给制和工资制相结合的平均分配方式。供给部分主要是实行伙食供给制。"吃饭不要钱"是供给制的主要表现形式。工资制就是按月发放五元钱的生活费。当时口头禅称"吃饭不要钱，月月五元钱"。社员分配中供给制和工资制的比例为 3.5∶6.5。

1959 年，张庄大队参加分配 377 户 1432 人，分配金额 117388.26 元，平均每人 83.13 元。其中供给制 43066 元，占分配总额 36.6%，平均每人 30.5 元；按劳分配 74322.26 元，占分配总额 63.4%，平均每人 52.63 元。当年工分 984607.5 分，单价 0.755 元。是年，农业收入 84072.85 元，畜牧业收入 1098.81 元，副业收入

13447.69 元，渔业收入 187269.5 元，合计 285878.86 元。总支出 150965.63 元，纯收入 134913.23 元。

1960 年，粮食分配实行"人人定量，指标到户，实物到食堂，凭票吃饭，节约归己"。是年，张庄大队参加分配 398 户 1397 人，分配金额 126718.59 元，平均每人 90.71 元。其中供给制 37260 元，占分配总额 29.6%，平均每人 26.71 元；按劳分配 89458.59 元，占分配总额 70.4%，平均每人 64 元，工分单价 0.64 元。是年，农业收入 96190.77 元，畜牧业收入 1596.03 元，副业收入 43026.68 元，渔业收入 157310.15 元，合计 301575.18 元。总支出 168363.59 元，纯收入 133211.59 元。

1961 年 6 月，张庄大队公共食堂停办，废除供给制和工资制相结合的分配制度，恢复按劳动工分计酬方法。社员口粮采取基本粮和劳动粮相结合的方法计算。基本粮一般为 430~450 斤，劳动粮根据社员劳动工分分配。全年口粮 75% 为基本粮，25% 为劳动粮。是年粮食歉收，社员口粮相应减少。张庄大队人均口粮不到 250 斤稻谷，男女社员吃不饱肚皮，只得以瓜菜、红花草、糠麸代粮，甚至用野菜、树叶充饥，年老体弱者十有七八患浮肿、消瘦病，卧病在床，当年有 48 个患病者死亡，占总人口的 3.66%。据统计，1961 年黄桥公社浮肿病、消瘦病与妇女病（闭经、子宫下垂）患者占全社总人口的 9.3%。

时国家调整粮食征购任务，生产队完成征购任务均奖励工业品票证。1961 年，张庄大队完成征购任务，除获得奖励粮、现金外，还有布票 1041 尺、烟卷 987 张、鞋券 43 张。1964 年，张庄大地除完成征购任务外，超额交售国家粮食，获得化肥、布票、桐油、木材等票证奖励。

"文化大革命"期间，实行纯收入按劳动日计酬分配。纯收入一般按生产队总收入扣除总成本计算，社员按劳动所得工分计算全年报酬。其间，公社强调正确处理国家（农业税）、集体（公共积累）、社员（劳动报酬）三者之间关系。经济分配方案直接由公社一级审核批准，社员人均分配水平一直徘徊在 110~150 元左右，各生产队均有透（超）支户。1968 年，因水稻遭受严重虫害（稻飞虱）造成粮食减产，影响社员分配水平。

1971 年，张庄大队参加分配 451 户 1751 人，分配金额 206591.87 元，平均每人 118 元，工分单价 0.71 元。是年，农业收入 174926.45 元，畜牧副渔业收入 200999.4 元，工业收入 72068.05 元，合计 447993.9 元。总支出 191315.06 元，纯收入 254878.84 元。上交农业税 19177.6 元，公积金 21908.51 元，公益金 7028.79 元。全大队累计储备粮 83800 斤，其中东家村、朝西、陈家湾无储备粮。

1972 年，张庄大队参加分配 453 户 1777 人，分配金额 205949.65 元，平均每人 115.7 元，工分单价 0.64 元。是年，农业收入 158384.59 元，副渔业收入

192596.02 元，工业收入 65508.5 元，合计 416489.11 元。上交农业税 19314.55 元，公积金 19165.04 元，公益金 5194.43 元。全大队累计储备粮 67903.5 斤，其中北巷最多 18000 斤，陈家湾最少 1700 斤，东家村无储备粮。

1978 年，农业稳产高产，加上队办企业发展，各生产队总收入有所增长。是年，河南人均分配水平 185 元，人均口粮 648 斤，列全大队首位。林浜人均分配水平 179 元，人均口粮 642 斤，列为末位。

1980 年，全大队农、渔、工业收入突破百万元，达 105 万元，其中工业收入 64 万元，占总收入的 61.05%，社员分配 56.5 万元，平均每人从 1978 年的 182.06 元增至 302.75 元。

1983 年，实行家庭联产承包责任制，由生产队统一核算分配，改为户、组等多种分配形式。具体做法是核实产量和收支，按"交够国家的税金，留足集体的公积金、公益金和管理费，余下的都是个人所得"原则进行分配。在结算中同时落实干部补贴、扶贫、烈军属优抚及计划生产等有关政策。是年，张庄村参加分配 579 户 1962 人，分配金额 133.83 万元，平均每人 682.4 元。全年总收入 151.34 万元，其中农业收入 21.43 万元，副业收入 89.91 万元，渔业收入 40 万元。纯收入 137.49 万元，上交农业税 1.26 万元，集体积累 2.4 万元。

表 4-4　1971 年张庄大队社员分配情况汇总

队别	户数	人数	劳动力（人）	劳动日（个）	分配金额（元）	劳动日单价（元）	分配水平（元）	储备粮（斤）
徐浜	23	77	60	13161	9150	0.62	106.00	3000
东家村	28	118	118	18252	12899.21	0.638	98.70	—
河南	43	180	108	29073	26431.48	0.774	125.00	15000
林浜	33	138	90	23184	19524.55	0.731	122.80	13000
吴家里	24	114	67	17764	13940.48	0.695	108.30	3000
北巷	30	95	56	16643	13571.28	0.70	121.20	8000
沈巷	34	120	75	20224	15977.73	0.69	116.07	7000
板桥	20	85	59	13506	9744.93	0.635	103.80	3000
南巷	27	120	74	18868	18700.28	0.857	134.40	4800
中巷	32	125	84	20649	20751.44	0.846	139.00	8000
朝西	30	116	79	20797	16792.24	0.6974	125.00	—
朝南	25	109	80	18941	15832.61	0.719	124.80	5000
后浜	39	135	92	21695	17874.92	0.7038	113.10	10000
西海	35	129	81	21471	16620.82	0.6847	114.40	4000
陈家湾	28	90	58	15218	9689.25	0.5893	99.63	—
合计	451	1751	1181	289247	256678.84	0.715	118.00	83800

第三节　农田水利建设

民国时期，绝大部分农田大小不一，高低不平，旱涝无收。

中华人民共和国成立后，经过兴修水利，联圩建设，加高加固堤防，不断提高抗洪能力。

20世纪70年代，平坟墩，整田地，改造低产田，建成旱涝保收、稳产高产农田。在此基础上，重新安排土地，建设高标准吨粮田。1979年，张庄大队粮食平均亩产2104斤。

一、堤防建设

张庄农田地势低洼，每遇河水暴涨，屡遭漫堤溃决。1954年洪水后，张庄在全乡统一规划下，自1955~1958年先后加固加高村周边农田、鱼池的外围堤岸。1962年一场洪水，冲毁堤岸，张庄大队60%农田受淹，100%鱼池淹没。

是年，吴县人民政府援助张庄大队3万元生产自救。1962年冬至1963年春，张庄大队加固加高黄埭塘南岸，筑成长千余米、宽6米、北坡3米高的石驳岸，初步改变农田、鱼池遭受洪涝冲损的局面。1964年，于东塘河青龙桥建成灌溉排涝机房1座，置495型内燃机1台及20寸泵1台（于1971年翻建，改置30千瓦内燃机1台及20寸泵1台），平时用于灌溉农田，洪涝时及时排涝。

二、高标准吨粮田建设

1971年9月，修筑自青龙桥经石马坟至无塘河的渠道，全长1500米，完成4500个土方，包括填没张虎浜附近大塘。

1972年9月，修筑自徐家浜经南仓圩至大垟田上的渠道，全长700米，完成2100个土方，包括填没赵天香大塘。

1973年始，张庄大队掀起农田基本建设高潮，平坟墩，整田地，填荒潭，开新河，修新路，大搞沟、渠、河、路农田改造，至1980年投资300余万元，完成36万余个土方，挑平长山坟、石马坟、杨木圩坟、乌龟坟等大小20多个坟墩，开河 8300 米，修明暗渠 4500 米和机耕路 6200 米，建造水闸 3 座、桥梁 11 座，使 500 余亩农田变成南北走向划一、大小规格统一、明沟暗渠配套、路网布局合理、涝能排、旱能灌、渍能降的高标准农田。1989 年，张庄村同陆慕、蠡口、渭塘、黄埭 5 个乡镇（村）建成千亩丰产方、万亩丰产线，并实施江苏省制定的田间达标试点工程。1988~1989 年，张庄村三麦、水稻丰产方连续 2 年分别获得江苏省农林厅"丰收杯"高产竞赛二等奖、三等奖。

　　1994 年，张庄村新建村南吨粮丰产方 660 亩，建防渗沟渠 4600 米、暗渠 1020 米，填没沙石泾和 8 个鱼池、9 条小浜，新开河道（板桥港）1500 米，挑平杨木圩坟、郭马坟、乌龟坟等 6 个坟墩，建造农桥 3 座、块石护坡 2400 米，增加土地 41 亩。翌年，新建的吨粮方成为吴县市委、市政府直接挂钩的 4 个领导示范方之一。1999 年，吴县市政府确认张庄村为 20 个市级丰产方之一。

三、水利科技推广

　　在农田基本建设中，张庄村（大队）大力推广水利科技。在农田灌溉排水沟渠建设中，1962 年将填筑式高渠道改为半垫半挖式渠道，节电节水效果明显。1978 年，改明渠为暗渠，至 1990 年改用混凝土涵管、砖块、水泥预制板构筑防渗明渠与暗渠。在新建的泵站中，更新机泵设备，改管式混流泵为轴流泵。1996 年，位于村南吨粮丰产方的张庄泵站获 1990~1996 年吴县（市）水利建设工程苏州市级一等奖。在"三闸"（防洪闸、套闸、分级闸）建设中，1978 年将所涉水路套闸从原来的一字门闸（建造于 1966 年 6 月）改为横拉门闸。

第四节　副业

一、布衬、荷包片制作

　　布衬制作俗称糊布衬、糊硬衬，同糊荷包片一样，均为村民传统家庭副业。布衬、荷包片都是鞋帽服装的辅助材料。其原料都由村民以农产品以物换物，收购破旧衣服及床上用品，或到附近城镇采购，制作成布衬、荷包片，自产自销。

　　1961 年 2 月，张庄大队开办布衬厂，由大队组织布衬制作，统一经销合作商店和鞋帽企业。

20世纪80年代初，村民利用空闲时间糊布衬，自行销售。1995年后，因鞋帽生产改用代替材料，布衬、荷包片销量下降，大多数村民停止制作。

糊布衬一般将旧衣服和床上用品拆小分离（俗称拆布头），再用剪刀整理裁剪（俗称剪布头），后用糨糊一层层糊成各种规格大小的布衬。布衬层数分为2、3、4、5、6层。2层分2层棉布、2层棉绸衬、1层纸1层布衬、1层纸板1层布衬等。3层以上除规格大小不一外，均用棉绸化纤组成。布衬规格分为1.6×2.8，1.3×3.6，1.6×2.6，1.8×2.8（单位：市尺）。

糊荷包片一般有五道工艺：一、先用固定样板放在荷包片上，按样板剪下；二、在剪下的荷包片上糊纸（即贴芯纸），把3~5片叠在一起修理；三、用棕刷把糨糊涂在裁成尺寸的整令纸上，将荷包片放在上面，把四边的纸合起来；四、用力把荷包片压结实，以防脱壳；五、把压结实的荷包片在太阳下晒干，然后捆成一捆捆，每捆100片。荷包片通常规格为1×1.8市尺。

二、养猪

民国时期及至中华人民共和国成立初，村民养猪主要以解决种田肥料为目的，仅有少数富户逢春节自宰食用。当地属半农半渔生产地区，饲养生猪的农户不多，一般饲养本土黑猪，饲养期长，饲料以米糠、麦麸、豆饼为主。

1956年初，金星高级社养猪圈存数33头。1957年，年末圈存数110头。

1959~1961年三年经济困难时期，生产队集体和社员个人养猪因缺少饲料而受影响。1962年，社员划分自留地，给予提留饲料粮并实行工业品换购和奖励，个人养猪数不断增多。是年，张庄大队个人养猪106头。

1964年，板桥一个生产队集体养30头母猪、11头肉猪（年末圈存数）；社员个人养10头母猪、29头肉猪（年末圈存数）。

"文化大革命"期间，黄桥公社号召向"一亩一头猪"目标发展。1971年，张庄大队全年养猪1044头，实现一亩一头猪目标。年末圈存数1038头，其中集体434头（含母猪85头），个人604头（含徐家浜32头、东家村45头、河南61头、林浜40头、吴家里31头、北巷36头、沈巷45头、板桥28头、南巷41头、中巷51头、朝西41头、朝南40头、后浜48头、西海46头、陈家湾19头），当年向国家出售肥猪928头。

1975年，张庄大队贯彻上级《关于大力发展养猪业的通知》精神，对社员和集体出售的生猪给予粮食奖励，按售猪款每元奖粮食半斤，由国家粮站兑现，并执行公社规定猪灰出售给生产队的奖励办法。1977年末，生猪圈存数1586头，其中集体 707 头，个人 879 头，当年交售国家肥猪 803 头。1980 年末，生猪圈存数 1231 头，其中集体 447 头，个人 784 头，当年交售国家肥猪 1544 头。

20 世纪 70~80 年代，张庄大队养猪采取以青代粗、以青代精的方法，利用 200 亩水面放养"三水"（水花生、水浮莲、水葫芦）打浆喂猪。1976 年，全大队由于以三水打浆喂猪，节省精料 8500 斤、稻草 2.4 万斤，养猪成本比原来下降 13% 左右。

1975 年渔专队成立不久，先后建成猪棚 8 间，养猪 220 头，至 1978 年猪棚增加 80 余间，养猪 620 头，把养猪与养鱼结合起来，进行猪粪肥水、肥水养鱼，收到增产效果。1976 年，20 亩饲养鲢鱼、鳙鱼的鱼池用猪粪肥水，平均亩产量比不用此法的提高 225 斤。肥水养鱼不只增加鱼产量，还使鱼池多积肥料。1977 年，全大队养猪积累肥料（猪窠灰）和鱼池肥泥 23.8 万担，平均每亩积肥 230 担。

1981 年，张庄大队自行制定有关鼓励社员养猪的若干规定，除执行上级有关政策外，规定凡饲养生猪毛重 100 斤交售国家，生产队奖励饲料粮 40 斤，超重另加。自宰食用亦等同视之。还规定按生猪毛重 1 斤向生产队出售猪灰（用稻草垫圈）20 斤。每 100 斤猪灰价 1.25 元。1982 年，生猪年末圈存数 797 头，其中集体 280 头，个人 517 头，当年交售国家肥猪 2050 头。

1983 年，实行家庭联产承包责任制，私人养猪越来越多。1984 年，村民向国家交售肥猪 1251 头。1986 年末，圈存数 580 头，全年饲养量 2350 头（包括渔专队饲养数），交售肥猪 1193 头，自宰 461 头。1989 年交售肥猪 590 头。1990 年交售肥猪 577 头。1996 年交售 236 头。

2000 年后，村民养猪越来越少，至 2007 年，村民基本不再养猪。

第五章　池塘养殖

张庄养鱼，历史悠久。明清时期，池塘养殖普及村民，养殖户十有八九，素以放养"四大家鱼"（青、草、鲢、鳙鱼）著名。民国时期至 20 世纪 60 年代，大小不等的池塘仍保持原始状态，村民沿袭传统养殖方法，养鱼成本高，产量低，收益少。

20 世纪 70 年代中后期，张庄大队改革养殖制度，改善池塘条件，增加水体容积；合理混放密放，提高池塘利用率。同时，改进管理技术，以科学管理为内容，提高单位面积产量。1986 年，张庄村 500 亩鱼池平均亩产 835 公斤。1987 年，张庄村被省人民政府授予"水产先进单位"称号。1993 年，张庄村被列为吴县人民政府批准的科学养鱼示范基地。

张庄村养鱼出了名，输出技术力量，分赴外地帮助和指导发展渔业生产。

2008 年 1 月，张庄村结束池塘养殖的历史。

第一节　池塘

张庄村的池塘，又称鱼塘、鱼池，集中分布在村域北部，濒临黄埭塘、东塘河。20 世纪 60 年代末，132 个鱼池大的 2~3 亩，小的不足 3 分。鱼池名称大多沿用

老鱼池（1968 年摄）

旧池塘主人命名，也有以鱼池方位、形状命名。

老鱼塘平面图（1970年手绘）

一、旧鱼池名称

1973年旧鱼池未改造前，东塘河与老圩溇间自东向西分布：南荡角塘（时属第3生产队，简称"3队"。下同）、胡六潭塘（1队）、大爿田塘（2队）、木桥头塘（2队）、假山塘（3队）、南荒塘（3队）、杨大木塘（6队）、留老塘（6队）、管塘（4队）、鸡毛塘（4队）、外漾溇塘（4队）、中塘（5队）、元宝塘（5队）、邱家塘（3队）、陆招根塘（6队）、天泰里塘（6队）、北海塘（6队）、瞎子塘（4队）、上底塘（5队）、阿招生塘（5队）、三角塘（5队）、洪祥塘（3队）、沈水根塘（3队）、杨关水塘（7队）、小方塘（7队）、北十亩塘（7队）、南十亩塘（7队）、林张塘（7队）、大白塘（4队）、新挑塘（5队）、阿小弟塘（3队）、老羊塘（4队）、小方塘（4队）、赵家塘（4队）、大黄泥溇塘（5队）、小黄泥溇塘（5队）。

老圩溇与水路里间自东向西分布：朱先方塘（13队）、阿宝塘（13队）、老塘（13队）、老七官塘（13队）、角廊塘（13队）、双塘（13队）、沈阿高塘（12队）、朱德洋塘（12队）、抱角塘（7队）、灰萝卜塘（15队）、里干煞塘（15队）、用水小塘（15队）、干煞塘（15队）、姚岳山塘（12队）、贝山塘（12队）、中塘（7队）、杨孤孀塘（15队）、王老水塘（15队）、小河浜塘（12队）、姚白寺塘（12队）、小瘰三塘（7队）、耕沙塘（7队）、阿潭塘（14队）、阿云和塘（10队）、竹刀塘（4队）、早产塘（14队）、杨大塘（10队）、河北塘（10队）、河南塘（10队）、南长圩塘（10队）、裤子塘（6队）。

水路里与陈家湾间自东向西分布：里荒田塘（14队）、养老塘（14队）、大东角塘（14队）、外荒田塘（14队）、回文塘（14队）、弯塘（11队）、东付格田塘（11队）、杨大塘（11队）、小弯塘（10队）、乱抛塘（10队）、大活络塘（10队）、小活络塘（10队）、坟墩塘（11队）、西付格田塘（11队）、杨先生塘（11队）、刘其塘（10队）、杨德心塘（10队）、鸭棚塘（9队）、西洋塘（9队）、河北塘（9队）、破长塘（9队）、小河南塘（11队）、大漂池（11队）、蒋兰塘（9队）、大南水路（10队）、西海塘（9队）、猪食槽塘（9队）、三家塘（9队）、犁尖嘴塘（9队）等。

改造后的方格化鱼池（1992 年摄）

二、大面积改造

原来的鱼池大小不等，形状不同，池浅埂狭，保持原始状态，外围堤防基础设施差，不能适应渔业生产发展的需要。

1954 年和 1962 年两次洪涝灾害，张庄鱼池全部受淹，鱼苗逃失，损失严重。20 世纪 60 年代初，张庄大队在公社支援下，于黄埭塘南岸修筑千余米长的大堤及石驳岸护坡，并建成防洪闸，提高外围抗洪能力。1991 年冬，加高加固外围堤岸，张庄村完成 1122 个土方。

1973~1978 年，张庄大队大面积改造旧鱼池，开挖新鱼池，连续苦干 6 个冬春，完成 55.92 万土方（平均每亩用 600 个土方），实现 748 亩 89 只鱼池方格化。每只鱼池 7~8 亩，池深 2~2.5 米，埂宽 3 米，方整连片。改造成的鱼池（除河西角 16 只外）集中分为 3 个区：东塘河至老圩溇东岸为东部，设 1~22 号池，另有大东塘河、小东塘河；老圩溇西岸至水路里东岸为中部，设 1~40 号池；水路里西岸至陈家湾为西部，设 1~25 号池。并利用鱼池埂栽桑树，种植鱼用青饲料，还建造 68 间猪棚，用于养猪。

1988~1996 年，张庄村鱼池改造投入资金 134.42 万元，其中 1988 年 15.07 万元，1991 年 15.24 万元，1992 年 31.72 万元，1993 年 18.8 万元，1994 年 22.75 万元，1995 年 18.88 万元，1996 年 11.98 万元。

三、面积产量

张庄为半农半渔生产地区，粮田与鱼池差不多各半。1951 年，土地改革颁发土地房产所有证显示，蠡西村张家里（即张庄）有鱼池 871.14 亩。1959 年 4 月，张庄与郑仙、朱坝分离，建立张庄大队（时称第四大队），有鱼池 932 亩。1979 年，有鱼池 748 亩。鱼池面积计算有别于粮田，不以池面、池底长与宽计算，而以池中存水养鱼时表面积为数据。

中华人民共和国成立前，张庄鱼产量极低，风调雨顺的年头，亩产量 100 斤左右；若遇水灾，鱼池被冲毁，鱼苗

逃失，无所收获。若培育鱼苗，少则三年，故当地有"逃走一年荒三年，三年大水九年荒"之说。1952 年，张庄成鱼总产量不足万斤，亩产量不超 200 斤。

1962 年，张庄大队鱼池遭遇水灾，全部被淹没，932 亩鱼池总产量仅 180 担，亩产量 19.1 斤。1963 年总产量 835 担，亩产量 88.9 斤。

1964 年，鱼池 939 亩，总产量达到 2121 担，亩产量 225 斤，在黄桥公社各大队列第 2 位，仅次于生田大队（亩产量 238 斤）。

1970 年，张庄大队 744.884 亩鱼池总产量 399618.4 斤，其中青鱼 33474.4 斤，草鱼 61787 斤，花鲢 140805.8 斤，鳊鱼和鲤鱼 64173.8 斤，虾与杂鱼 13445.9 斤，以及自食白鲢和花鲢 2829 斤，留鱼种 83102.5 斤，平均亩产量 537 斤，鱼池亩产量居黄桥公社第 1 位。

20 世纪 70~80 年代，张庄村（大队）将原来的老池塘由小改大、浅改深、死水改活水，并改革池塘养殖办法，大搞科学实验，提高单位面积产量。其间，柬埔寨（总理带队）、几内亚（副总理带队）、墨西哥、孟加拉国、日本等国家代表团及联合国粮农组织（13 个国家 20 人）代表团先后到张庄参观，考察渔业生产情况。

1978 年，张庄大队成鱼放养面积 462 亩，总产量 38.4 万斤，亩产量 831 斤；鱼种放养面积 280 亩，总产量 8.4 万斤，亩产量 302 斤。合计产值 21.08 万元，纯收入 10.42 万元。

1979 年，鱼池亩产量首次突破千斤关，达到 1013 斤，比 1973 年亩产量 491 斤翻了一番。

1980 年，成鱼放养面积 500 亩，总产量 60.35 万斤，亩产量 1207 斤；鱼种放养面积 248 亩，总产量 11.01 万斤，亩产量 444 斤。合计产值 55.06 万元，纯收入 27.01 万元。

1982 年，成鱼放养面积 500 亩，总产量 69.5 万斤，亩产量 1390 斤；鱼种放养面积 248 亩，总产量 17.06 万斤，亩产量 688 斤。合计产值 74.88 万元，纯收入 36.31 万元。

1984 年，成鱼放养面积 500 亩，总产量 82.85 万斤，亩产量 1657 斤；鱼种放养面积 248 亩，总产量 20.09 万斤，亩产量 810 斤。合计产值 124.35 万元，纯收入 65.15 万元。

1985 年，成鱼放养面积 500 亩，总产量 83.4 万斤，亩产量 1668 斤；鱼种放养面积 248 亩，总产量 21.6 万斤，亩产量 871 斤。合计产值 184.08 万元，纯收入 102.44 万元。

1986 年，成鱼放养面积 500 亩，总产量 83.9 万斤，亩产量 1670 斤；鱼种放养面积 248 亩，总产量 23.1 万斤，亩产量 931 斤。合计产值 215 万元，纯收入 102 万元。

1988 年，成鱼放养面积 500 亩，总产量 83.9 万斤，亩产量 1670 斤；鱼种放养 248 亩，总产量 23.1 万斤，亩产量 931 斤。合计产值 231 万元，纯收入 109.6 万元。

1978~1988 年，张庄村（大队）渔业纯收入从 1978 年的 10.42 万元，提高到 1988 年的 109.6 万元，增加近 10 倍。1991 年始，张庄村池塘养殖转为个人承包后，张庄村对个人的鱼产量未做统计。

表 5-1　1972 年张庄大队各生产队养殖产量

队别	户数	人口	自留地（亩）	耕地面积（亩）	鱼池面积（亩）	总产量（斤）	亩产量（斤）
徐浜	24	78	1	49.732	33.35	10700	320.83
东家村	28	120	3.61	60.891	54	19450	360.18
河南	43	184	7	110.722	98	44100	450
林浜	33	142	5.148	84.093	73.064	25000	342.46
吴家里	24	117	3.5	70.398	56.84	24000	422.23
北巷	31	100	3	70.173	58.785	21000	357.23
沈巷	34	120	3.168	70.373	62.251	25000	401.6
板桥	20	82	2	53.742	—	—	—
南巷	27	118	4.5	58.521	50.087	25600	511.11
中巷	32	130	3	70.754	90.774	37500	413.11
朝西	30	116	5.4	59.179	79.037	26000	329
朝南	25	111	3.6	64.699	55.855	22500	402.82
后浜	39	140	4.4	75.2	65.2	19500	299
西海	35	131	4.42	74.633	74.63	29500	395.28
陈家湾	28	88	4.526	60.385	59.6	16100	270.13
合计	453	1777	57.272	1033.495	911.473	346250	376.78

注：时张庄大队旧鱼池尚未改造，各生产队分散养鱼，亩产量较低。

第二节　养殖生产

一、养殖品种

张庄池塘以养殖青、草、鲢、鳙鱼四大家鱼为主。明代当地养殖普及，后逐年增养鲤、鳊、鲫鱼，发展为七个主要养殖品种。

青鱼　居四大家鱼之首，主食螺蛳、蚬子等，属底层鱼类。分为粉青、乌青、血青三种，其中"黄桥粉青"久负盛名，张庄为青鱼主要产地。

草鱼 又名鲩鱼，草食性鱼类，为底层鱼类，是张庄池塘养殖主要品种之一。

鲢、鳙鱼 鲢又称白鲢，鳙即花鲢，习惯统称鲢鱼。生活在水体上层，主食浮游生物，生长较快，是张庄主要混养品种之一。

鲤鱼 杂食性鱼类，能在淡水水域中自然繁殖，张庄在池塘养殖中常作为套养品种。

鲫鱼 杂食性底层鱼类，适应能力强，能在淡水水域中自然繁殖。以前鱼池中的鲫鱼为野杂鱼类。1978年，张庄引进非洲鲫鱼进行高密度养殖，获得高产。后因其无法越冬而放弃养殖。

鳊鱼 又称团头鲂，有团头鳊与长春鳊之分，以水草为食，一般同草鱼混养。张庄推行高密度养殖后，因其耐氧性差，容易死亡，故逐年减少养殖。

二、苗种繁育

（一）鱼苗繁育

民国时期至20世纪50年代，张庄主要采购外地渔民从长江捕获的天然鱼苗（俗称"花子"）。60年代中期，黄桥公社鱼苗养殖场供应人工繁殖的草、鲢、鳙鱼鱼苗。60年代后期，张庄已进行人工繁殖鲢、鳊、鲫鱼鱼苗，供应本大队养殖所需，不再向外地采购鱼苗。

（二）鱼种养殖

每年3~5月，将鱼苗放入发塘池（清理干净的小池塘）养殖，20~30天后，待鱼苗长至1厘米多，再分送到鱼种池饲养，年末饲养成一龄鱼种，俗称"仔口鱼种"。一龄的鲢、鳙鱼种再放入成鱼池中养殖；一龄草鱼需培养成二龄鱼种，一龄青鱼需培养成三龄鱼种，方可放入成鱼池中养殖。二龄草鱼和三龄青鱼，亦称"老口鱼种"或"斤两鱼种"。1986年，张庄村向兄弟单位提供鱼种（四大家鱼为主）30万斤。

三、鱼病防治

中华人民共和国成立前，张庄养殖户缺少药物和防治鱼病的知识，一旦鱼病出现，无法控制，只能任其自然。

中华人民共和国成立后，随着养鱼科学技术普及，对鱼病防治日益重视。20世纪50年代始，养殖户都用漂白粉治理一般鱼病。1966年，黄桥公社养殖场建立后，养殖场技术人员指导各大队养鱼者防治鱼病，对症下药。

20世纪60~80年代，防治鱼病分为三个主要阶段。早期以鱼类寄生虫病防治为主，对于鱼蚤、车轮虫、斜管虫、指环虫等寄生虫病采用硫酸铜（0.7ppm）

或硫酸铜与硫酸铁（5∶2）合剂全池泼洒，效果较好。90年代采用敌百虫防治。中期识别防治细菌性病，如肠炎病、烂鳃病、赤皮病、蛀鳍烂尾病等。其中肠炎病、烂鳃病、赤皮病最严重，初以磺胺胍5克制成药面投喂，或以呋喃唑酮5~10克制成药饵投喂，后采用漂白粉遍撒全池，效果显著。再后发展用鱼安、鱼服康A型、鱼宝型等药物防治，有效控制病情发展。后期防治病毒性鱼病，80年代后，对青、草鱼病毒性出血病的防治引起重视，采用口服PHA（植物血球凝集素）。同时，改善鱼池水质环境条件，预防出血病产生。

四、渔具

中华人民共和国成立前，村民养鱼使用工具，如网箱、稠板、渔网、渔船等，大都保持原始状态，依赖人工操作。1958年公社化后，原有的渔具稍有改变，鱼池排灌使用水泵，采集饲料运输使用挂机船。20世纪70年代中期始，随着农业机械化发展，渔业生产逐步实现机械化。

鱼池用具：网箱（皮网箱、大网箱、小网箱）、海兜（拖海兜、打海兜）、秤海兜（大、小）、渔网（皮渔网、小渔网、大渔网）、磅秤、木杆大秤、菱桶、竹头络筛、筛帘、石磨、木担桶、铜广勺等。

采集饲料用具：稠板、稠板竿、丫篙、船、橹、篷帆、螺蛳桶、大畚箕、拖把、大眼螺蛳网、小眼螺蛳网、掀扒（木质），以上用于船上稠螺蛳；揉刀、揉刀柄、钉耙、捞草海兜、打细草海兜、草篮、簸箕，以上用于船上捞水草。

机械化器具：增氧机、吸螺蛳机、抽水泵、自动投料机、轧螺蛳机、电动钢磨等。

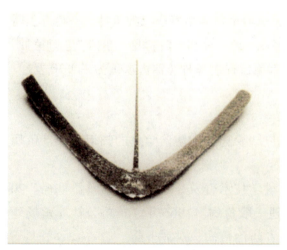

揉刀

螺蛳桶

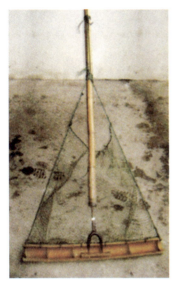

糑螺蛳网　　　　　　　　　隔筛

从左至右：打浆机、搅拌机、软颗粒机、螺蚬碾碎机

横刀主体：横户头

第三节　高产技术推广

一、养殖制度改革

1973~1978年，张庄大队采取统一规划、逐年改造的方法，改造旧鱼池，开挖新鱼池，把原来埂狭、池浅、路弯、形状不一、大小不等的旧鱼池改造成埂宽3米、水池深2~2.5米，形状和面积（每只60×90米，7~8亩）基本统一的新鱼池。1981~1982年，分批对浅鱼池进行第二次改造，水深从原来2米加深到3米，扩大鱼池的容积，增加立体水位，为密放混养、宽水养大鱼创造条件。并利用改造后的鱼池埂基、斜坡种植黑麦草和苏丹草，每年100~120亩，用以解决初春、夏季后期与秋季青绿饲料的不足。1979年，张庄大队鱼池亩产量突破千斤，达到1013斤，比1973年491斤翻了一番；是年，全县鱼池平均亩产量还不到300斤。1982年，其中47.7亩鱼池经第二次改造后，总产量79516斤，亩产量1667斤，比大面积平均亩产1400斤增加267斤，增长19.1%。

1981年，张庄大队推广密放混养技术，合理搭配，多品种混养。由草鱼为主，改为青、草鱼混养和多养团头鲂（鳊鱼）。上层鲢鱼、鳙鱼，中层草鱼、鳊鱼，底层青鱼、鲤鱼、鲫鱼，增加养殖密度。每亩放养鱼种277斤（其中草鱼性类48.3%，肥水类17%，食杂类4.8%，荤食性类29.9%），比1978年亩放1980斤增加53.9%的放养量，鱼池利用率增加近1倍。

1986年，张庄村500亩鱼池平均亩产量1670斤。翌年，张庄村被江苏省人民政府授予"水产先进单位"称号。吴县水产局将张庄村池塘养鱼高产经验在重点渔区蠡口西公田、东山王家泾、黄桥占上、越溪一大队示范推广。

二、日常科学管理

正在研究鱼、蚌珠、蟹的渔业队科技人员

（1982年摄）

20世纪80年代初，张庄村（大队）摸索出一整套鱼池高产经验，重点抓好"四定"（定时、定量、定位、定质）和"四看"（看季节、看天气、看水质、看吃食）的关键技术。看季节，把传统春天放养鱼种改为冬天放养，最迟在春节前放养结束，有利于鱼种早服池、早开食、早生长，提高成活率。看天气，坚持每天早、晚巡看鱼池 2 次，早看鱼是否出现"浮头"，晚看鱼活动是否正常和饵料是否吃完。看水质，采取定期注水和机械增氧方法调节水质。一般全年加注清水 5~7 次，每次高 5 寸左右；每个晴天中午开增氧机 2~3 小时，保证池水肥活嫩爽。看吃食，合理投饵料，不投变质饵料，做到荤素搭配，青精饵料结合。全年投饵量掌握好：前期量少，逐步增多；中间（6~10 个月）量大，保证满足；后期适量，不致落膘。日常投饵中，做到定时、定量、定位、定质，保证鱼吃匀、吃足、吃新鲜。一般上午八九时投饵，确保下午四五时吃完。

加强鱼病防治工作，采取"无病先防，有病早治"的方针。每年结合冬季干塘，用生石灰清塘（每亩 80~100 斤），杀灭土壤中病菌。春放鱼种时，用食盐水浸洗鱼种，不放养带病鱼种。在饲养过程中定期预防，采取食场消毒，抓住"大麦黄""白露汛"两个鱼病流行时季进行药物预防，控制鱼病。

三、养殖机械应用

改革养殖制度后，传统的生产工具不能适应新的生产制度，张庄大队本着"先试验，全覆盖"的原则，率先解决鱼类饲料采集、运输和加工机械化，逐步实现养殖生产主要作业项目的机械化和半机械化。1977~1985 年，张庄村（大队）完成养殖机械示范推广 15 种 98 台，合计 747.4 马力，平均每亩鱼池近 1 马力，并组成 6 个机组，即饲料采集及运输和加工机组，排灌增氧机组，鲜鱼运输机组，静水高密养鱼机组，施肥机组，发电机组。1979 年，张庄大队被列为苏州地区机械化养鱼试点单位。

1975 年，吴县水产局分配张庄大队 1 台增氧机。至 1983 年增加 1.5~3 千瓦增氧机 38 台，后陆续添置到 54 台，逐步实现 500 亩鱼池增氧机械化，改善水质条件，有效避免高温天气"浮头"引起死鱼。

1978 年，推广吸螺机，3 人一个机组，平均每天生产螺蚬 42.3 桶（每桶 200 斤），机吸螺蚬比人工耥螺蚬提高工效 5.7 倍；机吸螺蚬成本每桶为 0.8 元，比人工耥螺蚬每桶 1.25 元节省 0.45 元。

1979 年，颗粒饲料机试验应用，制成的颗粒饲料喂投 2 只试验池，亩产量分别为 890 斤、853 斤，比大面积亩产量增加 30%，每斤鱼成本核算减少 30% 左右。翌年，大面积采用颗粒饲料喂鱼，年投放量 12.5 万斤。

1981 年，采用鱼饲料运输机械化，用 40 条船 85 个劳动力捞水草 950 万斤，比 1977 年用 65 条船 120 个劳动力捞水草增加 460 万斤。

1990 年，"渔专队"改制转为个体经营，不再统计。

第四节　张庄渔业生产专业队

1975年，张庄大队旧鱼池改造期间，由原来15个生产队各自养鱼改为由大队统一经营管理，把分散在生产队的养鱼能手和技术骨干集中起来，建立一支渔业生产专业队伍承包养鱼，简称张庄渔专队。驻地设在村域北部鱼池集中基地中部，有房屋8间，队长陆二男、蒋关生。

渔专队建立初有70余人，分为成鱼1~4组与科技组，有技术骨干20余人，养殖面积748亩（鱼池83只），以养殖青、草、鲢、鳙鱼四大家鱼为主，并负责鱼苗繁殖、培育鱼种、发展"三水"（水花生、水浮莲、水葫芦）作物、养蚌育珠，以及引进青虾、日本白鲫、螃蟹等水产品试养任务。1976年，渔专队利用外荡发展200余亩"三水"作物。1986年，育珠200余斤，净收入20余万元。

1979年，渔专队增至187人，分为5个组承包养殖。1981年始，实行统一经营，各小组承包到劳力。

1983年，渔专队成鱼1组年产量174501.5斤，2组162686.8斤，3组188342.6斤，4组151168.9斤，科技组109503.1斤。是年，5个小组使用天然饲料螺蛳43785.1桶、细草407774斤、麦草100万斤、旱草159.93万斤，以及精料672212斤。

1985年，由5个小组改为11个小组承包，至1986年，两年中，成鱼总产量从1984年的103万斤，增加到1986年的151万斤。1979~1986年，渔专队上交村利润299.7万元。

1988年，渔专队采用"集体经营、产品归队、联产计酬"的承包责任制形式，在品种搭配、池塘配套、完善池岸基建、产品计划上市等方面，比家庭承包分散养殖更优越。时渔专队置有增氧机54台、抽水泵14台、泥浆泵4台等，计60余马力，每亩平均0.87马力。

1990年始，渔专队实行改制，由秦兴泉、陆根弟、沈阿三等37个养鱼能手和技术骨干经营。

养殖户签订合同会议（1990年摄）

1996年，本村陈叔权、杨小男、陆根弟等16户租赁鱼池，面积350.5亩，租赁费189949元；另有外地朱阿荣、郑雪涛、王才生等27户租赁鱼池，面积470.8亩，租赁费299605元。

2002年，陈泉荣、姚建新、

陈杏根等45户租赁鱼池，面积847亩，租赁费176930元。至2006年，由村股份合作社收回鱼池经营权，重新发包给个人。

渔专队的养鱼能手和技术骨干，除在当地发挥作用外，还与外地联营养鱼，或进行技术指导。早在1959年，张庄大队应国家水产局相邀，特地委派陆宝兴赴北京市密云水库养鱼。1962年2月，陆根生被招工到苏州市水产局金鸡湖养殖场工作。20世纪80年代，对外输出技术人才越来越多，有秦大夯（赴湘城）、陈阿四（赴越溪）、沈水泉（赴郭巷尹山）、秦阿二（赴斜塘墩头）、汤福荣（赴车坊）等33人。1987年12月，盐城阜宁县沟墩镇党委一班人赶来张庄村签订联营养鱼协议，张庄负责鱼种与技术，对方出水面与劳力，明确张庄村派出4个技术人员负责指导。

在培养技术人才方面，1976年，张庄大队推荐吴福寿、蒋福林赴苏州地区农业大学水产系学习专业知识。1986年选送贝雪根、朱钰泉赴苏州桑蚕专科学校淡水养殖专业学习。在黄桥中学开办水产职业教育期间（1983~1992年），注重培

养养殖初级技术人才，推荐初中生吴建良、秦小龙、韩文明、沈建芳报考学习，学习期满回村成为技术骨干。

2007年12月，因相城区"荷塘月色"第二期工程建设，张庄村800亩鱼池均被相城区人民政府征（使）用。

表5-2　2008年养殖户鱼池补偿明细

序号	姓名	金额（元）	序号	姓名	金额（元）
1	陈林泉	12450	12	秦桂金	26150
2	施阿根	43450	13	朱根兴	34850
3	汤福荣	37100	14	陈金泉	24950
4	陈水生	23900	15	姚林根、姚全根	55100
5	陈美华	34576	16	汤永兵	35550
6	陈叔权	34838	17	陈夯林	35700
7	秦福林	31100	18	吴荣生	26000
8	秦阿二	45700	19	陈林福	26500
9	蒋永明	34050	20	汤根兴	23650
10	陈陶荣	24200	21	汤小华	4600
11	陆才根	44650	22	陈兴根	30500

续表

序号	姓名	金额（元）	序号	姓名	金额（元）
23	杨小男	12650	31	陆四男	45350
24	陈阿大	36300	32	吴根生	23200
25	施金生	31200	33	沈阿三	66800
26	蒋福林	31100	34	陈新康	35780
27	韩春龙	20750	35	秦兴泉	28050
28	杨永法	34700	36	程才根	23850
29	陆根弟	25250	37	章大妹	44750
30	郭才林	25050	合计		1174344

访谈录："鱼先生"的养鱼经

时间：1988 年 9 月 6 日

地点：张庄渔专队科技组驻地

执笔者：沈雪男（吴县广播站通讯员）

访谈对象：汤福荣（1950 年 7 月生，初中学历，担任张庄渔专队队委、渔技员）

执笔者：张庄人靠水致富，养鱼出了名，不只是出产鱼，还出了不少养鱼技术人才。有人称你"鱼先生"，我看到范万钧、范小青父女写的一本书——《虎丘山后一渔村》，这上面就是这么称呼你的。

汤福荣：我祖上定居在张庄，只晓得父辈一直在当地种田，又养鱼，以前当然不像现在过得惬意。我从小跟父亲一起养鱼，我家养的鱼不多，也不讲究啥技术。不过，我小时候头脑算灵活的，养鱼的一套，看得多了，就学会了。20 世纪 70 年代集体养鱼，跟以前不一样，要讲收入，鱼池要出经济效益。1975 年，我进了大队渔专队，就一门心思养鱼，每天接触鱼的放养、喂料及日常管理，一套又一套，讲究科学管理呢！我呢，除了用眼、动手，还动脑筋，一门门技术掌握多了，熟悉了，才入门懂行的。至于说称我"鱼先生"，蛮好听的，用现今的话说来叫"点赞"。其实，和我不相配的，我不是比别人懂得多，而是比别人早学一点、多学一点技术罢了。

执笔者：太客气了，不是张庄人都说你"满身的鱼味，满嘴的鱼字，满肚皮养鱼经"么？想请你说说为啥瞄准鱼苗自育自繁试验？

汤福荣：好的好的。鱼苗繁育是我积存多年的梦想。明清以来，当地养鱼，直接到长江沿岸九江、武汉等地采购鱼苗，直到 1963 年北庄河西人工繁殖鲢、鳙鱼苗。1966 年黄桥公社建立鱼苗养殖场后，基本满足本公社范围所需的草、鲢、鳙鱼鱼苗，结束了去长江采购鱼苗的历史。

过去张庄养鱼，卖了成鱼买鱼苗（青鱼经 3 年养殖、草鱼经 2 年养殖成为鱼种过池），鱼苗养殖成本高不算，买来的鱼苗优劣难以判断，弄得不好放入成鱼池中养殖会影响产量。那些年我在渔专队科技组，30 出头年纪，有精力，不怕吃苦，下决心攻难关，向书本要知识，向水产部门专家、技术员请教，边学边干，刻苦钻研，后来终于获得成功。不仅鱼苗自育自繁，还有部分外销。记得 1986 年提供鱼种 30 万斤，净收入 30 多万元。

执笔者：实现鱼种自育自繁后，听说你在放养鱼种规格上进行改革，收到了成效。

汤福荣：是的，算是成功了。这是我同渔专队一起搞的。具体做法是仔口鱼种过池小改大，原来放 3~3.5 寸的，改为放 4~4.5 寸。青鱼、草鱼过池则大改小，原来过池每尾 2~3 斤，改为青鱼每尾 2 斤左右，草鱼每尾 1.5 斤左右，后来分别再改为 1.5 斤和 1 斤左右，使增肉倍数提高 1 倍半。还在鱼种搭配上做到分上层、中层、底层放养，增加绝对养殖密度，提高鱼池利用率。

1982 年，我和科技组负责 95 亩鱼池的饲养任务，采用高密度混养方法，成鱼平均亩产量 1859 斤。东部 10 号池（面积 6.8 亩），是我们的高产试验池，亩放鲤鱼鱼种 3564 尾，计 496.8 斤，应用静水高密度养鱼成功经验，在池中进行换水养殖。后来试验成功，亩产量 2581 斤。

执笔者：在你眼里鱼池"泛池"是怎么回事，用啥方法解决呢？

汤福荣：养鱼这一行，其实和上学一样，一年年读书，学问深得很呢！就拿"张鱼池"（当地俗称，即巡看鱼池）来说，就有古人说的"天时、地利、人和"的学问。早、晚两次，先得看看天，如果 7、8 月份天气闷热，太阳当空，晒得池水表面发热发烫，就要留心会不会有雷阵雨，白天下或是晚上下，这叫懂"天时"。再说懂"地利"。若一场雷阵雨下来，就要看看池里的鱼怎样。一般情况，雷阵雨突然将池水面层冲凉，冷热作用致使池水上下对流，底层的无氧之臭污水带腐败沼气上升，会波及整个鱼池，我们这里称其为"泛池"。泛池必将导致池水严重缺氧，鱼儿不同程度地浮头嗷嘴，可以看见它们半口水半口空气在吞吐，即吸氧自救。

执笔者：这就是众鱼命悬一线，到了严重危急的时候了吧？

汤福荣：对。此时此刻，必须开启增氧机和机动水泵，采取增氧和注水相结合的方法，方可避免死鱼现象。这就是人要机动灵活地掌握实际情况，还要因时、因池地掌握方法，这就叫作"人和"吧。1981 年七八月间，张庄大队充分发挥增氧机威力，并集中排灌机械注水，全大队没有一只池死鱼，没有一条鱼损失。

附：参观现场指南

1977年10月20日，柬埔寨代表团（总理带队）由全国人大常委会副委员长乌兰夫陪同参观张庄大队养殖现场。

第一部分　船上参观黄埭塘南岸现场

1. 家禽场

该现场饲养种鹅400只，品种为"太湖白"，特点是生长快、抗病力强、产蛋率较高，每只鹅年产蛋80只以上，一年消耗饲料100斤左右。

2. "三水"（水花生、水浮莲、水葫芦）搪泥

用"三水"同河泥搅拌均匀作肥料，可作水稻、三麦的基肥，肥效快，养分全。一般1亩"三水"可搪成500~600担肥料。

3. "三水"基地

有200多亩，每亩可产2.5万斤以上。一般每年4月下旬至5月上旬放养，至8月可陆续收获利用。霜冻前留好种苗，水花生可在河里自然越冬，留种量一般10%~15%；水葫芦、水浮莲抗寒力弱，应采用尼龙保温越冬，留种量分别为1%~3%、0.01%~0.04%。

4. 现场操作（摇船捞"三水"）

第二部分　陆上参观鱼池现场

1. 鱼池猪棚（地点：1号池）

早在1973年，利用池埂盖猪棚68间，现今养猪200余头。猪棚建在鱼池埂上，猪粪肥水，肥水养鱼，综合利用；野外阳光充足，空气新鲜，有利于猪的健康育肥。

2. 轧螺蛳（地点：2号池与4号池间船上）

轧螺蛳机每小时可轧2000斤螺蛳。螺蛳主要用作青鱼鱼种饲料，每日喂1次，每亩鱼池喂50斤。

3. 鱼池增氧机（地点：4号池）

增氧机作用为增加水中氧气，改善鱼的生活环境，避免鱼因缺氧而死亡。经试验使用增氧机后，比不使用增氧机可增产15%左右。

4. 鱼种喂食台（地点：4号池）

鱼种阶段特别要精心喂养，故设鱼池中食台，便利投饵料，鱼吃食。每天上午8~9时、下午2~3时喂食。一般1万尾鱼种投饵料（菜饼、麦粉）4~5斤。

5. 高产试验池（地点：3号池）

由大队渔专队科技组试验，专人负责。面积 7 亩，亩放 1500 尾鱼种，亩产量指标 1500 斤。

6. 水草喂鱼（地点：3、5、6、8、9、10 号池）

水草由人工捞取，每日喂一次，主要供草鱼、鳊鱼食用。每亩用量 100 斤。

7. "三水"打浆（地点：6 号池埂）

使用打浆机，每小时打"三水"浆 2000 斤，可喂鱼、喂猪。水花生含有"皂戒"（一种有毒物质），打浆后须加千分之三食用盐，以降低皂戒含量。

8. "三水"喂食（地点：7、8 号池）

池内放养草鱼、鲢鱼、鳙鱼为主，每亩一天喂 100~150 斤"三水"浆。

9. 千斤丰产片（插牌在 10 号池）

由大队党支部试验的千斤丰产片，有鱼池 120 亩，试行单季改双季，实行青鱼混养，亩放 1222 尾鱼种，亩产量指标 1000 斤，总产量 12 万斤。

10. 猪粪肥水（地点：9、10 号池）

猪粪经 3~5 天发酵后，每日一次泼浇鱼池中，1 亩 1 担。主要培育水中浮游生物，增殖鲢鱼、鳙鱼饵料。

11. 小面积"三水"之一：绿萍样品（地点：渔专队东墙边河中）

12. 人工繁殖三角帆蚌（地点：渔专队东墙边河中）

1973 年始，人工繁殖三角帆蚌，解决人工育珠蚌源。一般一只母蚌能繁殖 4000~5000 只苗蚌，经两年饲养，可作为育珠蚌。

13. 河蚌育珍珠（地点：渔专队东墙边河中）

1 只育珠蚌，接种 40~50 片，经 3 年饲养能产珍珠 5~10 克，提供医药原料和外贸出口。

14. 成鱼起捕（地点：1 号池）

该池是双季鱼池，面积 7 亩，饲养青、草、鲢、鳙、鲤、鳊、鲫鱼 7 个品种。已在 7 月份起捕 1 次，亩产 400 多斤。第 2 次起捕应在冬季，因参观而提前起捕。

第六章　工业企业　商业

20 世纪 60 年代初，张庄大队（时称第四大队）以办布衬厂起步，70 年代逐步创办大队棕麻加工厂、水泥预制场、碾米厂、电配厂等，跨上创办大队企业之路。

20 世纪 70 年代中后期，张庄大队运用渔业生产积累资金支持队办企业发展，实行以渔促工，充实集体经济力量。1981~1984 年，有大小工业企业 6 家，固定资产 80 余万元，新建厂房 5000 平方米。1984 年，全村工业产值 1061.3 万元，纯收入 206 万元。是年，村内 4 家企业与上海、苏州的大企业、大公司发展横向联营，开辟城乡合作新途径。

1978~1993 年，全村工业产值自 125.7 万元增至 1.14 亿元，上缴国家税收自 6 万元增至 146.9 万元，固定资产自 7.2 万元增至 4706 万元。

1994 年 1 月，由 6 家村办企业组建江苏张庄集团公司。

1997~1999 年，张庄村采取租赁使用和拍卖的方式，完成对村办企业产权制度改革，转为个体经营。至 2015 年，张庄村村域范围内企业（地址在张庄工业区、张庄工业园、青龙桥工业区）共有 181 家，其中 73 家为村民个体经营。

中华人民共和国成立前，村民大都前往蠡口、陆墓等集镇地，购置日常生活用品或出售农副产品。20 世纪 70 年代初，黄桥集体商业于陈家湾设立下伸商店。少数村民从事经商活动。2002 年，张庄村于张庄大道中段西侧建成固定农贸市场和小商品市场。

第一节　村（队）办企业

1961 年 2 月，张庄大队（时称第四大队）开办布衬厂，厂址在村域南王家里坟附近，有厂房 6 间，职工 10 余人，以手工制作各种规格的布衬，推销给当地商贩和杂货店。厂长沈长根。1963 年 9 月，改称"第六大队棕麻加工厂"，增加麻袋加工业务。1973 年 9 月，易名"张庄综合厂"，主要为各地粮站、粮库补麻袋和做麻袋、麻片，以及生产布衬、船用靠球、沙发、藤椅、纸箱包装等产品。1991 年 10 月停办，由吴县日用化学品三厂（村办厂）接管。

1972 年 3 月，于杨木圩浜沈埂上东建成大队水泥预制场，主要生产水泥桁条、水泥板（楼板）、过墙板、水泥预制门和窗，由陈水生负责。1974 年，改称"张庄水泥制品厂"，迁至东塘河西侧（今东家村北）。至 1992 年，有固定资产 12 万余元，厂长韩火根。于 1998 年转制为私营企业。

1972 年 5 月，于青龙桥南开办碾米厂，有碾米机 1 台，为本大队社员加工口粮，后添置粉碎机 2 台，用于养猪饲料加工。时有陆三男、吴桂和、徐根寿等职工。于 2002 年 1 月停办。

20 世纪 70 年代中后期，张庄大队运用渔业生产的积累资金支持队办企业发展，并用水产品等价交换工业原材料，同时大队领导干部加强力量，由 3 人兼任村办企业厂长。

1976 年 11 月，杨维贤等 4 人赴陈其大队学习印刷线路板工艺技术。1977 年 6 月，大队辟一个线路板生产车间（平房 8 间），属张庄综合厂管理。车间负责人杨维贤。1979 年末，转由张庄印刷厂管理。1984 年 12 月，建立张庄电讯配件厂，厂长陆永根。1985 年 4~5 月，贝阿盘等 3 人、杨菊英等 8 人，先后分批赴苏州第三光学仪器厂学习线切割机床操作和高频电源组装技术。7 月，由杨金泉等 4 人赴苏州长风机械总厂机床分厂学习机床电器组装技术。10 月，由陈建荣赴北京参加印刷线路板先进技术培训。1986 年 5 月，张庄电讯配件厂与苏州第三光学仪器厂横向联营，更名"苏州市第三光学仪器厂张庄分厂"；6 月，新建车间大楼 600 余平方米（1987 年 5 月启用）。至 1992 年，职工 192 人，固定资产 174.8 万元。1988 年 5 月，由陈凤祥等 5 人赴苏州电工仪器厂学习稳压电源组装技术。1990 年 4 月，成功申请使用"恒星"商标注册。

1979 年 10 月，从上海找到印刷塑料袋业务，大队投资 1.5 万元，购进 3 台旧设备，办成 30 个职工的彩色印刷小厂，每天生产 3 万只糖果袋、食品袋之类，当年获利 3 万元。厂长汤钰林。1982 年，增添 4 台圆盘机、1 台鼓式彩色印刷机，从而保证承揽上海日化四厂包装袋的印刷业务量。至 1982 年 12 月，改称吴县塑料彩色印刷厂，厂长胡大男。1985 年，有职工 232 人，厂房 50 间，5 台凹版自动轮转印刷机，1 台双层塑料薄膜复合机，14 台吹塑机。当年利润 44 万元。至 1992 年，固定资产 303.04 万元。1998 年实施改制，转为个体经营。

1986 年 8 月，张庄村创办吴县日用化学品三厂，厂长沈金华，职工 26 人，主要为上海市日用化学品四厂加工生产营养面膜、雪花膏、唇膏等化妆系列产品。9月，该厂被县政府列为安排残疾人员就业的福利企业，1988年有残疾人员38人。1992年职工增至542人，固定资产381.9万元。1990年，完成工业产值1071万元，纯收入145万元。1997年11月，因上海市日用化学品四厂宣告破产，吴县日用化学品三厂损失1993.5万元。1999年实施改制，转为个体经营。

1986年，张庄村根据上级横向发展乡村工业的战略，近攻苏州，远攻上海，有4家村办企业与大企业、大公司横向联营，分别是彩印厂与上海市日用化学品四厂，电配厂与苏州第三光学仪器厂，铸管厂与苏州自来水公司，絮棉厂与吴县棉麻公司。

是年，村彩印厂361人，完成工业产值217.15万元，生产塑料包装袋2亿多只。村电配厂225人，工业产值156.39万元，生产线路板45万块。村综合厂429人，工业产值300.24万元，生产麻袋269.3万只。村喷涂厂237人，工业产值137.37万元，生产喷漆物10.31万件。村絮棉厂82人，工业产值105.63万元，生产棉胎19.149万条。村水泥制品厂106人，完成工业产值108.51万元，生产水泥楼板12204块。

1988年，张庄村有吴县塑料彩印厂、吴县日用化学品三厂、吴县絮棉厂、吴县铸管厂、张庄电讯配件厂、张庄金属喷漆厂、张庄水泥制品厂、张庄综合厂8家村办企业，固定资产418万元，从业人员1150人，工业总产值2417.74万元，纯收入401.84万元。是年，张庄村与占上村、青台村、木巷村被黄桥乡列为四大工业先行村。

1990年，张庄村8个村办企业职工971人，固定资产640万元，完成工业产值3005.76万元，利税77.54万元，纯收入486万元，上缴村70.88万元。1987~1995年，日化三厂上缴村966.72万元，彩印厂上缴村458.41万元，电配厂上缴村289.43万元，喷涂厂上缴村60.64万元，预制品厂上缴村26.41万元，絮棉厂上缴村15.47万元，铸管厂上缴村19.78万元，综合厂上缴村26.08万元，华明公司上缴村22.39万元，合计1885.33万元。村办企业实现的利润为发展农业、逐步实现农业现代化、改善村民物质文化生活创造条件。但村办企业在发展中存在能源、原材料消耗高，企业管理和生产力水平较低等不利因素。

1992年5月，张庄村与台商李中杰联合投资创办首家合资企业——苏州华杰电子有限公司，主要生产电讯配件、电子元器件等产品。1997年8月，公司变更为台商独资企业。2015年，占地面积7443.7平方米，建筑面积5956平方米，职工285人，注册资金277万美元，纳税159.2万元。

1993年5月，张庄村建立乳品厂，职工50人。后因经济效益滑坡，于1996年春关闭。

　　1994年1月，经吴县经济体制改革委员会批准，张庄农工商实业总公司组建张庄集团公司，以吴县日用化学品三厂、吴县电讯配件厂等6家企业为紧密层，以苏州华明塑料制品有限公司、苏州锐卡士电器元件厂等为半紧密层和其他一批企业为松散层。10月，冠名江苏张庄集团公司，拥有固定资产5400万元。

　　1997~1999年，张庄村先后对6家村办企业进行产权制度改革，实行净资产部分拍卖和部分租赁使用的方式，6家村办企业均转为个体经营。1997年，张庄电讯配件厂率先转制。1998~1999年，吴县塑料彩色印刷厂、张庄金属喷涂厂、张庄水泥制品厂等相继实施转制。

一、企业荣誉

1985年

张庄综合厂厂长沈长根出席吴县乡镇工业先进集体先进个人代表会议。

1988年

吴县人民政府授予沈金华"吴县乡镇企业家"称号。

1991~1992年

吴县人民政府连续两年授予张庄村"工业明星村"称号。

1992年

张庄村工业产值1.14亿元，在吴县各乡镇村办企业中列第2位。

1994年

苏州市人民政府授予沈金华"苏州市优秀企业家"称号。

1995年

国家农业部授予沈金华"全国乡镇企业家"功勋奖章。

1996年7月

国家农业部授予张庄集团公司"全国乡镇企业集团"称号。

1996年

江苏省乡镇企业管理局授予沈金华"省乡镇企业家"称号。

1997年

吴县市人民政府授予张庄村"工业明星村"称号。

2015年，张庄村村域内企业纳税十强

苏州市自来水有限公司相城分公司（国地税）458.43万元。

苏州市惠利盛电子科技有限公司434.13万元。

苏州华杰电子有限公司228.19万元。

苏州市博丽塑料彩印包装有限公司141.74万元。

苏州市真优美喷涂有限公司112.96万元。

苏州市相城区顺达塑料制品有限公司99.07万元。

苏州市惠利通光电科技有限公司71.11万元。

苏州市科发电路板有限公司54.06万元。

苏州永通滚针有限责任公司52.52万元。

苏州宝健精密机械有限公司40.58万元。

二、企业选介

张庄电讯配件厂

位于张庄村黄蠡路。1977年6月创办初为一个车间，1984年12月建厂，村办企业。生产各种仪器、仪表、计算机、程控交换机、家用电器等单双面印刷线路板，以及交流稳压器、放大器和脉冲电源等电器产品。1990年，该企业被国家农业部评为全面质量管理合格企业。是年，生产的"星恒"牌双面金属化孔印刷电路板获"苏州市优质产品"称号。1995年，职工232人，占地面积1万余平方米，建筑面积7050平方米，固定资产534万元，具有CAD计算机辅助设计、CAM光绘制片、进口数控钻铣机、双臂龙门式电脑控制自动孔化、电镀生产线、热风整平机等生产技术及设备，年生产单面板3.1万平方米，双面印刷电路板1.35万平方米。1997年，完成工业产值426万元。1987~1995年，该企业向村上缴利润289.43万元。

吴县塑料彩色印刷厂

位于张庄村张庄大道。1979年10月创办，村办企业。主要生产普通、复合、医药用彩印薄膜袋。初为张庄彩印厂，1982年12月，改称吴县塑料彩色印刷厂。全厂占地面积8800平方米，建筑面积5800平方米，拥有固定资产380万元，有吹塑机12台、凹版印刷机7台、自动分切机2台、复合机2台、自动制台机8台，年生产能力600吨，年产值3000多万元。该厂是国家医药局药品包装材料定点厂，拥有国家医药局颁发的药品包装材料容器生产企业许可证、苏州市卫生局颁发的食品卫生许可证。生产的丽达牌复合彩印薄膜袋获1990年"苏州市优质产品"称号。1998年实施改制，转为私营企业。

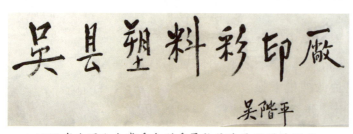

1990年全国人大常委会副委员长吴阶平题写的厂名

第二节 私营企业

1997~1999 年，张庄村的村办企业改制，成为民营企业、私营企业和工业个体户等非公有制企业。张庄村从过去直接投资办企业，转变为以服务私营（民营）企业为主，同时按照国家的法律法规对企业进行监督管理。

自 1999 年始，张庄村相继在青龙桥东、村域中部（1 号路、2 号路两侧）开辟两个工业区，先行建造标准厂房，出租给有关企业，或让企业租赁土地，自行建造厂房，并制定一系列优惠政策和引进项目的奖励办法，"筑巢引凤"和"引凤筑巢"齐步，引导和鼓励本地户籍人士和外来客商共同办厂置业，走出一条私营企业加快发展之路。至 2008 年，有 108 家私营企业和工业个体户租用厂房（属村集体资产）14156 平方米，租赁土地面积 370.296 亩，其中 35 家较大的私营企业租赁土地面积 209.446 亩（自建厂房），租用厂房面积 1380.3 平方米。

1999 年春，青龙桥工业区建成，占地约 150 亩，有苏州市华事达印刷包装有限公司、黄桥张庄纸箱厂、苏州市金莱佳电子元件厂等 8 家企业登记入驻，大都生产木质、金属和软体家具。至 2015 年约有 21 家企业。

2002 年 10 月，张庄工业区基础设施工程启动，占地面积约 400 亩。张庄工业区落成后，有苏州市科发电路板有限公司、苏州博丽塑料彩印包装有限公司、苏州华星塑料制品有限公司、苏州锐卡士电器元件厂、张庄电讯配件厂、张庄金属喷漆厂等 20 余家企业入驻。至 2005 年有 58 家企业。至 2015 年，入驻 87 家企业，主要产品涉及电子、电讯、线路板、纺织、机械、塑料等。

2007 年，黄桥街道办事处征用张庄村板桥港南 359.1 亩土地，设立张庄工业园。有相城区顺发精密模具有限公司、相城区威广润滑设备有限公司、苏州市佐度电子材料有限公司等 10 余家企业进驻。2014 年，大多数企业迁出张庄工业园。至 2015 年，注册登记企业有 73 家。

苏州博丽塑料彩印包装有限公司

位于张庄工业区 1 号路。公司创建于 1998 年，注册资本 580 万元，公司法定代表人汤建华。公司现有职工 58 人，固定资产 1600 万元。公司专业生产各类食品包装、化工产品包装和电子产品包装袋。产品包含三边封袋、中封袋、站立袋、夹链袋、铝箔袋、真空包装袋、卷膜、抗静电屏蔽袋。公司拥有国内先进的包装生产线，具备包装设计、产品研发、生产制造、产品检测一条龙生产体系。现有全自动电脑印刷机 2 台（最多可印 9 色）、电脑全自动高速复合机 1 台、电脑全自动复合机 2 台、电脑高速自动分切机 2 台、全自动电脑制袋机 13 台。年产能 2000 吨，年产值 3800 万元。目前主要为多美滋、德胜集团、中粮集团福吉佳、稻香村、好利来、雷允上、天灵中药等企业提供服务。

苏州东运旅游客运有限公司

位于相城区嘉元路元联中心大厦。公司创建于2001年4月，注册资本2000万元，法定代表人沈林生。公司下设苏州市安捷汽车修理有限公司，主要经营省际、市际旅游，包车客运，现有大中小各类车辆200多辆，与苏州大中型企业合作多年，为世界500强企业提供商务用车服务，年产值达3500万元。多次被企业客户评为"优秀优质厂商"。2013年，沈林生被评为"苏州市银牌驾驶员"。截至2015年，公司总资产达到9600万元。

苏州东运旅游客运有限公司总经理沈林生

表6-1 张庄村村民所办企业一览表

（截至2015年12月）

序号	业主姓名	企业名称	地址	所属区别
1	陆小平	苏州市真优美喷涂厂	广济北路西	张庄四区（后浜）
2	汤健健	苏州市永通滚针有限公司	张庄1号路	张庄三区（朝西）
3	陆志华	苏州市中曼日化有限公司	广济北路西	张庄四区（后浜）
4	陆林发	苏州市科发电路板有限公司	黄蠡路	张庄四区（后浜）
5	沈才荣	苏州市华事达印刷包装有限公司	望亭镇	张庄二区（沈巷）
6	蒋林发	苏州市华事达印刷包装有限公司	黄桥村	张庄一区（东家）
7	汤建华	苏州市博丽塑料彩印包装有限公司	张庄1号路	张庄三区（朝西）
8	蒋卫龙	苏州市宏达塑胶有限公司	黄蠡路	张庄一区（东家）
9	陈阿六	苏州市三星塑料彩印有限公司	张庄大道	张庄三区（中巷）
10	秦冬青	苏州市子晨塑料制品有限公司	张庄大道	张庄一区（河北）
11	薛建林	苏州市华星塑料制品有限公司	张庄1号路	张庄二区（吴家）
12	汤兴根	苏州市乐光电器有限公司	张庄大道	张庄三区（朝西）
13	姚晓明	苏州市顺达塑料制品有限公司	黄蠡路	张庄二区（林浜）
14	姚惠建	苏州市相城区黄桥张庄纸箱厂	黄桥村	张庄二区（吴家）
15	吴建良	苏州市张庄静电喷涂厂	张庄大道	张庄二区（吴家）
16	吴家明	苏州市明佳塑胶制品有限公司	张庄1号路	张庄二区（吴家）
17	蒋敖敖	苏州市张庄金属喷涂厂	张庄1号路	张庄二区（林浜）
18	吴福泉	苏州市张庄喷涂厂	张庄1号路	张庄二区（吴介）

续表

序号	业主姓名	企业名称	地址	所属区别
19	秦泉根	苏州市星光电子有限公司	木巷村	张庄一区（河北）
20	秦菊明	苏州市丽达油墨厂	徐家浜路	张庄一区（河北）
21	沈建新	苏州市华翔家具厂	徐家浜路	张庄二区（沈巷）
22	刘建明	苏州市明裕塑料制品有限公司	张庄1号路	张庄一区（河北）
23	陆卫明	苏州市佳利金属制品有限公司	方浜村	张庄四区（后浜）
24	薛芬	苏州市瑞骐包装科技有限公司	张庄2号路	张庄一区（东家）
25	吴泉兴	苏州市星和制冷配件有限公司	永方路	张庄二区（吴家）
26	姚苏华	苏州市苏华电器有限公司	苏埭路	张庄三区（朝西）
27	朱晓辉	苏州市康辉塑胶包装有限公司	方浜村	张庄二区（北巷）
28	杨伟峰	苏州市恒峰塑料制品厂	徐家浜路	张庄四区（朝南）
29	汤奋强	苏州市迈克朗机电有限公司	张庄1号路	张庄三区（朝西）
30	陈金龙	苏州市长福家具厂	方浜村	张庄四区（陈家）
31	张雪生	苏州侃侃彩印厂	张庄2号路	张庄四区（朝南）
32	秦宝明	苏州市优纳特精密机械有限公司	胡湾村	张庄一区（河北）
33	贝雪根	苏州市贝科特机械有限公司	黄埭镇（东桥）	张庄四区（西海）
34	郭卫洪	苏州市黄桥日用化学品厂	张庄渔专队	张庄三区（板桥）
35	蒋大男	苏州市华丽日用化学品厂	黄蠡路	张庄二区（林浜）
36	陆平	苏州市姑苏铜材厂	黄蠡路	张庄四区（后浜）
37	吴大奎	苏州市庄神塑料彩印有限公司	张庄大道	张庄二区（吴家）
38	贝阿盘	苏州市贝士特电器有限公司	黄蠡路	张庄四区（西海）
39	蒋小龙	苏州市张庄电讯配件厂	张庄1号路	张庄一区（东家）
40	陆震环	苏州市环亚金属制品厂	广济北路西	张庄三区（后浜）
41	陈根寿	苏州市诚诺电子仪器厂	黄蠡路	张庄三区（南巷）
42	吴小夯	苏州市兴达电器设备厂	黄蠡路	张庄二区（沈巷）
43	吴泉元	苏州市强胜制冷配件厂	黄蠡路	张庄二区（吴家）
44	杨三星	苏州市张庄新涛喷涂厂	徐家浜路	张庄四区（朝南）
45	蒋育锋	苏州市华锋电器厂	张庄1号路	张庄二区（林浜）
46	蒋泉生	苏州市丽达油墨厂	张庄1号路	张庄二区（林浜）
47	胡文良	苏州市华声广播器材厂	黄蠡路	张庄二区（沈巷）
48	陈金泉	苏州市金莱佳电子元件厂	黄蠡路	张庄四区（西海）
49	韩荣林	苏州林顺塑胶有限公司	方浜村	张庄三区（中巷）
50	沈建龙	苏州市子恒塑料喷涂有限公司	张庄1号路	张庄二区（沈巷）
51	沈金华	苏州市创新织造有限公司	张庄1号路	张庄二区（沈巷）
52	蒋新龙	苏州市珈新塑胶制品有限公司	相城经济开发区	张庄一区（东家）
53	陆才兴	苏州市华亚纺织品有限公司	黄蠡路	张庄四区（后浜）

续表

序号	业主姓名	企业名称	地址	所属区别
54	蒋文元	苏州市创新织造有限公司	徐家浜路	张庄二区（林浜）
55	陆建荣	苏州市相城区好时沙发厂	张庄1号路	张庄二区（北巷）
56	邱卫明	苏州市相城区创亨织造厂	张庄1号路	张庄四区（陈家）
57	秦才林	苏州市相城区华丽日用化学品厂	黄蠡路	张庄一区（河北）
58	朱钰泉	苏州市峰达化工有限公司	金峰村	张庄三区（中巷）
59	秦金凤	苏州市永茂铝制品有限公司	黄桥工业区	张庄一区（河北）
60	沈雪刚	苏州市创新织造有限公司	张庄1号路	张庄二区（沈巷）
61	秦小男	苏州市黄桥张庄水泥制品厂	张庄河北	张庄一区（东家）
62	韩林生	苏州市安娜日化销售有限公司	张庄黄蠡路	张庄三区（板桥）
63	汤建青	苏州市创新织造有限公司	张庄1号路	张庄三区（朝西）
64	陈凤泉	苏州市优甫立商贸有限公司	方浜村	张庄三区（中巷）
65	陆才明	苏州市芬芳日化用品有限公司	村前路	张庄四区（朝南）
66	蒋 斌	苏州市阿科拉精密制造有限公司	太平村	张庄二区（林浜）
67	陆永根	苏州市张庄电讯配件厂	张庄1号路	张庄四区（后浜）
68	范荣君	苏州市相城区黄桥姑苏影像厂	黄蠡路	张庄四区（后浜）
69	秦卫青	相城区卫青精密机械加工厂	黄蠡路	张庄一区（河北）
70	蒋育平	苏州市佳源汽车服务有限公司	黄蠡路	张庄二区（林浜）
71	陆洪良	苏州市光德塑业有限公司	黄蠡路	张庄四区（后浜）
72	沈建明	苏州市相城区建明线切割加工厂	徐家浜路	张庄一区（东家）
73	沈雪男	常熟市天和拆房有限公司	常熟市	张庄二区（沈巷）
74	沈林生	苏州东运旅游客运有限公司	嘉元路	张庄一区（徐浜）
75	胡盘根	苏州市新天地投资有限公司	相城大道	张庄二区（沈巷）

表6-2　2015年青龙桥工业区注册登记企业一览表

序号	企业名称	企业主	序号	企业名称	企业主
1	苏州市华事达印刷包装有限公司	沈才荣	12	苏州市华事达印刷包装有限公司	蒋林法
2	苏州金莱佳电子元件厂	陈金泉	13	相城区铭红沙发厂	李 铭
3	苏州金丹包装有限公司	陈金泉	14	苏州市兴达电讯设备厂	吴小夯
4	黄桥金顺来家具厂	尤优才	15	苏州华声广播器材厂	胡文良
5	黄桥双木林家具厂	林志华	16	蠡口装潢建材经营部	陈金元
6	相城区宏程家具厂	颜纯利	17	黄桥张庄纸箱厂	汤根林
7	黄桥长福家具厂	陈金龙	18	苏州市姑苏铜材厂	陆 平
8	相城区威龙家具厂	黄丽君	19	相城区巨星家具厂	颜星星
9	相城区佳佳沙发经营部	王国忠	20	黄桥永康家具厂	朱建平
10	相城区称心如意家具厂	沈方平	21	黄桥万福龙家具厂	颜禧荣
11	黄桥华邦家具厂	蒋建明			

表 6-3　2015 年张庄工业区注册登记企业一览表

序号	企业名称	企业主	序号	企业名称	企业主
1	相城区明惠家具厂	张惠荣	36	苏州朗捷特实业公司	周晓明
2	相城区宏业家具厂	郭思宏	37	苏州环球金属制品厂	金　汤
3	相城区馨阁尔家具厂	林　峰	38	瑞骐包装科技有限公司	薛　芬
4	相城区明华家具厂	徐海华	39	相城区侃侃包装材料厂	张雪生
5	相城区联发家具厂	林佑传	40	相城区佳利金属制品厂	陆卫明
6	相城区惠姿家具厂	陈珍民	41	苏州永通滚针有限公司	汤健健
7	黄桥日用化学品厂	郭卫洪	42	苏州明裕塑胶电器厂	刘建明
8	黄桥邦明沙发厂	周国强	43	苏州博丽彩印包装公司	汤建华
9	黄桥明亨家具厂	王家明	44	黄桥张庄金属喷涂厂	蒋建春
10	相城区鑫龙家具厂	占建平	45	苏州标新模型有限公司	陈西恒
11	相城区老天王沙发厂	曾洪斌	46	黄桥宇达五金配件厂	朱　涛
12	苏州华捷科技有限公司	俞根新	47	苏州君必德机械公司	陈大军
13	相城区华荣贴面板厂	李玉秀	48	黄桥祥达家具厂	周云福
14	相城区俊杰家具厂	曹　伟	49	相城区华远石材经营部	余朝政
15	相城区朋源居家具厂	余仁国	50	相城区奔腾办公家具厂	张佩林
16	相城区梦琪家具厂	毛　亮	51	相城区亿豪家具厂	庞正飞
17	光彩金属制品有限公司	胡　军	52	苏州好华海绵厂	荣　林
18	相城区强力弹簧厂	刑增虎	53	苏州市真优美喷涂厂	陆小平
19	相城区雅惠家具厂	余勤惠	54	相城区艺杰楼梯厂	汤文裕
20	黄桥雅惠家具厂	秦韶华	55	黄桥新奥美迪沙发厂	徐德彬
21	黄桥神通沙发厂	薛林根	56	相城区欧风工艺品厂	曹凌霞
22	苏州凯合金属制品厂	杨洪兴	57	黄桥建明线切割加工厂	沈建明
23	苏州市嘉美道具厂	陆葆华	58	黄桥新涛喷涂厂	杨兴泉
24	黄桥张庄喷涂厂	吴福泉	59	苏州富瑞包装材料厂	谈照亚
25	相城区红叶家具厂	叶同春	60	苏州华星塑料制品公司	薛建林
26	黄桥好时沙发厂	陆建荣	61	相城区华宏板材厂	吴德富
27	苏州杰诚锁具厂	冯　民	62	相城区金梦都家具厂	吴志良
28	黄桥陈氏配件加工厂	陈小夯	63	苏州中曼日化有限公司	陆志华
29	黄桥卫青机械加工厂	秦卫青	64	苏州科发电路板公司	陆林发
30	苏州佳源汽车服务公司	蒋育平	65	苏州大川工艺加工厂	孔智岳
31	黄桥新岛麻将机厂	赵建亮	66	苏州光德塑业有限公司	陆洪良
32	苏州统瀛车时代公司	陈紫豪	67	苏州三星塑料彩印公司	陈阿六
33	苏州华杰电子有限公司	陈　玠	68	黄桥豪锦沙发厂	王　刚
34	苏州惠利通光电公司	张传平	69	相城区铝旺铝业公司	严均海
35	苏州惠利盛电子公司	陈卫芳	70	黄桥宏鑫家具厂	盛爱金

续表

序号	企业名称	企业主	序号	企业名称	企业主
71	苏州乐光电器有限公司	汤永乐	80	苏州庄神塑料彩印厂	吴大奎
72	黄桥丽达油墨厂	蒋泉生	81	相城区丽达油墨厂	秦菊明
73	苏州圣嘉凯包装厂	陈洪良	82	苏州恒峰塑料制品厂	杨伟峰
74	相城区华翔家具厂	沈建新	83	黄桥强胜制冷配件厂	吴泉元
75	黄桥鑫龙沙发厂	朱克广	84	苏州南广电有限公司	徐刘俊
76	苏州创新包装厂	顾建华	85	黄桥迪佳沙发厂	周明新
77	苏州锐卡士电器厂	朱矩宝	86	苏州宏达塑胶有限公司	蒋卫龙
78	苏州子晨塑胶厂	秦冬青	87	苏州恒信彩印包装公司	王克伟
79	黄桥张庄兴趣网吧	邱雪英			

表6-4　2015年张庄工业园注册登记企业一览表

序号	企业名称	企业主	序号	企业名称	企业主
1	顺发精密模具有限公司	顾德宝	25	苏州静远模具公司	籍建宏
2	威广润滑设备公司	罗星	26	苏州新文自动化设备厂	钱志勇
3	佐度电子材料公司	刘宁	27	苏州三马机械厂	周勇
4	苏州中航中正饰件公司	刘国建	28	苏州宏利达机电公司	顾晶
5	相城区爱坊家具厂	朱升棕	29	苏州华柱名胶公司	赵贤柱
6	苏州正雄制衣有限公司	耿建春	30	苏州友维机械公司	蒋铭
7	苏州协和塑业有限公司	蒋振环	31	苏州宝利华服装公司	邹伟成
8	黄桥和记瓷业研磨厂	汤奋强	32	苏州凯硕模具材料公司	冯君生
9	苏州兄弟塑胶有限公司	王弘	33	苏州平江区五鑫模具厂	吴通生
10	苏州麦哈仓储设备公司	陆美娟	34	相城区金迪斯丹家具厂	陆少杰
11	苏州瑞德塑胶制品公司	王月财	35	苏州建筑装饰工程公司	钱坤民
12	苏州开盛塑料配件厂	开明	36	苏州麒麟送子弹簧厂	潘冬松
13	苏州恒力翔自动设备厂	谢德元	37	苏州粮油食品公司	陆茂兴
14	蠡口麦多沙发厂	徐雪东	38	苏州东亚环保设备公司	朱进惠
15	博艾电子科技公司	潘月英	39	相城区鼎天家具厂	洪安平
16	相城区安易安全防护厂	尤峰	40	相城区金枫家具厂	吴建
17	相城区苏宁标准件厂	樊宝忠	41	苏州德富莱机械公司	叶晓明
18	苏州鹤田金属公司	陆根兴	42	苏州中正汽车零件公司	宁振兴
19	苏州金泰来服饰公司	张琴	43	苏州谐达环保包装公司	何建根
20	苏州奇艺金属制品厂	朱明书	44	相城区正康粉末制品厂	曹正康
21	苏州顺诚包装材料公司	陆春生	45	苏州项科精密机械公司	刘文沛
22	相城区开泰电器公司	曹明	46	苏州北源贸易公司	翁英珠
23	苏州铭硕机密机械公司	高培铭	47	苏州惠丰净化公司	王林
24	苏州中依塑料有限公司	鞠依农	48	苏州海之杰箱包公司	海虹

续表

序号	企业名称	企业主	序号	企业名称	企业主
49	苏州银涛精密锻造厂	钱进浩	62	苏州科立电子设备厂	王冬晓
50	相城区晨宇工贸公司	翁玉刚	63	苏州云启服饰有限公司	王爱平
51	苏州永盛精密公司	欧阳应亮	64	黄桥庄弘绣品厂	钱建兴
52	苏州宏巨塑胶模具公司	胡元高	65	黄桥有劲酒业商行	金相庆
53	苏州恩和精密塑胶厂	段建宏	66	苏州哈东铝业有限公司	梁世华
54	苏州卢氏道具公司	卢益波	67	苏州佳寅电器电子厂	汪　洋
55	相城区翔翔纸箱包装厂	严伟民	68	苏州亚荣精密公司	赵云祥
56	相城区中裕包装制品厂	陈　锋	69	相城区永盛加工厂	余华国
57	苏州市子恒塑料喷涂厂	沈建龙	70	相城区伊丽莱斯家具厂	陆三男
58	苏州天昊塑业公司	邓春白	71	苏州永旭精密五金厂	袁朝仁
59	苏州亿达电子有限公司	顾宝林	72	苏州东瑞装饰公司	陆兴元
60	苏州建银塑胶有限公司	郑建明	73	苏州美田精密机电公司	龚　伟
61	相城区雅舒兰家具厂	陈细平			

第三节　商业

中华人民共和国成立前，张庄经商人员甚少，自然村内少有店面。村民购置日常生活用品或出售农副产品，都跑蠡口、陆墓等集镇地。

20世纪70年代初，黄桥集体商业于陈家湾设立下伸商店（又称代购代销店），以出售生产资料为主，后迁至林浜姚家里姚金寿家。1984年张庄成立农工商综合商店，设有肉摊、鱼摊、理发店、豆腐店和缝纫店。时村民在商店前设摊出售蔬菜、水果之类。一般清早交易，上午即散。

1983年，实行家庭联产承包责任制后，有部分剩余劳动力从事商业活动，开店铺，设摊位。至2015年，张庄村有李凤珍、陈四妹、沈雪凤等当地经商业主33人。另有外来人员于村域内经商，未做统计。

2002年，张庄村于村域中心地带（张庄大道中段两侧）建造固定农贸市场（2003年10月28日正式开业），占地面积4000余平方米，建筑面积1901平方米，设有摊位23个，商店15家，共投资134万元。同时，张庄村做好环境综合整治工作，并对集市贸易活动进行规范，

张庄农贸市场（2003年摄）

张庄农贸市场上市品种繁多（2003 年摄）

入驻商贩越来越多，人流量日益增大。2003~2005 年，有 40 余位摊位主张宏国、杨文斌、万友慧、蒋可三、沈才根等，租赁期 1~2 年不等。上市品种有肉、禽、蛋、水产品、蔬菜、干鲜果等种类。

2007 年，于农贸市场南建造商业用房，有华联超市入驻。2011 年于农贸市场东建造 15 间门面房，2013 年于农贸市场西建造 20 间门面房，均有经商业主入驻。

表 6-5　张庄村（社区）经商业主一览表

序号	业主姓名	经营行别	地址	组别	备注
1	李凤珍	苏州市相城区黄桥勤奋烟杂店	张庄二区 144 号	沈巷	
2	沈雪凤	苏州市相城区黄桥雪凤烟杂店	张庄四区	朝南	
3	陈四妹	苏州市相城区黄桥陈四妹烟杂店	张庄二区 49 号	林浜	
4	蒋金珍	苏州市相城区黄桥蒋金珍烟杂店	张庄大道 6 号	林浜	
5	刘　珍	苏州市相城区黄桥刘珍烟杂店	张庄二区 40 号	北巷	
6	蒋林根	苏州市相城区黄桥张庄百货店	张庄别墅区	东家	
7	汤建青	苏州市相城区黄桥思味休闲食品店	张庄农贸市场	朝西	
8	杨建珍	苏州市相城区黄桥杨阿姨馄饨店	张庄农贸市场	沈巷	
9	沈凡泉	苏州市相城区黄桥沈凡泉烟杂店	张庄二区 57 号	北巷	
10	汤晓平	苏州市相城区黄桥愿望果文具店	张庄农贸市场	朝西	
11	韩小明	苏州市相城区黄桥小明水暖店	张庄农贸市场	中巷	
12	陆才发	苏州市相城区黄桥财发百货店	张庄大道	后浜	
13	王建珍	苏州市相城区珍珍副食品经营部	张庄一区 98 号	河北	
14	秦康妹	苏州市相城区黄桥康妹服装店	黄桥东街	河北	
15	王祖元	苏州市相城区黄桥王祖元烟杂店	张庄四区 5 号	朝南	
16	杨金山	苏州市相城区黄桥金山烟杂店	张庄四区 71 号	西海	
17	陆　瑜	苏州市相城区黄桥陆瑜烟杂店	张庄四区 95 号	朝南	
18	吴才生	苏州市相城区黄桥才生烟杂店	张庄大道	吴家	
19	杨文斌	苏州市相城区张庄相记卤菜店	张庄农贸市场	朝西	已关
20	章林根	张庄农贸市场冷冻摊	张庄农贸市场	板桥	
21	沈才根	张庄农贸市场鲜肉摊	张庄农贸市场	吴家	
22	蒋阿三	张庄农贸市场鲜肉摊	张庄农贸市场	林浜	已关

续表

序号	业主姓名	经营行别	地址	组别	备注
23	陈文忠	苏州宏通水暖建材经营部	蠡口蠡苑街	南巷	
24	韩学强	苏州市兴达五金水电经营部	蠡口十六亩塘	中巷	
25	秦建忠	苏州市相城区黄桥秦建忠烟杂店	张庄一区	东家	已关
26	吴福新	苏州市相城区福新副食品商行	黄桥农贸市场北	沈巷	
27	吴建刚	相城区黄桥建刚冷冻食品经营部	黄桥农贸市场	吴家	
28	杨文斌	相城区黄桥兵兵冷冻食品经营部	黄桥农贸市场	朝西	
29	秦卫明	苏州市相城区黄埭卫明副食品店	黄埭镇	河北	
30	秦玉楼	苏州市相城区黄桥综合门市部	黄桥农贸市场2楼	东家	
31	杨林兴	昆山巴城阳澄湖吴中蟹味酒店	巴城阳澄湖	朝南	
32	陈金元	相城区蠡口金祥装潢建材经营部	蠡口朱巷村委南	南巷	
33	陈彩金	相城区元和三益办公家具销售部	蠡口家具城	吴家	

第七章 基层组织

1950 年 3 月，今张庄村所在蠡西村，属当时的陆墓区蠡口乡。直至 1957 年 2 月归属黄埭区黄土桥乡。1958 年 10 月，黄桥人民公社成立，政社合一，张庄、郑仙、朱坝并为黄桥公社第三大队，建立大队管理委员会。1959 年 4 月，第三大队划分出张庄，设立张庄大队管理委员会，即第四大队，至 1960 年末。1968 年 4 月，张庄大队曾一度改称大队革命委员会（1980 年 1 月撤销，恢复大队管理委员会）。1983 年 7 月，黄桥人民公社政社分设，恢复乡村建制，设立张庄村村民委员会和各村民小组。

农业合作化时期，1957 年 8 月，中共金星高级社支部委员会建立，属中共黄土桥乡委员会领导。1959 年 4 月，中共张庄大队支部委员会建立，至 1983 年 7 月，改称中共张庄村支部委员会。

由于党员队伍不断壮大，1994 年 10 月，中共张庄村支部委员会升格为中共张庄村总支部委员会。2015 年，中共张庄村总支部委员会设 10 个支部委员会，有党员 125 人，其中女性 14 人。20 世纪 50 年代始，张庄大队（村）相继建立农民、青年、妇女、工会等群众团体组织。

第一节 中国共产党张庄组织

一、机构

（一）中共金星高级社支部委员会

1957 年 8 月，中共金星高级社支部委员会建立，属中共黄土桥乡委员会领导。

时有共产党员吴水泉（1949 年 12 月入党）、姚根林（1955 年 9 月入党）、沈长根（1956 年 10 月入党）、汤杏根（1955 年 9 月入党）、秦子茂（1955 年 2 月入党）、韩火根（1954 年 10 月入党）、沈玉庆（1955 年 2 月入党）、蒋仲康（1956 年 3 月入党）、汤根良（1948 年 11 月入党）。吴水泉任中共金星高级社支部委员会书记。

（二）中共第三大队支部委员会

1958 年 10 月，张庄金星高级社与郑仙、朱坝高级社合并为第三大队，建立中共第三大队支部委员会，吴水泉任支部书记，姚根林、郑梅生为支部副书记。

（三）中共张庄大队（村）支部委员会

1959 年 4 月，中共张庄大队支部委员会建立，吴水泉任支部书记（至 1962 年 2 月），姚根林为支部副书记（至 1959 年 11 月）。1960 年 2 月，沈长根为支部副书记（至 1963 年 5 月）；7 月，马阿福为支部副书记（至 1961 年 5 月）。

1962 年 3 月，姚根林任中共张庄大队支部书记（至 1963 年 8 月），吴水泉为支部副书记（至 1963 年 9 月）。

1963 年 9 月，吴水泉任中共张庄大队支部委员会书记（至 1965 年 8 月），姚根林为支部副书记（至 1965 年 8 月）。1967 年 1 月后，因受"文化大革命"影响，大队党支部瘫痪，党员一度停止组织活动，至 1970 年 8 月，恢复党支部组织活动。1972 年 3 月，吴县革命委员会政工组任命吴水泉为中共张庄大队支部委员会书记，姚根林为副书记。

1975 年 4 月，姚根林任中共张庄大队（村）支部书记（至 1994 年 10 月）；9 月，沈金华为支部副书记（至 1994 年 10 月）。1983 年 11 月，陆二男为支部副书记（至 1994 年 10 月）。1987 年 6 月，陆永根为支部副书记（至 1994 年 10 月）。1994 年 8 月，蒋建荣为支部副书记（至 1994 年 10 月）。

（四）中共张庄村总支部委员会

1994 年 10 月，中共张庄村支部委员会升格为中共张庄村总支部委员会，由姚根林、沈金华、陆二男、陆永根、蒋建荣、汤招娣（女）、秦玉林、胡大男组成。姚根林担任总支部书记（至 1997 年 7 月），沈金华、陆永根、蒋建荣为总支部副书记。设 4 个支部委员会，有党员 87 人，其中女性 8 人。

日化三厂党支部委员会由沈金华、陆才兴、姚才生组成，沈金华为支部书记，陆才兴为支部副书记。乳品厂党支部委员会由蒋建荣、胡大男、蒋金龙组成，蒋建荣为支部书记，胡大男为支部副书记。电配厂党支部委员会由陆永根、陆二男、贝阿盘组成，陆永根为支部书记，陆二男为支部副书记。农服站党支部委员会由蒋文元、秦玉林、吴福寿组成，蒋文元为支部书记，秦玉林为支部副书记。

1997 年 8 月，沈金华任中共张庄村总支部书记（至 2001 年 5 月），陆永根、蒋建荣、蒋文元为总支部副书记。

2001 年 6 月，蒋文元任中共张庄村总支部书记（至 2005 年 10 月），陆永根为总支部副书记。

2005 年 3 月，胡玉庆任中共张庄村总支部书记（至 2006 年 9 月），汤三男

张庄村党总支换届选举大会会场
（2006年摄）

为总支部副书记（至2006年9月）。

2005年4月，陆林发、杨菊英任中共张庄村总支部副书记。

2006年9月，陆林发任中共张庄村总支部书记，杨菊英为总支部副书记。2015年10月，陆锦良为总支部副书记。

2015年，设10个支部委员会，有党员125人，其中女性14人。第一党支部委员会（华星），秦冬青为支部书记，有党员27人，其中女性5人。第二党支部委员会（科发），薛建林为支部书记，有党员21人，其中女性2人。第三党支部委员会（三星），陈阿六为支部书记，有党员28人，其中女性1人。第四党支部委员会（老年综合），蒋大男为支部书记，有党员27人，其中女性5人。

另有中曼日化厂党支部委员会，陆志华为支部书记，有党员5人，其中女性1人。子恒公司党支部委员会，姚建华为支部书记，有党员3人。华杰公司党支部委员会，陆才兴为支部书记，有党员3人。科发线路板公司党支部委员会，贝阿盘为支部书记，有党员5人。博丽公司党支部委员会，汤建华为支部书记，有党员3人。宏达公司党支部委员会，蒋卫龙为支部书记，有党员3人。以上6个均为非公有制企业独立支部。

二、重要决议

（一）实施农田鱼池改造工程

1973年秋，中共张庄大队支部委员会实施农田鱼池改造工程，作为半农半渔地区提高产量增加收入的主要内容。针对农田高低不平、坟堆多，以及鱼池大小不一、池浅埂狭的状况，学习借鉴周边大队经验，讨论大搞农田基本建设和改造鱼池的设想，并做出支部决议。是年冬，干部群众脚踏冰雪齐出动，组织挑灯夜战。连续大干苦干4个冬春，完成1.3万余土方，建成500余亩"吨粮田"；完成22.4万余土方，改造72只旧鱼池。

（二）建设农民新村

1977年9月，中共张庄大队支部委员会专题讨论建设农民新村问题，初步决定利用集体积累统一建造社员住房，形成农民新村，并组织规划和试行。至

村两委班子成员在研究工作（2006年摄）

1987 年，10 年内建成 67 幢新楼房，580 户 2300 余人住进新楼房。每户社员负担 40% 的建房费用，其余 60% 由集体补贴（共计 230 余万元）。

（三）规定多项福利待遇

20 世纪 70~80 年代，张庄大队（村）集体积累逐年增多。1984 年春，中共张庄村支部委员会在党员大会上做出决议，提出对村民实施多项福利待遇，充分体现社会主义制度优越性。多项福利待遇包括试行老人退休体制、独生子女待遇、村民看病，以及高中、中专、大专院校学生经济补助等规定。

（四）组建张庄集团公司

1993 年末，中共张庄村支部委员会提出，聚合力量，发展经济，以张庄农工商实业总公司组建张庄集团公司，加强和推进张庄工业园建设，促进村办企业新发展。1994 年 1 月，经吴县经济体制改革委员会批准同意，于 10 月 28 日成立"江苏张庄集团公司"，以 6 家村办企业为紧密层，以 2 家企业和其他一批企业分别为半紧密层和松散层。姚根林任董事长，沈金华为总经理。

三、党员教育

中共金星高级社支部、中共第三大队支部、中共张庄大队（村）支部、中共张庄村总支部各时期的党员教育，主要采取党课教育、党校轮训和党员冬训等形式进行。

（一）党课教育

中华人民共和国成立初，把抗美援朝、镇压反革命分子、土地改革等中心工作和任务作为党课教育的主要内容。20 世纪 50 年代农业合作化、公社化时期，党课教育内容以宣传农业合作化、公社化优越性为主要内容，使党员带头组织起来，走农业生产集体化的道路。"文

化大革命"时期，学习毛主席关于阶级斗争理论。中共十一届三中全会后，开展"坚持四项基本原则，反对资产阶级自由化"专题教育。20 世纪 90 年代，党课教育选讲《邓小平文选》。1998 年，把"三讲"（讲学习、讲政治、讲正气）教育内容纳入党员教育之中。2003 年始，党课教育以"三个代表"思想和党的十六大精神为主要内容。2005 年始，党课教育按照全党开展的保持共产党员先进性教育活动要求展开。2013 年始，以宣传党风廉政建设为主题，促进党员干部廉洁自律。

（二）党校轮训

数十年内，参加吴县（市）、相城区、黄桥街道（镇、乡）轮训的对象，多

为党支部（总支部）支委以上干部、入党发展对象、村（大队）后备干部，基本达到每年2~3次。2010年至2015年末，全村参加党校轮训人数有110人次。

（三）党员冬训

20世纪90年代后，每年中共张庄村（大队）支部委员会（总支部）利用冬季空闲时间，召开党员大会，对干部党员进行集中冬训，学习党的路线、方针和政策，明确形势、任务和责任。冬训期间，采取集中辅导、外出参观学习和电化教育等形式组织学习。

附：出席吴县（市）、相城区党代会代表名单

1959年3月，姚根林出席中共吴县第二次代表大会。

1970年9月，朱金媛（女）出席中共吴县第四次代表大会。

1988年10月，沈金华出席中共吴县第七次代表大会。

1996年3月，姚根林出席中共吴县第九次代表大会。

表7-1　中共张庄村（大队）支部委员会（总支部委员会）书记、副书记更迭

组织名称	职务	姓名	任职时间	备注
中共金星高级社支部委员会（1957年8月~1958年10月）	书记	吴水泉	1957年8月~1958年10月	
中共第三大队支部委员会（1958年10月~1959年4月）	书记	吴水泉	1958年10月~1959年4月	张庄、郑仙、朱坝合并为第三大队
	副书记	姚根林	1958年10月~1959年4月	
		郑梅生	1958年10月~1959年4月	
中共张庄大队（村）支部委员会（1959年4月~1994年10月）	书记	吴水泉	1959年4月~1962年2月	第三大队划分出张庄
		姚根林	1962年3月~1963年8月	
		吴水泉	1963年9月~1975年4月	
		姚根林	1975年4月~1994年10月	
	副书记	沈长根	1960年2月~1963年5月	
		马阿福	1960年7月~1961年5月	
		吴水泉	1962年3月~1963年9月	
		姚根林	1963年9月~1975年8月	
		沈金华	1975年9月~1994年10月	
		陆二男	1983年11月~1994年10月	
		陆永根	1987年6月~1994年10月	
		蒋建荣	1994年8月~1994年10月	

续表

组织名称	职务	姓名	任职时间	备注
中共张庄村总支部委员会 （1994年10月~ ）	书记	姚根林	1994 年 10 月 ~1997 年 7 月	
		沈金华	1997 年 8 月 ~2001 年 5 月	
		蒋文元	2001 年 6 月 ~2005 年 10 月	
		胡玉庆	2005 年 3 月 ~2006 年 9 月	
		陆林发	2006 年 9 月 ~	
	副书记	沈金华	1994 年 10 月 ~1997 年 7 月	
		陆二男	1994 年 10 月 ~1997 年 7 月	
		陆永根	1994 年 10 月 ~2005 年 10 月	
		蒋建荣	1994 年 10 月 ~2000 年 4 月	
		蒋文元	2000 年 4 月 ~2001 年 5 月	
		汤三男	2005 年 3 月 ~2006 年 9 月	
		陆林发	2005 年 4 月 ~2006 年 9 月	
		杨菊英	2005 年 4 月 ~	
		陆锦良	2015 年 10 月 ~	

第二节 行政组织

一、组织沿革

（一）蠡西村

1950 年 3 月，张庄（时称张家里）作为一个自然村，属陆墓区蠡口乡蠡西村（村一级行政单位）。村长为姚小弟，副村长为韩火根、沈阿五。1955 年冬，金星高级农业生产合作社成立后，替代行政村。1957 年 9 月撤区并乡，张庄属黄土桥乡。

（二）第三大队

1958 年 10 月，黄桥人民公社成立，张庄与郑仙、朱坝组成黄桥公社第三大队。第三大队建立大队管理委员会，大队管理委员会设大队长、副大队长、大队会计、妇女主任、团支部书记、民兵营长，以及大队管理委员会委员等职务。第三大队大队长为姚根林。

（三）张庄大队

1959 年 4 月，张庄与郑仙、朱坝分离，建立张庄大队，设大队管理委员会，一度实行营、连建制。大队长为姚根林（至 1959 年 10 月），副大队长为秦子茂（至 1959 年 11 月）、沈玉庆（至 1963 年 11 月）。

1959 年 11 月，秦子茂任大队长（至 1963 年 4 月），副大队长为沈长根（至 1968 年 4 月）、陆长泉（至 1965 年 12 月）、朱金媛（至 1965 年 12 月）、韩火根（至 1965 年 12 月），以及沈玉庆（至 1963 年 11 月）。

1963 年 5 月，姚根林任大队长（至 1965 年 7 月）。

1965 年 8 月，秦玉林任大队长（至 1968 年 4 月）。

1968 年 4 月，张庄大队管理委员会改称张庄大队革命委员会。吴水泉任张庄大队革命委员会第一主任（至 1975 年 4 月），姚根林为张庄大队革命委员会主任（至 1980 年 12 月）。1972 年 3 月，汤永兵为革委会副主任（至 1980 年 3 月）。1975 年 9 月，沈金华为革委会副主任（至 1980 年 12 月）。1981 年 1 月，张庄大队恢复管理委员会，沈金华任大队长。

（四）张庄村

1983 年 7 月，张庄大队改称张庄村，设立村民委员会，原有的 4 个生产区变更为 4 个村民小组，选举陆二男为村民委员会主任（至 1996 年 4 月）。1991 年 3 月，中共黄桥乡委员会任命秦玉林为村民委员会副主任。

1996 年 5 月，选举陆永根为张庄村村民委员会主任（至 2005 年 10 月），蒋文元为村民委员会副主任（至 2001 年 5 月）。2001 年 6 月，中共黄桥镇委员会任命汤三男为张庄村村民委员会副主任（至 2006 年 12 月）。

2006 年 11 月，选举杨菊英为张庄村村民委员会主任。2010 年 10 月，选举陆锦良、陈永康、陆巧根、庄建金为村民委员会委员。2013 年 10 月，选举陆锦良为村民委员会副主任，陆巧根、陈永康、庄建金、陈丽琴、沈丽叶为村民委员会委员。

表 7-2　张庄村（大队）村主任（大队长）更迭

组织名称	职务	姓名	任期
第三大队管理委员会（1958 年 10 月 ~1959 年 4 月）	大队长	姚根林	1958 年 10 月 ~1959 年 4 月
张庄大队管理委员会（1959 年 4 月 ~1968 年 3 月）	大队长	姚根林	1959 年 4~10 月
		秦子茂	1959 年 11 月 ~1963 年 4 月
		姚根林	1963 年 5 月 ~1965 年 7 月
		秦玉林	1965 年 8 月 ~1968 年 4 月
	副大队长	秦子茂	1959 年 4~11 月
		沈玉庆	1959 年 4 月 ~1963 年 11 月
		沈长根	1959 年 11 月 ~1968 年 4 月
		陆长泉	1959 年 11 月 ~1965 年 12 月
		朱金媛	1959 年 11 月 ~1965 年 12 月
		韩火根	1959 年 11 月 ~1965 年 12 月

续表

组织名称	职务	姓名	任期
张庄大队革命委员会 （1968年4月~1980年12月）	第一主任	吴水泉	1968年4月~1975年4月
	主任	姚根林	1968年4月~1980年12月
张庄大队管理委员会 （1981年1月~1983年6月）	大队长	沈金华	1981年1月~1983年7月
张庄村村民委员会 （1983年7月~　）	村民委员会主任	陆二男 陆永根 杨菊英	1983年7月~1996年4月 1996年5月~2005年10月 2006年11月~

二、集体资产管理

1958年10月，黄桥公社成立后，第三大队（张庄大队）管理委员会负责经营和管理集体资产。大队和各生产队设专职财务会计。1983年，实行家庭联产承包责任制后，张庄村经济合作社实施集体资产经营，行使资产所有权、经营监督权和收益分配权。1998年7月，实行村务公开，内容为业务收支、专项收支和其他村务，重点是财务公开。设立村务公开栏，予以公布。2001年，黄桥镇成立经济服务中心，除负责镇级集体资产管理外，还监督村级集体资产经营管理。2002年1月，张庄村实行村级财务代理记账制，由上级委派代理会计负责财务管理工作，实现电算化记账。

2010年后，张庄村集体资产收入主要来源有资源性发包（原有村办企业厂房、农贸市场及其他）、股份合作社、生态补偿费等。

张庄村（大队）历任会计：汤杏根（1958年10月~1974年11月）、杨维新（1974年12月~1985年5月）、蒋建荣（1985年6月~2000年4月）、汤三男（2000年5月~2006年9月）、项丽（2006年10月~　）。

表7-3　张庄村（大队）集体资产选年统计

单位：万元

项目	年份					
	1984	1990	1997	2005	2010	2015
一、资产总额	174	1509.51	6200	1990.28	2834.18	7347.2
其中：固定资产	36.09	539.8	4216.5	950	1014	1572
流动资产	137.91	969.71	1983.5	1040.28	1820.18	5775.2
二、负债总额	104.84	1025.6	4663	574.01	1290.49	1244.64
三、集体实有净资产	69.16	483.91	1537	1416.27	1543.69	6102.56

三、民事调解

民国时期，村民之间发生纠纷时，一般邀请族内长辈、亲友出面说和，劝解调停。较为重大的纠纷赴附近蠡口集镇地茶馆以"吃讲茶"的形式公议处理。

中华人民共和国成立后，民事调解由所属村（大队）干部负责。1979年12月，张庄大队建立调解小组。调解工作坚持"调防为主"的原则，负责调解村民之间的有关人身、财产、权益和日常生活如婚姻、房屋、宅基地、家庭赡养及其他方面的纠纷。1983年7月，张庄村村民委员会建立后，分工1名委员负责村民民事调解工作。

1979年1月，张庄大队调委会主任汤杏根出席吴县"群英会"，并受到表彰。

1989年，张庄村调委会被吴县司法局评为"调解工作先进集体"。

1994年1月，张庄村调委会被吴县司法局评为"人民调解先进集体"。

2014年3月，张庄村被苏州市司法局授予"苏州市规范化人民调解委员会"称号。

四、治安保卫

中华人民共和国成立初，由村干部负责治安保卫工作，晚上组织村民或民兵轮流执勤，负责防盗、防偷和防火等。

1951年土地改革至"文化大革命"期间，对地主、富农、反革命和坏分子（即政治骗子、叛变分子、流氓分子）实行就地监督劳动改造，以此作为治安保卫工作的一项重要内容。

1970年3月，张庄大队成立治安保卫委员会，由汤永兵任主任，沈金华任副主任。

1979年3月，张庄大队对原有的6户地主、5户富农，除历年死亡（沈关荣、陈水根、陆水泉、杨阿关）外全部"摘帽"，恢复公民权，并对其子女重新定成分，同样恢复公民权。

1983年7月，张庄村村民委员会分工1名委员负责全村治安保卫工作。

1985年2月，张庄村建立治安值班小组，时称"护村哨"，由6人组成，组长蒋福元。

1996年3月，张庄村建立吴县市首个村级联防队，属黄桥派出所管辖。联防队队长蒋福元，队员10人。

2004年1月，黄桥派出所设立张庄警务室，警务人员由黄桥派出所统一管理。

2008年3月，张庄警务室被苏州市公安局命名为"一级警务室"。是年，张庄警务室被相城区公安分局评为"五星级警务室""十佳社区警务室"。

2011年3月，张庄警务室被苏州市综合治理办公室评为"一级警务室"。

张庄村（大队）历任调解治保主任为沈长根（1958年1月~1968年11月）、汤永兵（1968年12月~1978年12月）、杨敖根（1979年1月~1983年7月）、汤三男（1983年8月~1989年12月）、吴泉生（1990年1月~2007年12月）、陈永康（2008年1月~　　）。

五、外国领导人及专家考察张庄

1977年10月19日，柬埔寨代表团（总理带队）由全国人大常委会副委员长乌兰夫陪同，考察张庄大队渔业生产情况。

1977年10月30日，墨西哥代表团参观张庄大队农业、渔业生产现场。

1978年5月8日，联合国粮农组织（13个国家20人）代表团由苏州市领导俞兴德陪同，参观张庄大队渔业生产现场。

1978年5月11日，孟加拉国代表团参观张庄大队农业、渔业生产现场。

1978年10月4日，几内亚副总理一行参观张庄大队农业、渔业生产现场。

1979年9月，联合国粮农组织代表团参观张庄大队农业、渔业、工业生产现场。

1982年9月，联合国粮农组织代表团考察张庄大队农业、渔业生产情况。

1986年1月26日，日本代表团考察张庄村夏熟作物管理及鱼池改造工程，由苏州市农业局领导陪同。

1986年4月19日，汤加王国原副首相一行参观张庄村机械化养鱼场及村办企业、村民家庭，由苏州市委宣传部部长范廷枢陪同。

1986年5月22日，突尼斯代表团参观张庄村农业、渔业生产现场。

1986年6月1日，联合国经济及社会理事会一行考察张庄村农业、渔业、工业及社会事业发展情况，由苏州市市长俞兴德陪同。

1986年9月1日，日本代表团参观张庄村鱼池改造工程，走访村民家庭。

1986年9月26日，马达加斯加代表团参观张庄村农业、渔业生产现场。

1986年10月14日，日本代表团参加赠送张庄村四色彩色设备及开印剪彩仪式。苏州市委副书记黄俊度、吴县县委书记管正陪同参加。

1987年6月9日，日本代表团参观张庄村农民住宅及机械化养鱼现场。

1987年6月15~19日，美国官方高级进修生格雷戈里·维克于张庄村进行农业耕作、施肥等方面的考察。

1987年8月28日，卢森堡副首相率领政治经济代表团访问张庄村。

1987年10月13日，英国代表团参观张庄村农业、渔业生产现场。

1988年1月18日，苏联渔业部第一副部长率领苏联政府渔业代表团参观张庄村养鱼场和村办企业。

1988年1月23日，波兰议会顾问委员会副主席率领波兰农村经济政策代表团参观张庄村村办企业和农民别墅。

六、当选和出席江苏省、苏州市、吴县（市）、相城区人民代表大会代表名录

1978年12月，沈金华当选江苏省第五届人民代表大会代表。

1981年3月，汤钰林出席吴县第七届人民代表大会。

1983年3月，姚根林出席苏州市第七届人民代表大会，并当选人大常务委员会委员。

1983年12月，沈金华当选江苏省第六届人民代表大会代表。

1987年4月，姚根林出席吴县第九届人民代表大会。

1993年2月，沈金华出席吴县第十一届人民代表大会。

1998年1月，杨菊英出席吴县市第十二届人民代表大会。

2001年6月，杨菊英出席苏州市相城区首届人民代表大会。

2006年1月，杨菊英出席相城区第一届六次人大会议。

2007年1月，杨菊英出席相城区第一届七次人大会议。

2007年12月，杨菊英出席相城区第二届人民代表大会。

2012年3月，杨菊英出席相城区第三届人民代表大会。

附：

1983年7月，张庄村首届村民小组长名录

第1村民小组：秦大男

第2村民小组：王惠石

第3村民小组：陈五男

第4村民小组：杨永发

2015 年，张庄村村民小组长名录

第 1 村民小组：刘建明

第 2 村民小组：秦水松

第 3 村民小组：秦大男

第 4 村民小组：王惠石

第 5 村民小组：蒋林根

第 6 村民小组：陈盘妹

第 7 村民小组：汤福荣

第 8 村民小组：陈白男

第 9 村民小组：陈五男

第 10 村民小组：杨永发

第 11 村民小组：杨敖根

第 12 村民小组：陈才根

张庄村第十届村民委员会村民代表名录

第 1 村民小组：陈金珍（女）　徐水法

第 2 村民小组：秦泉根　秦卫英（女）　郭玉珍（女）

第 3 村民小组：秦荣根

第 4 村民小组：沈彩芳（女）　吴大奎　胡大男

第 5 村民小组：蒋泉生　汤建红（女）

第 6 村民小组：胡老土　吴泉生　陆建新　吴桂元

第 7 村民小组：陈阿六　沈建芳（女）　汤建华　陆金福

第 8 村民小组：韩学强　汤琴敏（女）　韩建林

第 9 村民小组：汤雪根　汤小惠　陈凤泉

第 10 村民小组：杨永根　汤大男

第 11 村民小组：陈水生　姚阿四

第 12 村民小组：陈桂根　陈金祥　刘芳（女）

第三节　群众团体

一、农民组织

（一）农民协会

1950 年 3 月，蠡西村所在的蠡口乡农民协会（简称"农会"）成立，吸收广大雇农、贫农为农会会员。农会在建立和巩固人民政权，镇压反革命分子，土地改革，发展互助合作及农业合作化中发挥重要作用。1955 年农业合作化全面展开后，农会活动相对减少，此后农会组织自行消失。时农会大组长为吴招根（张庄）、韩阿苗（张庄）。

（二）贫下中农协会

1964 年 4 月，黄桥公社开展社会主义教育运动（即"四清"），运动结束后，于 1965 年 1 月召开首届贫下中农代表大会。3 月，黄桥公社贫农、下中农协会筹备委员会（简称"贫筹会"）成立，张庄大队相应成立贫筹会小组。

张庄大队贫筹会小组组长杨阿根，小组成员秦福生、王根木、陈阿兴、陆瞎子等。

10 月，黄桥公社贫下中农协会成立，张庄大队相应成立贫协小组，组长杨阿根。

"文化大革命"时期，贫下中农协会一度被"造反"组织取代。1978 年后，贫协小组活动渐少，贫协小组职能自行消失。

二、青年组织

1950 年 12 月，蠡西村所在的蠡口乡（属陆墓区）建立中国新民主主义青年团支部委员会。

1956 年 4 月，金星高级社有团员 9 人，姚根林、沈长根、陆兴田、陆二妹（女）、陈大夯、朱金媛（女）、蒋阿四、陆水玲（女）、姚阿三。灯塔社有团员 4 人，沈玉庆、秦玉其、徐水生、秦根林。

10 月，金星高级社建立团支部，属青年团蠡口乡支部委员会领导（1957 年 7 月 1 日，中国新民主主义青年团改称中国共产主义青年团，简称"共青团"）。

1959 年 4 月，张庄大队建立团支部，团支部书记沈长根。

1966 年"文化大革命"始，张庄大队组织团员青年破"四旧"（旧思想、旧文化、旧习惯、旧风俗）、立"四新"（新思想、新文化、新习惯、新风俗），后团员青年加入"红卫兵"组织，以"破四旧"为名义，先后对"四类分子"及干部群众进行查抄（时称"抄家"）。不久，团组织瘫痪。直至 1971 年 3 月，中共黄桥公社委员会同意恢复团组织活动，由沈雪男任团支部书记，并当选共青团黄桥公社委员会委员。

1974 年末，张庄大队有团员 39 人，至 1977 年增加到 60 人。

1980 年 12 月，团支部书记汤钰林被团中央授予"新长征突击手"称号。

1982 年 5 月，汤钰林任共青团黄桥公社委员会副书记（不脱产）。

1983 年 9 月，蒋建荣任张庄村团支部书记。10 月，当选共青团黄桥乡委员会委员。

1984 年 9 月，张庄村团支部升级为张庄村团总支部，下设 5 个团支部，有团员 91 人，蒋建荣任团总支书记，秦祥荣为团总支副书记。

1985 年 10 月，蒋新龙任张庄村团总支书记，是年当选共青团吴县第十次团代会代表。是年，蒋玉珍、刘建明、杨桂英、蒋金龙被共青团黄桥乡委员会评为优秀团员。年末，有团员 106 人，其中男 64 人，女 42 人。

1988 年，蒋福林被共青团吴县委员会评为"全国青年科技标兵"。

1989 年，张庄村团总支被共青团吴县委员会评为"吴县先进集体"。

1996 年，张庄村团总支被共青团苏州市委员会评为 1995 年度苏州市"农村先进基层团组织"。

是年，蒋新龙当选共青团黄桥镇委员会委员。

2015 年 5 月，张庄村团总支被共青团相城区委员会评为"五四红旗"团支部。

2015 年，张庄村团总支部有团员 38 人，其中女性 12 人。

张庄村（张庄大队，第三大队）历任团支部（总支部）书记：沈长根（1959 年 4 月 ~1964 年 1 月）、贝阿七（1965 年 2 月 ~1967 年 2 月）、郭关泉（1967 年 3 月 ~1971 年 2 月）、沈雪男（1971 年 3 月 ~1973 年 12 月）、吴福寿（1974 年 1 月 ~1976 年 6 月）、汤钰林（1976 年 7 月 ~1982 年 12 月）、陆永根（1983 年 1~8 月）、蒋建荣（1983 年 9 月 ~1985 年 9 月）、蒋新龙（1985 年 10 月 ~1998 年 12 月）、杨菊英（1999 年 1 月 ~2007 年 4 月）、陆锦良（2007 年 5 月 ~2014 年 2 月）、沈丽叶（2014 年 3 月 ~　 ）。

三、妇女组织

1956 年 6 月，金星高级社建立妇女代表大会（简称"妇代会"）分会，社务委员中配备妇女委员。

1959 年 4 月，张庄大队建立妇女代表委员会，生产队建立妇女代表小组，

组长由生产队妇女队长担任。

1960年，张庄大队妇女代表委员会主任为朱金媛，各生产队妇女代表为徐浜钦寿妹、东家刘小妹、林浜姚根妹、北巷顾根妹、南巷蒋小妹、朝西陆水妹、后浜陆妹妹、西海李大妹。

1966年"文化大革命"始，公社、大队妇女组织停止活动。1972年经组织整顿后，公社、大队重建妇女组织。

1979年，张庄村妇代会被江苏省人民政府评为"三八红旗"先进集体。

1980年3月，汤招娣（大队妇女主任）被江苏省妇联授予"三八红旗手"称号。

1985年10月，汤招娣（村妇女主任）、沈美华（汽车改装厂妇女主任）当选吴县第六次妇女代表大会代表。

1987年7月，汤招娣当选黄桥乡第七届妇女联合会执行委员会委员。

1990年3月，张庄村妇代会被吴县人民政府评为"吴县先进集体"。

2005年3月，村民郭玉珍、汤育琴、陈盘妹、吴菊珍、蒋泉珍被中共苏州市相城区委员会授予首届"好媳妇"称号。

2007年3月，杨菊英被苏州市相城区妇联评为"妇女工作先进个人"。

2009年3月，张庄村妇代会被苏州市相城区评为"先进妇女组织"，东家村葛利芬家庭被评为"平安家庭"示范户。

2010年3月，张庄村妇代会被苏州市相城区授予"妇女工作创新奖"，杨菊英家庭被评为"五好文明家庭"。

2011年，汤育琴被苏州市相城区妇代会授予"巾帼文明岗"。

2012年3月，杨菊英被苏州市相城区授予2011年度"三八红旗手"称号。

2014年3月，江苏省妇联授予杨菊英"江苏省优秀女村官"称号。

2015年12月，张庄村妇代会被苏州市相城区妇联评为"四好妇代会""相城区示范妇女儿童之家"。

张庄村（大队）历任妇女代表委员会主任为朱金媛（1960年~1976年12月）、汤招娣（1977年1月~1996年12月）、杨菊英（1996年12月~2006年6月）、杨桂英（2006年7月~2012年9月）、陈丽琴（2012年10月~　）。

四、工会

2003年3月，黄桥镇工会批复，张庄村工联会成立，由陆永根任张庄村工联会主席。

2005 年 10 月，张庄村有 5 个企业分别成立工会：苏州市相城区日用品化学助剂厂（工会主席郭卫洪）、苏州市相城区华星塑料制品有限公司（工会主席薛建林）、苏州市华丽日用化学品厂（工会主席秦才林）、苏州市真优美喷涂厂（工会主席陆小平）、苏州市相城区宏达塑胶电器厂（工会主席蒋卫龙）。

2006 年 3 月，由杨菊英、陆锦良、陆巧根、项丽、杨桂英组成张庄村工联会，杨菊英任工联会主席。工联会下设三个委员会：调解委员会（主任陈永康，委员陆锦良、谢青龙）、经费审查委员会（主任项丽，委员陈阿六、蒋大男）、女职工委员会（主任杨桂英，委员沈建芳、郭玉珍）。建立民主管理监督小组（组长项丽，组员陆巧根、陈阿六）、劳动争议调解小组（组长杨菊英，组员陆锦良、谢青龙）、劳动安全监督小组（组长陈永康，组员蒋大男、郭玉珍）。

至 2010 年，张庄村独立成立工会的企业有 14 家，工会会员 504 人，覆盖建会企业 22 家。

2010 年 2 月 5 日，张庄村工会慰问困难职工秦兴根、张建慧、徐爱明、沈才兴、陈林弟、陈土根，并送上慰问金。

2014 年 5 月 22 日，苏州市相城区总工会主席李志远率黄桥街道工会主席邵俊慰问全国农业劳动模范姚根林，并送上慰问金。

2015 年 1 月 25 日，黄桥街道工会慰问姚根林、沈金华、胡大男，并送上慰问金。1 月 30 日，苏州市相城区总工会慰问张庄村困难职工沈才兴、沈菊明、姚龙英、韩丽芳、金志英。

第四节　民兵组织

一、组织

1951 年下半年，张家里在土地改革后期组织民兵加入蠡口乡民兵中队。

1958 年 10 月，根据中央关于"大办民兵师"的指示，黄桥人民公社成立后，开展"全民皆兵"运动，公社成立民兵团，大队、生产队分别成立民兵营、连。

黄桥公社第三大队（张庄、郑仙、朱坝）为 1 个营 10 个连 30 个排 90 个班。有基干

欢送新兵入伍（2012 年摄）

民兵 85 人，其中男 42 人，女 43 人。普通民兵 420 人，其中男 208 人，女 212 人。

1959 年 4 月，张庄与郑仙、朱坝分离，建立张庄大队，设 8 个连：徐浜（连长蒋阿二）、东家（连长秦松山）、林浜（连长蒋泉根）、北巷（连长陆长泉）、南巷（连长韩招根）、朝西（连长陈洪发）、后浜（连长陆三男）、西海（连长姚全根）。因地制宜，劳武结合，每年冬季组织 1 次基干民兵集中训练。

1962 年，蒋介石妄图进犯大陆沿海，为做好战时兵员动员准备，9 月，张庄大队有多名复员、退伍军人进行预备役登记工作。时张庄大队基干民兵 280 人（男 189 人、女 91 人），普通民兵 221 人（男 132 人、女 89 人）。

1966~1968 年，受"文化大革命"冲击，张庄大队中断民兵组织整顿，直至 1969 年恢复每年一次的整组制度。

1969 年 12 月，张庄大队有 9 人为吴县武装民兵独立团黄桥直属连队员。

1978 年，张庄大队民兵营开展民兵组织、政治、军事三落实活动。时有 4 个连 8 个排，有民兵 653 人，其中基干民兵 376 人，普通民兵 277 人。

1981 年，按上级指示，张庄大队参加民兵的年龄改为 18~35 周岁，女民兵在原有基干民兵中适当选编，约占总数的 10%。普通民兵中不再选编女民兵。

1991 年，张庄村民兵布局逐步向村办企业转移，在人数上适当调整。

1995 年，张庄村在基干民兵中组建一支 10 人的民兵应急分队，用于应付战略执勤、社会治安和抢险救灾等突发性情况。

1997 年，张庄村基干民兵有 5 人参加黄桥镇民兵应急分队，协助黄桥派出所维持社会治安，处置突发事件。

1999 年，张庄村基干民兵有 3 人参加吴县民兵应急分队。

2012 年，张庄村基干民兵 13 人，其中应急分队二班 3 人，步兵一连 3 人，双 37 高炮一排 1 人，情报侦察 1 人，预备役退伍一连 3 人，地专对口三分队 2 人。

2015 年，张庄村基干民兵 6 人参加黄桥街道民兵应急分队，基干民兵 1 人参加黄桥街道高炮分队。

是年，张庄村民兵营设 3 个连 9 个排，基干民兵 12 人，普通民兵 239 人，预备役登记 4 人。

二、训练

1957 年冬，苏州军分区组织吴县普训基干民兵 800 人，金星高级社有 2 人接受军事训练。

1958 年 10 月，吴县人武部组织 204 名预备役登记民兵参加炮兵训练，第三大队有 1 名张庄预备役登记民兵参加军事训练。

1959 年 10 月，黄桥公社人武部组织基干民兵集中训练。张庄大队 24 人分男女两班参加集训，时间近 1 个月。女班在实弹射击训练中获嘉奖 1 次。

1960 年 12 月，吴县人武部组织基干民兵集训，张庄大队 5 人参加，受训 2 周。

1964 年 3 月，张庄大队民兵排长及以上 21 人，参加黄桥公社民兵干部春季训练。

1976~1982 年，吴县人武部每年组织一次民兵营长集训，张庄大队民兵营长全程参加。

1978 年，张庄大队基干民兵 12 人参加黄桥公社人武部组织的基干民兵训练。

1990 年 11 月，张庄村基干民兵 2 人在木渎七子山基地参加侦察兵专业技术训练，取得实弹射击第一名。

1999 年 4 月，张庄村基干民兵 1 人在吴县国防园民兵训练基地参加为期 15 天的民兵应急分队集中训练。

2005 年，张庄村基干民兵 2 人参加苏州市相城区人武部组织的基干民兵集训，为期 2 个月。

2015 年，张庄村基干民兵陆建伟参加相城区人武部组织的高炮训练。

三、活动

中华人民共和国成立前后，张庄村有 6 人参加中国人民解放军、中国人民志愿军。

姚金寿，1944 年 3 月入伍，1955 年 10 月转业，职务连长，三等乙级残废军人。

华自成，1945 年 8 月入伍，1955 年 10 月转业，职务排长，二等乙级残废军人。

汤根良，1945 年 3 月入伍，1949 年 10 月复员，职务班长，三等乙级残废军人。

陆小男，1949 年 1 月入伍，1953 年 10 月复员。

郭小男，1949 年 4 月入伍，1952 年 5 月复员，职务班长。

王全福，1949 年 1 月入伍，1952 年 5 月复员。

1958 年 6 月，金星高级社组织民兵 30 余人参加沪宁线复线工程。11 月，第三大队出动民兵 50 余人，参加黄桥公社旺埭至方浜的修渠工程。因女民兵朱彩云（朱坝人）挑土时遇塌方不幸身亡，该渠后来被命名为"彩云渠"。12 月，第三大队由民兵营长沈长根带领 20 余人赴太仓参加七浦塘拓浚工程。

1959 年 3 月，第三大队民兵 40 余人赴吴江县横扇参加太浦河水利工程。

1963 年冬，张庄大队民兵 50 余人参加徐图港（阳澄湖边）开挖工程，至翌年春。

1971 年 3 月，张庄大队民兵 20 人（吴福元、胡大男、徐阿三、徐阿四、沈根男、秦火生、秦阿小男、秦根生、蒋小坡、沈三男、吴泉生、吴全林、陆关兴、陈

阿大、汤老虎、陈培荣、陈林根、陈阿四、郭才兴、陈凤祥）参加南京军区8312国防工程（即光福机场）施工，历时两年半，其中14人历时5年。

1971年5月15日，张庄大队沈雪男获中国人民解放军吴县人民武装部授予的"优秀民兵"称号。

1976年10月，张庄大队民兵100余人参加黄桥公社朝阳河开挖工程，并在工程质量评比中获第一名。至翌年1月结束。

1978年，张庄大队民兵参加浏家港（唯亭段）拓浚工程，在工程质量评比中多次获奖。

1978年1月，张庄大队民兵80余人随黄桥公社民兵参加东太湖大堤（渡村段）复堤工程，工程进度全公社第一名。

11月，张庄大队民兵100余人参加太浦河（吴江段）复建工程，历时20余天。

1985年1月，张庄村民兵60余人参加西太湖第三期复堤工程。

1991年7月，张庄村农田、鱼池遭台风袭击，黄埭塘水暴涨，大片农田、鱼池受淹，出动民兵百余人抗洪抢险。民兵胡大男、陈凤泉、吴泉生、陆二男获黄桥乡抗洪抢险先进个人。

张庄村（大队）历任民兵营长为沈长根（1959年4月~1965年2月）、秦玉林（1965年3月~1970年2月）、沈金华（1970年3月~1975年1月）、杨敖根（1975年2月~1977年11月）、胡大男（1977年12月~2000年1月）、吴泉生（2000年2月~2009年12月）、陆锦良（2010年1月~2013年12月）、庄建金（2014年1月~　　）。

中华人民共和国成立后，张庄村（大队）有大批青年应征入伍，加入中国人民志愿军和中国人民解放军，其中绝大多数服役期满后复员（1954年11月1日前入伍称作复员）、退伍或转业，现将名单汇编列表如下。

表7-4　1944~2015年张庄村（大队）参军入伍、复员、退伍、转业军人情况一览表

序号	区别	姓名	入伍年月	复员、退伍年月	备注
1	一区	郭小男	1949.4	1952.5	班长
2	一区	徐大男	1955.3	1958.4	

续表

序号	区别	姓名	入伍年月	复员、退伍年月	备注
3	一区	沈水生	1955.3	1959.3	
4	一区	秦松岳	1955.3	1958.4	班长，二等乙级残疾
5	一区	秦玉林	1957.1	1964.2	
6	一区	胡惠元	1959.1	1964.2	立三等功1次，五好战士，一等残疾
7	一区	毛槐卿	1963.2	1984.10	转业至吴县黄桥供销社，立三等功
8	一区	秦康林	1975.1	1979.12	嘉奖5次，立集体三等功1次
9	一区	蒋林法	1977.12	1979.12	
10	一区	秦祥荣	1978.12	1981.12	
11	一区	秦福泉	1978.12	1982.1	嘉奖1次
12	一区	秦阿大	1979.11	1980.12	嘉奖2次
13	一区	秦阿二	1979.11	1980.12	嘉奖1次
14	一区	姚建男	1980.11	1984.1	
15	一区	秦金康	1990.3	1995.12	嘉奖2次
16	一区	沈菊平	1990.3	1993.12	
17	一区	顾建龙	1990.12	1994.12	优秀士兵
18	一区	徐洪敏	1993.12	1997.12	班长，优秀士兵
19	一区	秦　瑶	2000.12	2002.12	优秀士兵
20	一区	王红马	2002.7	2015.10	转业至相城区黄埭镇
21	一区	倪以朋	2002.12	2004.12	
22	一区	秦　洁	2006.12	2008.11	优秀士兵
23	一区	秦金华	2007.12	2009.11	优秀士兵
24	一区	秦　佳	2012.12	2014.12	
25	一区	秦　诚	2013.11	2015.11	
26	二区	姚金寿	1944.3	1955.10	连长，三等乙级残疾，转业至黄桥水产站
27	二区	华自成	1945.8	1955.10	二等乙级残废，转业至黄桥环卫站
28	二区	沈文安	1955.3	1959.3	
29	二区	吴桂林	1955.3	1958.4	
30	二区	蒋桂福	1955.3	1959.3	立三等功1次
31	二区	蒋云龙	1964.12	1984.10	转业至长桥工商所
32	二区	吴泉生	1973.1	1979.12	嘉奖3次
33	二区	华军胜	1975.1	1994.10	转业至沧浪区房管局
34	二区	姚建华	1981.11	1987.1	连嘉奖3次，优秀团员
35	二区	吴泉兴	1984.10	1989.3	嘉奖1次

续表

序号	区别	姓名	入伍年月	复员、退伍年月	备注
36	二区	吴介明	1985.10	1990.3	支部嘉奖 2 次
37	二区	沈才福	1989.3	1991.12	嘉奖 1 次
38	二区	胡卫东	1990.12	1993.12	嘉奖 3 次，优秀士兵
39	二区	刘占东	1993.12	2003.12	
40	二区	陆建新	1994.12	1997.12	嘉奖 3 次，副班长
41	二区	沈卫刚	1995.12	1998.12	
42	二区	吴 勇	1996.12	1999.12	优秀士兵
43	二区	周 红	1997.12	2000.12	副班长
44	二区	蒋育锋	2000.12	2002.12	
45	二区	吴晓斌	2009.12	2014.12	优秀士兵
46	二区	宋艺雯	2009.12	2014.12	
47	二区	陈 瑶	2015.9	—	现役
48	三区	王全福	1949.1	1952.5	
49	三区	韩泉生	1955.3	1958.3	
50	三区	陆金福	1973.1	1977.3	嘉奖 3 次
51	三区	韩长生	1976.2	1980.1	
52	三区	陈凤泉	1976.2	1981.1	连嘉奖 3 次，副班长
53	三区	陈阿东	1978.3	1981.1	
54	三区	韩林生	1979.1	1983.1	立三等功 1 次
55	三区	韩文明	1987.10	1991.12	优秀士兵
56	三区	柳德荣	1991.12	1995.12	师优秀士兵
57	三区	李安进	1991.12	2004.4	
58	三区	徐红刚	1994.11	1997.12	优秀士兵
59	三区	施礼兵	1995.11	1998.11	
60	三区	庄建金	1998.12	2002.12	优秀士兵
61	三区	陈 波	2000.12	2002.12	
62	三区	郭 军	2005.11	2007.12	优秀士兵
63	三区	汤学成	2010.12	2012.12	
64	四区	汤根良	1945.3	1949.10	班长，三等乙级残废
65	四区	陆小男	1949.1	1953.10	
66	四区	贝阿七	1959.3	1964.3	一等残疾
67	四区	杨正明	1970.1	1974.2	副班长
68	四区	杨敖根	1970.1	1975.3	班长
69	四区	汤大男	1971.1	1979.2	
70	四区	汤进荣	1975.1	1977.3	嘉奖 1 次
71	四区	陆永根	1978.3	1981.11	连嘉奖 3 次，班长

续表

序号	区别	姓名	入伍年月	复员、退伍年月	备注
72	四区	汤才兴	1982.12	1987.1	立三等功1次
73	四区	陈金龙	1984.10	1989.3	嘉奖1次
74	四区	陆平	1984.10	1989.7	
75	四区	陆巧根	1985.10	1990.3	支部嘉奖1次
76	四区	姚卫东	1991.12	1994.12	
77	四区	汤明	1992.12	1995.12	
78	四区	薛猛	1993.11	1997.11	
79	四区	陆锦良	1995.12	1998.12	
80	四区	汤佳乐	2001.12	2003.12	
81	四区	杨峰	2006.12	2008.12	
82	四区	贝耀昱	2008.12	2010.11	
83	四区	陆奇	2008.12	2010.11	
84	四区	陆建伟	2008.12	2010.11	优秀士兵
85	四区	陆俞斌	2009.12	2011.11	
86	四区	杨林晨	2009.12	2014.12	优秀士兵
87	四区	杨飞	2010.12	2012.12	
88	四区	陆晨羲	2010.12	—	排长（副连级）

附：中华人民共和国成立后张庄村（大队）父子、兄弟、祖孙、夫妻入伍表

组别	父亲	儿子
5组	吴介明	吴晓斌
6组	华自成	华军胜
9组	陈凤泉	陈波
10组	陆平	陆晨羲
11组	陆巧根	陆奇
组别	**兄**	**弟**
6组	吴泉生	吴泉兴
11组	汤进荣	汤才兴
组别	**祖父**	**孙子**
3组	秦玉林	秦佳
12组	贝阿七	贝耀昱
组别	**夫**	**妻**
5组	吴晓斌	宋艺雯

第五节　政治运动记事

一、"大跃进"

1958年"大跃进"，当时把"总路线""大跃进""人民公社"称作"三面红旗"。黄桥人民公社成立初，正处于"大跃进"时期，"五风"（即"共产风""瞎指挥风""浮夸风""命令风""特殊化风"）盛行，张庄大队同其他大队一样受到影响。

"共产风"，指无代价地乱调大队、生产队及社员的物资，平均分配，穷富拉平。

"瞎指挥风"，指不从实际出发，硬套上面的，硬搬人家的，或者蛮干，在生产中盲目指挥一切。

"浮夸风"，指没有说有，以小报大，以少报多，也就是说假话。

"命令风"，指独断专行，强迫命令，乱批评，乱扣帽子，对社员群众打、骂、扣、罚。

"特殊化风"，指干部生活特殊，多吃多占，多记分工，随意挪用，超支透支。

（一）"五风"盛行

1958年10月黄桥公社成立后，推行"一平"（在公社范围内实行贫富拉平的平均分配）、"二调"（县、社两级无偿调走生产队及社员个人的部分财物），大刮"共产风"，出现国家调用公社、大队、生产队，公社调用大队、生产队，大队调用生产队、社员物资或人力等现象，严重挫伤群众积极性。1960年11月黄桥公社平调情况统计，张庄大队被"一平二调"折合总金额37450元，其中县以上平调13870元，县级平调9647元，公社平调7244元，大队平调4949元，生产队平调1740元。1961年1月，开展整风整社，退赔"一平二调"款（其中以物抵物折价占85%，赔偿现金占15%），张庄大队应退赔现金2.72万元，其中2.61万元未做处理。

国家调用张庄大队及生产队劳动力，赴沪宁线复线工程、太浦河水利工程、上方山开塘工程、金山浜水利工程等，折合劳动日20611个。

黄桥公社调用张庄大队及生产队劳动力，赴黄桥炼钢铁，支援唯亭公社种秧、渔业试验场等，折合劳动日1199个。另外，占用鱼池23亩、房屋13间，调走农具41件、农船1条、猪5头等。

张庄大队调用生产队房屋9间、农具10件（其中水车1部）。

生产队调用社员农具1120件、家具75件（35张桌子、40只凳子）。另外，5个生产队调去5亩自留地。

此外，1958~1960年，黄桥公社占用张庄大队12户28间房屋，张庄大队占用生产队38户49间房屋，另有单位占用2户2间，合计52户79间房屋被无偿占用。

（二）大办公共食堂

1958 年 10 月，第三大队开办 11 个公共食堂，用餐 2156 人；办 18 个托儿所（入托 294 人）、2 个幼儿园（入园 386 人）。1959 年 5 月，张庄大队为便利群众，有利生产，以生产队为单位设置 8 个公共食堂，1213 人用餐。食堂房屋和工具，因陋就简，利用社员原有房屋、工具，向社员借用桌凳，碗筷由社员自带。砌灶、购锅、制木桶等基建经费从公益金中支付。按每人 2 厘地标准，划给食堂种植蔬菜，供应伙食需要。1959 年下半年，张庄大队 8 个食堂蔬菜基地共 45.7 亩。

伙食标准每人每年掌握在 75 元左右。柴草每人每年 5 元，菜金（油盐酱醋）每人每年 15 元。产妇在生产后半个月及病员患病期内，伙食标准一般高出 30%，超出部分由公社统一报销。每人每年口粮（稻谷）由大队确定。

食堂平时早、晚吃粥，中午吃饭，并供应基本小菜（中午 1 菜 1 汤，早和晚各 1 菜）。每 10 天吃 1 荤。农忙时吃两粥两饭（包括夜工吃饭），吃饭时两菜一汤。每逢节日（五一、端午、中秋、国庆、元旦、春节）合餐 1 次。平时除供应基本小菜外，食堂可备一些好菜，供社员选购。社员外来亲戚朋友到达 1 天内免费供应基本饭菜。社员在本公社内凭用餐证吃饭，至公社外，经批准领取粮票和代用金。

社员在公共食堂就餐（1958 年摄）

1959 年 11 月统计，黄桥公社食堂大检查发现，张庄大队 8 个食堂中，有 5 个食堂每天仅供应中饭 1 顿，早、晚不供应。另有 3 个食堂供应早、中、晚餐断断续续，不能坚持下去。

1960 年始，张庄大队各个食堂采取以人定粮（定量）的方式，规定每人每月 1~3 岁 8 斤米、4~6 岁 12 斤米、7~9 岁 18 斤米、10~12 岁 22 斤米、13~15 岁 24 斤米、15 岁以上 24 斤米。

1961 年 6 月，张庄大队按照上级指示解散食堂，生产队社员回家用餐。是年，因粮食减产，没有达到公社规定的人均口粮标准，社员只得以瓜菜、糠麸代粮，或用野草、树叶充饥。

（三）"大兵团作战"

1958~1959 年，第三大队（张庄大队）为适应农业生产"大跃进"，由公社"五统一"（领导、组织、思想、经济、经营），实行"三化"（生活集体化、生产军事化、劳动战斗化），男女劳动力按军事编制营连排班（至 1959 年末撤销），采用大协作和"大兵团作战"的方式搞农业生产。时多次参加县、公社水利工程大协作，以及沪宁线复线工程等，均为无偿劳动。

二、社会主义教育运动

1964年4月初，在试点（唯亭公社）和第一批开展社会主义教育运动（保安公社、陆墓公社和浒墅关镇）的基础上，黄桥公社开展系统的社会主义教育运动，又称"四清"（清工分、账目、仓库、财务，后来发展到清思想、政治、组织、经济）运动，强调不忘阶级斗争，不忘集体经济，不忘贫下中农，不忘党的政策，不忘党的领导。整个运动分为阶级教育、发动群众、开展对敌斗争和干部四清等阶段。具体分为四个时间段：由工作队内定"四清"小组人选；清理大队和生产队财务账目；确定干部处理性质和退赔计划；总结成果，吸取经验教训。

张庄大队在清思想、政治中，由于"左"的错误思想指导，要求大队、生产队干部着重暴露单干思想倾向、资本主义剥削行为、革命意志衰退、敌我界限不分、贪污腐化、多吃多占等方面的问题，结果收效甚微。

在清经济、财务中，没有发现大队、生产队干部贪污挪用现象，仅查出板桥生产队一张白条，涉及几角几分现金。

"四清"运动后期，对犯有错误的大队、生产队干部以教育为主，处理为辅；区别情况，分别对待；批判、退赔从严，组织处理从宽；坦白从宽，抗拒从严；犯有严重错误者则受到组织处理。10月，张庄大队"四清"运动结束。

三、"文化大革命"

1966年8月，黄桥公社召开声讨"三家村"（邓拓、吴晗、廖沫沙）大会，贴出批判"三家村"的大字报，组织集镇单位和各大队社员上街游行。张庄大队组织团员青年开展破"四旧"、立"新四"活动。后团员青年成立"红卫兵""造反派"组织。农村普遍烧毁家堂、神主，家藏古董、古旧字画、线装书籍，连农家的墙门饰雕也在劫难逃。

红卫兵组织以破"四旧"为名，先对11户地主、富农及3户上中农家庭进行查抄（时群众称"抄家"）。查抄出的物资中，有金蚱蜢（一种黄金贮藏品）4只，金戒指24只，银圆300余个，步枪1支连子弹10发，布匹和衣服6大板箱等，查封陆水泉（富农）房屋3间（于1970年用作黄桥合作商店张庄下伸店，1979年退还）。除此，还对本大队50余家贫下中农家庭进行查抄，查抄出的物资不计其数。

不久，黄桥公社"文化大革命"领导小组成立，张庄大队相应建立组织。张庄大队"文革"领导小组组长为杨阿根，副组长贝阿六、秦福生。各生产队"文革"领导小组负责人有蒋关福、杨维贤、陈家德、汤永兵、秦三男、郭林娥（女）、陈雪荣、陈五男等。其间，大队"文革"领导小组召开批斗会，除批斗"四类分子"外，还批斗大队、生产队干部和群众。如大队党支书吴水泉、大队长姚根林1967年被造反派宣布撤职，至1979年5月31日恢复名誉。队办企业厂长韩火根1967年被挂牌批斗，至1979年5月改正。生产队长韩招根、沈天官1967年被宣布撤职，至1979年5月给予恢复名誉。据统计，在"文化大革命"期间，张庄大队被批斗、审查的干部和群众（包括"四类分子"）有75人。

1967年9月，张庄大队红卫兵、造反派组织围绕苏州市革命委员会的不同态度形成支派（支持新生的苏州市革命委员会）、踢派（踢开新生的苏州市革命委员会）两大派别和两种对立观点。他们由文斗发展到武斗，卷入派性斗争。

1968年4月，黄桥公社革命委员会成立。6月，公社成立群众专政指挥部，张庄大队相应建立组织，开始"清理阶级队伍"，对"政治有问题的人"（或称作"阶级异己分子"）进行审查、批斗、游街、示众、关押。

1970~1974年，张庄大队开展"一打三反"（打击现行反革命分子，反对贪污盗窃、投机倒把、铺张浪费）、深挖"5·16反革命阴谋集团"群众活动。

1976年10月上旬，党中央一举粉碎"四人帮"反党集团，从而结束"文化大革命"。据统计，至1979年8月，张庄大队落实政策，对"文革"期间成为运动对象的75人，全部改正并恢复名誉。另外，对在运动中被揪斗致伤及因受审查造成经济困难的10人（陈家德、陈安生、陈小关、汤根法、汤小妹、汤金明、陆才生、陈杏根、汤黑茂、胡卫元），改正后落实经济补助共1158.12元，其中张庄大队给予误工和医药费补助858.12元，其余由县级补助医药费。至1985年4月，向被查抄物资的60余户人家，发还原物件或补偿金额；将被查封、挤占的房屋及时腾退，一律归还产权人。

四、打击贪污盗窃、投机倒把

1977年春，黄桥公社革命委员会组织批判江青反革命集团的同时，在全社范围内进行党的基本路线教育，有针对性地对大队、生产队干部群众开展打击贪污盗窃、投机倒把，狠刹资本主义歪风活动。干部群众称其为"两打"运动。"两打"运动中，张庄大队把社员饲养家禽家畜和糊布衬等家庭副业生产视作资本主义尾巴加以割除。

第八章　乡村建设

民国时期，村民都以自然村聚居，一般择河而居，依水生息。房屋都是砖木结构的平房，低矮破旧。村间道路都为泥土路，雨天泥泞不堪。河港贯通东塘河、无塘河、板桥港，河水清澈见底。

中华人民共和国成立后至20世纪60年代，村域内基础设施变化不大。直至20世纪80年代，改革开放后村级经济实力提升，投资基础设施建设，村容村貌焕然一新。村级道路、支干道实现刚性化水泥路面，原有石桥建为水泥桥，河两岸筑成石驳岸。

1977年10月，张庄大队统一安排，集体补贴，为社员建房整体规划，至1985年1月完成4.1万平方米，有92%的社员住进新楼房，居住环境得到改善。

进入21世纪，村民努力打造生态优美、设施配套齐全的美丽村庄。

第一节　村民住房建设

一、住房

民国时期，村民住房大都是平房。一般住房低矮简陋，有的伸手可及屋檐，且多年失修。住房开间狭小，面积不大，故兄弟分家不分居，同住一个屋檐下。有的三代、四代同室居住一年又一年。有的因住房面积小，姑娘不愿嫁入。

中华人民共和国成立初，上无片瓦的贫雇农分得地主的房屋居住。1951年6月土地改革资料显示，时张家里361户1326人，有瓦房897间、草房1间，人均住房面积0.68间（约15平方米）。

1977年，张庄大队485户1822人，人均拥有住房面积15平方米。

20世纪60年代建造的平房（1972年摄）

为解决社员住房面积不足的困难，张庄大队统一安排，集体补贴，为社员建房整体规划（1977~1985年）。是年10月，建房工程启动，将全大队（村）所有旧房拆除重建，至1987年建造新楼房67幢，每幢两层。采取集体补贴60%、社员出钱40%的办法，进行住房分配。集体补贴共230余万元。

20世纪70年代后期集体统一建造的楼房（1985年摄）

1985年，张庄村有92%的村民住进新楼房，人均拥有住房面积25平方米。1986年1月，日本福冈县客人一行7人访问张庄村，名古屋电视台记者将张庄作为中国江南新农村典型摄制成录像，在日本国内播放。

1989年，张庄村35户村民因婚房需要，申请扩建住房114间（其中楼房80间），约3610平方米。

20世纪80年代后期村民建造的楼房（1989年摄）

1990年，20户村民因婚房需要，申请扩建楼房100余间，约2250平方米。

20世纪90年代后期，张庄村规划建设农民别墅区，至2001年，姚建华、邱卫明、贝阿盘等28户村民建成28幢别墅，约6200平方米。

1991年4月，张庄村制定《关于社员建房的几项规定》，规定有2个儿子以上的社员家庭，若在集体建造的社员住房基础上新建或翻建，必须按"10项规定"

20世纪90年代后期村民建造的别墅（1992年摄）

办事，既符合实际要求，又不影响村容村貌，尤其强调不能擅自占用公用土地。

1997年，张庄村547户1989人，人均拥有住房面积26.4平方米。其中第一区（徐家浜、东家村、河南）129户521人，有楼房252间（7339.45平方米）、平房91间（2291.6平方米）、辅房190间（4014.62平方米），人均住房面积26.18平方米。第四区（朝南、后浜、西海、陈家湾）有楼房11083.15平方米、平房1075.1平方米、辅房3930平方米，人均住房面积26.63平方米。两个区

其他占地面积分别为 5895.62 平方米、5875.98 平方米。

2000 年后，村民除原有的住房外，有一部分村民先后在黄桥、黄埭、蠡口、相城区中心地段以及苏州市区等地购买商品房。

2013 年，张庄村 605 户 2339 人，其中第一区 126 户 485 人，主房建筑面积 19645.2 平方米，辅房 11661.08 平方米，占地面积 43.808 亩；第二区 162 户 645 人，主房建筑面积 25402 平方米，辅房 18875 平方米，占地面积 54.418 亩；第三区 164 户 583 人，主房建筑面积 26918 平方米，辅房 13693 平方米，占地面积 53.591 亩；第四区 153 户 626 人，主房建筑面积 23707 平方米，辅房 16648 平方米，占地面积 51.25 亩。据不完全统计，全村人均住房面积 66.93 平方米。

附：关于集体统一建造社员住房的决定

造房的标准与允许范围

集体替社员统一建造住房，原则上每人 20 平方米左右。一般按户结算，其中楼房：2~3 人户，一楼一底。4 人户，三间（包括独生子女户）。5~6 人户，二楼二底。7 人户，五间。8~9 人户，三楼三底。单身户，原则上一间；若结婚的，可适当照顾，商量解决。

平房原则上一人一间；打算结婚的单身户，可适当照顾，商量解决。

关于人口借动问题，在上述规定人数与间数范围内，除本户老人外，其余一律不借动。五保户由集体抚养，任何人或户不准借动。

关于建房的结算方法

1977 年 10 月动工，至 1985 年末竣工。一次性结算方式，根据多退少补原则，用经济方法协调。每人按 20 平方米标准计算，享受报销费用。

超过规定标准户，超过部分按实际造价全部由超标户承担。低于标准户同样按实际造价补回。若一户中有平房、楼房超标部分的，根据实际情况合理结算（以楼房为主的靠足楼房一边按比例结算，以平房为主的靠足平房一边按比例结算）。

人口变动和建房的关系

一、本村未婚男女青年，只享受一份住房面积，原则上按本人户口所属家庭。

如果需要调节住房由双方商定，报村批准。

二、凡1977年10月至1985年末结婚迁移外地的男女，都享受一份住房面积，只是补助经济，不再补造住房，归户结算。

三、凡1977年10月至1985年末结婚迁入以及同意迁进的人和户，一律按本村人口同等享受。

四、凡重新组合家庭而婚迁入者，归户结算。一户中只认可一夫一妇。照顾生的小孩不按独生子女计算，按一人一份计算。

五、凡1977年10月至1985年末死亡人口，都享受一份住房面积，只是补助经济，不再补造住房，归户结算。

六、新生人口，以有独生子女证为准，作二份享受。若独生子女有不幸事故的，补生一个同等享受。照顾生第二胎，不作独生子女看待，按一人一份计算。超生子女户只享受一个小人的一般待遇。

七、旧居在本村，工作在外的户或人，协商解决。

八、现今在狱的三个人，同意建住房，经济不补贴。现今刑满释放留场的一人和现今释放留场已退休的一人，同意建住房，经济补贴一半。

建房结束后事宜

至1985年末，结婚迁入的男女，一律不再纳入范围内。若生下小孩符合独生子女条件，领取独生子女证，原则上按规定造房标准和经济补贴办法补二份经济。若要建造住房，申请地基自行建造。

张庄村村民委员会

1984年6月16日

二、拆迁与安置

2008年始，张庄村村民宅基地房屋拆迁，是年有板桥、南巷、中巷、朝西村民小组31户：姚苏华、韩春龙、陈林泉、韩林生、杨文斌、韩三男、李志明、陈关林、韩永生、韩炳生、陈根男、韩凤金、韩玉林、陈美华、程才根、陈洪青、汤黑妹、韩荣林、陈建康、陈根元、郭才兴、郭小元、汤大男、陈阿东、汤小明、陈学明、陈惠明、陈金祥、陈阿敖、陆爱民、陈金松。拆迁面积5291.31平方米，均安置于荷馨苑。

2015年，村民邱根发、陈林弟、徐华、秦玉林、陆建明、薛建红申请预拆迁，拆迁面积780.4平方米，均安置于荷馨苑。

表 8-1 1977~1984 年

区别	户数	应造房数					已造房数							
		人口（人）				面积（平方米）	房屋							
							楼房			平房		自建平房		合
		本户人数	在外人数	独生子女	总人口		楼面间	楼底间	平方米	间数	平方米	间数	平方米	（平
一	107	422	9	32	463	9260	70	70	4200	141	2820	41	820	78
二	139	531	14	51	596	11920	182	182	10920	20	400	—	—	11
三	131	496	5	41	542	10840	89	89	5340	141	2820	—	—	8
四	137	508	9	45	562	11240	102	102	6120	105	2100	—	—	8
合计	514	1957	37	169	2163	43260	443	443	26580	407	8140	—	—	35

注：楼房每间 50 平方米，平房 20 平方米，三架猪舍每间 8 平方米，四架猪舍每间 12 平方米。

表 8-2 2008 年张庄村拆迁户统计

区别	拆迁年份	户主	拆迁面积（平方米）	安置面积（平方米）	安置地点
三区	2008	姚苏华	203.15	123.08、64.36	荷馨苑
三区	2008	陈金松	230.16	123.08、64.36	荷馨苑
三区	2008	韩春龙	225.4	123.08、64.36	荷馨苑
三区	2008	陈林泉	230.16	123.08	荷馨苑
三区	2008	韩林生	228.67	123.08、123.08	荷馨苑
三区	2008	杨文斌	214.24	123.08、123.08	荷馨苑
三区	2008	韩三男	214.24	117、123.08	荷馨苑
三区	2008	李志明	216.75	123.08、64.36	荷馨苑
三区	2008	陈关林	214.24	123.08、123.08	荷馨苑
三区	2008	韩永生	222.28	123.08、64.36	荷馨苑
三区	2008	韩炳生	211.36	123.08、64.36	荷馨苑
三区	2008	陈根男	223.68	123.08、64.36	荷馨苑
三区	2008	韩凤金	152.53	123.08、64.36	荷馨苑
三区	2008	韩玉林	203.72	123.08、64.36	荷馨苑
三区	2008	陈美华	224.54	123.08、64.36	荷馨苑
三区	2008	程才根	218.68	117、67	荷馨苑
三区	2008	陈洪青	218.68	123.08、64.36	荷馨苑
三区	2008	汤黑妹	80.28	64.36	荷馨苑
三区	2008	韩荣林	217.84	123.08、64.36	荷馨苑
三区	2008	陈阿敖	81.76	64.36	荷馨苑
三区	2008	陈建康	185.22	123.08、64.36	荷馨苑

造社员住房统计

猪舍		结果									合计（平方米）	
四架头(间)	面积(平方米)	户数	人数	计划 间数	计划 面积(平方米)	实际 间数	实际 面积(平方米)	猪舍 间数	猪舍 面积(平方米)	超出(平方米)	实际建房面积	实际猪舍面积
—	—	6	30	47	1420	86	2580	86	1032	1160	10420	1840
153	1892	—	—	20	600	84	2520	63	756	1920	13890	2698
60	1032	31	136	89	2680	130	3900	87	1044	1220	12060	2076
72	1152	37	148	101	3020	160	4800	110	1320	1780	13020	2472
317	4884	74	314	257	7720	460	13800	346	4152	6080	49340	9036

续表

区别	拆迁年份	户主	拆迁面积（平方米）	安置面积（平方米）	安置地点
三区	2008	陈根元	106.58	123.08、64.36	荷馨苑
三区	2008	郭才兴	197.36	106.66、68.53	荷馨苑
三区	2008	郭小元	250.86	116.5、66.71	荷馨苑
三区	2008	汤大男	41.98	86.51	荷馨苑
三区	2008	陈阿东	231	123.08	荷馨苑
三区	2008	汤小明	214.42	123.08、64.36	荷馨苑
三区	2008	陈学明	45	123.08	荷馨苑
三区	2008	陈惠明	41.98	116.5	荷馨苑
四区	2008	陈金祥	198.72	123.08、64.36	荷馨苑
四区	2008	陆爱民	26	—	

表 8-3　张庄村预拆迁户统计

区别	拆迁年份	户主	拆迁面积（平方米）	安置面积（平方米）	安置地点	备注
一区	2015	徐　华	100.8	107.12、71.16	荷馨苑	
一区	2015	秦玉林	133.2	106.66、71.16	荷馨苑	
二区	2015	陆建明	154	106.67、66.71	荷馨苑	
二区	2015	薛建红	133.2	127.06、68.8	荷馨苑	
三区	2015	陈林弟	126	106.66、64.36	荷馨苑	
四区	2015	邱根发	133.2	106.66、71.08	荷馨苑	邱冠华

第二节　公共服务设施

一、村老年活动室

1989 年 12 月，张庄村村民委员会利用原大队大会堂对面 5 间空闲平房，设立村老年活动室，约 130 平方米。活动室配有电视机、棋牌之类，以及书报杂志，老年人通常在清早或午后 2~3 时进行活动。

2010 年 4 月，因扩建小学校舍，老年活动室迁至农贸市场东侧的 3 间平房。

2012 年 10 月，移至农贸市场西侧，改称社区老年活动中心，面积扩至 300 余平方米，设影视、棋牌等活动室，均装配空调。活动中心配备专人负责，供应茶水。老年人活动期间，谈谈心，议议事，互相交流；有的玩棋牌、打麻将，有的看书报、看电视，增进身心健康。

村民在老年活动室看电视（1990 年摄）

二、张庄公交首末站

位于张庄大道农贸市场西侧，占地面积 3000 平方米，建筑面积 150 平方米。2007 年 8 月动工，2008 年 2 月竣工，总投资 46.84 万元。

2008 年 3 月正式通车，自张庄村委会至苏州葑门，属公交 78 路，后改为 878 路，设 18 辆公交汽车，全程长 15 千米。

张庄公交首末站（2015 年摄）

三、大园健身场

位于张庄小学南侧，为张庄村村民主要健身场地。2008 年，由张庄村委会投资 40.8 万元择地建成，占地 2500 平方米。大园健身场建成后，张庄村村民的舞龙队、腰鼓队、老年健身舞队等经常在此举行演出与比赛活动。

村民在张庄村健身场锻炼（2015 年摄）

四、社区服务中心

位于张庄大道北端，村后河南侧，占地15000平方米，建筑面积6000平方米。社区服务中心大楼坐西朝东，大楼一层为一站式服务大厅，给村民提供社会保障、民政服务、计划生育、残疾人事务、妇女儿童维权等行政性服务。另设党员、民兵、共青团、工会等活动室等。大楼前东侧广场，可为开展各种文艺、体育活动提供场地，平常供停放车辆。

社区服务中心于2012年6月开工，2013年12月竣工，总投资727万元（不包括装修费）。2014年2月，张庄村总支部委员会、张庄村村民委员会迁入办公。

第三节 道路 桥梁

一、道路

民国时期，自然村之间的道路都是泥土路，通往蠡口、黄桥集镇地的道路亦都是泥土路，或水路。村民出行脚踏泥土，雨口道路更加泥泞不堪。

中华人民共和国成立初，村域内的道路未曾改变。农业合作化时期，结合兴修水利稍加整修和改造。20世纪70年代初，结合农田基本建设，开挖生产河，并以生产河为依托，修筑村主干道和机耕路，70年代中后期基本完成。

20世纪80年代，张庄村村（队）办企业兴起，自筹资金，修桥铺路。1985年先后修筑成张庄大道（长480米，宽8米，混凝土路面）、村中路（原称村前路，长约1000米，宽3~6米不等，混凝土路面）、村前路（长约990米，宽5米，混凝土路面）。1986年修筑成徐家浜路（长约1180米，宽5米，混凝土路面）、东村路（长约250米，宽5米，混凝土路面）。1987年修筑成石马坟路（长约500米，宽4米，混凝土路面）。1993年修筑成张庄南路（又称黄蠡路段，长1020米，宽8米，混凝土路面，为黄桥镇间公路，2003年重建）。2002年修筑成张庄工业区1号路、张庄工业区2号路。村域内道路呈五横（东西向）三纵（南北向）状，更助村民便捷出行。

20世纪90年代，村主干道与村支路互相连接，形成网络，各自然村均可通行车辆。

道路畅通

2008年3月，张庄公交首末站通车，开辟张庄至葑门公交专线。2015年，苏州轨道交通4号线于张庄村设立张庄站出入口。

表 8-4　2015 年张庄村主要道路统计

名称	起终点	长度（米）	宽度（米）	路面	建成时间
张庄大道	黄蠡路至村委会	480	8	混凝土	1985 年
村中路（原称村前路）	东塘河至广济北路	1000	5	混凝土	1985 年
村前路	东塘河至广济北路	990	5	混凝土	1985 年
徐家浜路	黄蠡路至原村助剂厂	1180	5	混凝土	1986 年
东村路	村前路至林浜河	250	5	混凝土	1986 年
石马坟路	后浜至黄蠡路	500	4	混凝土	1987 年
张庄南路（又称黄蠡路段）	青龙桥至无塘河	1020	8	混凝土	1993 年 2003 年重建
工业区 1 号路	徐家浜路至石马坟路	1000	6	混凝土	2002 年
工业区 2 号路	徐家浜路至张庄大道	600	6	混凝土	2002 年

二、桥梁

张庄村域内河浜多，桥梁（大都为农用）亦多。桥的造型有石拱桥和石梁式平桥。大多数桥梁无名。

1986 年 4 月，黄桥乡桥梁普查资料显示，张庄村（大队）架设于自然村、农田和鱼池内河道上的大小桥梁有 22 座。20 世纪 90 年代至 21 世纪初，因河道填平或桥梁改建，大多数被拆除或弃用。仅剩 9 座，分别是原预制场桥（平板桥）、10 吨公路桥（桥宽 6 米）、西板桥平桥、汤进荣宅附近平板桥、陈家湾平板桥（连闸）、东板桥（属平板桥）、青龙桥（套闸，平板桥）、东河南桥（连闸）、东河南（汤根林厂后）平板桥。

北巷桥

位于村后河上有陈家湾桥（水泥平桥）、村中心桥（水泥平桥，通往渔专队）、东家生产队桥（水泥平桥，又称预制场桥）、北巷桥（水泥拱桥）。

位于村北部鱼池有渔专队桥（水泥平桥，2008 年拆除）、老圩溇桥（水泥平桥，2008 年拆除）、黄埭塘岸边套闸平桥（2008 年拆除）、助剂厂附近套闸平桥（2008 年拆除）。

位于板桥港有广济北路与板桥港交界处桥（水泥平桥）、西板桥（水泥平桥，2003 年拆除）、东板桥（水泥平桥）、东板桥东的桥（水泥平桥，位于原警务室附近，2014 年拆除）、厂区桥（水泥平桥，2003 年拆除）。

位于黄蠡路上有青龙桥（水泥平桥）、马家浜桥（水泥平桥，2003 年拆除）、杨木圩浜桥（水泥平桥，878 路张庄站附近，2003 年拆除）、大会堂浜桥（水泥平桥，2006 年浜壅塞流缓，桥也无用）、前浜桥（位于西海，水泥平桥）、无塘河桥（水泥平桥，与方浜交界处）。

位于丰产方有两座水泥平桥。一座设在第四区河南田至青龙桥田，东西走向；另一座设在青龙桥至沈巷河南田，南北走向。

另有一座跨塘前港的石梁平桥，取名"魁星"，早在民国年间被拆毁。

第四节 供电 给水

一、供电

民国时期，村民晚上照明常用一种菜油或煤油燃灯草的灯具，灯光暗淡，俗称"油盏头"；或用蜡烛。20 世纪 50 年代改用煤油灯、美孚灯。凡婚丧事宜则用一种充气燃火油的汽油灯，外出照明大都使用围灯。

1965 年，张庄、朱坝大队接入蠡口公社莫北线（10 千伏高压线），供张庄、朱坝大队灌溉站电力灌排。1971 年 5 月，张庄大队青龙桥灌溉站安装 50 千伏安变压器 1 台，用于农田灌排。是年，各个生产队通电，供生产、生活用电，结束千百年来用蜡烛、煤油照明的历史。

1974 年 11 月，大队综合厂用电量增加与冬季鱼池改造工程造成电力供应不足，大队将 195 柴油机改造成 8 千瓦发电机 8 台，解决供电紧张问题。

1978 年冬，张庄大队原有的变压器 50 千伏安增容至 100 千伏安。1982 年，因队办企业发展用电量增加，新增 200 千伏安变压器 1 台。1991 年，林浜新增 50 千伏安变压器 1 台。

1983 年，张庄村添置 160 千瓦发电机 1 台。是年，村办企业耗电 7.21 万千瓦时（其中自然发电 2.5 千瓦时）。1991 年，添置 160 千瓦发电机 1 台。1995 年，添置 300 千瓦发电机 1 台。1997 年，村内电子公司添置 350 千瓦发电机 1 台。

1986 年，村机电服务站成立，投资 8.6 万元新建配电间及办公设备，投资 3.5 万元将 3 台变压器撤换成 500 千伏安，投资 3 万元更新配电盘 13 门，投资 3.9 万元改造全村线路 8.2 千米，投资 6 万元新增 1 台 160 千瓦发电机组。

1986 年末改造及更新用电设施时，用电量 966.93 万千瓦时，1987~1989 年分别是 101.0146 万千瓦时、116.5383 万千瓦时、134.1850 万千瓦时。1986~1989

年，4 年中节约电费 19.32 万元。

1987 年 8 月，张庄村通过市、县级达标验收，成为吴县第 1 个用电标准村。

1998 年，张庄村投资实施全村电网改造工程，改善村民用电环境，完成 1 户 1 表更换和变压器增容（第一区变压器 315 千伏安，第二区变压器 400 千伏安，第三区和第四区各 315 千伏安）。此外，第一区新增 2 台变压器（250 千伏安、400 千伏安）、第二区新增 1 台变压器（400 千伏安）、第三区新增 2 台变压器（400 千伏安、400 千伏安）、第四区新增 1 台变压器（250 千伏安）。

至 2015 年，据统计，除上述所有变压器外，另有张庄工业区与私营工业区设有 20 余台变压器，分别为青龙桥工业区 1 台 400 千伏安、第一区脱粒场 1 台 315 千伏安、阮才坤厂 1 台 315 千伏安、蒋文元厂 1 台 250 千伏安，第二区郭大男厂 1 台 315 千伏安、姚晓明厂 1 台 400 千伏安、原日化三厂 1 台 400 千伏安、华杰公司 1 台 400 千伏安，私营工业区博丽彩印公司 1 台 500 千伏安、华星公司 1 台 315 千伏安、蒋文元厂 1 台 315 千伏安、姚晓明厂 1 台 315 千伏安、乐光公司 1 台 315 千伏安、邱卫明厂 1 台 315 千伏安、华杰公司 1 台 500 千伏安、中曼日化公司 1 台 315 千伏安、姑苏铜材厂 1 台 400 千伏安、真优美公司 1 台 250 千伏安、沈才荣厂 1 台 315 千伏安、张庄村村委会 1 台 315 千伏安。

2015 年，张庄村用电量 486 万千瓦时。

二、给水

张庄村水道通畅，有东塘河、黄埭塘、村后河、板桥港、无塘河等水道，多数村民以河水和井水为日常用水。由于河水不洁净，传染病发病率高，影响人体健康。中华人民共和国成立后，开展爱国卫生运动，村民讲究饮用水卫生，大多数改河水为井水作为生活用水。

25 米高麻菇状水塔
（2001 年摄）

1980 年，张庄大队动员村民开挖水井 40 余口，村民普遍实现饮用井水。

1986 年 4 月，张庄村投资开挖第 1 口深井，于张庄电配厂建成 10 米高水塔 1 座，供应工业区用水。

1989 年，投资 50 余万元，于张庄大道（中段）旁建成 25 米高麻菇状水塔 1 座，容量 150 吨，为黄桥乡首座水塔，供应村民生活用水及工业区用水。1997 年 12 月，受益户 547 户 1989 人。

2007 年 12 月，苏州自来水公司征用张庄村

189.535 亩土地，建成自来水中转站（位于东塘河），即相城水厂。

2008 年，张庄村投资对全村自来水网管改造，10 月，617 户村民启用苏州自来水公司中转站的太湖自来水，村内原有水塔废弃并停止供水。

2015 年，用户 599 户，年用水量 36.5 万吨。

第五节　教育　卫生　文化体育

一、教育

村民崇尚教育，民国时期张庄设有 3 所私塾学校，中巷长村设有 2 所，北海巷设有 1 所。有少数学童读书识字。

中华人民共和国成立初，村内广福庵内开办张庄小学。1969 年，张庄小学附设初中班，至 1977 年称为黄桥中学张庄片中学。1978 年，张庄小学附设幼儿班。2007 年 9 月，张庄小学并入黄桥实验小学木巷分校。2010 年，原张庄小学成为公办外来务工人员子女学校。

（一）私塾

民国时期，中巷长村开设 2 所私塾，有学童 30 人。其中 1 所设于王阿土宅。

私塾教育内容从学童记读汉字 200 个开始，依次学读《三字经》《百家姓》《千字文》《神童诗》直至"四书""五经"。因入学的均是年幼的童子，而塾师为稻粱谋或本身教育手法迂腐，往往不能维持正常的教育秩序。时塾师有黄孟安、黄元达、薛阿炳、薛家林。

（二）张庄小学

中华人民共和国成立初，村内设立的私塾不复存在，改设初级小学，选址于村内广福庵，取名张庄小学，属公办性质，招收的学生大多数由私塾转入；三年级以上转到朱坝小学就读。1965 年，张庄小学称为完全小学。

1964 年，张庄小学因地制宜开设 2 个耕读小学班，招收未入学的学生 50 人，由耕读小学教师 2 人施教。翌年，在东家村开设 1 个一至三年级耕读小学复式班。

1969 年，张庄小学由大队贫下中农管理学校期间，附设初中班，招收本

张庄小学（1986 年摄）

大队小学毕业生入学，俗称"戴帽"初中（至 1977 年称为黄桥中学张庄片中学）。1978 年，张庄片中学开设高中班（1979 年高中班并入黄桥中学）。

1980 年 8 月，张庄片中学撤销。

2000 年，朱坝小学并入张庄小学。

2007 年 9 月，张庄小学本村学生并入黄桥实验小学分校就读。

2010 年，原张庄小学成为招收外来务工人员子女学校。2013 年，投资 149.64 万元，建设学校运动场，翻建张庄小学和幼儿园。

2015 年 9 月，张庄小学本村学生全部转入黄桥实验小学入学。

张庄小学历任校长（负责人）为黄孟安、金美轮、俞金福、秦玉林、沈雪男、王才荣、汤小白、金建平。

校舍

小学开办初，将广福庵改作校舍 4 间。

1966 年，拆除广福庵，原址翻建 9 间（六架椽）。

1980 年，张庄片中学迁移后，留下 10 间平房由张庄小学利用。大队投资 5 万余元建造学校围墙，铺设学生运动场地，改建圆形校门等。至 1987 年有校舍 25 间。

张庄小学新校区（2013 年摄）

课堂上

1990 年，乡村两级投资 20 余万元，翻建原北面校舍为两层教学校。至此，全校占地面积 5.3 亩，建筑面积 1249 平方米，绿化面积 1600 平方米，运动场地 722 平方米，学校图书藏有 3000 余册。

2013 年 9 月，黄桥街道投资 312 万元扩建张庄小学和幼儿园。至此，全校占地面积 20.5 亩，建筑面积 3942 平方米，绿化面积 2500 平方米，运动场地 5869 平方米。

教学

1950 年初设 2 个班，后逐年增至 4 个班，一至四年级学生均为复式班，100 余人，教师黄孟安（负责人）、黄元达、薛阿炳、薛家林。

1953 年，设 6 个班，一至四年级学生分单式班、复式班，约 140 人。

教师有钟闻欣、陆丁宇、吴月芬、李萍华、吴文述、姚重德、王家林、俞金福、杨克萍、周宝山、马长根、沈雪琴、蔡益定、黄元达、夏士秀等。

1964年，张庄大队开办耕读小学2个班，学生约50人，耕读教师2人。

1965年，张庄大队东家村开办耕读小学1个复式班，一至三年级学生40余人，教师陆健生、李萍华。

1969年，张庄大队贫下中农负责管理张庄小学，由大队长秦玉林兼任校长。至1978年，贫下中农管理学校小组撤离。其时，有教师杨家声、俞金福、李克萍、李珊、陈企达、沈素玲、陆健生、杨树铮、魏秀珍、徐三媛，设一至五年级5个班，学生231人。

1974年，设7个班（初中2个班、小学5个班），初中生50人，小学生231人，教师11人。

1977年，设5个班（不包括初中班），一至五年级学生180人，教师黄中新、朱才珍、冯玉英、汤素珍、汤进荣、沈才兴、陆关庆、燕龙生、陆健生、沈素玲、沈雪男（校长）。

1982年，设8个班，一至六年级学生310人。

1984年，黄桥乡政府实行小学校长聘任制，聘请沈雪男为张庄小学校长。由校长聘任教师王才荣、陆国荣、冯兴生、朱阿兴、陆老土、汤小白、朱宝林、杨育明、陆建法、程中、黄中新、李凤珠。设10个班，一至六年级学生具体为一年级38人，二年级45人，三年级85人，四年级86人，五年级45人，六年级42人，共341人。

张庄小学全体教师合影（1984年摄）

1988年9月，王才荣任校长。

1990年，设6个班，一至六年级学生具体为一年级28人，二年级32人，三年级30人，四年级25人，五年级28人，六年级24人，共167人。

1991年9月，设6个班，一至六年级学生150余人，教师9人（均为公办教师）。汤小白任校长。

2005年，设6个班，一至六年级

一九八六届小学毕业生合影（1986年摄）

学生排队进学校（2014年摄）

学生215人，教师9人。

2007年9月，张庄村籍学生并入黄桥实验小学木巷分校就读，张庄小学仅招收本村范围居住外来务工人员子女入学。设3个班，学生120余人，教师6人。

2010年9月，招收外来务工人员子女（包括北庄、方浜村居住外来务工人员子女）入学，设12个班，一至六年级学生450人，教师30人，其中公办教师17人，合同制教师13人。金建平任校长。

2015年9月，张庄设19个班，一至六年级学生总数995人（其中一年级120人，二年级160人，三年级260人，四年级190人，五年级145人，六年级120人），教师45人（其中公办教师17人，合同教师28人）。

活动与荣誉

张庄小学自20世纪90年代开展第二课堂教学活动，有自然实验室、音乐室、队室、体育室，建成8个兴趣小组（趣味数学、美术、制作、写作、书法、舞蹈、足球、田径）。

1977年10月19日，学校组织100余名少先队员欢迎柬埔寨代表团（总理带队）一行访问张庄大队。

1988年6月，张庄小学获少先队"小建设"全国最佳阵地奖。

1988年，张庄小学成为吴县市首批合格完小之一。

1989年8月，学生陈雪琴获"中国好儿童"称号。

1992年5月，日本爱知县少年教育考察团来访，盛赞学生办的"小手抄报"。7月，日本大学生代表团访问张庄小学，与学生举行联谊活动。

1985~1997年，学校获全国级荣誉6次、苏州市级荣誉3次、县市级荣誉14次。

（三）张庄片中学

1968年下半年，"文化大革命"期间教育体制下放，1969年张庄小学附设初中班，招收本大队小学毕业生入学，俗称"戴帽"初中；至1977年称为黄桥中学张庄片中学。设2个班，其中初一班均为张庄籍学生，初二班有部分学生由郑仙初中班并入，共50人。1970年，初中设2个班，学生72人。教师有钱坤顺（负责人）、杨家声、史立群、鲍宝康、司马月华、张佩春。

1977年改称黄桥中学张庄片中学后，招收方浜、郑仙、朱坝大队学生入学，设初一、初二各2个班，有学生114人，其中初二年级有1个班均为张庄籍学生，有 24 人（陈建华、姚炳根、陈金祥、韩炳生、蒋新龙、蒋小龙、胡盘根、秦康华、沈金妹、秦根娣、陆荣珍、徐菊英、沈凤英、吴彩玲、王桂英、陈雪玲、陈寿英、沈才兴、陆林发、陈梅玲、陈桂英、汤大男、陆阿年、陆林法）。教师有钱坤顺（负责人）、杨家声、鲍宝康、司马月华、史立群、沈雪男、贝阿盘、蒋金龙、陆炳才、沈侃、尤根生、沈培生、吕为民、陆福泉、杨国良、吴福权。

1978 年，黄桥中学张庄片中学，附设高中班，设 1 个班，学生 16 人（蒋金凤、刘建明、陆建明、蒋玉珍、秦泉珍、汤玉妹、庄春英、郭小元、沈建华、秦永兴、陆秋英、陆祥珍、王志农、陆国荣、韩荣林、沈雪凤）。

1979 年，附设高中班学生并入黄桥中学就读。

1980 年 8 月，张庄片中学初一、初二学生并入黄桥中学就读，张庄片中学随之撤销，校舍留存张庄小学用。

（四）张庄小学幼儿园

1978 年，张庄小学附设幼儿园，设 2 个班，入园幼儿 32 人，由张庄大队选派幼儿教师陈三妹、陈桂英负责幼儿教育工作。

幼儿园开办初期，因缺少课本、教具，幼儿园玩具极少，教师采取20 世纪 50 年代末开办农忙托儿所看管孩子的方式管理幼儿。时幼儿教育由黄桥公社妇女联合委员会统一管理，教育业务由张庄小学指导。

幼儿园的孩子在上课（2013 年摄）

20 世纪 80 年代初，张庄小学幼儿园入园幼儿逐年增多，开设大、中、小班，师资问题由张庄大队（村）选派本地的高中毕业生予以解决，其经费由集体负担。

1985 年，张庄小学幼儿园纳入黄桥中心幼儿园管理，定期开展教研活动，幼儿教师学历进修等。其编制仍归张庄小学，时有幼儿教师 4 人（陈桂英、郭玉珍、蒋金凤、王娟玲）。

1986 年，新联幼儿园撤并至张庄小学幼儿园。

2005 年，张庄小学幼儿园纳入黄桥实验小学管理，幼儿园教学业务管理仍由黄桥中心幼儿园负责。时开设大、中、小各 1 个班，入园幼儿 80 余人。

2013 年，黄桥街道投资 402 万元改建张庄小学、幼儿园。

2015 年，张庄小学幼儿园开设大、中、小各 2 个班，入园幼儿 160 人，有幼儿教师 14 人、保育员 6 人。

二、卫生

民国时期，张庄缺医少药，疫情不绝，村民因无钱求医，贫病交加，平均寿命较短。

中华人民共和国成立后，人民政府关心人民身体健康，开展爱国卫生运动，组织医务人员深入农村防病治病，逐步发展医疗卫生事业。1968年12月，张庄大队推行农村合作医疗制度，建立大队合作医疗室，并配备卫生员，俗称"赤脚医生"。

20世纪80年代，农村合作医疗事业不断发展，改善医疗卫生条件。1994年，张庄村推行大病风险统筹医疗制度。2004年，张庄村村民参加合作医疗保险，参保率达100%。

（一）大队合作医疗室

1964年，黄桥公社医院于陈家湾（借用陈金男宅1间）设立张庄医疗服务站，有医生沈水成、谢仲安、陈爱耕。

1968年12月，张庄大队建立黄桥公社首个合作医疗室，设于沈巷新屋廊2间内，面积约40平方米（1970年迁至大队大会堂内），时有"赤脚医生"汤云男、医生沈水成（1976年12月调离，2000年10月至2005年5月受聘回张庄村）、助产员汤凤英。1973年9月，汤海根为"赤脚医生"。1975年10月，大队合作医疗室移驻大队大会堂对面2间平房内。1983年，张庄大队合作医疗室易名张庄村卫生室。

1984年，江苏省卫生厅为提高"赤脚医生"业务素质，实行统一考试。汤小惠经考试合格，获得"乡村保健医生"证书，聘用上岗。

1992年，村卫生室经改造，设有门诊室、观察室、注射室、储藏室和病房2间，共6间。1996年9月，通过吴县市卫生局验收合格，成为甲级村合格卫生室。

2000年3月18日，村卫生室发生一次重大医疗事故，致使陈海泉不幸身亡。

2004年5月，村卫生室改称社区卫生服务站，由黄桥卫生院统一管理。2012年，投资13万元，改建社区卫生服务站。

至2015年，社区卫生服务站有医务人员汤小惠、刘梅（主治医师）、徐美英3人，固定资产35万元，床位5张。是年，卫生服务站诊疗18506人次。

（二）合作医疗

1958年，黄桥公社实行半劳保医疗制度，规定各生产队社员每人每月缴纳少量健康费，持保健卡至公社医院治病，医药费由公社集体结算。

1969年，推行合作医疗制度，凡参加合作医疗的社员每人缴纳2~5元医疗费，年终分配时统一扣除，社员在大队医疗室看病一律免费。至1979年，社员在县、市级医院住院,医药费全额报销。1980 年,由于集体负担过重,规定社员在县、市级医院住院,其医药费报销 50%。1981 年,张庄大队制定《合作医疗报销规定》。规定社员看病必须在黄桥公社卫生院、蠡口人民医院、苏州第一人民医院、苏州儿童医院、苏州传染病医院、苏州东风区人民医院,方可报销医药费;若超出规定医院,

免费为老人测量血压(2010 年摄)

医药费自理。另外,规定外出看病必须办理转院手续,通常在大队合作医疗室就诊,医药费可报销 70%。若需转院,必须经大队合作医疗室办理转院手续,方可报销 60%;不符合转院手续,只可报销 50%。

1986 年始,村民看病的医药费可由村报销 70%。

1994 年 4 月,张庄村推行大病风险医疗制度,统筹医疗基金每人每年 5 元(其中集体负担 2 元,个人负担 3 元),全村参保 1302 人,参保率 95.6%。2000 年,统筹医疗基金每人每年 15 元,凡参保人员发放医疗卡,可享受大病风险医疗补偿,于本镇医院、社区卫生服务站就诊免交挂号费。

2000 年后,张庄村参保人数越来越多,大病风险统筹医疗基金 2000 年为 1.1 万元,2001 年为 1.27 万元,2002 年为 1.6 万元,2003 年为 1.4 万元,2004 年为 4.65 万元。

2004 年,张庄村村民参加合作医疗保险,由村委会扶持和村民以户为单位缴纳参加费,人均筹资标准 40 元(其中集体扶持 10 元,个人负担 30 元)。2006 年,参保人数 1885 人,参保率 93.4%。2008 年,参保人数 2098 人,参保率 100%,缴纳统筹医疗基金 18.88 万元。

2015 年,张庄村 2346 人,村民 100% 参加合作医疗保险,参保费纳入医疗保险基金,实行统筹。病人就医按医院等级、病情性质,分级享受报销比例。

(三)血吸虫病防治

1956 年,金星高级社贯彻执行积极防治血吸虫病的方针,向群众宣传血吸虫病的危害和防治的科学知识,组织群众开展查螺工作。对河浜、田块、池塘等有螺之地,采用新沟填旧沟、沤塘泥浆法、火焰灭螺等消灭钉螺。

1958 年,张庄大队结合积肥和兴修水利突击进行查螺灭螺工作,对查出的两个废鱼池采取沤塘泥浆法灭螺。

1964 年,张庄大队专门安排 1 个大队干部负责血防工作,各生产队先后确

定血防员有蒋招娣、汤白白、陈培东、陈招英、薛培英、陈三妹、秦小玲、吴兴娥、陆雪珍、韩彩娥、韩彩英、钱其新、薛卫明、韩大玲，共同参与查钉螺。同时开展粪便化验、查治血吸虫病患者等综合性防治工作。

1970年，在专业人员带领下，张庄大队出动数百劳动力查螺灭螺，查出有螺面积13318平方米。对重点河浜、沟渠、废鱼池、田块，按规定剂量，反复投药，并采取深埋等方法灭螺。1971年有螺面积减至11900平方米，1972年减至6050平方米。

同时，对5岁以上人群进行粪检，由"三送三检"改为"七送七检"。1970年5~6月，张庄大队粪检1368人次；1971年5~6月，粪检1330人次；1972年5~6月，粪检1308人次。累计查出阳性病人560余人。至1972年10月30日止，治病630人次（有的病人经多次治疗），发病率下降96.2%。血吸虫病治愈者有秦玉兰、郭小妹、秦小男、沈根男、徐阿三、秦福荣、秦寿宝、陆健生、沈雪男、沈根福、陆长泉、周全妹、沈阿二、陆水泉、胡大男、胡阿大、蒋小坡、韩小夯、韩招根、陈白男、杨根松、姚关水、杨永根、杨敖泉、杨敖根、陆才兴、汤金根等人。

1990年后，张庄村未曾发现有螺面积及血吸虫病患者。

三、文化体育

民国时期，村民忙于种田养鱼，文化娱乐活动极少，逢年过节除庙会、节场观看草台班演戏外，文化生活枯燥。

中华人民共和国成立初，蠡口乡各村组织村民扭秧歌、打腰鼓，欢庆人民解放和土改胜利；还组织开展扫除文盲活动，办冬学、民校，让村民识字学文化。

农业合作化时期，初级社、高级社组织文艺宣传活动，配合当前中心工作搞演出，自娱自乐。

"文化大革命"时期，张庄大队成立毛泽东思想文艺宣传队，表演"忠"字舞，唱语录歌，排演京剧样板戏。

改革开放后，群众文娱活动日益丰富，恢复庙会活动，传统舞狮、舞龙等兴起，跳广场舞，打腰鼓和莲厢，图书阅览，看电视，球类比赛等文体活动的参与者越来越多。

（一）群众文艺演出

1963~1966年，张庄大队组织文艺宣传队（以团员青年为主），有沈素玲、胡阿三、杨大毛、王安石、贝阿七（负责人）等，宣传队员白天参加劳动，晚上参加排演（地点在沈巷新屋廊），大都排演沪剧、锡剧等戏曲。排演的沪剧《阿必大回娘家》，除在当地演出外，还参加公社会演，并受邀到周边大队演出。

1970年，张庄大队成立毛泽东思想文艺宣传队，有沈雪男、吴桂元、秦玉楼、陆才兴、陈大男、刘文苑、陈家德、陆关泉、吴月娥、汤白白、陆利英、陈五男、陆关庆、陆凤玲、汤大男、程才生、沈凤英、吴福元、姚才生、蒋小妹、汤小妹、蒋梅、陈三妹、沈黑妹，另有乐队5人。排演的锡剧《红灯记》，除在当地演出外，还参加黄桥公社会演，并受邀到无锡县后宅公社演出。此外，宣传队还自编自演本大队涌现出的新人新事节目，深受群众欢迎。

（二）图书阅览

1981年，张庄大队举办"青年之家"俱乐部，设有图书室，藏书350余册，主要供团员青年阅览。1989年，俱乐部与老年协会活动室藏书1540册。是年，订阅书报杂志805份。除供室内阅读外，还提供外借服务，让更多读者阅读。另外，还在团员青年中成立读书兴趣小组。

2014年，图书室被苏州市相城区命名为"优秀农家书屋"。

2015年，图书室经改建扩充为100平方米，拥有藏书3000余册，涵盖文学、自然科学、实用科学等方面，分为成人阅读区、少儿阅读区、电子阅读区。每日上午8点半至下午4点半开放，日阅读量80人次。除藏书外，还订阅报纸杂志40余种，音像制品50余盒。另有电脑7台，供村民免费使用。

图书室专设村民自愿"捐书处"，已收到陆关庆（原小学教师）、杨根泉（原黄桥街道老年协会会长）、汤小惠（社区卫生站医生）等捐赠的图书数百册。

（三）舞龙队、腰鼓队

早在1990年，张庄小学就有舞龙队参加吴县小学生运动会艺术表演，表演受到众人好评。1992年，参加表演比赛获一等奖。

2005年始，张庄村相继组成多支由青年、中老年人参加的舞龙队、腰鼓队、莲厢队、跳绳队，参加人数约60人。健身广场舞队参加人数250多人。

2005年9月，张庄村舞龙队参加黄桥镇"迎国庆，展成果"群众文艺调演，获二等奖。2012年8月，在相城区舞龙表演比赛中，获三等奖。

2009年9月，张庄村女子舞龙队在苏州市群众民俗团队大比拼活动中，获三等奖。张庄村女子腰鼓队在黄桥街道"迎国庆，展成果"腰鼓大比拼活动中，获最佳表演奖。

2012年8月，张庄村健身舞队在相城区健身舞活

力比赛中，获三等奖。

2014年6月，张庄村女子腰鼓队在苏州市首届市民健身运动会相城赛区黄桥街道第四届腰鼓比赛中，获二等奖。9月，张庄村莲厢舞队在相城区"活力广场"主题大赛中，获三等奖。

（四）球类比赛

20世纪70年代后期，张庄大队组成一支业余男子篮球队，队员有沈雪男（队长）、陆关庆、蒋金龙、贝阿盘、沈才兴等人。篮球队经常与黄桥中学及周边大队篮球队进行篮球比赛。

20世纪90年代初，张庄村组织的业余乒乓球队（队员有陆建康、汤健健、姚惠建、沈雪男、汤明、陆才发、程才发、秦全根、汤雪元、汤文元等）就初露头角。

1991年4月，乒乓球队在县体育局举办的首届"联谊杯"比赛中获团体第四名。

2005年6月，在黄桥镇举办的全民乒乓球友谊比赛中，获团体第一名。

2015年3月1日，张庄小学足球队正式成立，共有三至五年级队员60余人，足球教练陈宇。

2015年5月14日，张庄小学足球队应邀到苏州工业园区星海小学与该校少年足球队进行一场友谊赛，经过1个多小时激战，张庄小学足球队1：0小胜星海足球队。队员王康、易浏意入选苏州市代表队参加江苏省足球比赛，王康被选为苏州市足球队队长。

村广播员薛建林在为村民播放有线电视

（五）广播有线电视

1995年5月，张庄村在吴县广播电视局和吴县电视台的支持下，投资20多万元建设为苏州市首家村级闭路电视广播村，有线电视、有线广播（双频线）接入每家每户，全村548户村民均可收看有线电视节目，收听有线广播节目。

第六节　环境保护

张庄村水清土沃，适宜种植稻、麦、油菜等作物和进行池塘养殖，自然生态环境良好，少有水、声、气的污染源。20世纪90年代后，张庄村村民委员会坚持环境先导，强化环境保护，开展专项治理，做好河道清淤、村庄整治、污水处理、植树绿化等多项环境保护工作，改善村民居住条件，提升生活质量。

1996年12月，张庄村被江苏省爱国卫生运动委员会命名为"江苏省卫生村"。

一、河道清淤

2003年始，张庄村着手疏浚村域内大小河道，至2005年疏浚村后河、陈家湾河等2100余米，彻底清淤8200立方米。仅2005年3月，用于疏浚河道的投资就达11.9万元。

2007年，在创建卫生村活动中，疏浚河道3000余米，修筑石驳岸3434米。后对村域内总长3250米的河道逐年疏浚、清淤。

2012年12月，村委会投资54万元，疏浚河道3100余米，对板桥港进行定向疏通。

2015年3~6月，对东塘河以及广济北路之桥东侧河浜彻底清淤。4月，村后河清淤1000米。

自2005年始，加强河道长效管理，分派2名河道保洁员打捞水面漂浮物，清洁全村河道，并形成制度。

二、污染治理

早在20世纪80~90年代，张庄村（大队）在农业生产上坚持控制农药、化肥使用量，采取科学施肥用药，减少污染源。据统计，1992年张庄村农户每亩使用农药量2.3千克，比1980年集体生产时每亩使用农药量减少5.45千克。

1992年，村办企业采取整改措施，控制工业污染源，关闭铸件厂、综合厂，合并村喷漆厂。

2000年4月，张庄村6家线路板废水治理企业（吴县市科发电路板有限公司，法定代表人陆林发；张庄电讯仪器厂，法定代表人陈根寿；吴县市星光电子设备厂，法定代表人秦全根；苏州市贝士特电器有限公司，法定代表人贝阿盘；苏州市金莱佳电子元件厂，法定代表人陈金泉；苏州市华声广播器材厂，法定代表人胡文良）建成的处理能力50吨/天的线路板废水处理工程，废水排放相关指标达到《污水综合排放标准》（GB8978-1996）一级标准。经吴县市环境保护局验收合格，6家企业获发污染物排放许可证。

2006年，清除碎布脱色户的脱色池21只，排除污水横流。至2013年3月，取缔脱色行业 42 户，给予补偿 116.12 万元。

2007 年 5 月，因排放废水不合格、食品卫生不合格等问题，22 家豆制品加工作坊被相城区环保局、区卫生防疫站等部门处理，搬离张庄村。

2013 年，拆除 16 户外来务工人员小型烧水锅炉，因其用大量布头做燃料，致使大气污染。

三、村庄整治

2001 年相城区建立后，张庄村持续数年开展"清洁村庄、清洁河道、清洁家园"整治工作。2001~2006 年，清除村域内违章搭建物面积 2500 平方米，清除脱色池 21 只，规范晾晒场地 8500 平方米，整治村主干道 1000 余米，并清除两侧露天粪坑，为 120 户村民住宅墙面粉刷涂料。村共投资 75 万元，其中 35 万元由黄桥街道办事处给予补助。

20 世纪 80~90 年代，村民住房缺少卫生配套设备，沿用老式卫生设备。1995 年，张庄村统一规划，开挖 1100 米地下排污管道，为后来改厕户提供方便，并翻建 4 幢 18 户的地下水道和安装卫生设施。1997 年，全村累计改厕户 248 户，占总户数的 46.1%。1999 年，改厕户 339 户，占总户数的 58.9%。据统计，两年内 91 户进行改厕，累计投资 25.8 万元。2012 年，全村累计改厕率 96% 以上。是年，张庄村在中心行政区域及村民集中居住地共建成公共厕所 13 个。至 2015 年，全村共置有垃圾箱 667 个。

村保洁员在清理下水道
（2008 年摄）

2009 年，张庄村整治主干道 2500 米，清除村民家前屋后垃圾 400 余车，治理卫生死角（脏乱差）12 处，并做好近千户出租房屋卫生整改工作；拆除广济北路沿线违章建筑 270 平方米，铺设地下水道 2500 米，村民房屋外墙粉刷涂料 27945 平方米，填没废河浜、池塘 7816 立方米等，累计投资 90 余万元。

据统计，2006 年张庄村投资村庄环境整治 6.01 万元，2007 年为 35.55 万元，2008 年为 64.42 万元（其中整治工业区域 28.42 万元），2009 年为 90.61 万元，2010 年为 4.28 万元，2011 年为 30.14 万元，2012 年为 27.48 万元，2013 年为 17.48 万元，2015 年为 14.99 万元。

四、绿化

历年来，村民都在宅前屋后、河道沿岸及鱼池岸边栽植树木，高大的树木有中巷王阿土、陈老桐、阿六头、陈惠良、韩火根、陈寿达家 6 株大榉树，广福庵 2 株银杏树等。

1959 年春，张庄大队按户种植 10 株树木，全大队约种植树木 2500 余株，但成活率低。

植树（2011 年摄）

1965 年，黄桥公社号召大搞"四旁"（村旁、宅旁、路旁和水域旁）绿化。大都栽植泡桐、杨榆等树木。20 世纪 80 年代，张庄村在鱼池岸边、村主干道两侧植树栽花，宅前屋后砌花坛，当时成为新农村建设的典型。

2004~2005 年，张庄村投资绿化 15.53 万元。工业区 1 号、2 号路两侧以栽植常绿乔木为主，村民宅前屋后、小游园内以栽植花灌木和草花为主。

2007 年，在争创生态村活动中，绿化面积约 68050 平方米（105 亩）。村域北部利用填平的废鱼池栽树绿化。

2012 年始，对村域内主干道两侧、宅前屋后绿化进行改善升级，通过补种常绿乔木、花灌木和草花，全面提升绿化率。至 2015 年，全村绿化面积约 120 亩，绿化率为 39%。

表 8-5　2012 年张庄村各村民小组绿化统计

组别	村庄空闲面积（亩）	绿化面积（亩）	绿化率	组别	村庄空闲面积（亩）	绿化面积（亩）	绿化率
1组	18	6	33%	8组	16	6	37%
2组	23	7	30%	9组	29	9	31%
3组	16	6	37%	10组	30	13	43%
4组	20	8	40%	11组	38	14	37%
5组	25	10	40%	12组	36	17	47%
6组	32	12	37%	合计	309	120	39%
7组	26	12	46%				

第九章　村民生活

　　村民家庭历来以父辈为中心，往昔男女婚嫁全由父母包办。中华人民共和国成立后，提倡婚姻自由，自由恋爱结婚的为多。

　　村民勤劳俭朴，民风淳厚朴实，在长期生产和生活实践中，形成一方特有的风俗习惯。其中有时令、礼仪、信仰的习俗，还有方言、俗语和歌谣，凸显黄桥一带精致、内敛的文化底蕴，保留着许多传统的东西。今仅作为存在于民间的一种历史文化现象，选择些许记述于此。社会在发展，许多旧的东西渐渐为人们所摒弃，而代之以新思想、新时尚。

第一节　家庭

一、家庭结构

　　历史上，村民的家庭以父辈为中心，父辈对家庭独具支配权力，并对家庭成员和经济负有一定的责任，尤对小辈成家立业负有主要责任。

　　民国期间，男女婚嫁注重门当户对。家庭中女子没有地位，凡出嫁少女，均以夫家姓氏为己姓，而自己的姓氏后则添加"氏"，如张家女子嫁给王家，张家女子则称作"王门张氏"。有的家庭有其家规、家训，刻写成文，训诫子女。一般家庭中三代同堂，一起居住的较多。

　　中华人民共和国成立后，家庭结构逐渐变小，尤其是 20 世纪 90 年代农村经济快速发展，农民逐渐富裕后，农家翻建平房，再造楼房，居住条件得到改善，儿辈结婚后，大多数与父母分居。女子在家庭中的地位日益提高，男女平等已成风尚。

二、婚姻关系

　　民国时期，男女婚嫁多数由父母包办，尤其是封建买卖婚姻制度十分普遍。

婚姻讲究门当户对，指腹为婚、童养媳、换婚、抢亲、纳妾等陋俗不绝。女的早年丧夫，终身不得改嫁。男方不能生育，却诿责女方。

20世纪50~70年代，男女婚嫁通常由介绍人（即媒人）牵线，经男女相亲，由父母包办成全。时男女成婚注重家庭出身等政治因素居多，也注重双方的德行。20世纪80年代后，因大龄男性在当地物色不到合适的对象，即寻找外省、市边远地区的女性结婚。进入21世纪，由于家庭收益增多，自由恋爱结婚的为多，随之离婚现象日益增多。

赘婿，当地俗称"招女婿"，男方在家庭中无地位，受外人歧视，有的进了女方的门，还得改称女方的姓。中华人民共和国成立后，赘婿不再受人歧视。

立嗣，当地俗称"过房儿子"，一般父母无子女，由侄子代替儿子。

"黄泥髈"，指寡妇招夫进门，其夫受人歧视。

"填房"，又称续弦，指男子死了妻后再娶的女子。

"拖油瓶"，指随母改嫁的子女，轻蔑之语。

"叔接嫂"，指穷苦人家长子早亡，其儿媳妇由公婆做主配给未婚的次子。又称"肥水不流外人田"。

"两家并一家"，指20世纪90年代后两个独生子女家庭的男女自由恋爱成婚，婚后无论居住在任何一方（双方均有婚房），共同赡养双方的父母。

三、收入消费

中华人民共和国成立前，张庄地处低洼地区，一雨即涝，"水冲三年荒九年"，生活没有保障。

中华人民共和国成立初，因原有的水利基础差，1954年洪水淹没农田、鱼池，村民无收入。1958年，人民公社化，实行供给制和按劳分配，人均收入73.93元，1959年人均收入80.90元，1960年人均收入95.35元。1964年，张庄大队人均收入98.14元，列黄桥公社第十二位（第一位金山大队，人均收入127.45元）。1965年，张庄大队412户1496人，其中324户年终分配现金47701.22元，88户超（透）支5398.78元。

20世纪60~70年代，人民公社强调"以粮为纲"，社员人均收入在98.5~182元之间徘徊不前。70年代中期，张庄大队2000余人，唯一的鲜肉摊一天卖不出30斤猪肉，黄桥合作商店在张庄的代销店一日销售额不足40元，只有0.14元1斤的萝卜干卖得快，成为张庄人唯一的食用小菜。张庄人流传"嫁女嫁过三顶桥（即东过青龙桥，南过东板桥，西过西板桥）"的说法。过了三顶桥，才能走出张庄地界，脱离穷窝苦海。

一个普通农民的卧室（1985 年摄）

村民别墅一角（1990 年摄）

20 世纪 80 年代，实行家庭联产承包责任制，发展村办企业，村民收入连年提高。张庄村（大队）1980 年人均收入 302.75 元，至 1989 年提高到人均收入 1629 元。1984 年统计资料显示，张庄村每百户有电视机 72 台、自行车 95 辆、缝纫机 96 台、收录机 44 台、洗衣机 3 台、电风扇 107 台、电冰箱 2 台，年末银行存款 103.75 万元，有 90% 的农户住进村统一规划建造的新楼房（人均居住面积 22 平方米）。1992 年，张庄村人均收入 2438 元，1995 年为 4745 元，2000 年为 6848 元。

2001 年，村民家庭经营性收入占总收入比重有所下降，劳动者报酬收入占总收入比重上升。2010 年，村民家庭经营性收入占总收入 41.5%，劳动者报酬收入占比 58.5%，人均收入 15510 元。2015 年，村民家庭经营性收入占总收入 40%，劳动者报酬收入占比 60%，人均收入 16730 元。

中华人民共和国成立至 20 世纪 70 年代初期，村民消费支出以翻建住房为主。20 世纪 80~90 年代，村民注重培养后代，以教育投资为主，另有购置家用电器消费支出，以及用于健康和营养的支出。进入新世纪，村民用于房屋装修，以及交通、通信、文化、旅游出行等方面的支出占生活消费支出比重越来越大。收入颇丰的家庭拥有电脑、汽车，住进购置的商品房和别墅。

四、养老保险

据调查，1983 年张庄村 60 周岁以上男性有 79 人，女性 55 周岁以上有 150 人，合计 229 人，占总人口（1963 人，其中男 935 人、女 1028 人）的 11.66%。

1984 年，张庄村试行老年人退休制，制定《关于集体福利事业几项规定》，规定凡 65 周岁以上男性、60 周岁以上女性享受退休待遇，不分男女每人每月 20 元，每年 240 元。1991 年 4 月，补充规定在退休年龄内，若有能力参加劳动的，即按参加劳动所得报酬归己，不再享受退休待遇；若有退休老人看管小孩的（限本村小孩 2 人），看管每个小孩由村补贴 130 元。

2003 年，相城区出台《相城区农村社会养老保险基本政策（试行）》，规定农村社会养老保险每人每年缴费 900 元，区政府负担 30%，镇政府负担 30%，个人负担 40%。7 月，黄桥镇与元和街道、渭塘镇及开发区首批试行农村社会养老保险。是年，张庄村参保 2264 人，覆盖率 97.2%，用于农村社会养老保险资金 19.53 万元。2008 年，参保 2098 人，覆盖率 100%，用于农村社会养老保险资金 18.88 万元，全村老龄参保对象和老年农民（男年满 60 周岁、女年满 55 周岁不缴费直接享受农村社会养老保险）都领到养老金。

2004 年，张庄村全部土地被相城区政府征（使）用后，被征地农民都得到征地补偿或置换城镇基本养老保险。2010 年 9 月，张庄村被征地农民均纳入城乡一体化养老保险体系。

2005 年始，民政部门每年按例发放尊老金，张庄村每逢节日还送上节日礼物和慰问金。2015 年，张庄村 80~90 周岁老年人每人每月领取 50 元，90 周岁以上每人每月领取 100 元。春节期间，70 周岁以上老人均享有节日礼物送上门。重阳节，发放给 60~69 周岁（女性 55~69 周岁）老人每人 100 元，70~79 周岁每人 200 元，80~89 周岁每人 300 元，90 周岁以上每人 500 元。

第二节　救济　福利

一、救济

（一）灾害救济

1949 年夏遭特大水灾，1954 年夏和 1962 年 9 月又遭遇两次特大洪涝，张庄村（大队）农田和鱼池全部被淹没，房屋倒塌数十间，直接经济损失不计其数（其中 1962 年 9 月 14 日台风造成洪水，农田受淹 171.7 亩，损失粮食 4.7 万斤；成鱼池受淹 189 亩，折价 8.5 万元；损坏桥梁 2 座、农机 3 件、鱼网 20 段，房屋倒塌 4 间等）。上级拨发救济款、救济粮和灾情减免款（其中 1962 年减免公粮 47621 斤），并调拨木材、砖瓦等建筑材料帮助群众修建倒塌房屋。1991 年 6 月和 1999 年 7 月，发生两次特大洪涝灾害，吴县（市）政府下拨救灾款，支持张庄村抗洪抢险和恢复生产，帮助灾民重建家园。用于张庄村（大队）的救灾款、救灾粮和灾情减免款，未做全面统计。

（二）扶贫帮困

中华人民共和国成立初，张庄遭受灾荒，人民政府发放救济款和救济粮给贫困村民，以工代赈、贷发稻种、组织集体生产自救。1965 年，张庄大队对 5 户贫

送上慰问金（2012年摄）

困户（8人）补贴工分3828分（折合318.38元）。20世纪70~80年代，做好贫困户的扶持工作，安排他们进村（队）企业工作，或扶持生产木制包装箱、拖把、布衬等，帮助解决医疗费、学费。1997年，张庄村与10户贫困户签订扶持协议。扶贫工作做到"对象、资金、标准、制度、措施"五落实。2000年，张庄村给19户贫困户生活补助7950元。2001年给19户贫困户生活补助6500元。2002年给17户贫困户生活补助6800元。2003年给30户贫困户生活补助44123元。2005年给2户低保户、4户低保边缘户生活补助7575元。2006年给14户贫困户生活补助24208元。2007年给30户贫困户生活补助32300元。2008年给低保户陆阿泉、陈林福、朱阿妹等9户，以及低保边缘户杨金娥、沈阿二、金志英等8户生活补助13000元。

2009年1月，张庄村10名企业主陆林发、杨菊英、汤建华、吴大奎、刘建明、阮才坤、汤根林、陆卫明、韩建林、陈金龙与10户贫困户结对帮扶，通过捐助资金、介绍就业等形式帮助他们脱贫致富。华杰电子有限公司入驻张庄村后，2002~2008年，每年向村里捐助3万元，用于扶贫帮困，2007年按例捐助外，另外还给低保家庭学生资助2万元。2007~2012年，上级民政部门给陆佳星（二区）、陈川川（四区）每人每年助学补贴3000元。2010年给27户贫困户生活补助37140元，另给贫困家庭学生5人助学补贴13000元。2013年给18户贫困户生活补助及大病补贴68000元。2014年给低保户3户、低保边缘户23人生活补助39000元。2015年给19户贫困户生活补助27000元，以及给大病困难村民39人春节补助43700元。

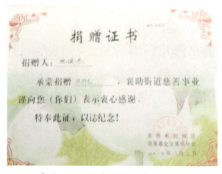

学生沈俊杰捐赠证书
（2010年摄）

二、慈善捐助

（一）募捐

1991年6月上旬至7月，张庄村发生特大洪涝灾害，村民参加救灾募捐，村民捐款820元，村办企业捐款募集1300元。

2006年12月，华杰电子有限公司、科发电路板有限公司等20家张庄村域内企业响应相城区慈善会发起的百家企业慈善认捐活动，

表 9-1　1988~2002 年部分年份张庄村集体福利资金统计

年份	老年退休		幼托		独生子女		建房补差		助学金		医疗费		优抚金	困难补助	合计
	人数	金额（元）	人数	金额（元）	人数	金额（元）	户数	金额（元）	人数	金额（元）	人数	金额（元）	金额（元）	金额（元）	（元）
1988	125	28780	124	15317.46	245	17430	20	32000	16	2496	2243	22430	25900	1000	145353.46
1989	124	29080	145	17609.17	261	19000.5	19	30400	25	3660	2275	22750	22950	1920	147369.67
1990	132	30580	270	19039	282	20346	23	36800	24	2448	2279	22790	19852.5	3252	155107.50
1991	172	45208.38	251	12488.95	292	17521	16	24800	13	1392	2337	23370	22700	1880	149360.33
1992	136	39975	295	17663.16	295	19604	26	41600	24	2756	2401	24010	20600	1390	167598.66
1993	143	42425	136	17700.37	310	19987	14	22400	22	2756	2408	24080	26830	1450	156824.37
1994	137	40950	132	17193.7	304	23508	14	22400	—	—	295	5900	30120	6100	146171.70
1995	132	39700	130	16813.4	288	18880.5	7	11200	—	—	287	5740	31103	4650	128092.90
1996	131	39475	112	14503.74	264	17524	11	17600	—	—	264	5280	31005	6980	132607.90
1997	235	70500	102	10854	242	16542	7	11200	—	—	242	4840	28450	11024	153210
2000	285	82345	—	—	224	14787	—	—	—	—	—	—	16500	6800	—
2002	302	89105	—	—	189	12100	—	—	—	—	—	12226	45000	16000	—

捐赠慈善款（具体金额不详）。

2008年2月，李中杰、陆林发、赖桂财等79家企业捐赠慈善款180400元。5月，四川汶川地震后，张庄村募集抗震救灾慈善款（企业、企业职工、党员干部）75152元。中共党员34人以"特殊党费"的名义捐赠26900元。

2010年8月，相城区慈善会募集赈灾慈善款，张庄村学生沈俊杰（就读黄桥实验小学三年级）将平时节省的9000元捐赠至相城区慈善会黄桥街道分会。

2011年12月，张庄村域内企业主、党员干部及村民向关爱扶贫基金会捐款432020元。

（二）救助

2006~2015年，相城区慈善会、相城区慈善会黄桥街道分会每年对张庄村发放助医、助学、助老、助残、助困和助孤等救助资金。2011年，向张庄村郭小妹、刘珍、陈月珍、陈梅珍等11人资助19500元。2013年，资助贫困精神性疾病者7200元。2014年，资助突发性困难家庭6000元。2015年，资助2户低保户、4户低保边缘户9000元，资助4号工地疾病者1800元。

2013~2015年，苏州市春菊电器有限公司李菊坤捐助张庄村15万元。

三、福利

20世纪70年代中期至80年代初，张庄村（大队）多年筹措资金，于1984年制定《关于集体福利事业几项规定》，并实施。

老年退休金：见本章第一节中的"养老保险"。

建房：见第八章第一节"村民住房建设"。

就医：在村卫生室治疗，每人10元。到外地医院治疗，视病情由集体支付70%。

入学：小孩入托至初中，由集体支付学费，并给"三好生"发放奖学金。凡进入高中以上，包括中专、大专、大学的学生，每人每年补助生活费100元。对11位村小学教师采取聘用制，每人除工资外发给奖金。

独生子女：见第二章第四节"人口控制"。

1986年，张庄村集体福

日间照料中心老人就餐（2014年摄）

利各项支出 18.7 万元，1988 年为 14.53 万元，1990 年为 15.51 万元，1997 年为 15.32 万元，2005 年为 36.19 万元，2006 年为 31.51 万元，2007 年为 33.16 万元，2010 年为 37.15 万元，2015 年为 35.58 万元。

2014 年 11 月，张庄村成立日间照料中心。村团支部、妇代会、老龄协会组成一支 10 余人的敬老爱老志愿队，为日间照料中心的老人提供服务。11 月 18 日，张庄村 42 位 80 周岁以上老人在照料中心就餐，伙食标准每人每日 10 元左右。至 2015 年，就餐人数增至 70 人左右。

第三节　人物

一、劳动模范名录

中华人民共和国成立后，在社会主义和"四个现代化"（农业、工业、科学和国防现代化）建设中，张庄村（大队）有 6 位国家、省、市、县（市）、区级劳动模范。

姚根林

胡大男

沈金华

蒋文元

杨菊英

陆林发

表 9-2　张庄村（大队）劳动模范名录

姓名	性别	荣誉名称	批准单位	时间
姚根林	男	江苏省劳动模范	江苏省人民政府	1980 年
		苏州市劳动模范	苏州市人民政府	1987 年
		全国农业劳动模范	中华人民共和国农业部	1990 年
胡大男	男	吴县劳动模范	吴县人民政府	1990 年
沈金华	男	吴县劳动模范	吴县人民政府	1994 年
蒋文元	男	吴县市劳动模范	吴县市人民政府	1997 年
杨菊英	女	相城区劳动模范	相城区人民政府	2007 年
陆林发	男	相城区劳动模范	相城区人民政府	2015 年

二、张庄籍赴外部分管理、技术人员名录

张庄村（大队）人才辈出，兹将部分赴外地工作（行政、军队、院校、商贸等）的干部、工程师、教授汇编成表。

表 9-3　张庄村（大队）籍赴外管理、技术人员名录

姓名	性别	出生年份	工作单位、职务职称	自然村
秦子茂	男	1933	苏州市吴县供销社副业股股长（退休）	河北
吴桂林	男	1935	苏州市吴县黄桥乡人武部副部长（已故）	吴家
沈桂林	男	1937	苏州市相城区蠡口乡副乡长（退休）	沈巷
陈鹤皋	男	1938	上海市经济学会秘书处处长（退休）	陈家
沈水成	男	1940	苏州市相城区黄桥卫生院院长（退休）	陈家
陈鹤鸣	男	1944	江苏洪泽县水产研究所所长（退休）	陈家
蒋云龙	男	1945	苏州市吴中区苏苑工商所所长（已故）	林浜
毛槐卿	男	1945	苏州太湖国家旅游度假区信访办主任（退休）	河北
沈金华	男	1948	苏州市相城区黄桥工业公司副经理（退休）	沈巷
钱其新	男	1951	苏州市吴中区人大法律事务委员会主任（退休）	沈巷
汤云男	男	1953	苏州市相城区黄桥中学总务主任（退休）	朝西
秦康林	男	1954	苏州市相城区政协副主席（退休）	河北
陆永根	男	1954	苏州市相城区黄桥街道社区服务中心主任（退休）	后浜
沈新康	男	1954	上海市第一检察院副检察长（厅级）	沈巷
华军胜	男	1955	苏州市沧浪区房管所副所长、副书记（退休）	沈巷
汤钰林	男	1956	苏州文化广电新闻出版局局长、党组书记	朝南
沈雪男	男	1956	常熟市天和拆房有限公司项目经理（二级建造师）	沈巷
蒋文元	男	1958	苏州市相城区黄桥街道环保助理	林浜
陆国荣	男	1962	苏州市相城区宣传部副部长、行政学校校长	北巷
蒋建荣	男	1962	苏州市相城区黄桥国土所所长	林浜

续表

姓名	性别	出生年份	工作单位、职务职称	自然村
沈林生	男	1962	苏州市东运旅游客运有限公司总经理	徐浜
胡盘根	男	1963	苏州新天地投资有限公司董事长、江苏省家具行业协会会长	沈巷
王志农	男	1963	加拿大多伦多从事药物研究开发（博士）	河北
沈卫明	男	1965	广州市鑫义企业管理咨询有限公司总经理	沈巷
胡才明	男	1966	苏州市旅游局市场处处长	北巷
陈建洪	男	1966	苏州建设审计事务所所长	中巷
杨建中	男	1966	相城区黄桥中学教导处副主任、中学高级教师	西海
沈建华	男	1966	苏州市相城区黄桥中学高级教师	东家
陈小明	男	1967	苏州市相城区黄桥卫生院内科主治医师	陈家
沈春华	女	1968	苏州市相城区信访局副局长	沈巷
杨建华	男	1969	中国银行吴中支行（科级）	朝南
陆继忠	男	1971	苏州市相城区黄埭中学高级教师	沈巷
陆继祖	男	1973	苏州市吴中区木渎镇成教校校长、党校副校长	沈巷
李安进	男	1974	苏州市社会福利总院后勤科副科长	朝西
郭玲芳	女	1976	苏州市相城人民医院妇产科主治医师	板桥
陈　勇	男	1977	苏州市吴中区刑警大队大队长	陈家
胡菊明	男	1977	苏州市吴中区城南街道广播站站长	沈巷
汤雅萍	女	1979	苏州市吴中区国裕资产经营公司办公室副主任	朝南
秦　峰	男	1981	苏州市相城区北桥街道工会主席	河北
陈鹤峰	男	1981	苏州市吴中区纪委效能监察室主任	西海
陆晓莲	女	1981	苏州市第七人民医院内科主治医生	后浜
陈　波	男	1982	苏州市相城区黄桥街道劳动所所长	南巷
庄景武	男	1985	江苏永德律师事务所律师	板桥
庄　琪	男	1985	苏州市交通运输公司物流部经理	板桥
王　斌	男	1985	苏州中源科达企业管理有限公司项目主管	朝南

三、人物简介

姚根林

男，1930年2月生于张庄姚家里，小学文化，中共党员。1949年8月任张庄行政组组长，1952~1957年先后任金星初级社、高级社社长，1957年任张庄党支部副书记，1959年10月至1961年9月任北庄（河东、河西、永兴）大队党支部书记，1961年10月至1972年10月任张庄大队党支部副书记，1975年4月任张庄大队党支部书记，1994年任张庄村党支部书记兼江苏张庄集团公司董事长，1997年8月任张庄村党总支部顾问兼张庄集团公司董事长。1998年退休。

曾当选中共吴县第五届委员，第九和第十届苏州市人大常务委员会委员。1984年12月出席江苏第七次党代表会议。

1980年被评为"江苏省劳动模范"，1987年被评为"苏州市劳动模范"，1990年5月被农业部授予"全国农业劳动模范"称号，1991年被评为"江苏省优秀共产党员""抗洪救灾先进个人"。

1994年6月25日，中共黄桥镇委员会做出关于开展"村厂学张庄、干部学姚根林同志"活动的决定。

秦康林

男，1954年8月生于张庄河北，中共党员，函授大学本科。已退休。

1974年12月入伍，1979年12月退伍，1980年1月至2001年8月于黄桥镇（乡、公社）政府工作。2004年1月至退休前，任相城区政协副主席、中共相城区委统战部部长。

曾任苏州市沧浪区胥江街道办事处副主任（挂职），中共黄桥乡委员会委员，黄桥乡农工商总公司副总经理，中共东渚乡委员会副书记，中共镇湖镇委员会书记，中共通安镇委员会书记，相城区劳动和社会保障局局长、党组书记。

在服兵役时，曾获集体三等功1次和嘉奖5次。1991年被评为苏州市沧浪区委"双佳"工作先进个人。2002年被评为苏州经济体制改革工作先进个人。2003年获相城区"创业杯"先进个人突出贡献奖。

汤钰林

男，1956年9月出生于张庄朝南。中共党员，中央党校本科。

1982年12月始，历任共青团吴县委员会常委、青农部部长、副书记，吴县县委常委兼团县委书记，吴县县委常委兼蠡口乡党委书记，苏州市乡镇工业局副局长、党组成员，苏州市轻工业局副局长、党委副书记，苏州市工艺美术局副局长，苏州工艺美术集团有限公司总经理、副董事长、党委副书记。1997年11月至1999年10月，历任苏州市工艺美术局局长，苏州工艺美术集团有限公司董事长、党委书记。1999年10月至2002年11月，任苏州市人民政府侨务办公室主任、党组书记。2002年12月至2005年，任苏州市新闻出版（版权）局局长、党组书记。2006年始，任苏州市新闻广电出版局（现苏州市文化广电新闻出版局）局长、党组书记。

1979年5月，获"江苏省新长征突击手"称号；1979年10月，由共青团中央授予"全国新长征突击手"称号；1985年4月，获"苏州市优秀团干部"称号；2012年12月，被江苏省人力资源和社会保障厅、江苏省新闻出版局（现江苏省新闻出版广电局）（版权局）授予"全省新闻出版（版权）系统先进工作者"。

陆林发

男，1963年4月出生于张庄后浜，中共党员，江苏省委党校函授大专学历。

1997年11月村办企业转制后创建苏州市科发电路板有限公司。2001年9月担任相城区黄桥镇张庄村党总支委员，2006年9月担任相城区黄桥街道张庄村党总支书记。

2003、2004、2008年均被评为黄桥街道优秀共产党员，2009、2011年被相城区委评为"四城杯"先进个人，2015年被相城区委评为区优秀共产党员，2015年12月被相城区委评为"劳动模范"，2016年11月当选相城区第四届人大代表。

杨菊英

女，1964年11月出生于张庄西海，中共党员，毕业于苏州职业大学经济管理专业，大专学历。

1985年4月担任吴县张庄电讯配件厂组装车间主任，1996年10月担任吴县黄桥镇张庄村妇女主任、村民委员、党总支委员，2006年1月担任张庄村党总支副书记、村民委员会主任。

2007年被评为相城区"妇女工作先进个人"，2007年被评为相城区"劳动模范"，2011年3月荣获相城区"三八红旗手"称号，2013年在相城区"奋进杯"竞赛活动中荣获"先进个人"称号，2014年荣获"江苏省优秀女村官"称号，2016年被评为相城区优秀共产党员。

第四节　宗教信仰　传统习俗

一、宗教信仰

明清期间，村域内建有广福庵（俗称观音堂），坐落中巷张庄小学内，1966年遭拆毁。

求神仙，信佛、道，其中以女性年长者居多，亦有少数男性。除初一、月半吃素食、拜佛像外，凡逢庙会节场均赴有关寺庙、庵观进香燃烛，参与祈求消灾降福的仪式。若村民亡故，其家属都至俗定的庙宇中为亡灵"领魂"，或做道场，为其超度。

20世纪初，受"民主""科学"思潮的影响，当地神灵信仰方式被视为"迷信""愚昧"。中华人民共和国成立后，尤其"文化大革命"期间，庙宇都被拆毁，各种宗教信仰活动被禁止，不少神职人员被打压，民众生活中的民间信仰内容被排除。尤其是破"四旧",将民间信仰列为旧文化、旧民俗,村民不敢敬神拜佛。

20世纪80年代后,民间神灵信仰情结又复活起来。由于原有的信仰场所被拆毁,于2005年,村民自费修建4间房屋,逢初一、月半及观音娘娘生日进行祭祀。

庵,与寺同为佛教活动场所(一般庵为尼地,寺为僧地),指女子出家修行之地。

庙,通常为供祭祀祖先的屋宇,又称"领魂"之场所;亦是乡绅、富户的家庙(即宗祠),让子孙家祭;还是用作供奉圣人和贤达的场所。

二、时令习俗

一年四季,村民历来有逢时过节的习俗,大都以祭祀祖先、敬拜神灵、眷属团聚、吃喝玩乐为主。

春节

农历正月初一为岁朝,有晨起开门放爆仗之俗,俗称"开门爆仗",象征高升并贺新年到来。家家挂神轴、设香案,以祈新年安乐。小孩起床向尊长拜年。阖家早餐吃糖年糕、糯米小圆子,象征阖家团圆、甜蜜。是日,不讨账、不借贷、不汲井、不扫地、不动刀具和不说不吉利话。善男信女到寺庙进香。中华人民共和国成立后,各单位开展团拜活动,慰问老干部、劳动模范等,还组织舞龙、舞狮和戏曲演出等活动。

接路头

正月初五为路头神生日。商家设牲醴,供神像,以争先为利市,称作接路头。是日即可远出经商办事。

元宵节

正月十五,又称上元节。是日晚,高挂彩灯,家家吃元宵。元宵节前正月十三上灯,十八落灯,故元宵节前后又称灯节。吃元宵、舞龙灯、观灯,敲锣打鼓放爆仗,俗称"闹元宵"。中华人民共和国成立后,此俗简化。

清明节

公历4月4日或5日,民间有请祖宗吃饭,即上坟、扫墓习俗。上坟时,坟头摆鲫鱼、蛋、青团等供品。隔日为寒食节,要在坟上挂一串白纸,俗称"挂墓"。中华人民共和国成立后,上坟都称扫墓,供品以水果、糕点为多。机关、学校则组织员工、学生祭扫烈士墓。

立夏节

立夏日用秤称人体重,幼儿身挂咸鸭蛋,祈求从"关口"滚过,平安无事。

新媳妇娘家有送夏衣、草席的习俗。

端午节

农历五月初五，有包粽子、吃粽子等习俗。每户屋檐、门前挂菖蒲、艾草、蒜头，以驱邪避瘟。有人用雄黄在小孩额头写一"王"字，以示驱虫解毒。小孩多穿黄色虎衣，着虎头鞋，打扮似虎，可免邪鬼欺侮。

中元节

农历七月十五，称鬼节。在家中祭祖，忌走亲访友。旧时农家用粉团、瓜、菜置于田岸交叉口祭祀田神，称"斋田头"，祈求年年丰收。

人缘节

农历七月三十，亦称地藏王生日。是夜，家家门口烧香。相传为纪念元末农民起义领袖张士诚。张乳名"九四"，吴语"九四"与"狗屎"谐音，故烧"九四"香讹作烧"狗屎"香。有"烧了九四香，人缘好"之说。

中秋节

农历八月十五，俗称八月半。有吃月饼、糖芋艿、团子习俗。是夜，家家用红菱、鲜藕、柿子、石榴、白果、栗子、糖芋艿和月饼作供品，焚香点烛斋月宫，边赏月，边吃月饼。

重阳节

农历九月初九，古称九为阳数，九九谓重阳，故称重阳节。有吃重阳糕、饮重阳酒、赏秋菊、登高习俗，以冀健康长寿。今被定为敬老节。

冬至

公历12月21日或22日，素有"冬至大如年"之说。冬至前一日称"冬至夜"，全家团聚吃冬至团，有俗称"吃过冬至团，年长一岁"之说。旧时，有"有铜钿人家吃一夜，无铜钿人家冻一夜"的说法。

廿四夜

农历十二月二十四，家家户户送灶神，备各色果品、香烛，待天断黑后焚烧灶神。焚烧时用糖涂于灶神嘴上，祈求灶神上天向玉皇大帝说人间好话。

除夕

农历十二月最后一天，俗称大年夜。供饭菜祭祀祖先。家家团圆欢聚一堂，吃年夜饭。菜肴必备菠菜、黄豆芽、百叶、青菜，以讨来年有巴望、百岁如意等口彩。盛饭时碗里要藏荸荠，吃前夹出，称掘元宝。碗里要留剩饭，称有吃有剩。吃鱼不能吃光，寓意为年年有余。长辈用红纸封钱给孩子，称"压岁钱"，嘱咐睡时放于枕下，以喻来年平安无事。将吃剩的饭盛进饭箩，称"万年粮"，插上柏、冬青树枝和一杆秤，以喻年年有饭吃，称心如意。家人都围坐守岁。现今，大多数人家都看中央电视台《春节联欢晚会》守岁。

三、礼仪习俗

村民在诞生、婚姻和丧葬等事项中，都要举行一定的仪式和礼节。往日有"三风光，两不见"之说。"三风光"指一个人一生中满月剃头、结婚、丧葬的三次礼仪，办得比较显眼。"两不见"是说除结婚外，满月剃头时还不懂事，而死后丧葬礼仪再风光自己也看不到。尽管如此，人生礼仪仍代代相传，民间有各种事象。

生育

催生　旧时，婚后新娘临产，娘家要为小孩做好四季小衣服、鞋帽、尿布等，用包袱包好，打了结连同苦草（益母草）、红糖、桂圆、陈米送到女婿家，这叫送催生包。岳母在女婿家不能坐，也不打招呼，直奔女儿床前，把催生包往床上一扔了事。这可使产妇快生顺养。包袱结朝上兆生男，向下兆生女。

分娩　旧时产妇临产，婆婆要到寺庙烧香拜佛，祈求生养顺利，喜得贵子。生育都在家里。接生的人，称为"老娘"，胎盘俗称"衣包"，被认为是孩子的命根子，处理十分慎重。埋衣包一般不给外人看见。现在孕妇都到医院分娩，旧时接生习俗已不复存在了。

开奶　给婴儿喂第一顿奶称"开奶"，一般在婴儿诞生隔天后。开奶必须吃同村或邻居产妇的奶，然后吃自己母亲的奶。开奶前，要给婴儿吃大黄、黄连煎的汤，滋味很苦，有消炎解毒作用，寓"吃得苦中苦，方为人上人"之意。

瞟舍姆　产妇产后身体十分虚弱，不能下地，不能被风吹，手脚不能入冷水，不能受气。亲戚好友备了鱼、肉、鸡蛋等物及布料、绒线前来探望，俗称"瞟舍姆"。亲朋好友回家要还礼，一般还水面或挂面、红蛋、猪肉，其中红蛋五个，寓意为五子登科。

满月　婴儿满一个月可以剃头。但农历正月里不给孩子剃头，因"正"和"蒸"同音，正月剃头孩子要成为"蒸笼头"，一动要出汗。六月天最热，称"毒月"，小孩不能剃头。十二月是腊月，不能剃头，怕将来要变成"癞痢头"。剃头由外婆抱了孩子坐在中堂，将理发师请到家中。小孩头发不能剃光，剃下的胎发称血发，将红线扎好，挂在床上，据说可以压邪。剃头后，亲朋好友争相抱婴孩。随后撑伞抱婴孩到村上走走，说是以后可以不怕陌生。此俗至今延续。

百日　婴儿满一百天，亲属团聚庆贺，称"贺百日"。在婴儿额心盖一红印，拍张照片，以百日照作纪念。

周岁　又称"纪岁"。是日，供香案，吃生日面，谓纪岁面。祖父母、外祖父母、舅父母等长辈送孩子衣帽、玩具等，以示祝贺。

上学　旧时，小孩上学，由娘舅挑两盘团子、粽子和红糖送外甥上学。先将红糖冲泡成糖汤，俗称"和气汤"，与团子、粽子分发给在校老师和同学，以喻同学间和和气气。此俗已消失。中华人民共和国成立后，外甥上学，由娘舅买书包、文具用品等。孩子考上重点中学、大学，家里办酒，称状元酒，请同学、老师及亲戚吃状元酒。此俗沿袭至今。

缠头发　旧时，女孩满13岁都办缠头发酒，宴请亲朋好友，亲戚朋友都要送礼。实行计划生育政策后，不分男女，年满13岁都办缠头发酒。送来的礼品都为金银首饰之类。

婚嫁

订婚　旧时，男方向女方提亲先由媒人说合。女方将生辰八字告诉媒人，谓出帖。男方得帖三天内，家中没有发生鸡死、猪病、蛇出没等异常情况则视为太平，即请算命先生排八字、算命宫，称合婚，俗呼"占帖头"。合者称"占应"。不占应者，将庚帖退还。占应后一段时间双方均无异议，就择日传红，古称"纳吉"，即男方将礼帖、媒人帖、传红喜帖等装进用红布包裹的拜盒，外加中系红绒绳的两匹青色土布以及茶叶、钱等，表示喜（系）线联姻，送至女家。接着"担小盘"定亲，男家向女家下聘礼，邀亲朋喝受盘酒。之后，男女互相走动，男上女家称"毛脚女婿"，女称"毛脚媳妇"。

婚嫁　结婚，要"担大盘"，谓之行聘。男方定婚期，通知女方。婚日大喜三天。第一日称"开时"，亦叫"开厨"，请厨师、帮工备酒水菜肴，俗称"落桌"。第二日晚，摆开厨酒，宴请近亲、帮工、厨师、喜房先生等。第三日宴席称"和合席"，床上铺两条新棉被，男方舅家送糕团，再放上扁担、两根甘蔗、两杆秤、一扎（16根）稻草，以喻婚后称心如意，家业兴旺节节高，生活甜甜蜜蜜。女方嫁妆必备两条被子，称"和合被"，用彩带捆扎，称"绿索子"，讨禄星送子的口彩；被子里放两只红蛋、两枚铜钿、两块红糕，喻"代代双全代代高"。两只马桶，称"子孙桶"，桶里放五只红蛋，有五子登科之寓。其他有抽屉台、提桶、面盆、脚炉等嫁妆，搬至行嫁船上，搬嫁妆的叫"行官"。下午3时左右，男方开始娶亲，习以堂船迎娶，俗称"讨新娘娘"。堂船上有花轿、鼓乐队，船头放一只火盆，即旺盆，后艄置两根青竹，喻"常青常乐"。堂船行到女家村头，须回摇几次，俗称"摇出水"，也叫"认河滩"。直到女方有人招呼才歇船。新娘哭哭啼啼被娘舅抱上花轿，男方发"抱囡钱"后抬上船。女家主人将一对公母鸡用红布拴在船头，称"扑扑长"。船至男方家，放炮仗、点三灯火旺（用稻草扎成 3 捆草），男方主人提一对桶，内各插甘蔗 1 根，在船头各舀半桶水，带回屋倒入水缸，俗称"抢水"，喻有财有势，吃用不尽。新郎父母请女方客人上岸入室。司仪高颂吉言贺词，引新郎新娘登堂拜天地、拜高堂、夫妻对拜，拜堂毕入洞房。地上铺麻袋至新房门口，新人走过，称"传代"。入洞房后，还有坐床、喝交杯酒、撒帐、挑方巾、闹新房、撒金钱等风俗。婚后第二天，新娘母亲领女家亲戚长辈赴男家望囡，男方设宴款待。婚后第三天新娘拜见公婆，请安，共进早餐吃糖团子，以喻团团圆圆。然后，夫妻回娘家，称"双回门"，娘家亦办酒席招待，叫作"三朝"。旧时，结婚未满月的新娘子，不可走亲串邻。男到女家称"入赘"，俗称"招女婿"。赘婿改从妻家姓，儿女也随妻家姓。

彩礼　20 世纪 50~60 年代，彩礼是几件衣服、几段布料、几盒喜糖、几百元现金和一块手表，嫁妆也较为简单。"文化大革命"期间，破"四旧"，大队组织集体婚礼，赠新婚夫妇"土大"（畚箕，运土工具）、扁担、镰刀、铧锹等生产工具。20 世纪 70 年代，彩礼一般几千元，外加两三件金银首饰；嫁妆大多是大橱、梳妆台、五斗橱、缝纫机、手表、台钟。20 世纪 80 年代，彩礼两三万元，黄金首饰几件；嫁妆一般有电视机、洗衣机、缝纫机、自行车或摩托车。20世纪 90 年代，彩礼一般五六万元，除黄金首饰，还有珠宝等饰品；嫁妆多为彩电、冰箱、洗衣机、摩托车、电瓶车、空调等。21 世纪初，农村婚嫁保留开厨、吃酒水、望囡等习俗，多数到饭店包桌。娶亲多用轿车，少则几辆，多则十几辆，新郎新娘到旅游景点拍摄录像。

丧葬

送终　先人弥留之际，亲人日夜守护病榻旁，至咽气，点烛引路，跪送举哀，旧称"送终"。由儿女或请帮工给死者揩身、梳头、称"浴尸"。给死者穿衣为单数，以三腰（裤子）、五领（衣服）为多，衣服有扣无纽，均由女儿购买或缝制。遗体停于中堂西侧，头顶朝南，脚套笆斗，口含银子，脸盖黄纸，称"停灵"。头旁点油盏，称"幽明灯"。家人披麻戴孝，号啕而跪。当晚，亲友陪夜，请僧道做法事，为死者超度。凌晨，丧家派人通知亲戚，称"报丧"。亲友吊唁，死者家属将白布、黑袖套、孝衣掷于地，由吊唁者自取穿戴，然后出丧礼。丧家备丧筵，必有豆腐，称"豆腐饭"。

出殡　旧时为土葬，死者睡棺材入土。出殡时，烧其衣帽，路边点烛烧纸，谓"送亡者上路"。再将死者床上帐子连竿抛于屋顶，出殡后方可取下，叫"撤帐"。子孙戴孝冠，孝冠用柴草辫圈扎而成，帽顶三根谓三梁冠，两根、一根依次谓二梁冠、一梁冠。死者之子戴三梁冠，子孙或曾孙戴二梁冠、一梁冠。出殡归来称"回丧"，在中堂西角处设台供牌位，上香案座台，挂遗像和挽联。台角上置一盏长明灯，称"七灯"，至"终七"止。儿在家不出门、不接客、不应酬，称"守孝"，短则至终七，长则三年，以示为孝。亡者至第五个七天，称"五七"，为招魂日，子女喊名招魂，亦称喊"五七"。亡者至第七个七天，称"断七"，也叫"收七"，这天可撤座台，焚烧牌位，俗称"掀座台"，家人除孝。

火葬　中华人民共和国成立后，提倡移风易俗，丧葬从简。20世纪60年代，土葬改火葬，废除僧道法师，简化丧事。90年代前后，僧道法师等丧葬旧俗多有恢复。丧期豆腐饭改宴席，"五七"摆宴席。骨灰盒落葬公墓或放置安息堂，一般选择清明或大寒腊月底。

第五节　方言　俗语　歌谣

一、方言

伲（我们）

努、吾（我）

倷笃（你们）

倷（你）

俚督（他们）

俚（他、她）

啥人（谁）

啥格（什么）

葛搭（那边）

该搭（这里）

落搭（哪里）

莫姥姥（很多）

推板（低劣）

乐脉（快乐）

适意（舒服）

猛门（蛮不讲理）

登样（体貌出众）

险介伙（好险）

吃瘪（受挫、失利）

鹅抢鸭嘴（七嘴八舌）

讲斤头（谈条件）

度死日（敷衍）

拖身体（怀孕）

吃豆腐（调戏）

好日（结婚）

塌冷（死亡）

搞七廿三（胡来、乱来）

勿着杠（不落实）

做人家（节俭）

家生（工具）

稀牙（炫耀）

桥轧（不顺利）

别苗头（比高低）

白相（玩）

拜姆道里（妯娌）

昨热子搭（昨天）

上昼（上午）

下昼（下午）

昼心头里（中午）

大老倌（兄长）

大大（哥哥）

伲子（儿子）

囡五（女儿）

颗浪头（头）

手节头（手指）

脚馒头（膝盖）

嬷嬷（年长其父亲的姑母）

娘娘（年小其父亲的姑母）

慢爷（继父）

私囡（私生子）

舍姆娘（产妇）

穿绷（败露）

弄松（捉弄）

难为（浪费）

出松（溜走）

过人（传染）

壳张（准备）

舒齐（结束）

钝乱（赌气）

二、俗语

（一）俚语

跌不煞的鳖（死不死，活不活）。

船怕一条缝，（鱼）池怕一个洞。

淹没旱田不发愁，还能糊衬拆布头。

网杆网杆，网一干镬子也要干。

鱼有鱼路，虾有虾道。

栲栳大的水花，捞起一只糠虾。

鱼尾巴滑溻溻，勿捉眼热煞，捉仔活急煞。

叫花子吃死蟹，稳拿。

螺蛳壳里做道场，转不开。

头鲜鲜，尾巴厌。

江北人摇船，没得路（橹）。

风大一半，雨落全无（鱼）。

橹板划碎水面，只好度张嘴边。

田里盘田里，流泪哭啼啼。

黄连树下做车盘，滴溜溜地苦。

嫁女嫁过三顶桥。

太湖里勿死，死勒阴沟里。

东家娘娘小菜放在橱里，长工力气生在皮里。

满碗饭好吃，满口话难说。

爷有娘有不及自有，家主婆有也要立勒房门口转三转。

虱多勿痒，债多勿愁。

大勿算，小牵钻。

瓶口扎得紧，人口守不住。

吃一趟亏，学一趟乖。

急惊风碰着慢郎中。

白脚花狸猫，吃仔就要逃。

大懒差小懒，小懒差门槛。

送佛送到西天，摆渡摆到江边。

死仔杀猪屠，勿吃带毛猪头。

棒头上出孝子，筷头上出忤逆。

金窠银窠，不及屋里狗窠。

嘴里说出糖来，腰里拔出刀来。

牛吃稻柴鸭吃谷，各人头上自有福。

宁跟讨饭的娘，勿跟做官的爷。

黄毛丫头十八变，临时上轿变三变。

好煞外头人，恶煞自家人。

（二）农事谚语

黄梅水勿发，田里作物勿发。

六月勿热，五谷勿结。

头莳勿抢，二莳勿让，三莳难插秧。

立春勿压泥，雨水清沟系。

惊蛰见雷响，春分麦青头。

清明忙备耕，谷雨翻肥塘。

立夏育秧苗，小满动三车。

芒种麦登场，夏至忙插秧。

小暑重施肥，大暑连耘稻。

立秋不动稻，处暑不扒泥。

白露稻发病，秋分穗抽齐。

寒露无青稻，霜降一齐倒。

立冬麦寸长，小雪油菜栽。

大雪积肥多，冬至罱腊肥。

小寒压麦泥，大寒敲麦根。

（三）渔事谚语

春后勿放种，涨水不断人，高温勿投饲；

白露勿加食，浮头勿捉鱼，下雪勿动网。

鱼苗难过扬花期，草鱼难过七月半（农历）；

青鱼难过白露汛，一龄鱼难过赤豆汛。

三、歌谣

一条条粉青沉水底

一条条粉青沉水底，

游来游去吃螺蛳，

情妹坐勒鱼塘边，

不为情郎勿会看仔细。

新打木船翘起艄

新打木船翘起艄，

东板桥摇到西板桥，

只为妹妹望一眼，

哪怕哥哥扭断橹绷绳一条。

三条草鱼六个鳃

三条草鱼六个鳃，

要听故事聚拢来，

小妹爱听张生跳东墙，

大哥爱听莺莺偷把西厢门来开。

对门阿姐糊布衬

对门阿姐糊布衬，

四角方方一层层，

做双鞋垫送拨心上人，

一番情意好作证。

一年四季无饭米

正月借债籴来米，

二、三月红花草当饭米，

四、五月菜苋蚕豆粥，

六月麸皮团子糊涂面，

七、八月南瓜山芋当顿吃，

九月刚吃新籼米，

十月缴租忙过秤，

十一月还债用米抵，
撸撸刮刮不满斗，
十二月过年老老面皮去借米。

世道吃人大口咽

一世长工呒出头，
二呒房子半分田，
三顿薄粥勿连牵，
四季衣衫勿周全，
五更下田忙勿停，
六亲无靠苦黄连，
七件开门无着落，
八折七扣少工钿，
九分饿煞一分活，
十（实）在世道吃人大口咽。

第十章 杂记 集文

本章杂记、集文所涉及有关内容，包括真人真事的纪实、流传于民间的故事和传说，以及搜集到的有关张庄的文章（通讯、报道等），用于对前面章节的补充和印证，供作参考。

第一节 杂记

一、张庄为何无张姓人氏

张庄，这个地方跟别的村落一样平常。通常来说，张，是因为庄上大都姓张。称作庄，便是这里两三家，那里两三家，一出门远远可以看到，走起来倒要好些辰光。

这张庄可例外，翻遍村里常住的两千三百余人姓氏的记载，除婚嫁迁入外，历古至今几乎无一个土生土长的张姓人氏，这是怎么一回事呢？

相传元至正年间，苏北盐民张士诚因不满盐司欺压，率十七弟兄造反，不几年工夫自苏北一路杀至平江（今苏州），自封吴王。张姓族人来张庄住下后，深知张士诚的为人处世哲学，只能与其共苦而不能与其共甘，纷纷离他而去，来到城外，找一处水草丰茂、土地肥沃之地，挖池养鱼，垦田种稻。后来又闻知城内严禁百姓平时"讲张"（苏州方言，即闲聊空谈），这"讲张"犯了张士诚姓氏的忌讳，弄不好便遭砍头。为防杀身之祸，居住在张庄的张姓族人或隐姓埋名，或凡事不许讲"张"，从此不见了张姓人氏的影踪。这是一种传说。

另一种传说是这样。朱元璋打败张士诚后，为肃清吴王部下，凡是抓捕到张姓兵卒或族人一律满门抄斩。当时有一部分留在城外养鱼、种田的张姓人氏，得知吴王自缢后，唯恐株连九族，为躲避朱元璋派兵对其追杀，举家四散外逃，远走他乡。自此，张庄再也找不见一个在此居住的张姓人氏了。　　　　（韩文明搜集整理）

二、带"龙"的名字

在张庄一带，有好多名字带"龙"，比如青龙桥、龙道浜、龙树、龙湾里。

为啥有这么多带"龙"的名字呢?

传说在很久以前,张庄一带常年遭受水灾,一片汪洋,养的鱼逃走,栽的稻淹死,百姓逃荒讨饭,一个个出走。

天上有条小青龙知道后,便瞒着老龙王叩开天门,来到这里。每遇天降大雨,河水泛滥,那小青龙马上会把水"呼"出去,不让方圆几十里受灾,帮助百姓年年获得好收成。却不料,黄埭塘住着一只作恶多端的老乌龟,兴风作浪,不时使塘里的水涨上几尺高。有一日,眼看黄埭塘水要漫上两岸,幸亏小青龙赶来把水"呼"出去,顿时风平浪静,安然无恙。百姓们非常感谢这条小青龙,就在岸边上点燃香烛,叩头跪拜。

有一天,张庄一位长者说,那条小青龙托梦给他,为了保障当地百姓年年风调雨顺,便决定留在这里,不想上天庭了。哪知老乌龟听说后,恨得直咬牙,带着龟子龟孙向目的地游来,一心想把小青龙赶出去。

众龟孙游进小青龙藏身的水中,奇怪,发觉四爪有绊,越来越游不动,一番激烈挣扎,忽然从水底升起一口罗网,一伙龟孙全都被装入网中。原来当地土地神听说善良正义的小青龙要留在当地,造福百姓,深受感动,想到老乌龟有朝一日会来侵犯,他在小青龙藏身的地方预先撒下罗网,竟把它们一个不漏地活捉了。

老乌龟被除掉以后,张庄一带的百姓平安无事。后来小青龙被招上天去了,百姓们为了纪念他,不少地名都带"龙",叫着叫着便一直保留下来。

(金波搜集整理)

三、参加伏击吴县保卫队

民国 34 年(1945)7 月某日傍晚,黄土桥区武工队在队长李觉带领下,于蠡口附近设下埋伏,缴获吴县保安队车辆,并俘虏中队长以下 7 人,缴获短枪 7 支。伏击前两日,区武工队员住在张庄沈巷村民家中。参加伏击的张庄武工队员有沈伯林、秦邋遢(绰号)、秦大夯、吴小男、陆云根、秦大夯弟、姚金寿、汤根良等人。

四、异地助同乡

1956 年 3 月的一天,张庄后浜人陆大呆带着行李正走出上海火车站,他是离家乘车赴青浦附近养鱼的。刚走过车站候车室门口,忽见有个中年妇女哭个不停。他好奇地走上前去一问,听口音是家乡黄桥人。那女的告诉他,因今日乘火车的钱被人偷去,无法回家。眼看已是中午时分,陆大呆感觉虽跟那女人素不相识,可对她说话时的啜泣不能无动于衷。他又询问她关于回去的一些事,她说有个弟弟张祥宝,在黄桥街上开药店,陆大呆便从口袋里摸出些钱,交给那女人。

她再三道谢乘火车回到了家里。日后，张祥宝知道此事后，代他姐姐到张庄找到陆大呆表示谢意，并归还给的钱。

五、沧张水产品商店

1985 年 11 月，苏州凤凰街上出现了一家活鱼商店，这是张庄村在此开设的一爿"沧张水产品商店"。每天早上 5 时，就有好多人排队买鱼。这里的鱼鲜灵活跳，价格又便宜，吸引了一批又一批购买者。

1985 年，张庄村鱼产量约 52 万公斤，青、草、鲤、鳊、鲫、鳙鱼各种鱼类俱全，除少量鱼种外，百分之八九十作为商品销售市场。昔日，苏州一带内塘鱼池都是春放冬捕鱼，每年 3~9 月是鲜鱼供应淡季，市场上水产品稀少，甚至花、白鲢鱼亦十分抢手。但到冬季，水产品上市过分集中，造成季节性过剩，即使出售也卖不到好价钱。城乡人民希望一年四季有鱼吃，面对这一矛盾，张庄的养鱼人看准市场动向，改以产定销为以销定产，由春放冬捕改为春放养四季捕捞。当年国庆节前后，张庄养鱼人将 15 万斤左右的花、白鲢鱼起捕上市，既满足市场需要，又取得经济效益。就这样，张庄人既念养鱼经，又念生意经，在此开店亮出这块招牌。经营 7 年后，于 1992 年春关闭。

六、跳寒水救少年

2012 年 2 月的一天，位于富元路上的帝商服饰有限公司，来了一个叫程宏坤的外地人，他给公司员工胡根泉（当年 63 岁，居住张庄村一区）送来一面锦旗，上面绣着"见义勇为　舍己救人"八个大字。

原来 2 月 2 日这一天，因北方冷空气南下，天寒地冻，气温零下 4 摄氏度。上午 8 时，胡根泉跟平时一样骑车去公司上班。途经黄埭塘东（原张庄村 100 亩塘地段）的开阔水域处，看见那里围满了人，一个落水少年穿着羽绒服正浮在冰冷的水中，哇哇直喊"救命，救命！"眼看大半个身子沉下水去了，胡根泉毫不犹豫脱下衣裤，奋勇跳入水中，很快把那个少年救上岸来。这个落水少年是个初中学生，只有 14 岁，因上学赶路不慎跌入水中，

感谢胡根泉的锦旗

正好遇上这位"救命恩人"。胡根泉救起少年，浑身冻得发抖，见有人把少年护送回家，穿好衣裤，也没留下姓名就赶去公司了。

事后，落水少年的父亲程宏坤打听到这是胡根泉做的好事，特地制成一面锦旗，决定向他表示谢意，便送到公司里来了。

为了表彰胡根泉这种见义勇为、敢跳寒水救人的精神，年终时公司领导给予他嘉奖1次，还发了奖金。

七、张庄村之最

1961年3月，张庄大队布衬厂为当地第一个队办企业。

1962年，陈家湾生产队陈鹤皋于江苏师范学院（现苏州大学）毕业，为当地第一个大学生。

1964年，吴家生产队薛菊根拥有张庄第一台上海产红灯牌收音机。

1971年，张庄大队文艺宣传队排演全场京剧《红灯记》，为黄桥公社各大队宣传队公开演出的第一台戏。

1972年12月，张庄大队成为吴县第一个鱼池改造的大队。

1974年，吴家生产队薛菊根拥有张庄大队第一台上海产20英寸星火牌黑白电视机。

1976年，沈巷生产队沈长根拥有张庄大队第一辆上海产凤凰自行车。

1977年，沈巷生产队沈长根拥有张庄大队第一只上海产钻石牌手表。

1984年8月，张庄小学成为吴县第一个实行校长聘任制的小学，聘任沈雪男为张庄完小校长。

1985年，沈巷生产队胡盘根为张庄村购买轿车第一人。

1985年，徐浜生产队沈林生为张庄村购买卡车第一人。

1986年，张庄村成为黄桥乡第一个安装使用程控电话的村。

1987年，张庄村被苏州市供电局评为"吴县第一个用电标准村"。

1987年，朝南生产队杨敖泉拥有张庄村第一台日本进口29英寸松下彩色电视机。

1988年，张庄小学被苏州市教育局评为"吴县第一批农村合格完小"。

1988年，徐浜生产队沈林生为张庄村购买出租轿车第一人。

1993年，北巷生产队沈兴元拥有张庄大队第一部（大哥大）手机。

1994年6月，张庄成立全县第一个省级集团——江苏张庄集团公司。

1996年，张庄村建立吴县市第一个村级联防队。

1998年2月，张庄村被列入"吴县第一批电话村"。

第二节 集文

一、《虎丘山后一渔村》节选

第一章

1983年秋天。

张庄人又迎来了一个金色的秋天，丰收的秋天。

这一年，张庄村和南方许多乡村一样，又一次进行农业生产结构和经济结构的大规模调整，在农业生产的人力、物力、布局上改变原状，重新安排。在粮油种植方面，主要是调整作物布局，从50年代末期开始麦（油）—稻—稻一年三熟制，从这一年起，又改为麦（油）—稻的一年两熟制。同时也调整了劳力的比例，投入粮油种植业的劳动力从占总劳力的30%，调到18%以下，调整出来的劳力，充实渔、工、商其他各业。

这个调整，是形势所迫，更是张庄人积多年的经验教训所致。

解放前张庄很穷，村穷人穷土地穷，穷得连地主富农也不富。张庄村土改时划出来12名地主，大都是些只有三四十亩地的小地主，其中最小的富农，不过20来亩田地。一直到70年代中期，张庄的肉台，一天卖不出30斤肉，张庄的代销店，一天销不足40块钱。小店里其他物品总是供过于求，长期积压，唯有一毛四分钱一斤的猫耳朵萝卜干，经常脱销。萝卜干是张庄人唯一的下饭菜。那时候，张庄人还流传着"嫁女嫁过三顶桥"的说法，东过青龙桥，南过东板桥，西过西板桥，过了三顶桥，走出张庄的地盘，才能脱离穷窝苦海。

张庄穷，可是张庄人不懒。张庄人日脚过得冤枉。汗没少流，做煞；活没少干，苦煞；钱没有多拿，穷煞。张庄苦，可是张庄人不笨，党的十一届三中全会开放了张庄人的思想，发挥了张庄人的聪明才智，张庄人回顾自己走过的冤枉路，终于明白了一个道理：穷穷穷，穷在一个"农"字上。农，原来是农民的饭碗，农民的落脚，农民的根底，农民的希望。可是物极必反，农民把一切卖给了"农"，却反过来被"农"坑苦了，拖穷了。正如张庄人讲的，手脚捆死在"农"字上，思想框死在"农"字上，精力用死在"农"字上，话不落，调不转，不灵了。由于生产上"以粮为纲",尽管全村粮食产量上去了,70年代末期年亩产就超过了2000斤,而人均收入还一直在百元上下徘徊。

张庄人终于明白了。张庄要挣脱出来,卧龙要起身了。

上有中央一号文件掌舵,下有群众撑腰,张庄村的干部打破旧框框,开创新局面,大胆调整,重新安排,拿虽有增产作用,但确实劳民伤财的双季稻开刀。1983年,是大规模调整的一年,大家心里清楚,这一年粮食生产情况,不是一件小事,不仅是当年的成败问题,也不仅是一两个地方的事情。张庄人盼秋天,又怕秋天。有多少人拭目以待,等着看这个秋天。

秋天终于来到了。

一个丰收的秋天。

一丘丘沉甸甸的稻子告诉人们,砍掉双季稻,恢复单季稻,粮食产量可能少一点,可是成本下降了,经济效益提高了,粮食品质改善了,特别是缓和了劳力矛盾,腾出劳力促进其他各业的发展。从长远观点看,还可改善土壤状况,减轻环境污染,促使农业生态向良性循环转化。

这笔账算得上。

张庄人松了一口气。他们想起种100%双季稻的那些年,全村老小披星戴月,累死累活,吃不成一碗安顿饭,睡不成一个囫囵觉,有了孩子的妇女,收工回家照顾孩子吃了饭,自己还没有上口,上工哨子就响了,只能一路上下一路吃,吃到田头,把饭碗一放就干活。那年月,耽误了多少孩子的教育培养,多少学龄孩子因为家长而失去了上学的机会。那年月,糟蹋了多少成人的身体,多少人忙于干活,小病不会看,大病不医。那年月,发生了多少不应该发生的事情,又留下了多少后遗症啊!

付出的是超量的劳动和辛苦,得到的却是贫穷,不公平,那才是一笔不合算的账。

如今张庄人心中有底了,一年的汗水没有白流,一年的心思没有白操。

马上就要开镰收割了,张庄人沉浸在丰收的欢乐之中。

是的,张庄人是欢乐的,可是,张庄人又是烦恼的。张庄人此时此刻的烦恼,甚至超过了他们的欢乐。他们心乱如麻,坐卧不安,茫然不知所措。

黄昏,夕阳把它最后的光辉无私地撒向大地。成熟的稻谷披着金色的外衣,装点着张庄富饶的土地。

张庄村排排幢幢农民新的烟囱里,冒出了一缕缕白烟,袅袅飘向天边,随着白烟的消散,天色暗下来。

在吃夜饭的时候,有个人,却走出了家门,走向那连成一片的稻田,在笔直的田埂上，慢慢地踱着，脚步十分沉重，心情十二分沉重。

他，就是张庄村党支部书记姚根林。

姚根林面对夕阳落下的方向，放眼望去，千亩丰收的粮田，如奔腾的海浪向他涌来，他那结实的身体晃动了一下，此时此刻，在姚根林的心中，正接受着一股更强大的冲击波的撞击，冲得他几乎有点站不稳了。姚根林的脚跟一直是很稳的，风吹雨打 30 多年，炼成了他一副钢筋铁骨。可是这一次，他却明显地感受到那股冲击波的不可抵御的力量。

党的十一届三中全会以后，联产承包责任制，如一股强大的冲击波，席卷全国各地。

中国农民是稳妥的，小心翼翼的，这是几千年历史造成的。试探性大组联产承包的成功与不足，过渡性小组联产承包的甜味和酸味，终于最强烈地刺激了中国农民几乎麻木了的中枢神经。冲击波日甚一日，气势磅礴，一向随遇而安、抱残守缺的中国农民热血沸腾了，家庭联产承包，如雨后春笋，遍布了中国农村，贫困地区率先干起来，经济发达地区紧跟着干起来。谁说这只是解决农民温饱的权宜之计，这分明是中国农村经济发展的必由之路；谁说这是历史倒退的悲剧，这分明是时代进步的趋势；谁说这样的决策会导致一场巨大的混乱，可是人们分明看到了出乎意料的效益。

江苏的家庭联产承包起源于苏北。苏北贫穷、落后，穷则思变，苏北要轰轰烈烈地变一变了。冲击波冲过长江，冲向江南，冲向苏州，却在苏州撞了南墙，打了顿。苏州顶住了。可是并没有坚持很久，苏州起劲了，无锡、江阴也起劲了，冲击波连续扩散，冲向苏州地区各县，又一次撞了南墙，吴县顶住了。

上面放，下面望，中间有个顶门杠。县委领导在县乡村三级干部 2000 人大会上说，我们就是要做顶门杠。顶门杠也有顶门杠的道理。

同苏北贫困地区相比，吴县富。近几年来，吴县的商品经济全面发展，粮食、水产、花果的总产量在全省都名列前茅。乡村工业蓬勃兴起，丝绸产品远销 20 多个国家和地区，在国际上享有盛誉。吴县不搞家庭联产承包，照样能富，照样能比过苏北，比过全国绝大部分地方。顶门杠应该顶住，冲击波应该挡住。

可是，时代的潮流却是阻挡不住的，历史的车轮是难以逆转的，人们的愿望是不可违背的。人心思富，合情合理，穷则思富，富则思更富，何况，那时五六百元的人均分配水平也仅是解决温饱的水平而已，根本算不上富，那种比上不足、比下有余的中国阿 Q 式精神，应该被时代淘汰了。

吴县终于也没有能顶住。到了 1982 年年底，全县 38 个乡镇的 800 多个村，村村实行了家庭联产承包责任制。

不！还有一个地方顶着，真可谓中流砥柱。

这个村，就是全国有名的农业学大寨先进单位，吴县黄桥乡张庄村。

"什么时候'解放台湾'？"

人们和张庄村的干部开玩笑。

张庄村真像台湾一样引人瞩目了。像台湾一样孤独，又像台湾一样最被大家关心牵挂。

"谁都顶不住，只有你们姚书记，'一统天下'。"

人们同张庄村的群众说笑话。

是的，在张庄，姚根林确实有"一统天下"的"绝对权威"，他要办点事，一定得办，他不准办，谁也没法办。

姚根林的压力不小啊，姚根林的责任不轻啊，姚根林的日子不好过啊！

你从20岁开始就做干部，做了三十几年，没有犯过大错误，这一次可不要跌个大跟头啊！老伴十分担心。

姚根林1949年中秋节担任村里的行政组长的时候，刚刚20岁，从行政组长到互助组组长，互助组组长到初级社社长、高级社社长，人民公社以后担任大队长，后来任大队副书记、书记，一个典型的农村干部的经历。当干部不容易，当农村干部不容易，要当好一个农村干部更不容易。姚根林风风雨雨这许多年，承受过各种压力，经历过各种波折，遇到过各种艰辛，闯渡过各种难关，却从来没有像今天这样心慌意乱，难道真像老伴说的，要犯大错误么？

大家都分了，就你一个人不肯分。大家都说你是极"左"。你这是吃力不讨好，到底为了什么？子女不满意他，不理解他。

姚根林吃过"左"的苦头，自然也执行过"左"的路线。可是他懂得，"左"就是穷，"左"了穷，穷了"左"，越穷越"左"，越"左"越穷，"左"的准穷，穷了准"左"，形成恶性循环。他是绝对不会再让"左"来坑害张庄人的。可是他顶着历史的冲击波，就是不肯分田，究竟是为什么呢？

此时此刻，姚根林心里乱糟糟的，他需要好好地理一理清楚。

晚风吹拂，送来稻浪的"沙沙"声，也传来相邻各村的嘈杂声。

分田了！欢畅的声音。分田了？疑虑的声音。分田了，担忧的声音。是的，分田了，何止分田分地，还分鱼池水面，分农机农船，分耕牛猪羊，分种子化肥，有的地方甚至连集体的仓库、队部也拆了房子分砖分瓦分木头。

姚根林的心抖了一下。和张庄相邻的地方都分了。他去看过，去了不止一次两次，看了不止一个两个地方。他看到了最真实的东西，有许多地方搞了家庭联产承包，群众的积极性变了，干部的责任性差了；有希望的人精神振奋了，没奔头的人情绪萎靡了；农作物的长相好看了，作物布局混乱了；管理得当的家庭生产上去了，管理不当的人家生产下来了。农民的心齐了，人人向钱看；农民的心散了，个个向钱看。一对对一组组的矛盾，把局外人姚根林的心搅乱了。

他继续在张庄的土地上徘徊。他脚下是一片肥得流油的土壤。他眼前，是一片规格化的方方正正、整齐划一的田块。这肥沃的土地，是姚根林带着张庄人，用汗水浇出来的。这方正的田块，是姚根林带着张庄人，用肩胛挑出来的。

谁也不会忘记，解放前，张庄人穷地瘦，张庄的农田也和别处不一样，七零八落，七歪八岔，加上地势低洼，三年两头遭水灾，有时一次大水要淹掉百分之七八十的农田。一年大水三年荒，贫雇农饥寒交迫，逃荒要饭自是常事。农田长不出粮食，就等于一丘废物。所以连地主富农也守着贫瘠的土地发愁发慌，勒紧裤带过日子。解放以后，穷田瘦地分给了农民，农民很是高兴了一阵子，满怀信心开始种自己的地了。可是，因为农田质地差，农民家底穷，少资金，缺农具，又由于长期的贫困造成的愚昧，无文化，有了田也管不了，种不熟。所以在解放初期，尽管农民的积极性有所调动，可是当时张庄的粮食单产仍然只有二三百斤，农民的日子仍然是"穷达达"的。后来，人民政府在组织农民走互助合作道路的同时，从资金、农药、肥料、技术等各个方面，扶持农民，帮助农民种好田，张庄的农业生产开始有了转机，到 1957 年，粮食年产增加到 500 多斤。

可是，农田的基本面貌没有得到根本改造，冰冻三尺非一日之寒，张庄的农民还没有力量去改变历史留下的旧迹。自然灾害的威胁始终存在。人为的灾难又降临了。刚刚开始尝到甜头的农民，正准备向更远大的目标进军。一大二公，统一经营，集中生产，破坏了农业生产力，打击了农民的积极性。吃光用光，进集体农庄。农民的自私又被逼出来了，人心涣散了，彻底改变张庄旧面貌的一丝希望又破灭了。1962 年，发大水，张庄 60% 以上的农田被淹，100% 的鱼池淹没。在张庄的土地上，又一次出现了一片汪洋的惨象，天灾人祸，又一次把张庄打垮了。张庄的生产、经济到了崩溃的边缘。

有一年，上级领导曾经有个意图，想把张庄和邻近的大队合并，遭到了邻村干部群众的激烈反对，说这是萝卜烧肉，怕张庄这个穷萝卜，把他们的油水刮光了。

张庄人气啊，张庄人羞啊，张庄人有点自暴自弃、破罐子破摔了。

人民政府及时援助了张庄。1962 年以来，国家在严重困难情况下，拿出 3 万多元钱，帮助张庄修了石坡，保护河堤，张庄的农田在水灾的冲击下不至于毁于一旦。

张庄人毕竟是自尊自重的，张庄人毕竟是有骨气的。不能完全依赖国家，依赖政府，张庄人也有两只手，张庄人要自助自救。

张庄的苦，一大半吃在破烂的农田上，张庄人要变苦为甜，就要彻底改造农田。

20世纪70年代，全国掀起农业学大寨的高潮。

大寨是个什么样的典型，张庄人其实并不很在意。张庄人很实在，讲实惠，讲实事求是，至于大寨人究竟有没有必要花那么大的力气把高山改造成梯田来种水稻，至于挖了高山，填了河流，是不是破坏生态平衡，会造成什么样的恶性循环，等等，许多问题，如果是张庄人，他们也许不会这样做。山就是山，田就是田，水就是水。在学大寨最热烈的时候，有不少地方把鱼池填了改成农田种粮食。张庄人没有干这样的蠢事。山有山的用处，水有水的功能，张庄人不会干那种开山种麦或填河种稻的蠢事。可是，张庄人却又佩服大寨人肩挑手抬的苦干精神，张庄人要学这种精神，张庄人要花大力气把旱涝不保收的农田改造过来。这不是蠢事，这是一种最聪明的事，一件最实惠的事。张庄人对"山河重安排、建设吨粮田"的口号是欢迎的，他们迫切需要重新安排自己的土地。

张庄人干起来了，硬是用一副肩膀一双手搬动了88万土方，其中属于农田改造的36万土方。张庄人平土墩，整田地，填荒潭，开新河，修新路。破陋的农田变样了，贫瘠的土地换装了。千亩粮田变成了南北走向划一，大小规格统一，明沟暗渠配套，路网布局合理，涝能排，旱能灌，渍能降的高标准农田。

张庄人好像是在大寨榜样的鼓舞下干起来的。可是，最终的效果不大一样。张庄的粮食年亩产由改造农田前的千把来斤猛增到2000多斤，翻了一番多。

改造农田，是发展农业生产的重要途径，却不是唯一的途径。农田改造，可以保证农事在旱、涝等自然灾害的情况下，不致颗粒无收，可是要提高粮食产量，要讲究经济效益，要考虑实际利益，还有更多的事要做。

过去，张庄的农业生产不景气，原因之一，就是张庄人缺文化，不懂科学种田、科学管理。

那时候，张庄人经常有这样的顺口溜：

> 一粒小麦两头尖，
>
> 丢在泥里过半年；
>
> 风吹雨打无人管，
>
> 过了清明再下田。

说是无人管，其实是管不好。由于缺肥、水害、病虫等原因，粮食产量一直上不去，当时还有"大麦换小麦"的说法，麦种是优良的，颗颗粒粒大而饱满，可等到长成麦子收起来，大而饱满的麦粒变成了小而干瘪的麦粒。病虫草荒水害，是影响粮食高产的。

老姚还记得，1968年稻飞虱虫害严重，由于当时大家对病虫害的危害认识不足，不够重视，等到稻飞虱虫害大面积蔓延，威胁严重了，才开始用药，可是药水又供应不上，结果，那一年有些地方水稻颗粒无收，张庄也丢失了一大半产量。

不懂科学种田、不讲科学种田的苦头，张庄人吃够了。

张庄人在失败中吸取教训，在失败中摸索经验，70 年代后期，张庄人把科学种田这个任务摆到了重要位置。党的十一届三中全会以后，尊重知识、尊重科学的良好风气回来了，科学技术就是生产力的真理为广大群众所掌握，农民群众终于懂得了，要实现农业现代化，必须采用先进的农业科学技术。广泛采用先进的农业科学技术之时，就是实现农业现代化之日。张庄的干部群众，在农业生产中，开始大力推广和应用科学技术，掀起了科学种田的高潮，取得了显著的成绩。

张庄村的干部和农技人员，以高度的责任心和求实精神，在文化低、基础差、信息相对闭塞的不利条件下，刻苦学习，不断实践，终于摸索出适应于本地农业生产的科学管理方法，并向广大农民群众进行科普宣传，村里利用广播及时播送有关农业上的气候、病虫消息和用肥用药方法，帮助农民群众掌握主动。村俱乐部和农业服务队订阅了 10 余种农业技术、经济指导方面的杂志，购买了几十种书籍，供大家参阅，做到家喻户晓，人人皆知，让每个人都认识科学种田的重要性，使每个人都懂得科学种田的方法。

农业科学技术的效果，是非同小可的，直接关系到经济效益的问题。在农业生产中，采用某项农业技术或不采用某项技术，其结果常常是大不一样的。由于重视了科学种田，重视了科学管理，张庄的粮食生产明显上升。几年来，再也没有出现过由于草荒、水害、病虫等造成大减产的情况。近几年来，稻飞虱仍然是比较猖獗的，但由于他们防得及时，治得彻底，再也用不着担惊受怕了……

姚根林书记陷入了回忆之中，他记不清他为张庄的土地，曾经耗了多少心血。土地平整了，土壤改良了，管理得法了，科学种田上路了。如今，难道真的要分，真的要重新划开，重新恢复零零落落的旧貌么？

有人说，辛辛苦苦三十年，一夜回到解放前。

农民不愿意回到解放前，农民却愿意把田分给他们。

当时宣传合作化的时候，大家都说：

小农经济独木桥，走一步，摇三摇。

小农经济看鸭船，风一吹，转三转。

小农经济茅草屋，雨一打，到处流……

还有许多说法，像山歌一样，大家都会唱。

不能说山歌都是荒唐的，也不能说这些顺口溜全是错误的，可是它们毕竟被历史否定了，历史好像在走"回"字形线路。

夜色很浓了，茫茫的稻海，像要把他吞没似的，挡住了他的脚步，也挡住了他的视线，姚根林觉得，他似乎应该再站高一点，才能看清张庄以外的地方。

老伴来找老姚了。

老姚已经忘记了自己还没有吃晚饭，他终于踏着沉重的脚步回家了。

老伴端上重新热过的饭菜。老姚食之无味。他上火了，嘴角起了燎泡，嗓子也嘶哑了。他太忙，太辛苦，太操心了，做得很多，讲得也很多。

然而，是需要他讲的话，还没有开场呢！

大门前的灯光下，出现了一条人影。

老姚抬头看，是村上一位年近 70 的孤老太太。

老太平时很少出门，无事不登三宝殿，用不着她开口，也用不着她上门，老姚明白老人的心思。全村 2000 人的五花八门的心思，老姚都明白。

可是老姚却说不出话来。

在姚书记准备走出去的时候，大门口又涌进来一批人，来找老姚，向老姚来反映他们的看法，倾诉他们的心声。

老姚以烟茶待之，自己一言不发，听大家讲。

大家都分了，我们不分也不行了，还是分了吧。

——这是随大流的想法，随大流是最稳妥的，是最保险的，也是最讨好的。

为什么一定要跟在人家屁股后面？我们张庄有张庄的具体情况，选择怎样的责任形式，应该根据因地制宜的原则，过去人家填掉池塘种水稻，挖平高山种小麦，我们张庄没有跟在人家后面，我们是有道理的。

——说这话的人，有自己的思想，自己的原则。是的，采取什么样的承包形式，要因地制宜，要从实际出发，根据本村生产力状况，自然、经济条件，经营项目，耕作制度，管理水平等来确定什么样的联产承包责任制最好。随大流当然是最稳妥的，却也是最无作为的。

——分吧分吧，从这几年我们张庄的形势看，搞联产承包责任制是对路子的，是调动了大家的积极性的。

这话有道理，张庄村从大组联产承包到小组联产承包，克服一平二调、"大锅饭"等弊病，是一天一天向上的，不是倒退，是进步。所以，搞家庭联产承包，更能提高大家的积极性、创造性和责任心，更能促进生产的发展。

——"大锅饭"不如"小锅饭"，"小锅饭"不如独吃饭，老姚，分吧。

形势逐渐明朗化，意见逐渐统一了。老姚心里明白，分，大势所趋，分，人心所向，连当初号召做顶门杠的县委领导也来做老姚的思想工作了。

无数双眼睛盯着老姚熬红的眼睛，无数双眼睛盯着老姚干裂的嘴巴，无数双眼睛企图透视老姚的心胸。

老姚终于下定了决心。

分！

张庄村的土地分起来太容易了。

张庄村的土地是规格化的。哪块田有几亩几分，大家心里有底有数。张庄分田的时候，没有像其他村子那样吵吵闹闹不可开交，也不需要一大群干部拿着皮尺，一块田一块田地丈量。张庄村的土地块块都是好样的，并且大小如一，仅仅张庄的地分得太容易了，太轻松了，这反而使张庄人有了一种失落了什么的感觉，心里空荡荡的，怎么这么快就分掉了呢？怎么这么快就分好了呢？

分田了，张庄村总有一阵混乱。

"台湾解放"了，人们又说笑话。

你们姚书记再不能"一统天下"了，人们又开玩笑。

张庄人有了一种失落感。

姚书记却没有失落感，分是势在必行，他想通了，家庭联产承包的优势，他也看到了，可是同时，他没有忘记撑拐杖的孤老太，没有忘记在邻乡邻村看到的一组组一对对矛盾，没有忘记自己应尽的职责。在分的时候，他就想到了"统"，想到了统分结合，他胸有成竹，看上去老姚是失去了"一统天下"，可他又没有失去"一统天下"。他失去的是"大锅饭"的弊端，他得到的是宜分则分、宜统则统、统分结合的新经验。

在分田到户的那些日子里，老姚发挥思想工作的功能，反复向农民群众宣传党的政策，使大家明白，家庭联产承包，并没有改变土地生产资料的集体所有制性质，承包者对土地只有使用权，没有所有权，不能买卖、出租、转让和荒废，并且不能在承包土地上盖房、葬坟、起土等。一句话，土地是承包给大家种植管理的。

正是由于许多生产任务分散到农户承担，所以更需要加强统一领导，统一管理和协调工作，在管理耕地，安排生产计划，推广新技术，组织协作，抗御大的自然灾害，进行农田基本建设及其他许多工作，仍需集体的力量、集体的领导。从干部这方面来讲，实行家庭联产承包责任制之后，从形式上看，干部每天喊工派活、催耕催种的日常事务确实减少了，但面对一家一户工作的要求更高了，内容更细了。

在反复宣传，帮助干部群众提高认识的基础上，他向干部提出了新的要求，分了地担子不是轻了，而是更重了。他向全村宣布了六个"统一"，服务到户的工作任务，村里组织起农业服务队，由村里统一对农户负责。

统一作物布局。全村 633 块 866 亩稻田，按圩区统一布局，连片种植，既便于灌溉和田间管理，又便于推广科学技术措施。村里农业服务站里挂着两张图。一张是全村四个耕作区 570 家农户 633 块田的示意图，标明每块田的户主姓名、面积和当季作物品种；另一张是各项技术措施落实图，记载着各项关键措施落实进度。这两张图使全站人员对全村的作物布局、生长情况以至措施落实的进度都了如指掌，便于指导和督促农户把各项增产措施落实到实处。

统一留种供秧。全村的三麦种子由农业服务站确定留种田，成熟前踏田估产，再由服务站统一精选、收割、脱粒和保管，秋播时按布局要求统一供种，农户自己不留种。水稻种子由农业服务站直接耕种管理种子田，收获后留作种子，然后统一育秧供秧，分户移栽，既保证了种子、秧苗质量，又节约了种子、劳力和管水费用，提高了经济效益。

统一机耕作业。全村大中型农具统一由服务站管理，负责机耕和脱粒，机耕手按质论亩计酬，多劳多得。农户脱粒均由服务站统一安排在集体场地，轮流使用集体脱粒机，场头组织专人值班，昼夜不断人，既保证安全用电，又做到及时脱粒。

统一水浆管理。全村一座机房，5 台流动水泵由 11 名管水员负责，实行全年服务，秋熟水稻灌溉工作由服务站全包，夏熟麦菜除田内竖明沟由农户在秋播时一次开好外，每块田的横沟由服务站统一开挖，坚持标准，做到三沟配套排水畅通。

统一防病治虫。大面积叶面防治的稻麦病虫害，由服务站利用 9 台机动弥雾机统一喷药防治。定机、定药、定面积、定质量，坚持检查验收。对于突击性的大水量泼浇防治，则由服务站根据病虫测报情况发布防治通知，按承包农户防治面积供药到户，组织指导群众进行突击防治。

统一肥药供应。全村农药化肥均由服务站统一从供销社进货，及时供应到户，由服务站指导督促，适时施肥；农药均由服务站统一掌握，按防治需要，及时供药，适时防治。

六个"统一"，服务既是优质，又是无偿的。农户要求耕地，拖拉机开来了；农户要灌水，机房电钮一揿就有水了；农户要插秧，服务站统一培育的健壮秧苗送来了；农户要治虫，农技员带了弥雾机赶来了。农户种田除了交纳国家农业税和购买化肥两项费用外，其余包括机耕、灌水、农药、种子的费用和脱粒用电等全部实行无偿服务和无偿供应。这样的好事谁不欢迎？这样的"统一"谁不拥护？

分户管理的积极性调动起来了。

统一服务的优越性发挥出来了。

张庄村的农业生产，无论是三麦、水稻和油菜，都持续高产稳产。邻乡邻村的干部说，搞什么现场，开什么现场会，要看，随便什么时候到张庄去看看就好了；要听，随便什么时候请那个姚书记讲讲就行了。

是的，张庄"解放"是最迟的，但统分结合是搞得最有成效的。

1986年，张庄村的三麦单产超过了700斤，水稻单产超过了1000斤，在全县800多个村中都名列前茅。

1987年2月，参加全国农业现代化试点论证会的领导、专家、学者来张庄参观。请姚书记介绍"六统一"的经验，这位老书记开口就说："我们不叫'六统一'了，因为有的人谈'统'色变，听了'统'字就感冒，所以我们就叫六个服务……"风趣的开场白引起了哄堂大笑。他介绍了强大的经济实力是六个服务的基础，全村乡村企业每年要拿出10多万元来以工补农、以工建农；他介绍了那支安心农业、办事效率高的农业服务队伍，占全村总劳力2%的服务人员，承担了全部农田的大部分服务工作，使98%的劳力腾出来从事工业、渔业、副业和商业。就是没有介绍他组织服务队伍，落实服务措施所花费的精力、耗费的心血。

适度规模经营是农业现代化试点论证会论证的重要课题之一。中央文件明确提出苏南经济发达地区可以积极进行农业适度规模的探索。张庄有了这么好的基础，以"一统天下"出名的姚书记必然会持积极的态度，带头探索想必是顺理成章，没有疑义的。

然而，这个估计错了。姚根林面对那么多的领导、专家和学者提问道："农业适度规模经营，把分户承包的田再集中起来，是讲命令性，还是讲民主性……讲命令性，开个大会，一声令下就会收上来！讲民主性，问问我的意见，问问农民的意见，我们现在不想收，不想并。"

全场鸦雀无声。他把询问的目光转向坐在主席台上的中央书记处农村政策研究室副主任刘堪同志。刘副主任哈哈大笑："当然是讲民主性！谁愿意试探谁就试探。谁不想试探，谁也不好勉强！"接着，他高度赞扬了六个统一服务的经验，意味深长地说："不要把适度规模效益单纯局限于合并土地。六个统一服务就充分体现了适度规模效益。土地适当集中仅是探索，而六个统一服务却是应该大力提倡和积极推广的。"

姚根林高兴了，姚根林笑了。一位专家在论证会上说："农业现代化，适度规模经营，要冷静地分析内在的潜力。分田的时候，群众热，有些领导不太热；并田了，是不是有有些领导热，下面不太热的迹象？"

分田不热的姚书记，为什么并田也不热呢？这似乎不太合乎逻辑。

分田的时候他做了顶门杠，提倡并田了，难道他又在做顶门杠？

笔者无意为顶门杠辩解，也并不反对积极进行农业适度规模的新的探索。实事求是，一切从实际情况出发。姚书记向人们做出的这一解释却收到了很多人的赞扬。

全面实行家庭联产承包制还不到二三个年头，一些同志就在大讲家庭承包的缺陷，大叫分户种田的困难。

草多了，田荒了，拔了麦子当柴烧了……张庄村根本没有这个问题，姚根林看了邻乡邻村不少地方，虽然个别地方出现忽视农业现象，但是荒田、烧麦柴仅是极个别的现象，为什么要扩大这种现象、大叫大嚷呢？

两三年前把分田到户说得花好稻高，积极性有多少高，认真负责精神有多少好，仅仅过了两三年，又把分田到户说得乱七八糟，积极性为啥没有了，原来的八个、十个好，怎么一眨眼又变成了八个、十个难？什么布局难安排、水浆难灌溉，病虫难防治，灾害难阻抗，管理措施难落实，农业生产难上新台阶……张庄根本不存在这个问题。姚根林看了不少地方，困难有一些，绝没有这么严重。为什么要这么夸大困难呢？苏南农村人多田少，实行几个统一服务的地方，一家农户二三个劳力种二三亩田，是没有多少困难的。"不肯不种田，不想多种田"，可以说是苏南农户的共同意愿。这当然不是长远之计。农业生产要上新台阶，当然必须实现农业现代化。这当然是农民梦寐以求的，但又不是一朝一夕可以实现的。

"什么时候解决了'三个不弯腰'，就什么时候把土地并起来！"姚根林非常坦率地向领导、专家们汇报。

插秧不弯腰——就要有插秧机。

收割不弯腰——就要有联合收割机。

开沟不弯腰——就要有开沟机。

能统的六个统一都统了，这些不能统的，不管你用什么形式把土地并起来，还得靠手工劳动，那又有什么必要呢？

回到争论多年的老题目，先搞合作化还是先搞机械化？有人主张先搞适度规模，有人主张先把机器搞出来，有人说可以同步进行。

同步？总体上说、大范围说当然应该也可以同步进行。但是一个村、一个队呢？先把土地并起来，还是先把机器买到手，那总是有先有后的。

姚根林不管大家发表多少高见，他继续坚持他的独到的见解："有了机器我还是先买一台试一试，插秧机灵不灵，联合收割机在北方顶用，在我们这个水乡行不行？买过一台开沟机一直派不上用场。我们麦子单产六七百斤，水稻单产1000多斤，花了那么多钱买机器，产量不如现在这么高，我买它干啥？"

你能说姚根林对农业现代化、机械化缺乏热情，还是觉得他坚持了实事求是，一切从实际出发的原则？

你能说这位"一统天下"的老支部书记过分自信，有点儿自满，有点儿随遇而安，还是觉得他并不是见风转舵，有他独到的见解，他所创造并坚持的统分结合的经验至少在一个时期内还有一定的使用价值？

这些问题笔者愿和读者们共同探索。但是有一点儿可以肯定地告诉读者，姚根林非常重视农业生产。他不像苏南农村有些乡村干部钻进了乡村工业就把农业丢到脑后。他始终把农业生产放在重要位置上，因此，张庄村的农业没有萎缩，张庄村的农业生产一直是稳产高产、一直是欣欣向荣的。什么时候实现农业现代化，如何攀登农业生产新台阶？姚根林和张庄会在实践中不断探索，探索成功了会以惊人的步伐向前迈进！

（范小青、范万钧著，农村读物出版社出版）

二、访园艺化大队

二十号，我走在黄桥第三大队的田野间，一望，满田的肥料，根根碧绿的麦苗，几乎看不到一根黄苗，心里说不出的高兴。

走进大队办公室，见到了大队长姚根林同志。我兴奋地说："姚队长，麦苗长得不错啊！"他虚心地回答说："还有很多缺点，要大家指出。"我说，别客气，你的经验应该推广推广啊！这就打开了他的话匣。

他一五一十地告诉我，三麦出苗以后，社员一度出现了松劲情绪，加工粗糙，施肥只施两边。群众还相传着一句土话："冬施一条线，春施两边肥。"我们干部一商量，觉得这话不对头，何况今年深翻，两边都是生泥，再看看两边的麦苗既黄又无力，要想办法叫大家担负起责任来。于是，发动群众定责任田，全队一千多亩田，分三亩、五亩、十亩都定到每户，成为社员大家的责任田。这一来情况就两样了。社员们自动摇船罱了三千舱水河泥，还拿三十多万斤猪灰施到麦垄两边，不到十天，黄苗都转了青。

提起施肥，他又认真地说："我们的施肥不同一般。开始，大家也是用搪扒撒猪灰，用铁镐撒河泥。我们觉得这样塟的肥料太粗糙，勿匀落，我们便发动群众用手施肥，拿河泥捏得像胡桃一样小，把河泥撒开来，猪灰里乱柴拾干净，这样不但肥料质量高，肥质也勿容易流失。"

要扎扎实实地搞好田间管理，他还介绍了一条经验，就是要开展定期检查，树立红旗田，不断插三旗，鼓励先进，推动落后。他说："我们最近普遍检查一次麦田加工施肥工作，把施上四次肥料的田插上了卫星红旗，施三次的插上火箭红旗，一二次的插上黄牛旗。三色旗一插，大家的情绪就不同，竞争性更加强。

七小队本来有十六亩只施两次肥料，看到黄旗马上组织八个妇女，突击施上第三次肥料。至于加工工作，一次全部结束了，二次的也有八百多亩，三次的有五百五十多亩，沟也开得大沟通中沟，中沟通小沟，沟沟相通。"我不断地称赞"好！好！"但他仍是虚心地说："我们与园艺化的要求还离开得很远，还要努力，但我们社员都百倍信心，力争三麦亩产超千斤。"

（沈桂林，原载 1959 年 2 月 24 日《吴县报》）

三、经济发展导致青年农民恋爱婚姻习俗出现新变化

党的十一届三中全会以来，江苏省吴县黄桥乡张庄村开始"起飞"，出现了农渔工副业全面发展、社员分配逐年提高的新局面。今年四月的一次调查表明：经济的发展，使张庄青年恋爱婚姻习俗发生了种种新变化。

一、青年找对象"自主权"扩大，自由恋爱增多。过去在农村，男女青年缔结婚姻，必须有第三者介绍，否则会被社会舆论视为不合习俗。中华人民共和国成立后虽说对婚姻观方面的种种封建思想、旧的传统破除了不少，但是，青年的恋爱婚姻仍然受到残存的旧思想、旧传统的束缚。今天，随着农村经济发展，生产力水平的提高，青年在恋爱自由、婚姻自主、不重礼彩等方面，才真正向前迈出了一大步。不少青年谈道：现在三十岁以上的青年，当时结婚都还是有介绍人的。现在，"自己看中""没有介绍人"的逐渐多起来了。即使是通过介绍，"但只要男女双方有一方不同意，这桩婚事便不会成功"。

这种变化不难从经济发展上找到其原因：

1. 经济结构的变化。中华人民共和国成立后的我国农村基本上是以生产队为单位进行农业生产，队与队之间男女青年的交往、联系不多，导致农村青年即使想自己找对象，由于可供选择的范围狭小，难以遂愿。目前，张庄的经济结构已发生变化，劳动力在农渔工副业的分布中，从事工业的人数占到百分之六十六，从事渔业的为百分之十八，从事农业的仅有百分之十六，而青年中的大多数主要从事非农业生产，他们的交往，已大大超出原生产队的范围，特别是在乡村企业，青年男女接触频繁，有助于互相之间的了解，为青年自己选择对象提供了客观可能性。

2. 男女青年个人收入增多，经济上的"自主权"增大，在组建小家庭上对父母依赖性明显减少。过去，由于经济条件的限制，影响到青年的婚姻自主权。现在，张庄社员人均收入由一九七八年的一百八十二元上升到一九八三年的六百八十三元，男女青年一般年终分配能收入上千元，加上建房时集体有补贴，只要勤劳肯干，完全有能力自筹资金组建小家庭，改变了以往那种"一人结婚，全家集资"的现象。

3. 大众化传播工具的影响。由于收入增多，农民的消费水平也逐渐提高，随

着收音机、电视机的普及，农村青年的眼界大大开阔，导致他们在恋爱婚姻方式上要求不受传统思想的束缚。同时，青年的家长对子女的婚姻也越来越持明智态度，干涉子女婚姻的逐渐减少。

二、择偶标准从注重经济渐渐转向注重人品。青年反映：过去找对象，首先考虑经济，经济中房子又居第一位。如今，只要人肯干，房子和生活必备用品的筹措已不成问题，现在青年在选择对象时，往往还要考虑对方的思想品德、文化、相貌等因素。在恋爱方式上，较之五六十年代的青年已有很大区别。用张庄青年自己的话来说，过去小夫妻走在一条田埂上，还要"保持一段距离"。现在的青年在恋爱时期，传纸条约会，公开在村中大场上教学自行车，外出旅游等已习以为常。

三、男青年找对象不再成为老大难。过去，张庄有句话是"张庄姑娘嫁过三顶桥"（意为张庄穷，要嫁出张庄）。小伙子呢，当时能在本村找到对象，就会被公认为有本事了。现在，张庄由贫变富，和周围地区形成了一定的差距，女青年一般都不愿嫁出去，而外村的姑娘又乐意嫁到张庄来。目前，村里二十岁左右的姑娘近半数没有对象，而本村同龄的小伙子却多数已有对象，男青年找对象难的问题已经完全不存在了。

（顾玉坤，原载 1984 年 6 月 21 日《中国青年报》）

四、吴县张庄村闯出分户经营、集中服务新路子

苏、锡、常三麦机条播座谈会公布，吴县黄桥乡张庄村 102.3 亩机条播三麦丰产示范田亩产 411.1 公斤，夺三市各丰产方之桂冠；全村 680 亩三麦亩产 335.5 公斤，在三市各村中名列前茅，比全市平均亩产高出 39.6%。前不久，中国农科院院长卢良恕在考察该村三麦生产时，赞不绝口。

农业联产承包以后，务农的比较效益大幅度下降，分散经营后出现了科学种田水平降低的现象，已成为制约农业发展的普遍问题，张庄村的农业产值仅占农渔工总产值的 1.6%，矛盾尤为突出。然而，这个村的农业不但没有萎缩，相反稳步增长：家庭联产承包以来的三麦平均亩产 314.7 公斤，单季稻平均亩产 551.9 公斤，被人们誉为苏南农村中的"奇迹"。

"奇迹"的出现，源出于张庄村闯出了一条"分户

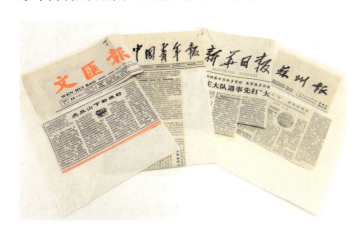

经营，集中服务"的好路子。这个曾荣获省、市、县、乡一百多次嘉奖的农村先进单位，在贯彻联产承包责任制时，针对村里田少人多以及集体经济积累雄厚的实际，通过村民的民主讨论，挑选一批素质较好的生产队长、农技员和机耕手组成村农业服务站，以集体的农业机械等设备，对全村507家农户实行"六统一"服务：统一作物布局，实行连片种植；统一留种供秧，保证良种推广和秧苗素质；统一机械作业；统一水浆管理；统一防病治虫；统一肥药供应。这样，农户只要在农忙季节管收管种，平时基本不用操心，每亩田全年只需花10工左右。

5年来的实践证明，这种既调动农户务农积极性，又发挥集体经济优越性的做法，卓有成效地实现了农业的规模效益，促进了三业协调发展。全村专业从事农业的仅服务站的34人，占村劳动力的2.3%，使97%以上的劳力腾出手来大搞工副业，村里先后办起了8家企业，去年产值达1445万元，比联产承包前增加了7.2倍；748亩水面亩产成鱼810公斤，创大面积内塘养鱼的全国先进纪录。1987年，这个刚满2000人的张庄三业纯收入达390万元之多。由于务农劳动产出率的大幅度提高，34名专业务农人员年平均收入超过了务渔和务工农民收入的一至二倍，这是该村农业稳定发展的一个重要原因。

在这同时，还促进了新品种、新技术的推广应用，提高了科学种田水平。全村清一色种的秀04和扬麦5号两只稻麦最新良种，农艺、植保等均保持较高水平，从未发生耕作粗放或明显病虫害的现象，保证了连年高产稳产，年产量比周围高出250公斤左右，光这一项每年可收10万元以上。

这种新颖的规模经营还为农机化发展开拓领域，为逐步向农业现代化过渡创造条件。1984年以来，张庄村添置了各种农机具21台（套），使总数超过了100台（套），全村80%以上的农活实现了机械化，农田水利设施也得到很好的维修保养，保证了粮食丰产丰收。

今年以来，从国务院领导、农业主管部门负责人到省府分管农业的副省长，以及许多专家学者，纷至沓来，赞扬和肯定了张庄的经验。他们认为，在我国兼业劳动的形式会在相当长的时间内继续存在。就是在经济发达的美国和日本，农民兼业劳动的比例也很大，关键是要搞好农业的社会化专业化服务，才能取得规模经营的效益，减少农民的后顾之忧。张庄村的做法是符合农业这一发展方向的。

（陈土林、沈石声，原载1988年9月7日《新华日报》）

五、屡探生财路　皆入致富境

我们沿着苏州至黄桥的公路来到张庄村。那里一幢幢农民新村拔地而起，一条条纵横有致的平坦大道笔直伸展，一方方映天似鉴的鱼塘多层次地养殖着四大家鱼，一组组青壮年在日夜欢鸣的村办厂熟练地操作，一群群红领巾在校园里欢蹦雀跃，一对对老人在棋盘旁对弈，或者在桌边喝茶、聊天、玩扑克，好一派鱼跃粮丰的佳境。难怪去年五月间，国务委员、国务院秘书长陈俊生在那里有所感慨地赞道：毛主席生前勾勒过的田园化农村，在你们这里实现了。

从渔业起

张庄养鱼，历史悠久。据云，早在春秋战国时期，范蠡及其后裔在这一带筑岸围池，养殖家鱼。上年纪的人记忆犹新，早年张庄各户门上的对联全是"田园耕种十分收，栽竹养鱼千倍利"，对养鱼致富深抱厚望，然而，小农经济怎能挡得住不测风云。俗话云"花怕一条缝，池怕一个洞"，一旦遭涝灾，家鱼全逃遁。那时，倾家荡产，南北号啕，不计其数。

二十世纪六十年代初，张庄人为了抵御自然灾害，勒紧裤带，节衣缩食，在黄埭塘南岸筑起了长千余米、宽六米、北坡高三米多的石驳岸，并建了水闸，成了张庄人第一道旱涝保收的"天堑"。

二十世纪七十年代中，全村干部在大队书记姚根林带领下，以六个冬春发动千百人挑灯夜战，挑坟墩、填低洼、筑鱼岸，为鱼池方格化和推行渔业机械化创造了条件。可这还不是彻底解放生产力的根本办法。

如何进一步提高渔业产量，增加收益，是村支书姚根林常思索的问题。

以往，我国内塘养鱼地区仅能孵化鲤鱼，而青鱼、草鱼、鲢鱼则无法在当地孵化，只能凭人力摇船去安庆、芜湖一带的长江中游激流，冒着随时有翻船葬身鱼腹的危险，买回鱼苗。要是鱼苗中混入了几尾小黑鱼，那其余的幼鱼将成为它的美餐。为减少其损失，老姚不怕犯"右"，启用上中农陈维善代表全村去购鱼苗。因他有多年的养鱼经验，能在密密麻麻的杂乱混种的鱼苗中，一一识别各种鱼类，小黑鱼逃脱不了他的神眼。购回后，再请他们养殖，鱼产量果然得到了较大幅度的增长。

随着养鱼科学的不断发展，张庄的渔技员们在上海水产大学等单位的支持下，学会了对青鱼、草鱼、鲢鱼进行人工授精等方法，并掌握了它们须在激流中产卵的生殖规律，从此，张庄结束了去长江中游购买鱼苗的历史，进一步提高了鱼产量。

随着农村改革的不断深入，张庄推行了联产计酬制，制定了"以劳承包，产品归队，核算到人"的生产责任制，实行定水面包鱼种，定饲料包产量，定劳力包报酬的"三定三包"，加上科学管理的不断深化和鱼类人工授精、科学孵化等新技术，渔业总产从十年前的 384000 斤增至 1525000 斤，全村 748 亩鱼池亩产从十年前的 831 斤增长到 1670 斤，创造了大面积内养鱼的全国纪录，带来了养鱼业的春天。

记者在张庄看到，鱼塘里的母鱼正嬉着含苞的垂柳，池中的大青鱼、大草鱼扇动着扇子般大小的尾巴，忽儿顺水推舟，犁浪疾驰，忽儿又哧啦哧啦地上下钻窜，渔技员如临阵的指挥官在发布"命令"，准备机帆船只，用机器冲水，仿造长江中游激流，让母鱼安全产卵……今年，张庄渔业无疑又是个丰收年，它将为发展村办企业，进一步筹集资金，使村办厂锦上添花、展翅腾飞再立汗马功劳。

以农业安家

记得在十五年前的冬春间，记者也去过这个村采访。那时，千百个张庄人在冰天雪地里用铁锸、扁担苦战，气吞山河地为农田、鱼池方格化重新安排大地。那时苦到何等地步，举一例即能明了——张庄人在村外讨不到老婆。自农村改革之后，张庄四周的村都搞起了分田承包，形势逼迫张庄进一步全面改革，他们实行联产承包到户，并成立了农业服务站，努力为承包户进行 6 项配套服务，即统一承包供种供秧，承包水浆管理和必要的水利建设，承包植保和防病治虫，承包机械耕作、供应化肥、农药等农用物资。村里还不断添置农机设施，拖拉机由原来的 7 台增至 13 台，又新添了插秧机、开沟机，去年又从日本进口野马牌联合收割机，大大减轻了劳动强度。这个村自家庭联产承包五年来，三麦平均亩产 629 斤，单季稻亩产 1103.8 斤，确保了全村的口粮。去年 102.3 亩机条播三麦丰产示范田亩产 822 斤，夺苏州、无锡、常州三市之冠，去年三麦又获江苏丰收杯高产竞赛二等奖，被誉为江苏农村改革之后，重视发展农业的又一奇迹。

靠工业发家

张庄人也是普通人，在农村改革前，也有人"手握铁锸柄，眼望大烟囱"，向往城市大工厂。改革后，各家承包了农田，确保口粮自给，除从事渔业生产的人员外，还剩余一千多个劳动力，加上渔业为村里提供了办企业的资金，村办厂就这样上马了。先是为各地粮站、粮库补麻袋，做麻袋，定名张庄综合厂。以后的规模可大了，先后创建吴县塑料彩印厂、吴县日化三厂、吴县絮棉厂、吴县电讯配件厂、吴县喷涂厂、水泥预制品加工厂等企业，产品畅销全国各地。最近，日化三厂从联邦德国引进价值 200 万元的软管生产流水线，年产软管 400 万只，这在村办企业中尚属首例。

初办厂时，电不够用，托了这个村在上海工作的同志，帮助调换了较大功率的变压器。现在如逢停电，村里有自备发电设备，确保了全村的日夜用电。

由于村办企业突飞猛进的发展，去年工业总产值达 2417 万元，纯收入 400 余万元，至今，该村的集体固定资产达 846 万元，为改革前的 40 余倍。人均收入由改革前的 182 元增至现在的 1717.33 元，全村 551 户人家都造起新瓦屋，实行了免费入托入学和老年退休制。姚根林当选为苏州市人大代表，评上了省劳模。

去年这个村还被评为省、市、县级的文明单位。

（陈鹤皋，原载 1989 年 2 月 25 日《中国合作经济报》）

六、黄桥张庄村真抓实干出成效

真抓实干　硕果累累

自 2006 年 9 月始，私营业主陆林发担任村党总支书记后，村级收入从 600 万元发展至今村级可支配收入达 1450 万元，现成为一个拥有集体固定资产 8000 余万的富裕村。今日的张庄村已经融入相城区主城的发展之中，成为苏虞张公路旁一个具有漂亮村容村貌和较好人居环境的江苏生态村，紧邻相城区生态园、植物园、荷塘月色公园，张庄村宛如明珠镶嵌其中，越发显出她的美丽和蓬勃发展的生机。

2014 年，张庄村实现地区生产总值 5.38 亿元，同比增长 20.5%；上交国税 2275 万元，同比增长 33.5%；上交地税 552 万元，同比增长 14.5%；国地两税上交 2827 万元，同比增长 38.8%；村级可支配收入稳步增长，同比增长 12.3%。

真抓实干　改善民生

近年来，张庄村民生保障体系建设持续推进，按时走访慰问、关心关爱贫困户，听民意，访民情。据不完全统计，2014 年村里走访贫困户、大病住院和因病去世等共计 86 人次，发放民政救助、残疾人补助、低保户、低保边缘户等共计 26 万元。每逢重阳节及年终，村里对女 55 周岁以上、男 60 周岁以上老人进行慰问，去年共发放钱物 28 万元。

张庄村民收入大幅提高。村里积极通过再就业工程，增设环境保洁员、农贸市场等村级公益性事业岗位为低保户走出困境。截至目前，低保户已减少至 2 户（原 7 户低保），因土地征迁转移安置的农民全部实现了就业。2014 年，全村农民人均纯收入突破 22540 元，跑在了全街道前列。

由于张庄村外来人口居多，张庄村党总支启动了"一家亲"工程，外来人与本村人一样享受社区卫生医疗服务，外来育龄妇女与本村育龄妇女一样享受计生服务，外来工的子女与本村小孩一样每年享受两次上门防疫服务。村里还投资建造了一批民生实事工程项目让村民受益，如农贸市场、村民健身广场、

老年活动中心、老年日间照料中心、社区卫生服务中心、78路公交首末站、农家书屋等，张庄人的日子过得越来越滋润。

真抓实干　焕然一新

征程几十年，弹指一挥间，张庄村的荣耀与辉煌已成为昨天。踏着工业化的足迹，伴着城市化的旋律，历史落下了沉重的包袱——线路板生产、脱色产业严重污染生活环境等等。张庄村有脱色户42户，全都是本村村民，每户年收入多的30万~40万元，少的10万~20万元，且从事这行业已经16个年头，每家每户都形成了自己的市场，利益关系相当强。为此，为整治被污染的生活环境现状，陆林发率先示范，忍痛割爱带头关闭了自己厂的线路板生产线，又通过党员座谈、村民代表会、发告知书，取缔了张庄村16年的传统脱色产业。在没有动用执法力量的前提下达到了和谐整治的目标。

近年来，张庄村容村貌得到了巨大改观。新增绿化面积14600多平方米，清理河道3000米，拆除违章搭建4500多平方米，新建停车场6000平方米，铺设下水道2500米，改厕625户等，完成率100%。广济北路沿线还开展了环境专项整治，拆除私搭建筑270平方米，沿线房屋外墙涂料粉刷7945平方米，河浜与池塘填埋土方7816立方米等，共计花费百万元。2008年，在街道开展的卫生检查评比中，张庄村勇夺第一。

广济北路承载着张庄村的历史变迁，记录了张庄人的奋斗之歌，当年张庄人走过的广济北路，如今已经拓展——变得更加宽敞；当年张庄人走过的广济北路，如今已经延伸——连接着全面小康社会的明天，连接着社会主义现代化的光辉远景！

（文良，原载2015年10月13日《江南时报》）

附录

表10-1　1960~2015年张庄村（大队）个人荣誉（区、县级以上，包括条线）

姓名	性别	荣誉名称	批准年份	批准单位	工作单位、职务
沈阿金	男	社会主义建设先进个人	1960	吴县人民政府	沈巷生产队
沈雪男	男	吴县五好民兵	1971	吴县人民武装部	张庄村团支部书记
汤钰林	男	江苏省新长征突击手	1979	共青团江苏省委员会	张庄村团支部书记
汤钰林	男	全国新长征突击手	1979	共青团中央委员会	张庄村团支部书记
汤招娣	女	江苏省"三八"红旗手	1980	江苏省妇联	张庄村妇女主任
沈长根	男	吴县乡镇企业先进个人	1985	吴县人民政府	张庄综合厂厂长
蒋迟敏	女	全国"好队长"（少先队）	1985	共青团中央委员会	张庄小学

续表

姓名	性别	荣誉名称	批准年份	批准单位	工作单位、职务
蒋福林	男	江苏省"百万青年兴百业"竞赛致富能手	1986	共青团江苏省委员会	张庄渔专队
郭桂泉	男	苏州三废治理先进个人	1986	苏州市化工局	吴县化工四厂
姚根林	男	吴县优秀共产党员	1987	吴县县委	张庄村党支部书记
沈金华	男	吴县福利企业先进个人	1987	吴县民政局	吴县日化三厂厂长
秦水松	男	省优秀农电工	1987	江苏省电力工业局	张庄村机电站
沈金华	男	吴县乡镇企业家	1988	吴县人民政府	吴县日化三厂厂长
蒋福林	男	苏州市优秀论文三等奖	1988	苏州市科技协会	张庄渔专队
蒋福林	男	全国青年科技标兵	1988	共青团中央委员会	张庄渔专队
陈雪琴	女	中国好儿童	1989	共青团中央委员会	张庄小学
秦水松	男	苏州市优秀农电工	1990	苏州市供电局	张庄村机电站
蒋福林	男	吴县优秀青联委员	1990	吴县青年联合会	张庄渔专队
姚根林	男	江苏省优秀共产党员	1991	江苏省委	张庄村党支部书记
姚根林	男	江苏省抗洪救灾先进个人	1991	江苏省人民政府	张庄村党支部书记
姚根林	男	吴县抗洪救灾立功人员	1991	吴县人民政府	张庄村党支部书记
杨维贤	男	管理成果三等奖	1991	苏州市乡镇工业局	吴县张庄电讯配件厂
沈雪男	男	"为党增添光彩"征文竞赛三等奖	1991	吴县宣传部 吴县广播电台	吴县塑料彩印厂
沈雪男	男	管理成果三等奖	1991	苏州市乡镇工业局	吴县张庄电讯配件厂
秦水松	男	吴县优秀农村电工	1991~1992	吴县供电局	张庄村机电站
姚根林	男	苏州市优秀共产党员	1993	苏州市委	张庄村党支部书记
沈雪男	男	苏州市管理成果二等奖	1993	苏州市乡镇工业局	吴县塑料彩印厂
秦水松	男	吴县市优秀农村电工	1994	吴县供电局	张庄村机电站
沈金华	男	苏州市优秀企业家	1994	苏州市人民政府	张庄集团公司总经理
沈金华	男	全国乡镇企业家功勋奖章	1995	中华人民共和国农业部	张庄集团公司总经理
姚根林	男	苏州市优秀党务工作者	1995	苏州市委	张庄村党总支书记
姚根林	男	吴县十佳共产党员	1995	吴县市委	张庄村党总支书记
吴福寿	男	苏州市水产先进工作者	1995	苏州市水产局	张庄村渔专队
沈金华	男	省乡镇企业家	1996	江苏省乡镇企业管理局	张庄集团公司总经理
吴泉生	男	治安联防积极分子	1996	吴县市综治办	张庄村治保主任
郭玉珍	女	相城区"好媳妇"	2005	相城区妇联	张庄一区
汤育琴	女	相城区"好媳妇"	2005	相城区妇联	张庄一区
吴菊珍	女	相城区"好媳妇"	2005	相城区妇联	张庄二区
秦泉珍	女	相城区"好媳妇"	2005	相城区妇联	张庄三区

续表

姓名	性别	荣誉名称	批准年份	批准单位	工作单位、职务
邱雪英	女	"五好"文明家庭	2007	相城区妇联	张庄三区
沈建英	女	相城区优秀"内当家"	2007	相城区妇联	张庄一区
杨菊英	女	相城区妇女工作先进个人	2007	相城区妇联	张庄村妇女主任
陆林发	男	相城区"四城杯"先进个人	2008	相城区委	张庄村党总支书记
陆林发	男	相城区科普示范家庭	2008~2009	相城区科技协会	张庄5组
葛利芬	女	相城区"平安家庭"	2009	相城区妇联	张庄一区
汤育琴	女	相城区"巾帼文明岗"	2011	相城区妇联	张庄一区
杨桂英	女	相城区"爱心妈妈"	2011	相城区妇联	张庄村妇女主任
陈永康	男	相城区十佳调解标兵	2012	相城区司法局	张庄村治保主任
陆林发	男	相城区"四城杯"先进个人	2010	相城区委	张庄村党总支书记
杨菊英	女	相城区"三八"红旗手	2012	相城区妇联	张庄村民委员会主任
杨菊英	女	相城区"四城杯"先进个人	2012	相城区委	张庄村民委员会主任
陆锦良	男	相城区优秀民兵营长	2012	相城区人武部	张庄村民兵营长
姚根林	男	相城区老龄协会先进个人	2013	相城区老龄办	张庄村老龄协会会长
陆根娣	男	苏州环卫行业第六届先进工人	2013	苏州市总工会	元和环卫站
杨菊英	女	相城区"奋进杯"先进个人	2013	相城区委	张庄村民主任
杨菊英	女	江苏省优秀女村官	2014	江苏省妇联	张庄村民主任
朱小白	女	"五好"文明家庭	2014	相城区妇联	张庄村4组
陆林发	男	相城区优秀共产党员	2015	相城区委	张庄村总支书记
姚根林	男	相城区"好夫妻"	2015	相城区妇联	张庄村4组
薛凤青	女	相城区"好夫妻"	2015	相城区妇联	张庄村4组
秦大男	男	相城区"好邻居"	2015	相城区妇联	张庄村3组
陆根娣	男	苏州环卫行业第八届优秀工人	2015	苏州市总工会	元和环卫站
沈小红	女	家校联系工作先进个人	2015	相城区教育局	张庄小学幼儿园

表10-2 1960~2015年张庄村（大队）集体荣誉（区、县级以上，包括条线）

时间	荣誉名称	批准单位
1960	吴县社会主义建设先进集体	吴县人民政府
1978	吴县红旗单位（十个）	吴县人民政府
1978	吴县畜禽水产先进单位	吴县人民政府
1979	吴县夏熟高额丰产单位	吴县人民政府
1979.10	"三八红旗集体"称号	江苏省妇联

续表

时间	荣誉名称	批准单位
1980.2	江苏省人民政府嘉奖令	江苏省人民政府
1982	夏熟高产竞赛中被评为三麦超产油菜贡献奖	吴县人民政府
1983~1987	吴县文明单位	吴县县委、县政府
1983	江苏省人民政府嘉奖令	江苏省人民政府
1983	苏州市文明单位	苏州市委、市政府
1984.6	苏州市先进基层党组织	苏州市委
1985	江苏省人民政府嘉奖令	江苏省人民政府
1987~1994	江苏省文明单位	江苏省人民政府
1987~1994	苏州市文明单位	苏州市人民政府
1987.6	苏州市先进基层党组织	苏州市委、市政府
1988~1994	吴县市文明单位	吴县市人民政府
1988	苏州市农村经济建设先进单位	苏州市人民政府
1988.3	发展水产生产成绩优异给予嘉奖	江苏省水产局
1989	吴县先进党支部	吴县县委
1990	吴县抗击百年来遇特大洪涝灾害先进集体	吴县县委、县政府
1990	吴县先进基层党组织	吴县县委
1990	夏熟丰产方高产竞赛二等奖	苏州市委、市政府
1991	吴县社会治安综合治理先进单位	吴县人民政府
1991	先进村民委员会	吴县民政局
1991~1994	吴县"工业明星村"	吴县人民政府
1991.3	"四好"妇代会	吴县妇女联合会
1991.7	"双拥"先进单位	吴县双拥工作领导小组
1992.3	先进村民委员会	吴县民政局
1992	苏州市"加快村级组织建设、加快集体经济发展"示范村	苏州市委、市政府
1992	吴县市"兴吴杯"奖	吴县县委、县政府
1993	先进基层党组织	江苏省委
1993.2	示范村	吴县人民政府
1993.7	先进基层党组织	苏州市委、市政府
1993	社会综合治理先进单位	苏州市委、市政府
1993	苏州市先进集体	苏州市人民政府
1993	1992年度四项经济效益列全县村级第二名	吴县人民政府
1993	1992年度工业产值列全县村级第二名	吴县人民政府
1993	吴县农村综合实力百强村第五名	吴县统计局
1993	吴县"兴吴杯"奖	吴县县委、县政府
1994.2	1993年度十佳党组织	吴县市委

续表

时间	荣誉名称	批准单位
1994	吴县先进党组织	吴县市委
1994.3	吴县农村综合实力百强村	吴县市统计局
1994	人民调解先进集体	吴县司法局
1994	1993 年度四项经济效益列全县第三名	吴县人民政府
1994	先进团支部	共青团吴县市委
1994	1993 年度工业总产值列全县村级第六名	吴县市人民政府
1994~1996	苏州市先进集体	苏州市人民政府
1994~1997	苏州市文明单位	苏州市委、市政府
1995~1998	江苏省文明单位	江苏省精神文明建设委员会
1995	1994 年度"工业明星村"	吴县市人民政府
1996	生态建设示范村	江苏省环境保护委员会
1996	"明星村"	吴县市人民政府
1996.4	加快农村现代化建设示范村	吴县市人民政府
1996.7	全国乡镇企业集团	中国人民共和国农业部
1996	苏州市精神文明建设"五五工程"文明示范单位	苏州市精神文明建设委员会
1996~1997	吴县市文明单位	吴县市委、市政府
1996.12	江苏省卫生村	江苏省爱卫委
1997	吴县市先进基层党组织	吴县市委
1997	"明星村"	吴县市人民政府
1997	千亩丰产方建设一等奖	吴县市农村现代办
1997	苏州市先进集体	苏州市人民政府
1999	江苏省百佳生态村	江苏省农林厅
2000.3	村民自治模范村	吴县市民政局
2004.3	"四好"妇代会	相城区妇联
2005	村民自治模范村	吴县市人民政府
2006	民主法治村	苏州市依法办、司法局
2006	示范综治办	苏州市政法委、综治委
2006	相城区先进社区服务中心	相城区人民政府
2006~2010	全区人口和计划生育工作先进集体	相城区人民政府
2008	村务公开民主管理示范村	苏州市村务公开领导小组
2008	先进基层党组织	相城区委
2008	相城区创建未成年人零犯罪辖区工作试点单位	相城区关工委
2008	相城区村（社区）"五有五好"关工委	相城区关工委
2008	江苏省民主法治示范村	江苏省依法治省领导小组
2009	村民自治模范村	相城区人民政府
2009	相城区"四城杯"竞赛活动集体先进奖	相城区委、区政府

续表

时间	荣誉名称	批准单位
2009	"实践科学发展，推进两个率先"先锋村	苏州市委
2010	苏州保护消费者合法权益工作先进集体	苏州市人民政府
2011	全国亿万农民健康促进行动苏州市先进村	苏州市爱健办
2012	苏州市规范化村（社区）人民调解委员会	苏州市司法局
2012	相城区维护消费者权益工作先进集体	相城区消费者协会
2013	江苏省生态村	江苏省环境保护委员会
2014	全区人社系统优质服务示范窗口	相城区社保局
2015	相城区五四红旗团支部	共青团相城区委

第十一章 村民家庭记载

张庄村现有 12 个村民小组，2015 年末有村民 599 户 2346 人，其中男 1136 人，女 1210 人。世代居住在张庄村，繁衍生息延续至今。

本章将 599 户村民列表归并为 551 份，悉数载入其中，仅对每户村民家庭的现状和历史片段作介绍，上可告慰祖宗，下可惠泽子孙。所载"家庭成员"，以常住户籍登记为主，辅以部分迁出户籍；至于"家庭大事"，为彰显中华人民共和国成立以来每个家庭所发生的变化，个别家庭因各种缘由则留空白。

张庄村第1村民小组

家庭成员	现有家属				已故家属		备注
	姓名	与户主关系	出生日期	民族	称呼	姓名	
	陈小男	户主	1951.5.26	汉	父亲	陈寿生	
	姚秀林	妻子	1950.1.21	汉	母亲	王素金	
	陈金岳	女婿	1976.1.18	汉			
	陈英	女儿	1978.8.10	汉			
	陈方逸	孙女	2002.10.9	汉			

家庭大事

1986年建造楼房3楼3底

张庄村第1村民小组

家庭成员	现有家属				已故家属		备注
	姓名	与户主关系	出生日期	民族	称呼	姓名	
	郭才林	户主	1956.7.16	汉	祖父	郭林泉	
	张九妹	妻子	1957.9.9	汉	祖母	郭老太	
	郭燕	长女	1982.1.11	汉	父亲	郭小男	母亲郭小妹
	王红马	女婿	1978.3.1	汉	母亲	郭小妹	2016 年 12 月
	郭华	长子	1987.1.3	汉			23 日去世
	蒋丽	儿媳	1985.9.20	汉			
	郭思懋	孙子	2007.2.5	汉			
	郭梦婷	孙女	2011.6.27	汉			

家庭大事

1949年4月郭小男参军入伍，1952年5月退伍

1986年建造楼房2楼2底，2000年改造6间楼房

2004年郭燕毕业于盐城工学院（工商管理专业，本科）

2002年王红马毕业于南京师范大学（本科），同年加入中国共产党。7月担任武警大学生干部，2015年从南京武警支队副政委转业至黄埭镇综合执法局担任副局长

2008年郭华毕业于明达职业技术学院（大专）

张庄村第1村民小组

家庭成员	现有家属				已故家属		备注
	姓名	与户主关系	出生日期	民族	称呼	姓名	
	郭天生	户主	1958.1.9	汉	父亲	郭阿根	
	顾国珍	妻子	1960.4.23	汉	母亲	周阿金	
	郭晓萍	女儿	1984.1.10	汉			
	李广勤	女婿	1985.4.16	汉			
	郭誉豪	孙子	2008.12.25	汉			

家庭大事	1979年建造平房2间 1986年建造楼房3楼3底，2005年翻建过 2002年郭晓萍毕业于华中科技学院（大专） 2005年购买电脑1台 2013年购买轿车1辆

张庄村第1村民小组

家庭成员	现有家属				已故家属		备注
	姓名	与户主关系	出生日期	民族	称呼	姓名	
	郭祖元	户主	1951.1.18	汉	父亲	郭根福	
	高根英	妻子	1954.2.12	汉	母亲	郭爱珍	
	郭 明	长子	1987.5.8	汉			
	杨红艳	儿媳	1988.2.24	汉			
	郭鑫宇	孙子	2010.6.3	汉			

家庭大事	2009年建造楼房2楼2底 2013年购买轿车1辆

张庄村第1村民小组

	现有家属				已故家属		备注
	姓名	与户主关系	出生日期	民族	称呼	姓名	
家庭成员	胡根泉	户主	1950.11.23	汉			
	秦水珍	妻子	1954.8.17	汉			
	胡玉芳	长女	1974.4.5	汉			
	沈菊平	女婿	1972.4.7	汉			
	胡雪丹	孙女	1995.12.25	汉			
	胡星宇	孙子	2003.11.4	汉			
家庭大事	1975年胡根泉曾任张庄一区副区长 1986年建造楼房3楼3底 1990年3月沈菊平参军入伍，1993年12月退伍。1993年沈菊平加入中国共产党 2012年胡根泉获得"见义勇为，舍己救人"荣誉						

张庄村第1村民小组

	现有家属				已故家属		备注
	姓名	与户主关系	出生日期	民族	称呼	姓名	
家庭成员	胡建良	户主	1970.7	汉	祖父	胡小弟	
	王月华	妻子	1973.12	汉	祖母	吴秀珍	
	胡啸天	长子	1998.8	汉	父亲	胡惠元	
	俞阿三	母亲	1941.4	汉			
家庭大事	1959年4月胡惠元参军入伍，1964年2月退伍，荣获三等功1次、"五好战士"称号，一线伤残。1989年1月被鉴定为矽肺 　1983年建造平房4间 　1994年胡建良毕业于常熟理工学院（大专），1994年到黄埭中学任教，2005年加入中国共产党 　2005年购买电脑1台，2010年购买轿车（别克新凯越）1辆 　2016年6月胡啸天毕业于江苏省苏州中学，同年9月就读于南京航空航天大学（本科）						

张庄村第1村民小组

	现有家属				已故家属		备注
	姓名	与户主关系	出生日期	民族	称呼	姓名	
家庭成员	王黑男	户主	1952.4.16	汉			
	赵五宝	妻子	1956.11.13	汉			
	王秦浩	长子	1981.11.8	汉			
	王海明	次子	1992.6.30	汉			
家庭大事	1989年建造3楼3底，2幢楼房 2005年王秦浩毕业于天津科技大学						

张庄村第1村民小组

	现有家属				已故家属		备注
	姓名	与户主关系	出生日期	民族	称呼	姓名	
家庭成员	黄小弟	户主	1937.6.6	汉			
家庭大事	村"五保户"						

张庄村第1村民小组

<table>
<tr><td rowspan="2"></td><td colspan="4">现有家属</td><td colspan="2">已故家属</td><td rowspan="2">备注</td></tr>
<tr><td>姓名</td><td>与户主关系</td><td>出生日期</td><td>民族</td><td>称呼</td><td>姓名</td></tr>
<tr><td rowspan="7">家庭成员</td><td>蒋新龙</td><td>户主</td><td>1964.11.25</td><td>汉</td><td>祖父</td><td>蒋洪年</td><td></td></tr>
<tr><td>陆永珍</td><td>妻子</td><td>1964.9.2</td><td>汉</td><td>祖母</td><td>陆杏宝</td><td></td></tr>
<tr><td>蒋鼎</td><td>长子</td><td>1987.10.20</td><td>汉</td><td>父亲</td><td>蒋炳泉</td><td></td></tr>
<tr><td>陆羽玲</td><td>儿媳</td><td>1986.11.13</td><td>汉</td><td>母亲</td><td>毛金娥</td><td></td></tr>
<tr><td>蒋正凝</td><td>孙子</td><td>2014.11.10</td><td>汉</td><td></td><td></td><td></td></tr>
<tr><td></td><td></td><td></td><td></td><td></td><td></td><td></td></tr>
<tr><td></td><td></td><td></td><td></td><td></td><td></td><td></td></tr>
</table>

家庭大事

　　1985年10月蒋新龙担任张庄村团总支书记，是年当选为吴县共青团第十次团代会代表。1987年蒋新龙加入中国共产党

　　1988年新建楼房3楼3底

　　1996年蒋新龙当选为共青团黄桥镇委员会委员

　　1998年创办苏州珈新塑胶有限公司，2003年购买轿车1辆

　　2009年蒋鼎毕业于南京河海大学（电子信息工程专业，本科），2009年购商品房1套（300平方米）

　　2010年陆羽玲毕业于河北煤炭医学院（本科），2010年购买轿车1辆

　　2013年购买轿车1辆，2014年购买商品房1套（300平方米）

张庄村第1村民小组

<table>
<tr><td rowspan="2"></td><td colspan="4">现有家属</td><td colspan="2">已故家属</td><td rowspan="2">备注</td></tr>
<tr><td>姓名</td><td>与户主关系</td><td>出生日期</td><td>民族</td><td>称呼</td><td>姓名</td></tr>
<tr><td rowspan="8">家庭成员</td><td>刘建明</td><td>户主</td><td>1963.8</td><td>汉</td><td>外祖父</td><td>刘土泉</td><td></td></tr>
<tr><td>胡菊妹</td><td>妻子</td><td>1965.1</td><td>汉</td><td>外祖母</td><td>毛小妹</td><td></td></tr>
<tr><td>刘丽华</td><td>女儿</td><td>1987.6</td><td>汉</td><td>祖父</td><td>秦木根</td><td></td></tr>
<tr><td>陆亚琦</td><td>女婿</td><td>1982.7</td><td>汉</td><td>祖母</td><td>杨木娘</td><td></td></tr>
<tr><td>刘依瑶</td><td>孙女</td><td>2007.8</td><td>汉</td><td></td><td></td><td></td></tr>
<tr><td>陆梓淳</td><td>孙子</td><td>2012.2</td><td>汉</td><td></td><td></td><td></td></tr>
<tr><td>秦腊男</td><td>父亲</td><td>1936.7</td><td>汉</td><td></td><td></td><td></td></tr>
<tr><td>刘金玲</td><td>母亲</td><td>1942.5</td><td>汉</td><td></td><td></td><td></td></tr>
</table>

家庭大事

　　1988年建楼房3楼3底

　　1992年5月刘建明加入中国共产党

　　2001年投资50万元注册明裕塑胶电器有限公司

　　2002年建平房3间

　　2007年汶川地震缴纳特殊党费1000元，捐款1000元

张庄村第1村民小组

		现有家属			已故家属		备注
	姓名	与户主关系	出生日期	民族	称呼	姓名	
家庭成员	刘 华	户主	1982.12.21	汉	祖父	刘文英	
	李红英	妻子	1984.3.15	羌	祖母	陆姐媛	
	刘芷郁	长女	2009.10.22	羌			
	刘芷玥	次女	2012.4.14	羌			
	刘三男	父亲	1956.1.28	汉			
	沈三妹	母亲	1960.1.11	汉			
家庭大事	1988年建造楼房3楼3底 2005年刘华毕业于苏州广播电视大学（大专） 2014年购买汽车1辆						

张庄村第1村民小组

		现有家属			已故家属		备注
	姓名	与户主关系	出生日期	民族	称呼	姓名	
家庭成员	秦根娣	户主	1963.6.23	汉	父亲	秦惠生	
	杨永林	丈夫	1963.9.3	汉	母亲	刘小妹	
	秦 娟	长女	1986.8.20	汉			
	费嵩斌	长女婿	1985.12.21	汉			
	费心悦	外孙女	2008.8.4	汉			
	费梓晨	外孙	2014.5.21	汉			
	秦梦霞	次女	1991.12.20	汉			
	张凯琪	次女婿	1991.5.5	汉			
	张悦天	外孙	2014.1.18	汉			
家庭大事	1976年建造平房4间 2002年秦娟毕业于苏州商校（大专）						

张庄村第1村民小组

	现有家属				已故家属		备注
	姓名	与户主关系	出生日期	民族	称呼	姓名	
家庭成员	秦阿二	户主	1948.3.15	汉	父亲	秦大夯	
	章素珍	妻子	1950.7.15	汉	母亲	杜金大	
	秦卫东	儿子	1975.1.25	汉			
	沈泉妹	儿媳	1975.6.28	汉			
	秦 枫	孙女	1998.11.4	汉			
家庭大事	1992年建造楼房3楼3底、平房1间						

张庄村第1村民小组

	现有家属				已故家属		备注
	姓名	与户主关系	出生日期	民族	称呼	姓名	
家庭成员	秦永明	户主	1963.9.28	汉	父亲	秦安全	
	吕志妹	妻子	1965.1.8	汉			
	秦 芳	长女	1987.6.13	汉			
	周晓剑	女婿	1987.11.4	汉			
	周泽昊	孙子	2010.10.30	汉			
	秦筠茜	孙女	2015.2.15	汉			
	张素珍	母亲	1938.8.13	汉			
家庭大事	1994年建造楼房3楼3底 2008年秦芳毕业于苏州广播电视大学（计算机信息管理专业，大专） 2008年周晓剑毕业于苏州广播电视大学（大专） 2015年秦芳毕业于苏州科技大学（人力管理专业，本科） 2015年周晓剑毕业于苏州科技大学（本科）						

张庄村第1村民小组

	现有家属				已故家属		备注
	姓名	与户主关系	出生日期	民族	称呼	姓名	
家庭成员	秦保明	户主	1969.12.13	汉			
	秦凤珠	妻子	1973.7.16	汉			
	秦秋语	长女	1994.10.11	汉			
	秦子语	长子	2010.7.19	汉			
家庭大事	1976年新建平房2间 1990年建造楼房3楼3底 2002年注册珍宝公司 2006年购买轿车1辆 2010年购买轿车1辆 2016年秦秋语美国东北大学毕业，继续攻读研究生						

张庄村第1村民小组

	现有家属				已故家属		备注
	姓名	与户主关系	出生日期	民族	称呼	姓名	
家庭成员	徐水英	户主	1951.1.12	汉	父亲	秦虎根	
	秦春芳	长女	1975.11.11	汉	母亲	陈爱保	
	顾建龙	女婿	1973.4.22	汉	丈夫	秦才兴	
	秦依美	孙女	1996.2.26	汉			
家庭大事	1988年建造楼房3楼5底 1990年顾建龙入伍，1991年加入中国共产党，1994年退伍，获"优秀士兵"称号 2014年购买电脑1台 2014年秦依美考入苏州大学东吴商学院（本科在读）						

张庄村第1村民小组

	现有家属				已故家属		备注
	姓名	与户主关系	出生日期	民族	称呼	姓名	
家庭成员	秦福荣	户主	1950.9.8	汉	父亲	秦阿二	
	秦小玲	妻子	1949.9.17	汉	母亲	秦凤宝	
	秦爱东	长子	1971.12.21	汉			
	胡才英	儿媳	1972.7.16	汉			
	秦晨曦	孙女	1994.10.22	汉			
家庭大事	1989年建造楼房3楼3底 2013年秦晨曦毕业于淮阴师范学院（本科）						

张庄村第1村民小组

	现有家属				已故家属		备注
	姓名	与户主关系	出生日期	民族	称呼	姓名	
家庭成员	秦钰明	户主	1968.12.23	汉	祖父	秦木根	父亲1989年5月17日去世 哥哥因病于1987年7月10日去世 侄女因意外去世
	万妹妹	妻子	1968.12.6	汉	祖母	杨木娘	
	秦彬	长子	1991.11.6	汉	父亲	秦根林	
	曹梦艺	儿媳	1993.7.21	汉	哥哥	秦阿大	
	秦嘉懿	孙女	2016.11.1	汉	侄女	秦洁雯	
	周凤英	母亲	1942.10.10	汉			
家庭大事	秦根林，中共党员，曾任生产队队长、张庄一区区长、农工商综合服务公司负责人 1988年建造楼房3楼3底，后面平房2间，过后翻建前面平房3间 1998年创办苏州丽达油墨厂 2008年购商品房1套（127平方米，香城花园3期） 2013年购买轿车1辆 2014年秦彬毕业于无锡商业职业技术学院（本科） 2014年曹梦艺毕业于泰州职业技术学院（本科）						

张庄村第1村民小组

	现有家属				已故家属		备注
	姓名	与户主关系	出生日期	民族	称呼	姓名	
家庭成员	秦根生	户主	1946.10.18	汉			
	沈荣珍	妻子	1951.1.8	汉			
	秦卫明	长子	1969.8.6	汉			
	郑方妹	儿媳	1969.10.7	汉			
	秦芸帆	孙女	1992.6.5	汉			
家庭大事	1986年建造楼房2楼2底 1998年在黄埭镇建办烟酒批发部 2010年秦芸帆毕业于江苏师范大学（大专）						

张庄村第1村民小组

	现有家属				已故家属		备注
	姓名	与户主关系	出生日期	民族	称呼	姓名	
家庭成员	秦卫青	户主	1975.7.28	汉	祖父	秦招根	
	王春英	妻子	1976.3.14	汉	祖母	陆杏宝	
	秦强	长子	1999.3.7	汉			
	秦火根	父亲	1950.6.23	汉			
	杨金妹	母亲	1949.11.23	汉			
家庭大事	1989年建造楼房3楼3底，厨房1间 1995年建造辅房6间，加院子，另加后阳台 2015年购买轿车1辆						

张庄村第1村民小组

	现有家属				已故家属		备注
	姓名	与户主关系	出生日期	民族	称呼	姓名	
家庭成员	秦泉生	户主	1933.12.23	汉			
	张银妹	妻子	1935.9.14	汉			
	赵红达	长子	1957.5.20	汉			
	杨春美	儿媳	1964.7.14	汉			
	秦 洁	孙子	1986.12.3	汉			
	曹海燕	孙媳	1986.11.25	汉			
	秦子怡	曾孙女	2010.2.8	汉			
	秦子轩	曾孙子	2012.1.7	汉			

家庭大事	1976年新建平房3间 1994年建造楼房3楼3底 2006年秦洁参军入伍，2007年12月入党，2008年11月退伍。获"优秀士兵"称号

张庄村第1村民小组

	现有家属				已故家属		备注
	姓名	与户主关系	出生日期	民族	称呼	姓名	
家庭成员	秦 瑶	户主	1981.8.10	汉	祖父	秦安全	
	沈利芬	妻子	1982.2.12	汉			
	沈佳旗	女儿	2004.6.27	汉			
	沈鑫琦	女儿	2009.1.25	汉			
	秦水根	父亲	1957.3.6	汉			
	刘海妹	母亲	1960.6.29	汉			
	张素珍	祖母	1938.8.13	汉			

家庭大事	1976年新建平房3间、辅房2间 2000年12月秦瑶参军入伍，2001年加入中国共产党，2002年12月退伍。获"优秀士兵"称号

张庄村第1村民小组

<table>
<tr><td rowspan="2"></td><td colspan="4">现有家属</td><td colspan="2">已故家属</td><td rowspan="2">备注</td></tr>
<tr><td>姓名</td><td>与户主关系</td><td>出生日期</td><td>民族</td><td>称呼</td><td>姓名</td></tr>
<tr><td rowspan="8">家庭成员</td><td>秦小男</td><td>户主</td><td>1952.11.10</td><td>汉</td><td></td><td></td><td></td></tr>
<tr><td>张泉英</td><td>妻子</td><td>1955.11.27</td><td>汉</td><td></td><td></td><td></td></tr>
<tr><td>秦　华</td><td>儿子</td><td>1978.3.15</td><td>汉</td><td></td><td></td><td></td></tr>
<tr><td>严惠珍</td><td>儿媳</td><td>1980.1.3</td><td>汉</td><td></td><td></td><td></td></tr>
<tr><td>秦安琪</td><td>孙女</td><td>2003.3.17</td><td>汉</td><td></td><td></td><td></td></tr>
<tr><td>秦安瑜</td><td>孙女</td><td>2007.4.6</td><td>汉</td><td></td><td></td><td></td></tr>
<tr><td></td><td></td><td></td><td></td><td></td><td></td><td></td></tr>
<tr><td></td><td></td><td></td><td></td><td></td><td></td><td></td></tr>
<tr><td>家庭大事</td><td colspan="7">1987年建造楼房3楼5底
2006年购买轿车1辆
2013年购买轿车1辆
2016年购买商品房1套</td></tr>
</table>

张庄村第1村民小组

<table>
<tr><td rowspan="2"></td><td colspan="4">现有家属</td><td colspan="2">已故家属</td><td rowspan="2">备注</td></tr>
<tr><td>姓名</td><td>与户主关系</td><td>出生日期</td><td>民族</td><td>称呼</td><td>姓名</td></tr>
<tr><td rowspan="8">家庭成员</td><td>秦小男</td><td>户主</td><td>1934.6.10</td><td>汉</td><td></td><td></td><td></td></tr>
<tr><td>蒋香妹</td><td>妻子</td><td>1940.9.27</td><td>汉</td><td></td><td></td><td></td></tr>
<tr><td>秦爱良</td><td>长子</td><td>1970.10.7</td><td>汉</td><td></td><td></td><td></td></tr>
<tr><td>秦林华</td><td>儿媳</td><td>1970.3.26</td><td>汉</td><td></td><td></td><td></td></tr>
<tr><td>秦艳萍</td><td>孙女</td><td>1993.6.16</td><td>汉</td><td></td><td></td><td></td></tr>
<tr><td></td><td></td><td></td><td></td><td></td><td></td><td></td></tr>
<tr><td></td><td></td><td></td><td></td><td></td><td></td><td></td></tr>
<tr><td></td><td></td><td></td><td></td><td></td><td></td><td></td></tr>
<tr><td>家庭大事</td><td colspan="7">1985年造楼房2楼2底、平房2间
2000年造平房2间
2009年购买面包车1辆
2014年秦艳萍毕业于苏州大学医药职业技术学院（本科）
2014年购买商品房1套（146平方米，花好月圆小区）
2016年购买轿车1辆</td></tr>
</table>

张庄村第1村民小组

家庭成员	现有家属				已故家属		备注
	姓名	与户主关系	出生日期	民族	称呼	姓名	
	秦祥荣	户主	1959.9.9	汉	祖父	秦小福	
	秦巧珍	妻子	1964.9.11	汉	祖母	邱白云	
	秦艳	女儿	1985.11.28	汉	父亲	秦玉书	
	秦诚	儿子	1989.10.16	汉			
	殷根妹	母亲	1932.8.29	汉			

家庭大事	1978年11月秦祥荣入伍，1980年5月入党，1981年12月退伍 1980年12月至1998年5月，秦祥荣担任副厂长、村委委员、民兵副营长、村建办副主任等职 1981年7月新建3间平房，1987年7月新建楼房2楼2底 1994年7月后院新建2间平房和2间四架头房屋 2000年7月后院翻建4楼4底 2012年秦诚毕业于苏州大学（国际商务专业，本科） 2013年6月购买轿车1辆

张庄村第1村民小组

家庭成员	现有家属				已故家属		备注
	姓名	与户主关系	出生日期	民族	称呼	姓名	
	沈利淑	户主	1986.10	汉	祖父	沈呆大	2013年5月24日父沈长泉与母高彩玲解除婚姻关系
	王向东	丈夫	1983.11	汉			
	王辛淼	长子	2010.6	汉			
	沈长泉	父亲	1963.9	汉			
	高彩玲	母亲	1962.8	汉			
	朱小妹	祖母	1935.6	汉			

家庭大事	1985年建造楼房 1994年购买拖拉机1辆 1995年购买农用车1辆 2002年建2间平房 2009年沈利淑毕业于盐城师范大学（大专）

张庄村第1村民小组

	现有家属				已故家属		备注
	姓名	与户主关系	出生日期	民族	称呼	姓名	
家庭成员	沈平华	户主	1967.5.24	汉	祖父	沈根荣	
	陈建珍	妻子	1967.9.17	汉	祖母	潘巧英	
	沈家帆	长女	1990.11.14	汉			
	沈根林	父亲	1932.1.12	汉			
	孙水妹	母亲	1938.6.6	汉			
家庭大事	1995年建造楼房3间2层						

张庄村第1村民小组

	现有家属				已故家属		备注
	姓名	与户主关系	出生日期	民族	称呼	姓名	
家庭成员	徐惠中	户主	1970.11.13	汉	父亲	徐大男	
	秦华	妻子	1971.9.10	汉	母亲	陆根宝	
	徐静	女儿	1994.2.19	汉			
家庭大事	1998年建造楼房3间2层、平房3间 2014年在陆慕购买商品房1套（142平方米） 2012年徐静就读于苏州卫生职业学校，学历大专。后升读本科						

张庄村第1村民小组

	现有家属				已故家属		备注
	姓名	与户主关系	出生日期	民族	称呼	姓名	
家庭成员	徐惠明	户主	1967.9.30	汉	父亲	徐大男	
	吴雪珍	妻子	1967.2.17	汉	母亲	陆根宝	
	徐　叶	长女	1992.1.10	汉			
	董晨星	女婿	1989.12.6	汉			
	董雨晴	孙女	2012.8.27	汉			
家庭大事	1996年建造楼房3间2层 2011年购买轿车1辆 2015年购买商品房1套						

张庄村第1村民小组

	现有家属				已故家属		备注
	姓名	与户主关系	出生日期	民族	称呼	姓名	
家庭成员	徐卫林	户主	1975.8.31	汉	曾祖父	徐留根	
	秦建珍	妻子	1975.12.25	汉	祖父	徐金生	
	徐冬秦	长子	1999.12.22	汉	祖母	徐小妹	
	薛老土	继父	1954.10.20	汉	父亲	徐根弟	
	徐卫芳	妹妹	1978.12.23	汉	母亲	陈桂珍	
家庭大事	1988年翻建楼房3间2层 2009年购买电脑1台 2013年购买轿车1辆						

张庄村第1村民小组

<table>
<tr><td rowspan="8">家庭成员</td><td colspan="4">现有家属</td><td colspan="2">已故家属</td><td rowspan="2">备注</td></tr>
<tr><td>姓名</td><td>与户主关系</td><td>出生日期</td><td>民族</td><td>称呼</td><td>姓名</td></tr>
<tr><td>徐水法</td><td>户主</td><td>1955.9.9</td><td>汉</td><td></td><td></td><td></td></tr>
<tr><td>张惠英</td><td>妻子</td><td>1959.9.6</td><td>汉</td><td></td><td></td><td></td></tr>
<tr><td>徐振华</td><td>长子</td><td>1982.5.5</td><td>汉</td><td></td><td></td><td></td></tr>
<tr><td>钱 鑫</td><td>儿媳</td><td>1984.5.31</td><td>汉</td><td></td><td></td><td></td></tr>
<tr><td>徐梓恒</td><td>孙子</td><td>2010.6.1</td><td>汉</td><td></td><td></td><td></td></tr>
<tr><td>徐书琪</td><td>孙女</td><td>2005.7.20</td><td>汉</td><td></td><td></td><td></td></tr>
<tr><td>家庭大事</td><td colspan="7">1990年建造楼房3楼3底，1996年建造平房3间
2004年徐振华毕业于常州信息职业技术学院（大专）
2007年钱鑫毕业于南京师范大学（本科）
2011年购买轿车1辆
2013年购买商品房1套（水漾花城）</td></tr>
</table>

张庄村第1村民小组

<table>
<tr><td rowspan="7">家庭成员</td><td colspan="4">现有家属</td><td colspan="2">已故家属</td><td rowspan="2">备注</td></tr>
<tr><td>姓名</td><td>与户主关系</td><td>出生日期</td><td>民族</td><td>称呼</td><td>姓名</td></tr>
<tr><td>徐锡林</td><td>户主</td><td>1950.2.15</td><td>汉</td><td>妻子</td><td>郑丙珍</td><td></td></tr>
<tr><td>徐 华</td><td>儿子</td><td>1978.10.16</td><td>汉</td><td>母亲</td><td>贝小招</td><td></td></tr>
<tr><td>徐仁余</td><td>孙子</td><td>2006.1.5</td><td>汉</td><td></td><td></td><td></td></tr>
<tr><td>徐灵瑜</td><td>孙女</td><td>2010.8.6</td><td>汉</td><td></td><td></td><td></td></tr>
<tr><td></td><td></td><td></td><td></td><td></td><td></td><td></td></tr>
<tr><td>家庭大事</td><td colspan="7">1989年翻建平房4间
2012年购买轿车1辆</td></tr>
</table>

张庄村第1村民小组

家庭成员	现有家属				已故家属		备注
	姓名	与户主关系	出生日期	民族	称呼	姓名	
	徐洪生	户主	1968.2.27	汉	祖母	贝小招	
	高梅玲	妻子	1968.7.20	汉			
	徐敏博	儿子	1991.11.23	汉			
	徐 诺	孙子	2015.12.14	汉			
	徐彐文	父亲	1942.5.18	汉			
	徐水娥	母亲	1947.9.17	汉			

家庭大事

1988年新建楼房3楼3底
2008年购商品房1套（永旺家园）
2012年购买轿车1辆
2013年徐敏博无锡五年制大专毕业

张庄村第1村民小组

家庭成员	现有家属				已故家属		备注
	姓名	与户主关系	出生日期	民族	称呼	姓名	
	秦水妹	户主	1957.8.7	汉	父亲	秦松庆	
	秦 忠	儿子	1986.11	汉	母亲	殷根妹	
	秦萍萍	女儿	1981.10	汉	丈夫	秦巧根	
	倪以朋	女婿	1983.1	汉			
	秦 倪	孙子	2007.9	汉			
	秦悦欣	孙女	2014.9	汉			

家庭大事

1986年建造楼房3间2层
1993年造平房3间
1995年建造楼房3间2层
2002年11月倪以朋入伍，2004年退伍
2003年2月秦萍萍毕业于南京大学（行政管理专业，本科）
2017年7月倪以朋毕业于北京外国语学院（工商管理专业，本科）

张庄村第1村民小组

		现有家属			已故家属		备注
	姓名	与户主关系	出生日期	民族	称呼	姓名	
家庭成员	秦阿二	户主	1961.1.5	汉	父亲	秦安全	
	朱金娣	妻子	1962.2.17	汉			
	秦晓芳	长女	1986.12.6	汉			
	杨志伟	女婿	1982.7.20	汉			
	杨蕊嘉	孙女	2012.4.23	汉			
	秦礼铭	孙子	2014.4.11	汉			
	张素珍	母亲	1938.8.13	汉			
家庭大事	1979年11月秦阿二入伍，1980年12月退伍。获嘉奖1次 1992年建造楼房3间2层 2005年秦晓芳毕业于南京理工学院（本科）						

张庄村第1村民小组

		现有家属			已故家属		备注
	姓名	与户主关系	出生日期	民族	称呼	姓名	
家庭成员	秦冬青	户主	1974.12.22	汉	祖母	秦凤宝	
	汤育琴	妻子	1975.4.7	汉			
	秦子初	长子	1997.8.19	汉			
	秦福荣	父亲	1950.9.8	汉			
	秦小玲	母亲	1949.9.17	汉			
家庭大事	1988年建造楼房2楼2底 1995年后面猪棚翻建平房2间 2002年创办苏州子晨塑胶有限公司，注册资金150万元，年产值500万元 2005年购买轿车1辆 2005年5月秦冬青加入中国共产党 2007年5月秦冬青担任华星党支部书记 2011年购买商品房1套（280平方米）						

张庄村第1村民小组

	现有家属				已故家属		备注
	姓名	与户主关系	出生日期	民族	称呼	姓名	
家庭成员	秦建新	户主	1970.11.3	汉	父亲	秦玉林	
	陈金珍	妻子	1971.4.6	汉			
	秦佳	长子	1993.9.15	汉			
	俞琼	长媳	1992.8.1	汉			
	汤阿二	母亲	1941.9.5	汉			
家庭大事	1988年建造楼房3楼3底（151.2平方米） 2012年12月秦佳参军入伍，2014年12月退伍 2015年购买轿车1辆						

张庄村第1村民小组

	现有家属				已故家属		备注
	姓名	与户主关系	出生日期	民族	称呼	姓名	
家庭成员	秦健林	户主	1965.11	汉	曾祖父	秦万隆	秦健林夫妇俩已离婚 秦小男又名阿七男
	孟水英	妻子	1965.8	汉	曾祖母	秦门朱氏	
	秦祎	儿子	1989.11	汉	祖父	秦汉松	
	钱澜	儿媳	1987.6	汉	祖母	沈妹玲	
	秦小男	父亲	1945.11	汉			
	秦秋英	母亲	1954.1	汉			
家庭大事	1987年10月秦小男加入中国共产党 1987年秦小男担任张庄水泥制品厂厂长（法定代表人） 1988年新建别墅式楼房1幢 1999年7月孟水英加入中国共产党 2013年7月秦祎毕业于南京工业大学（本科）						

张庄村第1村民小组

<table>
<tr><td rowspan="2"></td><td colspan="4">现有家属</td><td colspan="2">已故家属</td><td rowspan="2">备注</td></tr>
<tr><td>姓名</td><td>与户主关系</td><td>出生日期</td><td>民族</td><td>称呼</td><td>姓名</td></tr>
<tr><td rowspan="10">家庭成员</td><td>沈根男</td><td>户主</td><td>1948.7.27</td><td>汉</td><td></td><td></td><td></td></tr>
<tr><td>严福妹</td><td>妻子</td><td>1952.9.5</td><td>汉</td><td></td><td></td><td></td></tr>
<tr><td>沈建青</td><td>儿子</td><td>1979.2.7</td><td>汉</td><td></td><td></td><td></td></tr>
<tr><td>黄海容</td><td>儿媳</td><td>1977.3.6</td><td>汉</td><td></td><td></td><td></td></tr>
<tr><td>沈　钰</td><td>孙女</td><td>2002.7.28</td><td>汉</td><td></td><td></td><td></td></tr>
<tr><td>沈蕴涛</td><td>孙子</td><td>2014.6.5</td><td>汉</td><td></td><td></td><td></td></tr>
<tr><td>沈惠新</td><td>长子</td><td>1976.7.23</td><td>汉</td><td></td><td></td><td></td></tr>
<tr><td>张美华</td><td>儿媳</td><td>1980.12.20</td><td>汉</td><td></td><td></td><td></td></tr>
<tr><td>张沈彦</td><td>孙女</td><td>2001.9.9</td><td>汉</td><td></td><td></td><td></td></tr>
<tr><td>沈雅妍</td><td>孙女</td><td>2010.2.26</td><td>汉</td><td></td><td></td><td></td></tr>
<tr><td>家庭大事</td><td colspan="7">1989年新建楼房2楼2底（120平方米）
1992年批地新建平房3间
2010年购买轿车1辆</td></tr>
</table>

张庄村第2村民小组

		现有家属			已故家属		备注
	姓名	与户主关系	出生日期	民族	称呼	姓名	
家庭成员	蒋小龙	户主	1964.11.26	汉			
	杨菊英	妻子	1964.11.28	汉			
	蒋银华	长子	1987.10.14	汉			
	沈贤敏	儿媳	1986.6.9	汉			
	蒋一苇	孙女	2014.5.4	汉			
	蒋洪达	父亲	1931.8.12	汉			
	陆阿林	母亲	1941.5.19	汉			

家庭大事	1958年蒋洪达担任东家生产队会计，1960年担任东家生产队队长 1990年建造楼房3楼4底 2005年购买轿车1辆，2010年购买商品房1套（230平方米） 杨菊英 1993年担任张庄村妇女委员会副主任 1995年4月加入中国共产党 1996年10月任张庄村妇女主任 1998年1月当选为吴县市第十二届人大代表 2001年当选为相城区第一届人大代表 2005年担任张庄村党总支副书记 2007年当选为相城区第二届人大代表 2007年担任张庄村委会主任 2007年被评为相城区劳动模范、相城区社区建设先进个人 2009年荣获相城区"五好文明家庭"称号 2012年荣获相城区"三八"红旗手称号 2012年当选为相城区第三届人大代表 2014年被江苏省妇女联合会评为"江苏省优秀女村官" 2016年被评为相城区优秀共产党员

张庄村第2村民小组

	现有家属				已故家属		备注
	姓名	与户主关系	出生日期	民族	称呼	姓名	
家庭成员	蒋林法	户主	1956.9.24	汉	父亲	蒋洪良	
	郭玉珍	妻子	1958.4.14	汉	母亲	吴振妹	
	蒋 伟	儿子	1981.12.5	汉			
家庭大事	1977年12月蒋林法入伍，1979年2月加入中国共产党，1979年12月退伍 2003年7月蒋伟毕业于南京大学（本科），现入职三星公司 2013年购买商品房1套（141平方米） 2013年购买轿车1辆 2016年购买轿车1辆						

张庄村第2村民小组

	现有家属				已故家属		备注
	姓名	与户主关系	出生日期	民族	称呼	姓名	
家庭成员	蒋福林	户主	1957.2.27	汉	父亲	蒋洪初	
	杨桂珍	妻子	1956.4.28	汉	母亲	韩爱宝	
	蒋 廷	长子	1982.11.17	汉			
	朱国红	儿媳	1982.10.23	汉			
	蒋心悦	孙女	2005.6.22	汉			
	蒋心媛	孙女	2012.11.16	汉			
家庭大事	1979年蒋福林毕业于苏州五七农业大学（苏州市农村干部学院）（大专） 1983年蒋福林加入中国共产党 1986年省"百万青年兴百业"竞赛活动中，蒋福林被授予"致富能手"称号 1988年蒋福林获市科技协会优秀学术论文三等奖，1990年被吴县水产局评审为助理工程师 1992年将三间平房翻建为楼房3楼3底 2010年购买轿车1辆 2013年购买商品房1套（156平方米）						

张庄村第2村民小组

	现有家属				已故家属		备注
	姓名	与户主关系	出生日期	民族	称呼	姓名	
家庭成员	刘大男	户主	1952.10.5	汉	父亲	刘文英	
	朱素英	妻子	1954.6.4	汉	母亲	陆姐媛	
	刘凤根	长子	1981.3.2	汉			
	代迎东	儿媳	1978.10.23	汉			
	刘鑫烨	长孙	2004.9.23	汉			
	刘宸宇	次孙	2013.1.4	汉			
家庭大事	1995年新建楼房2间 2007年购买电脑、空调 2012年购买轿车1辆						

张庄村第2村民小组

	现有家属				已故家属		备注
	姓名	与户主关系	出生日期	民族	称呼	姓名	
家庭成员	高秋英	户主	1956.7.15	汉	丈夫	刘金才	
	刘斌	长子	1980.9.29	汉			
	黄冬云	儿媳	1977.11.8	汉			
	刘静怡	孙女	2005.10.23	汉			
	刘嘉怡	孙女	2010.7.8	汉			
家庭大事	1988年新建楼房3楼3底 2014年购买轿车1辆						

张庄村第2村民小组

<table>
<tr><td rowspan="2"></td><td colspan="4">现有家属</td><td colspan="2">已故家属</td><td rowspan="2">备注</td></tr>
<tr><td>姓名</td><td>与户主关系</td><td>出生日期</td><td>民族</td><td>称呼</td><td>姓名</td></tr>
<tr><td rowspan="8">家庭成员</td><td>刘文才</td><td>户主</td><td>1945.11.15</td><td>汉</td><td>父亲</td><td>刘水根</td><td></td></tr>
<tr><td>李水英</td><td>妻子</td><td>1951.8.18</td><td>汉</td><td></td><td></td><td></td></tr>
<tr><td>刘建新</td><td>长子</td><td>1970.11.20</td><td>汉</td><td></td><td></td><td></td></tr>
<tr><td>刘卫娟</td><td>长媳</td><td>1970.9.11</td><td>汉</td><td></td><td></td><td></td></tr>
<tr><td>刘 禹</td><td>孙子</td><td>1993.12.7</td><td>汉</td><td></td><td></td><td></td></tr>
<tr><td></td><td></td><td></td><td></td><td></td><td></td><td></td></tr>
<tr><td></td><td></td><td></td><td></td><td></td><td></td><td></td></tr>
<tr><td></td><td></td><td></td><td></td><td></td><td></td><td></td></tr>
<tr><td>家庭大事</td><td colspan="7">1985年新建楼房（150平方米）</td></tr>
</table>

张庄村第2村民小组

<table>
<tr><td rowspan="2"></td><td colspan="4">现有家属</td><td colspan="2">已故家属</td><td rowspan="2">备注</td></tr>
<tr><td>姓名</td><td>与户主关系</td><td>出生日期</td><td>民族</td><td>称呼</td><td>姓名</td></tr>
<tr><td rowspan="8">家庭成员</td><td>秦福泉</td><td>户主</td><td>1959.10.2</td><td>汉</td><td>父亲</td><td>秦阿根</td><td></td></tr>
<tr><td>薛三妹</td><td>妻子</td><td>1963.4.16</td><td>汉</td><td>母亲</td><td>陈秀英</td><td></td></tr>
<tr><td>秦雪莲</td><td>长女</td><td>1985.10.10</td><td>汉</td><td></td><td></td><td></td></tr>
<tr><td>彭国好</td><td>女婿</td><td>1981.10.21</td><td>汉</td><td></td><td></td><td></td></tr>
<tr><td>秦天乐</td><td>孙子</td><td>2008.6.24</td><td>汉</td><td></td><td></td><td></td></tr>
<tr><td>彭天祥</td><td>孙子</td><td>2009.8.16</td><td>汉</td><td></td><td></td><td></td></tr>
<tr><td></td><td></td><td></td><td></td><td></td><td></td><td></td></tr>
<tr><td></td><td></td><td></td><td></td><td></td><td></td><td></td></tr>
<tr><td>家庭大事</td><td colspan="7">1978年12月秦福泉参军入伍，1982年1月退伍。获连嘉奖1次
2000年翻建平房4间</td></tr>
</table>

张庄村第2村民小组

	现有家属				已故家属		备注
	姓名	与户主关系	出生日期	民族	称呼	姓名	
家庭成员	秦宝康	户主	1956.10.2	汉			
	朱树珍	妻子	1970.8.7	汉			
	秦 瑜	儿子	1981.9.27	汉			
	倪新芳	儿媳	1985.8.14	汉			
	秦 菲	女儿	1991.12.10	汉			
	秦奕然	孙女	2010.12.10	汉			

家庭大事	1988年建楼房3楼4底 2004年秦瑜毕业于南京工程学院（本科） 2006年倪新芳毕业于苏州大学（本科）

张庄村第2村民小组

	现有家属				已故家属		备注
	姓名	与户主关系	出生日期	民族	称呼	姓名	
家庭成员	秦才根	户主	1948.11.25	汉			
	沈阿林	妻子	1953.2.22	汉			
	秦海红	长子	1979.3.1	汉			
	杜兴荣	儿媳	1980.8.12	汉			
	秦子阳	孙子	2002.1.27	汉			

家庭大事	1988年新建住房（150平方米） 2010年购汽车1辆

张庄村第2村民小组

<table>
<tr><td rowspan="2"></td><td colspan="4">现有家属</td><td colspan="2">已故家属</td><td rowspan="2">备注</td></tr>
<tr><td>姓名</td><td>与户主关系</td><td>出生日期</td><td>民族</td><td>称呼</td><td>姓名</td></tr>
<tr><td rowspan="8">家庭成员</td><td>秦保华</td><td>户主</td><td>1966.10.9</td><td>汉</td><td>父亲</td><td>秦国祥</td><td></td></tr>
<tr><td>陈红红</td><td>妻子</td><td>1967.10.24</td><td>汉</td><td>母亲</td><td>秦桂宝</td><td></td></tr>
<tr><td>秦梦海</td><td>长子</td><td>1989.9.13</td><td>汉</td><td></td><td></td><td></td></tr>
<tr><td>张晓娜</td><td>儿媳</td><td>1990.1.7</td><td>汉</td><td></td><td></td><td></td></tr>
<tr><td>秦梓妍</td><td>孙女</td><td>2013.5.18</td><td>汉</td><td></td><td></td><td></td></tr>
<tr><td>秦诗妍</td><td>孙女</td><td>2016.8.1</td><td>汉</td><td></td><td></td><td></td></tr>
<tr><td></td><td></td><td></td><td></td><td></td><td></td><td></td></tr>
<tr><td></td><td></td><td></td><td></td><td></td><td></td><td></td></tr>
<tr><td>家庭大事</td><td colspan="7">1994年建造楼房3间2层、辅房3间
2002年购买汽车1辆
2010年购买北桥公寓房1套（51.07平方米）
2011年捐款1000元
2012年购买轿车1辆
2014年购买商品房1套（121.7平方米，元和街道玉成路76号）</td></tr>
</table>

张庄村第2村民小组

<table>
<tr><td rowspan="2"></td><td colspan="4">现有家属</td><td colspan="2">已故家属</td><td rowspan="2">备注</td></tr>
<tr><td>姓名</td><td>与户主关系</td><td>出生日期</td><td>民族</td><td>称呼</td><td>姓名</td></tr>
<tr><td rowspan="8">家庭成员</td><td>秦火生</td><td>户主</td><td>1952.8</td><td>汉</td><td>父亲</td><td>秦招根</td><td></td></tr>
<tr><td>汤大妹</td><td>妻子</td><td>1954.9</td><td>汉</td><td>母亲</td><td>陆杏宝</td><td></td></tr>
<tr><td>秦惠庆</td><td>长子</td><td>1979.8</td><td>汉</td><td></td><td></td><td></td></tr>
<tr><td>沈晓丽</td><td>儿媳</td><td>1982.11</td><td>汉</td><td></td><td></td><td></td></tr>
<tr><td>秦君瑶</td><td>孙女</td><td>2007.7</td><td>汉</td><td></td><td></td><td></td></tr>
<tr><td>秦君羿</td><td>孙子</td><td>2010.2</td><td>汉</td><td></td><td></td><td></td></tr>
<tr><td></td><td></td><td></td><td></td><td></td><td></td><td></td></tr>
<tr><td></td><td></td><td></td><td></td><td></td><td></td><td></td></tr>
<tr><td>家庭大事</td><td colspan="7">1987年11月秦火生加入中国共产党
1993年新建住房（150平方米）
2010年购买轿车1辆
2016年购买商品房（90平方米）</td></tr>
</table>

张庄村第2村民小组

	现有家属				已故家属		备注
	姓名	与户主关系	出生日期	民族	称呼	姓名	
家庭成员	秦腊男	户主	1936.7.15	汉	父亲	刘土泉	
	刘金林	妻子	1942.5.7	汉	母亲	毛小妹	
	秦小龙	次子	1967.8.30	汉			
	陈妹珍	儿媳	1967.11.17	汉			
	秦玉华	孙女	1990.12.13	汉			
	秦一苒	曾孙女	2014.10.7	汉			
家庭大事	1982年建造楼房3楼3底 1997年翻建楼房，建4间平房 2014年购买轿车1辆						

张庄村第2村民小组

	现有家属				已故家属		备注
	姓名	与户主关系	出生日期	民族	称呼	姓名	
家庭成员	秦泉根	户主	1952.1.29	汉	父亲	秦杏根	
	沈玉珍	妻子	1951.8.14	汉	母亲	杨阿三	
	秦新华	儿子	1977.12.5	汉			
	俞秀珍	儿媳	1979.12.23	汉			
	秦朗天	孙女	2002.8.31	汉			
家庭大事	1985年新建住房（180平方米） 2000年购买商品房1套（蠡口芙蓉新村） 2002年购买轿车1辆 2008年购买商品房1套（合景峰汇） 2009年购买轿车1辆 2013年购买轿车1辆						

张庄村第2村民小组

<table>
<tr><th rowspan="2">家庭成员</th><th colspan="4">现有家属</th><th colspan="2">已故家属</th><th rowspan="2">备注</th></tr>
<tr><th>姓名</th><th>与户主关系</th><th>出生日期</th><th>民族</th><th>称呼</th><th>姓名</th></tr>
<tr><td>秦金康</td><td>户主</td><td>1971.3.22</td><td>汉</td><td></td><td></td><td></td></tr>
<tr><td>秦惠英</td><td>妻子</td><td>1972.9.6</td><td>汉</td><td></td><td></td><td></td></tr>
<tr><td>秦莉</td><td>女儿</td><td>1994.6.24</td><td>汉</td><td></td><td></td><td></td></tr>
<tr><td>秦三男</td><td>父亲</td><td>1942.5.6</td><td>汉</td><td></td><td></td><td></td></tr>
<tr><td>秦阿四</td><td>母亲</td><td>1944.1.8</td><td>汉</td><td></td><td></td><td></td></tr>
<tr><td></td><td></td><td></td><td></td><td></td><td></td><td></td></tr>
<tr><td></td><td></td><td></td><td></td><td></td><td></td><td></td></tr>
<tr><td></td><td></td><td></td><td></td><td></td><td></td><td></td></tr>
<tr><td>家庭大事</td><td colspan="7">1984年新建楼房2楼3底
1990年3月秦金康入伍，1991年12月入党，1995年12月退伍
2000年建造厂房600平方米
2002年翻建楼房4楼4底
2010年购买商品房1套
2015年秦莉毕业于苏州经贸职业技术学院（大专）
2016年购买轿车1辆</td></tr>
</table>

张庄村第2村民小组

<table>
<tr><th rowspan="2">家庭成员</th><th colspan="4">现有家属</th><th colspan="2">已故家属</th><th rowspan="2">备注</th></tr>
<tr><th>姓名</th><th>与户主关系</th><th>出生日期</th><th>民族</th><th>称呼</th><th>姓名</th></tr>
<tr><td>秦水松</td><td>户主</td><td>1954.1.21</td><td>汉</td><td>父亲</td><td>秦阿三</td><td></td></tr>
<tr><td>韩彩英</td><td>妻子</td><td>1954.5.27</td><td>汉</td><td>母亲</td><td>严根金</td><td></td></tr>
<tr><td>秦韶华</td><td>儿子</td><td>1986.10.2</td><td>汉</td><td></td><td></td><td></td></tr>
<tr><td>金璟</td><td>儿媳</td><td>1986.10.2</td><td>汉</td><td></td><td></td><td></td></tr>
<tr><td>秦玥</td><td>孙女</td><td>2010.2.19</td><td>汉</td><td></td><td></td><td></td></tr>
<tr><td>秦祎</td><td>孙子</td><td>2015.6.21</td><td>汉</td><td></td><td></td><td></td></tr>
<tr><td>秦萍华</td><td>女儿</td><td>1976.11.27</td><td>汉</td><td></td><td></td><td></td></tr>
<tr><td>家庭大事</td><td colspan="7">1970年秦水松初中毕业后在家务农，1973年在本村当电工
1985年新建2层楼房（120平方米）
1987年秦水松被省电力工业局和省电力工会评为"优秀农村电工"
1988~1991年、1994年秦水松被吴县供电局评为"优秀农村电工"
1995年4月秦水松入党
1998年秦萍华毕业于吴县财会职中，2010年秦韶华毕业于南通子浪学院（大专），2011年金璟毕业于南京经贸学院（大专）
2003年翻建楼房2楼2底
2012年购买商品房1套（150平方米），2014年、2016年分别购买轿车1辆</td></tr>
</table>

张庄村第2村民小组

	现有家属				已故家属		备注
	姓名	与户主关系	出生日期	民族	称呼	姓名	
家庭成员	秦建国	户主	1970.2	汉	父亲	秦松岩	
	张盘英	妻子	1970.10	汉			
	秦依月	长女	1993.11	汉			
	章盘妹	母亲	1950.4	汉			

家庭大事	1985年秦建国考入新苏师范（大专），1988年张庄小学任教 1990年调至蠡口中心小学任教 1993年9月搬入蠡口小学教师楼，面积54平方米（已售出） 2001年购买蠡明小区商品房1套，面积101平方米 2014年购买水漾花城商品房1套，面积141平方米

张庄村第2村民小组

	现有家属				已故家属		备注
	姓名	与户主关系	出生日期	民族	称呼	姓名	
家庭成员	秦松岳	户主	1934.7.6	汉	女婿	陈四男	
	陆金根	妻子	1938.1.1	汉			
	秦林妹	长女	1964.1.6	汉			
	秦 凯	孙子	1986.4.14	汉			
	范玲玲	孙媳	1986.7.14	汉			
	秦昊霆	曾孙	2008.12.3	汉			
	秦 媛	曾孙女	2012.12.16	汉			

家庭大事	1955年3月秦松岳入伍，1958年4月退伍。三等乙级伤残，班长 1962年秦松岳担任东家生产队会计 2007年7月秦凯毕业于南通紫琅职业技术学院（大专） 2007年7月范玲玲毕业于南通紫琅职业技术学院（大专）

张庄村第2村民小组

	现有家属				已故家属		备注
	姓名	与户主关系	出生日期	民族	称呼	姓名	
家庭成员	秦冬林	户主	1969.12.16	汉			
	郑丽萍	妻子	1971.8.12	汉			
	秦　诚	儿子	1992.10.14	汉			

家庭大事	1999年原村建楼房调陈卫兴后，建别墅式楼房1幢 秦诚 2011~2013年就读于湖南水利水电职业技术学院（工程造价专业） 2014~2016年就读于长沙理工大学（建筑工程专业，本科） 2013年11月参军入伍，2015年11月退伍 2015年6月加入中国共产党

张庄村第2村民小组

	现有家属				已故家属		备注
	姓名	与户主关系	出生日期	民族	称呼	姓名	
家庭成员	秦兴根	户主	1953.11.11	汉			
	岳林燕	妻子	1957.1.18	汉			
	吴孝良	儿子	1981.7.24	汉			
	秦攀峰	儿子	1985.8.6	汉			
	宫雪宁	儿媳	1980.3.23	汉			
	秦子昊	孙子	2012.10.10	汉			

家庭大事	1977年新建平房3间 1995年将平房翻建为楼房3楼3底 2007年秦攀峰毕业于常州机电学院（大专）

张庄村第2村民小组

	现有家属				已故家属		备注
	姓名	与户主关系	出生日期	民族	称呼	姓名	
家庭成员	秦玉楼	户主	1944.11.17	汉	父亲	秦小福	
	郭巧英	妻子	1944.7.7	汉			
	秦海平	长子	1969.7.8	汉			
	孙文珍	儿媳	1971.2.20	汉			
	秦孝旭	孙子	1992.12.21	汉			
	尤瑜倩	孙媳	1993.5.19	汉			
	尤泽涵	曾孙女	2016.8.20	汉			
家庭大事	1988年将平房翻建为楼房3楼4底 2006年购买电脑2台 2013年购买轿车1辆						

张庄村第2村民小组

	现有家属				已故家属		备注
	姓名	与户主关系	出生日期	民族	称呼	姓名	
家庭成员	秦永兴	户主	1962.3.8	汉	父亲	秦招根	
	徐桂花	妻子	1966.1.31	汉	母亲	陆杏宝	
	秦秀文	长女	1987.3.8	汉			
	秦徐杰	长子	2005.1.15	汉			
家庭大事	1988年建造楼房3楼3底						

张庄村第2村民小组

<table>
<tr><td rowspan="10">家庭成员</td><td colspan="4">现有家属</td><td colspan="2">已故家属</td><td rowspan="2">备注</td></tr>
<tr><td>姓名</td><td>与户主关系</td><td>出生日期</td><td>民族</td><td>称呼</td><td>姓名</td></tr>
<tr><td>沈建龙</td><td>户主</td><td>1968.2.8</td><td>汉</td><td>祖父</td><td>沈根荣</td><td></td></tr>
<tr><td>杨美珍</td><td>妻子</td><td>1969.3</td><td>汉</td><td>祖母</td><td>潘巧英</td><td></td></tr>
<tr><td>沈芸</td><td>女儿</td><td>1992.12</td><td>汉</td><td>母亲</td><td>陈秀英</td><td></td></tr>
<tr><td>沈绪</td><td>女婿</td><td>1991.11</td><td>汉</td><td></td><td></td><td></td></tr>
<tr><td>沈佑辰</td><td>孙子</td><td>2016.4</td><td>汉</td><td></td><td></td><td></td></tr>
<tr><td>沈冠庆</td><td>父亲</td><td>1941.11</td><td>汉</td><td></td><td></td><td></td></tr>
<tr><td></td><td></td><td></td><td></td><td></td><td></td><td></td></tr>
<tr><td></td><td></td><td></td><td></td><td></td><td></td><td></td></tr>
</table>

家庭大事

1990年翻建楼房2间2层
1993年造平房五架屋1间
2012年1月购买轿车1辆
2013年1月购买生田村金荷小区房子1套

张庄村第2村民小组

<table>
<tr><td rowspan="10">家庭成员</td><td colspan="4">现有家属</td><td colspan="2">已故家属</td><td rowspan="2">备注</td></tr>
<tr><td>姓名</td><td>与户主关系</td><td>出生日期</td><td>民族</td><td>称呼</td><td>姓名</td></tr>
<tr><td>沈建康</td><td>户主</td><td>1959.1.17</td><td>汉</td><td>祖父</td><td>沈根荣</td><td></td></tr>
<tr><td>朱留芬</td><td>妻子</td><td>1963.5.1</td><td>汉</td><td>祖母</td><td>潘巧英</td><td></td></tr>
<tr><td>沈尧</td><td>长子</td><td>1986.1.15</td><td>汉</td><td>父亲</td><td>沈茹庆</td><td></td></tr>
<tr><td>朱洁</td><td>儿媳</td><td>1986.1.16</td><td>汉</td><td></td><td></td><td></td></tr>
<tr><td>沈艳</td><td>长女</td><td>1994.5.18</td><td>汉</td><td></td><td></td><td></td></tr>
<tr><td>沈瑞熙</td><td>孙女</td><td>2010.1.25</td><td>汉</td><td></td><td></td><td></td></tr>
<tr><td></td><td></td><td></td><td></td><td></td><td></td><td></td></tr>
<tr><td></td><td></td><td></td><td></td><td></td><td></td><td></td></tr>
</table>

家庭大事

1988年新建住房（150平方米）

张庄村第2村民小组

家庭成员	现有家属				已故家属		备注
	姓名	与户主关系	出生日期	民族	称呼	姓名	
	沈梅花	户主	1954.1.29	汉	父亲	沈佰林	
	田妹妹	妻子	1955.12.6	汉	母亲	金云媛	
	沈正华	儿子	1980.2.24	汉			
	魏娟	儿媳	1980.6.14	汉			
	沈兴杰	孙子	2002.12.19	汉			
	沈兴豪	孙子	2011.10.28	汉			

家庭大事	1985年集体分配4间平房 1990年建造楼房3间2层

张庄村第2村民小组

家庭成员	现有家属				已故家属		备注
	姓名	与户主关系	出生日期	民族	称呼	姓名	
	沈建明	户主	1964.3.28	汉	祖父	沈根荣	
	杨妹妹	妻子	1964.11.4	汉	祖母	潘巧英	
	沈丹妮	女儿	1987.10.3	汉	父亲	沈茹庆	
	赵启文	女婿	1988.8.2	汉			
	沈宸羽	孙女	2014.6.18	汉			
	赵胤彤	外孙女	2012.5.31	汉			
	沈玉英	母亲	1940.11.10	汉			

家庭大事	1977年新建平房3间 2008年沈丹妮加入中国共产党，2011年毕业于南京林业大学（本科） 2010年赵启文加入中国共产党，2011年毕业于南京解放军国际关系学院（本科） 2014年沈丹妮担任元和街道唐家村党委委员 2016年沈丹妮担任元和街道康桥花园社区党委副书记 2016年沈丹妮被评为"苏州优秀党务工作者"

张庄村第2村民小组

<table>
<tr><td rowspan="2"></td><td colspan="4">现有家属</td><td colspan="2">已故家属</td><td rowspan="2">备注</td></tr>
<tr><td>姓名</td><td>与户主关系</td><td>出生日期</td><td>民族</td><td>称呼</td><td>姓名</td></tr>
<tr><td rowspan="8">家庭成员</td><td>沈彐明</td><td>户主</td><td>1965.7.20</td><td>汉</td><td>父亲</td><td>沈水根</td><td></td></tr>
<tr><td>姚娟英</td><td>妻子</td><td>1964.10.16</td><td>汉</td><td></td><td></td><td></td></tr>
<tr><td>沈凯</td><td>长子</td><td>1988.11.19</td><td>汉</td><td></td><td></td><td></td></tr>
<tr><td>张桂英</td><td>母亲</td><td>1939.3.8</td><td>汉</td><td></td><td></td><td></td></tr>
<tr><td></td><td></td><td></td><td></td><td></td><td></td><td></td></tr>
<tr><td></td><td></td><td></td><td></td><td></td><td></td><td></td></tr>
<tr><td></td><td></td><td></td><td></td><td></td><td></td><td></td></tr>
<tr><td></td><td></td><td></td><td></td><td></td><td></td><td></td></tr>
<tr><td>家庭大事</td><td colspan="7">1988年新建楼房2楼2底
2003年后面翻建楼房2楼2底</td></tr>
</table>

张庄村第2村民小组

<table>
<tr><td rowspan="2"></td><td colspan="4">现有家属</td><td colspan="2">已故家属</td><td rowspan="2">备注</td></tr>
<tr><td>姓名</td><td>与户主关系</td><td>出生日期</td><td>民族</td><td>称呼</td><td>姓名</td></tr>
<tr><td rowspan="8">家庭成员</td><td>徐阿三</td><td>户主</td><td>1949.10.25</td><td>汉</td><td>父亲</td><td>徐火根</td><td></td></tr>
<tr><td>高才珍</td><td>妻子</td><td>1952.12.15</td><td>汉</td><td>母亲</td><td>徐阿二</td><td></td></tr>
<tr><td>徐鸣</td><td>儿子</td><td>1976.10.5</td><td>汉</td><td></td><td></td><td></td></tr>
<tr><td>王卫琴</td><td>儿媳</td><td>1978.2.4</td><td>汉</td><td></td><td></td><td></td></tr>
<tr><td>徐以欣</td><td>孙女</td><td>2005.2.2</td><td>汉</td><td></td><td></td><td></td></tr>
<tr><td></td><td></td><td></td><td></td><td></td><td></td><td></td></tr>
<tr><td></td><td></td><td></td><td></td><td></td><td></td><td></td></tr>
<tr><td></td><td></td><td></td><td></td><td></td><td></td><td></td></tr>
<tr><td>家庭大事</td><td colspan="7">1996年新建平房5间
2002年徐鸣毕业于江苏理工大学（机械专业，本科）
2005年王卫琴毕业于南京师范大学（本科）
2005年购买轿车1辆
2007年购买商品房1套（100平方米）</td></tr>
</table>

张庄村第2村民小组

	姓名	与户主关系	出生日期	民族	称呼	姓名	备注
家庭成员	徐爱明	户主	1968.3.12	汉	父亲	徐水生	
	陆秀兰	妻子	1969.7.10	汉			
	徐 晶	长女	1991.12.27	汉			
	徐 璐	次女	1997.7.5	汉			
家庭大事	1998年新建楼房2楼2底						

张庄村第2村民小组

	姓名	与户主关系	出生日期	民族	称呼	姓名	备注
家庭成员	徐林根	户主	1938.9.3	汉	祖父	徐根寿	
	徐招玲	妻子	1941.9.30	汉	祖母	徐庄妹	
	徐小菊	女儿	1965.11.27	汉			
	姚建男	女婿	1963.4.23	汉			
	徐岑玲	孙女	1986.8.14	汉			
	徐姚育	孙子	1990.5.3	汉			
	郑亚红	孙媳	1990.10.20	汉			
	徐哲成	曾孙	2015.7.20	汉			
家庭大事	1980年11月姚建男入伍，1984年1月退伍 1991年新建楼房3楼3底 2012年徐姚育毕业于南京晓庄学院（大专） 2013年购买轿车1辆						

张庄村第2村民小组

		现有家属			已故家属		备注
	姓名	与户主关系	出生日期	民族	称呼	姓名	
家庭成员	薛培根	户主	1950.3	汉	父亲	薛家林	
	秦根妹	妻子	1951.11	汉	母亲	高招林	
	薛 芳	长女	1976.9	汉			
	薛 英	次女	1980.10	汉			
	陆正浦	女婿	1970.10	汉			
	薛毅阳	孙子	2002.12	汉			
	陆毅恬	孙女	2011.6	汉			
家庭大事	1980年薛培根担任张庄村招待所所长 1990年新建楼房3楼3底 1993年9月薛培根加入中国共产党 2008年购买商品房1套（230平方米）						

张庄村第2村民小组

		现有家属			已故家属		备注
	姓名	与户主关系	出生日期	民族	称呼	姓名	
家庭成员	蒋建明	户主	1973.1.5	汉	祖父	蒋水根	
	陆 叶	妻子	1976.2.7	汉	祖母	薛妹根	
	蒋雪怡	长女	1997.1.22	汉	父亲	邹阿四	
	蒋泽君	长子	2005.3.1	汉			
	蒋小妹	母亲	1950.4.6	汉			
家庭大事	1985年新建楼房2楼2底（120平方米） 2001年建造厂房1300平方米 2004年购买轿车1辆 2011年购买商品房1套（143平方米）						

张庄村第2村民小组

	现有家属				已故家属		备注
	姓名	与户主关系	出生日期	民族	称呼	姓名	
家庭成员	蒋卫龙	户主	1966.12.8	汉	祖父	蒋洪年	
	沈建英	妻子	1967.2.1	汉	祖母	陆杏宝	
	蒋家娴	长女	1989.10.29	汉	父亲	蒋炳泉	
	袁航	女婿	1988.8	汉	母亲	毛金娥	
家庭大事	1995年新建楼房3楼3底 2000年新建苏州市宏达电器塑胶厂 2001年6月蒋卫龙加入中国共产党 2005年购买轿车1辆 2006年蒋卫龙担任张庄村党总支委员、宏达电器塑胶厂党支部书记 2008年购买别墅1套（300平方米） 2011年蒋家娴毕业于常熟理工学院（本科）						

张庄村第2村民小组

	现有家属				已故家属		备注
	姓名	与户主关系	出生日期	民族	称呼	姓名	
家庭成员	刘彩明	户主	1962.2.18	汉	父亲	刘文英	
	杨爱林	妻子	1965.12.12	汉	母亲	陆姐媛	
	刘良明	儿子	1986.10.2	汉			
	陈菊艳	儿媳	1986.10.4	汉			
	刘君成	孙子	2015.6.25	汉			
家庭大事	1988年新建楼房120平方米 2011年购买汽车1辆 2014年购买汽车1辆						

张庄村第2村民小组

<table>
<tr><td rowspan="2"></td><td colspan="4">现有家属</td><td colspan="2">已故家属</td><td rowspan="2">备注</td></tr>
<tr><td>姓名</td><td>与户主关系</td><td>出生日期</td><td>民族</td><td>称呼</td><td>姓名</td></tr>
<tr><td rowspan="8">家庭成员</td><td>毛槐卿</td><td>户主</td><td>1945.10.4</td><td>汉</td><td>父亲</td><td>毛根寿</td><td></td></tr>
<tr><td>秦玲珍</td><td>妻子</td><td>1947.8.13</td><td>汉</td><td>母亲</td><td>毛三姐</td><td></td></tr>
<tr><td>毛小兵</td><td>儿子</td><td>1970.9.9</td><td>汉</td><td></td><td></td><td></td></tr>
<tr><td>谢 蓉</td><td>儿媳</td><td>1971.11.4</td><td>汉</td><td></td><td></td><td></td></tr>
<tr><td>毛吉彦</td><td>孙子</td><td>1998.3.13</td><td>汉</td><td></td><td></td><td></td></tr>
<tr><td></td><td></td><td></td><td></td><td></td><td></td><td></td></tr>
<tr><td></td><td></td><td></td><td></td><td></td><td></td><td></td></tr>
<tr><td></td><td></td><td></td><td></td><td></td><td></td><td></td></tr>
<tr><td>家庭大事</td><td colspan="7">　　毛槐卿1963年2月入伍，1966年9月加入中国共产党，1978年获三等功1次，任通讯股长（正营）。1984年转业至黄桥供销社任主任，后担任苏州太湖国家旅游度假区信访办主任，2005年8月退休
　　秦玲珍1978年3月随军，1984年转入黄桥供销社工作，1997年退休
　　毛小兵大专学历，1989年参加工作，供职于苏州社保基金管理中心
　　1985年新建楼房1楼1底（60平方米）
　　2006年购买轿车1辆
　　2009年购买商品房120平方米</td></tr>
</table>

张庄村第2村民小组

<table>
<tr><td rowspan="2"></td><td colspan="4">现有家属</td><td colspan="2">已故家属</td><td rowspan="2">备注</td></tr>
<tr><td>姓名</td><td>与户主关系</td><td>出生日期</td><td>民族</td><td>称呼</td><td>姓名</td></tr>
<tr><td rowspan="9">家庭成员</td><td>沈建华</td><td>户主</td><td>1963.7</td><td>汉</td><td>祖父</td><td>沈根荣</td><td></td></tr>
<tr><td>陈小红</td><td>妻子</td><td>1966.5</td><td>汉</td><td>祖母</td><td>潘巧英</td><td></td></tr>
<tr><td>沈 攸</td><td>女儿</td><td>1987.11</td><td>汉</td><td>母亲</td><td>陈秀英</td><td></td></tr>
<tr><td>包汉臣</td><td>女婿</td><td>1985.7</td><td>汉</td><td></td><td></td><td></td></tr>
<tr><td>包益凡</td><td>孙子</td><td>2013.3</td><td>汉</td><td></td><td></td><td></td></tr>
<tr><td>沈冠庆</td><td>父亲</td><td>1941.11</td><td>汉</td><td></td><td></td><td></td></tr>
<tr><td></td><td></td><td></td><td></td><td></td><td></td><td></td></tr>
<tr><td></td><td></td><td></td><td></td><td></td><td></td><td></td></tr>
<tr><td></td><td></td><td></td><td></td><td></td><td></td><td></td></tr>
<tr><td>家庭大事</td><td colspan="7">　　1998年购买商品房1套
　　2005年拆建危房，平屋改建楼房
　　2006年沈建华、陈小红毕业于江苏广播电大（本科）
　　2008年包汉臣毕业于南京邮电大学（本科）
　　2010年沈攸毕业于南京信息工程大学（本科）
　　2010年购买商品房1套（合景峰汇）
　　2010年购买轿车1辆，2013年购买轿车1辆</td></tr>
</table>

张庄村第2村民小组

	现有家属				已故家属		备注
	姓名	与户主关系	出生日期	民族	称呼	姓名	
家庭成员	秦子茂	户主	1933.7.28	汉	妻子	沈桂珍	沈桂珍于2015年11月因病身亡
	秦康林	儿子	1954.8.6	汉			
	秦金凤	儿媳	1953.6.5	汉			
	秦　峰	孙子	1981.3.17	汉			
	周松梅	孙媳	1982.11.29	汉			
	秦仪洲	曾孙	2004.12.10	汉			
	周一晴	曾孙女	2008.3.11	汉			

家庭大事	1968年建造2间平房（约60平方米） 1980年旧房集体翻建，建200平方米楼房并附有3间小屋 秦子茂1955年2月加入中国共产党，1959年11月至1963年4月任张庄大队大队长，1984年被吴县供销联社评为优秀共产党员 秦康林1974年12月参军入伍，1977年加入中国共产党，1979年12月退伍。1984~1987年任黄桥乡党委秘书，1987~1991年任黄桥乡经联会副主任。1991~2004年，历任黄桥乡农工商总公司副总经理，中共黄桥乡委员会委员，苏州市沧浪区街道办事处副主任，东渚乡党委副书记及乡长，镇湖镇党委书记，通安镇党委书记，相城区劳动和社会保障局党组书记及局长，相城区委统战部部长及工商联党组书记，相城区政协副主席及党组副书记 秦峰2003年7月毕业于苏州职业大学（大专），2014年加入中国共产党，2014年担任北桥街道办事处工会主席

张庄村第3村民小组

<table>
<tr><th rowspan="2"></th><th colspan="4">现有家属</th><th colspan="2">已故家属</th><th rowspan="2">备注</th></tr>
<tr><th>姓名</th><th>与户主关系</th><th>出生日期</th><th>民族</th><th>称呼</th><th>姓名</th></tr>
<tr><td rowspan="8">家庭成员</td><td>陈蒋华</td><td>户主</td><td>1980.2.7</td><td>汉</td><td>父亲</td><td>陈培东</td><td></td></tr>
<tr><td>刘丽霞</td><td>妻子</td><td>1979.12.13</td><td>汉</td><td>外祖父</td><td>蒋阿二</td><td></td></tr>
<tr><td>陈 晨</td><td>长子</td><td>2003.1.5</td><td>汉</td><td></td><td></td><td></td></tr>
<tr><td>蒋招娣</td><td>母亲</td><td>1956.4.7</td><td>汉</td><td></td><td></td><td></td></tr>
<tr><td>蒋 秋</td><td>妹妹</td><td>1989.8.31</td><td>汉</td><td></td><td></td><td></td></tr>
<tr><td>蒋洪青</td><td>舅舅</td><td>1971.7.10</td><td>汉</td><td></td><td></td><td></td></tr>
<tr><td>秦妹郎</td><td>外祖母</td><td>1932.8.12</td><td>汉</td><td></td><td></td><td></td></tr>
<tr><td></td><td></td><td></td><td></td><td></td><td></td><td></td></tr>
<tr><td>家庭大事</td><td colspan="7">1982年建造楼房3楼3底
2012年购买轿车1辆</td></tr>
</table>

张庄村第3村民小组

<table>
<tr><th rowspan="2"></th><th colspan="4">现有家属</th><th colspan="2">已故家属</th><th rowspan="2">备注</th></tr>
<tr><th>姓名</th><th>与户主关系</th><th>出生日期</th><th>民族</th><th>称呼</th><th>姓名</th></tr>
<tr><td rowspan="8">家庭成员</td><td>胡坤生</td><td>户主</td><td>1957.6.3</td><td>汉</td><td>父亲</td><td>胡和生</td><td></td></tr>
<tr><td>沈林妹</td><td>妻子</td><td>1957.5.7</td><td>汉</td><td></td><td></td><td></td></tr>
<tr><td>胡亮华</td><td>长子</td><td>1981.11.10</td><td>汉</td><td></td><td></td><td></td></tr>
<tr><td>吕 菊</td><td>儿媳</td><td>1982.5.22</td><td>汉</td><td></td><td></td><td></td></tr>
<tr><td>胡俊超</td><td>孙子</td><td>2005.2.18</td><td>汉</td><td></td><td></td><td></td></tr>
<tr><td>胡俊越</td><td>孙子</td><td>2009.3.6</td><td>汉</td><td></td><td></td><td></td></tr>
<tr><td>徐水林</td><td>母亲</td><td>1935.1.29</td><td>汉</td><td></td><td></td><td></td></tr>
<tr><td></td><td></td><td></td><td></td><td></td><td></td><td></td></tr>
<tr><td>家庭大事</td><td colspan="7">1985年新建楼房2楼2底，1994年10月翻建楼房2楼2底
2003年胡亮华毕业于太仓工业学校（中专）</td></tr>
</table>

张庄村第3村民小组

	现有家属				已故家属		备注
	姓名	与户主关系	出生日期	民族	称呼	姓名	
家庭成员	蒋继兴	户主	1978.4.4	汉	父亲	蒋福兴	
	万玲玲	妻子	1978.10.22	汉			
	蒋欣怡	长女	2004.10.27	汉			
	朱凤珍	母亲	1952.1.25	汉			

家庭大事	1983年建造楼房2楼2底，2001年后面翻建楼房2楼2底 2009年购买轿车1辆 2012年购买商品房1套（140平方米） 2015年购买轿车1辆

张庄村第3村民小组

	现有家属				已故家属		备注
	姓名	与户主关系	出生日期	民族	称呼	姓名	
家庭成员	金伟根	户主	1959.11.6	汉			
	蒋金凤	妻子	1962.1.13	汉			
	秦金华	儿子	1989.9.6	汉			
	周菁菁	儿媳	1989.6.14	汉			
	秦煜昀	孙子	2014.9.19	汉			
	周煜翔	孙子	2014.9.19	汉			

家庭大事	1982年新建楼房2楼2底 2007年秦金华参军入伍，2009年11月退伍。获"优秀士兵"称号 2009年秦金华加入中国共产党 2010年购买轿车1辆 2012年购商品房1套（生田村）

张庄村第3村民小组

家庭成员	现有家属				已故家属		备注
	姓名	与户主关系	出生日期	民族	称呼	姓名	
	刘建兵	户主	1971.1.15	汉	父亲	刘文苑	父亲刘文苑2016年5月2日因病去世
	葛金英	妻子	1972.7.5	汉			
	刘梓隆	长子	1993.10.28	汉			
	秦阿八	母亲	1937.3.15	汉			

家庭大事	1984年建楼房2楼2底 2004年翻建后面平房2间 2010年购买电脑1台 2016年刘梓隆毕业于南通大学（美术专业，本科） 2017年预拆迁，安置于荷馨苑小区

张庄村第3村民小组

家庭成员	现有家属				已故家属		备注
	姓名	与户主关系	出生日期	民族	称呼	姓名	
	毛卫芳	户主	1965.10.26	汉			
	秦林娣	妻子	1968.1.5	汉			
	毛晓龙	儿子	1988.12.22	汉			
	陈　萍	儿媳	1988.8	汉			
	毛航杰	孙子	2014.11.4	汉			
	毛根林	父亲	1935.5.10	汉			
	沈林妹	母亲	1935.10.20	汉			

家庭大事	1985年新建楼房2楼2底 1998年后面翻建平房2间 2012年购买商品房1套（90平方米） 2012年购买轿车1辆 2014年毛晓龙毕业于南京工程学院（信息管理专业，本科）

张庄村第3村民小组

	现有家属				已故家属		备注
	姓名	与户主关系	出生日期	民族	称呼	姓名	
家庭成员	毛卫康	户主	1956.9.28	汉			
	陆二妹	妻子	1958.7.20	汉			
	毛晓仁	儿子	1981.8.26	汉			
	刘凤娇	儿媳	1982.10.6	汉			
	毛心悦	孙女	2005.11.5	汉			
	毛根林	父亲	1935.5.10	汉			
	沈林妹	母亲	1935.10.20	汉			
家庭大事	1985年新建楼房2楼2底 2001年后面翻建楼房2楼2底 2008年购买商品房1套 2011年购买轿车1辆						

张庄村第3村民小组

	现有家属				已故家属		备注
	姓名	与户主关系	出生日期	民族	称呼	姓名	
家庭成员	秦才根	户主	1957.7.5	汉	祖父	秦洪宝	
	胡凤英	妻子	1957.9.10	汉	祖母	吴阿小	
	秦益鸣	长子	1982.3.11	汉	父亲	秦玉岐	
	林 燕	儿媳	1984.7.14	汉			
	秦俊辉	孙子	2005.5.16	汉			
	秦林辉	孙子	2009.2.11	汉			
	陆妹金	母亲	1936.10	汉			
家庭大事	1985年新建楼房2楼2底 2000年购买商品房1套 2003年后面翻建楼房2楼2底 2007年购买轿车1辆						

张庄村第3村民小组

<table>
<tr><td rowspan="2"></td><td colspan="4">现有家属</td><td colspan="2">已故家属</td><td rowspan="2">备注</td></tr>
<tr><td>姓名</td><td>与户主关系</td><td>出生日期</td><td>民族</td><td>称呼</td><td>姓名</td></tr>
<tr><td rowspan="8">家庭成员</td><td>秦大男</td><td>户主</td><td>1947.10.9</td><td>汉</td><td>父亲</td><td>秦阿五</td><td></td></tr>
<tr><td>汤大姐</td><td>妻子</td><td>1947.9.10</td><td>汉</td><td></td><td></td><td></td></tr>
<tr><td>秦卫江</td><td>长子</td><td>1974.2.5</td><td>汉</td><td></td><td></td><td></td></tr>
<tr><td>范芬华</td><td>儿媳</td><td>1977.9.9</td><td>汉</td><td></td><td></td><td></td></tr>
<tr><td>秦 棋</td><td>孙女</td><td>2003.9.25</td><td>汉</td><td></td><td></td><td></td></tr>
<tr><td>秦阿根</td><td>母亲</td><td>1925.10.21</td><td>汉</td><td></td><td></td><td></td></tr>
<tr><td></td><td></td><td></td><td></td><td></td><td></td><td></td></tr>
<tr><td></td><td></td><td></td><td></td><td></td><td></td><td></td></tr>
<tr><td>家庭大事</td><td colspan="7">1982年建造楼房3楼3底
1998年8月购买商品房1套
2013年10月购买轿车1辆</td></tr>
</table>

张庄村第3村民小组

<table>
<tr><td rowspan="2"></td><td colspan="4">现有家属</td><td colspan="2">已故家属</td><td rowspan="2">备注</td></tr>
<tr><td>姓名</td><td>与户主关系</td><td>出生日期</td><td>民族</td><td>称呼</td><td>姓名</td></tr>
<tr><td rowspan="8">家庭成员</td><td>秦福林</td><td>户主</td><td>1947.3.13</td><td>汉</td><td>父亲</td><td>秦阿根</td><td></td></tr>
<tr><td>朱福妹</td><td>妻子</td><td>1948.7.16</td><td>汉</td><td>母亲</td><td>陈秀英</td><td></td></tr>
<tr><td>秦晓兵</td><td>儿子</td><td>1976.10.17</td><td>汉</td><td></td><td></td><td></td></tr>
<tr><td>汤奋英</td><td>儿媳</td><td>1979.9.29</td><td>汉</td><td></td><td></td><td></td></tr>
<tr><td>秦斐怡</td><td>孙女</td><td>2002.11.26</td><td>汉</td><td></td><td></td><td></td></tr>
<tr><td>秦斐悦</td><td>孙女</td><td>2008.7.28</td><td>汉</td><td></td><td></td><td></td></tr>
<tr><td></td><td></td><td></td><td></td><td></td><td></td><td></td></tr>
<tr><td></td><td></td><td></td><td></td><td></td><td></td><td></td></tr>
<tr><td>家庭大事</td><td colspan="7">1984年建造楼房2间2层
1993年扩建后面楼房2间2层
2002年购买电脑1台
2003年翻建平房2间
2012年购买轿车1辆</td></tr>
</table>

张庄村第3村民小组

	现有家属				已故家属		备注
	姓名	与户主关系	出生日期	民族	称呼	姓名	
家庭成员	秦福生	户主	1941.6.27	汉	父亲	秦阿根	
	万阿四	妻子	1949.7.28	汉	母亲	陈秀英	
	秦群芳	长女	1973.11.25	汉			
	徐国兴	女婿	1973.6.22	汉			
	秦丽雯	孙女	1995.2.6	汉			
	秦徐雯	孙女	2008.4.30	汉			
家庭大事	1982年8月新建楼房2楼2底（120平方米） 2002年翻建平房2间，造楼房						

张庄村第3村民小组

	现有家属				已故家属		备注
	姓名	与户主关系	出生日期	民族	称呼	姓名	
家庭成员	秦根荣	户主	1957.11.6	汉			
	叶秀珍	妻子	1959.8.13	汉			
	秦晋	儿子	1982.11.17	汉			
	李琦	儿媳	1982.3.8	汉			
	秦梓程	孙子	2008.12.13	汉			
家庭大事	秦根荣1975年担任河北生产队会计，1977年担任张庄预制场会计兼一区会计 1984年新建楼房2楼2底，后面建造平房3间 2002年李琦就读于南京大学幼师 2003年秦晋就读于苏州大学 2005年购买商品房1套 2008年购买轿车1辆						

张庄村第3村民小组

<table>
<tr><td rowspan="2"></td><td rowspan="2"></td><td colspan="4">现有家属</td><td colspan="2">已故家属</td><td rowspan="2">备注</td></tr>
<tr><td></td></tr>
<tr><td rowspan="9">家庭成员</td><td>姓名</td><td>与户主关系</td><td>出生日期</td><td>民族</td><td>称呼</td><td>姓名</td><td></td></tr>
<tr><td>秦关金</td><td>户主</td><td>1949.5.12</td><td>汉</td><td></td><td></td><td></td></tr>
<tr><td>陆妹英</td><td>妻子</td><td>1949.12.24</td><td>汉</td><td></td><td></td><td></td></tr>
<tr><td>秦建林</td><td>长子</td><td>1971.11.19</td><td>汉</td><td></td><td></td><td></td></tr>
<tr><td>庄兰英</td><td>儿媳</td><td>1970.7.9</td><td>汉</td><td></td><td></td><td></td></tr>
<tr><td>秦怡菲</td><td>孙女</td><td>1995.8.6</td><td>汉</td><td></td><td></td><td></td></tr>
<tr><td>秦宣怡</td><td>孙女</td><td>1998.9.30</td><td>汉</td><td></td><td></td><td></td></tr>
<tr><td></td><td></td><td></td><td></td><td></td><td></td><td></td></tr>
<tr><td></td><td></td><td></td><td></td><td></td><td></td><td></td></tr>
<tr><td>家庭大事</td><td colspan="7">1984年新建楼房2楼2底
1999年购买楼房1楼1底
2000年购买面包车1辆
2001年5月翻建后面楼房2楼2底
2010年购买商品房1套（生田村）</td></tr>
</table>

张庄村第3村民小组

<table>
<tr><td rowspan="2"></td><td rowspan="2"></td><td colspan="4">现有家属</td><td colspan="2">已故家属</td><td rowspan="2">备注</td></tr>
<tr><td></td></tr>
<tr><td rowspan="8">家庭成员</td><td>姓名</td><td>与户主关系</td><td>出生日期</td><td>民族</td><td>称呼</td><td>姓名</td><td></td></tr>
<tr><td>秦根泉</td><td>户主</td><td>1955.11.16</td><td>汉</td><td>母亲</td><td>朱三妹</td><td></td></tr>
<tr><td>葛彩珍</td><td>妻子</td><td>1956.6.5</td><td>汉</td><td></td><td></td><td></td></tr>
<tr><td>秦晓英</td><td>长女</td><td>1981.11.11</td><td>汉</td><td></td><td></td><td></td></tr>
<tr><td>张立师</td><td>女婿</td><td>1981.11.25</td><td>汉</td><td></td><td></td><td></td></tr>
<tr><td>秦梓涵</td><td>孙子</td><td>2004.1.11</td><td>汉</td><td></td><td></td><td></td></tr>
<tr><td>张梓琳</td><td>孙女</td><td>2011.2.25</td><td>汉</td><td></td><td></td><td></td></tr>
<tr><td>秦泉宝</td><td>父亲</td><td>1919.10.14</td><td>汉</td><td></td><td></td><td></td></tr>
<tr><td>家庭大事</td><td colspan="7">1989年4月新建楼房3楼3底（180平方米）
2010年3月购买轿车1辆
2011年6月购买商品房1套（万达）</td></tr>
</table>

张庄村第3村民小组

	现有家属				已故家属		备注
	姓名	与户主关系	出生日期	民族	称呼	姓名	
家庭成员	秦荣根	户主	1955.8.5	汉	父亲	秦松山	
	胡二妹	妻子	1956.8.7	汉	母亲	姚小妹	
	秦时锋	儿子	1986.11.9	汉			
	沈　洁	儿媳	1986.2.2	汉			
	秦亦纯	孙女	2011.6.13	汉			
	沈亦缘	孙女	2013.5.2	汉			

家庭大事	1984年2月建造楼房2楼2底 1990年8月秦荣根加入中国共产党 1995年8月后面猪棚翻建楼房2楼2底 2007年6月秦时锋毕业于苏州科技学院（机械设计制造专业，本科） 2012年2月购买轿车1辆

张庄村第3村民小组

	现有家属				已故家属		备注
	姓名	与户主关系	出生日期	民族	称呼	姓名	
家庭成员	秦兴泉	户主	1948.1.6	汉			
	朱兴妹	妻子	1949.8.27	汉			
	秦庆红	儿子	1973.10.21	汉			
	汤春芬	儿媳	1977.1.4	汉			
	秦至宸	孙子	1998.12.21	汉			

家庭大事	1982年10月新建楼房2楼2底（120平方米） 1997年秦庆红毕业于苏州教育学院（大专）

张庄村第3村民小组

	现有家属				已故家属		备注
	姓名	与户主关系	出生日期	民族	称呼	姓名	
家庭成员	汤阿二	户主	1941.9.5	汉	丈夫	秦玉林	
	秦建忠	长子	1965.11.29	汉			

家庭大事	秦玉林，1957年1月入伍，1962年12月加入中国共产党，1964年2月退伍。曾担任过张庄大队大队长、民兵营长、党支部（总支）委员等职务，2016年9月去世 　1999年开办小店（秦建忠烟杂店） 　2015年预拆迁，安置于荷馨苑小区

张庄村第3村民小组

	现有家属				已故家属		备注
	姓名	与户主关系	出生日期	民族	称呼	姓名	
家庭成员	秦元根	户主	1946.1.16	汉	母亲	朱三妹	母亲82岁去世 儿子2011年8月23日去世
	郭香妹	妻子	1950.8.16	汉	儿子	秦振华	
	秦凤娟	长女	1971.11.7	汉			
	秦凤珠	次女	1973.7.16	汉			
	吴卫芳	儿媳	1975.11.12	汉			
	秦　天	孙子	2002.1.9	汉			
	秦泉宝	父亲	1919.10.14	汉			

家庭大事	1984年新建楼房2楼2底 　1999年购地建造住房1套（黄埭） 　2000年购轿车1辆

张庄村第3村民小组

		现有家属			已故家属		备注
	姓名	与户主关系	出生日期	民族	称呼	姓名	
家庭成员	秦中茂	户主	1940.3.23	汉	父亲	秦汉松	
	汤素根	妻子	1941.6.26	汉	母亲	沈妹玲	
	秦卫林	长子	1962.8.24	汉	岳母	汤根宝	
	秦纯婷	孙女	1985.12.4	汉			
	秦柏霖	曾孙	2016.12.2	汉			
家庭大事	1982年10月新建楼房2楼2底 1988年秦卫林加入中国共产党 2009年7月秦纯婷毕业于苏州大学（本科）						

张庄村第3村民小组

		现有家属			已故家属		备注
	姓名	与户主关系	出生日期	民族	称呼	姓名	
家庭成员	沈大男	户主	1945.8.8	汉	父亲	沈阿多	
	陆招林	妻子	1949.12.24	汉	母亲	沈根妹	
	沈建东	长子	1972.10.12	汉			
	王建珍	儿媳	1972.3.19	汉			
	沈雨杰	孙子	1996.4.14	汉			
家庭大事	1984年新建楼房2楼2底 2001年后面翻建平房2间 2016年购买面包车1辆						

张庄村第3村民小组

	现有家属				已故家属		备注
	姓名	与户主关系	出生日期	民族	称呼	姓名	
家庭成员	沈福祥	户主	1958.7.20	汉	父亲	沈阿三	沈阿三 1925.7.23~ 2008.3.7 赵素英 1929.10.15~ 1997.12.23
	胡盘妹	妻子	1958.4.30	汉	母亲	赵素英	
	沈磊	女儿	1981.6.24	汉			
	沈思源	孙女	2012.9.16	汉			
家庭大事	1984年新建楼房2楼2底，2001年后面翻建楼房2楼2底 2005年购买轿车1辆 2012年购买轿车1辆 2013年购买商品房1套（橡树湾）						

张庄村第3村民小组

	现有家属				已故家属		备注
	姓名	与户主关系	出生日期	民族	称呼	姓名	
家庭成员	沈水根	户主	1945.4.26	汉			
	宋宝英	妻子	1948.2.19	汉			
	沈建中	长子	1971.2.4	汉			
	杨丽琴	儿媳	1973.12.30	汉			
	沈博恩	孙子	1996.3.22	汉			
家庭大事	1985年新建楼房2楼2底，1988年后面翻建楼房2楼2底 2010年购买轿车1辆 2015年购买商品房1套						

张庄村第3村民小组

<table>
<tr><td rowspan="2"></td><td colspan="4">现有家属</td><td colspan="2">已故家属</td><td rowspan="2">备注</td></tr>
<tr><td>姓名</td><td>与户主关系</td><td>出生日期</td><td>民族</td><td>称呼</td><td>姓名</td></tr>
<tr><td rowspan="8">家庭成员</td><td>周妹英</td><td>户主</td><td>1941.10.17</td><td>汉</td><td>丈夫</td><td>沈水生</td><td></td></tr>
<tr><td>沈伟明</td><td>长子</td><td>1967.12.4</td><td>汉</td><td></td><td></td><td></td></tr>
<tr><td>薛才珍</td><td>儿媳</td><td>1968.8.20</td><td>汉</td><td></td><td></td><td></td></tr>
<tr><td>沈玉华</td><td>孙子</td><td>1990.12.14</td><td>汉</td><td></td><td></td><td></td></tr>
<tr><td>季丹</td><td>孙媳</td><td>1990.10.6</td><td>汉</td><td></td><td></td><td></td></tr>
<tr><td>沈浩宇</td><td>曾孙</td><td>2013.5.5</td><td>汉</td><td></td><td></td><td></td></tr>
<tr><td></td><td></td><td></td><td></td><td></td><td></td><td></td></tr>
<tr><td></td><td></td><td></td><td></td><td></td><td></td><td></td></tr>
<tr><td>家庭大事</td><td colspan="7">1985年新建楼房2楼2底，1989年后面翻建楼房2楼2底
2010年在黄桥永旺家园购买商品房1套（120平方米）
2013年购买轿车1辆</td></tr>
</table>

张庄村第3村民小组

<table>
<tr><td rowspan="2"></td><td colspan="4">现有家属</td><td colspan="2">已故家属</td><td rowspan="2">备注</td></tr>
<tr><td>姓名</td><td>与户主关系</td><td>出生日期</td><td>民族</td><td>称呼</td><td>姓名</td></tr>
<tr><td rowspan="8">家庭成员</td><td>沈林生</td><td>户主</td><td>1962.5.17</td><td>汉</td><td>父亲</td><td>沈玉庆</td><td></td></tr>
<tr><td>秦钰英</td><td>妻子</td><td>1964.6.26</td><td>汉</td><td></td><td></td><td></td></tr>
<tr><td>沈怡静</td><td>女儿</td><td>1985.6.12</td><td>汉</td><td></td><td></td><td></td></tr>
<tr><td>谢燕平</td><td>女婿</td><td>1986.1.3</td><td>汉</td><td></td><td></td><td></td></tr>
<tr><td>沈嘉豪</td><td>孙子</td><td>2012.2.15</td><td>汉</td><td></td><td></td><td></td></tr>
<tr><td>谢嘉佑</td><td>孙子</td><td>2014.2.1</td><td>汉</td><td></td><td></td><td></td></tr>
<tr><td>陈凤宝</td><td>母亲</td><td>1931.5.14</td><td>汉</td><td></td><td></td><td></td></tr>
<tr><td></td><td></td><td></td><td></td><td></td><td></td><td></td></tr>
<tr><td>家庭大事</td><td colspan="7">1984年新建楼房2楼2底，2002年后面翻建楼房2楼2底
2001年4月成立苏州东运旅游客运有限公司，注册资金2000万元，大客车110辆；同年5月成立苏州安捷汽车租赁有限公司，汽车75辆
2007年3月购买香城花园别墅1栋；2009年7月购买莫邪路76号商业用房；2009年7月成立相城区心琦服饰有限公司，厂房占地17亩；2011年10月购买金陵东路338号103、104、105商业用房；2012年购买城区西路商铺1558号B8幢；2012年购买嘉元路1018号办公楼（650平方米）；2013年1月购买苏站路喜临门商业广场2幢107
2008年沈怡静、谢燕平毕业于苏州大学（本科）</td></tr>
</table>

张庄村第3村民小组

	现有家属				已故家属		备注
	姓名	与户主关系	出生日期	民族	称呼	姓名	
家庭成员	陈卫兴	户主	1965.11.30	汉			
	蒋巧珍	妻子	1965.2.20	汉			
	陈 旭	长女	1988.10.28	汉			
家庭大事	1984年新建楼房3楼3底 2014年购买轿车1辆						

张庄村第3村民小组

	现有家属				已故家属		备注
	姓名	与户主关系	出生日期	民族	称呼	姓名	
家庭成员	徐水泉	户主	1941.2.6	汉			
	张建慧	妻子	1954.2.7	汉			
	徐洪亮	次子	1982.2.13	汉			
	徐思薇	孙女	2006.3.28	汉			
家庭大事	1985年新建楼房3楼3底						

张庄村第3村民小组

<table>
<tr><td rowspan="3">家庭成员</td><td colspan="4">现有家属</td><td colspan="2">已故家属</td><td rowspan="2">备注</td></tr>
<tr><td>姓名</td><td>与户主关系</td><td>出生日期</td><td>民族</td><td>称呼</td><td>姓名</td></tr>
<tr><td></td><td></td><td></td><td></td><td></td><td></td><td></td></tr>
<tr><td></td><td>王红红</td><td>户主</td><td>1970.10.22</td><td>汉</td><td>外公</td><td>秦水宝</td><td></td></tr>
<tr><td></td><td>王强</td><td>长子</td><td>1992.3.11</td><td>汉</td><td>外婆</td><td>苏小妹</td><td></td></tr>
<tr><td></td><td>王志农</td><td>哥哥</td><td>1963.1.15</td><td>汉</td><td>哥哥</td><td>王志越</td><td></td></tr>
<tr><td></td><td></td><td></td><td></td><td></td><td></td><td></td><td></td></tr>
<tr><td></td><td></td><td></td><td></td><td></td><td></td><td></td><td></td></tr>
<tr><td></td><td></td><td></td><td></td><td></td><td></td><td></td><td></td></tr>
<tr><td></td><td></td><td></td><td></td><td></td><td></td><td></td><td></td></tr>
</table>

家庭大事

1982年新建楼房2楼2底
1982年王志农北京化工学院毕业后去加拿大留学（博士生）
父母在上海工作，退休后在张庄定居
父亲是中共党员，曾任职于上海海洋地质调查局

张庄村第3村民小组

<table>
<tr><td rowspan="3">家庭成员</td><td colspan="4">现有家属</td><td colspan="2">已故家属</td><td rowspan="2">备注</td></tr>
<tr><td>姓名</td><td>与户主关系</td><td>出生日期</td><td>民族</td><td>称呼</td><td>姓名</td></tr>
<tr><td></td><td></td><td></td><td></td><td></td><td></td><td></td></tr>
<tr><td></td><td>徐水根</td><td>户主</td><td>1947.6.3</td><td>汉</td><td></td><td></td><td></td></tr>
<tr><td></td><td>蒋兴碧</td><td>妻子</td><td>1954.9.2</td><td>汉</td><td></td><td></td><td></td></tr>
<tr><td></td><td>徐洪敏</td><td>长子</td><td>1974.10.15</td><td>汉</td><td></td><td></td><td></td></tr>
<tr><td></td><td>韩秀红</td><td>儿媳</td><td>1975.9.3</td><td>汉</td><td></td><td></td><td></td></tr>
<tr><td></td><td>徐靖怡</td><td>孙女</td><td>1998.6.29</td><td>汉</td><td></td><td></td><td></td></tr>
<tr><td></td><td>徐靖悦</td><td>孙女</td><td>2006.5.20</td><td>汉</td><td></td><td></td><td></td></tr>
<tr><td></td><td></td><td></td><td></td><td></td><td></td><td></td><td></td></tr>
</table>

家庭大事

1984年新建楼房2楼2底
1993年12月徐洪敏入伍，1996年10月加入中国共产党，1997年12月退伍。班长，获"优秀士兵"称号
2005年购买汽车1辆

张庄村第3村民小组

<table>
<tr><td rowspan="2"></td><td colspan="4">现有家属</td><td colspan="2">已故家属</td><td rowspan="2">备注</td></tr>
<tr><td>姓名</td><td>与户主关系</td><td>出生日期</td><td>民族</td><td>称呼</td><td>姓名</td></tr>
<tr><td rowspan="8">家庭成员</td><td>蒋金龙</td><td>户主</td><td>1959.10.9</td><td>汉</td><td></td><td></td><td></td></tr>
<tr><td>毛兴凤</td><td>妻子</td><td>1960.1.20</td><td>汉</td><td></td><td></td><td></td></tr>
<tr><td>蒋银燕</td><td>女儿</td><td>1983.6.10</td><td>汉</td><td></td><td></td><td></td></tr>
<tr><td>周春晓</td><td>女婿</td><td>1983.2.6</td><td>汉</td><td></td><td></td><td></td></tr>
<tr><td>周子楠</td><td>孙子</td><td>2013.3.4</td><td>汉</td><td></td><td></td><td></td></tr>
<tr><td>蒋松楠</td><td>孙子</td><td>2017.1.11</td><td>汉</td><td></td><td></td><td></td></tr>
<tr><td>蒋洪达</td><td>父亲</td><td>1931.8.12</td><td>汉</td><td></td><td></td><td></td></tr>
<tr><td>陆阿林</td><td>母亲</td><td>1941.5.19</td><td>汉</td><td></td><td></td><td></td></tr>
<tr><td>家庭大事</td><td colspan="7">1985年新建楼房2楼2底
1989年后面翻建楼房3楼2底
2003年蒋银燕毕业于淮阴工学院（大专）
2005年购买轿车1辆
2006年购买轿车1辆</td></tr>
</table>

张庄村第3村民小组

<table>
<tr><td rowspan="2"></td><td colspan="4">现有家属</td><td colspan="2">已故家属</td><td rowspan="2">备注</td></tr>
<tr><td>姓名</td><td>与户主关系</td><td>出生日期</td><td>民族</td><td>称呼</td><td>姓名</td></tr>
<tr><td rowspan="7">家庭成员</td><td>沈长根</td><td>户主</td><td>1957.11.27</td><td>汉</td><td>父亲</td><td>沈呆大</td><td></td></tr>
<tr><td>吴瑞珍</td><td>妻子</td><td>1956.9.1</td><td>汉</td><td></td><td></td><td></td></tr>
<tr><td>沈国庆</td><td>长子</td><td>1982.4.13</td><td>汉</td><td></td><td></td><td></td></tr>
<tr><td>杨　浩</td><td>儿媳</td><td>1982.11.27</td><td>汉</td><td></td><td></td><td></td></tr>
<tr><td>沈嘉睿</td><td>孙女</td><td>2007.7.8</td><td>汉</td><td></td><td></td><td></td></tr>
<tr><td>杨佳慧</td><td>孙女</td><td>2010.4.29</td><td>汉</td><td></td><td></td><td></td></tr>
<tr><td>朱小妹</td><td>母亲</td><td>1935.5.15</td><td>汉</td><td></td><td></td><td></td></tr>
<tr><td>家庭大事</td><td colspan="7">1984年新建楼房2楼2底
1989年后面翻建楼房2楼2底
2004年沈国庆毕业于苏州职业技术学院（大专）
2006年购买商品房1套（永嘉花园）
2010年购买汽车1辆</td></tr>
</table>

张庄村第3村民小组

	现有家属				已故家属		备注
	姓名	与户主关系	出生日期	民族	称呼	姓名	
家庭成员	沈爱明	户主	1967.8.15	汉			
	陆建英	妻子	1968.10.15	汉			
	沈骐	长子	1990.9.3	汉			
	李丹	儿媳	1992.1.1	汉			
	沈欣栎	孙女	2016.9.27	汉			

家庭大事

1984年新建楼房2楼2底
1989年后面翻建楼房2楼2底
2013年8月购买商品房1套（永嘉花园）

张庄村第3村民小组

	现有家属				已故家属		备注
	姓名	与户主关系	出生日期	民族	称呼	姓名	
家庭成员	秦小钰	户主	1967.3.19	汉	父亲	徐泉宝	
	徐宗怡	长子	1994.2.25	汉	前夫	徐建华	
	王嘉玲	儿媳	1994.4.16	汉			
	徐雅静	长女	1990.10.22	汉			
	庄阿菊	母亲	1947.9.14	汉			

家庭大事

1984年新建楼房2楼2底
2005年建造平房4间
2009年购买电脑1台
2013年购买商品房1套（131.9平方米，花好月圆小区）
2017年购买轿车1辆

张庄村第3村民小组

	现有家属				已故家属		备注
	姓名	与户主关系	出生日期	民族	称呼	姓名	
家庭成员	许令华	户主	1968.12.16	汉			
家庭大事							

张庄村第4村民小组

	现有家属				已故家属		备注
	姓名	与户主关系	出生日期	民族	称呼	姓名	
家庭成员	姚根林	户主	1930.11.16	汉	父亲	姚万泉	
	薛凤青	妻子	1931.10.8	汉	母亲	姚秦氏	

家庭大事	姚根林 1949年8月起历任张庄村行政组长、互助组组长、初级社社长 1957年6月加入中国共产党 1958年担任黄桥公社第三大队大队长 1961年1月任张庄村党支部副书记 1975年4月任张庄村党支部书记 1980年2月被评为江苏省劳动模范 1984年12月当选省第七次党代会代表 1988年被评为吴县优秀共产党员 1988年4月被评为苏州市劳动模范 1989年被评为苏州市优秀党务工作者（苏州市委） 1990年被评为全国农业劳动模范 1990年当选中共吴县第五届委员会委员，苏州市第九届、第十届人大常委会委员 1991年11月获评"江苏省1991年抗洪救灾先进个人"，江苏省优秀共产党员（江苏省委） 1991年6月被评为吴县优秀共产党员 1991年7月被评为苏州市优秀共产党员（苏州市委） 1992年4月获吴县"老有所为"精英奖（吴县老龄委） 1993年6月被评为吴县优秀共产党员（吴县县委） 1993年7月被评为苏州市优秀共产党员 1994年任张庄村党总支书记兼江苏张庄集团董事长 1994年8月获评"关心下一代工作"先进个人（吴县关工委），吴县老龄工作贡献奖 1995年6月被评为吴县优秀共产党员，吴县十佳共产党员 1997年6月获苏州市"农村现代化建设带头人"荣誉称号（市委组织部、农村工作部） 1997年8月担任张庄村党总支顾问兼张庄集团董事长 1998年1月获苏州"廉政勤政好干部"称号（苏州市纪委、市委宣传部、组织部） 2013年10月获评相城区老龄工作先进个人（相城区老龄办） 2014年3月获评相城区"五好文明家庭"（相城区妇女联合会）

张庄村第4村民小组

<table>
<tr><td rowspan="2"></td><td colspan="4">现有家属</td><td colspan="2">已故家属</td><td rowspan="2">备注</td></tr>
<tr><td>姓名</td><td>与户主关系</td><td>出生日期</td><td>民族</td><td>称呼</td><td>姓名</td></tr>
<tr><td rowspan="8">家庭成员</td><td>蒋文元</td><td>户主</td><td>1958.1.4</td><td>汉</td><td>祖父</td><td>蒋根虎</td><td></td></tr>
<tr><td>薛菊英</td><td>妻子</td><td>1958.1.1</td><td>汉</td><td></td><td></td><td></td></tr>
<tr><td>蒋育平</td><td>儿子</td><td>1982.11.25</td><td>汉</td><td></td><td></td><td></td></tr>
<tr><td>潘晨芳</td><td>儿媳</td><td>1983.11.6</td><td>汉</td><td></td><td></td><td></td></tr>
<tr><td>潘依彤</td><td>孙女</td><td>2006.12.29</td><td>汉</td><td></td><td></td><td></td></tr>
<tr><td>蒋博严</td><td>孙子</td><td>2010.10.22</td><td>汉</td><td></td><td></td><td></td></tr>
<tr><td>蒋泉根</td><td>父亲</td><td>1934.11.26</td><td>汉</td><td></td><td></td><td></td></tr>
<tr><td>秦杏宝</td><td>母亲</td><td>1936.2.13</td><td>汉</td><td></td><td></td><td></td></tr>
<tr><td>家庭大事</td><td colspan="7">1988年建造楼房3楼3底
1997年蒋文元被评为吴县市劳动模范
2000年4月担任张庄村总支部副书记，2001年5月担任张庄村民委员会副主任
2001年6月担任张庄村总支部书记
2004年购买轿车1辆
2004年购买商品房1套（140平方米）
2005年担任黄桥街道安全科科长
2010年担任黄桥街道环保助理</td></tr>
</table>

张庄村第4村民小组

<table>
<tr><td rowspan="2"></td><td colspan="4">现有家属</td><td colspan="2">已故家属</td><td rowspan="2">备注</td></tr>
<tr><td>姓名</td><td>与户主关系</td><td>出生日期</td><td>民族</td><td>称呼</td><td>姓名</td></tr>
<tr><td rowspan="7">家庭成员</td><td>姚晓东</td><td>户主</td><td>1979.10</td><td>汉</td><td>父亲</td><td>姚才生</td><td rowspan="7">姚才生1999年去世，突发心脏病，时年49岁</td></tr>
<tr><td>钱立琴</td><td>妻子</td><td>1979.11</td><td>汉</td><td></td><td></td></tr>
<tr><td>姚奕菲</td><td>女儿</td><td>2004.4</td><td>汉</td><td></td><td></td></tr>
<tr><td>杨阿盘</td><td>母亲</td><td>1951.9</td><td>汉</td><td></td><td></td></tr>
<tr><td></td><td></td><td></td><td></td><td></td><td></td></tr>
<tr><td></td><td></td><td></td><td></td><td></td><td></td></tr>
<tr><td></td><td></td><td></td><td></td><td></td><td></td></tr>
<tr><td>家庭大事</td><td colspan="7">2002年7月姚晓东毕业于西南科技大学（本科）
2003年7月钱立琴大学毕业（本科）
2004年购买轿车1辆
2006年购买商品房1套
2013年购买轿车1辆
2015年购买商品房1套</td></tr>
</table>

张庄村第4村民小组

	现有家属				已故家属		备注
	姓名	与户主关系	出生日期	民族	称呼	姓名	
家庭成员	姚晓明	户主	1975.12.2	汉	父亲	姚才生	
	马艳芬	妻子	1975.4.29	汉			
	姚　铖	长子	1999.3.11	汉			
	杨阿盘	母亲	1951.9.19	汉			

家庭大事	1977年建造平房5间 1983年建造楼房3楼3底 1995年7月姚晓明毕业于吴县通安财会职中 1998年创办苏州顺达塑料制品有限公司 2001年购买轿车1辆 2005年6月姚晓明加入中国共产党 2012年购买商品房1套（120平方米）

张庄村第4村民小组

	现有家属				已故家属		备注
	姓名	与户主关系	出生日期	民族	称呼	姓名	
家庭成员	姚阿二	户主	1954.10.3	汉			
	吴大妹	妻子	1955.6.5	汉			
	姚晓燕	女儿	1981.5.4	汉			
	尤　锋	女婿	1981.9.15	汉			
	尤思嘉	孙女	2005.3.19	汉			
	姚思臣	孙子	2008.7.10	汉			

家庭大事	1978年建造平房5间 1986年翻建楼房3楼3底 1997年7月姚晓燕毕业于吴县通安财会职中 2000年购买电脑1台 2010年购买轿车1辆

张庄村第4村民小组

<table>
<tr><td rowspan="2"></td><td colspan="4">现有家属</td><td colspan="2">已故家属</td><td rowspan="2">备注</td></tr>
<tr><td>姓名</td><td>与户主关系</td><td>出生日期</td><td>民族</td><td>称呼</td><td>姓名</td></tr>
<tr><td rowspan="8">家庭成员</td><td>蒋招根</td><td>户主</td><td>1945.11.12</td><td>汉</td><td></td><td></td><td></td></tr>
<tr><td>蒋凤宝</td><td>妻子</td><td>1951.6.27</td><td>汉</td><td></td><td></td><td></td></tr>
<tr><td>蒋卫明</td><td>儿子</td><td>1971.8.28</td><td>汉</td><td></td><td></td><td></td></tr>
<tr><td>沈雪芳</td><td>儿媳</td><td>1973.5.3</td><td>汉</td><td></td><td></td><td></td></tr>
<tr><td>蒋伊丽</td><td>孙女</td><td>1994.7.14</td><td>汉</td><td></td><td></td><td></td></tr>
<tr><td>蒋逸琪</td><td>孙子</td><td>2001.3.24</td><td>汉</td><td></td><td></td><td></td></tr>
<tr><td></td><td></td><td></td><td></td><td></td><td></td><td></td></tr>
<tr><td></td><td></td><td></td><td></td><td></td><td></td><td></td></tr>
<tr><td>家庭大事</td><td colspan="7">1989年建造楼房3楼3底
2006年购买电脑1台
2007年购买轿车1辆
2014年蒋伊丽毕业于扬州大学师范学院（英语专业，本科）
2014年蒋伊丽进入黄桥实验小学任英语老师</td></tr>
</table>

张庄村第4村民小组

<table>
<tr><td rowspan="2"></td><td colspan="4">现有家属</td><td colspan="2">已故家属</td><td rowspan="2">备注</td></tr>
<tr><td>姓名</td><td>与户主关系</td><td>出生日期</td><td>民族</td><td>称呼</td><td>姓名</td></tr>
<tr><td rowspan="6">家庭成员</td><td>胡大男</td><td>丈夫</td><td>1950.7.3</td><td>汉</td><td>祖父</td><td>胡小牛</td><td></td></tr>
<tr><td>杨妹英</td><td>妻子</td><td>1950.7.15</td><td>汉</td><td>父亲</td><td>胡根生</td><td></td></tr>
<tr><td>胡钰明</td><td>长子</td><td>1977.8.21</td><td>汉</td><td></td><td></td><td></td></tr>
<tr><td>薛晓华</td><td>儿媳</td><td>1976.3.1</td><td>汉</td><td></td><td></td><td></td></tr>
<tr><td>胡思颖</td><td>孙女</td><td>2001.12.27</td><td>汉</td><td></td><td></td><td></td></tr>
<tr><td>胡福金</td><td>母亲</td><td>1929.3.15</td><td>汉</td><td></td><td></td><td></td></tr>
<tr><td>家庭大事</td><td colspan="7">1971年胡大男去吴县光福4号工地至1975年12月，1974年3月加入中国共产党，1977年12月担任张庄村民兵营长，1983年担任吴县塑料彩印厂厂长，1985年任张庄村党支部委员
1988年建造楼房3楼3底
1990年胡大男被评为吴县劳动模范
1994年胡大男担任村党总支委员、吴县塑料彩印厂党支部书记、吴县塑料彩印厂厂长
1994年胡钰明毕业于常州电子工业学院（电子专业，大专）
1996年胡菊芳毕业于南京金陵大学（财会专业，本科）
2011年购买轿车1辆，2011年购买连体别墅1套（308平方米）
2013年7月胡钰明毕业于北京师范大学（计算机技术与应用专业，本科）
2017年4月胡钰明担任苏州市城南广播站站长</td></tr>
</table>

张庄村第4村民小组

<table>
<tr><td rowspan="2"></td><td colspan="4">现有家属</td><td colspan="2">已故家属</td><td rowspan="2">备注</td></tr>
<tr><td>姓名</td><td>与户主关系</td><td>出生日期</td><td>民族</td><td>称呼</td><td>姓名</td></tr>
<tr><td rowspan="8">家庭成员</td><td>王卫石</td><td>户主</td><td>1944.11.3</td><td>汉</td><td></td><td></td><td></td></tr>
<tr><td>王根娣</td><td>妻子</td><td>1945.11.5</td><td>汉</td><td></td><td></td><td></td></tr>
<tr><td>王建明</td><td>儿子</td><td>1967.8.2</td><td>汉</td><td></td><td></td><td></td></tr>
<tr><td>胡盘英</td><td>儿媳</td><td>1967.7.24</td><td>汉</td><td></td><td></td><td></td></tr>
<tr><td>王成龙</td><td>孙子</td><td>1990.11.11</td><td>汉</td><td></td><td></td><td></td></tr>
<tr><td>曹婧</td><td>孙媳</td><td>1991.7.17</td><td>汉</td><td></td><td></td><td></td></tr>
<tr><td>王诗琪</td><td>曾孙女</td><td>2013.9.13</td><td>汉</td><td></td><td></td><td></td></tr>
<tr><td></td><td></td><td></td><td></td><td></td><td></td><td></td></tr>
<tr><td>家庭大事</td><td colspan="7">1963年王卫石担任生产队农技员
1995年王卫石担任张庄二区村民小组长
1998年建造楼房2楼2底
2006年购买电脑1台
2010年购买汽车1辆（北京现代）</td></tr>
</table>

张庄村第4村民小组

<table>
<tr><td rowspan="2"></td><td colspan="4">现有家属</td><td colspan="2">已故家属</td><td rowspan="2">备注</td></tr>
<tr><td>姓名</td><td>与户主关系</td><td>出生日期</td><td>民族</td><td>称呼</td><td>姓名</td></tr>
<tr><td rowspan="7">家庭成员</td><td>蒋小坡</td><td>户主</td><td>1952.3.26</td><td>汉</td><td>大哥</td><td>蒋水根</td><td></td></tr>
<tr><td>张桂英</td><td>妻子</td><td>1955.5.28</td><td>汉</td><td></td><td></td><td></td></tr>
<tr><td>蒋华</td><td>长子</td><td>1979.4.28</td><td>汉</td><td></td><td></td><td></td></tr>
<tr><td>朱琴华</td><td>儿媳</td><td>1979.5.6</td><td>汉</td><td></td><td></td><td></td></tr>
<tr><td>蒋欣瑜</td><td>孙女</td><td>2002.8.20</td><td>汉</td><td></td><td></td><td></td></tr>
<tr><td>蒋学民</td><td>次子</td><td>1993.1.5</td><td>汉</td><td></td><td></td><td></td></tr>
<tr><td></td><td></td><td></td><td></td><td></td><td></td><td></td></tr>
<tr><td>家庭大事</td><td colspan="7">1989年建造楼房3楼3底
2014年购买轿车1辆</td></tr>
</table>

张庄村第4村民小组

<table>
<tr><td rowspan="2"></td><td colspan="4">现有家属</td><td colspan="2">已故家属</td><td rowspan="2">备注</td></tr>
<tr><td>姓名</td><td>与户主关系</td><td>出生日期</td><td>民族</td><td>称呼</td><td>姓名</td></tr>
<tr><td rowspan="8">家庭成员</td><td>蒋三元</td><td>户主</td><td>1963.7.11</td><td>汉</td><td>祖父</td><td>蒋云火</td><td></td></tr>
<tr><td>邹妹英</td><td>妻子</td><td>1964.1.25</td><td>汉</td><td>祖母</td><td>殷宝玲</td><td></td></tr>
<tr><td>蒋素瑾</td><td>长女</td><td>1986.9.17</td><td>汉</td><td></td><td></td><td></td></tr>
<tr><td>雷炳兴</td><td>女婿</td><td>1984.9.7</td><td>畲</td><td></td><td></td><td></td></tr>
<tr><td>雷诗琪</td><td>孙女</td><td>2007.8.12</td><td>畲</td><td></td><td></td><td></td></tr>
<tr><td>蒋宇辰</td><td>孙子</td><td>2012.8.12</td><td>畲</td><td></td><td></td><td></td></tr>
<tr><td>蒋泉根</td><td>父亲</td><td>1934.11.26</td><td>汉</td><td></td><td></td><td></td></tr>
<tr><td>秦杏宝</td><td>母亲</td><td>1936.2.13</td><td>汉</td><td></td><td></td><td></td></tr>
<tr><td>家庭大事</td><td colspan="7">1983年建造楼房2楼2底
2016年购买轿车1辆</td></tr>
</table>

张庄村第4村民小组

<table>
<tr><td rowspan="2"></td><td colspan="4">现有家属</td><td colspan="2">已故家属</td><td rowspan="2">备注</td></tr>
<tr><td>姓名</td><td>与户主关系</td><td>出生日期</td><td>民族</td><td>称呼</td><td>姓名</td></tr>
<tr><td rowspan="8">家庭成员</td><td>沈兴元</td><td>户主</td><td>1962.2.16</td><td>汉</td><td>祖父</td><td>沈佰林</td><td></td></tr>
<tr><td>何凤珍</td><td>妻子</td><td>1965.10.16</td><td>汉</td><td>祖母</td><td>陆水娥</td><td></td></tr>
<tr><td>沈卓君</td><td>长子</td><td>1987.4.12</td><td>汉</td><td>父亲</td><td>沈保生</td><td></td></tr>
<tr><td>张燕</td><td>儿媳</td><td>1987.10.12</td><td>汉</td><td>母亲</td><td>陈根弟</td><td></td></tr>
<tr><td>沈赋恒</td><td>孙子</td><td>2011.12.17</td><td>汉</td><td></td><td></td><td></td></tr>
<tr><td>张菡奕</td><td>孙女</td><td>2015.2.26</td><td>汉</td><td></td><td></td><td></td></tr>
<tr><td></td><td></td><td></td><td></td><td></td><td></td><td></td></tr>
<tr><td></td><td></td><td></td><td></td><td></td><td></td><td></td></tr>
<tr><td>家庭大事</td><td colspan="7">1989年建造楼房3楼3底
2000年购买电脑1台
2006年购买商品房1套
2010年购买轿车1辆</td></tr>
</table>

张庄村第4村民小组

	现有家属				已故家属		备注
	姓名	与户主关系	出生日期	民族	称呼	姓名	
家庭成员	蒋建明	户主	1960.7.1	汉	祖父	张仲英	
	李昌碧	妻子	1972.12.14	汉	父亲	蒋关兴	
	蒋洁涵	女儿	1985.6.20	汉			
	高　军	女婿	1984.6.1	汉			
	高　硕	孙子	2013.9.20	汉			
	冯阿大	母亲	1934	汉			
家庭大事	1989年建造楼房3楼3底 2007年蒋洁涵毕业于哈尔滨商业大学（会计专业，本科） 2012年购买轿车1辆 2016年购买轿车1辆						

张庄村第4村民小组

	现有家属				已故家属		备注
	姓名	与户主关系	出生日期	民族	称呼	姓名	
家庭成员	沈小男	户主	1963.3.6	汉	母亲	沈招妹	
	沈　琳	女儿	1986.8.10	汉	妻子	徐泉英	
	倪汝钦	女婿	1984	汉			
	倪语涵	孙女	2012	汉			
	沈金泉	父亲	1935.6.12	汉			
家庭大事	1959年沈金泉支援新疆，1985年迁回张庄 1986年建造楼房2楼2底 2000年沈琳毕业于盐城师范学院（本科） 2010年购买轿车1辆						

张庄村第4村民小组

<table>
<tr><td rowspan="2"></td><td colspan="4">现有家属</td><td colspan="2">已故家属</td><td rowspan="2">备注</td></tr>
<tr><td>姓名</td><td>与户主关系</td><td>出生日期</td><td>民族</td><td>称呼</td><td>姓名</td></tr>
<tr><td rowspan="9">家庭成员</td><td>沈小龙</td><td>户主</td><td>1969.10.27</td><td>汉</td><td>母亲</td><td>沈招妹</td><td></td></tr>
<tr><td>陆秀珍</td><td>妻子</td><td>1971.10.29</td><td>汉</td><td></td><td></td><td></td></tr>
<tr><td>沈 华</td><td>儿子</td><td>1995.2.7</td><td>汉</td><td></td><td></td><td></td></tr>
<tr><td></td><td></td><td></td><td></td><td></td><td></td><td></td></tr>
<tr><td></td><td></td><td></td><td></td><td></td><td></td><td></td></tr>
<tr><td></td><td></td><td></td><td></td><td></td><td></td><td></td></tr>
<tr><td></td><td></td><td></td><td></td><td></td><td></td><td></td></tr>
<tr><td></td><td></td><td></td><td></td><td></td><td></td><td></td></tr>
<tr><td></td><td></td><td></td><td></td><td></td><td></td><td></td></tr>
<tr><td>家庭大事</td><td colspan="7">1986年建造楼房2楼2底</td></tr>
</table>

张庄村第4村民小组

<table>
<tr><td rowspan="2"></td><td colspan="4">现有家属</td><td colspan="2">已故家属</td><td rowspan="2">备注</td></tr>
<tr><td>姓名</td><td>与户主关系</td><td>出生日期</td><td>民族</td><td>称呼</td><td>姓名</td></tr>
<tr><td rowspan="8">家庭成员</td><td>周 文</td><td>户主</td><td>1978.6.17</td><td>汉</td><td>祖父</td><td>沈文荣</td><td></td></tr>
<tr><td>沈彩芳</td><td>妻子</td><td>1979.5.15</td><td>汉</td><td></td><td></td><td></td></tr>
<tr><td>沈佳伟</td><td>儿子</td><td>2001.3.15</td><td>汉</td><td></td><td></td><td></td></tr>
<tr><td>沈才根</td><td>父亲</td><td>1954.4.7</td><td>汉</td><td></td><td></td><td></td></tr>
<tr><td>薛水玲</td><td>母亲</td><td>1954.8</td><td>汉</td><td></td><td></td><td></td></tr>
<tr><td>蒋阿招</td><td>祖母</td><td>1929.9.27</td><td>汉</td><td></td><td></td><td></td></tr>
<tr><td></td><td></td><td></td><td></td><td></td><td></td><td></td></tr>
<tr><td></td><td></td><td></td><td></td><td></td><td></td><td></td></tr>
<tr><td>家庭大事</td><td colspan="7">1988年建造楼房3楼3底
2009年购买商品房1套，面积120平方米
2014年购买面包车1辆</td></tr>
</table>

张庄村第4村民小组

<table>
<tr><td rowspan="2"></td><td colspan="4">现有家属</td><td colspan="2">已故家属</td><td rowspan="2">备注</td></tr>
<tr><td>姓名</td><td>与户主关系</td><td>出生日期</td><td>民族</td><td>称呼</td><td>姓名</td></tr>
<tr><td rowspan="7">家庭成员</td><td>杨小男</td><td>户主</td><td>1958.8.5</td><td>汉</td><td>父亲</td><td>蒋关生</td><td></td></tr>
<tr><td>蒋大妹</td><td>妻子</td><td>1956.10.27</td><td>汉</td><td>母亲</td><td>朱阿妹</td><td></td></tr>
<tr><td>蒋月光</td><td>长子</td><td>1981.12.11</td><td>汉</td><td></td><td></td><td></td></tr>
<tr><td>苗海英</td><td>儿媳</td><td>1982.3.27</td><td>汉</td><td></td><td></td><td></td></tr>
<tr><td>蒋逸晨</td><td>孙子</td><td>2004.10.23</td><td>汉</td><td></td><td></td><td></td></tr>
<tr><td>蒋晨熙</td><td>孙子</td><td>2010.2.28</td><td>汉</td><td></td><td></td><td></td></tr>
<tr><td></td><td></td><td></td><td></td><td></td><td></td><td></td></tr>
<tr><td>家庭大事</td><td colspan="7">　　1978年杨小男担任张庄团支部副书记、宣传队长，1996年担任华杰公司生产部部长，2000年5月加入中国共产党，2001年担任珈新塑胶有限公司生产部经理，2012年担任苏州东润塑胶科技有限公司生产部经理
　　1985年建造楼房3楼3底
　　1987年后面翻建平房3间
　　1988年杨小男出国购买进口索尼彩电24寸1台
　　2001年7月蒋月光毕业于徐州师范大学（本科）
　　2004年购买商品房1套（132平方米）
　　2005年购买轿车1辆</td></tr>
</table>

张庄村第4村民小组

<table>
<tr><td rowspan="2"></td><td colspan="4">现有家属</td><td colspan="2">已故家属</td><td rowspan="2">备注</td></tr>
<tr><td>姓名</td><td>与户主关系</td><td>出生日期</td><td>民族</td><td>称呼</td><td>姓名</td></tr>
<tr><td rowspan="7">家庭成员</td><td>蒋桂泉</td><td>户主</td><td>1941.10.11</td><td>汉</td><td>父亲</td><td>蒋春林</td><td></td></tr>
<tr><td>吴祥珍</td><td>妻子</td><td>1945.10.21</td><td>汉</td><td>母亲</td><td>朱小妹</td><td></td></tr>
<tr><td>蒋时敏</td><td>女儿</td><td>1975.2.14</td><td>汉</td><td></td><td></td><td></td></tr>
<tr><td>刘洪群</td><td>女婿</td><td>1973.11.8</td><td>汉</td><td></td><td></td><td></td></tr>
<tr><td>刘凯翔</td><td>孙子</td><td>2003.8.17</td><td>汉</td><td></td><td></td><td></td></tr>
<tr><td></td><td></td><td></td><td></td><td></td><td></td><td></td></tr>
<tr><td></td><td></td><td></td><td></td><td></td><td></td><td></td></tr>
<tr><td>家庭大事</td><td colspan="7">　　1983年建造楼房2楼2底
　　2003年购买轿车1辆
　　2012年购买商品房1套</td></tr>
</table>

张庄村第4村民小组

<table>
<tr><td rowspan="2"></td><td colspan="4">现有家属</td><td colspan="2">已故家属</td><td rowspan="2">备注</td></tr>
<tr><td>姓名</td><td>与户主关系</td><td>出生日期</td><td>民族</td><td>称呼</td><td>姓名</td></tr>
<tr><td rowspan="8">家庭成员</td><td>沈阿三</td><td>户主</td><td>1948.10</td><td>汉</td><td>父亲</td><td>沈关荣</td><td></td></tr>
<tr><td>张菊英</td><td>妻子</td><td>1954.6</td><td>汉</td><td>母亲</td><td>陈根妹</td><td></td></tr>
<tr><td>沈育文</td><td>长子</td><td>1987.12</td><td>汉</td><td></td><td></td><td></td></tr>
<tr><td>居玉珍</td><td>儿媳</td><td>1988.1</td><td>汉</td><td></td><td></td><td></td></tr>
<tr><td>沈梓灏</td><td>孙子</td><td>2012.12</td><td>汉</td><td></td><td></td><td></td></tr>
<tr><td>居恒语</td><td>孙子</td><td>2015.3</td><td>汉</td><td></td><td></td><td></td></tr>
<tr><td></td><td></td><td></td><td></td><td></td><td></td><td></td></tr>
<tr><td></td><td></td><td></td><td></td><td></td><td></td><td></td></tr>
<tr><td>家庭大事</td><td colspan="7">1990年建造楼房3间2层
2010年12月购买电脑1台
2011年11月购买面包车1辆</td></tr>
</table>

张庄村第4村民小组

<table>
<tr><td rowspan="2"></td><td colspan="4">现有家属</td><td colspan="2">已故家属</td><td rowspan="2">备注</td></tr>
<tr><td>姓名</td><td>与户主关系</td><td>出生日期</td><td>民族</td><td>称呼</td><td>姓名</td></tr>
<tr><td rowspan="7">家庭成员</td><td>蒋福元</td><td>户主</td><td>1955.1.18</td><td>汉</td><td>祖父</td><td>蒋云火</td><td></td></tr>
<tr><td>朱秧妹</td><td>妻子</td><td>1957.5.29</td><td>汉</td><td>祖母</td><td>殷宝玲</td><td></td></tr>
<tr><td>蒋雪琴</td><td>长女</td><td>1981.3.3</td><td>汉</td><td></td><td></td><td></td></tr>
<tr><td>蒋伊芸</td><td>孙女</td><td>2003.1.19</td><td>汉</td><td></td><td></td><td></td></tr>
<tr><td>蒋伊帆</td><td>孙女</td><td>2006.4.8</td><td>汉</td><td></td><td></td><td></td></tr>
<tr><td>蒋泉根</td><td>父亲</td><td>1934.11.26</td><td>汉</td><td></td><td></td><td></td></tr>
<tr><td>秦杏宝</td><td>母亲</td><td>1936.2.13</td><td>汉</td><td></td><td></td><td></td></tr>
<tr><td>家庭大事</td><td colspan="7">1983年建造楼房3楼3底</td></tr>
</table>

张庄村第4村民小组

家庭成员	现有家属				已故家属		备注
	姓名	与户主关系	出生日期	民族	称呼	姓名	
	胡卫东	户主	1971.7.15	汉			
	陆彩红	妻子	1972.9.17	汉			
	胡怡婷	长女	1995.1.24	汉			

家庭大事

　　1990年胡卫东参军入伍，1993年7月加入中国共产党，1993年12月退伍。获嘉奖3次、"优秀士兵"称号

　　2003年建造楼房3楼3底

　　2008年购买电脑1台

　　2017年胡怡婷毕业于南京航空航天大学金城学院（电气工程专业，本科）

张庄村第4村民小组

家庭成员	现有家属				已故家属		备注
	姓名	与户主关系	出生日期	民族	称呼	姓名	
	高杏妹	户主	1958.4.15	汉	丈夫	蒋泉荣	
	蒋晓兰	长女	1981.12.12	汉			
	戈才春	女婿	1981.3.28	汉			
	戈梓聘	外孙	2014.11.22	汉			
	杨　圣	长子	1992.2.25	汉			
	王丹莉	儿媳	1991.7.31	汉			
					`		

家庭大事

　　1982年建造楼房3楼3底

张庄村第4村民小组

<table>
<tr><td rowspan="2"></td><td colspan="4">现有家属</td><td colspan="2">已故家属</td><td rowspan="2">备注</td></tr>
<tr><td>姓名</td><td>与户主关系</td><td>出生日期</td><td>民族</td><td>称呼</td><td>姓名</td></tr>
<tr><td rowspan="7">家庭成员</td><td>蒋建青</td><td>户主</td><td>1965.12.26</td><td>汉</td><td>祖父</td><td>蒋根火</td><td></td></tr>
<tr><td>陈芳芳</td><td>妻子</td><td>1966.8.29</td><td>汉</td><td>祖母</td><td>汤杏宝</td><td></td></tr>
<tr><td>蒋益智</td><td>长子</td><td>1988.7.15</td><td>汉</td><td></td><td></td><td></td></tr>
<tr><td>周　岚</td><td>儿媳</td><td>1988.12.8</td><td>汉</td><td></td><td></td><td></td></tr>
<tr><td>蒋新阳</td><td>孙子</td><td>2010.5.26</td><td>汉</td><td></td><td></td><td></td></tr>
<tr><td>蒋云高</td><td>父亲</td><td>1931.11.7</td><td>汉</td><td></td><td></td><td></td></tr>
<tr><td>冯彩娥</td><td>母亲</td><td>1932.10.10</td><td>汉</td><td></td><td></td><td></td></tr>
<tr><td>家庭大事</td><td colspan="7">2000年建造楼房2楼2底
2010年购买轿车1辆
2012年购买商品房1套</td></tr>
</table>

张庄村第4村民小组

<table>
<tr><td rowspan="2"></td><td colspan="4">现有家属</td><td colspan="2">已故家属</td><td rowspan="2">备注</td></tr>
<tr><td>姓名</td><td>与户主关系</td><td>出生日期</td><td>民族</td><td>称呼</td><td>姓名</td></tr>
<tr><td rowspan="8">家庭成员</td><td>沈才元</td><td>户主</td><td>1967.10.16</td><td>汉</td><td>父亲</td><td>沈宝生</td><td></td></tr>
<tr><td>沈卫琴</td><td>妻子</td><td>1969.8.20</td><td>汉</td><td></td><td></td><td></td></tr>
<tr><td>沈灵杰</td><td>长子</td><td>1992.1.20</td><td>汉</td><td></td><td></td><td></td></tr>
<tr><td>秦　菲</td><td>儿媳</td><td>1991.12.30</td><td>汉</td><td></td><td></td><td></td></tr>
<tr><td>陈根娣</td><td>母亲</td><td>1933.1.8</td><td>汉</td><td></td><td></td><td></td></tr>
<tr><td></td><td></td><td></td><td></td><td></td><td></td><td></td></tr>
<tr><td></td><td></td><td></td><td></td><td></td><td></td><td></td></tr>
<tr><td></td><td></td><td></td><td></td><td></td><td></td><td></td></tr>
<tr><td>家庭大事</td><td colspan="7">1998年建造楼房3楼3底
2011年沈灵杰毕业于苏州高博国际商贸学院（大专）
2014年购买轿车1辆</td></tr>
</table>

张庄村第4村民小组

	现有家属				已故家属		备注
	姓名	与户主关系	出生日期	民族	称呼	姓名	
家庭成员	吴福寿	户主	1952.10.13	汉	父亲	吴桂和	
	杨林妹	妻子	1951.9.23	汉	祖母	俞媛媛	
	吴明华	儿子	1978.11.9	汉			
	沈晓芬	儿媳	1979.1.24	汉			
	吴佳怡	孙女	2002.2.8	汉			
	姚根妹	母亲	1923.9	汉			
家庭大事	1971年吴福寿担任林浜生产队副队长，1974年担任张庄村团支部书记，1975年吴福寿苏州地区农大水产系毕业（大专），1976年担任黄桥乡水产养殖场副厂长、党支部委员，1976年10月吴福寿加入中国共产党，1990年被评为水产工程师，1995年被评为苏州水产先进工作者，2001年当选黄桥乡党代表，2002年被聘任为江苏省水产良种场、苏州未来水产养殖场副厂长，2005年被评为黄桥街道优秀党员 1979年新建楼房1楼2底，1990年调整为2楼2底 2006年购买轿车1辆						

张庄村第4村民小组

	现有家属				已故家属		备注
	姓名	与户主关系	出生日期	民族	称呼	姓名	
家庭成员	吴福荣	户主	1963.1.7	汉	父亲	吴桂和	
	陈凤林	妻子	1964.10.4	汉			
	吴 瑶	儿子	1986.6.14	汉			
	黄旻鸣	儿媳	1987.10.2	汉			
	吴静漪	孙女	2010.1.17	汉			
	黄婉伊	孙女	2012.2.6	汉			
	姚根妹	母亲	1923.9	汉			
家庭大事	1995年建造楼房3间2层，前面3间 2005年吴瑶毕业于扬州煤炭学校（中专） 2008年黄旻鸣毕业于江苏联合职业技术学院（大专） 2011年购买轿车1辆						

张庄村第4村民小组

<table>
<tr><td rowspan="2"></td><td colspan="4">现有家属</td><td colspan="2">已故家属</td><td rowspan="2">备注</td></tr>
<tr><td>姓名</td><td>与户主关系</td><td>出生日期</td><td>民族</td><td>称呼</td><td>姓名</td></tr>
<tr><td rowspan="8">家庭成员</td><td>王关根</td><td>户主</td><td>1956.11.5</td><td>汉</td><td>父亲</td><td>王阿春</td><td rowspan="8">母亲王素英2011年去世,享年93岁</td></tr>
<tr><td>朱小白</td><td>妻子</td><td>1958.1.23</td><td>汉</td><td>母亲</td><td>王素英</td></tr>
<tr><td>王建新</td><td>儿子</td><td>1981.11.12</td><td>汉</td><td></td><td></td></tr>
<tr><td>吴筠</td><td>儿媳</td><td>1978.7.3</td><td>汉</td><td></td><td></td></tr>
<tr><td>王欣好</td><td>孙女</td><td>2010.7.12</td><td>汉</td><td></td><td></td></tr>
<tr><td></td><td></td><td></td><td></td><td></td><td></td></tr>
<tr><td></td><td></td><td></td><td></td><td></td><td></td></tr>
<tr><td></td><td></td><td></td><td></td><td></td><td></td></tr>
<tr><td>家庭大事</td><td colspan="7">1986年建造楼房2楼2底
2004年后面翻建平房2间
2007年吴筠毕业于苏州职业大学(大专)
2010年购买轿车1辆</td></tr>
</table>

张庄村第4村民小组

<table>
<tr><td rowspan="2"></td><td colspan="4">现有家属</td><td colspan="2">已故家属</td><td rowspan="2">备注</td></tr>
<tr><td>姓名</td><td>与户主关系</td><td>出生日期</td><td>民族</td><td>称呼</td><td>姓名</td></tr>
<tr><td rowspan="8">家庭成员</td><td>胡卫平</td><td>户主</td><td>1974.11.21</td><td>汉</td><td>祖父</td><td>胡阿小</td><td rowspan="8"></td></tr>
<tr><td>刘芹</td><td>妻子</td><td>1980.3.17</td><td>汉</td><td>祖母</td><td>姚金妹</td></tr>
<tr><td>胡玉婷</td><td>长女</td><td>2001.7.1</td><td>汉</td><td></td><td></td></tr>
<tr><td>胡诚乐</td><td>次子</td><td>2012.6.16</td><td>汉</td><td></td><td></td></tr>
<tr><td>胡阿大</td><td>父亲</td><td>1942.11.2</td><td>汉</td><td></td><td></td></tr>
<tr><td>吴木娥</td><td>母亲</td><td>1946.12</td><td>汉</td><td></td><td></td></tr>
<tr><td></td><td></td><td></td><td></td><td></td><td></td></tr>
<tr><td></td><td></td><td></td><td></td><td></td><td></td></tr>
<tr><td>家庭大事</td><td colspan="7">1997年建造楼房3楼3底
2002年购买轿车1辆</td></tr>
</table>

张庄村第4村民小组

<table>
<tr><td rowspan="2"></td><td colspan="4">现有家属</td><td colspan="2">已故家属</td><td rowspan="2">备注</td></tr>
<tr><td>姓名</td><td>与户主关系</td><td>出生日期</td><td>民族</td><td>称呼</td><td>姓名</td></tr>
<tr><td rowspan="8">家庭成员</td><td>沈才福</td><td>户主</td><td>1973.3.6</td><td>汉</td><td>祖父</td><td>沈佰林</td><td></td></tr>
<tr><td>彭红珍</td><td>妻子</td><td>1971.2.13</td><td>汉</td><td>祖母</td><td>陆水娥</td><td></td></tr>
<tr><td>沈 佚</td><td>儿子</td><td>1993.9.3</td><td>汉</td><td></td><td></td><td></td></tr>
<tr><td>沈阿三</td><td>父亲</td><td>1939.6.25</td><td>汉</td><td></td><td></td><td></td></tr>
<tr><td></td><td></td><td></td><td></td><td></td><td></td><td></td></tr>
<tr><td></td><td></td><td></td><td></td><td></td><td></td><td></td></tr>
<tr><td></td><td></td><td></td><td></td><td></td><td></td><td></td></tr>
<tr><td></td><td></td><td></td><td></td><td></td><td></td><td></td></tr>
<tr><td>家庭大事</td><td colspan="7">1976年建造平房2间
1989年建造楼房3楼3底
1989年3月沈才福参军入伍，1991年11加入中国共产党，1991年12月退伍，获嘉奖1次
1995年沈才福担任吴县日化三厂车间副主任
2015年购买汽车1辆</td></tr>
</table>

张庄村第4村民小组

<table>
<tr><td rowspan="2"></td><td colspan="4">现有家属</td><td colspan="2">已故家属</td><td rowspan="2">备注</td></tr>
<tr><td>姓名</td><td>与户主关系</td><td>出生日期</td><td>民族</td><td>称呼</td><td>姓名</td></tr>
<tr><td rowspan="8">家庭成员</td><td>沈才兴</td><td>户主</td><td>1958.5.6</td><td>汉</td><td>父亲</td><td>沈云根</td><td></td></tr>
<tr><td>刘 珍</td><td>妻子</td><td>1968.1.18</td><td>汉</td><td>母亲</td><td>沈金凤</td><td></td></tr>
<tr><td>沈芳婷</td><td>女儿</td><td>1997.5.18</td><td>汉</td><td></td><td></td><td></td></tr>
<tr><td></td><td></td><td></td><td></td><td></td><td></td><td></td></tr>
<tr><td></td><td></td><td></td><td></td><td></td><td></td><td></td></tr>
<tr><td></td><td></td><td></td><td></td><td></td><td></td><td></td></tr>
<tr><td></td><td></td><td></td><td></td><td></td><td></td><td></td></tr>
<tr><td></td><td></td><td></td><td></td><td></td><td></td><td></td></tr>
<tr><td>家庭大事</td><td colspan="7">1982年建造楼房2楼1底
2000年开办刘珍烟杂店</td></tr>
</table>

张庄村第4村民小组

	现有家属				已故家属		备注
	姓名	与户主关系	出生日期	民族	称呼	姓名	
家庭成员	蒋阿虎	户主	1951.9.29	汉	祖父	蒋仲英	
	沈荣妹	妻子	1954.4.7	汉	父亲	蒋阿桂	
	蒋君芳	长女	1978.7.14	汉	母亲	张阿娥	
	张宏国	女婿	1976.4.2	汉			
	蒋天乐	孙子	2000.8.29	汉			
	蒋天豪	孙子	2004.6.20	汉			
家庭大事	1980年建造平房2间 1984年建造楼房3楼3底 2009年购买商品房1套（75平方米） 2015年购买轿车1辆						

张庄村第4村民小组

	现有家属				已故家属		备注
	姓名	与户主关系	出生日期	民族	称呼	姓名	
家庭成员	吴红兵	户主	1966.9.13	汉	祖父	吴桂全	
	秦金妹	妻子	1963.3.20	汉	祖母	王海金	
	吴颖	长女	1989.7.3	汉	父亲	吴桂林	
	徐杰	女婿	1985.12.29	汉			
	吴槿涵	孙女	2013.7.24	汉			
	吴槿轩	孙子	2015.3.10	汉			
	秦小妹	母亲	1935.11.25	汉			
家庭大事	1981年建造楼房3楼3底 2000年购买电脑1台 2011年购买轿车1辆						

张庄村第4村民小组

		现有家属			已故家属		备注
	姓名	与户主关系	出生日期	民族	称呼	姓名	
家庭成员	吴建江	户主	1976.6.29	汉	祖父	吴水根	
	姚卫英	妻子	1977.8	汉	祖母	顾小妹	
	吴雨晴	女儿	1998.11.21	汉			
家庭大事	1989年建造楼房3楼3底 2005年购买面包车1辆 2009年购买商品房1套 2013年购买轿车1辆						

张庄村第4村民小组

		现有家属			已故家属		备注
	姓名	与户主关系	出生日期	民族	称呼	姓名	
家庭成员	吴永生	户主	1949.5.7	汉	父亲	吴水根	
	沈小玉	妻子	1953.1.19	汉	母亲	顾小妹	
	吴建平	次子	1981.5.11	汉			
	刘双芹	次媳	1983.10.20	汉			
	吴宇乐	孙子	2005.3.1	汉			
家庭大事	1995年建造楼房2楼2底 2010年购买电脑1台						

张庄村第4村民小组

		现有家属			已故家属		备注
	姓名	与户主关系	出生日期	民族	称呼	姓名	
家庭成员	姚金男	户主	1952.11.17	汉	父亲	姚小弟	
	陈素英	妻子	1955.10.11	汉	母亲	吴壮妹	
	姚美芳	长女	1978.12.28	汉			
	蒋兴江	女婿	1976.2.5	汉			
	姚怡静	孙女	2000.2.12	汉			
	姚依晨	孙女	2005.7.1	汉			
	姚鹤芳	次女	1987.2.11	汉			
家庭大事	1988年建造楼房3楼3底 2009年7月姚鹤芳毕业于四川省西华师范大学（本科） 2010年姚鹤芳加入中国共产党 2012年购买轿车1辆						

张庄村第4村民小组

		现有家属			已故家属		备注
	姓名	与户主关系	出生日期	民族	称呼	姓名	
家庭成员	薛　峰	户主	1978.11.13	汉	祖父	薛夯木	
	朱国英	妻子	1977.12.19	汉	母亲	陆金玲	
	薛俊宇	长子	2001.11.15	汉			
	薛土根	父亲	1954.8.6	汉			
家庭大事	1989年建造楼房3楼3底 2002年建造前面3间平房 2007年购买电脑1台、摩托车1辆						

张庄村第4村民小组

		现有家属			已故家属		备注
	姓名	与户主关系	出生日期	民族	称呼	姓名	
家庭成员	郭关泉	户主	1941.8.24	汉	父亲	郭宝根	
	徐大妹	妻子	1944.2.15	汉			
家庭大事	1961年郭关泉担任板桥生产队会计，1963年担任板桥生产队队长，1968年担任张庄大队团支部书记，1982年担任吴县化工四厂副厂长 1985年郭关泉加入中国共产党，1986年被评为苏州市化工局三废治理先进个人 1991年郭关泉担任吴县化工四厂厂长，1993年担任吴县黄桥化学助剂厂厂长 1999年购买轿车1辆						

张庄村第4村民小组

		现有家属			已故家属		备注
	姓名	与户主关系	出生日期	民族	称呼	姓名	
家庭成员	蒋金男	户主	1953.4	汉	父亲	蒋云寿	
	陈林英	妻子	1954.3	汉	母亲	陆小妹	
	蒋晓健	长子	1978.11	汉			
	马琼花	儿媳	1979.2	汉			
	蒋昊天	孙子	2002.10	汉			
家庭大事	1980年建造楼房2楼2底 1984年蒋金男担任黄桥商业合作社人事部经理 1989年后面翻造楼房2楼2底						

张庄村第4村民小组

<table>
<tr><td rowspan="2"></td><td colspan="4">现有家属</td><td colspan="2">已故家属</td><td rowspan="2">备注</td></tr>
<tr><td>姓名</td><td>与户主关系</td><td>出生日期</td><td>民族</td><td>称呼</td><td>姓名</td></tr>
<tr><td rowspan="8">家庭成员</td><td>蒋四男</td><td>户主</td><td>1948.3.11</td><td>汉</td><td>父亲</td><td>蒋永福</td><td></td></tr>
<tr><td>陆才玲</td><td>妻子</td><td>1951.6.3</td><td>汉</td><td>母亲</td><td>陈根木</td><td></td></tr>
<tr><td>蒋钰明</td><td>儿子</td><td>1977.10.19</td><td>汉</td><td></td><td></td><td></td></tr>
<tr><td>汤文华</td><td>儿媳</td><td>1979.11.14</td><td>汉</td><td></td><td></td><td></td></tr>
<tr><td>蒋晨奕</td><td>孙子</td><td>2001.9.15</td><td>汉</td><td></td><td></td><td></td></tr>
<tr><td></td><td></td><td></td><td></td><td></td><td></td><td></td></tr>
<tr><td></td><td></td><td></td><td></td><td></td><td></td><td></td></tr>
<tr><td></td><td></td><td></td><td></td><td></td><td></td><td></td></tr>
<tr><td>家庭大事</td><td colspan="7">1982年建造楼房2楼2底
2007年购买商品房1套（120平方米）
2008年购买轿车1辆</td></tr>
</table>

张庄村第4村民小组

<table>
<tr><td rowspan="2"></td><td colspan="4">现有家属</td><td colspan="2">已故家属</td><td rowspan="2">备注</td></tr>
<tr><td>姓名</td><td>与户主关系</td><td>出生日期</td><td>民族</td><td>称呼</td><td>姓名</td></tr>
<tr><td rowspan="8">家庭成员</td><td>王根福</td><td>户主</td><td>1955.1.25</td><td>汉</td><td></td><td></td><td></td></tr>
<tr><td>卢巧莲</td><td>妻子</td><td>1954.7.12</td><td>汉</td><td></td><td></td><td></td></tr>
<tr><td></td><td></td><td></td><td></td><td></td><td></td><td></td></tr>
<tr><td></td><td></td><td></td><td></td><td></td><td></td><td></td></tr>
<tr><td></td><td></td><td></td><td></td><td></td><td></td><td></td></tr>
<tr><td></td><td></td><td></td><td></td><td></td><td></td><td></td></tr>
<tr><td></td><td></td><td></td><td></td><td></td><td></td><td></td></tr>
<tr><td></td><td></td><td></td><td></td><td></td><td></td><td></td></tr>
<tr><td>家庭大事</td><td colspan="7">1998年集体安排楼房1楼1底</td></tr>
</table>

张庄村第4村民小组

	现有家属				已故家属		备注
	姓名	与户主关系	出生日期	民族	称呼	姓名	
家庭成员	姚惠生	户主	1957.10	汉	祖父	姚万泉	
	汤小白	妻子	1956.6	汉			
	姚晓宇	儿子	1982.1	汉			
	谈小青	儿媳	1981.9	汉			
	姚乐之	孙女	2012.8	汉			

家庭大事

1988年9月翻建楼房3楼3底
1994年7月汤小白加入中国共产党
2004年9月姚晓宇毕业于扬州大学（本科），2006年10月加入中国共产党
2004年9月谈小青毕业于金陵职大（大专）
2008年购买轿车1辆，同年购买商品房1套

张庄村第4村民小组

	现有家属				已故家属		备注
	姓名	与户主关系	出生日期	民族	称呼	姓名	
家庭成员	姚金林	户主	1972.1.29	汉	父亲	姚夯男	
					母亲	彭金宝	

家庭大事

2016年已安置于荷馨苑小区

张庄村第4村民小组

家庭成员	现有家属				已故家属		备注
	姓名	与户主关系	出生日期	民族	称呼	姓名	
	蒋建荣	户主	1962.9.24	汉			
	姚妹妹	妻子	1963.7.14	汉			
	蒋闻斌	儿子	1985.11.20	汉			
	郑俏月	儿媳	1986.8	汉			
	蒋承熠	孙女	2015.9.22	汉			

家庭大事	蒋建荣1983年9月担任张庄村团总支书记，1987年担任张庄经管站站长、会计，1994年10月担任张庄村党总支副书记，2000年5月担任黄桥国土所所长、党支部书记 1989年建造楼房3楼3底 2009年蒋闻斌毕业于上海大学（工商管理专业，大专） 2010年购买轿车1辆 2002年购买商品房1套

张庄村第4村民小组

家庭成员	现有家属				已故家属		备注
	姓名	与户主关系	出生日期	民族	称呼	姓名	
	蒋永明	户主	1967.12.19	汉	祖父	蒋阿木	
	贝建红	妻子	1969.5.2	汉	祖母	姚金娥	
	蒋仁杰	长子	1990.12.15	汉	父亲	蒋根泉	
	周晓云	儿媳	1993.4.30	汉	母亲	陈凤妹	
	蒋芯颖	孙女	2014.8.17	汉			

家庭大事	1995年建造楼房3楼3底 2010年购买轿车1辆 2012年购买商品房1套

张庄村第4村民小组

	现有家属				已故家属		备注
	姓名	与户主关系	出生日期	民族	称呼	姓名	
家庭成员	吴泉林	户主	1956.1.22	汉	父亲	吴阿五	母亲2017年去世
	郑兴玲	妻子	1958.12.5	汉	母亲	吴大小妹	
	吴成娟	长女	1989.1.4	汉			
	罗　剑	女婿	1981.1	汉			
	罗吴昊	孙子	2010.8.27	汉			

家庭大事	1990年建造楼房3楼3底 2007年吴成娟毕业于扬州大学（临床医学专业，本科） 2011年购买轿车1辆 2014年购买商品房1套

张庄村第4村民小组

	现有家属				已故家属		备注
	姓名	与户主关系	出生日期	民族	称呼	姓名	
家庭成员	蒋才明	户主	1967.2.1	汉	父亲	蒋阿四	
	胡建芬	妻子	1968.1.18	汉			
	蒋婷婷	女儿	1990.11.6	汉			
	蒋秀英	母亲	1939.4.4	汉			

家庭大事	1989年新建楼房3楼3底 2003年猪棚翻建为楼房1间

张庄村第4村民小组

	现有家属				已故家属		备注
	姓名	与户主关系	出生日期	民族	称呼	姓名	
家庭成员	吴大奎	户主	1959.5.13	汉			
	李才玲	妻子	1956.11.27	汉			
	吴锦明	次子	1990.12.21	汉			
	吴语霏	孙女	2013.12.19	汉			
家庭大事	1995年新建楼房3楼3底 1998年购买面包车1辆 2000年创办苏州庄神塑料彩印有限公司 2005年6月吴大奎加入中国共产党 2008年购买商品房1套						

张庄村第4村民小组

	现有家属				已故家属		备注
	姓名	与户主关系	出生日期	民族	称呼	姓名	
家庭成员	蒋育锋	户主	1982.11.11	汉	祖父	蒋阿四	
	许丽华	妻子	1982.10.10	汉	父亲	蒋才林	
	蒋昕雨	长女	2005.11.10	汉			
	许欣晨	长子	2007.6.28	汉			
	陆凤珍	母亲	1953.3.27	汉			
	蒋秀英	祖母	1939.4.4	汉			
家庭大事	1982年建造楼房3楼3底 2000年12月蒋育锋参军入伍，2002年12月退伍 2008年购买轿车1辆						

张庄村第4村民小组

家庭成员	现有家属				已故家属		备注
	姓名	与户主关系	出生日期	民族	称呼	姓名	
	蒋才法	户主	1964.2.28	汉			
	孙秋林	妻子	1963.8.3	汉			
	蒋微微	长女	1988.2.23	汉			
	涂欢	女婿	1982.8.24	汉			
	蒋俊希	孙子	2010.5.26	汉			
	蒋俊豪	孙子	2015.3.28	汉			

家庭大事

1986年建造楼房2楼2底
2000年后面猪棚翻建为楼房2楼2底

张庄村第4村民小组

家庭成员	现有家属				已故家属		备注
	姓名	与户主关系	出生日期	民族	称呼	姓名	
	陆建珍	户主	1966.10	汉	丈夫	蒋泉林	
	蒋景琪	儿子	1990.1	汉			
	黄晨	儿媳	1992.6	汉			
	黄梓晴	孙女	2013.10	汉			

家庭大事

1989年新建楼房3楼3底
2011年蒋景琪毕业于太仓健雄职业技术学院（机电专业，大专）
2012年购买轿车1辆
2015年购买商品房1套（110平方米）

张庄村第4村民小组

	现有家属				已故家属		备注
	姓名	与户主关系	出生日期	民族	称呼	姓名	
家庭成员	姚惠建	户主	1972.9.13	汉			
	汤琴芳	妻子	1973.2.11	汉			
	姚泽源	儿子	1996.1.3	汉			
	姚惠英	姐姐	1969.8.14	汉			
	张建明	姐夫	1967.11.2	汉			
	张　旭	外甥	2004.8.24	汉			
	姚关生	父亲	1947.8.13	汉			
	陆小妹	母亲	1948.9.22	汉			
家庭大事	1985年新建楼房2楼2底 2006年购买轿车1辆，购买商品房1套（125平方米） 2008年购买电脑1台 2013年7月姚惠建加入中国共产党 2015年购买商品房1套（180平方米） 2017年姚泽源就读于意大利多灵美术学院（本科）						

张庄村第4村民小组

	现有家属				已故家属		备注
	姓名	与户主关系	出生日期	民族	称呼	姓名	
家庭成员	王安石	户主	1939.2.5	汉			
	王金明	长子	1967.10.19	汉			
	陆雪珍	儿媳	1969.9.9	汉			
	王鹤祺	孙子	1990.8.4	汉			
	王芷希	曾孙女	2014.6.10	汉			
家庭大事	1986年建造楼房2楼2底 2000年购买电脑 2012年购买轿车1辆，同年购买商品房1套 2013年王鹤祺毕业于苏州职业大学（数控专业，大专） 2014年购买轿车1辆						

张庄村第4村民小组

	现有家属				已故家属		备注
	姓名	与户主关系	出生日期	民族	称呼	姓名	
家庭成员	蒋秀珍	户主	1953.1.13	汉	父亲	蒋仲康	父亲蒋仲康1956年3月加入中国共产党，1958年10月担任林浜生产队会计
	陆关庆	丈夫	1953.3.28	汉			
	蒋育宇	儿子	1978.6.14	汉			
	陈秋红	媳妇	1981.10.28	汉			
	蒋思悦	孙女	2006.4.17	汉			
	陈四妹	母亲	1929.11.1	汉			
家庭大事	1983年新建楼房3楼3底 1986年联合国粮农组织13个国家人员访问过陆关庆家庭 1998年蒋育宇加入中国共产党 2004年购买汽车1辆 2009年购买商品房1套 2015年蒋育宇毕业于大连理工大学（工商管理专业，本科）						

张庄村第4村民小组

	现有家属				已故家属		备注
	姓名	与户主关系	出生日期	民族	称呼	姓名	
家庭成员	余　雷	户主	1973.1.19	汉			
	王　琴	妻子	1979.11.9	汉			
	余梦琦	长女	2003.9.7	汉			
家庭大事							

张庄村第4村民小组

<table>
<tr><td rowspan="2"></td><td colspan="4">现有家属</td><td colspan="2">已故家属</td><td rowspan="2">备注</td></tr>
<tr><td>姓名</td><td>与户主关系</td><td>出生日期</td><td>民族</td><td>称呼</td><td>姓名</td></tr>
<tr><td rowspan="8">家庭成员</td><td>陈桂英</td><td>户主</td><td>1963.7.28</td><td>汉</td><td></td><td></td><td></td></tr>
<tr><td></td><td></td><td></td><td></td><td></td><td></td><td></td></tr>
<tr><td></td><td></td><td></td><td></td><td></td><td></td><td></td></tr>
<tr><td></td><td></td><td></td><td></td><td></td><td></td><td></td></tr>
<tr><td></td><td></td><td></td><td></td><td></td><td></td><td></td></tr>
<tr><td></td><td></td><td></td><td></td><td></td><td></td><td></td></tr>
<tr><td></td><td></td><td></td><td></td><td></td><td></td><td></td></tr>
<tr><td></td><td></td><td></td><td></td><td></td><td></td><td></td></tr>
<tr><td>家庭大事</td><td colspan="7">1989年建造楼房1楼1底</td></tr>
</table>

张庄村第4村民小组

<table>
<tr><td rowspan="2"></td><td colspan="4">现有家属</td><td colspan="2">已故家属</td><td rowspan="2">备注</td></tr>
<tr><td>姓名</td><td>与户主关系</td><td>出生日期</td><td>民族</td><td>称呼</td><td>姓名</td></tr>
<tr><td rowspan="7">家庭成员</td><td>韩梅娥</td><td>户主</td><td>1957.8.13</td><td>汉</td><td></td><td></td><td></td></tr>
<tr><td>韩　磊</td><td>女儿</td><td>1981.8.28</td><td>汉</td><td></td><td></td><td></td></tr>
<tr><td></td><td></td><td></td><td></td><td></td><td></td><td></td></tr>
<tr><td></td><td></td><td></td><td></td><td></td><td></td><td></td></tr>
<tr><td></td><td></td><td></td><td></td><td></td><td></td><td></td></tr>
<tr><td></td><td></td><td></td><td></td><td></td><td></td><td></td></tr>
<tr><td></td><td></td><td></td><td></td><td></td><td></td><td></td></tr>
<tr><td>家庭大事</td><td colspan="7">1995年建造平房3间</td></tr>
</table>

张庄村第5村民小组

<table>
<tr><td rowspan="2"></td><td colspan="4">现有家属</td><td colspan="2">已故家属</td><td rowspan="2">备注</td></tr>
<tr><td>姓名</td><td>与户主关系</td><td>出生日期</td><td>民族</td><td>称呼</td><td>姓名</td></tr>
<tr><td rowspan="8">家庭成员</td><td>陆林发</td><td>户主</td><td>1963.4.24</td><td>汉</td><td>祖父</td><td>陆阿壮</td><td></td></tr>
<tr><td>徐菊英</td><td>妻子</td><td>1964.1.19</td><td>汉</td><td>祖母</td><td>陆门陆氏</td><td></td></tr>
<tr><td>陆明霞</td><td>长女</td><td>1986.2.6</td><td>汉</td><td>父亲</td><td>陆才金</td><td></td></tr>
<tr><td>陈佳</td><td>女婿</td><td>1987.2.6</td><td>汉</td><td>母亲</td><td>沈杏玲</td><td></td></tr>
<tr><td>陆泽希</td><td>孙子</td><td>2010.5.21</td><td>汉</td><td></td><td></td><td></td></tr>
<tr><td>陈烨希</td><td>孙子</td><td>2012.9.20</td><td>汉</td><td></td><td></td><td></td></tr>
<tr><td></td><td></td><td></td><td></td><td></td><td></td><td></td></tr>
<tr><td></td><td></td><td></td><td></td><td></td><td></td><td></td></tr>
<tr><td>家庭大事</td><td colspan="7">
1983年建造楼房1楼2底
1995年出宅建造别墅1套
1997年转制创立苏州科发电路板有限公司
1998年购买轿车1辆
2000年购买轿车1辆
2002年5月购买商品房1套
2006年陆明霞毕业于苏州东吴外国语高等师范学校（本科）
2006年陈佳毕业于上海大学
2006年9月陆林发担任张庄村总支部书记
2008年陆林发被评为相城区"四城杯"竞赛先进个人
2010年5月购买尊园别墅1套
2010年陆林发被评为相城区"四城杯"竞赛先进个人
2013年9月25日陆林发获得苏州市委组织部颁发的苏州市发展党员工作履职资格证书
2015年陆林发被评为相城区劳动模范、相城区优秀共产党员
2016年陆林发当选相城区第四届人民代表大会代表
</td></tr>
</table>

张庄村第5村民小组

	现有家属				已故家属		备注
	姓名	与户主关系	出生日期	民族	称呼	姓名	
家庭成员	庄雪元	户主	1952.12.4	汉	祖父	庄永岐	
	葛林珍	妻子	1952.8.11	汉	祖母	庄老太	
	庄建平	长子	1975.3.30	汉	父亲	庄根生	
	陈梅芳	儿媳	1976.4.24	汉			
	庄 烨	孙子	1999.7.7	汉			
	庄建金	次子	1979.10.8	汉			
	吴 娟	儿媳	1980.3.11	汉			
	庄米润	孙子	2009.1.11	汉			
	吴米其	孙子	2015.4.8	汉			
	吴米立	孙子	2015.4.8	汉			
家庭大事	1985年6月庄雪元加入中国共产党 1988年新建楼房3楼3底，同年购买轿车1辆 2000年10月庄建金加入中国共产党 2000年建造别墅3楼3底，2002年新购商品房2套 2003年7月吴娟毕业于上海同济大学（本科），2007年毕业于上海大学（研究生） 2006年、2009年分别购买轿车1辆						

张庄村第5村民小组

	现有家属				已故家属		备注
	姓名	与户主关系	出生日期	民族	称呼	姓名	
家庭成员	陈根寿	户主	1955.8.15	汉	祖父	陈惠安	
	陈月英	妻子	1957.10.10	汉	祖母	金小妹	
	陈莉琴	女儿	1981.10.3	汉	父亲	陈才宝	
	龚 俭	女婿	1981.9.20	汉	母亲	陈杏根	
	龚子涵	孙子	2006.12.7	汉			
	陈柘睿	孙子	2012.1.3	汉			
家庭大事	1989年建造楼房3楼3底 1993年9月陈根寿加入中国共产党 1999年创办苏州诚诺电器厂 2002年购买轿车1辆 2009年购买轿车1辆，并购买商品房1套（158平方米） 2012年10月陈莉琴担任张庄村妇女主任，2014年6月加入中国共产党 2016年陈莉琴毕业于苏州科技大学（人力资源管理专业，本科）						

张庄村第5村民小组

家庭成员	现有家属				已故家属		备注
	姓名	与户主关系	出生日期	民族	称呼	姓名	
	庄文元	户主	1955.9.1	汉	父亲	庄根生	
	徐小妹	妻子	1957.4.8	汉			
	庄 琪	儿子	1985.2.2	汉			
	吴冬兰	儿媳	1981.11	汉			
	庄梓轩	孙子	2010.10.3	汉			
	张大媛	母亲	1927.7.20	汉			

家庭大事

1970年徐小妹担任徐浜生产队妇女队长，后到板桥生产队担任妇女队长

1980年建造楼房2楼2底，2000年建造别墅1幢（300平方米）

2004年购买轿车1辆

2007年新购商品房1套（164平方米）

2007年7月庄琪毕业于苏州科技大学（计算机专业，本科）

2009年庄琪担任苏州交通运输公司物流部经理

张庄村第5村民小组

家庭成员	现有家属				已故家属		备注
	姓名	与户主关系	出生日期	民族	称呼	姓名	
	陆才发	户主	1956.11.12	汉	父亲	陆才金	
	陈水英	妻子	1958.2.15	汉	母亲	沈杏玲	
	陆霞仙	长女	1981.11.9	汉			
	顾海文	女婿	1979.10.7	汉			
	陆欣怡	孙女	2002.12.8	汉			
	顾怡欣	孙女	2010.6.18	汉			

家庭大事

1997年建造别墅1幢（288平方米）

2006年购买面包车1辆

2007年购买电脑1台

2013年购买商品房1套（140平方米）

张庄村第5村民小组

	现有家属				已故家属		备注
	姓名	与户主关系	出生日期	民族	称呼	姓名	
家庭成员	杨巧宝	户主	1934.7	汉	祖父	杨世根	
	杨桂英	女儿	1964.4	汉	祖母	沈小妹	
	陆才明	女婿	1964.2	汉	父亲	杨阿兴	
	杨吉琦	孙子	1986.12	汉			
	靳　敏	孙媳	1985.3	汉			
	杨咏颐	曾孙女	2015.3	汉			
家庭大事	1984年建造楼房2楼2底，1995年建造别墅（300平方米） 2005年11月杨吉琦加入中国共产党，2007年杨桂英担任张庄村妇女主任 2008年购买商品房1套（90平方米） 2009年注册苏州芬芳日用品有限公司 2011年购买轿车1辆 2011年7月杨吉琦毕业于苏州科技大学（城市规划专业，硕士学位） 2015年购买商品房1套						

张庄村第5村民小组

	现有家属				已故家属		备注
	姓名	与户主关系	出生日期	民族	称呼	姓名	
家庭成员	郭卫洪	户主	1968.3.31	汉	祖父	郭宝根	
	沈建红	妻子	1969.12.10	汉			
	郭沈伶	长女	1992.11.7	汉			
	郭沈俐	次女	1992.11.7	汉			
	刘嘉伟	女婿	1992.10.9	汉			
家庭大事	1995年建造别墅1幢（300平方米） 1998年创办吴县黄桥日用化学品助剂厂 2007年购买轿车1辆 2010年购买商品房1套 2013年7月郭卫洪加入中国共产党						

张庄村第5村民小组

	现有家属				已故家属		备注
	姓名	与户主关系	出生日期	民族	称呼	姓名	
家庭成员	章林根	户主	1957.11.21	汉	父亲	陈老土	
	陈桂英	妻子	1964.8.18	汉			
	陈　斌	儿子	1985.8.22	汉			
	殷招媛	母亲	1935.12.5	汉			

家庭大事	1995年建造小别墅1幢（200平方米） 2002年购买电脑1台 2005年陈斌毕业于苏州电视大学（电子商务专业，大专） 2009年购买轿车1辆

张庄村第5村民小组

	现有家属				已故家属		备注
	姓名	与户主关系	出生日期	民族	称呼	姓名	
家庭成员	陈二男	户主	1951.12.18	汉	父亲	陈菊生	
	胡凤金	妻子	1953.1.2	汉			
	陈莉平	女儿	1979.3.8	汉			
	张守伟	女婿	1976.1.3	汉			
	陈张雅	孙女	2004.11.16	汉			

家庭大事	1983年新建楼房2楼2底，1998年后面翻建楼房2楼2底 2000年建造别墅1幢（300平方米） 2002年陈莉平毕业于南京经济学院（财务专业，大专） 2005年购买轿车1辆 2006年购买商品房1套（142平方米） 2013年购买商品房1套

张庄村第5村民小组

	现有家属				已故家属		备注
	姓名	与户主关系	出生日期	民族	称呼	姓名	
家庭成员	汤根元	户主	1956.11.5	汉	父亲	汤杏生	
	汤大妹	妻子	1955.5.13	汉			
	汤春兰	女儿	1981.12.5	汉			
	李安进	女婿	1974.9.24	汉			
	汤李昱	孙女	2002.11.7	汉			
家庭大事	1991年12月李安进入伍服役，1993年1月加入中国共产党，2004年4月退役 1995年建造楼房3楼3底，建造别墅1幢（230平方米） 1995年4月汤根元加入中国共产党 2006年李安进入苏州社会福利总院担任后勤科副科长 2012年购买汽车1辆 2015年购买商品房1套（106平方米）						

张庄村第5村民小组

<table>
<tr><td rowspan="2"></td><td colspan="4">现有家属</td><td colspan="2">已故家属</td><td rowspan="2">备注</td></tr>
<tr><td>姓名</td><td>与户主关系</td><td>出生日期</td><td>民族</td><td>称呼</td><td>姓名</td></tr>
<tr><td rowspan="8">家庭成员</td><td>汤三男</td><td>户主</td><td>1953.7</td><td>汉</td><td>父亲</td><td>汤阿三</td><td rowspan="8">汤阿三
1924.11.21~
2008.12.22
朱大妹
1923.4.2~
2013.6.30
汤海仙1957~
1980</td></tr>
<tr><td>汤凤珍</td><td>妻子</td><td>1955.3</td><td>汉</td><td>母亲</td><td>朱大妹</td></tr>
<tr><td>汤仁志</td><td>儿子</td><td>1983.1</td><td>汉</td><td>妹妹</td><td>汤海仙</td></tr>
<tr><td>归仁芳</td><td>儿媳</td><td>1982.10</td><td>汉</td><td></td><td></td></tr>
<tr><td>汤芮琪</td><td>孙女</td><td>2006.11</td><td>汉</td><td></td><td></td></tr>
<tr><td>汤芮瑶</td><td>孙女</td><td>2008.10</td><td>汉</td><td></td><td></td></tr>
<tr><td></td><td></td><td></td><td></td><td></td><td></td></tr>
<tr><td></td><td></td><td></td><td></td><td></td><td></td></tr>
<tr><td>家庭大事</td><td colspan="7">

　　汤三男1985年加入中国共产党；1976至1983年先后担任张庄村生产队会计，区会计，副区长；1983年8月先后担任张庄村村委会委员、村委会副主任，村党总支委员、党总支副书记，村合作社会计

　　1985年村集体造楼房2楼2底

　　1995年根据村建房规定调换建住房1套

　　2004年购买商品房1套（香城花园）

　　2004年归仁芳毕业于淮阴工学院（文秘专业，大专）

　　2005年汤仁志毕业于淮阴工学院（机械工程专业，本科）

　　2009年购买轿车1辆

　　2013年购买商品房1套（花好月圆小区）

　　民国33年，父亲汤阿三外出撩水草路经太平镇某村，被日军拉上岸，用河水灌肚，幸有当地村民倪云根说情，才救得性命

　　1980年9月27日，妹妹汤海仙于上午去塘北农科队上班时，路经黄埭塘船上过河时，被东桥机动船撞入河中，不幸落水身亡，时年仅24岁

</td></tr>
</table>

张庄村第5村民小组

	现有家属				已故家属		备注
	姓名	与户主关系	出生日期	民族	称呼	姓名	
家庭成员	汤建明	户主	1963.3.24	汉	父亲	汤阿祥	
	陆建英	妻子	1964.5.18	汉			
	汤静	长子	1986.8.19	汉			
	尤静	儿媳	1988.6.20	汉			
	汤妤萌	孙女	2014.12.26	汉			
家庭大事	1995年5月7日建造别墅1幢（230平方米） 2010年购买轿车1辆 2012年购买商品房1套						

张庄村第5村民小组

	现有家属				已故家属		备注
	姓名	与户主关系	出生日期	民族	称呼	姓名	
家庭成员	杨美华	户主	1974.2.25	汉	父亲	杨金水	
	郑雪珍	母亲	1950.8.10	汉	丈夫	隋广武	
	杨丹红	女儿	1994.11.22	汉			
	杨丹琦	儿子	2005.4.11	汉			
家庭大事	1982年新建楼房2楼2底，后面建造平房2间 2003年建造别墅1幢（300平方米） 2012年购买商品房1套（110平方米）						

张庄村第5村民小组

	现有家属				已故家属		备注
	姓名	与户主关系	出生日期	民族	称呼	姓名	
家庭成员	邱卫明	户主	1965.6.19	汉	母亲	庄秋英	
	陆建芬	妻子	1969.1.25	汉			
	陆敏杰	长子	1989.9.6	汉			
	韩春燕	儿媳	1989.3	汉			
	陆鑫琳	孙女	2012.9.18	汉			
	陆俊浩	孙子	2016.4.1	汉			
	陆晓娇	长女	1994.11.29	汉			
	陆林根	父亲	1946.8.2	汉			

家庭大事

1998年建造楼房3楼3底，2000年建造别墅1套
2002年购买轿车1辆，建造厂房（7亩）
2009年购买商品房1套
2010年购买轿车1辆，2013年购买轿车1辆
2014年陆晓娇毕业于江苏幼儿师范学校（大专）

张庄村第5村民小组

	现有家属				已故家属		备注
	姓名	与户主关系	出生日期	民族	称呼	姓名	
家庭成员	杨建林	户主	1969.2.19	汉	父亲	杨少安	
	汤群	妻子	1969.7.18	汉	母亲	陆小妹	
	杨俊杰	长子	1992.3.11	汉			
	陈德引	儿媳	1990.11	汉			

家庭大事

1995年建造别墅1套（224平方米）
2005年购买电脑1台
2006年购买商品房1套
2013年杨俊杰毕业于苏州工业园区服务外包职业学院（计算机软件专业，大专）
2013年购买轿车1辆
2014年陈德引毕业于苏州科技大学（计算机软件专业，本科）

张庄村第5村民小组

	现有家属				已故家属		备注
	姓名	与户主关系	出生日期	民族	称呼	姓名	
家庭成员	蒋林根	户主	1953.11	汉	父亲	蒋洪良	
	陆大姐	妻子	1954.1	汉	母亲	吴增妹	
	蒋平	儿子	1978.5	汉			
	葛利芬	儿媳	1980.11	汉			
	蒋天宇	孙子	2002.4	汉			
	蒋天悦	孙女	2009.7	汉			
家庭大事	1985年新建2楼2底，2间平房 2002年建造3楼3底别墅1套 2008年购买轿车1辆 2011年购买商品房1套 2016年购买轿车1辆						

张庄村第5村民小组

	现有家属				已故家属		备注
	姓名	与户主关系	出生日期	民族	称呼	姓名	
家庭成员	贝阿盘	户主	1957.1.16	汉			
	胡玉英	妻子	1958.5.4	汉			
	贝耀麟	长子	1983.1.6	汉			
	陆萍芬	儿媳	1984.12.23	汉			
	贝欣芹	孙女	2006.5.27	汉			
	贝欣悦	孙女	2010.7.12	汉			
家庭大事	1989年建造3楼3底别墅1套 1992年5月贝阿盘加入中国共产党 2003年购买轿车1辆 2011年购买轿车1辆 2011年购买商品房1套 2012年购买轿车1辆						

张庄村第5村民小组

家庭成员	现有家属				已故家属		备注
	姓名	与户主关系	出生日期	民族	称呼	姓名	
	姚建华	户主	1963.8.10	汉	父亲	姚阿黑	
	薛菊玲	妻子	1964.1.30	汉			
	姚　宇	儿子	1986.11.20	汉			
	陆美娟	儿媳	1987.4.7	汉			
	姚添一	孙女	2010.3.17	汉			
	姚晟睿	孙子	2013.2.12	汉			

家庭大事	
	1981年姚建华入伍参军，1987年退伍，连嘉奖3次 1984年12月姚建华加入中国共产党 1991年建造别墅1套（250平方米） 2006年购买电脑1台 2011年购买轿车1辆

张庄村第5村民小组

家庭成员	现有家属				已故家属		备注
	姓名	与户主关系	出生日期	民族	称呼	姓名	
	汤卫元	户主	1965.12	汉	父亲	汤杏生	
	汤建红	妻子	1966.7	汉			
	汤晓平	长子	1988.10	汉			
	蒋银萍	儿媳	1989.4	汉			
	汤杰希	孙子	2012.5	汉			

家庭大事	
	1993年汤建红担任村妇代会委员 2001年建造楼房3楼3底 2005年3月汤建红被评为苏州市相城区首届"好媳妇" 2010年汤建红向张庄村四区陈金荣孙女捐款200元 2010年购买轿车1辆 2013年薛银萍毕业于南京审计学院（本科）

张庄村第5村民小组

<table>
<tr><th rowspan="2"></th><th colspan="4">现有家属</th><th colspan="2">已故家属</th><th rowspan="2">备注</th></tr>
<tr><th>姓名</th><th>与户主关系</th><th>出生日期</th><th>民族</th><th>称呼</th><th>姓名</th></tr>
<tr><td rowspan="8">家庭成员</td><td>陈明山</td><td>户主</td><td>1935.1.1</td><td>汉</td><td></td><td></td><td rowspan="8"></td></tr>
<tr><td>孙桂宝</td><td>妻子</td><td>1935.7.1</td><td>汉</td><td></td><td></td></tr>
<tr><td>陈建中</td><td>长子</td><td>1969.3.8</td><td>汉</td><td></td><td></td></tr>
<tr><td>陈海英</td><td>儿媳</td><td>1968.10.20</td><td>汉</td><td></td><td></td></tr>
<tr><td>陈春凤</td><td>孙女</td><td>1992.2.23</td><td>汉</td><td></td><td></td></tr>
<tr><td>陈志强</td><td>孙子</td><td>1996.8.6</td><td>汉</td><td></td><td></td></tr>
<tr><td></td><td></td><td></td><td></td><td></td><td></td></tr>
<tr><td></td><td></td><td></td><td></td><td></td><td></td></tr>
<tr><td>家庭大事</td><td colspan="7">
1982年建造楼房2楼3底
2000年建造别墅3楼3底（326平方米）
2009年购买轿车1辆
2012年陈春凤毕业于苏州大学
2014年陈志强就读于常熟理工学院（本科）
</td></tr>
</table>

张庄村第5村民小组

<table>
<tr><th rowspan="2"></th><th colspan="4">现有家属</th><th colspan="2">已故家属</th><th rowspan="2">备注</th></tr>
<tr><th>姓名</th><th>与户主关系</th><th>出生日期</th><th>民族</th><th>称呼</th><th>姓名</th></tr>
<tr><td rowspan="8">家庭成员</td><td>汤吾吾</td><td>户主</td><td>1954.6</td><td>汉</td><td>父亲</td><td>陆根生</td><td rowspan="8"></td></tr>
<tr><td>陆志文</td><td>长子</td><td>1980.1</td><td>汉</td><td>丈夫</td><td>陆全根</td></tr>
<tr><td>陆四妹</td><td>母亲</td><td>1934.8</td><td>汉</td><td></td><td></td></tr>
<tr><td></td><td></td><td></td><td></td><td></td><td></td></tr>
<tr><td></td><td></td><td></td><td></td><td></td><td></td></tr>
<tr><td></td><td></td><td></td><td></td><td></td><td></td></tr>
<tr><td></td><td></td><td></td><td></td><td></td><td></td></tr>
<tr><td></td><td></td><td></td><td></td><td></td><td></td></tr>
<tr><td>家庭大事</td><td colspan="7">
1995年建造楼房3楼3底
1998年陆志文考入上海大学（本科）
2001年陆志文加入中国共产党
2001年购买电脑1台
2002年陆志文被评为上海大学硕士生导师
2005年购买电脑1台，在上海购买商品房1套
2012年在上海购买商品房1套
</td></tr>
</table>

张庄村第5村民小组

家庭成员	现有家属				已故家属		备注
	姓名	与户主关系	出生日期	民族	称呼	姓名	
	陆元妹	户主	1946.1.16	汉	父亲	沈阿金	
	陆建芳	女儿	1967.10.13	汉	母亲	沈金宝	
	吴福新	女婿	1966.6.19	汉	丈夫	沈林生	
	沈维	孙子	1989.3.5	汉			
	沈晓蒙	孙子	1994.11.10	汉			
	沈丹	孙媳	1990.12	汉			
	沈骁莤	曾孙	2014.2.26	汉			
	沈屹屹	曾孙	2016.11.11	汉			

家庭大事

1982年建造楼房2楼2底
2011年沈维毕业于南通大学（生命科学专业，本科）
2012年购买商品房1套
2016年沈晓蒙毕业于苏州经济贸易学院（本科）

张庄村第5村民小组

家庭成员	现有家属				已故家属		备注
	姓名	与户主关系	出生日期	民族	称呼	姓名	
	蒋荣珍	户主	1957.4.24	汉	父亲	蒋关关	
	姚志将	儿子	1982.12.13	汉			
							丈夫姚关林已和蒋荣珍离婚

家庭大事

1980年建造楼房2楼2底
2000年姚志将毕业于江苏广播电视大学（大专）
2008年购买电脑1台
2012年购买轿车1辆

张庄村第5村民小组

<table>
<tr><td rowspan="2"></td><td colspan="4">现有家属</td><td colspan="2">已故家属</td><td rowspan="2">备注</td></tr>
<tr><td>姓名</td><td>与户主关系</td><td>出生日期</td><td>民族</td><td>称呼</td><td>姓名</td></tr>
<tr><td rowspan="8">家庭成员</td><td>姚阿二</td><td>户主</td><td>1952.1.3</td><td>汉</td><td>父亲</td><td>姚木根</td><td></td></tr>
<tr><td>朱水英</td><td>妻子</td><td>1956.7.5</td><td>汉</td><td>母亲</td><td>陈三媛</td><td></td></tr>
<tr><td>姚育民</td><td>儿子</td><td>1979.11.14</td><td>汉</td><td></td><td></td><td></td></tr>
<tr><td>覃志梅</td><td>儿媳</td><td>1979.12.29</td><td>汉</td><td></td><td></td><td></td></tr>
<tr><td>姚雨轩</td><td>孙子</td><td>2002.6.26</td><td>汉</td><td></td><td></td><td></td></tr>
<tr><td></td><td></td><td></td><td></td><td></td><td></td><td></td></tr>
<tr><td></td><td></td><td></td><td></td><td></td><td></td><td></td></tr>
<tr><td></td><td></td><td></td><td></td><td></td><td></td><td></td></tr>
<tr><td>家庭大事</td><td colspan="7">1988年新建楼房3楼3底
2010年购买电脑1台
2011年购买轿车1辆</td></tr>
</table>

张庄村第5村民小组

<table>
<tr><td rowspan="2"></td><td colspan="4">现有家属</td><td colspan="2">已故家属</td><td rowspan="2">备注</td></tr>
<tr><td>姓名</td><td>与户主关系</td><td>出生日期</td><td>民族</td><td>称呼</td><td>姓名</td></tr>
<tr><td rowspan="8">家庭成员</td><td>蒋根男</td><td>户主</td><td>1956.10.14</td><td>汉</td><td>父亲</td><td>蒋三毛</td><td></td></tr>
<tr><td>秦小玲</td><td>妻子</td><td>1957.10.12</td><td>汉</td><td></td><td></td><td></td></tr>
<tr><td>蒋诚</td><td>儿子</td><td>1982.4.30</td><td>汉</td><td></td><td></td><td></td></tr>
<tr><td>徐晓楚</td><td>儿媳</td><td>1986.12.15</td><td>汉</td><td></td><td></td><td></td></tr>
<tr><td>蒋倾伊</td><td>孙女</td><td>2013.11.14</td><td>汉</td><td></td><td></td><td></td></tr>
<tr><td>赵根宝</td><td>母亲</td><td>1931.5.13</td><td>汉</td><td></td><td></td><td></td></tr>
<tr><td></td><td></td><td></td><td></td><td></td><td></td><td></td></tr>
<tr><td></td><td></td><td></td><td></td><td></td><td></td><td></td></tr>
<tr><td>家庭大事</td><td colspan="7">1985年建造楼房2楼2底
1996年购买蠡口门面房（200平方米）
2005年蒋诚毕业于苏州大学（化工专业，本科）
2009年徐晓楚毕业于苏州大学文正学院（国际贸易专业，本科）</td></tr>
</table>

张庄村第5村民小组

	现有家属				已故家属		备注
	姓名	与户主关系	出生日期	民族	称呼	姓名	
家庭成员	吴黑妹	户主	1946.2.8	汉	丈夫	蒋夯夯	
	蒋红星	长子	1966.1.17	汉			
	秦雪林	儿媳	1966.2.4	汉			
	蒋　娟	孙女	1988.11.28	汉			
	蒋乙萌	曾孙女	2015.6.7	汉			

家庭大事	1982年建造楼房2楼2底 2005年蒋娟毕业于江苏技术师范学院（本科） 2012年购买轿车1辆 2012年购买商品房1套

张庄村第5村民小组

	现有家属				已故家属		备注
	姓名	与户主关系	出生日期	民族	称呼	姓名	
家庭成员	蒋阿四	户主	1947.6.1	汉	祖父	蒋春林	
	蒋荣妹	妻子	1952.6.12	汉	祖母	吴小妹	
	蒋芳芳	长女	1978.4.20	汉	父亲	蒋关关	
	杨定监	女婿	1975.12.30	汉	母亲	王白妹	
	蒋　悦	孙女	2000.9.16	汉			
	蒋涵堉	孙子	2005.8.20	汉			

家庭大事	1982年建造楼房2楼2底 2009年后面建造楼房2楼2底 2009年购买货车1辆 2012年购买电脑1台 2014年购买轿车1辆

张庄村第5村民小组

<table>
<tr><td rowspan="2"></td><td colspan="4">现有家属</td><td colspan="2">已故家属</td><td rowspan="2">备注</td></tr>
<tr><td>姓名</td><td>与户主关系</td><td>出生日期</td><td>民族</td><td>称呼</td><td>姓名</td></tr>
<tr><td rowspan="8">家庭成员</td><td>陆夫泉</td><td>户主</td><td>1947.1.1</td><td>汉</td><td>父亲</td><td>陆云毛</td><td></td></tr>
<tr><td>陆阿素</td><td>妻子</td><td>1947.1.3</td><td>汉</td><td>母亲</td><td>顾根妹</td><td></td></tr>
<tr><td>陆文龙</td><td>儿子</td><td>1972.8.3</td><td>汉</td><td></td><td></td><td></td></tr>
<tr><td>于维艳</td><td>儿媳</td><td>1976.4.11</td><td>汉</td><td></td><td></td><td></td></tr>
<tr><td>陆晓君</td><td>孙女</td><td>2000.2.12</td><td>汉</td><td></td><td></td><td></td></tr>
<tr><td></td><td></td><td></td><td></td><td></td><td></td><td></td></tr>
<tr><td></td><td></td><td></td><td></td><td></td><td></td><td></td></tr>
<tr><td></td><td></td><td></td><td></td><td></td><td></td><td></td></tr>
<tr><td>家庭大事</td><td colspan="7">1980年建造楼房2楼2底
2003年购买轿车1辆
2005年购买电脑1台</td></tr>
</table>

张庄村第5村民小组

<table>
<tr><td rowspan="2"></td><td colspan="4">现有家属</td><td colspan="2">已故家属</td><td rowspan="2">备注</td></tr>
<tr><td>姓名</td><td>与户主关系</td><td>出生日期</td><td>民族</td><td>称呼</td><td>姓名</td></tr>
<tr><td rowspan="8">家庭成员</td><td>吴才生</td><td>户主</td><td>1952.1.29</td><td>汉</td><td>祖父</td><td>吴小和尚</td><td></td></tr>
<tr><td>吴　勇</td><td>长子</td><td>1977.1.6</td><td>汉</td><td>父亲</td><td>吴阿四</td><td></td></tr>
<tr><td>胡玉雁</td><td>儿媳</td><td>1979.12.5</td><td>汉</td><td>母亲</td><td>万阿娥</td><td></td></tr>
<tr><td>吴彩琴</td><td>长女</td><td>1980.8.20</td><td>汉</td><td>妻子</td><td>章阿贵</td><td></td></tr>
<tr><td>吴浩宇</td><td>孙子</td><td>2002.6.26</td><td>汉</td><td></td><td></td><td></td></tr>
<tr><td></td><td></td><td></td><td></td><td></td><td></td><td></td></tr>
<tr><td></td><td></td><td></td><td></td><td></td><td></td><td></td></tr>
<tr><td></td><td></td><td></td><td></td><td></td><td></td><td></td></tr>
<tr><td>家庭大事</td><td colspan="7">1996年12月吴勇参军入伍
1998年吴彩琴毕业于常州会计学校（大专）
1999年12月吴勇退伍，获"优秀士兵"称号
1999年吴勇加入中国共产党
2012年购买商品房1套
2015年吴勇购买商品房1套
2015年吴彩琴购买轿车1辆</td></tr>
</table>

张庄村第5村民小组

	现有家属				已故家属		备注
	姓名	与户主关系	出生日期	民族	称呼	姓名	
家庭成员	沈建明	户主	1971.7.23	汉	祖父	沈关荣	
	杨金莲	妻子	1970.2.11	汉			
	沈　萍	女儿	1994.12.21	汉			

家庭大事	1995年建造楼房3楼3底 2013年购买电脑1台 2013年购买商品房2套 2013年购买100平方米商铺

张庄村第5村民小组

	现有家属				已故家属		备注
	姓名	与户主关系	出生日期	民族	称呼	姓名	
家庭成员	沈凡泉	户主	1964.11.15	汉	父亲	沈泉根	
	刘卫珍	妻子	1965.10.9	汉	母亲	郭金妹	
	沈梅林	长女	1987.11.5	汉			
	高　云	女婿	1979.9.27	汉			
	沈一诺	孙女	2016.7.29	汉			

家庭大事	1994年建造楼房3楼3底 1996年开办凡泉烟杂店 2005年购买电脑1台 2006年沈梅林毕业于太仓师范学校（大专）

张庄村第5村民小组

	现有家属				已故家属		备注
	姓名	与户主关系	出生日期	民族	称呼	姓名	
家庭成员	吴泉元	户主	1960.1.26	汉			
	李巧妹	妻子	1963.3.11	汉			
	吴智强	儿子	1985.11.20	汉			
	徐　婷	儿媳	1985.12.2	汉			
	吴奇穗	孙子	2008.2.6	汉			
	吴京穗	孙子	2008.2.6	汉			
家庭大事	1988年建造楼房3楼3底 2002年创办苏州强胜制冷配件厂 2003年翻建楼房3楼3底，造平房3间 2004年购买轿车1辆						

张庄村第5村民小组

	现有家属				已故家属		备注
	姓名	与户主关系	出生日期	民族	称呼	姓名	
家庭成员	蒋敖敖	户主	1943.9.18	汉	父亲	蒋根寿	
	芮付兰	妻子	1947.9.7	汉	母亲	严白妹	
	蒋建春	儿子	1969.9.25	汉			
	顾秋芳	儿媳	1971.9.4	汉			
	蒋　丹	孙女	1992.6.21	汉			
	蒋　伟	孙子	2002.3.2	汉			
	吕翌轩	曾孙	2012.1.23	汉			
家庭大事	1981年建造楼房2楼2底，1989年后头翻建2楼2底 1997年创办黄桥张庄喷涂厂 2000年购买货车1辆 2001年购买轿车1辆 2010年购买商品房1套						

张庄村第5村民小组

	现有家属				已故家属		备注
	姓名	与户主关系	出生日期	民族	称呼	姓名	
家庭成员	沈卫东	户主	1970.3.18	汉	祖父	沈阿土	
	陈康妹	妻子	1971.2.28	汉	祖母	尤根妹	
	沈黎婷	长女	1993.10.7	汉			
	殷玉广	女婿	1990.9.18	汉			

家庭大事	1992年新建楼房3楼3底 2014年购买轿车1辆 2015年沈黎婷毕业于苏州职业大学（大专）

张庄村第5村民小组

	现有家属				已故家属		备注
	姓名	与户主关系	出生日期	民族	称呼	姓名	
家庭成员	秦国英	户主	1969.3.13	汉	父亲	杨小男	
	杨寒迅	长子	1990.1.24	汉			

家庭大事	1982年建造楼房2楼2底

张庄村第5村民小组

		现有家属			已故家属		备注
	姓名	与户主关系	出生日期	民族	称呼	姓名	
家庭成员	蒋大妹	户主	1946.1.11	汉	父亲	沈天官	
	沈兰英	女儿	1968.1.23	汉	母亲	杨阿素	
	朱林法	女婿	1966.2.19	汉	丈夫	沈才生	
	沈智晶	孙女	1989.8.7	汉			
	沈智逸	孙子	1999.5.31	汉			

家庭大事	1994年建造楼房3楼3底 2008年购买电脑1台 2010年购买轿车1辆 2012年沈智晶毕业于温州医学院（本科） 2012年购买商品房1套

张庄村第5村民小组

		现有家属			已故家属		备注
	姓名	与户主关系	出生日期	民族	称呼	姓名	
家庭成员	胡彐良	户主	1965.12.7	汉	父亲	胡小弟	
	秦梅英	妻子	1967.7.6	汉	母亲	周小妹	
	胡卫	长子	1988.10.9	汉			
	陈燕	儿媳	1991.10.22	汉			
	陈梓安	孙子	2015.9.18	汉			

家庭大事	1984年建造楼房3楼3底 2010年购买商品房1套（115平方米，合景峰汇） 2013年胡卫毕业于苏州高博软件技术职业学院（大专） 2014年购买轿车1辆

张庄村第5村民小组

		现有家属			已故家属		备注
	姓名	与户主关系	出生日期	民族	称呼	姓名	
家庭成员	沈阿二	户主	1955.1.10	汉	祖父	沈宝寿	
	顾杏娣	妻子	1955.2.12	汉	父亲	沈天官	
	沈　峰	儿子	1980.10.22	汉	母亲	杨阿素	
	吴月敏	儿媳	1982.8.17	汉			
	沈育杰	孙子	2004.9.9	汉			
	沈卓璇	孙女	2010.12.11	汉			
家庭大事	2000年建造楼房3楼3底 2006年购买电脑1台 2011年购买轿车1辆						

张庄村第5村民小组

		现有家属			已故家属		备注
	姓名	与户主关系	出生日期	民族	称呼	姓名	
家庭成员	胡阿二	户主	1952.10.28	汉	父亲	胡阿小	
	刘小姐	妻子	1954.1.26	汉	母亲	姚金妹	
	胡锦芳	女儿	1980.11.14	汉			
	方华林	女婿	1979.1.20	汉			
	胡方欣	孙女	2007.6.18	汉			
家庭大事	1980年建造楼房2楼2底 2000年胡锦芳毕业于苏州农业技术学院（大专） 2005年购买电脑1台 2006年购买轿车1辆						

张庄村第5村民小组

	现有家属				已故家属		备注
	姓名	与户主关系	出生日期	民族	称呼	姓名	
家庭成员	沈大男	户主	1958.8.9	汉	祖父	沈文浩	
	汤红英	妻子	1957.3.3	汉	祖母	蒋妹妹	
	沈莉	女儿	1981.11.24	汉	母亲	沈招妹	
	周红	女婿	1979.4.20	土家族			
	沈俊杰	孙子	2004.1.13	汉			
	沈忻怡	孙女	2009.3.25	汉			
	沈金泉	父亲	1933	汉			
家庭大事	1985年建造楼房2楼2底 1995年后面翻建楼房2楼2底 1997年12月周红入伍，2000年12月退伍 2008年购买电脑1台 2010年购买商品房1套（76平方米） 2010年沈俊杰向相城区慈善基金会黄桥分会捐赠9000元（当年就读于黄桥实小三年级）						

张庄村第5村民小组

	现有家属				已故家属		备注
	姓名	与户主关系	出生日期	民族	称呼	姓名	
家庭成员	沈才兴	户主	1962.8.18	汉	父亲	沈文荣	
	汤雪英	妻子	1962.8.12	汉			
	沈洁	女儿	1986.2.2	汉			
	沈亦缘	孙女	2013.5.2	汉			
	蒋阿招	母亲	1929.9.26	汉			
家庭大事	1987年建造楼房2楼2底 1999年后面翻建楼房2楼2底 2005年购买电脑1台 2008年沈洁毕业于江苏大学（本科） 2010年购买轿车1辆 2016年购买商品房1套						

张庄村第5村民小组

	现有家属				已故家属		备注
	姓名	与户主关系	出生日期	民族	称呼	姓名	
家庭成员	蒋可三	户主	1948.3.18	汉	父亲	蒋根寿	
	金梅英	妻子	1954.1.24	汉	母亲	严白妹	
	蒋敬红	女儿	1977.10.14	汉			

家庭大事	1981年建造楼房2楼2底 1989年后面翻建楼房2楼2底 2005年购买电脑1台 2006年购买轿车1辆 2014年购买商品房1套（97平方米）

张庄村第5村民小组

	现有家属				已故家属		备注
	姓名	与户主关系	出生日期	民族	称呼	姓名	
家庭成员	李雪英	户主	1941.4.8	汉	父亲	蒋根寿	
	杨利芳	儿子	1976.6	汉	母亲	严白妹	
					丈夫	蒋敖林	

家庭大事	1980年建造楼房1楼1底 2005年购买电脑1台

张庄村第5村民小组

	现有家属				已故家属		备注
	姓名	与户主关系	出生日期	民族	称呼	姓名	
家庭成员	蒋桂福	户主	1936.1.6	汉	祖父	蒋春林	
	冯妹多	妻子	1942.5.17	汉	祖母	朱太娘	
	蒋红林	长子	1967.5.21	汉			
	沈小白	儿媳	1967.11.5	汉			
	蒋洁艳	孙女	1990.7.22	汉			
	蒋梦成	曾孙	2016.2.7	汉			
	濮晓华	孙婿	1989.10.8	汉			
	濮立诚	曾孙	2012.4.22	汉			

家庭大事	蒋桂福1955年3月参军，1959年3月复员，立三等功1次；1960年担任林浜生产队副队长，1968年担任张庄大队"文革"领导小组副组长 1982年建造楼房2楼2底 2003年猪棚改造成楼房2楼2底 2008年购买电脑1台 2010年蒋洁艳毕业于江苏联合职业技术学院（应用电子技术专业，大专）

张庄村第5村民小组

	现有家属				已故家属		备注
	姓名	与户主关系	出生日期	民族	称呼	姓名	
家庭成员	胡全荣	户主	1954.9.26	汉	父亲	胡福生	
	沈小妹	妻子	1954.1.13	汉	母亲	胡阿妹	
	胡晓英	长女	1977.9.10	汉			
	胡晓玲	次女	1987.7.25	汉			
	金发云	女婿	1969.4.15	汉			
	刘义东	女婿	1977.7.26	汉			
	金书杰	孙子	1996.2.17	汉			
	胡英杰	孙子	1998.12.12	汉			

家庭大事	1994年建造楼房3楼3底 2005年购买电脑1台

张庄村第5村民小组

<table>
<tr><td rowspan="2"></td><td colspan="4">现有家属</td><td colspan="2">已故家属</td><td rowspan="2">备注</td></tr>
<tr><td>姓名</td><td>与户主关系</td><td>出生日期</td><td>民族</td><td>称呼</td><td>姓名</td></tr>
<tr><td rowspan="7">家庭成员</td><td>蒋雪男</td><td>户主</td><td>1969.12.26</td><td>汉</td><td></td><td></td><td></td></tr>
<tr><td>蒋泉珍</td><td>妻子</td><td>1970.9.15</td><td>汉</td><td></td><td></td><td></td></tr>
<tr><td>蒋　晴</td><td>长女</td><td>1993.12.5</td><td>汉</td><td></td><td></td><td></td></tr>
<tr><td>吴建强</td><td>女婿</td><td>1989.12.2</td><td>汉</td><td></td><td></td><td></td></tr>
<tr><td>吴正天</td><td>外孙</td><td>2014.2.24</td><td>汉</td><td></td><td></td><td></td></tr>
<tr><td>蒋洪生</td><td>父亲</td><td>1941.9.17</td><td>汉</td><td></td><td></td><td></td></tr>
<tr><td>曹大妹</td><td>母亲</td><td>1944.1.26</td><td>汉</td><td></td><td></td><td></td></tr>
<tr><td>家庭大事</td><td colspan="7">1982年建造楼房2楼2底
2014年购买轿车1辆
2015年购买商品房1套</td></tr>
</table>

张庄村第5村民小组

<table>
<tr><td rowspan="2"></td><td colspan="4">现有家属</td><td colspan="2">已故家属</td><td rowspan="2">备注</td></tr>
<tr><td>姓名</td><td>与户主关系</td><td>出生日期</td><td>民族</td><td>称呼</td><td>姓名</td></tr>
<tr><td rowspan="8">家庭成员</td><td>蒋大男</td><td>户主</td><td>1965.4.29</td><td>汉</td><td></td><td></td><td></td></tr>
<tr><td>陆秀妹</td><td>妻子</td><td>1966.4.27</td><td>汉</td><td></td><td></td><td></td></tr>
<tr><td>蒋　鹤</td><td>长子</td><td>1988.9.24</td><td>汉</td><td></td><td></td><td></td></tr>
<tr><td>王悦佳</td><td>儿媳</td><td>1991.7.21</td><td>汉</td><td></td><td></td><td></td></tr>
<tr><td>蒋佑一</td><td>孙子</td><td>2016.3.19</td><td>汉</td><td></td><td></td><td></td></tr>
<tr><td></td><td></td><td></td><td></td><td></td><td></td><td></td></tr>
<tr><td></td><td></td><td></td><td></td><td></td><td></td><td></td></tr>
<tr><td></td><td></td><td></td><td></td><td></td><td></td><td></td></tr>
<tr><td>家庭大事</td><td colspan="7">1991年建造楼房3楼3底
1995年蒋大男加入中国共产党，2007年担任张庄村老年综合党支部书记
2009年购买商品房1套（140平方米），2010年购买轿车1辆
2011年王悦佳毕业于苏州旅游财经职业技术学院（大专）
2012年蒋鹤毕业于苏州科技大学天平学院（计算机专业，本科）
2013年购买轿车1辆</td></tr>
</table>

张庄村第5村民小组

	现有家属				已故家属		备注
	姓名	与户主关系	出生日期	民族	称呼	姓名	
家庭成员	吴金生	户主	1955.7.15	汉	祖母	陈老太	
	毛林妹	妻子	1958.9.1	汉	父亲	吴水根	
	吴振千	长子	1982.10.28	汉	母亲	顾小妹	
	杨翠	儿媳	1983.11.17	汉			
	吴智贤	孙子	2005.10.24	汉			
	吴智悠	孙女	2010.8.28	汉			
家庭大事	1995年新建楼房3楼3底 2008年购买轿车1辆 2013年购买商品房1套（142平方米）						

张庄村第5村民小组

	现有家属				已故家属		备注
	姓名	与户主关系	出生日期	民族	称呼	姓名	
家庭成员	汤阿多	户主	1965.10.10	汉	父亲	汤根木	
	吴彩玲	妻子	1963.5.5	汉	母亲	陆巧玲	
	汤晓俊	长子	1988.7.19	汉			
	邵丹丹	儿媳	1986.10.18	汉			
	汤昕妤	孙女	2013.11.23	汉			
家庭大事	995年新建楼房3楼3底 2008年邵丹丹毕业于上海外语学院（本科） 2010年汤晓俊毕业于上海大学（物流管理专业，本科） 2013年购买商品房1套						

张庄村第5村民小组

	现有家属				已故家属		备注
	姓名	与户主关系	出生日期	民族	称呼	姓名	
家庭成员	朱金媛	户主	1936.4.13	汉	丈夫	杨小男	
	杨小平	次子	1966.10.20	汉			
	钱美娟	儿媳	1979.5.10	汉			
	杨思佳	孙女	1999.7.18	汉			

家庭大事	2011年预拆迁，安置于黄桥荷馨苑（两套，200平方米）

张庄村第5村民小组

	现有家属				已故家属		备注
	姓名	与户主关系	出生日期	民族	称呼	姓名	
家庭成员	姚志明	户主	1958.8.14	汉	父亲	姚金寿	
	陆根妹	妻子	1962.6.21	汉	母亲	朱妹妹	
	姚燕青	长女	1983.11.25	汉			
	陈 焱	女婿	1982.5.8	汉			
	陈炳承	孙子	2008.1.4	汉			

家庭大事	1984年建造楼房2楼2底 1989年翻建2间平房 2007年姚燕青毕业于苏州职业大学（市场营销专业，大专） 2013年购买轿车1辆

张庄村第5村民小组

		现有家属			已故家属		备注
	姓名	与户主关系	出生日期	民族	称呼	姓名	
家庭成员	胡才良	户主	1966.10	汉	父亲	胡伯英	
	韩建英	妻子	1965.8	汉	母亲	陈素根	
	胡　涛	长子	1989.8	汉			
	陈春瑶	儿媳	1989.3	汉			

家庭大事	1995年建造楼房3楼3底 2009年陈春瑶毕业于苏州旅游职业技术学院（大专） 2010年胡涛毕业于苏州旅游职业技术学院（大专） 2011年购买轿车1辆

张庄村第5村民小组

		现有家属			已故家属		备注
	姓名	与户主关系	出生日期	民族	称呼	姓名	
家庭成员	吴文明	户主	1982.3.17	汉			
	吴煜迪	长子	2005.5.3	汉			

家庭大事	1998年新建楼房3楼3底

张庄村第5村民小组

		现有家属			已故家属		备注
	姓名	与户主关系	出生日期	民族	称呼	姓名	
家庭成员	吴爱生	户主	1952.9.16	汉	父亲	吴阿小	
	姚小妹	妻子	1952.5.16	汉	母亲	朱才宝	
	吴春芳	长女	1978.7.8	汉			
	周如友	女婿	1975.3.7	汉			
	吴周超	孙子	1999.4.16	汉			
	吴周洁	孙女	2005.5.8	汉			
家庭大事	1986年新建楼房2楼2底 2003年后面平房翻建成楼房2楼2底 2003年开办芳来居家具店 2005年购买轿车1辆 2013年购买商品房1套（400平方米）						

张庄村第5村民小组

		现有家属			已故家属		备注
	姓名	与户主关系	出生日期	民族	称呼	姓名	
家庭成员	毛二妹	户主	1939.9.14	汉	丈夫	姚阿三	
	姚素金	女儿	1965.12.15	汉			
	顾金元	女婿	1965.6.14	汉			
	姚黎锋	孙子	1987.10.20	汉			
	夏莉莉	孙媳	1987.6.16	汉			
	夏天钰	曾孙女	2008.3.6	汉			
	姚峻熙	曾孙	2012.5.22	汉			
家庭大事	1986年新建楼房2楼2底						

张庄村第5村民小组

	现有家属				已故家属		备注
	姓名	与户主关系	出生日期	民族	称呼	姓名	
家庭成员	陆瑞根	户主	1947.6.13	汉	父亲	陆关招	
	孙四妹	妻子	1943.6.20	汉	母亲	毛阿凤	
	陆洪良	长子	1977.3.29	汉			
	顾彩琴	儿媳	1977.11.13	汉			
	陆子铭	孙子	2000.9.26	汉			

家庭大事	1999年建造楼房3楼3底 2005年建造厂房（2000平方米） 2013年购买商品房1套 2014年购买轿车1辆

张庄村第5村民小组

	现有家属				已故家属		备注
	姓名	与户主关系	出生日期	民族	称呼	姓名	
家庭成员	姚素英	户主	1956.6.19	汉	父亲	秦玉琪	
	秦一琴	女儿	1981.1.13	汉	丈夫	秦才林	
	赵洋	女婿	1980.2.15	汉			
	秦子钰	孙女	2006.11.6	汉			

家庭大事	1998年新建楼房3楼3底 2001年秦一琴毕业于苏州教育学院（本科） 2003年赵洋毕业于常熟理工学院（汉语言文学专业，本科） 2005年购买轿车1辆 2008年购买商品房1套（97平方米）

张庄村第5村民小组

	现有家属				已故家属		备注
	姓名	与户主关系	出生日期	民族	称呼	姓名	
家庭成员	蒋　铭	户主	1976.8.30	汉	祖父	蒋春岐	
	龚云辉	妻子	1975.6.8	汉	祖母	陈爱金	
	蒋全生	父亲	1948.5.18	汉			
	陆雪玲	母亲	1953.9.29	汉			
	蒋　斌	弟弟	1980.10.6	汉			
	蒋丹丽	弟媳	1980.10	汉			
	蒋博文	侄子	2006.9.17	汉			
	蒋承轩	侄子	2014.10	汉			
家庭大事	1966年蒋全生任林浜生产队会计，1995年3月加入中国共产党 1995年建造楼房3楼3底 1995年蒋铭加入中国共产党，1997年龚云辉加入中国共产党 1999年蒋铭担任诺基亚公司采购部经理 2002年蒋铭毕业于武汉科技大学（本科），2004年去日本留学 2002年龚云辉毕业于武汉科技大学（本科） 2006年蒋斌毕业于天津轻工业学院（大专）						

张庄村第5村民小组

	现有家属				已故家属		备注
	姓名	与户主关系	出生日期	民族	称呼	姓名	
家庭成员	吴介明	户主	1967.6.9	汉	父亲	吴水荣	
	秦根娥	妻子	1967.8.18	汉			
	吴晓斌	儿子	1991.1.8	汉			
	宋艺雯	儿媳	1990.9.27	汉			
	吴纶哲	孙子	2015.10.28	汉			
	吴阿菊	母亲	1936.3.19	汉			
家庭大事	1985年吴介明入伍，1988年5月加入中国共产党，1990年3月退伍（优秀士兵） 1987年建造楼房3楼3底 2004年创办苏州市明佳塑胶制品厂，2007年汶川地震捐款2000元，2008年购买面包车1辆，2011年购买商品房1套，2014年购买轿车1辆 2009年吴晓斌入伍，2013年10月加入中国共产党，2014年12月退伍 2009年宋艺雯入伍，2014年12月退伍 2014年8月吴晓斌毕业于南京政治学院（行政管理专业，大专） 2017年6月宋艺雯毕业于宁波大学红鹰学院（财务管理专业，本科）						

张庄村第5村民小组

<table>
<tr><td rowspan="2"></td><td colspan="4">现有家属</td><td colspan="2">已故家属</td><td rowspan="2">备注</td></tr>
<tr><td>姓名</td><td>与户主关系</td><td>出生日期</td><td>民族</td><td>称呼</td><td>姓名</td></tr>
<tr><td rowspan="8">家庭成员</td><td>吴小夯</td><td>户主</td><td>1952.2.8</td><td>汉</td><td>父亲</td><td>吴水泉</td><td></td></tr>
<tr><td>吕桂英</td><td>妻子</td><td>1952.5.5</td><td>汉</td><td></td><td></td><td></td></tr>
<tr><td>吴志良</td><td>儿子</td><td>1975.8.5</td><td>汉</td><td></td><td></td><td></td></tr>
<tr><td>秦小敏</td><td>儿媳</td><td>1975.4.17</td><td>汉</td><td></td><td></td><td></td></tr>
<tr><td>沈琦程</td><td>孙子</td><td>2008.8</td><td>汉</td><td></td><td></td><td></td></tr>
<tr><td>沈琦雯</td><td>孙女</td><td>2012.8.20</td><td>汉</td><td></td><td></td><td></td></tr>
<tr><td></td><td></td><td></td><td></td><td></td><td></td><td></td></tr>
<tr><td></td><td></td><td></td><td></td><td></td><td></td><td></td></tr>
<tr><td>家庭大事</td><td colspan="7">1991年建造楼房3楼3底
1997年吴志良毕业于上海航空工业学院（中专）
2002年购买轿车1辆
2004年购买商品房1套
2009年购买商品房1套
2009年注册苏州琪尊家具有限公司（万达广场）
2010年5月吴志良加入中国共产党</td></tr>
</table>

张庄村第5村民小组

<table>
<tr><td rowspan="2"></td><td colspan="4">现有家属</td><td colspan="2">已故家属</td><td rowspan="2">备注</td></tr>
<tr><td>姓名</td><td>与户主关系</td><td>出生日期</td><td>民族</td><td>称呼</td><td>姓名</td></tr>
<tr><td rowspan="9">家庭成员</td><td>沈新康</td><td>户主</td><td>1954.1</td><td>汉</td><td>父亲</td><td>沈文华</td><td rowspan="9">沈文华于2013年去世</td></tr>
<tr><td>徐美琴</td><td>妻子</td><td>1955</td><td>汉</td><td></td><td></td></tr>
<tr><td>沈晓雯</td><td>女儿</td><td>1988.3</td><td>汉</td><td></td><td></td></tr>
<tr><td>沈新梅</td><td>大妹</td><td>1957.1</td><td>汉</td><td></td><td></td></tr>
<tr><td>沈新德</td><td>弟弟</td><td>1958</td><td>汉</td><td></td><td></td></tr>
<tr><td>单 娟</td><td>弟媳</td><td>1962.12</td><td>汉</td><td></td><td></td></tr>
<tr><td>沈新秋</td><td>小妹</td><td>1961.8</td><td>汉</td><td></td><td></td></tr>
<tr><td>高宝康</td><td>小妹夫</td><td>1958</td><td>汉</td><td></td><td></td></tr>
<tr><td>陈美珍</td><td>母亲</td><td>1935.3</td><td>汉</td><td></td><td></td></tr>
<tr><td>家庭大事</td><td colspan="7">沈新康，1990年大学毕业，中共党员，现任上海市第一检察院副检察长
沈新秋，大学本科毕业，现移民澳大利亚
高宝康，大学本科毕业，中共党员，曾任食品公司总经理，现移民澳大利亚</td></tr>
</table>

张庄村第5村民小组

		现有家属			已故家属		备注
	姓名	与户主关系	出生日期	民族	称呼	姓名	
家庭成员	陆建明	户主	1969.11.15	汉			
	曹慧玉	妻子	1971.9.3	汉			
	陆雅婷	女儿	1992.11.27	汉			
家庭大事	1991年新建楼房3楼3底 2012年购买轿车1辆 2016年陆雅婷毕业于南京师范大学中北学院（本科）						

张庄村第5村民小组

		现有家属			已故家属		备注
	姓名	与户主关系	出生日期	民族	称呼	姓名	
家庭成员	杨兴泉	户主	1968.10.17	汉			
	秦黑妹	妻子	1967.9.11	汉			
	杨　涛	长子	1991.11.4	汉			
	杨根松	父亲	1941.10.19	汉			
	陆三妹	母亲	1939.10.13	汉			
家庭大事	1995年新建别墅式楼房1套（2楼2底） 2001年建造厂房，创办三星喷涂厂 2006年购买轿车1辆 2011年购买商品房1套						

张庄村第6村民小组

家庭成员	现有家属				已故家属		备注
	姓名	与户主关系	出生日期	民族	称呼	姓名	
	沈雪男	户主	1956.12.21	汉	祖父	沈根木	父亲2010年去世,时80岁 母亲1991年去世,时59岁 沈长根生父沈根木 沈根木与沈杏生是表兄弟 沈杏生膝下无儿沈长根过继于沈杏生
	李凤珍	妻子	1956.10.16	汉	祖父	沈杏生	
	沈亮	长子	1982.1.9	汉	父亲	沈长根	
	李靖	儿媳	1989.5.15	汉	母亲	张云娥	
	沈弋竣	孙子	2012.10.21	汉	叔叔	沈小男	
	沈弋杰	孙子	2014.9.21	汉	姑母	沈小妹	

家庭大事

沈长根,1954年10月入团,1953年3月担任张庄村民兵营长,1956年3月担任张庄村高级社鉴定主任,1956年11月加入中国共产党,1958年1月担任张庄村治安主任,1959年4月担任张庄大队治安主任,1960年2月担任张庄大队党支部副书记、副大队长兼张庄大队团支部书记,1961年任张庄大队布衬厂厂长,1970年担任张庄综合厂厂长,1977年担任张庄村党支部委员,1985年8月被评为吴县乡镇企业先进个人,1991年担任吴县日化三厂副厂长直至退休

沈雪男
1971年3月入团,1971年担任张庄大队团支部书记,并当选黄桥公社团委委员
1973年被吴县人民武装部评为"优秀民兵"
1976年5月凭票购买上海产凤凰牌自行车1辆
1977年10月凭票购买上海产钻石牌手表1只
1979年造6间平房
1981年担任张庄中小学负责人
1984年建造楼房2楼2底
1984年担任张庄完小负责人
1986年5月加入中国共产党
1986年参加吴县教育局普及教育先进代表会议
1987年担任张庄完小校长
1998年吴县电大法律专业大专班毕业
2004年开办勤奋烟杂店,负责人李凤珍
2005年5月新建常熟市天和拆房有限公司,沈雪男担任副总经理(项目经理)
2007年7月沈雪男参加全国考试获得国家二级建造师资格证书
2008年10月沈雪男参加全国考试获得国家统计职业资格证书

2008年7月李靖毕业于苏州职业大学(商务英语专业,大专)
2010年购商品房1套(83.5平方米,华晨家园)
2011年3月购买轿车1辆

张庄村第6村民小组

<table>
<tr><td rowspan="8">家庭成员</td><td colspan="4">现有家属</td><td colspan="2">已故家属</td><td rowspan="2">备注</td></tr>
<tr><td>姓名</td><td>与户主关系</td><td>出生日期</td><td>民族</td><td>称呼</td><td>姓名</td></tr>
<tr><td>陆兴弟</td><td>户主</td><td>1952.9.10</td><td>汉</td><td>祖父</td><td>陆松亭</td><td rowspan="6">父亲1993年去世，时77岁
母亲2013年去世，时93岁</td></tr>
<tr><td>沈黑妹</td><td>妻子</td><td>1953.1.7</td><td>汉</td><td>祖母</td><td>郭小妹</td></tr>
<tr><td>陆新荣</td><td>长子</td><td>1978.3.25</td><td>汉</td><td>父亲</td><td>陆阿狗</td></tr>
<tr><td>孙海珍</td><td>儿媳</td><td>1978.4.20</td><td>汉</td><td>母亲</td><td>沈小妹</td></tr>
<tr><td>陆竞择</td><td>孙子</td><td>2002.10.17</td><td>汉</td><td></td><td></td></tr>
<tr><td></td><td></td><td></td><td></td><td></td><td></td></tr>
<tr><td rowspan="2">家庭大事</td><td colspan="7">1980年建造楼房2楼2底
1998年7月孙海珍毕业于苏州新苏师范学校（大专）
2002年8月陆新荣毕业于浙江嘉兴大学（法律专业，大专）
2005年购买商品房1套（135平方米）
2006年购买轿车1辆</td></tr>
</table>

张庄村第6村民小组

<table>
<tr><td rowspan="9">家庭成员</td><td colspan="4">现有家属</td><td colspan="2">已故家属</td><td rowspan="2">备注</td></tr>
<tr><td>姓名</td><td>与户主关系</td><td>出生日期</td><td>民族</td><td>称呼</td><td>姓名</td></tr>
<tr><td>沈雪刚</td><td>户主</td><td>1964.5.5</td><td>汉</td><td>父亲</td><td>沈长根</td><td></td></tr>
<tr><td>杨建珍</td><td>妻子</td><td>1963.1.24</td><td>汉</td><td>母亲</td><td>张云娥</td><td></td></tr>
<tr><td>沈佳</td><td>长子</td><td>1987.8.12</td><td>汉</td><td></td><td></td><td></td></tr>
<tr><td>方银时</td><td>儿媳</td><td>1989.10.13</td><td>汉</td><td></td><td></td><td></td></tr>
<tr><td>沈宏轩</td><td>孙子</td><td>2012.7.2</td><td>汉</td><td></td><td></td><td></td></tr>
<tr><td>沈昕悦</td><td>孙女</td><td>2016.5.3</td><td>汉</td><td></td><td></td><td></td></tr>
<tr><td></td><td></td><td></td><td></td><td></td><td></td><td></td></tr>
<tr><td rowspan="2">家庭大事</td><td colspan="7">1984年建造楼房2楼2底
1999年购买面包车（依维柯）1辆
2004年创办苏州创新织造有限公司（织布）
2010年沈佳毕业于上海外国语学院（英语专业）
2015年开办杨阿姨馄饨店
2015年购买轿车1辆</td></tr>
</table>

张庄村第6村民小组

	现有家属				已故家属		备注
	姓名	与户主关系	出生日期	民族	称呼	姓名	
家庭成员	沈金华	户主	1948.1.4	汉	父亲	沈金根	
	邱根妹	妻子	1948.8.12	汉	母亲	杨云林	
	沈建龙	长子	1974.1.9	汉			
	徐建红	儿媳	1974.11.17	汉			
	沈紫来	孙女	1997.7.23	汉			
家庭大事	1970年沈金华担任张庄大队民兵营长 1975年9月担任张庄大队党支部副书记，革委会副主任 1978年12月当选为江苏省第五届人民代表大会代表 1979年4月担任张庄大队大队长 1983年当选为江苏省第六届人民代表大会代表 1983年担任张庄村经济合作社社长 1984年建造楼房3楼3底 1987年沈金华被评为吴县福利企业先进个人 1988年当选为吴县乡镇企业家 1994年担任张庄村党总支副书记，张庄集团公司总经理 1994年获得苏州市人民政府颁发的"苏州市优秀企业家" 1994年当选为吴县劳动模范 1995年获得全国乡镇企业家功勋奖章 1996年获得江苏省乡镇企业管理局颁发的"省乡镇企业家"称号 1997年担任张庄村党总支书记 1998年沈建龙毕业于苏州广播电视大学（财会专业，大专） 2004年购买轿车1辆 2008年购买商品房1套（120平方米）						

张庄村第6村民小组

	现有家属				已故家属		备注
	姓名	与户主关系	出生日期	民族	称呼	姓名	
家庭成员	陆兴田	户主	1939.8.27	汉	父亲	陆阿狗	
	朱巧宝	妻子	1939.9.27	汉	母亲	沈小妹	
	陆国荣	长子	1962.11.12	汉			
	黄美华	儿媳	1965.12.2	汉			
	陆凌啸	孙子	1986.9.6	汉			
	张 滢	孙媳	1988.8.26	汉			
	张宸昕	曾孙女	2012.10.25	汉			
	张宸奕	曾孙女	2014.10.4	汉			
家庭大事	1962年陆兴田担任林浜生产队会计，北巷生产队会计 1982年建造楼房1楼1底 1985年7月陆国荣中央党校函授本科毕业 1988年8月陆国荣加入中国共产党 1996年陆国荣担任黄桥镇副镇长，2001年担任黄桥镇党委副书记、纪委书记、政法委书记，2006年3月担任相城区宣传部副部长，相城区党校常务副校长，相城区行政学校校长 2008年购买相韵花园房子1套						

张庄村第6村民小组

	现有家属				已故家属		备注
	姓名	与户主关系	出生日期	民族	称呼	姓名	
家庭成员	陆兴泉	户主	1947.4.18	汉	父亲	陆阿狗	
	沈(腊)小妹	妻子	1947.10.30	汉	母亲	沈小妹	
	陆春荣	长子	1976.2.15	汉			
	俞建珍	儿媳	1976.10.16	汉			
	陆玲杰	孙女	1999.2.1	汉			
	陆文杰	孙女	2006.11.11	汉			
家庭大事	1970年沈（腊）小妹担任北巷生产队妇女队长 1980年建造楼房2楼2底 1991年后头六架头平房翻造成楼房2楼2底 2007年购买电脑1台 2012年购买轿车1辆						

张庄村第6村民小组

<table>
<tr><td rowspan="2"></td><td colspan="4">现有家属</td><td colspan="2">已故家属</td><td rowspan="2">备注</td></tr>
<tr><td>姓名</td><td>与户主关系</td><td>出生日期</td><td>民族</td><td>称呼</td><td>姓名</td></tr>
<tr><td rowspan="8">家庭成员</td><td>吴福泉</td><td>户主</td><td>1963.4.24</td><td>汉</td><td>父亲</td><td>吴阿七</td><td></td></tr>
<tr><td>杨凤珍</td><td>妻子</td><td>1964.10.9</td><td>汉</td><td>母亲</td><td>郑小妹</td><td></td></tr>
<tr><td>吴德峰</td><td>长子</td><td>1986.11.27</td><td>汉</td><td></td><td></td><td></td></tr>
<tr><td>李菊花</td><td>儿媳</td><td>1986.4.20</td><td>汉</td><td></td><td></td><td></td></tr>
<tr><td>吴俊含</td><td>孙子</td><td>2009.8.24</td><td>汉</td><td></td><td></td><td></td></tr>
<tr><td>吴馨蕊</td><td>孙女</td><td>2013.10.28</td><td>汉</td><td></td><td></td><td></td></tr>
<tr><td></td><td></td><td></td><td></td><td></td><td></td><td></td></tr>
<tr><td></td><td></td><td></td><td></td><td></td><td></td><td></td></tr>
<tr><td>家庭大事</td><td colspan="7">1982年建造楼房2楼2底
1994年后面猪棚翻建为2间平房
2001年创办相城区黄桥张庄喷涂厂，2008年更名为苏州凯合金属制品厂
2007年7月李菊花毕业于常州机电职业技术学院（网络管理专业，大专）
2008年购买轿车1辆、卡车1辆
2010年购买商品房1套
2012年购买轿车1辆
2015年购买轿车1辆</td></tr>
</table>

张庄村第6村民小组

<table>
<tr><td rowspan="2"></td><td colspan="4">现有家属</td><td colspan="2">已故家属</td><td rowspan="2">备注</td></tr>
<tr><td>姓名</td><td>与户主关系</td><td>出生日期</td><td>民族</td><td>称呼</td><td>姓名</td></tr>
<tr><td rowspan="8">家庭成员</td><td>马兴男</td><td>户主</td><td>1967.3.21</td><td>汉</td><td>祖父</td><td>沈金木</td><td></td></tr>
<tr><td>黄秋华</td><td>妻子</td><td>1969.10.16</td><td>汉</td><td>祖母</td><td>万荣妹</td><td></td></tr>
<tr><td>沈　芳</td><td>长女</td><td>1992.4.6</td><td>汉</td><td>父亲</td><td>沈泉元</td><td></td></tr>
<tr><td>陆春风</td><td>女婿</td><td>1990.2.11</td><td>汉</td><td>母亲</td><td>吴杏英</td><td></td></tr>
<tr><td>沈歆瑶</td><td>孙女</td><td>2014.11.27</td><td>汉</td><td></td><td></td><td></td></tr>
<tr><td></td><td></td><td></td><td></td><td></td><td></td><td></td></tr>
<tr><td></td><td></td><td></td><td></td><td></td><td></td><td></td></tr>
<tr><td></td><td></td><td></td><td></td><td></td><td></td><td></td></tr>
<tr><td>家庭大事</td><td colspan="7">1982年建造楼房2楼2底
1996年后面四架头房屋翻建为楼房2楼2底
2010年购买电脑1台
2011年6月陆春风毕业于江苏科技大学（信息技术专业，本科）
2013年购买轿车1辆
2013年6月沈芳毕业于江阴职业技术学院（电子商务专业，大专）</td></tr>
</table>

张庄村第6村民小组

	现有家属				已故家属		备注
	姓名	与户主关系	出生日期	民族	称呼	姓名	
家庭成员	陆四男	户主	1956.4.4	汉	祖父	陆松亭	
	华雪娟	妻子	1961.10.10	汉	父亲	陆阿狗	
	陆金荣	长子	1983.3.16	汉	母亲	沈小妹	
	郦　婷	儿媳	1988.8.10	汉			
	陆令仪	孙女	2011.9.21	汉			
家庭大事	1982年建造楼房2楼2底 2003年购买电脑1台 2005年陆金荣毕业于华东师范大学（法律专业，本科） 2010年购买商品房1套（60平方米） 2013年购买轿车1辆 2015年11月陆金荣加入中国共产党						

张庄村第6村民小组

	现有家属				已故家属		备注
	姓名	与户主关系	出生日期	民族	称呼	姓名	
家庭成员	陆才生	户主	1944.9.14	汉	父亲	陆招狗	
	沈妹妹	妻子	1948.3.19	汉	母亲	陆桂和	
	陆建荣	长子	1970.9.2	汉			
	李凤珠	儿媳	1969.12.31	汉			
	陆缘靖	孙女	1993.6.4	汉			
	陆诗靖	孙女	1998.10.25	汉			
	陆建英	长女	1968.10.15	汉			
家庭大事	1982年建造楼房2楼2底 1995年购买卡车1辆 2003年购买电脑1台 2005年购买轿车1辆 2014年购买商品房1套（130平方米）						

张庄村第6村民小组

<table>
<tr><td rowspan="2"></td><td colspan="4">现有家属</td><td colspan="2">已故家属</td><td rowspan="2">备注</td></tr>
<tr><td>姓名</td><td>与户主关系</td><td>出生日期</td><td>民族</td><td>称呼</td><td>姓名</td></tr>
<tr><td rowspan="8">家庭成员</td><td>陆建荣</td><td>户主</td><td>1964.11.24</td><td>汉</td><td>祖父</td><td>陆阿狗</td><td rowspan="8"></td></tr>
<tr><td>沈敏华</td><td>妻子</td><td>1964.10.2</td><td>汉</td><td>祖母</td><td>沈小妹</td></tr>
<tr><td>陆卓吉</td><td>长子</td><td>1988.11.18</td><td>汉</td><td></td><td></td></tr>
<tr><td>顾晨丽</td><td>儿媳</td><td>1988.10.11</td><td>汉</td><td></td><td></td></tr>
<tr><td>陆子旭</td><td>孙子</td><td>2012.8.5</td><td>汉</td><td></td><td></td></tr>
<tr><td></td><td></td><td></td><td></td><td></td><td></td></tr>
<tr><td></td><td></td><td></td><td></td><td></td><td></td></tr>
<tr><td></td><td></td><td></td><td></td><td></td><td></td></tr>
<tr><td>家庭大事</td><td colspan="7">1982年建造楼房3楼3底
1998年购买轿车1辆
2001年建造厂房（2100平方米）
2008年购买商品房1套
2010年陆卓吉毕业于常州轻工业学校（大专）</td></tr>
</table>

张庄村第6村民小组

<table>
<tr><td rowspan="2"></td><td colspan="4">现有家属</td><td colspan="2">已故家属</td><td rowspan="2">备注</td></tr>
<tr><td>姓名</td><td>与户主关系</td><td>出生日期</td><td>民族</td><td>称呼</td><td>姓名</td></tr>
<tr><td rowspan="8">家庭成员</td><td>张雪林</td><td>户主</td><td>1956</td><td>汉</td><td>父亲</td><td>陆林宝</td><td rowspan="8">陆进康于2013年11月1日病逝</td></tr>
<tr><td>朱晓晖</td><td>女婿</td><td>1980</td><td>汉</td><td>母亲</td><td>陆阿招</td></tr>
<tr><td>陆育芳</td><td>女儿</td><td>1981</td><td>汉</td><td>丈夫</td><td>陆进康</td></tr>
<tr><td>朱晟嘉</td><td>孙子</td><td>2008</td><td>汉</td><td></td><td></td></tr>
<tr><td>陆晟源</td><td>孙子</td><td>2010</td><td>汉</td><td></td><td></td></tr>
<tr><td></td><td></td><td></td><td></td><td></td><td></td></tr>
<tr><td></td><td></td><td></td><td></td><td></td><td></td></tr>
<tr><td></td><td></td><td></td><td></td><td></td><td></td></tr>
<tr><td>家庭大事</td><td colspan="7">1982年建造楼房2楼2底
2000年购买轿车1辆
2003年陆育芳毕业于苏州东吴外国语高等师范学校（大专）
2003年创办私企康辉塑胶纸包装有限公司
2004年购买商品房1套（130平方米）</td></tr>
</table>

张庄村第6村民小组

家庭成员	现有家属				已故家属		备注
	姓名	与户主关系	出生日期	民族	称呼	姓名	
	沈三男	户主	1948.1.11	汉	父亲	沈云根	
	顾金娥	妻子	1955.3.2	汉	母亲	沈金凤	
	沈亚明	长子	1986.10.28	汉			
	洪玲玲	儿媳	1989.10.9	汉			
	沈爱攸	孙女	2010.12.29	汉			

家庭大事

1971年沈三男前往4号工地，1975年回村，1976年前往吴县青山白泥矿工作
1982年建造楼房2楼2底
2006年沈亚明毕业于无锡南洋机电学院（汽车维修专业，大专）
2006年购买电脑1台
2015年购买轿车1辆

张庄村第6村民小组

家庭成员	现有家属				已故家属		备注
	姓名	与户主关系	出生日期	民族	称呼	姓名	
	陆林根	户主	1954.2.12	汉	祖父	陆三宝	
	陆雪珍	妻子	1955.6.23	汉	祖母	蒋金娥	
	陆晓丰	儿子	1979.11.22	汉	母亲	杨大妹	
	徐钱琴	儿媳	1982.8.11	汉			
	陆逸歆	孙女	2005.8.1	汉			
	陆逸敏	孙子	2015.11.17	汉			
	陆长泉	父亲	1929.9.13	汉			

家庭大事

1953年陆长泉担任初级社社长，1958年担任北巷生产队队长（兼连长）
1959年8月陆长泉加入中国共产党
1982年建造楼房2楼2底
2002年陆晓丰、徐钱琴毕业于扬州大学（师范专业，本科）
2003年购买电脑1台
2006年购买轿车1辆
2008年购买商品房1套

张庄村第6村民小组

	现有家属				已故家属		备注
	姓名	与户主关系	出生日期	民族	称呼	姓名	
家庭成员	沈永林	户主	1956.10	汉	父亲	沈全根	
	张建珍	妻子	1960.6	汉	母亲	郭金妹	
	沈美芳	女儿	1981.11	汉			
	孙 军	女婿	1976.9	汉			
	沈俊贤	孙子	2007.7	汉			
	沈筠茜	孙女	2015.9	汉			
家庭大事	1982年建造楼房2楼2底 1999年沈美芳毕业于苏州幼儿师范学校（中专） 2006年购买电脑1台 2007年购买轿车1辆						

张庄村第6村民小组

	现有家属				已故家属		备注
	姓名	与户主关系	出生日期	民族	称呼	姓名	
家庭成员	沈海元	户主	1938.4.26	汉	父亲	沈阿小	
	沈卫明	长子	1965.9.15	汉	妻子	沈腊妹	
	丁健群	儿媳	1971.10.20	汉			
	沈文轩	孙子	2003.7.25	汉			
家庭大事	1980年建造楼房3楼3底 1990年沈卫明毕业于西安交通大学（应用数学专业，硕士） 1994~1995年沈卫明连续两年被评为中科院力学所优秀青年工作者 1998年购买商品房1套（60平方米） 2003年购买商品房1套（90平方米） 2008年1月沈卫明成立广州市鑫义企业管理咨询有限公司并担任总经理						

张庄村第6村民小组

<table>
<tr><td rowspan="2"></td><td colspan="4">现有家属</td><td colspan="2">已故家属</td><td rowspan="2">备注</td></tr>
<tr><td>姓名</td><td>与户主关系</td><td>出生日期</td><td>民族</td><td>称呼</td><td>姓名</td></tr>
<tr><td rowspan="8">家庭成员</td><td>陆健生</td><td>户主</td><td>1947.1.14</td><td>汉</td><td>父亲</td><td>庄仁福</td><td></td></tr>
<tr><td>顾菊英</td><td>妻子</td><td>1950.9.4</td><td>汉</td><td>母亲</td><td>李爱媛</td><td></td></tr>
<tr><td>陆继忠</td><td>长子</td><td>1971.6.5</td><td>汉</td><td></td><td></td><td></td></tr>
<tr><td>蒋菊芳</td><td>儿媳</td><td>1973.6.24</td><td>汉</td><td></td><td></td><td></td></tr>
<tr><td>陆少轻</td><td>孙子</td><td>1997.2.8</td><td>汉</td><td></td><td></td><td></td></tr>
<tr><td>陆继祖</td><td>次子</td><td>1973.7.24</td><td>汉</td><td></td><td></td><td></td></tr>
<tr><td>周丽华</td><td>儿媳</td><td>1975.11.6</td><td>汉</td><td></td><td></td><td></td></tr>
<tr><td>周晓恬</td><td>孙女</td><td>1998.10.17</td><td>汉</td><td></td><td></td><td></td></tr>
<tr><td>家庭大事</td><td colspan="7">1976年建造楼房2楼2底
1994年陆继祖毕业于苏州教育学院（大专）
1999年陆继祖加入中国共产党
2000年陆继忠毕业于苏州大学（历史专业，本科）
2006年陆继祖毕业于江苏广播电视大学（汉语言文学专业，本科）
2007年陆继祖购买商品房1套（113平方米）
2008年陆继忠购买商品房1套（220平方米）
2010年3月陆继忠购买轿车1辆，同年6月陆继祖购买轿车1辆
2015年12月陆继忠购买商品房1套（130平方米）
2016年12月陆继祖购买商品房1套（130平方米）</td></tr>
</table>

张庄村第6村民小组

<table>
<tr><td rowspan="2"></td><td colspan="4">现有家属</td><td colspan="2">已故家属</td><td rowspan="2">备注</td></tr>
<tr><td>姓名</td><td>与户主关系</td><td>出生日期</td><td>民族</td><td>称呼</td><td>姓名</td></tr>
<tr><td rowspan="8">家庭成员</td><td>陆林法</td><td>户主</td><td>1963.5.23</td><td>汉</td><td>母亲</td><td>杨大妹</td><td></td></tr>
<tr><td>陈凤英</td><td>妻子</td><td>1964.10.7</td><td>汉</td><td></td><td></td><td></td></tr>
<tr><td>陆春琴</td><td>长女</td><td>1987.2.17</td><td>汉</td><td></td><td></td><td></td></tr>
<tr><td>黄锋雷</td><td>女婿</td><td>1986.8.12</td><td>汉</td><td></td><td></td><td></td></tr>
<tr><td>黄智允</td><td>孙子</td><td>2012.5.12</td><td>汉</td><td></td><td></td><td></td></tr>
<tr><td>陆允曦</td><td>孙女</td><td>2016.9.25</td><td>汉</td><td></td><td></td><td></td></tr>
<tr><td></td><td></td><td></td><td></td><td></td><td></td><td></td></tr>
<tr><td></td><td></td><td></td><td></td><td></td><td></td><td></td></tr>
<tr><td>家庭大事</td><td colspan="7">1990年建造楼房1楼1底
1996年造平房2间
2007年陆春琴毕业于东吴外国语高等师范学校（大专）
2008年购买轿车1辆，并购买商品房1套（114平方米）
2010年黄锋雷毕业于苏州广播电视大学（本科）
2011年购买轿车1辆
2013年购买卡车1辆
2015年购买轿车1辆</td></tr>
</table>

张庄村第6村民小组

	现有家属				已故家属		备注
	姓名	与户主关系	出生日期	民族	称呼	姓名	
家庭成员	吴泉生	户主	1952.2	汉	祖父	吴文竹	
	汤阿盘	妻子	1953.6	汉	祖母	吴门沈氏	
	吴春惠	女儿	1980.1	汉	父亲	吴阿五	
	陆时春	女婿	1979.2	汉			
	吴佳仪	孙女	2001.11	汉			
	吴裕成	孙子	2004.11	汉			
	吴大小妹	母亲	1929.5	汉			

家庭大事	1973年1月吴泉生参军入伍，1976年加入中国共产党，1979年12月退伍，获嘉奖3次 1992年吴泉生担任张庄村村委会委员，1992年担任张庄村治保主任、民兵营长，1996年被吴县综治办评为治安联防积极分子

张庄村第6村民小组

	现有家属				已故家属		备注
	姓名	与户主关系	出生日期	民族	称呼	姓名	
家庭成员	陆林元	户主	1960.1.15	汉	祖父	陆三宝	
	陈彩英	妻子	1961.2.22	汉	祖母	蒋金娥	
	陆俊琴	女儿	1983.1.6	汉	母亲	杨大妹	
	华启闯	女婿	1981.2.21	汉			
	陆天华	孙子	2003.11.15	汉			
	华天瑜	孙女	2008.12.10	汉			

家庭大事	1980年建造楼房2楼2底 2001年后面平房翻建为楼房2楼2底 2012年购买轿车1辆

张庄村第6村民小组

<table>
<tr><td rowspan="2"></td><td colspan="4">现有家属</td><td colspan="2">已故家属</td><td rowspan="2">备注</td></tr>
<tr><td>姓名</td><td>与户主关系</td><td>出生日期</td><td>民族</td><td>称呼</td><td>姓名</td></tr>
<tr><td rowspan="8">家庭成员</td><td>胡阿大</td><td>户主</td><td>1943.11.16</td><td>汉</td><td>父亲</td><td>胡阿小</td><td></td></tr>
<tr><td>吴木娥</td><td>妻子</td><td>1947.7.10</td><td>汉</td><td>母亲</td><td>姚金妹</td><td></td></tr>
<tr><td>胡卫新</td><td>儿子</td><td>1976.12.20</td><td>汉</td><td></td><td></td><td></td></tr>
<tr><td>卞阿委</td><td>儿媳</td><td>1980.2.14</td><td>汉</td><td></td><td></td><td></td></tr>
<tr><td>胡雅婷</td><td>孙女</td><td>2002.5.13</td><td>汉</td><td></td><td></td><td></td></tr>
<tr><td></td><td></td><td></td><td></td><td></td><td></td><td></td></tr>
<tr><td></td><td></td><td></td><td></td><td></td><td></td><td></td></tr>
<tr><td></td><td></td><td></td><td></td><td></td><td></td><td></td></tr>
<tr><td>家庭大事</td><td colspan="7">1980年建造楼房2楼2底
2000年后面猪棚翻建成楼房2楼2底
2007年购买电脑1台
2015年购买轿车1辆</td></tr>
</table>

张庄村第6村民小组

<table>
<tr><td rowspan="2"></td><td colspan="4">现有家属</td><td colspan="2">已故家属</td><td rowspan="2">备注</td></tr>
<tr><td>姓名</td><td>与户主关系</td><td>出生日期</td><td>民族</td><td>称呼</td><td>姓名</td></tr>
<tr><td rowspan="8">家庭成员</td><td>沈根福</td><td>户主</td><td>1945.1.18</td><td>汉</td><td>父亲</td><td>沈阿土</td><td></td></tr>
<tr><td>陆黑妹</td><td>妻子</td><td>1950.3.18</td><td>汉</td><td>母亲</td><td>袁小妹</td><td></td></tr>
<tr><td>沈卫红</td><td>次子</td><td>1976.7.22</td><td>汉</td><td></td><td></td><td></td></tr>
<tr><td>郑　华</td><td>儿媳</td><td>1978.11.11</td><td>汉</td><td></td><td></td><td></td></tr>
<tr><td>沈晓玥</td><td>孙女</td><td>2000.6.23</td><td>汉</td><td></td><td></td><td></td></tr>
<tr><td>沈晓晨</td><td>孙子</td><td>2012.5.12</td><td>汉</td><td></td><td></td><td></td></tr>
<tr><td></td><td></td><td></td><td></td><td></td><td></td><td></td></tr>
<tr><td></td><td></td><td></td><td></td><td></td><td></td><td></td></tr>
<tr><td>家庭大事</td><td colspan="7">1982年建造楼房2楼2底
2008年后面翻建平房2间
2013年购买电脑1台
2015年购买汽车1辆</td></tr>
</table>

张庄村第6村民小组

<table>
<tr><td rowspan="2"></td><td colspan="4">现有家属</td><td colspan="2">已故家属</td><td rowspan="2">备注</td></tr>
<tr><td>姓名</td><td>与户主关系</td><td>出生日期</td><td>民族</td><td>称呼</td><td>姓名</td></tr>
<tr><td rowspan="8">家庭成员</td><td>陆建林</td><td>户主</td><td>1973.1.9</td><td>汉</td><td>祖父</td><td>陆小弟</td><td></td></tr>
<tr><td>蒋惠英</td><td>妻子</td><td>1974.12.13</td><td>汉</td><td>祖母</td><td>姚阿娥</td><td></td></tr>
<tr><td>陆俊涵</td><td>儿子</td><td>1995.10.30</td><td>汉</td><td></td><td></td><td></td></tr>
<tr><td>陆小黑</td><td>父亲</td><td>1942.7.18</td><td>汉</td><td></td><td></td><td></td></tr>
<tr><td>沈林珍</td><td>母亲</td><td>1949.10.30</td><td>汉</td><td></td><td></td><td></td></tr>
<tr><td></td><td></td><td></td><td></td><td></td><td></td><td></td></tr>
<tr><td></td><td></td><td></td><td></td><td></td><td></td><td></td></tr>
<tr><td></td><td></td><td></td><td></td><td></td><td></td><td></td></tr>
<tr><td>家庭大事</td><td colspan="7">1972年陆小黑担任北巷生产队队长
1992年5月陆小黑加入中国共产党
1993年建造楼房3楼3底
1998年后面翻建平房3间
2012年购买轿车1辆</td></tr>
</table>

张庄村第6村民小组

<table>
<tr><td rowspan="2"></td><td colspan="4">现有家属</td><td colspan="2">已故家属</td><td rowspan="2">备注</td></tr>
<tr><td>姓名</td><td>与户主关系</td><td>出生日期</td><td>民族</td><td>称呼</td><td>姓名</td></tr>
<tr><td rowspan="8">家庭成员</td><td>陆建新</td><td>户主</td><td>1975.10.27</td><td>汉</td><td>祖父</td><td>陆小弟</td><td></td></tr>
<tr><td>沈卫秋</td><td>妻子</td><td>1977.10.22</td><td>汉</td><td>祖母</td><td>姚阿娥</td><td></td></tr>
<tr><td>陆雅静</td><td>长女</td><td>1998.11.19</td><td>汉</td><td></td><td></td><td></td></tr>
<tr><td></td><td></td><td></td><td></td><td></td><td></td><td></td></tr>
<tr><td></td><td></td><td></td><td></td><td></td><td></td><td></td></tr>
<tr><td></td><td></td><td></td><td></td><td></td><td></td><td></td></tr>
<tr><td></td><td></td><td></td><td></td><td></td><td></td><td></td></tr>
<tr><td></td><td></td><td></td><td></td><td></td><td></td><td></td></tr>
<tr><td>家庭大事</td><td colspan="7">1981年建造楼房2楼2底
1997年后面猪棚翻建成楼房2楼2底，次年楼房前新建平房2间
2000年购买电脑1台
2007年陆建新加入中国共产党
2013年购买商务车1辆
2016年创办私企苏州嘉静源纺织品有限公司</td></tr>
</table>

张庄村第6村民小组

	现有家属				已故家属		备注
	姓名	与户主关系	出生日期	民族	称呼	姓名	
家庭成员	沈立新	户主	1966.6.23	汉	父亲	沈天官	
	毛林娣	妻子	1968.5.10	汉	母亲	杨阿素	
	沈晓伟	长子	1989.9.18	汉			

家庭大事	1980年建造楼房2楼2底 2000年后面翻建楼房2楼2底，平房2间 2006年购买电脑1台 2011年购买轿车1辆 2013年购买商品房1套

张庄村第6村民小组

	现有家属				已故家属		备注
	姓名	与户主关系	出生日期	民族	称呼	姓名	
家庭成员	陆阿卫	户主	1963.7.12	汉	父亲	陆林宝	
	陈盘妹	妻子	1964.2.21	汉	母亲	陆阿招	
	陆育雯	长女	1986.11.18	汉			
	徐晓春	女婿	1986.11.12	汉			
	徐由舢	孙女	2009.9.12	汉			
	陆易凡	孙子	2014.2.27	汉			

家庭大事	1986年建造楼房2楼2底 1996年购买面包车1辆 1997年陈盘妹任村妇代会委员 2006年购买面包车1辆 2007年陈盘妹任第6村民小组组长 2008年购买轿车1辆

张庄村第6村民小组

	现有家属				已故家属		备注
	姓名	与户主关系	出生日期	民族	称呼	姓名	
家庭成员	吴惠明	户主	1969.11.11	汉	父亲	吴水荣	
	王建珍	妻子	1971.1.21	汉			
	吴洁瑜	长女	1992.9.24	汉			

家庭大事	1980年建造楼房2楼2底 2005年后面翻建楼房2楼2底 2011年购买电脑1台 2015年购买轿车1辆 2015年吴洁瑜毕业于南京财经大学（本科）

张庄村第6村民小组

	现有家属				已故家属		备注
	姓名	与户主关系	出生日期	民族	称呼	姓名	
家庭成员	陈德平	户主	1963.5.25	汉			
	李红春	妻子	1966.3.25	汉			
	陈瑶	长子	1996.5.21	汉			

家庭大事	2000年造平房2间 2006年后面猪棚翻建为平房2间 2015年9月陈瑶参军入伍

张庄村第6村民小组

<table>
<tr><td rowspan="2"></td><td colspan="4">现有家属</td><td colspan="2">已故家属</td><td rowspan="2">备注</td></tr>
<tr><td>姓名</td><td>与户主关系</td><td>出生日期</td><td>民族</td><td>称呼</td><td>姓名</td></tr>
<tr><td rowspan="8">家庭成员</td><td>陆国庆</td><td>户主</td><td>1973.7.13</td><td>汉</td><td>祖父</td><td>胡木根</td><td></td></tr>
<tr><td>胡秋芳</td><td>妻子</td><td>1975.8.14</td><td>汉</td><td>祖母</td><td>潘妹妹</td><td></td></tr>
<tr><td>胡俊毅</td><td>长子</td><td>1996.5.16</td><td>汉</td><td></td><td></td><td></td></tr>
<tr><td>胡老土</td><td>父亲</td><td>1944.1.15</td><td>汉</td><td></td><td></td><td></td></tr>
<tr><td>周泉妹</td><td>母亲</td><td>1950.10.8</td><td>汉</td><td></td><td></td><td></td></tr>
<tr><td></td><td></td><td></td><td></td><td></td><td></td><td></td></tr>
<tr><td></td><td></td><td></td><td></td><td></td><td></td><td></td></tr>
<tr><td></td><td></td><td></td><td></td><td></td><td></td><td></td></tr>
<tr><td>家庭大事</td><td colspan="7">1966年胡老土担任沈巷生产队队长
1977年6月30日胡老土加入中国共产党，次年担任张庄村二区区长
1980年建造楼房2楼2底
1989年后面四架头房屋翻建成楼房2楼2底
2012年购买电脑1台
2013年购买轿车1辆
2015年购买商品房1套（93平方米）</td></tr>
</table>

张庄村第6村民小组

<table>
<tr><td rowspan="2"></td><td colspan="4">现有家属</td><td colspan="2">已故家属</td><td rowspan="2">备注</td></tr>
<tr><td>姓名</td><td>与户主关系</td><td>出生日期</td><td>民族</td><td>称呼</td><td>姓名</td></tr>
<tr><td rowspan="7">家庭成员</td><td>陆阿泉</td><td>户主</td><td>1941.9.19</td><td>汉</td><td>儿子</td><td>陆仙龙</td><td></td></tr>
<tr><td>张凤金</td><td>妻子</td><td>1943.2.1</td><td>汉</td><td></td><td></td><td></td></tr>
<tr><td>陆佳星</td><td>孙女</td><td>1991.2.11</td><td>汉</td><td></td><td></td><td></td></tr>
<tr><td>邵锦杰</td><td>孙婿</td><td>1989.7.30</td><td>汉</td><td></td><td></td><td></td></tr>
<tr><td></td><td></td><td></td><td></td><td></td><td></td><td></td></tr>
<tr><td></td><td></td><td></td><td></td><td></td><td></td><td></td></tr>
<tr><td></td><td></td><td></td><td></td><td></td><td></td><td></td></tr>
<tr><td>家庭大事</td><td colspan="7">1977年建造楼房2楼2底
2007年购买电脑1台</td></tr>
</table>

张庄村第6村民小组

<table>
<tr><td rowspan="2"></td><td colspan="4">现有家属</td><td colspan="2">已故家属</td><td rowspan="2">备注</td></tr>
<tr><td>姓名</td><td>与户主关系</td><td>出生日期</td><td>民族</td><td>称呼</td><td>姓名</td></tr>
<tr><td rowspan="8">家庭成员</td><td>沈雪妹</td><td>户主</td><td>1954.2.13</td><td>汉</td><td>祖父</td><td>沈火生</td><td></td></tr>
<tr><td>沈新华</td><td>儿子</td><td>1978.11.8</td><td>汉</td><td>父亲</td><td>沈祥生</td><td></td></tr>
<tr><td>王琴花</td><td>儿媳</td><td>1981.5.5</td><td>汉</td><td>母亲</td><td>杨彩娥</td><td></td></tr>
<tr><td>沈　莹</td><td>孙女</td><td>2002.5.21</td><td>汉</td><td>丈夫</td><td>沈四男</td><td></td></tr>
<tr><td>沈佳豪</td><td>孙子</td><td>2006.5.20</td><td>汉</td><td></td><td></td><td></td></tr>
<tr><td></td><td></td><td></td><td></td><td></td><td></td><td></td></tr>
<tr><td></td><td></td><td></td><td></td><td></td><td></td><td></td></tr>
<tr><td></td><td></td><td></td><td></td><td></td><td></td><td></td></tr>
<tr><td>家庭大事</td><td colspan="7">1999年建造楼房3楼3底
2005年购买电脑1台
2011年购买轿车1辆
2013年购买商品房1套（146平方米）</td></tr>
</table>

张庄村第6村民小组

<table>
<tr><td rowspan="2"></td><td colspan="4">现有家属</td><td colspan="2">已故家属</td><td rowspan="2">备注</td></tr>
<tr><td>姓名</td><td>与户主关系</td><td>出生日期</td><td>民族</td><td>称呼</td><td>姓名</td></tr>
<tr><td rowspan="8">家庭成员</td><td>沈阿二</td><td>户主</td><td>1945.1.1</td><td>汉</td><td>父亲</td><td>沈云根</td><td></td></tr>
<tr><td>陈招媛</td><td>妻子</td><td>1948.1.1</td><td>汉</td><td>母亲</td><td>沈金凤</td><td></td></tr>
<tr><td>沈菊明</td><td>儿子</td><td>1973.5.19</td><td>汉</td><td></td><td></td><td></td></tr>
<tr><td>杨春花</td><td>儿媳</td><td>1974.3.27</td><td>汉</td><td></td><td></td><td></td></tr>
<tr><td>沈雅燕</td><td>孙女</td><td>1997.11.17</td><td>汉</td><td></td><td></td><td></td></tr>
<tr><td></td><td></td><td></td><td></td><td></td><td></td><td></td></tr>
<tr><td></td><td></td><td></td><td></td><td></td><td></td><td></td></tr>
<tr><td></td><td></td><td></td><td></td><td></td><td></td><td></td></tr>
<tr><td>家庭大事</td><td colspan="7">1982年建造楼房2楼2底
2001年购买电脑1台</td></tr>
</table>

张庄村第6村民小组

	现有家属				已故家属		备注
	姓名	与户主关系	出生日期	民族	称呼	姓名	
家庭成员	沈大男	户主	1941.6.2	汉	父亲	沈云根	
	魏德群	妻子	1954.3.11	汉	母亲	沈金凤	
	沈菊全	儿子	1969.7.31	汉	前妻	沈海妹	
	沈凤珍	儿媳	1967.1.12	汉			
	沈灵艳	孙女	1994.2.1	汉			
家庭大事	1982年建造楼房2楼2底 2010年购买电脑1台 2016年购买轿车1辆						

张庄村第6村民小组

	现有家属				已故家属		备注
	姓名	与户主关系	出生日期	民族	称呼	姓名	
家庭成员	陆关虎	户主	1944.10.18	汉	父亲	沈文浩	
	沈素玲	妻子	1943.8.22	汉	母亲	秦寿宝	
	沈春芳	女儿	1970.3.5	汉			
	郑秋良	女婿	1969.10.17	汉			
	沈婉馨	孙女	1992.6.16	汉			
	沈逸能	孙子	1998.6.1	汉			
家庭大事	1980年建造楼房2楼2底 2006年购买商品房1套（130平方米） 2006年购买轿车1辆						

张庄村第6村民小组

<table>
<tr><th rowspan="2"></th><th colspan="4">现有家属</th><th colspan="2">已故家属</th><th rowspan="2">备注</th></tr>
<tr><th>姓名</th><th>与户主关系</th><th>出生日期</th><th>民族</th><th>称呼</th><th>姓名</th></tr>
<tr><td rowspan="8">家庭成员</td><td>吴根生</td><td>户主</td><td>1958.10.5</td><td>汉</td><td>父亲</td><td>吴水根</td><td></td></tr>
<tr><td>张彩玲</td><td>妻子</td><td>1962.8.24</td><td>汉</td><td>母亲</td><td>顾小妹</td><td></td></tr>
<tr><td>吴红芳</td><td>长女</td><td>1985.12.10</td><td>汉</td><td></td><td></td><td></td></tr>
<tr><td>徐　峰</td><td>女婿</td><td>1987.8.26</td><td>汉</td><td></td><td></td><td></td></tr>
<tr><td>吴子清</td><td>孙子</td><td>2012.9.26</td><td>汉</td><td></td><td></td><td></td></tr>
<tr><td>徐安谊</td><td>孙女</td><td>2016.8.25</td><td>汉</td><td></td><td></td><td></td></tr>
<tr><td></td><td></td><td></td><td></td><td></td><td></td><td></td></tr>
<tr><td></td><td></td><td></td><td></td><td></td><td></td><td></td></tr>
<tr><td>家庭大事</td><td colspan="7">1980年建造楼房2楼2底
2006年购买电脑1台
2008年吴红芳毕业于镇江高等专科学校（英语专业，大专）
2013年购买轿车1辆</td></tr>
</table>

张庄村第6村民小组

<table>
<tr><th rowspan="2"></th><th colspan="4">现有家属</th><th colspan="2">已故家属</th><th rowspan="2">备注</th></tr>
<tr><th>姓名</th><th>与户主关系</th><th>出生日期</th><th>民族</th><th>称呼</th><th>姓名</th></tr>
<tr><td rowspan="6">家庭成员</td><td>胡文良</td><td>户主</td><td>1968.9.23</td><td>汉</td><td>父亲</td><td>胡小弟</td><td></td></tr>
<tr><td>冯秋英</td><td>妻子</td><td>1968.10.1</td><td>汉</td><td>母亲</td><td>周小妹</td><td></td></tr>
<tr><td>胡耀晨</td><td>儿子</td><td>1991.11.2</td><td>汉</td><td></td><td></td><td></td></tr>
<tr><td></td><td></td><td></td><td></td><td></td><td></td><td></td></tr>
<tr><td></td><td></td><td></td><td></td><td></td><td></td><td></td></tr>
<tr><td></td><td></td><td></td><td></td><td></td><td></td><td></td></tr>
<tr><td>家庭大事</td><td colspan="7">1980年建造楼房2楼2底
1989年后面四架头房屋翻建成平房2间
2003年购买轿车1辆
2006年购买商品房1套（127平方米）
2010年购买电脑1台</td></tr>
</table>

张庄村第6村民小组

家庭成员	现有家属				已故家属		备注
	姓名	与户主关系	出生日期	民族	称呼	姓名	
	吴树民	户主	1968.10.12	汉	父亲	吴根林	
	陈彩金	妻子	1969.9.16	汉	母亲	吴才宝	
	吴晨晨	女儿	1991.9.2	汉			
	陆韬	女婿	1990.12.29	汉			
	陆佑澄	孙子	2017.8.2	汉			

家庭大事

1980年建造楼房3楼3底
2003年创办苏州市相城区元和三叶办公家具销售部
2005年购买商品房1套（151平方米）
2006年购买轿车1辆
2013年吴晨晨毕业于苏州大学应用技术学院（酒店管理专业，本科）

张庄村第6村民小组

家庭成员	现有家属				已故家属		备注
	姓名	与户主关系	出生日期	民族	称呼	姓名	
	王冬英	户主	1954.1.5	汉	父亲	吴阿七	
	吴建峰	儿子	1977.11.6	汉	母亲	郑小妹	
	张咏	儿媳	1982.12.1	汉	丈夫	吴福元	
	吴新源	孙子	2004.4.18	汉			

家庭大事

1980年建造楼房2楼2底
1989年后头翻建平房2间
2012年购买电脑1台
2016年购买小货车1辆
2016年购买集装箱货车1辆

张庄村第6村民小组

<table>
<tr><td rowspan="2"></td><td colspan="4">现有家属</td><td colspan="2">已故家属</td><td rowspan="2">备注</td></tr>
<tr><td>姓名</td><td>与户主关系</td><td>出生日期</td><td>民族</td><td>称呼</td><td>姓名</td></tr>
<tr><td rowspan="8">家庭成员</td><td>胡金男</td><td>户主</td><td>1947.10.24</td><td>汉</td><td>父亲</td><td>胡阿根</td><td></td></tr>
<tr><td>陈全妹</td><td>妻子</td><td>1951.5.13</td><td>汉</td><td></td><td></td><td></td></tr>
<tr><td>胡国良</td><td>儿子</td><td>1975.1.11</td><td>汉</td><td></td><td></td><td></td></tr>
<tr><td>俞晓敏</td><td>儿媳</td><td>1974.11.22</td><td>汉</td><td></td><td></td><td></td></tr>
<tr><td>胡子阳</td><td>孙子</td><td>1999.2.16</td><td>汉</td><td></td><td></td><td></td></tr>
<tr><td>胡子恩</td><td>孙子</td><td>2008.1.10</td><td>汉</td><td></td><td></td><td></td></tr>
<tr><td></td><td></td><td></td><td></td><td></td><td></td><td></td></tr>
<tr><td></td><td></td><td></td><td></td><td></td><td></td><td></td></tr>
<tr><td>家庭大事</td><td colspan="7">1980年建造楼房2楼2底
1989年后头翻建楼房2楼2底
2011年购买商务车1辆
2011年购买商品房1套</td></tr>
</table>

张庄村第6村民小组

<table>
<tr><td rowspan="2"></td><td colspan="4">现有家属</td><td colspan="2">已故家属</td><td rowspan="2">备注</td></tr>
<tr><td>姓名</td><td>与户主关系</td><td>出生日期</td><td>民族</td><td>称呼</td><td>姓名</td></tr>
<tr><td rowspan="8">家庭成员</td><td>沈水泉</td><td>户主</td><td>1945.1.26</td><td>汉</td><td>父亲</td><td>沈关荣</td><td></td></tr>
<tr><td>常桂英</td><td>妻子</td><td>1948.2.3</td><td>汉</td><td>母亲</td><td>陈根妹</td><td></td></tr>
<tr><td>沈建新</td><td>次子</td><td>1975.4.2</td><td>汉</td><td></td><td></td><td></td></tr>
<tr><td>吴菊珍</td><td>儿媳</td><td>1974.10.25</td><td>汉</td><td></td><td></td><td></td></tr>
<tr><td>沈淑晴</td><td>孙女</td><td>1998.5.12</td><td>汉</td><td></td><td></td><td></td></tr>
<tr><td></td><td></td><td></td><td></td><td></td><td></td><td></td></tr>
<tr><td></td><td></td><td></td><td></td><td></td><td></td><td></td></tr>
<tr><td></td><td></td><td></td><td></td><td></td><td></td><td></td></tr>
<tr><td>家庭大事</td><td colspan="7">1980年建造楼房2楼3底
1999年购买货车1辆
2000年购买电脑1台
2004年沈建新创办苏州华翔家具厂
2006年购买轿车1辆
2013年购买商品房1套</td></tr>
</table>

张庄村第6村民小组

		现有家属			已故家属		备注
	姓名	与户主关系	出生日期	民族	称呼	姓名	
家庭成员	吴泉兴	户主	1964.8.23	汉	父亲	吴阿五	
	蒋建珍	妻子	1964.12.2	汉			
	吴梦笔	儿子	1990.3.23	汉			
	盛亚雯	儿媳	1990.6.21	汉			
	吴盛熙	孙女	2013.10.20	汉			
	吴盛宣	孙子	2016.3.20	汉			
	吴大小妹	母亲	1929.5	汉			
家庭大事	1982年建造楼房2楼2底 1984年吴泉兴参军入伍，获部队嘉奖1次，1986年加入中国共产党，1989年3月退伍 1999年购买面包车1辆，2003年购买轿车1辆，2008年购买轿车1辆，2011年购买轿车1辆 2009年购买商品房1套 2010年吴梦笔毕业于西南财经大学						

张庄村第6村民小组

		现有家属			已故家属		备注
	姓名	与户主关系	出生日期	民族	称呼	姓名	
家庭成员	华林元	户主	1965.12.12	汉	祖父	陆永庆	
	杜才英	妻子	1963.6	汉	祖母	蔡金凤	
	华新萍	长女	1988.1.1	汉	父亲	华自成	
	陈涎	女婿	1988.9.13	汉	母亲	陆大妹	
	陈果雨	孙女	2012.2.13	汉			
	华桐雨	孙女	2016.10.10	汉			
家庭大事	1979年建造楼房2楼2底 2000年购买轿车1辆 2005年购买轿车1辆 2010年华新萍毕业于苏州大学（政法专业，本科）						

张庄村第6村民小组

		现有家属			已故家属		备注
	姓名	与户主关系	出生日期	民族	称呼	姓名	
家庭成员	华军胜	户主	1955.10.15	汉	祖父	陆永庆	
	徐菊珍	妻子	1955.12.15	汉	祖母	蔡金凤	
	华新毅	长子	1982.1.23	汉	父亲	华自成	
	宗晓琴	儿媳	1981.10	汉	母亲	陆大妹	
	华宇暄	孙女	2008.11.10	汉			
家庭大事	1974年华军胜入伍（营职），1994年10月转业至沧浪区房管局 1976年8月华军胜加入中国共产党 1978年建造楼房2底1楼 2000年华新毅毕业于苏州职业大学（计算机信息管理专业，大专） 2010年购买商品房1套 2015年购买轿车1辆						

张庄村第6村民小组

		现有家属			已故家属		备注
	姓名	与户主关系	出生日期	民族	称呼	姓名	
家庭成员	吴福根	户主	1956.4.4	汉	祖父	吴大男	
	陈根妹	妻子	1955.1.16	汉	父亲	俞水根	
	吴学敏	女儿	1981.10.13	汉			
	周建标	女婿	1980.12.6	汉			
	吴婧妍	孙女	2003.12.6	汉			
	吴壮妹	母亲	1937.1.4	汉			
家庭大事	1963年吴壮妹担任吴家里生产队妇女队长 1980年建造楼房2楼2底 1986年吴福根担任吴县第二布厂供销科科长 1989年后面猪棚翻建成楼房2楼2底 2005年购买电脑1台 2014年购买汽车1辆						

张庄村第6村民小组

	姓名	与户主关系	出生日期	民族	称呼	姓名	备注
		现有家属			已故家属		
家庭成员	吴林生	户主	1946.11.8	汉	父亲	吴水根	
	蒋壮四	妻子	1945.4.13	汉	母亲	顾小妹	
	吴建良	儿子	1967.11.20	汉			
	朱菊英	儿媳	1975.1.12	汉			
	吴亚萍	孙女	1990.9.12	汉			
	吴景烨	孙子	2000.12.29	汉			

家庭大事	1980年建造楼房2楼2底 2000年吴林生创办黄桥张庄静电喷涂厂 2001年购货车1辆 2007年购轿车1辆 2012年购商品房1套（150平方米）

张庄村第6村民小组

	姓名	与户主关系	出生日期	民族	称呼	姓名	备注
		现有家属			已故家属		
家庭成员	姚海根	户主	1960.6.4	汉	父亲	姚火根	
	章凤英	妻子	1963.2.9	汉	母亲	张金玲	
	姚　婷	女儿	1985.10.29	汉			
	谢青龙	女婿	1983.3.1	汉			
	姚成斐	孙子	2006.6.7	汉			
	姚成宇	孙子	2010.2.15	汉			

家庭大事	1982年建造楼房2楼2底 2003年后面平房翻建成楼房2楼半 2005年购买电脑1台 2009年购买轿车1辆 2012年购买商品房1套（123平方米）

张庄村第6村民小组

<table>
<tr><td rowspan="2"></td><td colspan="4">现有家属</td><td colspan="2">已故家属</td><td rowspan="2">备注</td></tr>
<tr><td>姓名</td><td>与户主关系</td><td>出生日期</td><td>民族</td><td>称呼</td><td>姓名</td></tr>
<tr><td rowspan="8">家庭成员</td><td>沈菊根</td><td>户主</td><td>1974.10.18</td><td>汉</td><td></td><td></td><td rowspan="8"></td></tr>
<tr><td>陈海珍</td><td>妻子</td><td>1977.11.6</td><td>汉</td><td></td><td></td></tr>
<tr><td>汪巧丽</td><td>女儿</td><td>1996.7.11</td><td>汉</td><td></td><td></td></tr>
<tr><td>沈华</td><td>儿子</td><td>1998.4.13</td><td>汉</td><td></td><td></td></tr>
<tr><td></td><td></td><td></td><td></td><td></td><td></td></tr>
<tr><td></td><td></td><td></td><td></td><td></td><td></td></tr>
<tr><td></td><td></td><td></td><td></td><td></td><td></td></tr>
<tr><td></td><td></td><td></td><td></td><td></td><td></td></tr>
<tr><td>家庭大事</td><td colspan="7">1982年建造楼房2楼2底
2007年购买电脑1台</td></tr>
</table>

张庄村第6村民小组

<table>
<tr><td rowspan="2"></td><td colspan="4">现有家属</td><td colspan="2">已故家属</td><td rowspan="2">备注</td></tr>
<tr><td>姓名</td><td>与户主关系</td><td>出生日期</td><td>民族</td><td>称呼</td><td>姓名</td></tr>
<tr><td rowspan="8">家庭成员</td><td>薛建红</td><td>户主</td><td>1970.3.7</td><td>汉</td><td>祖父</td><td>薛夯木</td><td rowspan="8"></td></tr>
<tr><td>陆佳英</td><td>妻子</td><td>1971.4.2</td><td>汉</td><td>父亲</td><td>薛菊根</td></tr>
<tr><td>薛俊华</td><td>儿子</td><td>1992.11.25</td><td>汉</td><td></td><td></td></tr>
<tr><td>蒋根林</td><td>母亲</td><td>1945.11.15</td><td>汉</td><td></td><td></td></tr>
<tr><td>陈根妹</td><td>祖母</td><td>1925.1.15</td><td>汉</td><td></td><td></td></tr>
<tr><td></td><td></td><td></td><td></td><td></td><td></td></tr>
<tr><td></td><td></td><td></td><td></td><td></td><td></td></tr>
<tr><td></td><td></td><td></td><td></td><td></td><td></td></tr>
<tr><td>家庭大事</td><td colspan="7">1980年建造楼房2楼2底
2005年购买轿车1辆
2013年薛俊华毕业于苏州高博软件技术职业学院（计算机专业，大专）
2016年预拆迁，安置于黄桥荷馨苑（200平方米）</td></tr>
</table>

张庄村第6村民小组

家庭成员	现有家属				已故家属		备注
	姓名	与户主关系	出生日期	民族	称呼	姓名	
	薛建林	户主	1966.9.22	汉	祖父	薛夯木	
	薛俊文	长子	1990.3.20	汉	父亲	薛菊根	
					妻子	沈仁玲	

家庭大事

1980年建造楼房2楼2底

2003年购买轿车1辆

2004年购买商品房1套（140平方米）

2005年5月薛建林加入中国共产党

2006年薛建林担任张庄村科发党支部书记

2012年薛俊文毕业于美国湖滨大学（国际贸易专业，本科）

张庄村第6村民小组

家庭成员	现有家属				已故家属		备注
	姓名	与户主关系	出生日期	民族	称呼	姓名	
	吴桂元	户主	1945.11.24	汉	父亲	吴桂全	
	姚巧英	妻子	1945.7.16	汉	母亲	王海金	
	吴惠珍	女儿	1969.7.28	汉			
	阮才坤	女婿	1969.9.18	汉			
	吴阮婷	孙女	1992.5.3	汉			
	吴阮翔	孙子	1998.3.31	汉			

家庭大事

1987年建造楼房2楼2底

2002年购买轿车1辆

2004年建造厂房

2008年5月阮才坤加入中国共产党

2013年购买轿车1辆

2015年吴阮婷毕业于南京金陵大学（财会专业，本科）

张庄村第6村民小组

	现有家属				已故家属		备注
	姓名	与户主关系	出生日期	民族	称呼	姓名	
家庭成员	姚小男	户主	1946.6.16	汉	父亲	姚老牛	
	吕玉英	妻子	1947.10.9	汉	母亲	吴云娥	
	吴建章	儿子	1971.2.28	汉			
	王红英	儿媳	1970.7.21	汉			
	姚嘉仁	孙子	1993.12.28	汉			
	姚文婧	孙女	1998.5.6	汉			
家庭大事	1980年建造楼房2楼2底 2000年后面翻建楼房1楼1底，平房1间 2005年购买商品房1套（135平方米） 2008年购买电脑1台 2012年购买轿车1辆 2016年姚嘉仁毕业于苏州大学应用技术学院（会计专业，本科）						

张庄村第6村民小组

	现有家属				已故家属		备注
	姓名	与户主关系	出生日期	民族	称呼	姓名	
家庭成员	华雪珍	户主	1955.3.26	汉	父亲	陆云毛	
	陆振良	儿子	1980.11.24	汉	母亲	顾根妹	
	王勤	儿媳	1980.3.13	汉	丈夫	陆仁泉	
	陆怡雯	孙女	2004.3.25	汉			
	陆怡鑫	孙子	2013.6.6	汉			
家庭大事	1977年建造楼房2楼2底						

张庄村第6村民小组

	现有家属				已故家属		备注
	姓名	与户主关系	出生日期	民族	称呼	姓名	
家庭成员	沈卫刚	户主	1976.3.8	汉	祖父	沈阿金	
	王天玲	妻子	1978.1.16	汉	祖母	沈金宝	
	沈豪杰	儿子	2001.12.17	汉	父亲	沈泉男	
	王美珍	母亲	1953.10.15	汉			
家庭大事	1978年建造楼房2楼2底 1995年12月沈卫刚参军入伍，1998年11月加入中国共产党，1998年12月退伍 2008年购买电脑1台 2010年购买轿车1辆						

张庄村第6村民小组

	现有家属				已故家属		备注
	姓名	与户主关系	出生日期	民族	称呼	姓名	
家庭成员	沈五男	户主	1955.11.13	汉	父亲	沈关荣	
	杨淑英	妻子	1963.8.26	汉	母亲	陈根妹	
	沈　斌	儿子	1984.10.9	汉			
	方丽娟	儿媳	1992.10.12	汉			
家庭大事	1978年建造楼房2楼2底 2005年购买电脑1台 2006年沈斌毕业于徐州大学（日语专业） 2009年购买轿车1辆 2015年购买商品房1套						

张庄村第6村民小组

<table>
<tr><td rowspan="2"></td><td colspan="4">现有家属</td><td colspan="2">已故家属</td><td rowspan="2">备注</td></tr>
<tr><td>姓名</td><td>与户主关系</td><td>出生日期</td><td>民族</td><td>称呼</td><td>姓名</td></tr>
<tr><td rowspan="8">家庭成员</td><td>胡阿三</td><td>户主</td><td>1938.11.28</td><td>汉</td><td>父亲</td><td>胡静山</td><td></td></tr>
<tr><td>陆大妹</td><td>妻子</td><td>1939.10.15</td><td>汉</td><td>母亲</td><td>陈大宝</td><td></td></tr>
<tr><td>胡才明</td><td>儿子</td><td>1966.11.22</td><td>汉</td><td></td><td></td><td></td></tr>
<tr><td>邢璘</td><td>儿媳</td><td>1967.2.13</td><td>汉</td><td></td><td></td><td></td></tr>
<tr><td>胡浩</td><td>孙子</td><td>1988.6.17</td><td>汉</td><td></td><td></td><td></td></tr>
<tr><td>濮乙舟</td><td>孙媳</td><td>1989.11.23</td><td>汉</td><td></td><td></td><td></td></tr>
<tr><td>胡浩颢</td><td>曾孙</td><td>2014.9.24</td><td>汉</td><td></td><td></td><td></td></tr>
<tr><td></td><td></td><td></td><td></td><td></td><td></td><td></td></tr>
<tr><td>家庭大事</td><td colspan="7">　　1958年胡阿三担任徐浜生产队食堂会计，1962年担任徐浜生产队会计，1963年担任耕读小学老师
　　1980年建造楼房2楼2底
　　1986年胡才明毕业于苏州教育学院（大专），2014年4月加入中国共产党
　　2004年购买商品房1套
　　2009年购买轿车1辆
　　2010年胡才明担任苏州市旅游局市场处处长</td></tr>
</table>

张庄村第6村民小组

<table>
<tr><td rowspan="2"></td><td colspan="4">现有家属</td><td colspan="2">已故家属</td><td rowspan="2">备注</td></tr>
<tr><td>姓名</td><td>与户主关系</td><td>出生日期</td><td>民族</td><td>称呼</td><td>姓名</td></tr>
<tr><td rowspan="8">家庭成员</td><td>华林强</td><td>户主</td><td>1959.1.16</td><td>汉</td><td>祖父</td><td>陆永新</td><td></td></tr>
<tr><td>殷杏宝</td><td>妻子</td><td>1960.2.15</td><td>汉</td><td>祖母</td><td>蔡金凤</td><td></td></tr>
<tr><td>华新满</td><td>女儿</td><td>1982.10.8</td><td>汉</td><td>父亲</td><td>华自成</td><td></td></tr>
<tr><td>周星达</td><td>孙子</td><td>2007.11.12</td><td>汉</td><td>母亲</td><td>陆大妹</td><td></td></tr>
<tr><td></td><td></td><td></td><td></td><td></td><td></td><td></td></tr>
<tr><td></td><td></td><td></td><td></td><td></td><td></td><td></td></tr>
<tr><td></td><td></td><td></td><td></td><td></td><td></td><td></td></tr>
<tr><td></td><td></td><td></td><td></td><td></td><td></td><td></td></tr>
<tr><td>家庭大事</td><td colspan="7">　　1977年建造楼房2楼1底
　　1999年后面猪棚翻建成平房2间
　　2000年华新满毕业于苏州职业大学（大专）
　　2002年购买商品房1套（160平方米）
　　2003年购买轿车1辆</td></tr>
</table>

张庄村第6村民小组

	现有家属			已故家属		备注
姓名	与户主关系	出生日期	民族	称呼	姓名	
沈才荣	户主	1950.1.1	汉	父亲	沈文荣	沈文安，1954年参加中国人民解放军，1955年加入中国共产党，任连部文书，后转业至江西省中国兵工厂
陆利英	妻子	1952.9.28	汉	叔叔	沈文安	
沈国峰	长子	1975.6.15	汉			
陈 宁	儿媳	1972.8.8	汉			
沈旻昊	孙子	1999.9.8	汉			
沈彩华	次女	1979.7	汉			
蒋阿招	母亲	1928.9.26	汉			

家庭成员（左侧标注）

家庭大事

1976年建造楼房2楼2底，1985年翻建2间平房，1988年购买商品房1套（120平方米）

1998年沈国峰毕业于苏州大学（建筑专业，大专）

2001年购买丰田商务车1辆，2003年购买宝马轿车1辆

2002年沈彩华毕业于华北工业学院（本科）

2008年沈国峰购买别墅1套（350平方米）

张庄村第6村民小组

	现有家属			已故家属		备注
姓名	与户主关系	出生日期	民族	称呼	姓名	
冯盘妹	户主	1935.7.27	汉	曾祖父	沈聚山	
沈桂林	丈夫	1937.6.7	汉	曾祖母	李 氏	
沈强华	长子	1966.10.27	汉	曾祖母	张 氏	
周 宁	儿媳	1966	汉	祖父	沈彩峯	
沈亦凝	孙子	1993.5.8	汉	祖母	姚 氏	
沈伟华	次子	1969.12.28	汉	祖母	周 氏	
顾玉芳	儿媳	1970	汉	父亲	沈文卿	
沈亦奇	孙子	1994.1.8	汉	母亲	毛 氏	

家庭大事

1956年11月9日沈桂林加入中国共产党

1957年沈桂林担任黄桥公社党委文书，后担任吴县县委办公室副主任，后调到蠡口乡担任副乡长至退休

1983年新建楼房4楼4底

沈强华毕业于上海科技大学（本科）

张庄村第6村民小组

	现有家属				已故家属		备注
	姓名	与户主关系	出生日期	民族	称呼	姓名	
家庭成员	姚炳根	户主	1963.5.26	汉	祖父	姚万和	
	陈燕	妻子	1963.4.27	汉	父亲	姚黑男	
	姚蒙奇	儿子	1986.2.17	汉	母亲	朱阿妹	
	李明瑜	儿媳	1987.9.11	汉			
	姚依诺	孙女	2014.8.26	汉			
	姚依敏	孙子	2016.8.18	汉			
家庭大事	1980年建造楼房2楼2底 1992年购买商品房2套 2008年姚蒙奇毕业于南京航空航天大学（工业工程专业，本科） 2008年购买轿车1辆 2008年购买商品房1套 2009年李明瑜毕业于苏州大学（档案管理专业，本科）						

张庄村第6村民小组

	现有家属				已故家属		备注
	姓名	与户主关系	出生日期	民族	称呼	姓名	
家庭成员	沈水娥	户主	1939.1.29	汉	父亲	沈阿小	
	胡盘根	儿子	1963.4.3	汉	母亲	高人玲	
	王桂英	儿媳	1963.4.14	汉	丈夫	胡长根	
	胡吉	孙子	1986.2.21	汉	兄弟	沈新男	
	钟晓瑾	孙媳	1986	汉			
	胡云淇	曾孙女	2012	汉			
	胡云溪	曾孙女	2014	汉			
家庭大事	1984年胡盘根创办苏州新天地投资有限公司，担任董事长 1985年新建楼房2楼2底 1985年购买轿车1辆，1986年购买商品房1套 2001年胡盘根当选为相城区第一届政协委员 2005年胡盘根当选为相城区第二届政协委员 2012年胡盘根当选为江苏省家具协会会长						

张庄村第6村民小组

<table>
<tr><th rowspan="2"></th><th colspan="4">现有家属</th><th colspan="2">已故家属</th><th rowspan="2">备注</th></tr>
<tr><th>姓名</th><th>与户主关系</th><th>出生日期</th><th>民族</th><th>称呼</th><th>姓名</th></tr>
<tr><td rowspan="8">家庭成员</td><td>钱其新</td><td>户主</td><td>1951.12.12</td><td>汉</td><td>父亲</td><td>沈阿五</td><td></td></tr>
<tr><td>沈三媛</td><td>妻子</td><td>1954.2.24</td><td>汉</td><td>母亲</td><td>贝水玲</td><td></td></tr>
<tr><td>沈春燕</td><td>女儿</td><td>1973.3.31</td><td>汉</td><td>长姐</td><td>沈凤根</td><td></td></tr>
<tr><td>王　炎</td><td>女婿</td><td>1972.7.30</td><td>汉</td><td></td><td></td><td></td></tr>
<tr><td>沈　鑫</td><td>孙子</td><td>1997.7.11</td><td>汉</td><td></td><td></td><td></td></tr>
<tr><td></td><td></td><td></td><td></td><td></td><td></td><td></td></tr>
<tr><td></td><td></td><td></td><td></td><td></td><td></td><td></td></tr>
<tr><td></td><td></td><td></td><td></td><td></td><td></td><td></td></tr>
<tr><td>家庭大事</td><td colspan="7">
　　钱其新，1968年10月插队到沈巷生产队，1971年10月调入郭巷供销社，1973年担任郭巷供销社总店副经理、经理，1982年任黄桥供销社集体商业总店经理，1996年苏州党校毕业（大专），1997年担任人大办公室副主任，2000年担任吴县市人大常委会委员、法律事务工作委员会主任
　　1977年建造楼房2楼2底
　　1981年钱其新加入中国共产党
　　1989年购买商品房1套
　　1996年购买轿车1辆
　　2000年购买商品房1套
</td></tr>
</table>

张庄村第7村民小组

<table>
<tr><td rowspan="2"></td><td colspan="4">现有家属</td><td colspan="2">已故家属</td><td rowspan="2">备注</td></tr>
<tr><td>姓名</td><td>与户主关系</td><td>出生日期</td><td>民族</td><td>称呼</td><td>姓名</td></tr>
<tr><td rowspan="8">家庭成员</td><td>陈阿六</td><td>户主</td><td>1955.8.12</td><td>汉</td><td>父亲</td><td>陈阿四</td><td></td></tr>
<tr><td>邱彐英</td><td>妻子</td><td>1958.6.1</td><td>汉</td><td>母亲</td><td>沈妹妹</td><td></td></tr>
<tr><td>陈 娟</td><td>女儿</td><td>1982.4.7</td><td>汉</td><td></td><td></td><td></td></tr>
<tr><td>陈 星</td><td>女婿</td><td>1979.11.4</td><td>汉</td><td></td><td></td><td></td></tr>
<tr><td>陈佳雯</td><td>孙女</td><td>2003.11.20</td><td>汉</td><td></td><td></td><td></td></tr>
<tr><td></td><td></td><td></td><td></td><td></td><td></td><td></td></tr>
<tr><td></td><td></td><td></td><td></td><td></td><td></td><td></td></tr>
<tr><td></td><td></td><td></td><td></td><td></td><td></td><td></td></tr>
<tr><td>家庭大事</td><td colspan="7">1985年建造楼房2楼2底（集体统一建造120平方米）
1998年创办苏州市三星塑料彩印厂
2000年后面翻建楼房2楼2底
2000年5月陈阿六加入中国共产党
陈娟毕业于南京干部管理学院（大专）
2012年陈阿六担任三星党支部书记</td></tr>
</table>

张庄村第7村民小组

<table>
<tr><td rowspan="2"></td><td colspan="4">现有家属</td><td colspan="2">已故家属</td><td rowspan="2">备注</td></tr>
<tr><td>姓名</td><td>与户主关系</td><td>出生日期</td><td>民族</td><td>称呼</td><td>姓名</td></tr>
<tr><td rowspan="8">家庭成员</td><td>陈阿盘</td><td>户主</td><td>1948.12</td><td>汉</td><td>陈祥洲</td><td>父亲</td><td></td></tr>
<tr><td>吴兴娥</td><td>妻子</td><td>1952.5</td><td>汉</td><td>汤阿多</td><td>母亲</td><td></td></tr>
<tr><td>陈 燕</td><td>长女</td><td>1978.8</td><td>汉</td><td></td><td></td><td></td></tr>
<tr><td>胡云高</td><td>女婿</td><td>1978.1</td><td>汉</td><td></td><td></td><td></td></tr>
<tr><td>陈葭仪</td><td>孙女</td><td>2004.7.19</td><td>汉</td><td></td><td></td><td></td></tr>
<tr><td></td><td></td><td></td><td></td><td></td><td></td><td></td></tr>
<tr><td></td><td></td><td></td><td></td><td></td><td></td><td></td></tr>
<tr><td></td><td></td><td></td><td></td><td></td><td></td><td></td></tr>
<tr><td>家庭大事</td><td colspan="7">1983年新建楼房2楼2底
陈燕毕业于苏州广播电视大学（大专）</td></tr>
</table>

张庄村第7村民小组

		现有家属			已故家属		备注
	姓名	与户主关系	出生日期	民族	称呼	姓名	
家庭成员	陈凤祥	户主	1953.10.5	汉			
	陈夏明	长子	1979.7.7	汉			
	杨 方	儿媳	1982.6.5	汉			
	陈志杰	孙子	2003.12.14	汉			
	陈志彧	孙子	2008.7.1	汉			
家庭大事	1979年新建楼房2楼2底 2002年后面建造楼房2楼2底 2006年做布头生意						

张庄村第7村民小组

		现有家属			已故家属		备注
	姓名	与户主关系	出生日期	民族	称呼	姓名	
家庭成员	陈红兵	户主	1976.10	汉	父亲	陈福根	
	徐莉华	妻子	1981.3	汉	母亲	陈白妹	
	陈雅君	长女	2002.7	汉			
	陈徐逸	儿子	2008.10	汉			
家庭大事	1979年新建楼房2楼2底 2001年购买商品房1套 2003年购买轿车1辆 2015年购买轿车1辆						

张庄村第7村民小组

<table>
<tr><td rowspan="2"></td><td colspan="4">现有家属</td><td colspan="2">已故家属</td><td rowspan="2">备注</td></tr>
<tr><td>姓名</td><td>与户主关系</td><td>出生日期</td><td>民族</td><td>称呼</td><td>姓名</td></tr>
<tr><td rowspan="8">家庭成员</td><td>陈福林</td><td>户主</td><td>1955.5</td><td>汉</td><td></td><td></td><td></td></tr>
<tr><td>朱品英</td><td>妻子</td><td>1958.3</td><td>汉</td><td></td><td></td><td></td></tr>
<tr><td>王俊才</td><td>长子</td><td>1983.9</td><td>汉</td><td></td><td></td><td></td></tr>
<tr><td>张妙容</td><td>儿媳</td><td>1988.9</td><td>汉</td><td></td><td></td><td></td></tr>
<tr><td>陈天月</td><td>孙女</td><td>2009.9</td><td>汉</td><td></td><td></td><td></td></tr>
<tr><td>陈天佑</td><td>孙子</td><td>2016.12</td><td>汉</td><td></td><td></td><td></td></tr>
<tr><td></td><td></td><td></td><td></td><td></td><td></td><td></td></tr>
<tr><td></td><td></td><td></td><td></td><td></td><td></td><td></td></tr>
<tr><td>家庭大事</td><td colspan="7">1999年建造房子3间
2002年建造房子3间
2003年购买电脑1台
2015年购买轿车1辆</td></tr>
</table>

张庄村第7村民小组

<table>
<tr><td rowspan="2"></td><td colspan="4">现有家属</td><td colspan="2">已故家属</td><td rowspan="2">备注</td></tr>
<tr><td>姓名</td><td>与户主关系</td><td>出生日期</td><td>民族</td><td>称呼</td><td>姓名</td></tr>
<tr><td rowspan="8">家庭成员</td><td>陈秋根</td><td>户主</td><td>1950.9.10</td><td>汉</td><td>父亲</td><td>陈菊生</td><td></td></tr>
<tr><td>陈妹英</td><td>妻子</td><td>1948.10.28</td><td>汉</td><td>母亲</td><td>汤阿小</td><td></td></tr>
<tr><td>陈卫忠</td><td>长子</td><td>1973.3.24</td><td>汉</td><td></td><td></td><td></td></tr>
<tr><td>殷丽琼</td><td>儿媳</td><td>1975.1.1</td><td>汉</td><td></td><td></td><td></td></tr>
<tr><td>陈　希</td><td>孙子</td><td>2002.9.24</td><td>汉</td><td></td><td></td><td></td></tr>
<tr><td></td><td></td><td></td><td></td><td></td><td></td><td></td></tr>
<tr><td></td><td></td><td></td><td></td><td></td><td></td><td></td></tr>
<tr><td></td><td></td><td></td><td></td><td></td><td></td><td></td></tr>
<tr><td>家庭大事</td><td colspan="7">1982年建造2楼2底房屋（集体统一建造120平方米）
1989年后面翻建2楼2底房屋
1996年7月陈卫忠毕业于苏州大学（本科）
1998年7月殷丽琼毕业于苏州大学（本科）
2005年、2006年分别购买轿车1辆</td></tr>
</table>

张庄村第7村民小组

	现有家属				已故家属		备注
	姓名	与户主关系	出生日期	民族	称呼	姓名	
家庭成员	陈金男	户主	1966.1.2	汉			
	刘娟华	妻子	1964.1.15	汉			
	陈　晨	长女	1989.2.2	汉			
	陈兴根	父亲	1938.2.23	汉			
	赵妹宝	母亲	1942.5.5	汉			

家庭大事	1985年新建楼房3楼3底 1997年后面翻建3间平房 2005年购买轿车1辆 2015年陈晨毕业于南京师范大学（本科），继续攻读研究生

张庄村第7村民小组

	现有家属				已故家属		备注
	姓名	与户主关系	出生日期	民族	称呼	姓名	
家庭成员	陈志明	户主	1936.10.6	汉	父亲	陈惠初	
	吕妹宝	妻子	1938.9.19	汉	母亲	沈妹妹	

家庭大事	1982年建造平房4间，1984年建造楼房2楼1底 1960年陈志明任中巷生产队会计 1970年陈志明任张庄大队出纳会计 1980年陈志明任张庄综合厂主办会计 1990年陈志明任张庄彩印厂主办会计 2000年建造楼房1楼1底，建前后平房各1间

张庄村第7村民小组

		现有家属			已故家属		备注
	姓名	与户主关系	出生日期	民族	称呼	姓名	
家庭成员	程才生	户主	1953.7.7	汉	父亲	程阿桂	
	朱巧玲	妻子	1954.3.8	汉	母亲	袁小招	
	程　良	长子	1979.4.9	汉			
	程紫窈	孙女	2006.1.10	汉			
家庭大事	1990年建造2间平房（54平方米） 2002年建造楼房2楼2底						

张庄村第7村民小组

		现有家属			已故家属		备注
	姓名	与户主关系	出生日期	民族	称呼	姓名	
家庭成员	郭大男	户主	1958.4.24	汉	父亲	郭文根	
	金云珍	妻子	1960.9.12	汉	母亲	曹小祥	
	郭　健	儿子	1981.12.5	汉			
	郑学秋	儿媳	1982.10.4	汉			
	郭宁宁	孙女	2007.3.21	汉			
家庭大事	1981年新建楼房1楼半，1985年翻建楼房3楼3底 2004年郭健毕业于常州轻工业学校（大专） 2004年郑学秋毕业于苏州东吴外国语高等师范学校（本科） 2005年购买商品房1套（锦绣江南） 2008年购买轿车1辆						

张庄村第7村民小组

	现有家属				已故家属		备注
	姓名	与户主关系	出生日期	民族	称呼	姓名	
家庭成员	韩阿四	户主	1951.9	汉	父亲	韩金福	
	俞凤珍	妻子	1953.7	汉	母亲	韩彩金	
	韩晓芳	女儿	1979.1	汉			
	张绪强	女婿	1975.6	汉			
	韩紫怡	孙女	2000.3	汉			
	韩紫耀	孙子	2004.7	汉			

家庭大事

1985年建造楼房2楼2底
1992年建造平房2间
1995年购买电视机1台
2012年购买轿车1辆

张庄村第7村民小组

	现有家属				已故家属		备注
	姓名	与户主关系	出生日期	民族	称呼	姓名	
家庭成员	韩长生	户主	1955.8	汉			
	杨阿壮	妻子	1954.9	汉			
	韩琴华	女儿	1981.10	汉			
	李忠洲	女婿	1976.11	汉			
	李韩睿	孙子	2004.12	汉			
	韩莉敏	孙女	2012.8	汉			

家庭大事

1976年韩长生参军入伍，1980年1月退伍，1979年加入中国共产党
1986年新建楼房2楼2底，2003年扩建辅房2楼2底
2002年李忠洲大学毕业
2003年韩琴华毕业于中国地质大学（本科）
2007年购买轿车1辆、商品房1套
2012年购买轿车1辆
2013年购买商品房1套
2015年购买轿车1辆

张庄村第7村民小组

	现有家属				已故家属		备注
	姓名	与户主关系	出生日期	民族	称呼	姓名	
家庭成员	韩小男	户主	1954.1.17	汉	父亲	韩小根	
	王梅珍	妻子	1958.5.25	汉	母亲	韩万氏	
	韩 伟	长子	1981.10.8	汉			
	杨仁娟	儿媳	1981.9.19	汉			
	韩 越	孙女	2004.8.20	汉			
家庭大事	1984年集体统一建造楼房2楼2底（120平方米） 1999年后面翻建楼房2楼2底						

张庄村第7村民小组

	现有家属				已故家属		备注
	姓名	与户主关系	出生日期	民族	称呼	姓名	
家庭成员	孔全珍	户主	1955.3.14	汉	父亲	汤杏根	
	汤惠超	长女	1978.11.28	汉	母亲	汤仁金	
	赵生明	女婿	1977.1.2	汉	丈夫	汤木根	
	汤毅俊	孙子	1999.9.4	汉			
	汤惠艳	次女	1987.5.24	汉			
	汤歆怡	孙女	2009.12.31	汉			
家庭大事	1984年集体统一建造2楼2底楼房（120平方米） 1997年建造后面平房4间 汤惠艳毕业于无锡职业技术学院（大专）						

张庄村第7村民小组

	现有家属				已故家属		备注
	姓名	与户主关系	出生日期	民族	称呼	姓名	
家庭成员	陆福兴	户主	1939.5	汉	父亲	陆招根	
	陆水妹	妻子	1939.8	汉	母亲	陆增根	
	陆建华	长子	1964.1	汉			
	陆秋英	儿媳	1962.7	汉			
	陆恺迪	孙女	1986.10	汉			
	胡　翔	孙婿	1984.6	汉			
	胡梦迪	曾孙女	2013.7	汉			

家庭大事

1985年新建楼房3楼3底（集体统一建造180平方米）
1986年购买彩电1台
2002年购买汽车1辆
2010年购买轿车1辆
2012年购置商品房1套（130平方米）
2012年购买轿车1辆
陆恺迪毕业于江苏幼儿师范学校（本科）

张庄村第7村民小组

	现有家属				已故家属		备注
	姓名	与户主关系	出生日期	民族	称呼	姓名	
家庭成员	陆冯良	户主	1969.5.15	汉	祖父	陆阿夯	
	毛红英	妻子	1968.7.4	汉	祖母	陆小妹	
	陆冰瑶	长女	1993.10.8	汉			
	陆鑫晨	儿子	1996.10.16	汉			
	陆根发	父亲	1947.1.14	汉			
	沈玉英	母亲	1941.11.10	汉			

家庭大事

1985年建造楼房2楼2底（集体统一建造120平方米）
2002年后面2间平房翻建为2间2层楼房
2011年购买电脑1台
2015年购买轿车1辆

张庄村第7村民小组

<table>
<tr><td rowspan="2"></td><td colspan="4">现有家属</td><td colspan="2">已故家属</td><td rowspan="3">备注</td></tr>
<tr><td>姓名</td><td>与户主关系</td><td>出生日期</td><td>民族</td><td>称呼</td><td>姓名</td></tr>
<tr><td rowspan="8">家庭成员</td><td>陆金福</td><td>户主</td><td>1952.5.18</td><td>汉</td><td>父亲</td><td>陆杏泉</td></tr>
<tr><td>郭彩娥</td><td>妻子</td><td>1954.2.8</td><td>汉</td><td>母亲</td><td>陆玉珍</td></tr>
<tr><td>陆仁强</td><td>长子</td><td>1979.5.4</td><td>汉</td><td></td><td></td></tr>
<tr><td>郑洁琼</td><td>儿媳</td><td>1980.8.26</td><td>汉</td><td></td><td></td></tr>
<tr><td>陆宇航</td><td>孙子</td><td>2006.1.28</td><td>汉</td><td></td><td></td></tr>
<tr><td>郑宇轩</td><td>孙子</td><td>2014.12.26</td><td>汉</td><td></td><td></td></tr>
<tr><td></td><td></td><td></td><td></td><td></td><td></td></tr>
<tr><td></td><td></td><td></td><td></td><td></td><td></td></tr>
<tr><td>家庭大事</td><td colspan="7">1973年陆金福参军入伍，1977年3月退伍，获嘉奖3次
1980年建造楼房2楼2底（集体统一建造120平方米）
1996年购买电脑1台
2002年陆仁强毕业于苏州市职工大学（大专）
2010年购买商品房1套（水韵花都）
2013年购买轿车2辆
2016年购买商品房1套（永嘉花园）</td></tr>
</table>

张庄村第7村民小组

<table>
<tr><td rowspan="2"></td><td colspan="4">现有家属</td><td colspan="2">已故家属</td><td rowspan="3">备注</td></tr>
<tr><td>姓名</td><td>与户主关系</td><td>出生日期</td><td>民族</td><td>称呼</td><td>姓名</td></tr>
<tr><td rowspan="8">家庭成员</td><td>汤建华</td><td>户主</td><td>1957.9.26</td><td>汉</td><td>父亲</td><td>汤阿祥</td></tr>
<tr><td>秦泉珍</td><td>妻子</td><td>1963.6</td><td>汉</td><td></td><td></td></tr>
<tr><td>汤文雯</td><td>女儿</td><td>1985.6</td><td>汉</td><td></td><td></td></tr>
<tr><td>傅　驰</td><td>女婿</td><td>1985.10</td><td>汉</td><td></td><td></td></tr>
<tr><td>汤宇凡</td><td>孙子</td><td>2013.2</td><td>汉</td><td></td><td></td></tr>
<tr><td>薛妹宝</td><td>母亲</td><td>1933.5</td><td>汉</td><td></td><td></td></tr>
<tr><td></td><td></td><td></td><td></td><td></td><td></td></tr>
<tr><td></td><td></td><td></td><td></td><td></td><td></td></tr>
<tr><td>家庭大事</td><td colspan="7">1985年汤建华任张庄塑料彩印厂副厂长
1987年10月汤建华加入中国共产党
1993年翻建楼房3间2层，面积280平方米
2005年购买轿车1辆
汤文雯、傅驰均毕业于徐州师范大学</td></tr>
</table>

张庄村第7村民小组

		现有家属			已故家属		备注
	姓名	与户主关系	出生日期	民族	称呼	姓名	
家庭成员	汤建民	户主	1972.10.21	汉	祖父	汤阿三	
	秦庆芳	妻子	1975.8.21	汉	祖母	朱大妹	
	汤敏杰	女儿	1996.8.9	汉			
	汤福根	父亲	1947.10.1	汉			
	陆秀英	母亲	1949.6.15	汉			
家庭大事	2011年购买电脑1台 2016年汤敏杰毕业于苏州高等幼儿师范学校（本科）						

张庄村第7村民小组

		现有家属			已故家属		备注
	姓名	与户主关系	出生日期	民族	称呼	姓名	
家庭成员	汤福荣	户主	1950.7	汉	父亲	汤阿三	
	陈阿二	妻子	1951.7	汉	母亲	朱大妹	
	汤奋强	儿子	1976.1	汉			
	汤奋英	女儿	1981.9	汉			
	陈秀华	儿媳	1977.11	汉			
	汤筱妍	孙女	2001.9	汉			
	汤筱宸	孙子	2010.9	汉			
家庭大事	1976年建造平房2间 1985年建造楼房2楼2底（集体统一建造120平方米） 1988年翻建平房2间 2000年购买商品房1套 2001年汤奋强办厂						

张庄村第7村民小组

<table>
<tr><th rowspan="2"></th><th colspan="4">现有家属</th><th colspan="2">已故家属</th><th rowspan="2">备注</th></tr>
<tr><th>姓名</th><th>与户主关系</th><th>出生日期</th><th>民族</th><th>称呼</th><th>姓名</th></tr>
<tr><td rowspan="8">家庭成员</td><td>汤老火</td><td>户主</td><td>1950.11.6</td><td>汉</td><td>父亲</td><td>汤阿四</td><td></td></tr>
<tr><td>陆妹郎</td><td>妻子</td><td>1954.10.11</td><td>汉</td><td>母亲</td><td>张小妹</td><td></td></tr>
<tr><td>汤建峰</td><td>长子</td><td>1977.5.25</td><td>汉</td><td></td><td></td><td></td></tr>
<tr><td>金　花</td><td>儿媳</td><td>1983.5.21</td><td>汉</td><td></td><td></td><td></td></tr>
<tr><td>汤金阳</td><td>孙女</td><td>2004.2.5</td><td>汉</td><td></td><td></td><td></td></tr>
<tr><td>汤鑫楠</td><td>孙子</td><td>2010.12.2</td><td>汉</td><td></td><td></td><td></td></tr>
<tr><td></td><td></td><td></td><td></td><td></td><td></td><td></td></tr>
<tr><td></td><td></td><td></td><td></td><td></td><td></td><td></td></tr>
<tr><td>家庭大事</td><td colspan="7">1980年建造楼房3楼3底
1994年汤建峰毕业于苏州高级技工学院（中专）
2005年购买轿车1辆
2009年陆妹郎出交通事故
2013年购买轿车1辆</td></tr>
</table>

张庄村第7村民小组

<table>
<tr><th rowspan="2"></th><th colspan="4">现有家属</th><th colspan="2">已故家属</th><th rowspan="2">备注</th></tr>
<tr><th>姓名</th><th>与户主关系</th><th>出生日期</th><th>民族</th><th>称呼</th><th>姓名</th></tr>
<tr><td rowspan="8">家庭成员</td><td>汤海东</td><td>户主</td><td>1969.8.13</td><td>汉</td><td>祖父</td><td>汤大关</td><td></td></tr>
<tr><td>秦　梅</td><td>妻子</td><td>1970.11.16</td><td>汉</td><td>祖母</td><td>陆大妹</td><td></td></tr>
<tr><td>汤　炜</td><td>长子</td><td>1992.10.29</td><td>汉</td><td>母亲</td><td>杨金娥</td><td></td></tr>
<tr><td>汤老土</td><td>父亲</td><td>1936.2.21</td><td>汉</td><td></td><td></td><td></td></tr>
<tr><td></td><td></td><td></td><td></td><td></td><td></td><td></td></tr>
<tr><td></td><td></td><td></td><td></td><td></td><td></td><td></td></tr>
<tr><td></td><td></td><td></td><td></td><td></td><td></td><td></td></tr>
<tr><td></td><td></td><td></td><td></td><td></td><td></td><td></td></tr>
<tr><td>家庭大事</td><td colspan="7">1984年建造楼房2楼2底（集体统一建造120平方米）
2003年后面建造楼房2楼2底
2005年购买电脑1台
2013年购买轿车1辆</td></tr>
</table>

张庄村第7村民小组

	现有家属				已故家属		备注
	姓名	与户主关系	出生日期	民族	称呼	姓名	
家庭成员	汤彐荣	户主	1968.11.4	汉	父亲	汤念德	
	杨小红	妻子	1970.11.10	汉			
	汤忆文	女儿	1991.12.21	汉			
	沈白妹	母亲	1937.6.24	汉			

家庭大事	1985年9月建造楼房2楼2底（集体统一建造120平方米） 2011年购买电脑1台 2016年购买轿车1辆 汤忆文毕业于南京应天学院（大专）

张庄村第7村民小组

	现有家属				已故家属		备注
	姓名	与户主关系	出生日期	民族	称呼	姓名	
家庭成员	汤兴根	户主	1947.1.2	汉	父亲	汤根木	
	汤香妹	妻子	1944.4.24	汉	母亲	陆巧玲	
	汤健健	长子	1971.2.2	汉			
	韩静华	儿媳	1973.1.9	汉			
	汤吉成	孙子	1995.6.1	汉			

家庭大事	1998年收购翻造原张庄电配厂，并创办乐光公司 1999年购买金杯面包车1辆 2003年购买轿车1辆 2005年成立永通滚针公司 2007年购买商品房2套 2008年北桥购地造厂房，同年5月汤健健加入中国共产党 2011年购买轿车1辆 2014年购买别墅1幢

张庄村第7村民小组

<table>
<tr><td rowspan="2"></td><td colspan="4">现有家属</td><td colspan="2">已故家属</td><td rowspan="2">备注</td></tr>
<tr><td>姓名</td><td>与户主关系</td><td>出生日期</td><td>民族</td><td>称呼</td><td>姓名</td></tr>
<tr><td rowspan="8">家庭成员</td><td>汤兴泉</td><td>户主</td><td>1949.6.28</td><td>汉</td><td>父亲</td><td>汤根木</td><td></td></tr>
<tr><td>陈彐英</td><td>妻子</td><td>1951.12.2</td><td>汉</td><td>母亲</td><td>陆巧玲</td><td></td></tr>
<tr><td>汤春芳</td><td>女儿</td><td>1977.1.4</td><td>汉</td><td></td><td></td><td></td></tr>
<tr><td>汤文良</td><td>儿子</td><td>1980.11.27</td><td>汉</td><td></td><td></td><td></td></tr>
<tr><td>邹　晴</td><td>儿媳</td><td>1977.5.12</td><td>汉</td><td></td><td></td><td></td></tr>
<tr><td>汤佳祺</td><td>孙子</td><td>2003.9.2</td><td>汉</td><td></td><td></td><td></td></tr>
<tr><td></td><td></td><td></td><td></td><td></td><td></td><td></td></tr>
<tr><td></td><td></td><td></td><td></td><td></td><td></td><td></td></tr>
<tr><td>家庭大事</td><td colspan="7">1985年新建楼房3间3层，平房3间
1999年邹晴加入中国共产党
1999年邹晴苏州广播电视大学毕业（大专）
2000年购买电脑1台
2002年购买商品房1套（115平方米）
2016年购买轿车1辆</td></tr>
</table>

张庄村第7村民小组

<table>
<tr><td rowspan="2"></td><td colspan="4">现有家属</td><td colspan="2">已故家属</td><td rowspan="2">备注</td></tr>
<tr><td>姓名</td><td>与户主关系</td><td>出生日期</td><td>民族</td><td>称呼</td><td>姓名</td></tr>
<tr><td rowspan="8">家庭成员</td><td>汤兴元</td><td>户主</td><td>1956.11.21</td><td>汉</td><td>父亲</td><td>汤根木</td><td></td></tr>
<tr><td>沈凤妹</td><td>妻子</td><td>1957.1.5</td><td>汉</td><td>母亲</td><td>陆巧玲</td><td></td></tr>
<tr><td>汤华</td><td>长子</td><td>1981.8.13</td><td>汉</td><td></td><td></td><td></td></tr>
<tr><td>王婷</td><td>儿媳</td><td>1983.10.14</td><td>汉</td><td></td><td></td><td></td></tr>
<tr><td>汤昊霖</td><td>长孙</td><td>2007.10.18</td><td>汉</td><td></td><td></td><td></td></tr>
<tr><td></td><td></td><td></td><td></td><td></td><td></td><td></td></tr>
<tr><td></td><td></td><td></td><td></td><td></td><td></td><td></td></tr>
<tr><td></td><td></td><td></td><td></td><td></td><td></td><td></td></tr>
<tr><td>家庭大事</td><td colspan="7">1985年新建楼房1楼半（集体统一建造90平方米）
2001年购买商品房1套（87平方米）
2004年汤华毕业于南京财经学院（大专）</td></tr>
</table>

张庄村第7村民小组

<table>
<tr><td rowspan="2"></td><td colspan="4">现有家属</td><td colspan="2">已故家属</td><td rowspan="2">备注</td></tr>
<tr><td>姓名</td><td>与户主关系</td><td>出生日期</td><td>民族</td><td>称呼</td><td>姓名</td></tr>
<tr><td rowspan="10">家庭成员</td><td>汤彐元</td><td>户主</td><td>1966.8.12</td><td>汉</td><td>祖父</td><td>汤阿虎</td><td></td></tr>
<tr><td>秦泉凤</td><td>妻子</td><td>1967.10.23</td><td>汉</td><td>祖母</td><td>吴大妹</td><td></td></tr>
<tr><td>汤丽梦</td><td>长女</td><td>1989.7.2</td><td>汉</td><td>父亲</td><td>汤念德</td><td></td></tr>
<tr><td></td><td></td><td></td><td></td><td></td><td></td><td></td></tr>
<tr><td></td><td></td><td></td><td></td><td></td><td></td><td></td></tr>
<tr><td></td><td></td><td></td><td></td><td></td><td></td><td></td></tr>
<tr><td></td><td></td><td></td><td></td><td></td><td></td><td></td></tr>
<tr><td></td><td></td><td></td><td></td><td></td><td></td><td></td></tr>
</table>

家庭大事	1987年汤彐元始任公司（厂）主办会计 2000年翻建平房2间 2003年建造楼房4间2层 2013年购买轿车1辆 2014年汤丽梦毕业于南华大学（硕士研究生） 2015年购置商品房1套（139平方米，水韵花都）

张庄村第7村民小组

<table>
<tr><td rowspan="2"></td><td colspan="4">现有家属</td><td colspan="2">已故家属</td><td rowspan="2">备注</td></tr>
<tr><td>姓名</td><td>与户主关系</td><td>出生日期</td><td>民族</td><td>称呼</td><td>姓名</td></tr>
<tr><td rowspan="8">家庭成员</td><td>李伟珠</td><td>户主</td><td>1957.8.15</td><td>汉</td><td>父亲</td><td>王根木</td><td></td></tr>
<tr><td>王晓兰</td><td>女儿</td><td>1983.8.17</td><td>汉</td><td>母亲</td><td>王桃妹</td><td></td></tr>
<tr><td>曹江南</td><td>女婿</td><td>1981.11.18</td><td>汉</td><td>丈夫</td><td>王永根</td><td></td></tr>
<tr><td>王芷晴</td><td>孙女</td><td>2004.9.6</td><td>汉</td><td></td><td></td><td></td></tr>
<tr><td>曹王煜晨</td><td>孙子</td><td>2009.1.27</td><td>汉</td><td></td><td></td><td></td></tr>
<tr><td></td><td></td><td></td><td></td><td></td><td></td><td></td></tr>
<tr><td></td><td></td><td></td><td></td><td></td><td></td><td></td></tr>
</table>

家庭大事	1985年建造楼房3楼3底（集体统一建造，180平方米） 2004年购买电脑1台 2013年购买轿车1辆

张庄村第7村民小组

<table>
<tr><td rowspan="2"></td><td colspan="4">现有家属</td><td colspan="2">已故家属</td><td rowspan="2">备注</td></tr>
<tr><td>姓名</td><td>与户主关系</td><td>出生日期</td><td>民族</td><td>称呼</td><td>姓名</td></tr>
<tr><td rowspan="9">家庭成员</td><td>陈斌武</td><td>户主</td><td>1969.11.29</td><td>汉</td><td>父亲</td><td>陈家德</td><td></td></tr>
<tr><td>吴爱珍</td><td>妻子</td><td>1972.11.27</td><td>汉</td><td>母亲</td><td>杨大毛</td><td></td></tr>
<tr><td>陈 旭</td><td>长女</td><td>1994.2.1</td><td>汉</td><td></td><td></td><td></td></tr>
<tr><td></td><td></td><td></td><td></td><td></td><td></td><td></td></tr>
<tr><td></td><td></td><td></td><td></td><td></td><td></td><td></td></tr>
<tr><td></td><td></td><td></td><td></td><td></td><td></td><td></td></tr>
<tr><td></td><td></td><td></td><td></td><td></td><td></td><td></td></tr>
<tr><td></td><td></td><td></td><td></td><td></td><td></td><td></td></tr>
<tr><td></td><td></td><td></td><td></td><td></td><td></td><td></td></tr>
<tr><td>家庭大事</td><td colspan="7">1994年建造楼房2楼2底
1999年购买卡车（载重5吨）1辆
2010年购买电脑1台
2016年5月购买大巴车（55座）1辆</td></tr>
</table>

张庄村第7村民小组

<table>
<tr><td rowspan="2"></td><td colspan="4">现有家属</td><td colspan="2">已故家属</td><td rowspan="2">备注</td></tr>
<tr><td>姓名</td><td>与户主关系</td><td>出生日期</td><td>民族</td><td>称呼</td><td>姓名</td></tr>
<tr><td rowspan="9">家庭成员</td><td>朱白男</td><td>户主</td><td>1952.9.14</td><td>汉</td><td></td><td></td><td></td></tr>
<tr><td>蒋关林</td><td>妻子</td><td>1955.9.15</td><td>汉</td><td></td><td></td><td></td></tr>
<tr><td>朱小英</td><td>长女</td><td>1978.11.14</td><td>汉</td><td></td><td></td><td></td></tr>
<tr><td>邵 勇</td><td>女婿</td><td>1973.1.1</td><td>汉</td><td></td><td></td><td></td></tr>
<tr><td>邵朱熙</td><td>孙子</td><td>2006.7.13</td><td>汉</td><td></td><td></td><td></td></tr>
<tr><td></td><td></td><td></td><td></td><td></td><td></td><td></td></tr>
<tr><td></td><td></td><td></td><td></td><td></td><td></td><td></td></tr>
<tr><td></td><td></td><td></td><td></td><td></td><td></td><td></td></tr>
<tr><td></td><td></td><td></td><td></td><td></td><td></td><td></td></tr>
<tr><td>家庭大事</td><td colspan="7">1984年集体统一建造楼房2楼2底（120平方米）
2016年购买商品房1套（黄桥尚景花苑）</td></tr>
</table>

张庄村第7村民小组

	现有家属				已故家属		备注
	姓名	与户主关系	出生日期	民族	称呼	姓名	
家庭成员	庄阿福	户主	1936.5.12	汉			
	郭凤英	妻子	1938.2.2	汉			
	庄玉英	长女	1964.2.2	汉			
	金海根	女婿	1964.1.28	汉			
	庄景建	孙子	1986.11.8	汉			
	庄怿晟	曾孙	2009.8.20	汉			
家庭大事	1979年建造楼房2楼2底（集体统一建造120平方米） 1990年购买楼房1楼1底 1990年建造后平房3间 2008年购买轿车1辆						

张庄村第7村民小组

	现有家属				已故家属		备注
	姓名	与户主关系	出生日期	民族	称呼	姓名	
家庭成员	庄春元	户主	1963.1.16	汉	父亲	庄根法	
	秦才珍	妻子	1963.7.23	汉	母亲	庄林妹	
	庄丽	长女	1985.11.8	汉			
	陈凯	女婿	1986.2.11	汉			
	庄宇鑫	孙子	2008.9.22	汉			
	陈宇涵	孙女	2012.11.30	汉			
家庭大事	1980年建造楼房2楼2底（集体统一建造120平方米） 2003年后面建造楼房2楼2底						

张庄村第7村民小组

<table>
<tr><td rowspan="2"></td><td colspan="4">现有家属</td><td colspan="2">已故家属</td><td rowspan="2">备注</td></tr>
<tr><td>姓名</td><td>与户主关系</td><td>出生日期</td><td>民族</td><td>称呼</td><td>姓名</td></tr>
<tr><td rowspan="8">家庭成员</td><td>陆兴发</td><td>户主</td><td>1965.11.15</td><td>汉</td><td>父亲</td><td>陆大男</td><td></td></tr>
<tr><td>孙永珍</td><td>妻子</td><td>1963.4.20</td><td>汉</td><td>母亲</td><td>张金娥</td><td></td></tr>
<tr><td>陆英</td><td>长女</td><td>1979.1.7</td><td>汉</td><td></td><td></td><td></td></tr>
<tr><td>孙新楼</td><td>女婿</td><td>1984.9.5</td><td>汉</td><td></td><td></td><td></td></tr>
<tr><td>陆煜婷</td><td>孙女</td><td>2009.8.14</td><td>汉</td><td></td><td></td><td></td></tr>
<tr><td>孙陆煜祺</td><td>孙子</td><td>2014.3.10</td><td>汉</td><td></td><td></td><td></td></tr>
<tr><td></td><td></td><td></td><td></td><td></td><td></td><td></td></tr>
<tr><td></td><td></td><td></td><td></td><td></td><td></td><td></td></tr>
<tr><td>家庭大事</td><td colspan="7">1987年建造楼房2楼2底（集体统一建造）
2013年购买轿车1辆
2016年购买电脑1台</td></tr>
</table>

张庄村第7村民小组

<table>
<tr><td rowspan="2"></td><td colspan="4">现有家属</td><td colspan="2">已故家属</td><td rowspan="2">备注</td></tr>
<tr><td>姓名</td><td>与户主关系</td><td>出生日期</td><td>民族</td><td>称呼</td><td>姓名</td></tr>
<tr><td rowspan="8">家庭成员</td><td>汤建青</td><td>户主</td><td>1969.5.30</td><td>汉</td><td>祖父</td><td>汤春宝</td><td></td></tr>
<tr><td>沈建芳</td><td>妻子</td><td>1971.3.10</td><td>汉</td><td>祖母</td><td>汤周氏</td><td></td></tr>
<tr><td>汤思晨</td><td>长子</td><td>1992.4.29</td><td>汉</td><td></td><td></td><td></td></tr>
<tr><td>徐雨青</td><td>儿媳</td><td>1994.4.8</td><td>汉</td><td></td><td></td><td></td></tr>
<tr><td>汤进发</td><td>父亲</td><td>1943.3.17</td><td>汉</td><td></td><td></td><td></td></tr>
<tr><td>汤招娣</td><td>母亲</td><td>1946.3.17</td><td>汉</td><td></td><td></td><td></td></tr>
<tr><td></td><td></td><td></td><td></td><td></td><td></td><td></td></tr>
<tr><td></td><td></td><td></td><td></td><td></td><td></td><td></td></tr>
<tr><td>家庭大事</td><td colspan="7">汤招娣，1977年担任张庄大队妇女主任，1977年3月加入中国共产党，1979年参加吴县群英会，1980年当选张庄村党支部委员，1980年获得江苏省"三八红旗手"，1992年当选黄桥乡妇联委员
1984年建造楼房4楼3底（180平方米）
2003年购买商品房1套（200平方米）
2004年购买轿车1辆
2013年徐雨青毕业于江苏幼儿师范学校（本科）
2015年汤思晨毕业于宁波大学（国际贸易专业，本科）</td></tr>
</table>

张庄村第7村民小组

家庭成员	现有家属				已故家属		备注
	姓名	与户主关系	出生日期	民族	称呼	姓名	
	张钰芬	户主	1966.1.16	汉	前夫	陈海泉	
	沈春会	丈夫	1971.7.13	汉			
	陈亚峰	长子	1990.9.26	汉			
	赵梦兰	儿媳	1994.4.30	汉			
	陈烨君	孙子	2014.9.25	汉			

家庭大事

1995年购买楼房1楼2底
2000年前夫陈海泉因医疗事故去世
2009年购买电脑1台
2009年陈亚峰毕业于苏州工业园区职业技术学院（大专）

张庄村第7村民小组

家庭成员	现有家属				已故家属		备注
	姓名	与户主关系	出生日期	民族	称呼	姓名	
	汤丽娟	户主	1982.4.20	汉	父亲	汤海根	
	陈卫英	母亲	1956.6.16	汉			

家庭大事

1985年建造楼房1楼半
2001年汤丽娟毕业于常州高等专科学校（大专）

张庄村第7村民小组

		现有家属			已故家属		备注
	姓名	与户主关系	出生日期	民族	称呼	姓名	
家庭成员	陈红燕	户主	1982.5.27	汉	母亲	陆素珍	
家庭大事	2010年购买商品房1套 2012年购买轿车1辆						

张庄村第8村民小组

家庭成员	现有家属				已故家属		备注
	姓名	与户主关系	出生日期	民族	称呼	姓名	
	李建明	户主	1964.7.29	汉	祖父	李阿根	
	余连芳	妻子	1965.1.12	汉	祖母	李金娥	
	李文静	女儿	1987.12.15	汉			
	蒋小波	女婿	1987.2.6	汉			
	李天浩	孙子	2009.7.23	汉			
	李天睿	孙子	2012.2.17	汉			
	李小红	妹妹	1969.2.18	汉			
	李关林	父亲	1944.10.24	汉			
	汤素宝	母亲	1944.10.24	汉			

家庭大事

1998年建造楼房2楼2底（集体统一建造120平方米）
2006年李文静毕业于苏州广播电视大学（大专）
2010年购买轿车1辆
2016年购买轿车1辆

张庄村第8村民小组

家庭成员	现有家属				已故家属		备注
	姓名	与户主关系	出生日期	民族	称呼	姓名	
	陈阿水	户主	1938.2.24	汉	父亲	陈惠安	
	秦腊妹	妻子	1937.8.7	汉	母亲	陈蒋氏	
	陈永康	长子	1968.11.12	汉			
	冯雪娟	儿媳	1968.7.9	汉			
	陈晓辉	孙子	1991.11.18	汉			
	李皎	孙媳	1991.9.22	汉			
	陈予思	曾孙女	2016.11.28	汉			

家庭大事

1983年建造楼房3楼3底（集体统一建造180平方米）
1993年后面猪棚翻建成楼房3楼3底
2007年11月陈永康担任张庄村村民委员、治保主任
2009年9月陈永康加入中国共产党
2012年陈永康被评为张庄村优秀党员
2012年陈永康被相城区司法局评为十佳调解标兵
2013年购买轿车1辆

张庄村第8村民小组

<table>
<tr><td rowspan="8">家庭成员</td><td colspan="4">现有家属</td><td colspan="2">已故家属</td><td rowspan="2">备注</td></tr>
<tr><td>姓名</td><td>与户主关系</td><td>出生日期</td><td>民族</td><td>称呼</td><td>姓名</td></tr>
<tr><td>陈白男</td><td>户主</td><td>1946.10.9</td><td>汉</td><td>父亲</td><td>陈惠初</td><td></td></tr>
<tr><td>杨彩娥</td><td>妻子</td><td>1947.9.22</td><td>汉</td><td>母亲</td><td>沈妹妹</td><td></td></tr>
<tr><td>陈洪良</td><td>儿子</td><td>1969.1.6</td><td>汉</td><td></td><td></td><td></td></tr>
<tr><td>郭惠珍</td><td>儿媳</td><td>1971.1.15</td><td>汉</td><td></td><td></td><td></td></tr>
<tr><td>陈燕琦</td><td>孙女</td><td>1991.12.21</td><td>汉</td><td></td><td></td><td></td></tr>
<tr><td>陈圣琦</td><td>孙子</td><td>1999.1.9</td><td>汉</td><td></td><td></td><td></td></tr>
<tr><td>家庭大事</td><td colspan="7">1974年陈白男担任中巷生产队会计
1984年陈白男担任张庄三区村民组长
1989年翻建平房2间，1999年购买楼房1楼1底
2009年陈燕琦就读于泰州大学英语专业（本科）
2009年陈洪良购买轿车1辆
2014年6月陈洪良加入中国共产党
2014年陈洪良购买商品房1套（130平方米）</td></tr>
</table>

张庄村第8村民小组

<table>
<tr><td rowspan="9">家庭成员</td><td colspan="4">现有家属</td><td colspan="2">已故家属</td><td rowspan="2">备注</td></tr>
<tr><td>姓名</td><td>与户主关系</td><td>出生日期</td><td>民族</td><td>称呼</td><td>姓名</td></tr>
<tr><td>陈根火</td><td>户主</td><td>1952.1.28</td><td>汉</td><td>父亲</td><td>陈泉根</td><td></td></tr>
<tr><td>沈凤珠</td><td>妻子</td><td>1951.8.16</td><td>汉</td><td>母亲</td><td>陈根宝</td><td></td></tr>
<tr><td>陈晓华</td><td>长子</td><td>1977.12.31</td><td>汉</td><td></td><td></td><td></td></tr>
<tr><td>曹晓虹</td><td>儿媳</td><td>1977.2.9</td><td>汉</td><td></td><td></td><td></td></tr>
<tr><td>陈黎瑞</td><td>长孙</td><td>2001.1.31</td><td>汉</td><td></td><td></td><td></td></tr>
<tr><td></td><td></td><td></td><td></td><td></td><td></td><td></td></tr>
<tr><td></td><td></td><td></td><td></td><td></td><td></td><td></td></tr>
<tr><td>家庭大事</td><td colspan="7">1983年建造楼房3楼3底
2000年翻建房屋四架头4间
2004年建造房屋四架头8间
2006年购买轿车1辆
2012年购买轿车1辆</td></tr>
</table>

张庄村第8村民小组

	现有家属				已故家属		备注
	姓名	与户主关系	出生日期	民族	称呼	姓名	
家庭成员	陈根元	户主	1956.1.6	汉	父亲	陈双根	
	陈凤英	妻子	1956.7.26	汉	母亲	张云妹	
	陈丽芳	长女	1981.12.4	汉			
	刘小宁	女婿	1981.10.6	汉			
	陈佳祺	孙子	2005.12.4	汉			
	刘凌祺	孙子	2010.4.23	汉			
家庭大事	1983年新建楼房2楼2底 2010年拆迁，安置于荷馨苑小区，面积180平方米 2010年购买电脑1台 2015年购买尚景花园住房2套 2016年购买轿车1辆						

张庄村第8村民小组

	现有家属				已故家属		备注
	姓名	与户主关系	出生日期	民族	称呼	姓名	
家庭成员	陈洪根	户主	1957.7.14	汉	父亲	陈阿兴	
	秦彩英	妻子	1955.7.10	汉			
	陈华琴	女儿	1982.5.27	汉			
	金福妹	母亲	1932.3.28	汉			
家庭大事	1983年新建楼房2楼2底（120平方米），1984年新建2间平房 1996年购买黄桥住房1套 2001年陈华琴毕业于苏州大学 2010年购买住房1套（苏州南门） 2011年购买轿车1辆						

张庄村第8村民小组

<table>
<tr><td rowspan="8">家庭成员</td><td colspan="4">现有家属</td><td colspan="2">已故家属</td><td rowspan="2">备注</td></tr>
<tr><td>姓名</td><td>与户主关系</td><td>出生日期</td><td>民族</td><td>称呼</td><td>姓名</td></tr>
<tr><td>陈洪明</td><td>户主</td><td>1967.11.12</td><td>汉</td><td></td><td></td><td></td></tr>
<tr><td>蒋金珍</td><td>妻子</td><td>1966.12.11</td><td>汉</td><td></td><td></td><td></td></tr>
<tr><td>陈雅慧</td><td>长女</td><td>1990.7.21</td><td>汉</td><td></td><td></td><td></td></tr>
<tr><td>顾　明</td><td>女婿</td><td>1987.8.9</td><td>汉</td><td></td><td></td><td></td></tr>
<tr><td>顾芷函</td><td>孙女</td><td>2011.5.30</td><td>汉</td><td></td><td></td><td></td></tr>
<tr><td>陈亚兰</td><td>次女</td><td>1994.2.27</td><td>汉</td><td></td><td></td><td></td></tr>
<tr><td>家庭大事</td><td colspan="7">1984年集体统一建造楼房2楼2底（180平方米）
2005年后面翻建楼房2楼2底</td></tr>
</table>

张庄村第8村民小组

<table>
<tr><td rowspan="8">家庭成员</td><td colspan="4">现有家属</td><td colspan="2">已故家属</td><td rowspan="2">备注</td></tr>
<tr><td>姓名</td><td>与户主关系</td><td>出生日期</td><td>民族</td><td>称呼</td><td>姓名</td></tr>
<tr><td>陈火生</td><td>户主</td><td>1934.8.21</td><td>汉</td><td>妻子</td><td>姚金妹</td><td></td></tr>
<tr><td>陈秋芳</td><td>孙女</td><td>1989.9.29</td><td>汉</td><td>儿子</td><td>陈洪元</td><td></td></tr>
<tr><td></td><td></td><td></td><td></td><td></td><td></td><td></td></tr>
<tr><td></td><td></td><td></td><td></td><td></td><td></td><td></td></tr>
<tr><td></td><td></td><td></td><td></td><td></td><td></td><td></td></tr>
<tr><td></td><td></td><td></td><td></td><td></td><td></td><td></td></tr>
<tr><td>家庭大事</td><td colspan="7">2004年翻建楼房3楼3底，建造房屋四架头4间</td></tr>
</table>

张庄村第8村民小组

	现有家属				已故家属		备注
	姓名	与户主关系	出生日期	民族	称呼	姓名	
家庭成员	陈金根	户主	1935.12.2	汉	妻子	陆大妹	
	陈建宏	儿子	1966.12.23	汉			
	李　红	儿媳	1970.3.1	汉			
	陈音琪	孙女	1997.11.6	汉			

家庭大事	1988年陈建宏毕业于郑州轻工业学院（大专） 1993年购买商品房1套 2000年购买商品房1套 2001年购买轿车1辆 2002年翻建平房2间 2004年造2间四架头房屋

张庄村第8村民小组

	现有家属				已故家属		备注
	姓名	与户主关系	出生日期	民族	称呼	姓名	
家庭成员	陈文忠	户主	1969.2.26	汉	祖父	陈阿二	
	陆　琴	妻子	1971.2.2	汉	父亲	陈念屺	
	陈梦娓	长女	1992.10.14	汉			
	杨小娥	母亲	1940.8.1	汉			

家庭大事	1990年在宅基地上翻建楼房3楼3底 2009年购买商品房1套（124平方米，华辰嘉园） 2010年购买轿车1辆 2012年陈梦娓毕业于南京艺术学院（本科）

张庄村第8村民小组

	现有家属				已故家属		备注
	姓名	与户主关系	出生日期	民族	称呼	姓名	
家庭成员	陈金元	户主	1965.4.14	汉			
	庄祥英	妻子	1967.7.15	汉			
	陈炎婷	长女	1992.7.28	汉			
家庭大事	1982年新建楼房2楼2底 2005年翻建平房2间 2010年购买电脑1台 2015年陈炎婷毕业于扬州大学（本科）						

张庄村第8村民小组

	现有家属				已故家属		备注
	姓名	与户主关系	出生日期	民族	称呼	姓名	
家庭成员	高根宝	户主	1932.1.22	汉	丈夫	陈水生	
	陈盘发	三儿子	1963.10.19	汉			
	韩盘妹	儿媳	1963.7.28	汉			
	陈尧琦	孙子	1986.11.4	汉			
	艾雪平	孙媳	1985.8.10	满			
	陈子涵	曾孙	2012.5.9	汉			
家庭大事	1993年建造楼房3楼3底 2008年购买电脑1台 2010年陈尧琦毕业于宿迁学院（大专） 2015年购买轿车1辆						

张庄村第8村民小组

	姓名	与户主关系	出生日期	民族	称呼	姓名	备注
	现有家属				**已故家属**		
家庭成员	陈钰根	户主	1957.9.20	汉	母亲	杨才英	
	高锡英	妻子	1958.9.16	汉			
	陈建军	儿子	1986.8.1	汉			
	陈云根	父亲	1935.10.16	汉			

家庭大事	1983年新建楼房2楼2底 2006年后面翻建楼房2楼2底 2015年12月购买轿车1辆 2015年陈建军毕业于宿迁学院（大专）

张庄村第8村民小组

	姓名	与户主关系	出生日期	民族	称呼	姓名	备注
	现有家属				**已故家属**		
家庭成员	陈洪兴	户主	1969.9.3	汉			
	柳素英	妻子	1971.5.15	汉			
	陈柳花	长女	1992.6.18	汉			

家庭大事	2004年建造后面3间平房 2009年建造西边5间平房 2010年购买笔记本电脑1台 2013年陈柳花毕业于南京应天学院（大专）

张庄村第8村民小组

	现有家属				已故家属		备注
	姓名	与户主关系	出生日期	民族	称呼	姓名	
家庭成员	张水明	户主	1957.8.14	汉			
	钱三妹	妻子	1951.12.27	汉			
	郭琴华	女儿	1976.1.20	汉			
	张琪	孙子	1997.1.30	汉			
家庭大事	1982年新建楼房2楼2底						

张庄村第8村民小组

	现有家属				已故家属		备注
	姓名	与户主关系	出生日期	民族	称呼	姓名	
家庭成员	郭雪荣	户主	1950.2.20	汉			
	杨大妹	妻子	1951.7.30	汉			
	郭正华	长子	1975.11.9	汉			
	郭蒙庆	孙子	1998.10.1	汉			
家庭大事	1986年建造楼房3间2层 1996年建造楼房5间 2012年购买电脑1台						

张庄村第8村民小组

	现有家属				已故家属		备注
	姓名	与户主关系	出生日期	民族	称呼	姓名	
家庭成员	韩学强	户主	1970.4.2	汉	父亲	韩阿大	
	徐惠英	妻子	1971.8.3	汉			
	韩俊豪	儿子	1993.2.17	汉			
	杨秀英	母亲	1933.11.15	汉			
家庭大事	2002年翻建楼房2楼2底 2004年购买面包车1辆 2009年购买商品房1套（北桥） 2013年购买轿车1辆						

张庄村第8村民小组

	现有家属				已故家属		备注
	姓名	与户主关系	出生日期	民族	称呼	姓名	
家庭成员	韩阿二	户主	1938.1.8	汉			
	胡根妹	妻子	1943.1.26	汉			
	韩建林	儿子	1969.3.25	汉			
	吴斌	儿媳	1971.9	汉			
	韩一凡	孙女	1994.2	汉			
家庭大事	1983年新建楼房2楼2底 2011年购买轿车1辆 2011年购买商品房1套（蠡口） 2016年韩一凡毕业于苏州科技大学（本科）						

张庄村第8村民小组

		现有家属			已故家属		备注
	姓名	与户主关系	出生日期	民族	称呼	姓名	
家庭成员	沈福妹	户主	1940.5.7	汉	丈夫	陈寿达	
	陈定华	儿子	1965.12.27	汉			
	韩美娟	儿媳	1964.9.11	汉			
	陈董菲	孙子	1988.11.12	汉			
	郭海燕	孙媳	1985.11.3	汉			
	陈 诺	曾孙	2011.8.28	汉			
家庭大事	1982年建造楼房2楼2底 2002年翻建楼房2楼2底						

张庄村第8村民小组

		现有家属			已故家属		备注
	姓名	与户主关系	出生日期	民族	称呼	姓名	
家庭成员	韩爱民	户主	1968.12.16	汉	父亲	韩敖生	
	冯红珍	妻子	1971.6.25	汉			
	韩星宇	儿子	1992.10.20	汉			
	蒋小妹	母亲	1935.2.10	汉			
家庭大事	1983年建造楼房2间2层（集体统一建造120平方米） 2016年韩星宇毕业于徐州医科大学（本科）						

张庄村第8村民小组

		现有家属			已故家属		备注
	姓名	与户主关系	出生日期	民族	称呼	姓名	
家庭成员	朱妹郎	户主	1953.10.7	汉	丈夫	韩佰荣	
	韩丽芳	女儿	1977.12.19	汉			
	沈建华	女婿	1973.11.1	汉			
	韩胜昕	孙子	2001.2.27	汉			
	沈函铭	孙子	2009.6.5	汉			
家庭大事	1982年建造楼房2楼2底（120平方米） 2003年翻建平房3间						

张庄村第8村民小组

		现有家属			已故家属		备注
	姓名	与户主关系	出生日期	民族	称呼	姓名	
家庭成员	韩长福	户主	1950.11.27	汉	父亲	韩虎根	
	孙三妹	妻子	1948.3.13	汉	母亲	薛金宝	
	韩敏华	长女	1976.11.5	汉			
	胡宝峰	女婿	1977.11.15	汉			
	韩思雨	孙女	2001.12.5	汉			
	韩筱雨	孙女	2008.9.5	汉			
家庭大事	1985年建造楼房2间2层 2006年扩建楼房2间2层 2008年购买轿车1辆						

张庄村第8村民小组

<table>
<tr><td rowspan="2"></td><td colspan="4">现有家属</td><td colspan="2">已故家属</td><td rowspan="2">备注</td></tr>
<tr><td>姓名</td><td>与户主关系</td><td>出生日期</td><td>民族</td><td>称呼</td><td>姓名</td></tr>
<tr><td rowspan="8">家庭成员</td><td>韩春林</td><td>户主</td><td>1971.12</td><td>汉</td><td>祖父</td><td>韩阿三</td><td></td></tr>
<tr><td>韩成希</td><td>长子</td><td>1994.10</td><td>汉</td><td>祖母</td><td>郭小妹</td><td></td></tr>
<tr><td>韩小腊</td><td>父亲</td><td>1943.11</td><td>汉</td><td></td><td></td><td></td></tr>
<tr><td>杨黑妹</td><td>母亲</td><td>1948.6</td><td>汉</td><td></td><td></td><td></td></tr>
<tr><td></td><td></td><td></td><td></td><td></td><td></td><td></td></tr>
<tr><td></td><td></td><td></td><td></td><td></td><td></td><td></td></tr>
<tr><td></td><td></td><td></td><td></td><td></td><td></td><td></td></tr>
<tr><td></td><td></td><td></td><td></td><td></td><td></td><td></td></tr>
<tr><td>家庭大事</td><td colspan="7">1989年新建楼房3楼3底
1966~1993年杨黑妹担任中巷生产队妇女队长</td></tr>
</table>

张庄村第8村民小组

<table>
<tr><td rowspan="2"></td><td colspan="4">现有家属</td><td colspan="2">已故家属</td><td rowspan="2">备注</td></tr>
<tr><td>姓名</td><td>与户主关系</td><td>出生日期</td><td>民族</td><td>称呼</td><td>姓名</td></tr>
<tr><td rowspan="8">家庭成员</td><td>韩文明</td><td>户主</td><td>1968.6.17</td><td>汉</td><td>祖父</td><td>韩金福</td><td></td></tr>
<tr><td>沈萍华</td><td>妻子</td><td>1971.11.27</td><td>汉</td><td>祖母</td><td>韩彩金</td><td></td></tr>
<tr><td>韩逸悦</td><td>长女</td><td>1993.9.13</td><td>汉</td><td></td><td></td><td></td></tr>
<tr><td>韩词悦</td><td>次女</td><td>2000.5.4</td><td>汉</td><td></td><td></td><td></td></tr>
<tr><td>韩全根</td><td>父亲</td><td>1942.1.1</td><td>汉</td><td></td><td></td><td></td></tr>
<tr><td>李秀英</td><td>母亲</td><td>1946.1.17</td><td>汉</td><td></td><td></td><td></td></tr>
<tr><td></td><td></td><td></td><td></td><td></td><td></td><td></td></tr>
<tr><td></td><td></td><td></td><td></td><td></td><td></td><td></td></tr>
<tr><td>家庭大事</td><td colspan="7">1983年新建楼房2楼2底
韩文明1987年11月入伍，1989年6月加入中国共产党，入伍4年间被评为优秀士兵2次、优秀报道员1次，获得通令嘉奖1次
韩词悦2013年10月被评为苏州市第八届阳光少年，2015年6月被评为相城区优秀学生干部
2016年韩逸悦毕业于南京师范大学（本科）</td></tr>
</table>

张庄村第8村民小组

	现有家属				已故家属		备注
	姓名	与户主关系	出生日期	民族	称呼	姓名	
家庭成员	郭建芬	户主	1970.6.20	汉	父亲	郭全根	
	程　中	丈夫	1968.4.18	汉			
	郭艳妮	女儿	1989.12.16	汉			
	程敏妮	女儿	1999.1.7	汉			
	郭欣悦	孙女	2016.12.15	汉			
	金小妹	母亲	1949.1.21	汉			
家庭大事	1983年新建楼房2楼2底 2002年购买商品房1套 2008年购买轿车1辆 程中毕业于吴江师范学校（中专） 2011年郭艳妮毕业于南京大学（本科）						

张庄村第8村民小组

	现有家属				已故家属		备注
	姓名	与户主关系	出生日期	民族	称呼	姓名	
家庭成员	汤阿二	户主	1944.10.20	汉	母亲	陆大妹	
	魏小妹	妻子	1946.5.10	汉	父亲	汤根荣	
	汤卫林	儿子	1974.5.16	汉			
家庭大事	1986年新建平房4间 2002年购买碾米机1台 2012年购买轿车1辆						

张庄村第8村民小组

<table>
<tr><th rowspan="2"></th><th colspan="4">现有家属</th><th colspan="2">已故家属</th><th rowspan="2">备注</th></tr>
<tr><th>姓名</th><th>与户主关系</th><th>出生日期</th><th>民族</th><th>称呼</th><th>姓名</th></tr>
<tr><td rowspan="8">家庭成员</td><td>汤大男</td><td>户主</td><td>1963.8.13</td><td>汉</td><td></td><td></td><td></td></tr>
<tr><td>蒋玉珍</td><td>妻子</td><td>1962.6.22</td><td>汉</td><td></td><td></td><td></td></tr>
<tr><td>汤潇圆</td><td>长女</td><td>1987.1.14</td><td>汉</td><td></td><td></td><td></td></tr>
<tr><td>汤学成</td><td>长子</td><td>1990.11.29</td><td>汉</td><td></td><td></td><td></td></tr>
<tr><td></td><td></td><td></td><td></td><td></td><td></td><td></td></tr>
<tr><td></td><td></td><td></td><td></td><td></td><td></td><td></td></tr>
<tr><td></td><td></td><td></td><td></td><td></td><td></td><td></td></tr>
<tr><td></td><td></td><td></td><td></td><td></td><td></td><td></td></tr>
<tr><td>家庭大事</td><td colspan="7">2006年汤潇圆毕业于东吴外国语高等师范学校（本科）
2010年12月汤学成入伍，2012年12月退伍
2011年购买商品房1套（121平方米）
2012年11月汤学成加入中国共产党
2014年购买轿车1辆
2016年汤学成毕业于苏州农业职业技术学院（大专）</td></tr>
</table>

张庄村第8村民小组

<table>
<tr><th rowspan="2"></th><th colspan="4">现有家属</th><th colspan="2">已故家属</th><th rowspan="2">备注</th></tr>
<tr><th>姓名</th><th>与户主关系</th><th>出生日期</th><th>民族</th><th>称呼</th><th>姓名</th></tr>
<tr><td rowspan="8">家庭成员</td><td>汤根林</td><td>户主</td><td>1948.5.6</td><td>汉</td><td></td><td></td><td></td></tr>
<tr><td>沈妹金</td><td>妻子</td><td>1949.1.28</td><td>汉</td><td></td><td></td><td></td></tr>
<tr><td>汤琴明</td><td>女儿</td><td>1971.1.7</td><td>汉</td><td></td><td></td><td></td></tr>
<tr><td>金建平</td><td>女婿</td><td>1968.5.7</td><td>汉</td><td></td><td></td><td></td></tr>
<tr><td>汤天贻</td><td>孙女</td><td>1991.12.25</td><td>汉</td><td></td><td></td><td></td></tr>
<tr><td>汤世恩</td><td>孙子</td><td>1998.11.25</td><td>汉</td><td></td><td></td><td></td></tr>
<tr><td></td><td></td><td></td><td></td><td></td><td></td><td></td></tr>
<tr><td></td><td></td><td></td><td></td><td></td><td></td><td></td></tr>
<tr><td>家庭大事</td><td colspan="7">1983年新建楼房2楼2底（120平方米）
1989年金建平毕业于苏州大学（本科）
2006年购买商品房1套
2007年购买轿车1辆
2014年汤天贻毕业于南京理工大学（本科）</td></tr>
</table>

张庄村第8村民小组

		现有家属			已故家属		备注
	姓名	与户主关系	出生日期	民族	称呼	姓名	
家庭成员	罗文英	户主	1968.2.15	汉			
家庭大事	离异 有楼房1楼1底						

张庄村第8村民小组

		现有家属			已故家属		备注
	姓名	与户主关系	出生日期	民族	称呼	姓名	
家庭成员	汤福根	户主	1947.10.1	汉	父亲	汤阿三	
	陆秀英	妻子	1949.6.15	汉	母亲	朱大妹	
	汤建新	长子	1970.1.3	汉			
	林亚云	儿媳	1981.3.16	汉			
	汤建民	次子	1973.6.15	汉			
	秦庆芳	儿媳	1975.8.21	汉			
	汤舜禹	长孙	1993.11.27	汉			
	汤敏杰	孙女	1995.8.9	汉			
	汤欣悦	孙女	2014.5.4	汉			
家庭大事	1985年集体建造楼房2楼2底 1990年批地建造楼房3楼3底						

张庄村第8村民小组

	现有家属				已故家属		备注
	姓名	与户主关系	出生日期	民族	称呼	姓名	
家庭成员	汤小胆	户主	1953.10.5	汉	父亲	汤阿四	
	朱琴琴	妻子	1963.9.15	汉	母亲	张小妹	
	汤寒雪	长女	1990.1.1	汉			
	史欣妍	孙女	2011.2.12	汉			

家庭大事

2009年翻建平房2间
2016年购买轿车1辆

张庄村第8村民小组

	现有家属				已故家属		备注
	姓名	与户主关系	出生日期	民族	称呼	姓名	
家庭成员	李惠芳	户主	1954.5.5	汉			
	李平花	长女	1981.1.23	汉			
	陈李豪	孙子	2000.6.12	汉			
	李治	孙子	2009.2.12	汉			

家庭大事

1995年调换楼房2楼2底（180平方米）
2003年李惠芳遭遇车祸致伤
2009年购买电脑1台

张庄村第8村民小组

		现有家属			已故家属		备注
	姓名	与户主关系	出生日期	民族	称呼	姓名	
家庭成员	郭二男	户主	1952.5.25	汉			
家庭大事	单身，住房1间						

张庄村第8村民小组

		现有家属			已故家属		备注
	姓名	与户主关系	出生日期	民族	称呼	姓名	
家庭成员	朱钰泉	户主	1965.10.23	汉	祖父	朱阿三	
	郑水英	妻子	1964.7.28	汉	祖母	朱水娥	
	朱光乔	长子	1988.11.13	汉			
	成　萍	儿媳	1988.11.10	汉			
	朱泽宥	孙子	2012.5.19	汉			
家庭大事	1984年新建楼房2楼2底 2009年2月购买轿车1辆 2010年朱光乔、成萍毕业于苏州大学（本科） 2012年2月购买黄埭丽岛花园商品房，面积150平方米						

张庄村第8村民小组

	现有家属				已故家属		备注
	姓名	与户主关系	出生日期	民族	称呼	姓名	
家庭成员	汤阿五	户主	1954.11.9	汉			
家庭大事	1983年集体建造平房1间，后面1间四架头房屋						

张庄村第8村民小组

	现有家属				已故家属		备注
	姓名	与户主关系	出生日期	民族	称呼	姓名	
家庭成员	陈金松	户主	1979.10.24	汉	祖父	陈惠初	
	朱玉兰	妻子	1978.9.21	汉	祖母	沈妹妹	
	陈佳贝	长子	2002.10.15	汉			
家庭大事	2008年拆迁 2013年搬进荷馨苑安置房，面积180平方米 2015年购买轿车1辆						

张庄村第9村民小组

<table>
<tr><td rowspan="2"></td><td colspan="4">现有家属</td><td colspan="2">已故家属</td><td rowspan="2">备注</td></tr>
<tr><td>姓名</td><td>与户主关系</td><td>出生日期</td><td>民族</td><td>称呼</td><td>姓名</td></tr>
<tr><td rowspan="8">家庭成员</td><td>陈阿东</td><td>户主</td><td>1958.5</td><td>汉</td><td>父亲</td><td>陈全根</td><td></td></tr>
<tr><td>吴三妹</td><td>妻子</td><td>1958.9</td><td>汉</td><td>母亲</td><td>陈根宝</td><td></td></tr>
<tr><td>陈　频</td><td>长子</td><td>1982.1</td><td>汉</td><td></td><td></td><td></td></tr>
<tr><td>徐颜兰</td><td>儿媳</td><td>1982.8</td><td>汉</td><td></td><td></td><td></td></tr>
<tr><td>陈梦婷</td><td>女儿</td><td>1995.2</td><td>汉</td><td></td><td></td><td></td></tr>
<tr><td>陈静怡</td><td>孙女</td><td>2006.8.22</td><td>汉</td><td></td><td></td><td></td></tr>
<tr><td></td><td></td><td></td><td></td><td></td><td></td><td></td></tr>
<tr><td></td><td></td><td></td><td></td><td></td><td></td><td></td></tr>
<tr><td>家庭大事</td><td colspan="7">陈阿东1978年3月入伍，1981年1月退伍
2008年拆迁，安置于黄桥荷馨苑（住房2套）</td></tr>
</table>

张庄村第9村民小组

<table>
<tr><td rowspan="2"></td><td colspan="4">现有家属</td><td colspan="2">已故家属</td><td rowspan="2">备注</td></tr>
<tr><td>姓名</td><td>与户主关系</td><td>出生日期</td><td>民族</td><td>称呼</td><td>姓名</td></tr>
<tr><td rowspan="8">家庭成员</td><td>陈阿四</td><td>户主</td><td>1949.11.15</td><td>汉</td><td>父亲</td><td>陈根才</td><td></td></tr>
<tr><td>郭巧英</td><td>妻子</td><td>1952.7.28</td><td>汉</td><td>母亲</td><td>陈沈氏</td><td></td></tr>
<tr><td>陈　江</td><td>长子</td><td>1976.9.14</td><td>汉</td><td></td><td></td><td></td></tr>
<tr><td>姚明英</td><td>儿媳</td><td>1977.5.1</td><td>汉</td><td></td><td></td><td></td></tr>
<tr><td>陈　叶</td><td>孙女</td><td>2000.9.4</td><td>汉</td><td></td><td></td><td></td></tr>
<tr><td>陈　飞</td><td>孙子</td><td>2009.10.24</td><td>汉</td><td></td><td></td><td></td></tr>
<tr><td></td><td></td><td></td><td></td><td></td><td></td><td></td></tr>
<tr><td></td><td></td><td></td><td></td><td></td><td></td><td></td></tr>
<tr><td>家庭大事</td><td colspan="7">1988年建造楼房4间2层
2004年购买电脑1台
2006年购买面包车1辆
2016年购买轿车1辆
2016年预拆迁，安置于黄桥荷馨苑</td></tr>
</table>

张庄村第9村民小组

<table>
<tr><td rowspan="2"></td><td colspan="4">现有家属</td><td colspan="2">已故家属</td><td rowspan="2">备注</td></tr>
<tr><td>姓名</td><td>与户主关系</td><td>出生日期</td><td>民族</td><td>称呼</td><td>姓名</td></tr>
<tr><td rowspan="8">家庭成员</td><td>程才英</td><td>户主</td><td>1945.12.23</td><td>汉</td><td>丈夫</td><td>陈安生</td><td></td></tr>
<tr><td>陈建忠</td><td>儿子</td><td>1969.9.11</td><td>汉</td><td></td><td></td><td></td></tr>
<tr><td>金志英</td><td>儿媳</td><td>1968.6.15</td><td>汉</td><td></td><td></td><td></td></tr>
<tr><td>陈　超</td><td>孙子</td><td>1994.2.22</td><td>汉</td><td></td><td></td><td></td></tr>
<tr><td></td><td></td><td></td><td></td><td></td><td></td><td></td></tr>
<tr><td></td><td></td><td></td><td></td><td></td><td></td><td></td></tr>
<tr><td></td><td></td><td></td><td></td><td></td><td></td><td></td></tr>
<tr><td></td><td></td><td></td><td></td><td></td><td></td><td></td></tr>
<tr><td>家庭大事</td><td colspan="7">1986年建造平房4间
1991年建造楼房3楼4底
2008年购买电脑1台</td></tr>
</table>

张庄村第9村民小组

<table>
<tr><td rowspan="2"></td><td colspan="4">现有家属</td><td colspan="2">已故家属</td><td rowspan="2">备注</td></tr>
<tr><td>姓名</td><td>与户主关系</td><td>出生日期</td><td>民族</td><td>称呼</td><td>姓名</td></tr>
<tr><td rowspan="8">家庭成员</td><td>陈敖泉</td><td>户主</td><td>1963.11.18</td><td>汉</td><td>父亲</td><td>陈清华</td><td></td></tr>
<tr><td>沈荣妹</td><td>妻子</td><td>1963.1.23</td><td>汉</td><td>母亲</td><td>庄小妹</td><td></td></tr>
<tr><td>陈怡玲</td><td>女儿</td><td>1986.11.7</td><td>汉</td><td></td><td></td><td></td></tr>
<tr><td>张振华</td><td>女婿</td><td>1982.9.1</td><td>汉</td><td></td><td></td><td></td></tr>
<tr><td>陈乔阳</td><td>孙子</td><td>2007.9.8</td><td>汉</td><td></td><td></td><td></td></tr>
<tr><td>张乔月</td><td>孙女</td><td>2014.6.20</td><td>汉</td><td></td><td></td><td></td></tr>
<tr><td></td><td></td><td></td><td></td><td></td><td></td><td></td></tr>
<tr><td></td><td></td><td></td><td></td><td></td><td></td><td></td></tr>
<tr><td>家庭大事</td><td colspan="7">1988年新建楼房3楼3底
2003年张振华大专毕业
2005年陈怡玲毕业于苏州技工学院（大专）
2006年购买商品房1套（香韵花园）
2010年购买轿车1辆</td></tr>
</table>

张庄村第9村民小组

		现有家属			已故家属		备注
	姓名	与户主关系	出生日期	民族	称呼	姓名	
家庭成员	陈才根	户主	1953.1.4	汉	祖父	陈惠锦	
	韩大林	妻子	1952.5.29	汉	父亲	陈德宝	
	陈彩芳	女儿	1977.12.5	汉	母亲	陈凤宝	
	徐红刚	女婿	1977.8.23	汉			
	陈玄奕	孙子	2001.5.11	汉			
	陈玄祺	孙子	2010.3.31	汉			
家庭大事	1991年新建楼房3楼3底 徐红刚1994年11月入伍，1997年12月退伍，获"优秀士兵"称号，2003年加入中国共产党 2011年购买轿车1辆						

张庄村第9村民小组

		现有家属			已故家属		备注
	姓名	与户主关系	出生日期	民族	称呼	姓名	
家庭成员	陈卫元	户主	1957.11.12	汉	祖父	陈祥洲	
	陆珊林	妻子	1958.7.28	汉	祖母	汤阿多	
	陈 菁	女儿	1982.11.7	汉	父亲	陈大夯	
	赵广印	女婿	1978.3.24	汉			
	陆欣瑜	孙女	2007.1.24	汉			
	陆哲宇	孙子	2013.9.13	汉			
	杨妹根	母亲	1937.10.2	汉			
家庭大事	1982年陈卫元担任渔专队副队长，1985年建楼房2间2层，1993年加入中国共产党 1994年陈卫元担任村化工厂副厂长，其间因受工伤导致视力残疾 2003年建楼房2间2层 2004年陈菁毕业于南京化工职业技术学院（大专），2014年陈菁毕业于苏州大学（本科） 2005年购买平江新城天筑家园房屋（116平方米），2012年购买平江新城天裕人家房屋（116平方米）；2008年购买轿车1辆，2016年购买轿车1辆 2017年赵广印被金龙客车评为年度优秀员工						

张庄村第9村民小组

<table>
<tr><td rowspan="2"></td><td colspan="4">现有家属</td><td colspan="2">已故家属</td><td rowspan="2">备注</td></tr>
<tr><td>姓名</td><td>与户主关系</td><td>出生日期</td><td>民族</td><td>称呼</td><td>姓名</td></tr>
<tr><td rowspan="8">家庭成员</td><td>陈美华</td><td>户主</td><td>1964.11.24</td><td>汉</td><td>丈夫</td><td>陈才生</td><td></td></tr>
<tr><td>陈 龙</td><td>儿子</td><td>1987.4.25</td><td>汉</td><td></td><td></td><td></td></tr>
<tr><td>陈燕华</td><td>儿媳</td><td>1986.12.29</td><td>汉</td><td></td><td></td><td></td></tr>
<tr><td>陈偲麒</td><td>孙女</td><td>2011.6.12</td><td>汉</td><td></td><td></td><td></td></tr>
<tr><td>陈偲岑</td><td>孙女</td><td>2016.3.22</td><td>汉</td><td></td><td></td><td></td></tr>
<tr><td></td><td></td><td></td><td></td><td></td><td></td><td></td></tr>
<tr><td></td><td></td><td></td><td></td><td></td><td></td><td></td></tr>
<tr><td></td><td></td><td></td><td></td><td></td><td></td><td></td></tr>
<tr><td>家庭大事</td><td colspan="7">2008年拆迁，安置于荷馨苑（住宅2套）
2010年购买轿车1辆</td></tr>
</table>

张庄村第9村民小组

<table>
<tr><td rowspan="2"></td><td colspan="4">现有家属</td><td colspan="2">已故家属</td><td rowspan="2">备注</td></tr>
<tr><td>姓名</td><td>与户主关系</td><td>出生日期</td><td>民族</td><td>称呼</td><td>姓名</td></tr>
<tr><td rowspan="8">家庭成员</td><td>陈冬兴</td><td>户主</td><td>1957.10.18</td><td>汉</td><td>祖父</td><td>陈云寿</td><td></td></tr>
<tr><td>陈妹英</td><td>妻子</td><td>1958.6.6</td><td>汉</td><td>父亲</td><td>陈菊生</td><td></td></tr>
<tr><td>陈惠其</td><td>儿子</td><td>1981.11.28</td><td>汉</td><td>母亲</td><td>汤阿小</td><td></td></tr>
<tr><td>朱晨露</td><td>儿媳</td><td>1986</td><td>汉</td><td></td><td></td><td></td></tr>
<tr><td>陈 蓉</td><td>孙女</td><td>2015.5.8</td><td>汉</td><td></td><td></td><td></td></tr>
<tr><td>朱紫轩</td><td>孙女</td><td>2017.3</td><td>汉</td><td></td><td></td><td></td></tr>
<tr><td></td><td></td><td></td><td></td><td></td><td></td><td></td></tr>
<tr><td></td><td></td><td></td><td></td><td></td><td></td><td></td></tr>
<tr><td>家庭大事</td><td colspan="7">1987年新建楼房4底3楼
2003年陈惠其毕业于北京理工大学（本科）
2009年购买商品房1套
2012年购买轿车1辆</td></tr>
</table>

张庄村第9村民小组

		现有家属			已故家属		备注
	姓名	与户主关系	出生日期	民族	称呼	姓名	
家庭成员	陈凤泉	户主	1957.2.24	汉			
	秦康妹	妻子	1959.6.19	汉			
	陈波	长子	1982.10.13	汉			
	秦晓娟	儿媳	1981.11.2	汉			
	陈果辛	孙子	2012.10.13	汉			
	陈涛	次子	1982.10.13	汉			
	邹燕	儿媳	1983.1.14	汉			
	陈梓恒	孙子	2008.2.1	汉			
家庭大事	陈凤泉1976年2月入伍，1981年1月退伍，连嘉奖3次，副班长 陈波2000年12月入伍，2002年12月退伍，江苏省委党校毕业（本科） 2003年秦晓娟毕业于苏州工艺美术学院（大专） 2007年8月邹燕毕业于中央广播电视大学（英语专业，本科） 2008年1月陈涛毕业于中央广播电视大学（英语专业，本科）						

张庄村第9村民小组

		现有家属			已故家属		备注
	姓名	与户主关系	出生日期	民族	称呼	姓名	
家庭成员	陈根泉	户主	1967.3.29	汉	父亲	陈清华	
	陈忠妹	妻子	1968.8.7	汉	母亲	庄小妹	
	陈毅	长子	1990.12.28	汉			
	潘晓燕	儿媳	1991.7.20	汉			
	陈雨诺	孙女	2014.10.21	汉			
	潘雨辰	孙女	2016.10.25	汉			
家庭大事	1977年新建楼房2楼2底 1990年后面翻建2楼2底 2011年购买轿车1辆 2013年潘晓燕毕业于苏州卫生职业技术学校（大专） 2016年购买商品房1套（永嘉花园） 2016年陈毅毕业于南京财经大学（本科）						

张庄村第9村民小组

	现有家属				已故家属		备注
	姓名	与户主关系	出生日期	民族	称呼	姓名	
家庭成员	陈关林	户主	1956.9.19	汉	祖父	陈阿四	
	沈林珍	妻子	1956.11.2	汉			
	陈岳红	女儿	1981.9.8	汉			
	陈 希	孙子	2007.5.11	汉			

家庭大事	1989年建造楼房3楼3底 2000年陈岳红毕业于徐州医药技术学院（药物制剂专业，大专） 2003年购买轿车1辆 2003年购买商品房1套

张庄村第9村民小组

	现有家属				已故家属		备注
	姓名	与户主关系	出生日期	民族	称呼	姓名	
家庭成员	韩彩娥	户主	1955.6.19	汉	父亲	陈阿敖	
	陈夏亮	长子	1990.8.11	汉	母亲	姚火妹	
	陈雪琴	长女	1978.11.8	汉	丈夫	陈黑男	
	姚韵竹	长媳	1990.11.8	汉			

家庭大事	1986年建造楼房2间2层 1995年建造平房3间 2002年陈雪琴毕业于苏州广播电视大学（本科） 2003年、2005年翻建楼房2楼2底 2004年购买轿车1辆 2011年陈夏亮大专毕业

张庄村第9村民小组

	现有家属				已故家属		备注
	姓名	与户主关系	出生日期	民族	称呼	姓名	
家庭成员	陈学明	户主	1966.11.2	汉	父亲	陈家寿	
	殷菊妹	妻子	1969.1.17	汉	母亲	章大妹	
	陈玉龙	儿子	1992.2.26	汉			
	陈雨馨	孙女	2016.9.7	汉			

家庭大事

2006年购买轿车1辆
2007年购买商品房1套
2008年拆迁，安置于荷馨苑（住房2套）
2012年陈玉龙毕业于苏州科技学院（大专）

张庄村第9村民小组

	现有家属				已故家属		备注
	姓名	与户主关系	出生日期	民族	称呼	姓名	
家庭成员	陈林根	户主	1951.6.18	汉	父亲	陈水根	
	汤兴妹	妻子	1952.1.28	汉	母亲	陆阿小	
	陈春英	女儿	1979.3.29	汉			
	施礼兵	女婿	1976.7.4	汉			
	陈施怡	孙女	2000.8.24	汉			
	施远	孙女	2007.11.7	汉			

家庭大事

1993年新建楼房3楼3底
施礼兵1995年11月入伍，1998年11月退伍，1998年11月加入中国共产党
2005年购买轿车1辆
2010年购买商品房1套
2016年购买轿车1辆

张庄村第9村民小组

<table>
<tr><th rowspan="2">家庭成员</th><th colspan="4">现有家属</th><th colspan="2">已故家属</th><th rowspan="2">备注</th></tr>
<tr><th>姓名</th><th>与户主关系</th><th>出生日期</th><th>民族</th><th>称呼</th><th>姓名</th></tr>
<tr><td>陈林全</td><td>户主</td><td>1954.11.16</td><td>汉</td><td>父亲</td><td>陈水根</td><td></td></tr>
<tr><td>陈 华</td><td>长子</td><td>1981.11.5</td><td>汉</td><td>母亲</td><td>陆阿小</td><td></td></tr>
<tr><td>张信粉</td><td>儿媳</td><td>1981.12.28</td><td>汉</td><td>妻子</td><td>金凤英</td><td></td></tr>
<tr><td>陈雨泽</td><td>孙子</td><td>2009.7.23</td><td>汉</td><td></td><td></td><td></td></tr>
<tr><td></td><td></td><td></td><td></td><td></td><td></td><td></td></tr>
<tr><td></td><td></td><td></td><td></td><td></td><td></td><td></td></tr>
<tr><td></td><td></td><td></td><td></td><td></td><td></td><td></td></tr>
<tr><td></td><td></td><td></td><td></td><td></td><td></td><td></td></tr>
</table>

家庭大事

2003年陈华加入中国共产党，2004年毕业于山东东营大学（本科）

2004年张信粉毕业于中国石油大学（本科）

2008年拆迁，安置于荷馨苑（住房2套）

2008年购买商品房1套

2016年购买轿车1辆

张庄村第9村民小组

<table>
<tr><th rowspan="2">家庭成员</th><th colspan="4">现有家属</th><th colspan="2">已故家属</th><th rowspan="2">备注</th></tr>
<tr><th>姓名</th><th>与户主关系</th><th>出生日期</th><th>民族</th><th>称呼</th><th>姓名</th></tr>
<tr><td>陈建康</td><td>户主</td><td>1966.8.30</td><td>汉</td><td>父亲</td><td>陈全根</td><td></td></tr>
<tr><td>蒋红英</td><td>妻子</td><td>1967.8.2</td><td>汉</td><td>母亲</td><td>陈根宝</td><td></td></tr>
<tr><td>陈志丹</td><td>儿子</td><td>1989.11.13</td><td>汉</td><td></td><td></td><td></td></tr>
<tr><td>陈泽宇</td><td>孙子</td><td>2014.11.27</td><td>汉</td><td></td><td></td><td></td></tr>
<tr><td>许亚琴</td><td>儿媳</td><td>1989.2.22</td><td>汉</td><td></td><td></td><td></td></tr>
<tr><td></td><td></td><td></td><td></td><td></td><td></td><td></td></tr>
<tr><td></td><td></td><td></td><td></td><td></td><td></td><td></td></tr>
<tr><td></td><td></td><td></td><td></td><td></td><td></td><td></td></tr>
</table>

家庭大事

2008年拆迁，安置于荷馨苑（住房2套）

2011年购买轿车1辆

2013年陈志丹毕业于苏州大学（计算机专业，大专）

2016年购买商品房1套（无锡）

张庄村第9村民小组

	\multicolumn{4}{c}{现有家属}	\multicolumn{2}{c}{已故家属}	备注
	姓名	与户主关系	出生日期	民族	称呼	姓名	
家庭成员	陈全福	户主	1947.11	汉	父亲	陈根木	
	陆招媛	妻子	1948.11	汉	母亲	伏凤宝	
	陈卫星	儿子	1972.1	汉			
	陈彐芳	儿媳	1974.11	汉			
	陈豪杰	孙子	1995.8	汉			

家庭大事	1987年平房翻建成楼房5楼5底，1997年购买面包车1辆 　陈全福1968年任南巷生产队农技员、生产队队长，1976年任张庄三区区长，1978年加入中国共产党，1983年任农业服务站副站长，1990年任生活服务站站长 　2007年购买商品房1套（生田）

张庄村第9村民小组

	\multicolumn{4}{c}{现有家属}	\multicolumn{2}{c}{已故家属}	备注
	姓名	与户主关系	出生日期	民族	称呼	姓名	
家庭成员	陈定林	户主	1968.6.25	汉	父亲	陈寿达	
	王桂珍	妻子	1968.3.4	汉			
	陈董阳	儿子	1991.11.21	汉			
	沈福妹	母亲	1941.5.7	汉			

家庭大事	1988年新建楼房3楼3底 　2013年购买商品房1套（水漾花城） 　2014年陈董阳毕业于湖州师范大学（本科） 　2016年购买轿车1辆

张庄村第9村民小组

	现有家属				已故家属		备注
	姓名	与户主关系	出生日期	民族	称呼	姓名	
家庭成员	陈林弟	户主	1968.2	汉	父亲	陈水根	
	秦爱珍	妻子	1967.12	汉	母亲	陆阿小	
	陈丽艳	女儿	1992.10	汉			
家庭大事	1982年新建楼房2楼3底 2012年陈丽艳毕业于江苏城市职业学院（商务英语专业，大专） 2016年预拆迁，安置于黄桥荷馨苑小区（170平方米）						

张庄村第9村民小组

	现有家属				已故家属		备注
	姓名	与户主关系	出生日期	民族	称呼	姓名	
家庭成员	陈卫生	户主	1960.2.22	汉			
	姚海玲	妻子	1963.6.17	汉			
	陈光	儿子	1985.12.10	汉			
	陈佳棋	孙子	2011.9.6	汉			
	陈佳一	孙子	2016.6.16	汉			
家庭大事	1993年新建楼房3楼3底 2006年陈光毕业于淮安炎黄职业学院（大专） 2014年购买轿车1辆						

张庄村第9村民小组

<table>
<tr><th rowspan="2"></th><th colspan="4">现有家属</th><th colspan="2">已故家属</th><th rowspan="2">备注</th></tr>
<tr><th>姓名</th><th>与户主关系</th><th>出生日期</th><th>民族</th><th>称呼</th><th>姓名</th></tr>
<tr><td rowspan="8">家庭成员</td><td>陈五男</td><td>户主</td><td>1950.2.14</td><td>汉</td><td>父亲</td><td>陈阿四</td><td></td></tr>
<tr><td>姚林妹</td><td>妻子</td><td>1951.10.26</td><td>汉</td><td>母亲</td><td>沈妹妹</td><td></td></tr>
<tr><td>陈金华</td><td>长子</td><td>1975.11.16</td><td>汉</td><td></td><td></td><td></td></tr>
<tr><td>蔡永芳</td><td>儿媳</td><td>1981.5.7</td><td>汉</td><td></td><td></td><td></td></tr>
<tr><td>陈　宁</td><td>孙女</td><td>2006.2.15</td><td>汉</td><td></td><td></td><td></td></tr>
<tr><td></td><td></td><td></td><td></td><td></td><td></td><td></td></tr>
<tr><td></td><td></td><td></td><td></td><td></td><td></td><td></td></tr>
<tr><td></td><td></td><td></td><td></td><td></td><td></td><td></td></tr>
<tr><td>家庭大事</td><td colspan="7">1988年陈五男任张庄三区村民组长
1992年新建楼房3间2层
2002年陈金华毕业于南京理工大学机械系（硕士）
2002年陈金华加入中国共产党
2004年蔡永芳毕业于南京大学计算机系</td></tr>
</table>

张庄村第9村民小组

<table>
<tr><th rowspan="2"></th><th colspan="4">现有家属</th><th colspan="2">已故家属</th><th rowspan="2">备注</th></tr>
<tr><th>姓名</th><th>与户主关系</th><th>出生日期</th><th>民族</th><th>称呼</th><th>姓名</th></tr>
<tr><td rowspan="8">家庭成员</td><td>陈建华</td><td>户主</td><td>1963.1.13</td><td>汉</td><td>父亲</td><td>陈启达</td><td></td></tr>
<tr><td>陈根妹</td><td>妻子</td><td>1963.6.4</td><td>汉</td><td></td><td></td><td></td></tr>
<tr><td>陈彦瑜</td><td>女儿</td><td>1986.2.14</td><td>汉</td><td></td><td></td><td></td></tr>
<tr><td>陈奕妃</td><td>孙女</td><td>2010.11.4</td><td>汉</td><td></td><td></td><td></td></tr>
<tr><td>黄陈泽</td><td>孙子</td><td>2013.10.14</td><td>汉</td><td></td><td></td><td></td></tr>
<tr><td>陈兴娥</td><td>母亲</td><td>1944.6.23</td><td>汉</td><td></td><td></td><td></td></tr>
<tr><td></td><td></td><td></td><td></td><td></td><td></td><td></td></tr>
<tr><td></td><td></td><td></td><td></td><td></td><td></td><td></td></tr>
<tr><td>家庭大事</td><td colspan="7">1985年新建楼房3楼3底
2005年陈根妹毕业于江苏教育学院（大专）
2007年陈彦瑜毕业于南京晓庄师范学院（本科）
2009年购买轿车1辆
2012年购买商品房1套</td></tr>
</table>

张庄村第9村民小组

<table>
<tr><td rowspan="3"></td><td colspan="4">现有家属</td><td colspan="2">已故家属</td><td rowspan="3">备注</td></tr>
<tr><td>姓名</td><td>与户主关系</td><td>出生日期</td><td>民族</td><td>称呼</td><td>姓名</td></tr>
</table>

<table>
<tr><td rowspan="8">家庭成员</td><td>姓名</td><td>与户主关系</td><td>出生日期</td><td>民族</td><td>称呼</td><td>姓名</td><td rowspan="2"></td></tr>
<tr><td>郭才兴</td><td>户主</td><td>1950.4.20</td><td>汉</td><td>父亲</td><td>郭宝根</td></tr>
<tr><td>周玉英</td><td>妻子</td><td>1952.5</td><td>汉</td><td>母亲</td><td>郭阿壮</td><td>1970年去世
1985年去世</td></tr>
<tr><td>郭玲芳</td><td>女儿</td><td>1976.7</td><td>汉</td><td></td><td></td><td></td></tr>
<tr><td>郭玲刚</td><td>儿子</td><td>1980.2.17</td><td>汉</td><td></td><td></td><td></td></tr>
<tr><td>郭吴宝延</td><td>孙子</td><td>2005.2.14</td><td>汉</td><td></td><td></td><td></td></tr>
<tr><td></td><td></td><td></td><td></td><td></td><td></td><td></td></tr>
<tr><td></td><td></td><td></td><td></td><td></td><td></td><td></td></tr>
<tr><td>家庭大事</td><td colspan="7">1970年建造平房3间（马家浜），1985年搬到张庄三区建造楼房2楼2底
1991年建造3间2层楼房；2008年拆迁，安置于黄桥荷馨苑
1976年周玉英任板桥生产队妇女队长至1983年，1971年郭才兴到4号工地工作4年
1998年郭玲芳毕业于苏州医学院（大专）
2005年郭玲刚毕业于苏州大学（大专）
2008年购买轿车1辆</td></tr>
</table>

张庄村第9村民小组

<table>
<tr><td rowspan="9">家庭成员</td><td colspan="4">现有家属</td><td colspan="2">已故家属</td><td rowspan="2">备注</td></tr>
<tr><td>姓名</td><td>与户主关系</td><td>出生日期</td><td>民族</td><td>称呼</td><td>姓名</td></tr>
<tr><td>郭三男</td><td>户主</td><td>1955.1.16</td><td>汉</td><td>父亲</td><td>郭宝泉</td><td></td></tr>
<tr><td>周小娟</td><td>妻子</td><td>1969.9.25</td><td>汉</td><td>母亲</td><td>王大媛</td><td></td></tr>
<tr><td>郭智仁</td><td>长女</td><td>1990.11.19</td><td>汉</td><td></td><td></td><td></td></tr>
<tr><td>丁开</td><td>女婿</td><td>1989.11.20</td><td>汉</td><td></td><td></td><td></td></tr>
<tr><td>李丛荧</td><td>孙女</td><td>2015.8.11</td><td>汉</td><td></td><td></td><td></td></tr>
<tr><td></td><td></td><td></td><td></td><td></td><td></td><td></td></tr>
<tr><td></td><td></td><td></td><td></td><td></td><td></td><td></td></tr>
<tr><td>家庭大事</td><td colspan="7">1999年翻建平房2间
2002年扩建平房2间
2012年郭智仁毕业于苏州职业大学（大专）</td></tr>
</table>

张庄村第9村民小组

<table>
<tr><td rowspan="2"></td><td colspan="4">现有家属</td><td colspan="2">已故家属</td><td rowspan="2">备注</td></tr>
<tr><td>姓名</td><td>与户主关系</td><td>出生日期</td><td>民族</td><td>称呼</td><td>姓名</td></tr>
<tr><td rowspan="8">家庭成员</td><td>郭小元</td><td>户主</td><td>1961.3.1</td><td>汉</td><td>父亲</td><td>郭宝泉</td><td></td></tr>
<tr><td>王凤珠</td><td>妻子</td><td>1960.2.19</td><td>汉</td><td>母亲</td><td>王大媛</td><td></td></tr>
<tr><td>郭 军</td><td>长子</td><td>1985.6.19</td><td>汉</td><td></td><td></td><td></td></tr>
<tr><td>郭涵乙</td><td>孙女</td><td>2011.8.29</td><td>汉</td><td></td><td></td><td></td></tr>
<tr><td></td><td></td><td></td><td></td><td></td><td></td><td></td></tr>
<tr><td></td><td></td><td></td><td></td><td></td><td></td><td></td></tr>
<tr><td></td><td></td><td></td><td></td><td></td><td></td><td></td></tr>
<tr><td></td><td></td><td></td><td></td><td></td><td></td><td></td></tr>
<tr><td>家庭大事</td><td colspan="7">2005年11月郭军入伍，2007年12月退伍，获"优秀士兵"称号
2008年郭军加入中国共产党
2008年拆迁至荷馨苑小区
2009年购买电脑1台
2011年购买轿车1辆</td></tr>
</table>

张庄村第9村民小组

<table>
<tr><td rowspan="2"></td><td colspan="4">现有家属</td><td colspan="2">已故家属</td><td rowspan="2">备注</td></tr>
<tr><td>姓名</td><td>与户主关系</td><td>出生日期</td><td>民族</td><td>称呼</td><td>姓名</td></tr>
<tr><td rowspan="8">家庭成员</td><td>陈洪青</td><td>户主</td><td>1969.10.29</td><td>汉</td><td>父亲</td><td>陈阿夯</td><td></td></tr>
<tr><td>谷迎春</td><td>妻子</td><td>1978.10.14</td><td>汉</td><td></td><td></td><td></td></tr>
<tr><td>陈梦凡</td><td>长女</td><td>1992.11.25</td><td>汉</td><td></td><td></td><td></td></tr>
<tr><td>陈佳乐</td><td>儿子</td><td>2015.1.2</td><td>汉</td><td></td><td></td><td></td></tr>
<tr><td>韩凤英</td><td>母亲</td><td>1948.7.27</td><td>汉</td><td></td><td></td><td></td></tr>
<tr><td></td><td></td><td></td><td></td><td></td><td></td><td></td></tr>
<tr><td></td><td></td><td></td><td></td><td></td><td></td><td></td></tr>
<tr><td></td><td></td><td></td><td></td><td></td><td></td><td></td></tr>
<tr><td>家庭大事</td><td colspan="7">2008年拆迁，安置于荷馨苑小区</td></tr>
</table>

张庄村第9村民小组

<table>
<tr><td rowspan="2"></td><td colspan="4">现有家属</td><td colspan="2">已故家属</td><td rowspan="2">备注</td></tr>
<tr><td>姓名</td><td>与户主关系</td><td>出生日期</td><td>民族</td><td>称呼</td><td>姓名</td></tr>
<tr><td rowspan="7">家庭成员</td><td>韩林生</td><td>户主</td><td>1958.5.1</td><td>汉</td><td>祖父</td><td>韩阿三</td><td></td></tr>
<tr><td>陆荣林</td><td>妻子</td><td>1960.7.3</td><td>汉</td><td>祖母</td><td>郭小妹</td><td></td></tr>
<tr><td>韩丹萍</td><td>长女</td><td>1984.10.15</td><td>汉</td><td></td><td></td><td></td></tr>
<tr><td>韩　双</td><td>女婿</td><td>1982.7.18</td><td>汉</td><td></td><td></td><td></td></tr>
<tr><td>韩思源</td><td>孙子</td><td>2007.9.23</td><td>汉</td><td></td><td></td><td></td></tr>
<tr><td>韩蕙如</td><td>孙女</td><td>2013.5.29</td><td>汉</td><td></td><td></td><td></td></tr>
<tr><td></td><td></td><td></td><td></td><td></td><td></td><td></td></tr>
<tr><td>家庭大事</td><td colspan="7">韩林生1979年1月参军入伍，1983年1月退伍，立三等功1次，1982年10月加入中国共产党
2004年韩双加入中国共产党
2007年12月韩丹萍加入中国共产党
2008年拆迁，安置于黄桥荷馨苑小区（280平方米）
2008年7月韩双毕业于南京大学（本科）
2011年购买轿车1辆
2014年8月韩丹萍毕业于江苏大学（本科）</td></tr>
</table>

张庄村第9村民小组

<table>
<tr><td rowspan="2"></td><td colspan="4">现有家属</td><td colspan="2">已故家属</td><td rowspan="2">备注</td></tr>
<tr><td>姓名</td><td>与户主关系</td><td>出生日期</td><td>民族</td><td>称呼</td><td>姓名</td></tr>
<tr><td rowspan="7">家庭成员</td><td>韩三男</td><td>户主</td><td>1946.12.14</td><td>汉</td><td>父亲</td><td>韩阿三</td><td></td></tr>
<tr><td>张彐英</td><td>妻子</td><td>1949.7.14</td><td>汉</td><td>母亲</td><td>郭小妹</td><td></td></tr>
<tr><td>韩小明</td><td>长子</td><td>1972.12.10</td><td>汉</td><td></td><td></td><td></td></tr>
<tr><td>顾建英</td><td>儿媳</td><td>1975.12.26</td><td>汉</td><td></td><td></td><td></td></tr>
<tr><td>韩益程</td><td>孙子</td><td>1998.4.30</td><td>汉</td><td></td><td></td><td></td></tr>
<tr><td>韩佳程</td><td>孙子</td><td>2006.11.28</td><td>汉</td><td></td><td></td><td></td></tr>
<tr><td></td><td></td><td></td><td></td><td></td><td></td><td></td></tr>
<tr><td>家庭大事</td><td colspan="7">2008年拆迁，安置于黄桥荷馨苑小区（240平方米）
2013年购买面包车1辆</td></tr>
</table>

张庄村第9村民小组

	现有家属				已故家属		备注
	姓名	与户主关系	出生日期	民族	称呼	姓名	
家庭成员	韩永生	户主	1971.7.28	汉			
	余翠芳	妻子	1969.9.20	汉			
	韩梦霞	女儿	1994.8.6	汉			
	韩小夯	父亲	1931.8.5	汉			

家庭大事	2008年拆迁，安置于黄桥荷馨苑小区（180平方米） 2016年韩梦霞毕业于苏州工业园区职业技术学院（大专）

张庄村第9村民小组

	现有家属				已故家属		备注
	姓名	与户主关系	出生日期	民族	称呼	姓名	
家庭成员	韩小玲	户主	1955.1	汉			
	施金生	丈夫	1947.2	汉			
	施 虹	女儿	1984.10	汉			
	徐 健	女婿	1982.5	汉			
	徐施懿	孙女	2010.10	汉			

家庭大事	1974年施金生至吴县化肥厂工作 1985年建造楼房2间2层 2004年徐健毕业于南京理工大学（本科），2014年加入中国共产党 2005年施虹毕业于苏州广播电视大学（大专） 2008年购买电脑1台 2014年购买轿车1辆

张庄村第9村民小组

<table>
<tr><td rowspan="8">家庭成员</td><td colspan="4">现有家属</td><td colspan="2">已故家属</td><td rowspan="2">备注</td></tr>
<tr><td>姓名</td><td>与户主关系</td><td>出生日期</td><td>民族</td><td>称呼</td><td>姓名</td></tr>
<tr><td>韩玉林</td><td>户主</td><td>1966.10.8</td><td>汉</td><td>父亲</td><td>韩阿炳</td><td></td></tr>
<tr><td>秦爱华</td><td>妻子</td><td>1966.5.28</td><td>汉</td><td></td><td></td><td></td></tr>
<tr><td>韩丽雅</td><td>长女</td><td>1989.11.12</td><td>汉</td><td></td><td></td><td></td></tr>
<tr><td>韩鑫月</td><td>孙女</td><td>2014.11.20</td><td>汉</td><td></td><td></td><td></td></tr>
<tr><td>杨桂娥</td><td>母亲</td><td>1934.8.28</td><td>汉</td><td></td><td></td><td></td></tr>
<tr><td></td><td></td><td></td><td></td><td></td><td></td><td></td></tr>
<tr><td rowspan="2">家庭大事</td><td colspan="7">2008年拆迁，安置于黄桥荷馨苑（住房2套）
2012年韩丽雅毕业于南京航空航天大学（本科）
2013年购买轿车1辆</td></tr>
</table>

张庄村第9村民小组

<table>
<tr><td rowspan="8">家庭成员</td><td colspan="4">现有家属</td><td colspan="2">已故家属</td><td rowspan="2">备注</td></tr>
<tr><td>姓名</td><td>与户主关系</td><td>出生日期</td><td>民族</td><td>称呼</td><td>姓名</td></tr>
<tr><td>陈二男</td><td>户主</td><td>1957.12.6</td><td>汉</td><td>父亲</td><td>韩招根</td><td></td></tr>
<tr><td>韩彩宝</td><td>妻子</td><td>1957.11.9</td><td>汉</td><td>母亲</td><td>朱彩珍</td><td></td></tr>
<tr><td>韩仁良</td><td>儿子</td><td>1986.11.3</td><td>汉</td><td></td><td></td><td></td></tr>
<tr><td></td><td></td><td></td><td></td><td></td><td></td><td></td></tr>
<tr><td></td><td></td><td></td><td></td><td></td><td></td><td></td></tr>
<tr><td></td><td></td><td></td><td></td><td></td><td></td><td></td></tr>
<tr><td rowspan="2">家庭大事</td><td colspan="7">2007年韩仁良毕业于盐城工业大学（土木结构专业，本科）
2008年拆迁，安置于黄桥荷馨苑（住房2套）
2009年购买轿车1辆</td></tr>
</table>

张庄村第9村民小组

	现有家属				已故家属		备注
	姓名	与户主关系	出生日期	民族	称呼	姓名	
家庭成员	李志明	户主	1966.8.26	汉	祖母	李金娥	
	何承念	妻子	1967.4.30	汉			
	李　强	长子	1992.7.19	汉			
	沈　洁	儿媳	1989.7.30	汉			
	李桂林	父亲	1944.10.24	汉			
	汤素宝	母亲	1944.10.24	汉			
家庭大事	2008年拆迁，安置于荷馨苑（2套住房，180平方米）						

张庄村第9村民小组

	现有家属				已故家属		备注
	姓名	与户主关系	出生日期	民族	称呼	姓名	
家庭成员	陆金泉	户主	1955.8.1	汉			
	翁丽君	妻子	1953.6.15	汉			
	陆向波	长女	1976.6.1	汉			
	柳德荣	女婿	1970.5.10	汉			
	陆文仪	孙女	1997.6.20	汉			
家庭大事	1990年新建楼房3楼3底 2013年购买轿车1辆						

张庄村第9村民小组

	现有家属				已故家属		备注
	姓名	与户主关系	出生日期	民族	称呼	姓名	
家庭成员	陈老土	户主	1957.1.15	汉	父亲	陈福生	
	陆惠英	妻子	1959.3.17	汉	母亲	秦杏宝	
	陈宗焰	长子	1983.11.5	汉			
	朱见琴	儿媳	1982.10.13	汉			
	陈希	孙女	2007.2.17	汉			
	陈煜恒	孙子	2010.11.8	汉			
家庭大事	1986年新建楼房2楼2底 2007年陈宗焰大学毕业						

张庄村第9村民小组

	现有家属				已故家属		备注
	姓名	与户主关系	出生日期	民族	称呼	姓名	
家庭成员	马根媛	户主	1950.10.13	汉	父亲	汤阿小	
	汤雪良	儿子	1976.3.21	汉	丈夫	汤关兴	
	杨春霞	儿媳	1976.2.21	汉			
	汤寅杰	孙子	1999.1.20	汉			
	汤伟杰	孙子	2008.3.1	汉			
家庭大事	1996年扩建楼房2间 2010年购买荷馨苑房子1套 2014年购买轿车1辆						

张庄村第9村民小组

		现有家属			已故家属		备注
	姓名	与户主关系	出生日期	民族	称呼	姓名	
家庭成员	汤建洪	户主	1971.9.12	汉	母亲	陈小妹	
	沈才珍	妻子	1973.1.6	汉			
	汤怡嫣	长女	1995.2.4	汉			
	汤金明	父亲	1934.3.13	汉			
家庭大事	2002年建造楼房2间2层 2010年购买电脑1台 2016年购买轿车1辆 2016年购买商品房1套						

张庄村第9村民小组

		现有家属			已故家属		备注
	姓名	与户主关系	出生日期	民族	称呼	姓名	
家庭成员	汤小惠	户主	1968.6.7	汉	父亲	汤杏生	
	秦凤娟	妻子	1971.11.29	汉			
	汤耀程	儿子	1992.11.16	汉			
	汤招玲	母亲	1936.7.7	汉			
家庭大事	1990年建造楼房2楼3底、平房1间，1995年建平房3间 2015年5月购买本田飞度轿车1辆 2015年11月购买依云华苑商品房（143平方米复合式洋房） 　　汤小惠2009年5月加入中国共产党，父亲汤杏生担任过生产队队长、张庄三区区长 　　秦凤娟1995年学前教育大专毕业，汤耀程2011年考取苏州大学医学院临床医学专业本硕连读，现在苏大附一院普外科学习进修三年，至2019年7月毕业 　　汤小惠2007年9月至2010年6月在江苏卫生健康职业学院就读，2014~2015年被评为黄桥街道优秀共产党员，2016年被中共相城区委组织部、宣传部、纪委评为党员先锋户						

张庄村第9村民小组

	现有家属				已故家属		备注
	姓名	与户主关系	出生日期	民族	称呼	姓名	
家庭成员	汤彐根	户主	1948.1.28	汉	父亲	汤金生	
	韩秀英	妻子	1947.10.4	汉			
	汤建惠	儿子	1977.11.12	汉			
	周荣	儿媳	1978.9.10	汉			
	汤心怡	孙女	2008.5.10	汉			

家庭大事

1992年翻建楼房4间2层
2001年汤建惠毕业于南京化工大学（本科）
2013年购买轿车1辆

张庄村第9村民小组

	现有家属				已故家属		备注
	姓名	与户主关系	出生日期	民族	称呼	姓名	
家庭成员	王秋生	户主	1955.7.2	汉	父亲	王全福	
	王为	长子	1981.11.29	汉	母亲	许阿多	
	沈孝莉	儿媳	1983.6.14	汉			
	王显锋	孙子	2005.7.20	汉			

家庭大事

1989年新建楼房2楼2底
2015年购买轿车1辆

张庄村第9村民小组

家庭成员	现有家属				已故家属		备注
	姓名	与户主关系	出生日期	民族	称呼	姓名	
	姚苏华	户主	1970.3.17	汉	父亲	姚根大	
	陈尉英	妻子	1972.4.3	汉	母亲	王陆妹	
	姚晨怡	长女	1993.10.14	汉			
	鲁世亮	女婿	1992.6.7	汉			
	姚佳怡	次女	2001.9.7	汉			
	姚　楠	长孙女	2014.5.14	汉			
	姚国亮	长孙	2015.6.5	汉			

家庭大事

1998年建立苏州苏华电子有限公司
2002年建造厂房
2003年购买电脑1台
2005年购买机器设备30台
2010年购买汽车4辆
2014年建立苏州英欧电子科技有限公司

张庄村第9村民小组

家庭成员	现有家属				已故家属		备注
	姓名	与户主关系	出生日期	民族	称呼	姓名	
	朱小男	户主	1947.8.22	汉	父亲	朱阿三	
	陈阿素	妻子	1946.11.25	汉	母亲	朱水娥	
	朱钰明	儿子	1968.7	汉			
	叶　荣	儿媳	1969.9	汉			
	朱子奇	孙子	1993.2	汉			

家庭大事

1991年朱钰明毕业于南京化工动力专科学校（大专）
2003年购买轿车1辆
2003年购买商品房1套（工业园区）
2016年7月朱子奇毕业于英国南安普顿大学（微电子专业，硕士研究生）

张庄村第9村民小组

		现有家属			已故家属		备注
	姓名	与户主关系	出生日期	民族	称呼	姓名	
家庭成员	庄林元	户主	1957.9.15	汉	父亲	庄小夯	
	周妹芬	妻子	1963.2.23	汉	母亲	庄水宝	
	庄敏武	长子	1986.9.24	汉			
	周文兰	儿媳	1985.6.19	汉			
	庄承昱	孙子	2012.2.24	汉			
	庄承茜	孙女	2015.1.5	汉			
家庭大事	1982年建造3间平房 1991年翻建楼房3间2层 2008年周文兰毕业于南京科技学院（本科） 2008年周文兰加入中国共产党 2009年庄敏武毕业于南京科技学院（本科） 2010年购买轿车1辆						

张庄村第9村民小组

		现有家属			已故家属		备注
	姓名	与户主关系	出生日期	民族	称呼	姓名	
家庭成员	陈金泉	户主	1968.1.1	汉			
	陈 杰	儿子	1996.3.3	汉			
	陈兴根	父亲	1938.2.23	汉			
	郑妹宝	母亲	1942.5.5	汉			
家庭大事	1988年新建楼房3楼3底						

张庄村第9村民小组

家庭成员	现有家属				已故家属		备注
	姓名	与户主关系	出生日期	民族	称呼	姓名	
	韩凤金	户主	1959.10.10	汉	丈夫	陈关泉	
	陈 玲	女儿	1985.3.18	汉			

家庭大事	2008年拆迁，安置于荷馨苑小区（2套住房）

张庄村第9村民小组

家庭成员	现有家属				已故家属		备注
	姓名	与户主关系	出生日期	民族	称呼	姓名	
	程才根	户主	1957.7.13	汉	父亲	程阿贵	
	周招娣	妻子	1957.6.2	汉	母亲	袁小早	
	程 雅	长女	1985.10.13	汉			
	金伟华	女婿	1989.2.15	汉			
	金希勋	外孙	2013.7.13	汉			

家庭大事	1998年老房翻建成楼房3楼3底 2008年拆迁，安置于黄桥荷馨苑小区（190平方米）

张庄村第9村民小组

<table>
<tr><td rowspan="2"></td><td colspan="4">现有家属</td><td colspan="2">已故家属</td><td rowspan="2">备注</td></tr>
<tr><td>姓名</td><td>与户主关系</td><td>出生日期</td><td>民族</td><td>称呼</td><td>姓名</td></tr>
<tr><td rowspan="8">家庭成员</td><td>汤二男</td><td>户主</td><td>1968.11.13</td><td>汉</td><td>祖父</td><td>汤阿四</td><td></td></tr>
<tr><td>沈玉兰</td><td>妻子</td><td>1971.4.2</td><td>汉</td><td>祖母</td><td>张小妹</td><td></td></tr>
<tr><td>汤哲琦</td><td>儿子</td><td>1992.12.8</td><td>汉</td><td></td><td></td><td></td></tr>
<tr><td>汤根泉</td><td>父亲</td><td>1942.1.4</td><td>汉</td><td></td><td></td><td></td></tr>
<tr><td>徐秀英</td><td>母亲</td><td>1945.6.10</td><td>汉</td><td></td><td></td><td></td></tr>
<tr><td></td><td></td><td></td><td></td><td></td><td></td><td></td></tr>
<tr><td></td><td></td><td></td><td></td><td></td><td></td><td></td></tr>
<tr><td></td><td></td><td></td><td></td><td></td><td></td><td></td></tr>
<tr><td>家庭大事</td><td colspan="7">2008年拆迁，安置于荷馨苑小区（住房2套）
2015年汤哲琦大专毕业</td></tr>
</table>

张庄村第9村民小组

<table>
<tr><td rowspan="2"></td><td colspan="4">现有家属</td><td colspan="2">已故家属</td><td rowspan="2">备注</td></tr>
<tr><td>姓名</td><td>与户主关系</td><td>出生日期</td><td>民族</td><td>称呼</td><td>姓名</td></tr>
<tr><td rowspan="8">家庭成员</td><td>韩荣林</td><td>户主</td><td>1962.8.18</td><td>汉</td><td>父亲</td><td>韩阿炳</td><td></td></tr>
<tr><td>庄春英</td><td>妻子</td><td>1963.1.11</td><td>汉</td><td></td><td></td><td></td></tr>
<tr><td>韩晶</td><td>儿子</td><td>1986.3.17</td><td>汉</td><td></td><td></td><td></td></tr>
<tr><td>奚静洁</td><td>儿媳</td><td>1986.12.27</td><td>汉</td><td></td><td></td><td></td></tr>
<tr><td>韩奚渠</td><td>孙子</td><td>2010.10.22</td><td>汉</td><td></td><td></td><td></td></tr>
<tr><td>奚皓轩</td><td>孙子</td><td>2013.4.6</td><td>汉</td><td></td><td></td><td></td></tr>
<tr><td>杨桂娥</td><td>母亲</td><td>1934.8.28</td><td>汉</td><td></td><td></td><td></td></tr>
<tr><td></td><td></td><td></td><td></td><td></td><td></td><td></td></tr>
<tr><td>家庭大事</td><td colspan="7">2008年拆迁，安置于荷馨苑（住房2套）
2008年购买轿车1辆</td></tr>
</table>

张庄村第9村民小组

	现有家属				已故家属		备注
	姓名	与户主关系	出生日期	民族	称呼	姓名	
家庭成员	韩炳生	户主	1963.6.6	汉			
	陈彐林	妻子	1963.3.19	汉			
	韩祺峰	儿子	1986.7.30	汉			
	韩允泽	孙子	2010.10.23	汉			
	陈允浩	孙子	2016.10.29	汉			
	韩小夯	父亲	1931.8.5	汉			
家庭大事	1974年建造平房3间 1987年原平房翻建成楼房3楼3底 2004年购买商品房1套 2008年韩祺峰毕业于南京理工大学紫金学院（电子信息专业，本科） 2008年拆迁，安置于黄桥荷馨苑（180平方米） 2010年购买面包车1辆						

张庄村第9村民小组

	现有家属				已故家属		备注
	姓名	与户主关系	出生日期	民族	称呼	姓名	
家庭成员	杨文斌	户主	1972.12.22	汉	祖父	杨关根	
	杨钰妹	妻子	1972.12.16	汉	祖母	姚金娥	
	杨仁杰	长子	1995.9.27	汉			
	杨兴发	父亲	1949.10.13	汉			
	郑泉珍	母亲	1950.7.7	汉			
家庭大事	1981年建造平房6间，1985年建造楼房2间2层 1993年建造楼房3间2层 2003年造厂房（2000平方米） 2005年购买面包车1辆 2008年拆迁，安置于黄桥荷馨苑，购买门面房2套 2010年购买轿车1辆 2016年购买商品房1套 汶川地震捐款3000元						

张庄村第9村民小组

<table>
<tr><td rowspan="2"></td><td colspan="4">现有家属</td><td colspan="2">已故家属</td><td rowspan="2">备注</td></tr>
<tr><td>姓名</td><td>与户主关系</td><td>出生日期</td><td>民族</td><td>称呼</td><td>姓名</td></tr>
<tr><td rowspan="8">家庭成员</td><td>汤惠明</td><td>户主</td><td>1970.9.1</td><td>汉</td><td></td><td></td><td></td></tr>
<tr><td>万惠英</td><td>妻子</td><td>1970.4.3</td><td>汉</td><td></td><td></td><td></td></tr>
<tr><td>汤晓婷</td><td>女儿</td><td>1993.9.1</td><td>汉</td><td></td><td></td><td></td></tr>
<tr><td>汤晓俊</td><td>儿子</td><td>2002.7.25</td><td>汉</td><td></td><td></td><td></td></tr>
<tr><td></td><td></td><td></td><td></td><td></td><td></td><td></td></tr>
<tr><td></td><td></td><td></td><td></td><td></td><td></td><td></td></tr>
<tr><td></td><td></td><td></td><td></td><td></td><td></td><td></td></tr>
<tr><td></td><td></td><td></td><td></td><td></td><td></td><td></td></tr>
<tr><td>家庭大事</td><td colspan="7">1987年新建楼房2楼2底
2013年购买轿车1辆
2015年购买轿车1辆
2016年购买商品房1套
2016年汤晓婷毕业于常州理工学院（本科）</td></tr>
</table>

张庄村第9村民小组

<table>
<tr><td rowspan="2"></td><td colspan="4">现有家属</td><td colspan="2">已故家属</td><td rowspan="2">备注</td></tr>
<tr><td>姓名</td><td>与户主关系</td><td>出生日期</td><td>民族</td><td>称呼</td><td>姓名</td></tr>
<tr><td rowspan="8">家庭成员</td><td>韩春龙</td><td>户主</td><td>1974.6.15</td><td>汉</td><td>祖父</td><td>韩阿三</td><td></td></tr>
<tr><td>朱明珍</td><td>妻子</td><td>1975.11.11</td><td>汉</td><td>祖母</td><td>郭小妹</td><td></td></tr>
<tr><td>韩娱星</td><td>长女</td><td>2001.4.1</td><td>汉</td><td></td><td></td><td></td></tr>
<tr><td>韩小腊</td><td>父亲</td><td>1941.11</td><td>汉</td><td></td><td></td><td></td></tr>
<tr><td>杨黑妹</td><td>母亲</td><td>1948.6</td><td>汉</td><td></td><td></td><td></td></tr>
<tr><td></td><td></td><td></td><td></td><td></td><td></td><td></td></tr>
<tr><td></td><td></td><td></td><td></td><td></td><td></td><td></td></tr>
<tr><td></td><td></td><td></td><td></td><td></td><td></td><td></td></tr>
<tr><td>家庭大事</td><td colspan="7">2008年拆迁，安置于荷馨苑小区（200平方米）</td></tr>
</table>

张庄村第9村民小组

	现有家属				已故家属		备注
	姓名	与户主关系	出生日期	民族	称呼	姓名	
家庭成员	杨小江	户主	1975.2.27	汉	祖父	杨关根	
	杨鸣华	妻子	1977.9.17	汉	祖母	姚小妹	
	杨雨洁	女儿	2000.6.1	汉			
	杨兴发	父亲	1949.10.13	汉			
	郑泉珍	母亲	1950.7.7	汉			

家庭大事	2003年新建楼房2楼2底 2012年购买轿车1辆 2016年购买商品房1套

张庄村第9村民小组

	现有家属				已故家属		备注
	姓名	与户主关系	出生日期	民族	称呼	姓名	
家庭成员	汤建林	户主	1969.12.9	汉			
	姚善英	妻子	1969.9.12	汉			
	汤蒙汐	儿子	1992.12.18	汉			
	汤雪根	父亲	1948.1.28	汉			
	韩秀英	母亲	1947.10.4	汉			

家庭大事	1989年新建楼房2楼2底 2002年后面翻建楼房2楼2底 2015年购买轿车1辆 2015年购买房子1套 2015年汤蒙汐毕业于苏州职业技术学院（大专）

张庄村第9村民小组

		现有家属			已故家属		备注
	姓名	与户主关系	出生日期	民族	称呼	姓名	
家庭成员	汤三男	户主	1971.7.23	汉			
	陆卫琴	妻子	1970.6.18	汉			
	汤超凡	长子	1994.11.30	汉			
	汤根泉	父亲	1942.1.4	汉			
	徐秀英	母亲	1945.6.10	汉			
家庭大事	2008年拆迁，安置于黄桥荷馨苑小区（180平方米） 2012年购买轿车1辆 2015年购买商品房1套						

张庄村第9村民小组

		现有家属			已故家属		备注
	姓名	与户主关系	出生日期	民族	称呼	姓名	
家庭成员	陈建明	户主	1964.10.16	汉	父亲	陈介寿	
	高彩玲	妻子	1964.1.29	汉	母亲	章大妹	
	陈益	长子	1987.1.1	汉			
	孙吉妮	儿媳	1987.12.28	汉			
	陈思汝	孙女	2011.2.18	汉			
家庭大事	1987年新建楼房2楼2底 1999年后面翻建楼房2楼2底 2010年购买轿车1辆						

张庄村第9村民小组

	现有家属				已故家属		备注
	姓名	与户主关系	出生日期	民族	称呼	姓名	
家庭成员	陈水娥	户主	1954.6.23	汉			
家庭大事	单身						

张庄村第9村民小组

	现有家属				已故家属		备注
	姓名	与户主关系	出生日期	民族	称呼	姓名	
家庭成员	陈三男	户主	1959.7.16	汉	父亲	陈阿敖	
	袁雪英	妻子	1962.5.29	汉	母亲	姚火妹	
	陈伟	儿子	1985.8.28	汉			
	薛莲	儿媳	1985.12.7	汉			
	陈子浩	孙子	2008.10.24	汉			
家庭大事	1989年建造平房3间 1995年翻建楼房3间2层 2006年购买电脑1台 2012年购买轿车1辆						

张庄村第9村民小组

<table>
<tr><td rowspan="2"></td><td colspan="4">现有家属</td><td colspan="2">已故家属</td><td rowspan="2">备注</td></tr>
<tr><td>姓名</td><td>与户主关系</td><td>出生日期</td><td>民族</td><td>称呼</td><td>姓名</td></tr>
<tr><td rowspan="8">家庭成员</td><td>吴林珍</td><td>户主</td><td>1971.7.2</td><td>汉</td><td></td><td></td><td></td></tr>
<tr><td></td><td></td><td></td><td></td><td></td><td></td><td></td></tr>
<tr><td></td><td></td><td></td><td></td><td></td><td></td><td></td></tr>
<tr><td></td><td></td><td></td><td></td><td></td><td></td><td></td></tr>
<tr><td></td><td></td><td></td><td></td><td></td><td></td><td></td></tr>
<tr><td></td><td></td><td></td><td></td><td></td><td></td><td></td></tr>
<tr><td></td><td></td><td></td><td></td><td></td><td></td><td></td></tr>
<tr><td></td><td></td><td></td><td></td><td></td><td></td><td></td></tr>
<tr><td>家庭大事</td><td colspan="7">2008年拆迁，安置于黄桥荷馨苑小区（住房1套）</td></tr>
</table>

张庄村第9村民小组

<table>
<tr><td rowspan="2"></td><td colspan="4">现有家属</td><td colspan="2">已故家属</td><td rowspan="2">备注</td></tr>
<tr><td>姓名</td><td>与户主关系</td><td>出生日期</td><td>民族</td><td>称呼</td><td>姓名</td></tr>
<tr><td rowspan="8">家庭成员</td><td>陈惠明</td><td>户主</td><td>1969.1</td><td>汉</td><td>祖父</td><td>陈祥洲</td><td></td></tr>
<tr><td>张丽红</td><td>妻子</td><td>1975.8</td><td>汉</td><td>祖母</td><td>汤阿多</td><td></td></tr>
<tr><td>陈枫</td><td>儿子</td><td>2000.10</td><td>汉</td><td>父亲</td><td>陈大夯</td><td></td></tr>
<tr><td>杨妹根</td><td>母亲</td><td>1937.10</td><td>汉</td><td></td><td></td><td></td></tr>
<tr><td></td><td></td><td></td><td></td><td></td><td></td><td></td></tr>
<tr><td></td><td></td><td></td><td></td><td></td><td></td><td></td></tr>
<tr><td></td><td></td><td></td><td></td><td></td><td></td><td></td></tr>
<tr><td></td><td></td><td></td><td></td><td></td><td></td><td></td></tr>
<tr><td>家庭大事</td><td colspan="7">1991年陈惠明毕业于四川建筑材料工业学院（本科）
2008年拆迁，安置于黄桥荷馨苑（100平方米）
2013年购买轿车1辆</td></tr>
</table>

张庄村第10村民小组

	现有家属				已故家属		备注
	姓名	与户主关系	出生日期	民族	称呼	姓名	
家庭成员	陆永发	户主	1956.11.29	汉	父亲	陆小男	
	蒋林妹	妻子	1955.6.29	汉			
	陆晓莲	女儿	1981.11.15	汉			
	任泽武	女婿	1981.4.5	汉			
	陆任斐	孙子	2007.11.17	汉			
	陆妹妹	母亲	1933.6.2	汉			

家庭大事

1983年新建楼房2楼2底
1987年后面翻建楼房2楼2底
2005年陆晓莲毕业于江苏大学（医学专业，本科）
2005年任泽武毕业于中国刑事警察学院（本科）
2006年陆晓莲为苏州市第七人民医院内科主治医师
2007年购买轿车1辆，2012年购买商品房1套（120平方米）

张庄村第10村民小组

	现有家属				已故家属		备注
	姓名	与户主关系	出生日期	民族	称呼	姓名	
家庭成员	陆根发	户主	1951.9.1	汉	父亲	陆大男	
	蒋彐芳	妻子	1955.12.16	汉	母亲	张金娥	
	陆彐芹	女儿	1981.1.16	汉			
	范荣君	女婿	1975.2.8	汉			
	陆范鑫	孙子	2002.1.9	汉			
	范馨月	孙女	2012.12.7	汉			

家庭大事

1978年集体建造楼房2楼2底
1983年后面翻建2间平房
2005年购买轿车1辆
2008年购买轿车1辆

张庄村第10村民小组

<table>
<tr><td rowspan="3">家庭成员</td><td colspan="4">现有家属</td><td colspan="2">已故家属</td><td rowspan="2">备注</td></tr>
<tr><td>姓名</td><td>与户主关系</td><td>出生日期</td><td>民族</td><td>称呼</td><td>姓名</td></tr>
<tr><td>沈永福</td><td>户主</td><td>1957.9.9</td><td>汉</td><td>父亲</td><td>汤根发</td><td></td></tr>
<tr><td></td><td>汤素珍</td><td>妻子</td><td>1960.1.28</td><td>汉</td><td>母亲</td><td>陈白妹</td><td></td></tr>
<tr><td></td><td>汤佳乐</td><td>儿子</td><td>1982.10.8</td><td>汉</td><td></td><td></td><td></td></tr>
<tr><td></td><td>包翠凤</td><td>儿媳</td><td>1983.1.13</td><td>汉</td><td></td><td></td><td></td></tr>
<tr><td></td><td>汤 妍</td><td>孙女</td><td>2006.3.17</td><td>汉</td><td></td><td></td><td></td></tr>
<tr><td></td><td></td><td></td><td></td><td></td><td></td><td></td><td></td></tr>
<tr><td></td><td></td><td></td><td></td><td></td><td></td><td></td><td></td></tr>
<tr><td></td><td></td><td></td><td></td><td></td><td></td><td></td><td></td></tr>
<tr><td>家庭大事</td><td colspan="7">1986年新建楼房3楼3底
2001年12月汤佳乐参军入伍，2003年退伍
2004年12月汤佳乐加入中国共产党
2009年购买轿车1辆
2013年购买水韵花都商品房1套</td></tr>
</table>

张庄村第10村民小组

<table>
<tr><td rowspan="3">家庭成员</td><td colspan="4">现有家属</td><td colspan="2">已故家属</td><td rowspan="2">备注</td></tr>
<tr><td>姓名</td><td>与户主关系</td><td>出生日期</td><td>民族</td><td>称呼</td><td>姓名</td></tr>
<tr><td>陆二男</td><td>户主</td><td>1966.1.3</td><td>汉</td><td>父亲</td><td>蒋云山</td><td></td></tr>
<tr><td></td><td>秦兰英</td><td>妻子</td><td>1968.3.24</td><td>汉</td><td></td><td></td><td></td></tr>
<tr><td></td><td>陆文刚</td><td>长子</td><td>1989.8.30</td><td>汉</td><td></td><td></td><td></td></tr>
<tr><td></td><td>薛盼盼</td><td>儿媳</td><td>1991.7.2</td><td>汉</td><td></td><td></td><td></td></tr>
<tr><td></td><td>陆芸熙</td><td>孙女</td><td>2012.8.16</td><td>汉</td><td></td><td></td><td></td></tr>
<tr><td></td><td>陆三妹</td><td>母亲</td><td>1941.9.28</td><td>汉</td><td></td><td></td><td></td></tr>
<tr><td></td><td></td><td></td><td></td><td></td><td></td><td></td><td></td></tr>
<tr><td></td><td></td><td></td><td></td><td></td><td></td><td></td><td></td></tr>
<tr><td>家庭大事</td><td colspan="7">1980年新建楼房2楼2底
1983年后面翻建平房2间
1988年后面翻建楼房2楼2底
2011年购买轿车1辆</td></tr>
</table>

张庄村第10村民小组

	现有家属				已故家属		备注
	姓名	与户主关系	出生日期	民族	称呼	姓名	
家庭成员	汤根兴	户主	1950.6.28	汉	母亲	秦倍英	
	马根娣	妻子	1950.8.22	汉			
	汤冬妹	长女	1975.11.9	汉			
	陆再兴	女婿	1970.6.13	汉			
	汤静婷	孙女	1998.3.8	汉			
	汤静祺	孙女	2004.3.11	汉			
	汤关根	父亲	1924.5.18	汉			

家庭大事

1986年新建楼房2楼2底
2005年陆再兴加入中国共产党
2009年购买轿车1辆

张庄村第10村民小组

	现有家属				已故家属		备注
	姓名	与户主关系	出生日期	民族	称呼	姓名	
家庭成员	陆卫忠	户主	1974.12.1	汉	祖父	陆阿根	
	张国英	妻子	1977.3.31	汉	祖母	沈巧云	
	陆依纯	长子	1999.10.2	汉	父亲	陆根泉	
	陆白妹	母亲	1950.7.28	汉			

家庭大事

1986年新建楼房2楼2底
2006年购买商品房1套（130平方米）
2007年购买电脑1台
2008年购买轿车1辆
2011年6月陆卫忠加入中国共产党

张庄村第10村民小组

<table>
<tr><td rowspan="8">家庭成员</td><td colspan="4">现有家属</td><td colspan="2">已故家属</td><td rowspan="2">备注</td></tr>
<tr><td>姓名</td><td>与户主关系</td><td>出生日期</td><td>民族</td><td>称呼</td><td>姓名</td></tr>
<tr><td>汤永林</td><td>户主</td><td>1957.9.3</td><td>汉</td><td>父亲</td><td>汤阿根</td><td></td></tr>
<tr><td>王彩英</td><td>妻子</td><td>1962.4.20</td><td>汉</td><td>母亲</td><td>周大妹</td><td></td></tr>
<tr><td>汤晓峰</td><td>长子</td><td>1985.1.7</td><td>汉</td><td></td><td></td><td></td></tr>
<tr><td>于涛涛</td><td>儿媳</td><td>1984.1.25</td><td>汉</td><td></td><td></td><td></td></tr>
<tr><td>汤鑫宇</td><td>孙子</td><td>2008.11.20</td><td>汉</td><td></td><td></td><td></td></tr>
<tr><td>汤鑫月</td><td>孙女</td><td>2016.12.9</td><td>汉</td><td></td><td></td><td></td></tr>
<tr><td>家庭大事</td><td colspan="7">1978年建造楼房2楼2底
1983年后面建造2间平房
2013年购买轿车1辆</td></tr>
</table>

张庄村第10村民小组

<table>
<tr><td rowspan="8">家庭成员</td><td colspan="4">现有家属</td><td colspan="2">已故家属</td><td rowspan="2">备注</td></tr>
<tr><td>姓名</td><td>与户主关系</td><td>出生日期</td><td>民族</td><td>称呼</td><td>姓名</td></tr>
<tr><td>陆阿小</td><td>户主</td><td>1952.10.3</td><td>汉</td><td>父亲</td><td>陆三男</td><td></td></tr>
<tr><td>杨林珍</td><td>妻子</td><td>1955.11.12</td><td>汉</td><td>母亲</td><td>陆妹宝</td><td></td></tr>
<tr><td>陆庆华</td><td>长子</td><td>1980.3.17</td><td>汉</td><td></td><td></td><td></td></tr>
<tr><td>陶彩红</td><td>长媳</td><td>1981.5.24</td><td>汉</td><td></td><td></td><td></td></tr>
<tr><td>陆婷怡</td><td>孙女</td><td>2003.7.22</td><td>汉</td><td></td><td></td><td></td></tr>
<tr><td></td><td></td><td></td><td></td><td></td><td></td><td></td></tr>
<tr><td>家庭大事</td><td colspan="7">1978年新建楼房2楼2底，后面3间平房
2009年购买轿车1辆
2010年购买商品房1套</td></tr>
</table>

张庄村第10村民小组

家庭成员	现有家属				已故家属		备注
	姓名	与户主关系	出生日期	民族	称呼	姓名	
	程才法	户主	1967.1.21	汉	父亲	陈阿贵	
	王琴	妻子	1966.12.12	汉	母亲	袁小招	
	程雯婷	长女	1992.1.4	汉			
	吾志伟	女婿	1991.12.8	汉			

家庭大事

2000年建造楼房3楼3底

2002年后面翻建2间平房

2010年购买电脑1台

2013年程雯婷毕业于苏州职业大学（大专）

张庄村第10村民小组

家庭成员	现有家属				已故家属		备注
	姓名	与户主关系	出生日期	民族	称呼	姓名	
	杨泉林	户主	1949.6.12	汉	父亲	杨小敖	
	朱白妹	妻子	1947.9.4	汉	母亲	朱小妹	
	杨玉芳	女儿	1971.4.14	汉			
	张雪生	女婿	1969.1.24	汉			
	杨承侃	孙子	1992.7.13	汉			
	裔亚婷	孙媳	1990.9.20	汉			
	杨彦欣	曾孙女	2015.9.16	汉			

家庭大事

1978年建造楼房3楼3底

2000年购买轿车1辆

2012年杨承侃毕业于苏州经济贸易学院（涉外会计专业，大专）

2013年购买商品房1套（130平方米）

2013年购买轿车1辆（宝马）

张庄村第10村民小组

<table>
<tr><td rowspan="2"></td><td colspan="4">现有家属</td><td colspan="2">已故家属</td><td rowspan="2">备注</td></tr>
<tr><td>姓名</td><td>与户主关系</td><td>出生日期</td><td>民族</td><td>称呼</td><td>姓名</td></tr>
<tr><td rowspan="8">家庭成员</td><td>杨兴龙</td><td>户主</td><td>1964.11</td><td>汉</td><td></td><td></td><td></td></tr>
<tr><td>陈建芬</td><td>妻子</td><td>1966.6</td><td>汉</td><td></td><td></td><td></td></tr>
<tr><td>杨　峰</td><td>儿子</td><td>1987.12</td><td>汉</td><td></td><td></td><td></td></tr>
<tr><td>王旭冉</td><td>儿媳</td><td>1989.6</td><td>汉</td><td></td><td></td><td></td></tr>
<tr><td>杨梦溪</td><td>孙女</td><td>2011.4</td><td>汉</td><td></td><td></td><td></td></tr>
<tr><td>杨静姝</td><td>孙女</td><td>2015.4</td><td>汉</td><td></td><td></td><td></td></tr>
<tr><td>杨根松</td><td>父亲</td><td>1941.10</td><td>汉</td><td></td><td></td><td></td></tr>
<tr><td>陆三妹</td><td>母亲</td><td>1939.10</td><td>汉</td><td></td><td></td><td></td></tr>
<tr><td>家庭大事</td><td colspan="7">2005年新建楼房2楼2底
2006年12月杨峰参军入伍，2008年12月退伍，获"优秀士兵"称号
2007年购买电脑1台
2008年10月杨峰加入中国共产党
2015年购买轿车1辆</td></tr>
</table>

张庄村第10村民小组

<table>
<tr><td rowspan="2"></td><td colspan="4">现有家属</td><td colspan="2">已故家属</td><td rowspan="2">备注</td></tr>
<tr><td>姓名</td><td>与户主关系</td><td>出生日期</td><td>民族</td><td>称呼</td><td>姓名</td></tr>
<tr><td rowspan="6">家庭成员</td><td>杨洪根</td><td>户主</td><td>1957.8.23</td><td>汉</td><td>父亲</td><td>杨阿火</td><td></td></tr>
<tr><td>薛培英</td><td>妻子</td><td>1956.7.6</td><td>汉</td><td>母亲</td><td>陈金娥</td><td></td></tr>
<tr><td>杨晓芬</td><td>长女</td><td>1982.1.2</td><td>汉</td><td></td><td></td><td></td></tr>
<tr><td>陆　灿</td><td>女婿</td><td>1973.5.30</td><td>汉</td><td></td><td></td><td></td></tr>
<tr><td>杨谨筠</td><td>孙女</td><td>2005.9.22</td><td>汉</td><td></td><td></td><td></td></tr>
<tr><td>陆妙禾</td><td>孙女</td><td>2011.7.20</td><td>汉</td><td></td><td></td><td></td></tr>
<tr><td>家庭大事</td><td colspan="7">1986年新建楼房2楼2底
2007年购买轿车1辆
2009年购买商品房1套（190平方米）</td></tr>
</table>

张庄村第10村民小组

家庭成员	现有家属				已故家属		备注
	姓名	与户主关系	出生日期	民族	称呼	姓名	
	陆阿福	户主	1948.3.30	汉	祖父	陆根荣	
	庄小ヨ	妻子	1950.7.28	汉	父亲	陆全根	
	陆惠英	长女	1975.7.19	汉			
	姚建新	女婿	1973.7.22	汉			
	陆悦情	孙女	1996.9.4	汉			
	陆巧根	母亲	1926.5	汉			

家庭大事

1986年造楼房2楼2底
2003年后面再造楼房2楼2底，门前造3间小屋
2009年购买商品房1套（生田，80.3平方米）
2010年购买面包车1辆
2012年购买电脑1台

张庄村第10村民小组

家庭成员	现有家属				已故家属		备注
	姓名	与户主关系	出生日期	民族	称呼	姓名	
	陆立新	户主	1958.4.13	汉	父亲	陆根生	
	陈小妹	妻子	1957.7.7	汉			
	陆志娟	女儿	1982.10.25	汉			
	徐美中	女婿	1979.4.26	汉			
	陆嘉豪	孙子	2006.1.6	汉			
	徐佳玥	孙女	2010.7.17	汉			
	陆四妹	母亲	1933.1.10	汉			

家庭大事

1986年改造2间平房
1986年建造楼房2楼2底
2013年购买轿车1辆
2016年购买商品房1套

张庄村第10村民小组

<table>
<tr><td rowspan="2"></td><td colspan="4">现有家属</td><td colspan="2">已故家属</td><td rowspan="2">备注</td></tr>
<tr><td>姓名</td><td>与户主关系</td><td>出生日期</td><td>民族</td><td>称呼</td><td>姓名</td></tr>
<tr><td rowspan="8">家庭成员</td><td>汤忠忠</td><td>户主</td><td>1974.3.1</td><td>汉</td><td>祖父</td><td>汤阿根</td><td></td></tr>
<tr><td>于 梅</td><td>妻子</td><td>1971.6.26</td><td>汉</td><td>祖母</td><td>周大妹</td><td></td></tr>
<tr><td>汤子豪</td><td>长子</td><td>1997.7.13</td><td>汉</td><td></td><td></td><td></td></tr>
<tr><td>汤子祥</td><td>次子</td><td>2008.10.15</td><td>汉</td><td></td><td></td><td></td></tr>
<tr><td>汤小男</td><td>父亲</td><td>1949.11.13</td><td>汉</td><td></td><td></td><td></td></tr>
<tr><td>杨雪宝</td><td>母亲</td><td>1945.1.15</td><td>汉</td><td></td><td></td><td></td></tr>
<tr><td></td><td></td><td></td><td></td><td></td><td></td><td></td></tr>
<tr><td></td><td></td><td></td><td></td><td></td><td></td><td></td></tr>
<tr><td>家庭大事</td><td colspan="7">1983年建造楼房2楼2底
1995年购买1楼1底
2016年购买轿车1辆</td></tr>
</table>

张庄村第10村民小组

<table>
<tr><td rowspan="2"></td><td colspan="4">现有家属</td><td colspan="2">已故家属</td><td rowspan="2">备注</td></tr>
<tr><td>姓名</td><td>与户主关系</td><td>出生日期</td><td>民族</td><td>称呼</td><td>姓名</td></tr>
<tr><td rowspan="8">家庭成员</td><td>杨敖泉</td><td>户主</td><td>1954.6</td><td>汉</td><td>父亲</td><td>杨小多</td><td></td></tr>
<tr><td>陈三妹</td><td>妻子</td><td>1956.10</td><td>汉</td><td>母亲</td><td>杨齐妹</td><td></td></tr>
<tr><td>杨冬兰</td><td>女儿</td><td>1979.12</td><td>汉</td><td></td><td></td><td></td></tr>
<tr><td>王志峰</td><td>女婿</td><td>1976.8</td><td>汉</td><td></td><td></td><td></td></tr>
<tr><td>王佳晨</td><td>孙子</td><td>2002.2</td><td>汉</td><td></td><td></td><td></td></tr>
<tr><td>杨佳悦</td><td>孙女</td><td>2016.9.15</td><td>汉</td><td></td><td></td><td></td></tr>
<tr><td></td><td></td><td></td><td></td><td></td><td></td><td></td></tr>
<tr><td></td><td></td><td></td><td></td><td></td><td></td><td></td></tr>
<tr><td>家庭大事</td><td colspan="7">1980年建造楼房2楼2底
1986年6月杨敖泉被派到日本长崎丸本公司学习彩印技术
1992年5月杨敖泉加入中国共产党
1994年购买轿车1辆</td></tr>
</table>

张庄村第10村民小组

	现有家属				已故家属		备注
	姓名	与户主关系	出生日期	民族	称呼	姓名	
家庭成员	杨亚琴	户主	1980.2.27	汉	祖父	杨关水	
	吴振群	丈夫	1979.2.7	汉	祖母	陈三媛	
	吴心愿	女儿	2003.8.26	汉	父亲	杨金泉	
	杨心仁	儿子	2011.10.18	汉			
	陈妹娥	母亲	1956.10.1	汉			
家庭大事	1980年建造楼房2楼2底 2008年购买轿车1辆 2010年购买商品房1套（116平方米，华辰家园）						

张庄村第10村民小组

	现有家属				已故家属		备注
	姓名	与户主关系	出生日期	民族	称呼	姓名	
家庭成员	陆永根	户主	1958.8.6	汉	祖父	陆阿金	
	沈美华	妻子	1957.7.15	汉	祖母	陆妹根	
	陆振	长子	1982.7.2	汉	父亲	杨维新	
	万惠娟	长媳	1982.10.2	汉			
	陆昕玥	孙女	2009.3.2	汉			
	陆昕彤	孙女	2014.9.10	汉			
	陆二妹	母亲	1936.12.25	汉			
家庭大事	1978年3月陆永根参军入伍，1981年11月退伍，班长，连嘉奖3次 1981年5月陆永根加入中国共产党 1985年10月沈美华在汽车改造厂期间被选为吴县第六次妇代会代表 1986年新建楼房2楼2底 2005年陆振毕业于苏州大学（电子专业） 2006年购买商品房1套 2012年购买轿车1辆						

张庄村第10村民小组

家庭成员	现有家属				已故家属		备注
	姓名	与户主关系	出生日期	民族	称呼	姓名	
	孙根林	户主	1933.5.1	汉	父亲	杨文彪	
	杨建明	儿子	1966.12.12	汉	母亲	陈香妹	
	沈小白	儿媳	1965.8.29	汉	丈夫	杨彐根	
	杨 丽	孙女	1989.9.22	汉			
	卫苏墙	孙婿	1990.10.7	汉			
	杨鑫琪	曾孙女	2014.12.8	汉			

家庭大事	1986年建造楼房2楼2底 2000年建造辅房2楼2底 2012年杨丽毕业于徐州工程学院（本科） 2013年购买轿车1辆 2013年卫苏墙毕业于苏州大学（本科） 2016年10月杨丽担任张庄村委会妇联主席，11月被选为张庄村委会委员

张庄村第10村民小组

家庭成员	现有家属				已故家属		备注
	姓名	与户主关系	出生日期	民族	称呼	姓名	
	汤进荣	户主	1954.1.20	汉	祖父	汤耀帮	
	陈三媛	妻子	1953.11.29	汉	祖母	王 氏	
	汤文娟	长女	1978.12.14	汉	父亲	汤金根	
	郑小明	女婿	1977.9.18	汉	母亲	韩阿香	
	汤熠同	孙子	2002.6.30	汉			

家庭大事	1975年1月汤进荣参军入伍，1977年3月退伍，连嘉奖1次；1977年加入中国共产党，1979年代表张庄小学出席吴县群英会 1985年建造楼房2楼2底，1992年后面翻建楼房2楼2底 1997年汤文娟毕业于苏州职业大学（财务专业，大专） 2005年购买电脑1台 2007年购买商品房1套（80平方米） 2013年购买轿车1辆

张庄村第10村民小组

		现有家属			已故家属		备注
	姓名	与户主关系	出生日期	民族	称呼	姓名	
家庭成员	汤永发	户主	1946.10.28	汉	父亲	汤阿根	
	汤白白	妻子	1950.11.24	汉	母亲	周大妹	
	汤　明	儿子	1972.11.28	汉			
	沈建群	儿媳	1973.4.5	汉			
	汤悦婷	孙女	1996.9.12	汉			
	汤悦琪	孙子	2001.12.11	汉			

家庭大事	1980年汤白白担任朝南生产队队长、妇女队长 1986年新建楼房2楼2底 1989年10月汤白白加入中国共产党 1990年汤白白担任吴县塑料彩印厂车间主任 1992年12月汤明参军入伍，1995年4月加入中国共产党，1995年12月退伍 2001年购买面包车1辆，2010年购买电脑1台

张庄村第10村民小组

		现有家属			已故家属		备注
	姓名	与户主关系	出生日期	民族	称呼	姓名	
家庭成员	杨洪生	户主	1965.12	汉	父亲	杨阿虎	
	殷玉珍	妻子	1966.1	汉	母亲	杨金娥	
	杨晓祺	儿子	1988.9	汉			
	吴小男	儿媳	1987.11	汉			
	杨诗涵	孙女	2015.1	汉			

家庭大事	1982年建造平房3间 1992年平房翻建成楼房3楼3底，2005年院中扩建3间2层楼房 2008年吴小男毕业于南京师范大学（本科） 2009年购买华美家园商品房1套 2009年杨晓祺毕业于苏州市职业大学（大专） 2012年购买轿车1辆

张庄村第10村民小组

<table>
<tr><th rowspan="2"></th><th colspan="4">现有家属</th><th colspan="2">已故家属</th><th rowspan="2">备注</th></tr>
<tr><th>姓名</th><th>与户主关系</th><th>出生日期</th><th>民族</th><th>称呼</th><th>姓名</th></tr>
<tr><td rowspan="7">家庭成员</td><td>冯小凤</td><td>户主</td><td>1956.12.10</td><td>汉</td><td>祖母</td><td>徐大妹</td><td></td></tr>
<tr><td>王祖元</td><td>丈夫</td><td>1950.6.20</td><td>汉</td><td></td><td></td><td></td></tr>
<tr><td>王斌</td><td>长子</td><td>1985.5.9</td><td>汉</td><td></td><td></td><td></td></tr>
<tr><td>杨丽琴</td><td>长女</td><td>1982.1.7</td><td>汉</td><td></td><td></td><td></td></tr>
<tr><td>谢利民</td><td>女婿</td><td>1981.7.16</td><td>汉</td><td></td><td></td><td></td></tr>
<tr><td>谢语涵</td><td>外孙女</td><td>2005.10.18</td><td>汉</td><td></td><td></td><td></td></tr>
<tr><td>谢承奕</td><td>外孙</td><td>2009.4.20</td><td>汉</td><td></td><td></td><td></td></tr>
<tr><td>家庭大事</td><td colspan="7">1985年建造楼房2楼2底
2003年王斌考取南京林业大学化学工程与工艺专业（本科），2005年加入中国共产党
2010年王斌南京林业大学研究生毕业（硕士）
2010年购买商品房1套（98.52平方米，金辉融侨城）
2012年购买轿车1辆
2016年元和莫阳社区杨埂上2间祖屋拆迁，安置于玉成家园三期（安置房1套，131.82平方米）</td></tr>
</table>

张庄村第10村民小组

<table>
<tr><th rowspan="2"></th><th colspan="4">现有家属</th><th colspan="2">已故家属</th><th rowspan="2">备注</th></tr>
<tr><th>姓名</th><th>与户主关系</th><th>出生日期</th><th>民族</th><th>称呼</th><th>姓名</th></tr>
<tr><td rowspan="6">家庭成员</td><td>陆小敖</td><td>户主</td><td>1957.5.31</td><td>汉</td><td>父亲</td><td>陆松涛</td><td></td></tr>
<tr><td>朱培芳</td><td>妻子</td><td>1957.7.7</td><td>汉</td><td>母亲</td><td>许凤宝</td><td></td></tr>
<tr><td>陆冰花</td><td>长女</td><td>1982.1.2</td><td>汉</td><td></td><td></td><td></td></tr>
<tr><td>薛猛</td><td>女婿</td><td>1976.3.6</td><td>汉</td><td></td><td></td><td></td></tr>
<tr><td>陆佳妮</td><td>孙女</td><td>2002.9.23</td><td>汉</td><td></td><td></td><td></td></tr>
<tr><td>薛陆晨</td><td>孙子</td><td>2010.9.27</td><td>汉</td><td></td><td></td><td></td></tr>
<tr><td>家庭大事</td><td colspan="7">1986年新建楼房2楼2底
1993年11月薛猛参军入伍，1997年5月加入中国共产党，1997年11月退伍
1998年后面翻建楼房2楼2底
2011年购买商品房1套
2012年购买轿车1辆</td></tr>
</table>

张庄村第10村民小组

		现有家属			已故家属		备注
	姓名	与户主关系	出生日期	民族	称呼	姓名	
家庭成员	陆　平	户主	1966.1.13	汉	父亲	陆二男	
	徐彩娥	妻子	1967.9.22	汉	母亲	陆才英	
	陆晨羲	儿子	1990.1.10	汉			

家庭大事	1984年10月陆平参军入伍，1989年7月退伍 1986年新建楼房3楼3底 2005年购买商品房1套 2010年12月陆晨羲参军入伍，现役军官，正排副连 2010年购买轿车1辆

张庄村第10村民小组

		现有家属			已故家属		备注
	姓名	与户主关系	出生日期	民族	称呼	姓名	
家庭成员	杨大夯	户主	1934.7.3	汉			
	杨大宝	妻子	1932.7.21	汉			
	杨洪兴	次子	1968.6.1	汉			
	徐建英	儿媳	1969.2.2	汉			
	杨　飞	孙子	1991.10.5	汉			
	沈　靓	孙媳	1995.9.25	汉			
	杨子灏	曾孙	2017.5.26	汉			

家庭大事	1987年建造楼房2楼2底 2000年购买面包车1辆 2002年后面翻建楼房2楼2底 2006年创办家具厂 2010年12月杨飞参军入伍，2012年11月加入中国共产党，2012年12月退伍 2011年购买商品房1套（131平方米），2014年购买轿车1辆

张庄村第10村民小组

	现有家属			已故家属		备注
	姓名	与户主关系	出生日期	民族	称呼	姓名	
家庭成员	杨永发	户主	1949.8.13	汉	岳父	陆阿敖	
	陆凤林	妻子	1948.10.20	汉	岳母	陆卫珍	
	陆锦良	儿子	1975.2.11	汉	父亲	杨阿连	
	沈小红	儿媳	1977.10.2	汉	母亲	朱二媛	
	陆雪晴	孙女	1999.11.4	汉			

家庭大事

1979年建造楼房2楼2底，1985年后面造3间平房

1995年12月陆锦良参军入伍，1998年11月加入中国共产党，1998年12月退伍

2009年购买轿车1辆，2010年购买商品房1套（250平方米）

2010年陆锦良当选张庄村委会委员、民兵营长，2013年担任张庄村委会副主任，2015年担任张庄村党总支副书记

张庄村第10村民小组

	现有家属			已故家属		备注
	姓名	与户主关系	出生日期	民族	称呼	姓名	
家庭成员	陆敖泉	户主	1968.1.18	汉	父亲	陆松涛	
	周大群	妻子	1968.2.28	汉	母亲	许凤宝	
	陆林燕	女儿	1991.8.27	汉			
	张宇星	女婿	1990.5.27	汉			
	张云飞	孙子	2013.4.22	汉			
	陆辰轩	孙子	2016.6.6	汉			

家庭大事

1978年建造楼房2楼2底

1983年后面翻建2间平房

张庄村第10村民小组

	现有家属				已故家属		备注
	姓名	与户主关系	出生日期	民族	称呼	姓名	
家庭成员	陆根云	户主	1950.1.29	汉	丈夫	陆阿四	
	陆国强	长子	1970.11.30	汉			
	高文娟	儿媳	1969.12.1	汉			
	陆新宇	孙女	1993.12.29	汉			

家庭大事

1986年新建楼房2楼2底
1993年购买商品房1套
2014年陆新宇毕业于苏州卫生职业技术学院（护士专业，大专）
2016年购买轿车1辆

张庄村第10村民小组

	现有家属				已故家属		备注
	姓名	与户主关系	出生日期	民族	称呼	姓名	
家庭成员	阙春霞	户主	1959.1.13	汉	丈夫	杨根水	
	杨燕	女儿	1983.1.15	汉			
	杨志明	女婿	1979.4.14	汉			
	杨雨晨	孙女	2004.4.26	汉			
	杨宇濠	孙子	2013.4.28	汉			

家庭大事

1978年新建楼房2楼2底
1983年后面翻建平房2间
2013年购买轿车1辆

张庄村第10村民小组

<table>
<tr><td rowspan="8">家庭成员</td><td colspan="4">现有家属</td><td colspan="2">已故家属</td><td rowspan="2">备注</td></tr>
<tr><td>姓名</td><td>与户主关系</td><td>出生日期</td><td>民族</td><td>称呼</td><td>姓名</td></tr>
<tr><td>陆关兴</td><td>户主</td><td>1950.9.24</td><td>汉</td><td>父亲</td><td>陆卫生</td><td></td></tr>
<tr><td>汤凤英</td><td>妻子</td><td>1952.9.19</td><td>汉</td><td>母亲</td><td>秦阿金</td><td></td></tr>
<tr><td>陆震环</td><td>长子</td><td>1977.2.18</td><td>汉</td><td></td><td></td><td></td></tr>
<tr><td>周其玲</td><td>儿媳</td><td>1977.1.25</td><td>汉</td><td></td><td></td><td></td></tr>
<tr><td>陆紫轩</td><td>孙女</td><td>2000.10.12</td><td>汉</td><td></td><td></td><td></td></tr>
<tr><td>陆紫卿</td><td>孙女</td><td>2007.9.18</td><td>汉</td><td></td><td></td><td></td></tr>
<tr><td colspan="7"></td></tr>
<tr><td>家庭大事</td><td colspan="7">1971年陆关兴去光福4号工地
1985年新建楼房2楼2底，1986年11月陆关兴加入中国共产党
1998年购买房子1套（85平方米），2001年造厂房（1200平方米）
2002年购买轿车1辆，2003年购买房子1套（138平方米）
2010年8月陆震环加入中国共产党，2010年购买轿车1辆
2014年购买商品房1套（158平方米），2005年购买轿车2辆
2015年购买商品房2套（1套400平方米，1套100平方米），2015年造厂房（4800平方米）</td></tr>
</table>

张庄村第10村民小组

<table>
<tr><td rowspan="8">家庭成员</td><td colspan="4">现有家属</td><td colspan="2">已故家属</td><td rowspan="2">备注</td></tr>
<tr><td>姓名</td><td>与户主关系</td><td>出生日期</td><td>民族</td><td>称呼</td><td>姓名</td></tr>
<tr><td>陆关金</td><td>户主</td><td>1947.11.30</td><td>汉</td><td>父亲</td><td>陆卫生</td><td></td></tr>
<tr><td>郭小吾</td><td>妻子</td><td>1952.9.19</td><td>汉</td><td>母亲</td><td>秦阿金</td><td></td></tr>
<tr><td>陆卫明</td><td>长子</td><td>1972.1.26</td><td>汉</td><td></td><td></td><td></td></tr>
<tr><td>汤玉珍</td><td>儿媳</td><td>1972.7.31</td><td>汉</td><td></td><td></td><td></td></tr>
<tr><td>陆怡薇</td><td>孙女</td><td>1994.11.2</td><td>汉</td><td></td><td></td><td></td></tr>
<tr><td>陆怡洋</td><td>孙子</td><td>2002.7.1</td><td>汉</td><td></td><td></td><td></td></tr>
<tr><td colspan="7"></td></tr>
<tr><td>家庭大事</td><td colspan="7">1986年新建楼房2楼2底
2005年购买商品房1套（150平方米，嘉和丽园）
2010年6月陆卫明加入中国共产党
2011年购买轿车1辆
2015年10月陆怡薇加入中国共产党，2016年毕业于苏州科技大学（财会专业，本科）</td></tr>
</table>

张庄村第10村民小组

	现有家属				已故家属		备注
	姓名	与户主关系	出生日期	民族	称呼	姓名	
家庭成员	庄才元	户主	1952.12	汉	父亲	庄水生	
	陈彩英	妻子	1959.11	汉	母亲	庄水宝	
	庄景武	长子	1985.11	汉			
	王莉霞	儿媳	1986.6.19	汉			
	王怿平	孙子	2016.9	汉			

家庭大事	1986年新建楼房2楼2底 2008年庄景武毕业于盐城师范学院（法律专业，法学学士） 2008年庄景武取得律师资格证书 2013年购买商品房1套

张庄村第10村民小组

	现有家属				已故家属		备注
	姓名	与户主关系	出生日期	民族	称呼	姓名	
家庭成员	陆小平	户主	1968.8.23	汉	父亲	陆二男	
	秦卫芳	妻子	1967.5.3	汉	母亲	陆才英	
	陆祯妮	女儿	1992.1.12	汉			

家庭大事	1986年建造楼房2楼2底 1989年后面猪棚翻建成楼房4楼4底 1998年创办苏州市真优美喷涂有限公司 2010年、2012年分别购买轿车1辆 2012年购买商品房1套（429.7平方米） 2013年购买商品房1套（176.6平方米） 2014年陆祯妮毕业于英国利兹大学（金融专业，本科） 2017年陆祯妮考取澳大利亚西澳科廷科技大学，攻读研究生

张庄村第10村民小组

<table>
<tr><td rowspan="2"></td><td colspan="4">现有家属</td><td colspan="2">已故家属</td><td rowspan="2">备注</td></tr>
<tr><td>姓名</td><td>与户主关系</td><td>出生日期</td><td>民族</td><td>称呼</td><td>姓名</td></tr>
<tr><td rowspan="8">家庭成员</td><td>陆建康</td><td>户主</td><td>1966.5.5</td><td>汉</td><td>祖父</td><td>陆阿金</td><td></td></tr>
<tr><td>杨建玲</td><td>妻子</td><td>1966.10.4</td><td>汉</td><td>祖母</td><td>陆妹根</td><td></td></tr>
<tr><td>陆春燕</td><td>女儿</td><td>1989.3.15</td><td>汉</td><td>父亲</td><td>杨维新</td><td></td></tr>
<tr><td>何力波</td><td>女婿</td><td>1989.5.27</td><td>汉</td><td></td><td></td><td></td></tr>
<tr><td>何思涵</td><td>孙女</td><td>2015.5.27</td><td>汉</td><td></td><td></td><td></td></tr>
<tr><td>陆二妹</td><td>母亲</td><td>1936.12.25</td><td>汉</td><td></td><td></td><td></td></tr>
<tr><td></td><td></td><td></td><td></td><td></td><td></td><td></td></tr>
<tr><td></td><td></td><td></td><td></td><td></td><td></td><td></td></tr>
<tr><td>家庭大事</td><td colspan="7">1984年新建楼房2楼2底
1999年翻建平房3间
2010年陆春燕、何力波毕业于南京信息职业技术学院（市场营销专业，大专）
2012年购买商品房1套（87平方米）</td></tr>
</table>

张庄村第10村民小组

<table>
<tr><td rowspan="2"></td><td colspan="4">现有家属</td><td colspan="2">已故家属</td><td rowspan="2">备注</td></tr>
<tr><td>姓名</td><td>与户主关系</td><td>出生日期</td><td>民族</td><td>称呼</td><td>姓名</td></tr>
<tr><td rowspan="7">家庭成员</td><td>杨永根</td><td>户主</td><td>1951.11.11</td><td>汉</td><td>父亲</td><td>杨阿根</td><td></td></tr>
<tr><td>杨水英</td><td>妻子</td><td>1955.6.9</td><td>汉</td><td></td><td></td><td></td></tr>
<tr><td>杨兰燕</td><td>女儿</td><td>1980.4.24</td><td>汉</td><td></td><td></td><td></td></tr>
<tr><td>吴　克</td><td>女婿</td><td>1978.7.11</td><td>汉</td><td></td><td></td><td></td></tr>
<tr><td>吴洋旭</td><td>孙子</td><td>2004.10.2</td><td>汉</td><td></td><td></td><td></td></tr>
<tr><td>杨智婷</td><td>孙女</td><td>2011.3.19</td><td>汉</td><td></td><td></td><td></td></tr>
<tr><td>杨　氏</td><td>母亲</td><td>1927.6</td><td>汉</td><td></td><td></td><td></td></tr>
<tr><td>家庭大事</td><td colspan="7">1980年建造楼房2楼2底
1996年杨兰燕毕业于无锡商业学院（商务与公关专业，大专）
1996年吴克毕业于苏州大学（法律专业，本科）
2001年购买商品房1套（120平方米）
2013年购买轿车1辆</td></tr>
</table>

张庄村第10村民小组

<table>
<tr><td rowspan="2"></td><td colspan="4">现有家属</td><td colspan="2">已故家属</td><td rowspan="2">备注</td></tr>
<tr><td>姓名</td><td>与户主关系</td><td>出生日期</td><td>民族</td><td>称呼</td><td>姓名</td></tr>
<tr><td rowspan="8">家庭成员</td><td>陆永根</td><td>户主</td><td>1954.7</td><td>汉</td><td>祖父</td><td>陆小白</td><td>1899~1962（63岁）</td></tr>
<tr><td>吴彩英</td><td>妻子</td><td>1956.6</td><td>汉</td><td>祖母</td><td>陆阿李</td><td>1901~1962（61岁）</td></tr>
<tr><td>陆晓衍</td><td>儿子</td><td>1981.3</td><td>汉</td><td>父亲</td><td>陆小男</td><td>1927~1994（67岁）</td></tr>
<tr><td>薛红娟</td><td>儿媳</td><td>1982.11</td><td>汉</td><td></td><td></td><td></td></tr>
<tr><td>陆轩成</td><td>孙子</td><td>2007.1</td><td>汉</td><td></td><td></td><td></td></tr>
<tr><td>薛奕辰</td><td>孙女</td><td>2010.6</td><td>汉</td><td></td><td></td><td></td></tr>
<tr><td>陆妹妹</td><td>母亲</td><td>1933.6</td><td>汉</td><td></td><td></td><td></td></tr>
<tr><td></td><td></td><td></td><td></td><td></td><td></td><td></td></tr>
<tr><td>家庭大事</td><td colspan="7">　　1974年陆永根担任后浜生产队会计、农技员，1982年担任大队农技员，1983年加入中国共产党
　　1984年新建楼房2楼2底，1985年担任张庄电讯配件厂厂长
　　1986年后面建造楼房2楼2底，1987年担任张庄村党支部副书记
　　2003年陆晓衍毕业于常州技术师范学院（本科）
　　2004年购买商品房1套（140平方米）
　　2005年薛红娟毕业于苏州大学（本科）
　　2008年、2010年、2012年分别购买轿车1辆
　　2015年购买商品房1套（300平方米）</td></tr>
</table>

张庄村第10村民小组

<table>
<tr><td rowspan="2"></td><td colspan="4">现有家属</td><td colspan="2">已故家属</td><td rowspan="2">备注</td></tr>
<tr><td>姓名</td><td>与户主关系</td><td>出生日期</td><td>民族</td><td>称呼</td><td>姓名</td></tr>
<tr><td rowspan="6">家庭成员</td><td>汤大男</td><td>户主</td><td>1951.8.30</td><td>汉</td><td>祖母</td><td>汤金娥</td><td></td></tr>
<tr><td>杨水妹</td><td>妻子</td><td>1950.9.7</td><td>汉</td><td>母亲</td><td>汤妹妹</td><td></td></tr>
<tr><td>汤雅萍</td><td>女儿</td><td>1979.10</td><td>汉</td><td></td><td></td><td></td></tr>
<tr><td>朱志刚</td><td>女婿</td><td>1978.2</td><td>汉</td><td></td><td></td><td></td></tr>
<tr><td>朱清源</td><td>孙女</td><td>2004.3</td><td>汉</td><td></td><td></td><td></td></tr>
<tr><td>汤才根</td><td>父亲</td><td>1932.8</td><td>汉</td><td></td><td></td><td></td></tr>
<tr><td>家庭大事</td><td colspan="7">　　汤大男，1971年1月入伍，乌鲁木齐民航机场第九飞行大队专业机务中队无线电员，1974年3月加入中国共产党，1974年获大队（团级）嘉奖，1979年2月退伍，1978年10月筹备张庄印刷厂，1984年底筹备创建吴县日用化学品三厂
　　1985年10月建造楼房2楼2底
　　朱志刚1999年苏州职业大学大专毕业
　　汤雅萍2001年苏州工艺美院大专毕业，2004年担任国裕资产管理公司办公室主任
　　2006年汤雅萍、朱志刚党校函授本科毕业，2008年1月朱志刚加入中国共产党，2008年11月汤雅萍加入中国共产党
　　2008年朱志刚担任苏州文化广电新闻出版局文化产业处科员
　　2011年汤大男在农村书屋工作至今</td></tr>
</table>

张庄村第10村民小组

	现有家属				已故家属		备注
	姓名	与户主关系	出生日期	民族	称呼	姓名	
家庭成员	杨维贤	户主	1942.3.6	汉	父亲	杨小木	
	汤桂宝	妻子	1943.8.6	汉	母亲	杨水娥	
	杨菊英	长女	1964.11	汉			
	蒋小龙	女婿	1964.8	汉			
	杨建中	长子	1966.11	汉			
	史卜文	儿媳	1968.4	汉			
	徐琴芳	次女	1969.5	汉			
	陆明芳	女婿	1968.3	汉			
	杨雅婷	孙女	1990.7.24	汉			
	刘俊杰	孙婿	1984.12	汉			
	杨子彧	曾孙女	2016.6.1	汉			
家庭大事	1986年杨维贤担任张庄电讯配件厂副厂长 1988年杨建中毕业于苏州师范专科学校（大专） 1988年史卜文毕业于上海师范大学（大专） 1999年转制私营，经营小企业（张庄电讯配件厂） 2000年杨建中毕业于苏州大学（物理教育专业，本科） 2000年史卜文毕业于苏州教育学院（政治教育专业，本科） 2003年杨建中加入中国共产党，担任黄桥中学教导主任，高级教师 2005年史卜文加入中国共产党，高级教师，学科带头人 2005年购买商品房1套，2013年购买商品房1套 2006年购买轿车1辆，2011年购买轿车1辆 2007年刘俊杰毕业于中国青年政治学院（广播新闻专业，本科） 2012年杨雅婷毕业于江南大学（英语专业，本科） 徐琴芳担任元和街道玉成社区妇女主任						

张庄村第10村民小组

<table>
<tr><td rowspan="2"></td><td colspan="4">现有家属</td><td colspan="2">已故家属</td><td rowspan="2">备注</td></tr>
<tr><td>姓名</td><td>与户主关系</td><td>出生日期</td><td>民族</td><td>称呼</td><td>姓名</td></tr>
<tr><td rowspan="8">家庭成员</td><td>汤钰林</td><td>户主</td><td>1956.9.12</td><td>汉</td><td>母亲</td><td>汤妹妹</td><td></td></tr>
<tr><td>蒋白妹</td><td>妻子</td><td>1957.4.11</td><td>汉</td><td></td><td></td><td></td></tr>
<tr><td>汤黎黎</td><td>女儿</td><td>1981.8.15</td><td>汉</td><td></td><td></td><td></td></tr>
<tr><td>董　杰</td><td>女婿</td><td>1982.3.21</td><td>汉</td><td></td><td></td><td></td></tr>
<tr><td>董丛菁</td><td>外孙女</td><td>2009.8.17</td><td>汉</td><td></td><td></td><td></td></tr>
<tr><td>汤丛华</td><td>外孙女</td><td>2011.2.16</td><td>汉</td><td></td><td></td><td></td></tr>
<tr><td>汤才根</td><td>父亲</td><td>1932.8.26</td><td>汉</td><td></td><td></td><td></td></tr>
<tr><td></td><td></td><td></td><td></td><td></td><td></td><td></td></tr>
<tr><td>家庭大事</td><td colspan="7">

汤钰林

1976年7月担任张庄大队团支部书记

1978年7月出席江苏省第七次团代会

1978年9月加入中国共产党

1979年5月被团省委授予"江苏省新长征突击手"称号

1979年10月被团中央授予"全国新长征突击手"称号

1979年9月担任张庄大队党支部委员，吴县塑料彩印厂厂长，黄桥公社团委副书记

1981年3月当选吴县第七届人大代表

1983年5月当选苏州市第七届政协委员

1984年1月担任吴县县委常委兼县团委书记

1985年4月被团市委授予"苏州市优秀团干部"称号

1988年4月担任吴县县委常委兼蠡口乡党委书记

1990年2月担任苏州市乡镇工业局副局长、党组成员

1993年10月担任苏州市轻工业局副局长、党委副书记

1997年11月担任苏州市工艺美术局局长、苏州工艺美术集团有限公司董事长、党委书记，1999年10月担任苏州市人民政府侨务办公室主任、党组书记

2002年12月担任苏州市新闻出版局局长、党组书记

2003年12月中央党校行政管理函授本科毕业

2007年11月担任苏州市文化广电新闻出版局（苏州市文物局）局长、党委书记

2010年12月被江苏省人力资源和社会保障厅、江苏省新闻出版局授予"全省新闻出版系统先进工作者"称号

2012年5月担任苏州市文化广电新闻出版局调研员，苏州市文化创意产业联合会会长

苏州市第六、七、九、十、十一次党代表

1984年新建楼房2楼3底

1995年购买商品房1套（竹辉路）

2005年购买商品房1套（十全街）

2014年购买轿车2辆

</td></tr>
</table>

张庄村第11村民小组

<table>
<tr><td rowspan="8">家庭成员</td><td colspan="4">现有家属</td><td colspan="2">已故家属</td><td rowspan="2">备注</td></tr>
<tr><td>姓名</td><td>与户主关系</td><td>出生日期</td><td>民族</td><td>称呼</td><td>姓名</td></tr>
<tr><td>陈金龙</td><td>户主</td><td>1966.3.29</td><td>汉</td><td>父亲</td><td>陈寿根</td><td></td></tr>
<tr><td>陈桂娥</td><td>妻子</td><td>1964.6.2</td><td>汉</td><td></td><td></td><td></td></tr>
<tr><td>陈梦婷</td><td>长女</td><td>1989.12.13</td><td>汉</td><td></td><td></td><td></td></tr>
<tr><td>李 杨</td><td>女婿</td><td>1988.10.21</td><td>汉</td><td></td><td></td><td></td></tr>
<tr><td>李昕瑶</td><td>孙女</td><td>2012.12.18</td><td>汉</td><td></td><td></td><td></td></tr>
<tr><td>陈司航</td><td>孙子</td><td>2014.11.1</td><td>汉</td><td></td><td></td><td></td></tr>
<tr><td rowspan="2">家庭大事</td><td colspan="7">
1984年10月陈金龙入伍，1989年2月加入中国共产党，1989年3月退伍，连嘉奖1次
1990年新建楼房3楼3底
2010年购买轿车1辆，同年购买商品房1套
2013年购买轿车1辆，2015年购买商品房1套（270平方米）
2016年李杨毕业于南京大学（法律专业，本科）
</td></tr>
</table>

张庄村第11村民小组

<table>
<tr><td rowspan="9">家庭成员</td><td colspan="4">现有家属</td><td colspan="2">已故家属</td><td rowspan="2">备注</td></tr>
<tr><td>姓名</td><td>与户主关系</td><td>出生日期</td><td>民族</td><td>称呼</td><td>姓名</td></tr>
<tr><td>陆巧根</td><td>户主</td><td>1966.12</td><td>汉</td><td>祖父</td><td>陆招根</td><td></td></tr>
<tr><td>刘娟英</td><td>妻子</td><td>1968.7</td><td>汉</td><td>祖母</td><td>陆招珍</td><td></td></tr>
<tr><td>陆 奇</td><td>儿子</td><td>1990.11</td><td>汉</td><td></td><td></td><td></td></tr>
<tr><td>吴 梅</td><td>儿媳</td><td>1987.8</td><td>汉</td><td></td><td></td><td></td></tr>
<tr><td>陆 璐</td><td>孙女</td><td>2013.3</td><td>汉</td><td></td><td></td><td></td></tr>
<tr><td>陆 晗</td><td>孙子</td><td>2016.1</td><td>汉</td><td></td><td></td><td></td></tr>
<tr><td>陆根林</td><td>父亲</td><td>1938.1</td><td>汉</td><td></td><td></td><td></td></tr>
<tr><td>朱根妹</td><td>母亲</td><td>1936.5</td><td>汉</td><td></td><td></td><td></td></tr>
<tr><td>家庭大事</td><td colspan="7">
1980年后浜老宅2间拆除，迁至西海（78平方米，现11组统一造平房3间），1984年新增平房2间（52平方米）。1988年9月翻建西侧楼房2层6间
1985年11月陆巧根参军入伍，1990年3月退伍
1988年8月陆巧根加入中国共产党，1990年捐款建造太湖大桥，2003年翻建东侧楼房2楼2底
2006年陆巧根担任张庄村党总支委员，法律大专毕业（相城区党校）
2008年陆奇参军入伍（福建厦门武警支队），2010年11月退伍，2010年加入中国共产党
2010年购买黄埭丽岛别墅商品房（195平方米，大小车库2间40平方米）
2012年8月吴梅加入中国共产党，2012年购买轿车1辆
</td></tr>
</table>

张庄村第11村民小组

<table>
<tr><td rowspan="9">家庭成员</td><td colspan="4" align="center">现有家属</td><td colspan="2" align="center">已故家属</td><td rowspan="2">备注</td></tr>
<tr><td>姓名</td><td>与户主关系</td><td>出生日期</td><td>民族</td><td>称呼</td><td>姓名</td></tr>
<tr><td>陈卫林</td><td>户主</td><td>1955.9.17</td><td>汉</td><td>父亲</td><td>陈阿四</td><td rowspan="7">父亲陈阿四
2015年去世</td></tr>
<tr><td>黄祖芳</td><td>妻子</td><td>1960.3.30</td><td>汉</td><td></td><td></td></tr>
<tr><td>陈梁</td><td>长子</td><td>1984.1.25</td><td>汉</td><td></td><td></td></tr>
<tr><td>李英</td><td>儿媳</td><td>1985.4.28</td><td>汉</td><td></td><td></td></tr>
<tr><td>陈鑫琦</td><td>孙子</td><td>2006.6.8</td><td>汉</td><td></td><td></td></tr>
<tr><td>李忻忆</td><td>孙女</td><td>2012.4.11</td><td>汉</td><td></td><td></td></tr>
<tr><td></td><td></td><td></td><td></td><td></td><td></td></tr>
<tr><td>家庭大事</td><td colspan="7">1978年建造平房3间
1997年平房3间翻建成楼房3楼3底</td></tr>
</table>

张庄村第11村民小组

<table>
<tr><td rowspan="8">家庭成员</td><td colspan="4" align="center">现有家属</td><td colspan="2" align="center">已故家属</td><td rowspan="2">备注</td></tr>
<tr><td>姓名</td><td>与户主关系</td><td>出生日期</td><td>民族</td><td>称呼</td><td>姓名</td></tr>
<tr><td>陈桂林</td><td>户主</td><td>1964.1</td><td>汉</td><td></td><td></td><td></td></tr>
<tr><td>陈宇</td><td>长子</td><td>1989.5</td><td>汉</td><td></td><td></td><td></td></tr>
<tr><td></td><td></td><td></td><td></td><td></td><td></td><td></td></tr>
<tr><td></td><td></td><td></td><td></td><td></td><td></td><td></td></tr>
<tr><td></td><td></td><td></td><td></td><td></td><td></td><td></td></tr>
<tr><td></td><td></td><td></td><td></td><td></td><td></td><td></td></tr>
<tr><td>家庭大事</td><td colspan="7">1988年新建楼房2楼2底
2010年购买汽车1辆
2013年购买商品房1套</td></tr>
</table>

张庄村第11村民小组

<table>
<tr><td rowspan="9">家庭成员</td><td colspan="4">现有家属</td><td colspan="2">已故家属</td><td rowspan="2">备注</td></tr>
<tr><td>姓名</td><td>与户主关系</td><td>出生日期</td><td>民族</td><td>称呼</td><td>姓名</td></tr>
<tr><td>汤才兴</td><td>户主</td><td>1964.7.16</td><td>汉</td><td>祖父</td><td>汤耀帮</td><td></td></tr>
<tr><td>沈梅华</td><td>妻子</td><td>1965.9.13</td><td>汉</td><td>祖母</td><td>王　氏</td><td></td></tr>
<tr><td>汤晓丽</td><td>长女</td><td>1987.9.6</td><td>汉</td><td>父亲</td><td>汤金根</td><td></td></tr>
<tr><td>郑坚强</td><td>女婿</td><td>1983.2.17</td><td>汉</td><td>母亲</td><td>韩阿香</td><td></td></tr>
<tr><td>郑熙睿</td><td>孙女</td><td>2015.5.25</td><td>汉</td><td></td><td></td><td></td></tr>
<tr><td></td><td></td><td></td><td></td><td></td><td></td><td></td></tr>
<tr><td></td><td></td><td></td><td></td><td></td><td></td><td></td></tr>
<tr><td>家庭大事</td><td colspan="7">1982年12月汤才兴参军入伍，1987年1月退伍，立三等功1次
1988年翻建房屋3间3层
2005年购买电脑1台
2009年购买商品房1套
2010年汤晓丽毕业于江苏东吴外国语高等师范学校（本科）
2011年、2012年、2015年分别购买轿车1辆</td></tr>
</table>

张庄村第11村民小组

<table>
<tr><td rowspan="9">家庭成员</td><td colspan="4">现有家属</td><td colspan="2">已故家属</td><td rowspan="2">备注</td></tr>
<tr><td>姓名</td><td>与户主关系</td><td>出生日期</td><td>民族</td><td>称呼</td><td>姓名</td></tr>
<tr><td>汤建忠</td><td>户主</td><td>1966.9.24</td><td>汉</td><td></td><td></td><td></td></tr>
<tr><td>熊　伟</td><td>妻子</td><td>1970.9.27</td><td>汉</td><td></td><td></td><td></td></tr>
<tr><td>汤利军</td><td>长子</td><td>1989.9.25</td><td>汉</td><td></td><td></td><td></td></tr>
<tr><td>汤勇杰</td><td>次子</td><td>1994.10.13</td><td>汉</td><td></td><td></td><td></td></tr>
<tr><td></td><td></td><td></td><td></td><td></td><td></td><td></td></tr>
<tr><td></td><td></td><td></td><td></td><td></td><td></td><td></td></tr>
<tr><td></td><td></td><td></td><td></td><td></td><td></td><td></td></tr>
<tr><td>家庭大事</td><td colspan="7">1989年新建楼房3楼3底</td></tr>
</table>

张庄村第11村民小组

	现有家属				已故家属		备注
	姓名	与户主关系	出生日期	民族	称呼	姓名	
家庭成员	徐阿三	户主	1950.4.14	汉	父亲	徐火根	
					母亲	徐大妹	
家庭大事	1985年建造楼房3楼3底						

张庄村第11村民小组

	现有家属				已故家属		备注
	姓名	与户主关系	出生日期	民族	称呼	姓名	
家庭成员	杨建康	户主	1968.1.17	汉	祖父	杨杏生	
	叶 红	妻子	1978.1.21	汉	祖母	刘小素	
	杨思晨	长女	1994.8.24	汉			
	杨清怡	次女	2001.8.14	汉			
	杨丰年	儿子	2016.9.13	汉			
	杨白男	父亲	1939.1.4	汉			
	陆招妹	母亲	1944.5.27	汉			
家庭大事	1962年杨白男担任朝南生产队会计 1984年建造房子3间，1988年建造楼房2楼2底 2012年购买电脑1台 2013年购买轿车1辆 2016年杨思晨加入中国共产党，2016年获得江苏省优秀学生干部 2017年杨思晨毕业于盐城工学院（建筑工程专业，本科）						

张庄村第11村民小组

	现有家属				已故家属		备注
	姓名	与户主关系	出生日期	民族	称呼	姓名	
家庭成员	杨敖根	户主	1949.7.27	汉	父亲	杨小多	
	沈卫玲	妻子	1953.10.13	汉	母亲	杨齐妹	
	杨伟峰	长子	1979.10.29	汉			
	于茵	儿媳	1979.5.21	汉			
	杨于乐	孙女	2004.11.12	汉			

家庭大事	杨敖根1970年入伍，1971年6月加入中国共产党，1975年退伍；1975年2月担任张庄村民兵营长、治保主任，兼任人民陪审员3年；1984年担任吴县絮棉厂厂长 1989年新建楼房5底4楼2小间 2000年杨伟峰、于茵毕业于常州工学院（本科） 2011年创办张庄塑料制品厂，租用厂房2500平方米，现有固定资产400多万元，2016年张庄村纳税十强企业 1990年购买商品房1套（140平方米，苏州南门） 2003年购买货车1辆，2005年购买轿车2辆 2014年购买商品房1套（90平方米，苏州养蚕里小区）

张庄村第11村民小组

	现有家属				已故家属		备注
	姓名	与户主关系	出生日期	民族	称呼	姓名	
家庭成员	陆福元	户主	1952.6	汉			
	吴菊珍	妻子	1956.9	汉			
	陆秋娅	长女	1983.10	汉			
	黄雄华	女婿	1982.8	汉			
	陆玉婷	孙女	2006.8	汉			
	陆宇杰	孙子	2011.6	汉			

家庭大事	1997年建造楼房3楼3底、平房1间 2006年购买电脑1台 2012年购买汽车1辆

张庄村第11村民小组

	现有家属				已故家属		备注
	姓名	与户主关系	出生日期	民族	称呼	姓名	
家庭成员	杨步洲	户主	1936.9.26	汉			
	韩小小	妻子	1938.11.11	汉			
	杨凤玲	女儿	1965.10.20	汉			
	杨林兴	女婿	1964.11.15	汉			
	杨琳琳	孙女	1987.9.4	汉			
	杨林晨	孙子	1991.6.20	汉			
家庭大事	1980年建造楼房2楼2底 1990年后面翻建楼房2楼2底 2005年购买电脑1台 2007年购买轿车1辆 2009年12月杨林晨参军入伍，2014年12月退伍，获"优秀士兵"称号 2014年杨林晨加入中国共产党						

张庄村第11村民小组

	现有家属				已故家属		备注
	姓名	与户主关系	出生日期	民族	称呼	姓名	
家庭成员	陈海泉	户主	1964.9.6	汉	曾祖父	家阿早	曾祖父正名不详
	陈妹林	妻子	1963.8.25	汉	祖父	陈惠康	1897~1959
	陈于奇	女儿	1988.2.25	汉	祖母	陆三妹	1902~1975
	沈伟峰	女婿	1987.7.21	汉	父亲	陈土根	陈土根学名陈志惠 1927.7.10~1977.6.1
	沈心媛	孙女	2011.8.7	汉	母亲	姚小妹	1928~1988.4.25
	陈 诺	孙子	2013.11.6	汉	胞姐	陈阿大	幼年去世
					胞兄	陈阿哥	幼年去世
家庭大事	1986年9月拆除老旧房屋4间，建造楼房5间2层 1989年4月后面翻建楼房6间2层，2003年新建平房6.5间（面积约130平方米） 2004年在工业园区购买住房2套，面积约230平方米，2016年11月转卖 2008年6月陈于奇毕业于扬州环境资源职业技术学院（会计电算化专业，大专） 2010年购买轿车1辆，2012年购买轿车1辆，2015年购买轿车1辆 2014年7月沈伟峰毕业于西南科技大学网络教育学院（工商管理专业，本科） 2016年7月陈于奇毕业于西南科技大学网络教育学院（会计专业，本科） 　注：1.陈惠康生父陈锡桥；2.陈锡桥与家阿早同胞兄弟；3.家阿早膝下无儿，陈惠康立嗣于家阿早						

张庄村第11村民小组

	现有家属				已故家属		备注
	姓名	与户主关系	出生日期	民族	称呼	姓名	
家庭成员	陈培荣	户主	1949.8.15	汉	父亲	陈洪发	
	薛小香	妻子	1951.10.30	汉			
	陈益民	长子	1979.2.17	汉			
	陈林珍	儿媳	1978.9.5	汉			
	陈　凯	孙子	2001.12.27	汉			
	田妹妹	母亲	1930.7.19	汉			

家庭大事

1986年新建楼房1楼2底
1995年新建楼房2楼2底
2013年购买电脑1台

张庄村第11村民小组

	现有家属				已故家属		备注
	姓名	与户主关系	出生日期	民族	称呼	姓名	
家庭成员	陆苦四	户主	1949.4.21	汉			
	陆菊妹	妻子	1953.9.10	汉			
	陆　丽	女儿	1991.5.11	汉			

家庭大事

1995年新建楼房3楼3底

张庄村第11村民小组

<table>
<tr><td rowspan="2"></td><td colspan="4">现有家属</td><td colspan="2">已故家属</td><td rowspan="2">备注</td></tr>
<tr><td>姓名</td><td>与户主关系</td><td>出生日期</td><td>民族</td><td>称呼</td><td>姓名</td></tr>
<tr><td rowspan="8">家庭成员</td><td>陈金祥</td><td>户主</td><td>1963.6.24</td><td>汉</td><td>父亲</td><td>陈阿玉</td><td></td></tr>
<tr><td>陆荣珍</td><td>妻子</td><td>1963.2.25</td><td>汉</td><td>母亲</td><td>陈阿三</td><td></td></tr>
<tr><td>陈志刚</td><td>儿子</td><td>1986.7.9</td><td>汉</td><td></td><td></td><td></td></tr>
<tr><td>周佳</td><td>儿媳</td><td>1986.7.22</td><td>汉</td><td></td><td></td><td></td></tr>
<tr><td>陈梓昊</td><td>孙子</td><td>2011.10.10</td><td>汉</td><td></td><td></td><td></td></tr>
<tr><td></td><td></td><td></td><td></td><td></td><td></td><td></td></tr>
<tr><td></td><td></td><td></td><td></td><td></td><td></td><td></td></tr>
<tr><td></td><td></td><td></td><td></td><td></td><td></td><td></td></tr>
</table>

家庭大事

1986年新建平房2间
1991年翻建楼房3楼3底
2006年陈志刚毕业于苏州广播电视大学昆山分校（电子专业，大专）
2009年拆迁，安置于荷馨苑小区（180平方米）
2010年购买轿车1辆

张庄村第11村民小组

<table>
<tr><td rowspan="2"></td><td colspan="4">现有家属</td><td colspan="2">已故家属</td><td rowspan="2">备注</td></tr>
<tr><td>姓名</td><td>与户主关系</td><td>出生日期</td><td>民族</td><td>称呼</td><td>姓名</td></tr>
<tr><td rowspan="8">家庭成员</td><td>陆林生</td><td>户主</td><td>1943.4.18</td><td>汉</td><td></td><td></td><td></td></tr>
<tr><td>董保根</td><td>妻子</td><td>1932.11</td><td>汉</td><td></td><td></td><td></td></tr>
<tr><td>汤祖兴</td><td>儿子</td><td>1962.5.4</td><td>汉</td><td></td><td></td><td></td></tr>
<tr><td>何可池</td><td>儿媳</td><td>1967.9.16</td><td>汉</td><td></td><td></td><td></td></tr>
<tr><td>陆婷婷</td><td>孙女</td><td>1989.10.26</td><td>汉</td><td></td><td></td><td></td></tr>
<tr><td>张晓</td><td>孙婿</td><td>1990.7.30</td><td>汉</td><td></td><td></td><td></td></tr>
<tr><td>陆晨</td><td>孙女</td><td>1994.5.2</td><td>汉</td><td></td><td></td><td></td></tr>
<tr><td></td><td></td><td></td><td></td><td></td><td></td><td></td></tr>
</table>

家庭大事

1994年翻建楼房3楼3底
2011年1月陆婷婷加入中国共产党
2013年购买笔记本电脑1台
2016年陆晨为中共预备党员

张庄村第11村民小组

<table>
<tr><td rowspan="2"></td><td colspan="4">现有家属</td><td colspan="2">已故家属</td><td rowspan="2">备注</td></tr>
<tr><td>姓名</td><td>与户主关系</td><td>出生日期</td><td>民族</td><td>称呼</td><td>姓名</td></tr>
<tr><td rowspan="8">家庭成员</td><td>陈金泉</td><td>户主</td><td>1967.2.15</td><td>汉</td><td>祖父</td><td>陈惠明</td><td></td></tr>
<tr><td>秦建英</td><td>妻子</td><td>1968.1.29</td><td>汉</td><td>祖母</td><td>郭大宝</td><td></td></tr>
<tr><td>陈晓闻</td><td>长子</td><td>1990.1.29</td><td>汉</td><td>父亲</td><td>陈木根</td><td></td></tr>
<tr><td>冯阿多</td><td>母亲</td><td>1935.1.13</td><td>汉</td><td></td><td></td><td></td></tr>
<tr><td></td><td></td><td></td><td></td><td></td><td></td><td></td></tr>
<tr><td></td><td></td><td></td><td></td><td></td><td></td><td></td></tr>
<tr><td></td><td></td><td></td><td></td><td></td><td></td><td></td></tr>
<tr><td></td><td></td><td></td><td></td><td></td><td></td><td></td></tr>
<tr><td>家庭大事</td><td colspan="7">1985年新建楼房2楼3底
1999年投资建造厂房，创办苏州市金莱佳电子元件厂
2003年购买面包车1辆，2006年购买轿车1辆
2007年购买商品房1套（139平方米），2008年汶川地震捐款3000元
2010年陈晓闻毕业于苏州健雄职业技术学院（商务英语专业，大专）
2012年创办苏州金丹包装科技有限公司
2012年购买轿车1辆，2017年购买轿车1辆</td></tr>
</table>

张庄村第11村民小组

<table>
<tr><td rowspan="2"></td><td colspan="4">现有家属</td><td colspan="2">已故家属</td><td rowspan="2">备注</td></tr>
<tr><td>姓名</td><td>与户主关系</td><td>出生日期</td><td>民族</td><td>称呼</td><td>姓名</td></tr>
<tr><td rowspan="8">家庭成员</td><td>杨永发</td><td>户主</td><td>1957.11.12</td><td>汉</td><td>父亲</td><td>杨阿根</td><td></td></tr>
<tr><td>蒋四妹</td><td>妻子</td><td>1958.7.6</td><td>汉</td><td></td><td></td><td></td></tr>
<tr><td>杨小琴</td><td>长女</td><td>1983.10.30</td><td>汉</td><td></td><td></td><td></td></tr>
<tr><td>徐春华</td><td>女婿</td><td>1982.2.15</td><td>汉</td><td></td><td></td><td></td></tr>
<tr><td>杨怡婷</td><td>孙女</td><td>2004.6.25</td><td>汉</td><td></td><td></td><td></td></tr>
<tr><td>徐杨斌</td><td>孙子</td><td>2009.9.29</td><td>汉</td><td></td><td></td><td></td></tr>
<tr><td>杨　氏</td><td>母亲</td><td>1927.6.15</td><td>汉</td><td></td><td></td><td></td></tr>
<tr><td></td><td></td><td></td><td></td><td></td><td></td><td></td></tr>
<tr><td>家庭大事</td><td colspan="7">1996年建造楼房3楼3底
2014年购买轿车1辆</td></tr>
</table>

张庄村第11村民小组

<table>
<tr><td rowspan="9">家庭成员</td><td colspan="4">现有家属</td><td colspan="2">已故家属</td><td rowspan="2">备注</td></tr>
<tr><td>姓名</td><td>与户主关系</td><td>出生日期</td><td>民族</td><td>称呼</td><td>姓名</td></tr>
<tr><td>陆泉明</td><td>户主</td><td>1974.10.10</td><td>汉</td><td>父亲</td><td>陆白男</td><td></td></tr>
<tr><td>陈英</td><td>妻子</td><td>1974.7.28</td><td>汉</td><td>母亲</td><td>陆阿桂</td><td></td></tr>
<tr><td>陆静洁</td><td>长女</td><td>1997.7.16</td><td>汉</td><td></td><td></td><td></td></tr>
<tr><td>陆凯杰</td><td>长子</td><td>2006.8.22</td><td>汉</td><td></td><td></td><td></td></tr>
<tr><td></td><td></td><td></td><td></td><td></td><td></td><td></td></tr>
<tr><td></td><td></td><td></td><td></td><td></td><td></td><td></td></tr>
<tr><td></td><td></td><td></td><td></td><td></td><td></td><td></td></tr>
</table>

家庭大事

1998年新建楼房2楼2底
2001年翻建3间平房
2010年购买电脑1台
2016年购买笔记本电脑1台

张庄村第11村民小组

<table>
<tr><td rowspan="9">家庭成员</td><td colspan="4">现有家属</td><td colspan="2">已故家属</td><td rowspan="2">备注</td></tr>
<tr><td>姓名</td><td>与户主关系</td><td>出生日期</td><td>民族</td><td>称呼</td><td>姓名</td></tr>
<tr><td>陆阿二</td><td>户主</td><td>1950.11.3</td><td>汉</td><td>祖父</td><td>陆根荣</td><td></td></tr>
<tr><td>陈洪妹</td><td>妻子</td><td>1967.9.25</td><td>汉</td><td>祖母</td><td>陆根云</td><td></td></tr>
<tr><td>陆丹丽</td><td>长女</td><td>1989.1.4</td><td>汉</td><td>父亲</td><td>陆全根</td><td></td></tr>
<tr><td>姜文</td><td>次女</td><td>2005.6.26</td><td>汉</td><td></td><td></td><td></td></tr>
<tr><td>赵子凯</td><td>长子</td><td>1985.10.24</td><td>汉</td><td></td><td></td><td></td></tr>
<tr><td>赵辰淇</td><td>孙女</td><td>2012.11.10</td><td>汉</td><td></td><td></td><td></td></tr>
<tr><td>赵辰瑞</td><td>孙子</td><td>2014.9.8</td><td>汉</td><td></td><td></td><td></td></tr>
</table>

家庭大事

1988年建造楼房2楼2底
1998年新建楼房3楼3底
2004年建四架头房屋2间
2010年购买轿车1辆

张庄村第11村民小组

<table>
<tr><th rowspan="2"></th><th colspan="4">现有家属</th><th colspan="2">已故家属</th><th rowspan="2">备注</th></tr>
<tr><th>姓名</th><th>与户主关系</th><th>出生日期</th><th>民族</th><th>称呼</th><th>姓名</th></tr>
<tr><td rowspan="8">家庭成员</td><td>王文多</td><td>户主</td><td>1966.3.19</td><td>汉</td><td>丈夫</td><td>汤建平</td><td rowspan="8">2002年汤建平因车祸去世</td></tr>
<tr><td>汤萍萍</td><td>女儿</td><td>1987.9.15</td><td>汉</td><td></td><td></td></tr>
<tr><td>徐　彬</td><td>女婿</td><td>1987.1.5</td><td>汉</td><td></td><td></td></tr>
<tr><td>徐梓宸</td><td>长孙</td><td>2013.9.24</td><td>汉</td><td></td><td></td></tr>
<tr><td>汤梓琛</td><td>次孙</td><td>2016.12.22</td><td>汉</td><td></td><td></td></tr>
<tr><td></td><td></td><td></td><td></td><td></td><td></td></tr>
<tr><td></td><td></td><td></td><td></td><td></td><td></td></tr>
<tr><td></td><td></td><td></td><td></td><td></td><td></td></tr>
<tr><td>家庭大事</td><td colspan="7">1990年建造楼房3间2层
2009年1月汤萍萍加入中国共产党
2010年汤萍萍毕业于南京审计学院（本科）
2015年购买商品房1套（96平方米）</td></tr>
</table>

张庄村第11村民小组

<table>
<tr><th rowspan="2"></th><th colspan="4">现有家属</th><th colspan="2">已故家属</th><th rowspan="2">备注</th></tr>
<tr><th>姓名</th><th>与户主关系</th><th>出生日期</th><th>民族</th><th>称呼</th><th>姓名</th></tr>
<tr><td rowspan="8">家庭成员</td><td>陆寿根</td><td>户主</td><td>1957.9.3</td><td>汉</td><td></td><td></td><td rowspan="8"></td></tr>
<tr><td>张凤娟</td><td>妻子</td><td>1961.4.9</td><td>汉</td><td></td><td></td></tr>
<tr><td>陆峰华</td><td>儿子</td><td>1984.9.8</td><td>汉</td><td></td><td></td></tr>
<tr><td>刘丽丽</td><td>儿媳</td><td>1986.5.16</td><td>汉</td><td></td><td></td></tr>
<tr><td>陆俊凡</td><td>孙子</td><td>2007.1.25</td><td>汉</td><td></td><td></td></tr>
<tr><td>陆心媛</td><td>孙女</td><td>2012.1.31</td><td>汉</td><td></td><td></td></tr>
<tr><td></td><td></td><td></td><td></td><td></td><td></td></tr>
<tr><td></td><td></td><td></td><td></td><td></td><td></td></tr>
<tr><td>家庭大事</td><td colspan="7">1996年建造楼房3楼3底
2012年购买轿车1辆</td></tr>
</table>

张庄村第11村民小组

<table>
<tr><th rowspan="2"></th><th colspan="4">现有家属</th><th colspan="2">已故家属</th><th rowspan="2">备注</th></tr>
<tr><th>姓名</th><th>与户主关系</th><th>出生日期</th><th>民族</th><th>称呼</th><th>姓名</th></tr>
<tr><td rowspan="8">家庭成员</td><td>陈建康</td><td>户主</td><td>1962.7.19</td><td>汉</td><td>父亲</td><td>陈阿毛</td><td></td></tr>
<tr><td>周林珍</td><td>妻子</td><td>1963.1.28</td><td>汉</td><td></td><td></td><td></td></tr>
<tr><td>陈丽娟</td><td>女儿</td><td>1985.8.22</td><td>汉</td><td></td><td></td><td></td></tr>
<tr><td>张吉明</td><td>女婿</td><td>1980.1.23</td><td>汉</td><td></td><td></td><td></td></tr>
<tr><td>陈张梓琳</td><td>孙女</td><td>2008.11.9</td><td>汉</td><td></td><td></td><td></td></tr>
<tr><td></td><td></td><td></td><td></td><td></td><td></td><td></td></tr>
<tr><td></td><td></td><td></td><td></td><td></td><td></td><td></td></tr>
<tr><td></td><td></td><td></td><td></td><td></td><td></td><td></td></tr>
<tr><td>家庭大事</td><td colspan="7">1990年新建楼房3楼3底
2008年购买轿车1辆
2012年购买轿车1辆
2016年购买商品房1套</td></tr>
</table>

张庄村第11村民小组

<table>
<tr><th rowspan="2"></th><th colspan="4">现有家属</th><th colspan="2">已故家属</th><th rowspan="2">备注</th></tr>
<tr><th>姓名</th><th>与户主关系</th><th>出生日期</th><th>民族</th><th>称呼</th><th>姓名</th></tr>
<tr><td rowspan="8">家庭成员</td><td>陆大敖</td><td>户主</td><td>1954.5.2</td><td>汉</td><td>父亲</td><td>陆大呆</td><td></td></tr>
<tr><td>徐彩英</td><td>妻子</td><td>1949.12.9</td><td>汉</td><td>母亲</td><td>许凤宝</td><td></td></tr>
<tr><td>周春林</td><td>长子</td><td>1971.3.1</td><td>汉</td><td></td><td></td><td></td></tr>
<tr><td>饶 英</td><td>儿媳</td><td>1968.8.21</td><td>汉</td><td></td><td></td><td></td></tr>
<tr><td>陆秋苹</td><td>孙女</td><td>1996.8.27</td><td>汉</td><td></td><td></td><td></td></tr>
<tr><td></td><td></td><td></td><td></td><td></td><td></td><td></td></tr>
<tr><td></td><td></td><td></td><td></td><td></td><td></td><td></td></tr>
<tr><td></td><td></td><td></td><td></td><td></td><td></td><td></td></tr>
<tr><td>家庭大事</td><td colspan="7">1998年新建楼房3楼3底
2008年购买电脑1台</td></tr>
</table>

张庄村第11村民小组

<table>
<tr><td rowspan="2"></td><td colspan="4">现有家属</td><td colspan="2">已故家属</td><td rowspan="2">备注</td></tr>
<tr><td>姓名</td><td>与户主关系</td><td>出生日期</td><td>民族</td><td>称呼</td><td>姓名</td></tr>
<tr><td rowspan="9">家庭成员</td><td>朱阿妹</td><td>户主</td><td>1947.1.10</td><td>汉</td><td>父亲</td><td>陆根香</td><td></td></tr>
<tr><td>陆 瑜</td><td>女儿</td><td>1985.12.19</td><td>汉</td><td>母亲</td><td>秦小妹</td><td></td></tr>
<tr><td></td><td></td><td></td><td></td><td>丈夫</td><td>陆小男</td><td></td></tr>
<tr><td></td><td></td><td></td><td></td><td></td><td></td><td></td></tr>
<tr><td></td><td></td><td></td><td></td><td></td><td></td><td></td></tr>
<tr><td></td><td></td><td></td><td></td><td></td><td></td><td></td></tr>
<tr><td></td><td></td><td></td><td></td><td></td><td></td><td></td></tr>
<tr><td></td><td></td><td></td><td></td><td></td><td></td><td></td></tr>
<tr><td></td><td></td><td></td><td></td><td></td><td></td><td></td></tr>
<tr><td>家庭大事</td><td colspan="7">1990年新建楼房3楼3底
2012年购买轿车1辆</td></tr>
</table>

张庄村第11村民小组

<table>
<tr><td rowspan="2"></td><td colspan="4">现有家属</td><td colspan="2">已故家属</td><td rowspan="2">备注</td></tr>
<tr><td>姓名</td><td>与户主关系</td><td>出生日期</td><td>民族</td><td>称呼</td><td>姓名</td></tr>
<tr><td rowspan="8">家庭成员</td><td>陆小元</td><td>户主</td><td>1956.5.22</td><td>汉</td><td>父亲</td><td>陆根香</td><td></td></tr>
<tr><td>王利珍</td><td>妻子</td><td>1962.4.5</td><td>汉</td><td>母亲</td><td>秦小妹</td><td></td></tr>
<tr><td>陆 燕</td><td>女儿</td><td>1983.9.12</td><td>汉</td><td></td><td></td><td></td></tr>
<tr><td>支建国</td><td>女婿</td><td>1974.10.11</td><td>汉</td><td></td><td></td><td></td></tr>
<tr><td>支昕宇</td><td>孙子</td><td>2010.6.17</td><td>汉</td><td></td><td></td><td></td></tr>
<tr><td></td><td></td><td></td><td></td><td></td><td></td><td></td></tr>
<tr><td></td><td></td><td></td><td></td><td></td><td></td><td></td></tr>
<tr><td></td><td></td><td></td><td></td><td></td><td></td><td></td></tr>
<tr><td>家庭大事</td><td colspan="7">1995年新建楼房3楼3底
2002年陆燕毕业于吴县旅游职业高级中学（中专）
2007年购买轿车1辆
2010年购买商品房1套（160平方米）
2016年购买轿车1辆</td></tr>
</table>

张庄村第11村民小组

家庭成员	现有家属				已故家属		备注
	姓名	与户主关系	出生日期	民族	称呼	姓名	
	杨正明	户主	1949.7.27	汉	父亲	杨全福	
	杨阿素	妻子	1951.1.13	汉			
	杨志强	长子	1979.6.21	汉			
	俞雪芬	儿媳	1978.12.9	汉			
	杨彬希	孙女	2002.11.5	汉			
	杨愉希	孙女	2015.12.12	汉			
	杨水云	母亲	1932.1.13	汉			

家庭大事

1970年杨正明参军入伍，1971年3月加入中国共产党，1974年2月退伍，副班长

1978年翻建楼房2楼2底

2006年购买轿车1辆

2014年购买轿车1辆

2014年购买商品房1套（花好月圆小区）

张庄村第11村民小组

家庭成员	现有家属				已故家属		备注
	姓名	与户主关系	出生日期	民族	称呼	姓名	
	孙二宝	户主	1935.11.15	汉	丈夫	杨仲康	
	杨金龙	三子	1963.10.27	汉			
	杨建英	儿媳	1964.12.23	汉			
	杨争艳	孙女	1987.6.21	汉			

家庭大事

1998年新建楼房3楼3底

2010年5月杨争艳加入中国共产党

2010年6月杨争艳毕业于盐城工学院（电气工程及其自动化专业，本科）

2011年购买轿车1辆

张庄村第11村民小组

<table>
<tr><td rowspan="2"></td><td colspan="4">现有家属</td><td colspan="2">已故家属</td><td rowspan="2">备注</td></tr>
<tr><td>姓名</td><td>与户主关系</td><td>出生日期</td><td>民族</td><td>称呼</td><td>姓名</td></tr>
<tr><td rowspan="8">家庭成员</td><td>汤永兵</td><td>户主</td><td>1940.4.26</td><td>汉</td><td></td><td></td><td></td></tr>
<tr><td>张国萍</td><td>妻子</td><td>1974.4.25</td><td>汉</td><td></td><td></td><td></td></tr>
<tr><td>张怡心</td><td>女儿</td><td>1995.5.28</td><td>汉</td><td></td><td></td><td></td></tr>
<tr><td></td><td></td><td></td><td></td><td></td><td></td><td></td></tr>
<tr><td></td><td></td><td></td><td></td><td></td><td></td><td></td></tr>
<tr><td></td><td></td><td></td><td></td><td></td><td></td><td></td></tr>
<tr><td></td><td></td><td></td><td></td><td></td><td></td><td></td></tr>
<tr><td></td><td></td><td></td><td></td><td></td><td></td><td></td></tr>
<tr><td>家庭大事</td><td colspan="7">1990年新建平房1间</td></tr>
</table>

张庄村第11村民小组

<table>
<tr><td rowspan="2"></td><td colspan="4">现有家属</td><td colspan="2">已故家属</td><td rowspan="2">备注</td></tr>
<tr><td>姓名</td><td>与户主关系</td><td>出生日期</td><td>民族</td><td>称呼</td><td>姓名</td></tr>
<tr><td rowspan="8">家庭成员</td><td>徐阿大</td><td>户主</td><td>1942.1.10</td><td>汉</td><td>父亲</td><td>徐火根</td><td></td></tr>
<tr><td>徐惠红</td><td>长女</td><td>1970.2.17</td><td>汉</td><td>母亲</td><td>徐大妹</td><td></td></tr>
<tr><td>蒋荣祥</td><td>女婿</td><td>1963.2</td><td>汉</td><td>妻子</td><td>陆其珍</td><td></td></tr>
<tr><td>徐冰凌</td><td>孙女</td><td>1992.2.10</td><td>汉</td><td></td><td></td><td></td></tr>
<tr><td></td><td></td><td></td><td></td><td></td><td></td><td></td></tr>
<tr><td></td><td></td><td></td><td></td><td></td><td></td><td></td></tr>
<tr><td></td><td></td><td></td><td></td><td></td><td></td><td></td></tr>
<tr><td></td><td></td><td></td><td></td><td></td><td></td><td></td></tr>
<tr><td>家庭大事</td><td colspan="7">1986年建造楼房1底2楼、后面平房2间
1991年蒋荣祥担任横泾街道尧南村治保主任，1993年担任尧南村民兵营长
1996年购买轿车1辆，2008年购买面包车1辆
2012年徐冰凌毕业于江苏联合技术学院徐州医药分院（药物分析技术专业，大专）</td></tr>
</table>

张庄村第11村民小组

<table>
<tr><th rowspan="2"></th><th colspan="4">现有家属</th><th colspan="2">已故家属</th><th rowspan="2">备注</th></tr>
<tr><th>姓名</th><th>与户主关系</th><th>出生日期</th><th>民族</th><th>称呼</th><th>姓名</th></tr>
<tr><td rowspan="8">家庭成员</td><td>陆福林</td><td>户主</td><td>1947.7.27</td><td>汉</td><td></td><td></td><td></td></tr>
<tr><td>李秀英</td><td>妻子</td><td>1953.5.3</td><td>汉</td><td></td><td></td><td></td></tr>
<tr><td>陆建伟</td><td>长子</td><td>1988.10.25</td><td>汉</td><td></td><td></td><td></td></tr>
<tr><td>刘合英</td><td>儿媳</td><td>1988.11.3</td><td>汉</td><td></td><td></td><td></td></tr>
<tr><td>陆梓铭</td><td>孙子</td><td>2013.7.1</td><td>汉</td><td></td><td></td><td></td></tr>
<tr><td></td><td></td><td></td><td></td><td></td><td></td><td></td></tr>
<tr><td></td><td></td><td></td><td></td><td></td><td></td><td></td></tr>
<tr><td></td><td></td><td></td><td></td><td></td><td></td><td></td></tr>
<tr><td>家庭大事</td><td colspan="7">1989年新建楼房2楼2底
2008年12月陆建伟参军入伍，2010年11月退伍，获"优秀士兵"称号
2014年购买轿车1辆</td></tr>
</table>

张庄村第11村民小组

<table>
<tr><th rowspan="2"></th><th colspan="4">现有家属</th><th colspan="2">已故家属</th><th rowspan="2">备注</th></tr>
<tr><th>姓名</th><th>与户主关系</th><th>出生日期</th><th>民族</th><th>称呼</th><th>姓名</th></tr>
<tr><td rowspan="8">家庭成员</td><td>陆金龙</td><td>户主</td><td>1964.8</td><td>汉</td><td></td><td></td><td></td></tr>
<tr><td>陈根玲</td><td>妻子</td><td>1965.2</td><td>汉</td><td></td><td></td><td></td></tr>
<tr><td>陆芳丽</td><td>女儿</td><td>1988.3</td><td>汉</td><td></td><td></td><td></td></tr>
<tr><td>孙阳</td><td>女婿</td><td>1984.9</td><td>土家族</td><td></td><td></td><td></td></tr>
<tr><td>陆思齐</td><td>孙子</td><td>2011.6</td><td>汉</td><td></td><td></td><td></td></tr>
<tr><td>孙章迪</td><td>次孙</td><td>2013.1</td><td>汉</td><td></td><td></td><td></td></tr>
<tr><td>陆金男</td><td>父亲</td><td>1938.10</td><td>汉</td><td></td><td></td><td></td></tr>
<tr><td>秦大妹</td><td>母亲</td><td>1945.8</td><td>汉</td><td></td><td></td><td></td></tr>
<tr><td>家庭大事</td><td colspan="7">1998年新建楼房4楼4底
2009年陆芳丽毕业于无锡艺术学院（大专）
2012年购买商品房1套</td></tr>
</table>

张庄村第11村民小组

		现有家属			已故家属		备注
	姓名	与户主关系	出生日期	民族	称呼	姓名	
家庭成员	姚关水	户主	1944.1.14	汉			
	陈根水	妻子	1948.1.24	汉			
	姚卫东	儿子	1971.1.16	汉			
	李开英	儿媳	1975.9.18	汉			
	姚云峰	孙子	1996.3.3	汉			
家庭大事	1985年新建楼房1楼2底，1990年新建楼房2楼2底 1991年12月姚卫东入伍，1994年12月退伍 1994年6月姚卫东加入中国共产党 2010年购买轿车1辆 2016年购买商品房1套 姚云峰毕业于盐城工业大学（本科）						

张庄村第11村民小组

		现有家属			已故家属		备注
	姓名	与户主关系	出生日期	民族	称呼	姓名	
家庭成员	贝阿六	户主	1934.9.19	汉			
	曹阿二	妻子	1938.4.12	汉			
	贝雪根	长子	1965.10.30	汉			
	汤文兰	儿媳	1968.12.1	汉			
	贝科德	孙子	1991.2.10	汉			
	朱晓芸	孙媳	1990.6.19	汉			
	贝玥彬	曾孙	2016.11.20	汉			
家庭大事	1985年建造楼房2楼1底，1993年新开盐城阜宁电器经营部 1996年购买蠡口门面房260平方米，1998年购买新天地商场门面房 2001年购买轿车1辆，2003年建造厂房（28000平方米） 2008年购买商品房1套，2009年购买轿车1辆 2013年贝科德毕业于英国伦敦大学（计算机专业，硕士） 2013年朱晓芸毕业于英国伦敦政治经济学院（硕士） 2014年购买轿车1辆						

张庄村第11村民小组

家庭成员	现有家属				已故家属		备注
	姓名	与户主关系	出生日期	民族	称呼	姓名	
	杨金海	户主	1955.10.9	汉	祖父	杨阿关	
	顾林妹	妻子	1957.7.24	汉	祖母	杨小妹	
	杨 洪	长子	1981.12.11	汉	父亲	杨仲康	
	沈婵婵	儿媳	1981.7.12	汉			
	杨晟杰	孙子	2008.5.8	汉			
	杨晟波	孙子	2014.10.6	汉			

家庭大事

1985年新建楼房2底1楼
2002年购买商品房1套
2007年购买轿车1辆
2015年购买商品房1套
2016年购买轿车1辆

张庄村第11村民小组

家庭成员	现有家属				已故家属		备注
	姓名	与户主关系	出生日期	民族	称呼	姓名	
	陈小六	户主	1936.4.14	汉			
	沈矮金	妻子	1937.11.16	汉			
	陈建荣	长子	1965.6.13	汉			
	蒋美玲	儿媳	1964.7.8	汉			
	陈怿雯	孙女	1988.2.11	汉			

家庭大事

1984年新建楼房2楼2底
2010年陈怿雯毕业于南京审计学院（本科）
2011年购买轿车1辆
2013年购买商品房1套（78平方米）

张庄村第11村民小组

	现有家属				已故家属		备注
	姓名	与户主关系	出生日期	民族	称呼	姓名	
家庭成员	陆关泉	户主	1948.9.3	汉	祖父	陆小黑	
	陆彩妹	妻子	1952.6.6	汉	祖母	陆郭氏	
	陆卫东	儿子	1974.12.29	汉	父亲	陆泉兴	
	朱晓芳	儿媳	1974.12.30	汉	母亲	胡大妹	
	陆文怡	孙女	1997.3.16	汉			
	陆文韬	孙子	2009.6.28	汉			
家庭大事	1987年新建楼房2楼2底 1998年后面猪棚翻建成楼房2楼2底 2000年购买面包车1辆，2002年购买货车1辆 2003年购买商品房1套（134平方米） 2007年购买货车（10吨）1辆，2013年购买货车（5吨）1辆 2016年购买依维柯面包车1辆 2017年陆文怡毕业于山东济南医学院（护士专业，大专）						

张庄村第11村民小组

	现有家属				已故家属		备注
	姓名	与户主关系	出生日期	民族	称呼	姓名	
家庭成员	陈卫明	户主	1968.1.27	汉	祖父	陈培昌	
	宗文菊	妻子	1969.2.3	汉	祖父	陈培珠	
	陈菲	长女	1991.6.9	汉	祖母	陈彐锦	
	蔡林	女婿	1990.8.1	汉	祖母	陈招妹	
	蔡奕萱	孙女	2012.12.4	汉	父亲	陈阿四	
	陈奕兮	孙女	2016.3.24	汉			
家庭大事	1990年新建楼房3楼3底 2012年购买汽车1辆 2014年购买商品房1套（100平方米）						

张庄村第11村民小组

	现有家属				已故家属		备注
	姓名	与户主关系	出生日期	民族	称呼	姓名	
家庭成员	彭飞永	户主	1976.11.20	汉			
	陆春芳	妻子	1979.11.10	汉			
	陆景文	长子	2000.9.8	汉			
	彭佳凝	长女	2012.2.8	汉			
家庭大事	1995年新建楼房3楼3底						

张庄村第11村民小组

	现有家属				已故家属		备注
	姓名	与户主关系	出生日期	民族	称呼	姓名	
家庭成员	陈水生	户主	1953.1.12	汉	父亲	陈小男	
	马凤英	妻子	1953.10.15	汉	母亲	唐大妹	
	陈海英	女儿	1979.10.26	汉			
家庭大事	1986年新建楼房2楼2底 1998年后头翻建平房2间						

张庄村第11村民小组

<table>
<tr><td rowspan="8">家庭成员</td><td colspan="4">现有家属</td><td colspan="2">已故家属</td><td rowspan="2">备注</td></tr>
<tr><td>姓名</td><td>与户主关系</td><td>出生日期</td><td>民族</td><td>称呼</td><td>姓名</td></tr>
<tr><td>陈林福</td><td>户主</td><td>1943.5.12</td><td>汉</td><td>父亲</td><td>陈阿长</td><td></td></tr>
<tr><td>杨根妹</td><td>妻子</td><td>1941.1.2</td><td>汉</td><td>母亲</td><td>陈陆氏</td><td></td></tr>
<tr><td>杨官根</td><td>儿子</td><td>1967.12.8</td><td>汉</td><td></td><td></td><td></td></tr>
<tr><td>陈川川</td><td>孙女</td><td>1992.7.28</td><td>汉</td><td></td><td></td><td></td></tr>
<tr><td>郑耀灵</td><td>曾孙</td><td>2015.11.11</td><td>汉</td><td></td><td></td><td></td></tr>
<tr><td></td><td></td><td></td><td></td><td></td><td></td><td></td></tr>
<tr><td rowspan="2">家庭大事</td><td colspan="7">1989年新建楼房2楼2底
1995年向村里购买楼房1楼1底
2012年陈川川毕业于苏州职工业余大学（电子专业，大专）</td></tr>
</table>

张庄村第11村民小组

<table>
<tr><td rowspan="8">家庭成员</td><td colspan="4">现有家属</td><td colspan="2">已故家属</td><td rowspan="2">备注</td></tr>
<tr><td>姓名</td><td>与户主关系</td><td>出生日期</td><td>民族</td><td>称呼</td><td>姓名</td></tr>
<tr><td>杨金山</td><td>户主</td><td>1958.1.11</td><td>汉</td><td>祖父</td><td>杨阿关</td><td></td></tr>
<tr><td>吴彐英</td><td>妻子</td><td>1963.8.16</td><td>汉</td><td>祖母</td><td>杨小妹</td><td></td></tr>
<tr><td>杨　春</td><td>长子</td><td>1985.12.4</td><td>汉</td><td>父亲</td><td>杨仲康</td><td></td></tr>
<tr><td></td><td></td><td></td><td></td><td></td><td></td><td></td></tr>
<tr><td></td><td></td><td></td><td></td><td></td><td></td><td></td></tr>
<tr><td></td><td></td><td></td><td></td><td></td><td></td><td></td></tr>
<tr><td rowspan="2">家庭大事</td><td colspan="7">1986年新建楼房2楼2底
1998年后面翻建楼房2楼2底
2016年购买轿车1辆</td></tr>
</table>

张庄村第11村民小组

	现有家属				已故家属		备注
	姓名	与户主关系	出生日期	民族	称呼	姓名	
家庭成员	陆四男	户主	1941.8.26	汉			
	郭美林	妻子	1945.12.12	汉			
	陆建康	儿子	1970.1.29	汉			
	吴雪珍	儿媳	1969.4.24	汉			
	陆倩雯	孙女	1993.1.6	汉			
家庭大事	1984年新建楼房2楼1底 2004年购买安元小区房子1套 2011年购买轿车1辆 2014年陆倩雯毕业于连云港中医药高等职业技术学院（大专） 2016年陆倩雯毕业于苏州大学（医药专业，本科）						

张庄村第11村民小组

	现有家属				已故家属		备注
	姓名	与户主关系	出生日期	民族	称呼	姓名	
家庭成员	杨卫英	户主	1935.10.1	汉	丈夫	陆宝兴	
	陆苏平	女儿	1963.10.16	汉			
	俞觉全	女婿	1962.6.27	汉			
	陆丹艳	孙女	1987.2.18	汉			
	任礼锁	孙婿	1985.2.7	汉			
	陆怿辰	曾孙女	2010.12.20	汉			
	陆骏辰	曾孙	2012.12.18	汉			
家庭大事	1986年新建楼房3楼3底 2000年陆丹艳毕业于盐城师范学院（本科） 2013年购买商品房1套（90平方米） 2013年购买轿车1辆						

张庄村第11村民小组

<table>
<tr><td rowspan="2"></td><td colspan="4">现有家属</td><td colspan="2">已故家属</td><td rowspan="2">备注</td></tr>
<tr><td>姓名</td><td>与户主关系</td><td>出生日期</td><td>民族</td><td>称呼</td><td>姓名</td></tr>
<tr><td rowspan="8">家庭成员</td><td>陆祥珍</td><td>户主</td><td>1963.4.6</td><td>汉</td><td>丈夫</td><td>陈洪明</td><td></td></tr>
<tr><td>曹建红</td><td>丈夫</td><td>1966.5</td><td>汉</td><td></td><td></td><td></td></tr>
<tr><td>陈　婷</td><td>女儿</td><td>1986.2.13</td><td>汉</td><td></td><td></td><td></td></tr>
<tr><td>何　明</td><td>女婿</td><td>1984.2</td><td>汉</td><td></td><td></td><td></td></tr>
<tr><td>何怡涵</td><td>孙女</td><td>2008.2.8</td><td>汉</td><td></td><td></td><td></td></tr>
<tr><td>何怡钒</td><td>孙子</td><td>2013.6.18</td><td>汉</td><td></td><td></td><td></td></tr>
<tr><td></td><td></td><td></td><td></td><td></td><td></td><td></td></tr>
<tr><td></td><td></td><td></td><td></td><td></td><td></td><td></td></tr>
<tr><td>家庭大事</td><td colspan="7">1986年新建楼房2楼2底
2008年陈婷毕业于苏州大学（会计专业，大专）</td></tr>
</table>

张庄村第11村民小组

<table>
<tr><td rowspan="2"></td><td colspan="4">现有家属</td><td colspan="2">已故家属</td><td rowspan="2">备注</td></tr>
<tr><td>姓名</td><td>与户主关系</td><td>出生日期</td><td>民族</td><td>称呼</td><td>姓名</td></tr>
<tr><td rowspan="8">家庭成员</td><td>姚阿四</td><td>户主</td><td>1960.2.1</td><td>汉</td><td></td><td></td><td></td></tr>
<tr><td>陈寿英</td><td>妻子</td><td>1962.11.7</td><td>汉</td><td></td><td></td><td></td></tr>
<tr><td>姚春宇</td><td>长子</td><td>1987.2.13</td><td>汉</td><td></td><td></td><td></td></tr>
<tr><td>姚梦华</td><td>儿媳</td><td>1988.6.18</td><td>汉</td><td></td><td></td><td></td></tr>
<tr><td>姚品言</td><td>孙女</td><td>2011.10.24</td><td>汉</td><td></td><td></td><td></td></tr>
<tr><td>姚立言</td><td>孙子</td><td>2017.8.8</td><td>汉</td><td></td><td></td><td></td></tr>
<tr><td>姚全根</td><td>父亲</td><td>1926.2.15</td><td>汉</td><td></td><td></td><td></td></tr>
<tr><td>姚根妹</td><td>母亲</td><td>1931.11.13</td><td>汉</td><td></td><td></td><td></td></tr>
<tr><td>家庭大事</td><td colspan="7">1958年姚全根担任西海生产队队长
1995年新建楼房3楼3底、2间平房
2007年姚春宇毕业于苏州机电职业技术学院（机电一体化专业，大专）
2007年姚梦华毕业于苏州机电职业技术学院（机电一体化专业，大专）
2014年购买轿车1辆</td></tr>
</table>

张庄村第11村民小组

家庭成员	现有家属				已故家属		备注
	姓名	与户主关系	出生日期	民族	称呼	姓名	
	陆阿年	户主	1963.4.5	汉	祖父	陆根荣	
	陈洪珍	妻子	1965.8.18	汉	父亲	陆全根	
	陆宵霞	女儿	1988.4.7	汉			
	唐叶峰	女婿	1988.1.5	汉			
	唐 岑	孙女	2010.4.12	汉			
	陆唐希	孙子	2013.9.13	汉			
	陆巧根	母亲	1926.5.17	汉			

家庭大事

1990年翻建楼房3楼3底

2008年购买轿车1辆

2008年购买商品房1套

2009年陆宵霞毕业于无锡电子信息职业技术学院（电子专业，大专）

2010年购买轿车1辆

张庄村第11村民小组

家庭成员	现有家属				已故家属		备注
	姓名	与户主关系	出生日期	民族	称呼	姓名	
	陈金荣	户主	1962.4.4	汉	父亲	陈寿根	
	朱树妹	妻子	1965.2.9	汉			
	陈 兰	长女	1985.10.28	汉			
	唐 猛	女婿	1984.8.20	汉			
	陈嘉豪	孙子	2011.2.8	汉			
	蒋小白	母亲	1931.9.24	汉			

家庭大事

1989年翻建楼房3楼3底

2013年预拆迁，安置于黄桥荷馨苑小区（200平方米）

张庄村第11村民小组

<table>
<tr><td rowspan="2"></td><td colspan="4">现有家属</td><td colspan="2">已故家属</td><td rowspan="2">备注</td></tr>
<tr><td>姓名</td><td>与户主关系</td><td>出生日期</td><td>民族</td><td>称呼</td><td>姓名</td></tr>
<tr><td rowspan="7">家庭成员</td><td>陆瑞兴</td><td>户主</td><td>1948.8.12</td><td>汉</td><td>母亲</td><td>秦根妹</td><td></td></tr>
<tr><td>陆荣妹</td><td>妻子</td><td>1952.2.9</td><td>汉</td><td></td><td></td><td></td></tr>
<tr><td>陆志华</td><td>儿子</td><td>1979.2.23</td><td>汉</td><td></td><td></td><td></td></tr>
<tr><td>顾燕华</td><td>儿媳</td><td>1982.6.18</td><td>汉</td><td></td><td></td><td></td></tr>
<tr><td>陆子承</td><td>孙子</td><td>2003.6.19</td><td>汉</td><td></td><td></td><td></td></tr>
<tr><td>顾子怡</td><td>孙女</td><td>2007.6.3</td><td>汉</td><td></td><td></td><td></td></tr>
<tr><td>陆阿三</td><td>父亲</td><td>1930.7.17</td><td>汉</td><td></td><td></td><td></td></tr>
<tr><td>家庭大事</td><td colspan="7">陆瑞兴1973年担任后浜生产队队长，1977年任张庄四区区长，1983年担任张庄综合厂副厂长，1985年担任苏州沧张水产商店经理，1985年8月入党，1987年担任吴县日化三厂常务副厂长，1998年转制创办企业苏州妃露日化厂，1996年担任张庄村党总支委员

1983年建造楼房3楼3底，2000年购买商品房1套，2001年购买商品房1套
2004年购买25亩土地建立苏州中曼日化有限公司
陆志华2005年6月入党，2008年担任苏州中曼日化有限公司党支部书记
2002年购买轿车1辆，2012年购买商品房1套
2015年购买轿车1辆，2016年中曼日化为黄桥街道纳税前30强企业</td></tr>
</table>

张庄村第11村民小组

<table>
<tr><td rowspan="2"></td><td colspan="4">现有家属</td><td colspan="2">已故家属</td><td rowspan="2">备注</td></tr>
<tr><td>姓名</td><td>与户主关系</td><td>出生日期</td><td>民族</td><td>称呼</td><td>姓名</td></tr>
<tr><td rowspan="9">家庭成员</td><td>陆建明</td><td>户主</td><td>1962.11.3</td><td>汉</td><td>祖父</td><td>陆阿毛</td><td rowspan="9">"小娘姨"为祖母</td></tr>
<tr><td>吴阿彩</td><td>妻子</td><td>1964.9.16</td><td>汉</td><td>祖母</td><td>小娘姨</td></tr>
<tr><td>陆敏君</td><td>长女</td><td>1986.1.17</td><td>汉</td><td>父亲</td><td>陆寿根</td></tr>
<tr><td>陆敏瑜</td><td>次女</td><td>1989.9.2</td><td>汉</td><td>兄弟</td><td>陆建华</td></tr>
<tr><td>张梓恩</td><td>孙女</td><td>2012.10.5</td><td>汉</td><td></td><td></td></tr>
<tr><td>金琪</td><td>女婿</td><td>1988.1</td><td>汉</td><td></td><td></td></tr>
<tr><td>张兴华</td><td>女婿</td><td>1987.10</td><td>汉</td><td></td><td></td></tr>
<tr><td>陈叔权</td><td>父亲</td><td>1945.5.1</td><td>汉</td><td></td><td></td></tr>
<tr><td>杨二妹</td><td>母亲</td><td>1941.9.1</td><td>汉</td><td></td><td></td></tr>
<tr><td>家庭大事</td><td colspan="7">1986年新建楼房2楼2底
1998年后面猪棚翻建成楼房2楼2底
2007年陆敏君毕业于苏州东吴外国语高等师范学校（大专）
2010年陆敏瑜毕业于淮安军星科技学院（会计专业，大专）
2011年购买轿车1辆</td></tr>
</table>

张庄村第11村民小组

	现有家属			已故家属		备注
	姓名	与户主关系	出生日期	民族	称呼	姓名	
家庭成员	姚林根	户主	1957.3.9	汉			
	蒋惠珍	妻子	1958.8.21	汉			
	姚晓芳	长女	1982.12.21	汉			
	房阿明	女婿	1968.12.23	汉			
	房佳莹	孙女	2015.5.25	汉			
	姚全根	父亲	1927.2.15	汉			
	姚根妹	母亲	1931.11.13	汉			

家庭大事	1958年姚全根担任西海生产队队长 1960年姚全根以西海先进生产队代表出席吴县社会主义建设先进单位代表大会 1985年新建楼房2楼2底 2013年购买轿车1辆 2013年购买商品房1套

张庄村第12村民小组

<table>
<tr><td rowspan="2"></td><td colspan="4">现有家属</td><td colspan="2">已故家属</td><td rowspan="2">备注</td></tr>
<tr><td>姓名</td><td>与户主关系</td><td>出生日期</td><td>民族</td><td>称呼</td><td>姓名</td></tr>
<tr><td rowspan="8">家庭成员</td><td>陈三男</td><td>户主</td><td>1950.8.20</td><td>汉</td><td></td><td></td><td></td></tr>
<tr><td>潘邦珍</td><td>妻子</td><td>1950.1.3</td><td>汉</td><td></td><td></td><td></td></tr>
<tr><td></td><td></td><td></td><td></td><td></td><td></td><td></td></tr>
<tr><td></td><td></td><td></td><td></td><td></td><td></td><td></td></tr>
<tr><td></td><td></td><td></td><td></td><td></td><td></td><td></td></tr>
<tr><td></td><td></td><td></td><td></td><td></td><td></td><td></td></tr>
<tr><td></td><td></td><td></td><td></td><td></td><td></td><td></td></tr>
<tr><td></td><td></td><td></td><td></td><td></td><td></td><td></td></tr>
<tr><td>家庭大事</td><td colspan="7">1985年建造四架头房屋1间
2004年购买商品房1套</td></tr>
</table>

张庄村第12村民小组

<table>
<tr><td rowspan="2"></td><td colspan="4">现有家属</td><td colspan="2">已故家属</td><td rowspan="2">备注</td></tr>
<tr><td>姓名</td><td>与户主关系</td><td>出生日期</td><td>民族</td><td>称呼</td><td>姓名</td></tr>
<tr><td rowspan="8">家庭成员</td><td>沈水成</td><td>户主</td><td>1940.4.26</td><td>汉</td><td>父亲</td><td>陈阿二</td><td></td></tr>
<tr><td>陈云娥</td><td>妻子</td><td>1943.8.15</td><td>汉</td><td>母亲</td><td>沈毛毛</td><td></td></tr>
<tr><td>陈小明</td><td>儿子</td><td>1967.2.13</td><td>汉</td><td>儿媳</td><td>陆兰英</td><td></td></tr>
<tr><td>陈淳</td><td>孙子</td><td>1995.3.31</td><td>汉</td><td></td><td></td><td></td></tr>
<tr><td></td><td></td><td></td><td></td><td></td><td></td><td></td></tr>
<tr><td></td><td></td><td></td><td></td><td></td><td></td><td></td></tr>
<tr><td></td><td></td><td></td><td></td><td></td><td></td><td></td></tr>
<tr><td></td><td></td><td></td><td></td><td></td><td></td><td></td></tr>
<tr><td>家庭大事</td><td colspan="7">1984年建造楼房3楼2底，建造辅房3间
1984年沈水成入党，担任黄桥卫生院院长、党支部书记
1990年陈小明毕业于常州卫生学校（临床医学专业，大专）
1994年购买商品房1套（90平方米）
1996年购买商品房1套（180平方米），2000年购买电脑1台
2006年购买轿车1辆
2010年陈小明毕业于苏州大学（临床医学专业，本科）</td></tr>
</table>

张庄村第12村民小组

家庭成员	现有家属				已故家属		备注
	姓名	与户主关系	出生日期	民族	称呼	姓名	
	沈彐凤	户主	1961.11.11	汉	祖父	杨德新	2003年7月杨金男因交通事故死亡
	杨磊	长子	1983.3.15	汉	祖母	杨矮娘	
	徐引芳	儿媳	1985.6.19	汉	父亲	杨全福	
	杨鑫宇	孙子	2005.11.28	汉	丈夫	杨金男	
	杨芯盈	孙女	2010.9.20	汉			
	杨水英	母亲	1932.1.13	汉			

家庭大事	1982年建造楼房2楼2底，2003年购买翻建楼房2楼2底 2004年7月杨磊毕业于常熟职业技术学院（中专） 2005年购买电脑1台 2011年购买轿车1辆 2015年购买商品房1套（96平方米） 2016年12月购买轿车1辆

张庄村第12村民小组

家庭成员	现有家属				已故家属		备注
	姓名	与户主关系	出生日期	民族	称呼	姓名	
	蒋妹妹	户主	1956.2.23	汉	丈夫	陆关根	
	陆益峰	长子	1982.2.3	汉			
	柳姣	儿媳	1982.2.6	汉			
	陆嘉雯	孙女	2004.5.14	汉			
	陆嘉琪	孙女	2008.6.16	汉			

家庭大事	1986年新建楼房2楼2底 2003年后头平房翻建成楼房2楼2底 2003年新建厂房1500平方米 2006年购买轿车1辆 2013年购买商品房1套（160平方米） 2016年购买轿车1辆

张庄村第12村民小组

<table>
<tr><td rowspan="2"></td><td colspan="4">现有家属</td><td colspan="2">已故家属</td><td rowspan="2">备注</td></tr>
<tr><td>姓名</td><td>与户主关系</td><td>出生日期</td><td>民族</td><td>称呼</td><td>姓名</td></tr>
<tr><td rowspan="8">家庭成员</td><td>陈才根</td><td>户主</td><td>1965.8.17</td><td>汉</td><td>父亲</td><td>陈阿金</td><td></td></tr>
<tr><td>沈彐英</td><td>妻子</td><td>1964.11.9</td><td>汉</td><td>母亲</td><td>蒋大妹</td><td></td></tr>
<tr><td>陈晓峰</td><td>长子</td><td>1988.2.24</td><td>汉</td><td></td><td></td><td></td></tr>
<tr><td>金燕萍</td><td>长媳</td><td>1990.6.25</td><td>汉</td><td></td><td></td><td></td></tr>
<tr><td></td><td></td><td></td><td></td><td></td><td></td><td></td></tr>
<tr><td></td><td></td><td></td><td></td><td></td><td></td><td></td></tr>
<tr><td></td><td></td><td></td><td></td><td></td><td></td><td></td></tr>
<tr><td></td><td></td><td></td><td></td><td></td><td></td><td></td></tr>
<tr><td>家庭大事</td><td colspan="7">1988年新建平房2间，1991年翻建楼房3楼3底
2010年购买黄埭商品房1套
2011年陈晓峰毕业于苏州大学（软件工程专业，本科）
2011年金燕萍毕业于中国医科大学（药学专业，大专）
2012年购买轿车1辆，2017年购买轿车1辆
2017年金燕萍毕业于中国医科大学（药学专业，本科）
共捐款2次，每次1000元</td></tr>
</table>

张庄村第12村民小组

<table>
<tr><td rowspan="2"></td><td colspan="4">现有家属</td><td colspan="2">已故家属</td><td rowspan="2">备注</td></tr>
<tr><td>姓名</td><td>与户主关系</td><td>出生日期</td><td>民族</td><td>称呼</td><td>姓名</td></tr>
<tr><td rowspan="8">家庭成员</td><td>杨根林</td><td>户主</td><td>1941.11.17</td><td>汉</td><td></td><td></td><td></td></tr>
<tr><td>陆彩宝</td><td>妻子</td><td>1949.1.5</td><td>汉</td><td></td><td></td><td></td></tr>
<tr><td>杨建华</td><td>长子</td><td>1969.8.21</td><td>汉</td><td></td><td></td><td></td></tr>
<tr><td>仲花林</td><td>儿媳</td><td>1970</td><td>汉</td><td></td><td></td><td></td></tr>
<tr><td>杨诗翌</td><td>孙女</td><td>2001.11.22</td><td>汉</td><td></td><td></td><td></td></tr>
<tr><td></td><td></td><td></td><td></td><td></td><td></td><td></td></tr>
<tr><td></td><td></td><td></td><td></td><td></td><td></td><td></td></tr>
<tr><td></td><td></td><td></td><td></td><td></td><td></td><td></td></tr>
<tr><td>家庭大事</td><td colspan="7">1983年新建楼房2楼2底
1991年杨建华毕业于江苏冶金经济管理学院（会计专业，大专），2000年毕业于南京财经经济学院（本科）
2002年后面翻建楼房2楼2底
2002年购买轿车1辆
2004年购买商品房1套</td></tr>
</table>

张庄村第12村民小组

	姓名	与户主关系	出生日期	民族	称呼	姓名	备注
		现有家属			已故家属		
家庭成员	陈关根	户主	1952.11.28	汉			
	陈杏妹	妻子	1953.9.10	汉			
	陈晓华	长子	1977.11.25	汉			
	刘明霞	儿媳	1978.2.3	汉			
	陈梦娜	孙女	2001.3.31	汉			
	陈梦鑫	孙子	2006.6.1	汉			

家庭大事	1982年新建楼房3楼3底 1990年后面平房翻建成楼房3楼3底 2012年购买商品房1套（120平方米） 2012年购买轿车1辆

张庄村第12村民小组

	姓名	与户主关系	出生日期	民族	称呼	姓名	备注
		现有家属			已故家属		
家庭成员	陈新康	户主	1966.12.2	汉			
	陆凤珠	妻子	1968.4.20	汉			
	陈莉琴	长女	1989.11.9	汉			
	陈若诗	孙女	2013.12.19	汉			
	陈清语	孙女	2016.5.26	汉			
	陈阿夯	父亲	1933.11.17	汉			

家庭大事	1982年新建楼房2楼2底 2005年建造3间平房 2011年购买商品房1套 2012年陈莉琴毕业于南京东方文理研修学院（大专） 2013年购买轿车1辆

张庄村第12村民小组

<table>
<tr><td rowspan="8">家庭成员</td><td colspan="4">现有家属</td><td colspan="2">已故家属</td><td rowspan="2">备注</td></tr>
<tr><td>姓名</td><td>与户主关系</td><td>出生日期</td><td>民族</td><td>称呼</td><td>姓名</td></tr>
<tr><td>陈全英</td><td>户主</td><td>1955.5</td><td>汉</td><td>父亲</td><td>杨小木</td><td></td></tr>
<tr><td>杨建峰</td><td>儿子</td><td>1978.11</td><td>汉</td><td>母亲</td><td>杨水娥</td><td></td></tr>
<tr><td>沈 燕</td><td>儿媳</td><td>1982.1</td><td>汉</td><td>丈夫</td><td>杨小男</td><td></td></tr>
<tr><td>杨宇豪</td><td>孙子</td><td>2002.11</td><td>汉</td><td></td><td></td><td></td></tr>
<tr><td>沈宇姣</td><td>孙女</td><td>2006.6</td><td>汉</td><td></td><td></td><td></td></tr>
<tr><td></td><td></td><td></td><td></td><td></td><td></td><td></td></tr>
<tr><td></td><td></td><td></td><td></td><td></td><td></td><td></td></tr>
</table>

家庭大事

1980年建造楼房2楼2底
1986年平房翻建成楼房2楼2底
2011年购买轿车1辆
2012年购买商品房1套（金荷小区）

张庄村第12村民小组

<table>
<tr><td rowspan="8">家庭成员</td><td colspan="4">现有家属</td><td colspan="2">已故家属</td><td rowspan="2">备注</td></tr>
<tr><td>姓名</td><td>与户主关系</td><td>出生日期</td><td>民族</td><td>称呼</td><td>姓名</td></tr>
<tr><td>陆根弟</td><td>户主</td><td>1957.3.19</td><td>汉</td><td>父亲</td><td>陆水泉</td><td></td></tr>
<tr><td>陈爱萍</td><td>妻子</td><td>1963.3.6</td><td>汉</td><td></td><td></td><td></td></tr>
<tr><td>陆琴</td><td>女儿</td><td>1981.11.26</td><td>汉</td><td></td><td></td><td></td></tr>
<tr><td>陆天婷</td><td>孙女</td><td>2002.12.29</td><td>汉</td><td></td><td></td><td></td></tr>
<tr><td>陆天骐</td><td>孙子</td><td>2012.4.6</td><td>汉</td><td></td><td></td><td></td></tr>
<tr><td></td><td></td><td></td><td></td><td></td><td></td><td></td></tr>
<tr><td></td><td></td><td></td><td></td><td></td><td></td><td></td></tr>
</table>

家庭大事

1986年新建楼房2楼2底
1988年翻建平房2间
2013年10月陆根弟获得苏州市总工会、苏州市容市政管理局、苏州环卫行业第六届创先争优劳动竞赛"先进工人"荣誉称号
2015年10月陆根弟获得苏州市总工会、苏州市容市政管理局、苏州环卫行业第八届创先争优劳动竞赛"先进工人"荣誉称号

张庄村第12村民小组

<table>
<tr><td rowspan="2"></td><td colspan="4">现有家属</td><td colspan="2">已故家属</td><td rowspan="2">备注</td></tr>
<tr><td>姓名</td><td>与户主关系</td><td>出生日期</td><td>民族</td><td>称呼</td><td>姓名</td></tr>
<tr><td rowspan="8">家庭成员</td><td>杨培金</td><td>户主</td><td>1958.6.24</td><td>汉</td><td></td><td></td><td></td></tr>
<tr><td>陈美娟</td><td>妻子</td><td>1962.7.15</td><td>汉</td><td></td><td></td><td></td></tr>
<tr><td>杨仁</td><td>儿子</td><td>1985.7.13</td><td>汉</td><td></td><td></td><td></td></tr>
<tr><td>李银银</td><td>儿媳</td><td>1988.2.1</td><td>汉</td><td></td><td></td><td></td></tr>
<tr><td>杨睿思</td><td>孙女</td><td>2009.10.17</td><td>汉</td><td></td><td></td><td></td></tr>
<tr><td>杨思宸</td><td>孙子</td><td>2012.6.4</td><td>汉</td><td></td><td></td><td></td></tr>
<tr><td>杨大夯</td><td>父亲</td><td>1934.7.3</td><td>汉</td><td></td><td></td><td></td></tr>
<tr><td>杨大宝</td><td>母亲</td><td>1932.7.21</td><td>汉</td><td></td><td></td><td></td></tr>
<tr><td>家庭大事</td><td colspan="7">1990年建造楼房3楼3底
2005年购买电脑1台
2012年购买轿车1辆
2015年购买商品房1套</td></tr>
</table>

张庄村第12村民小组

<table>
<tr><td rowspan="2"></td><td colspan="4">现有家属</td><td colspan="2">已故家属</td><td rowspan="2">备注</td></tr>
<tr><td>姓名</td><td>与户主关系</td><td>出生日期</td><td>民族</td><td>称呼</td><td>姓名</td></tr>
<tr><td rowspan="7">家庭成员</td><td>陆金根</td><td>户主</td><td>1963.2.14</td><td>汉</td><td>父亲</td><td>蒋云山</td><td></td></tr>
<tr><td>杨玉英</td><td>妻子</td><td>1963.2.6</td><td>汉</td><td></td><td></td><td></td></tr>
<tr><td>陆小兰</td><td>女儿</td><td>1986.2.8</td><td>汉</td><td></td><td></td><td></td></tr>
<tr><td>周德好</td><td>女婿</td><td>1983.8.5</td><td>汉</td><td></td><td></td><td></td></tr>
<tr><td>陆思怡</td><td>孙女</td><td>2006.6.18</td><td>汉</td><td></td><td></td><td></td></tr>
<tr><td>陆怡玲</td><td>孙女</td><td>2010.5.21</td><td>汉</td><td></td><td></td><td></td></tr>
<tr><td>陆三妹</td><td>母亲</td><td>1941.9.28</td><td>汉</td><td></td><td></td><td></td></tr>
<tr><td>家庭大事</td><td colspan="7">1998年新建楼房3楼3底
2000年建造平房4间
2005年2月周德好加入中国共产党
2012年购买电脑1台
2013年购买汽车1辆</td></tr>
</table>

张庄村第12村民小组

<table>
<tr><td rowspan="2"></td><td colspan="4">现有家属</td><td colspan="2">已故家属</td><td rowspan="2">备注</td></tr>
<tr><td>姓名</td><td>与户主关系</td><td>出生日期</td><td>民族</td><td>称呼</td><td>姓名</td></tr>
<tr><td rowspan="8">家庭成员</td><td>陈夯林</td><td>户主</td><td>1952.10.20</td><td>汉</td><td>父亲</td><td>陈阿四</td><td></td></tr>
<tr><td>陈福妹</td><td>妻子</td><td>1957.9.6</td><td>汉</td><td></td><td></td><td></td></tr>
<tr><td>陈　强</td><td>儿子</td><td>1980.1.19</td><td>汉</td><td></td><td></td><td></td></tr>
<tr><td>陈洁瑜</td><td>孙女</td><td>2005.2.5</td><td>汉</td><td></td><td></td><td></td></tr>
<tr><td>陆水林</td><td>母亲</td><td>1932.1.19</td><td>汉</td><td></td><td></td><td></td></tr>
<tr><td></td><td></td><td></td><td></td><td></td><td></td><td></td></tr>
<tr><td></td><td></td><td></td><td></td><td></td><td></td><td></td></tr>
<tr><td></td><td></td><td></td><td></td><td></td><td></td><td></td></tr>
<tr><td>家庭大事</td><td colspan="7">1998年新建楼房2楼2底
2003年后面翻建楼房2楼2底</td></tr>
</table>

张庄村第12村民小组

<table>
<tr><td rowspan="2"></td><td colspan="4">现有家属</td><td colspan="2">已故家属</td><td rowspan="2">备注</td></tr>
<tr><td>姓名</td><td>与户主关系</td><td>出生日期</td><td>民族</td><td>称呼</td><td>姓名</td></tr>
<tr><td rowspan="8">家庭成员</td><td>姚建新</td><td>户主</td><td>1945.8.1</td><td>汉</td><td>父亲</td><td>姚三泉</td><td></td></tr>
<tr><td>朱阿三</td><td>妻子</td><td>1951.1.19</td><td>汉</td><td>母亲</td><td>姚老太</td><td></td></tr>
<tr><td>姚龙英</td><td>女儿</td><td>1973.12.8</td><td>汉</td><td>女婿</td><td>李　巍</td><td></td></tr>
<tr><td>李好宵</td><td>孙女</td><td>1998.2.11</td><td>汉</td><td></td><td></td><td></td></tr>
<tr><td>姚天佑</td><td>孙子</td><td>2006.2.8</td><td>汉</td><td></td><td></td><td></td></tr>
<tr><td></td><td></td><td></td><td></td><td></td><td></td><td></td></tr>
<tr><td></td><td></td><td></td><td></td><td></td><td></td><td></td></tr>
<tr><td></td><td></td><td></td><td></td><td></td><td></td><td></td></tr>
<tr><td>家庭大事</td><td colspan="7">1986年新建楼房2楼2底
2002年翻建平房2间
2012年购买电脑1台</td></tr>
</table>

张庄村第12村民小组

<table>
<tr><td rowspan="2"></td><td colspan="4">现有家属</td><td colspan="2">已故家属</td><td rowspan="2">备注</td></tr>
<tr><td>姓名</td><td>与户主关系</td><td>出生日期</td><td>民族</td><td>称呼</td><td>姓名</td></tr>
<tr><td rowspan="9">家庭成员</td><td>陈全荣</td><td>户主</td><td>1950.1.30</td><td>汉</td><td>祖父</td><td>陈阿长</td><td></td></tr>
<tr><td>陈金林</td><td>妻子</td><td>1951.11.26</td><td>汉</td><td>祖母</td><td>陈小妹</td><td></td></tr>
<tr><td>陈才华</td><td>长子</td><td>1971.12.17</td><td>汉</td><td>父亲</td><td>陈全福</td><td></td></tr>
<tr><td>刘　芳</td><td>儿媳</td><td>1973.10.16</td><td>汉</td><td>孙女</td><td>陈茜雯</td><td></td></tr>
<tr><td>陈依雯</td><td>孙女</td><td>2002.4.4</td><td>汉</td><td></td><td></td><td></td></tr>
<tr><td>孙巧英</td><td>母亲</td><td>1925.10.27</td><td>汉</td><td></td><td></td><td></td></tr>
<tr><td></td><td></td><td></td><td></td><td></td><td></td><td></td></tr>
<tr><td></td><td></td><td></td><td></td><td></td><td></td><td></td></tr>
<tr><td></td><td></td><td></td><td></td><td></td><td></td><td></td></tr>
<tr><td>家庭大事</td><td colspan="7">1986新建楼房2楼2底
1994年后面翻建楼房1楼1底
2002年建平房5间
2015年购买轿车1辆</td></tr>
</table>

张庄村第12村民小组

<table>
<tr><td rowspan="2"></td><td colspan="4">现有家属</td><td colspan="2">已故家属</td><td rowspan="2">备注</td></tr>
<tr><td>姓名</td><td>与户主关系</td><td>出生日期</td><td>民族</td><td>称呼</td><td>姓名</td></tr>
<tr><td rowspan="9">家庭成员</td><td>汤海妹</td><td>户主</td><td>1965.9.12</td><td>汉</td><td>父亲</td><td>陈阿毛</td><td></td></tr>
<tr><td>陈丽芳</td><td>女儿</td><td>1988.8.6</td><td>汉</td><td>母亲</td><td>杜小妹</td><td></td></tr>
<tr><td>邵迎杰</td><td>女婿</td><td>1988.6.2</td><td>汉</td><td>丈夫</td><td>陈建华</td><td></td></tr>
<tr><td>邵俊浠</td><td>孙子</td><td>2010.5.31</td><td>汉</td><td></td><td></td><td></td></tr>
<tr><td></td><td></td><td></td><td></td><td></td><td></td><td></td></tr>
<tr><td></td><td></td><td></td><td></td><td></td><td></td><td></td></tr>
<tr><td></td><td></td><td></td><td></td><td></td><td></td><td></td></tr>
<tr><td></td><td></td><td></td><td></td><td></td><td></td><td></td></tr>
<tr><td></td><td></td><td></td><td></td><td></td><td></td><td></td></tr>
<tr><td>家庭大事</td><td colspan="7">1996年新建楼房2楼2底
2004年建辅房平房2间
2008年购买电脑1台</td></tr>
</table>

张庄村第12村民小组

	现有家属				已故家属		备注
	姓名	与户主关系	出生日期	民族	称呼	姓名	
家庭成员	陆关根	户主	1944.11.18	汉			
	祁淑英	妻子	1945.1.29	汉			
	黄永章	养子	1972.1.2	汉			
	华 青	儿媳	1974.7.11	汉			
	陆文慧	孙女	1995.8.11	汉			
	黄子妍	孙女	2008.10.11	汉			
家庭大事	1995年购置楼房2楼2底 2000年翻建楼房1楼1底 2013年购买轿车1辆						

张庄村第12村民小组

	现有家属				已故家属		备注
	姓名	与户主关系	出生日期	民族	称呼	姓名	
家庭成员	陆小龙	户主	1969.12.4	汉			
	张钰妹	妻子	1970.4.24	汉			
	陆忆学	长女	1993.12.14	汉			
	陆金男	父亲	1938.10.20	汉			
	秦大妹	母亲	1945.8.6	汉			
家庭大事	1990年建造楼房3楼3底、四架头房屋3间 2014年陆忆学大专毕业 2016年购买商品房1套						

张庄村第12村民小组

	现有家属				已故家属		备注
	姓名	与户主关系	出生日期	民族	称呼	姓名	
家庭成员	陈阿大	户主	1950.11.12	汉	祖父	陈维善	
	陈凤玲	妻子	1953.1.15	汉	祖母	张阿二	
	陈华	长子	1978.10.6	汉	父亲	陈鹤汀	
	王海林	长媳	1979.9.7	汉			
	陈昕	孙女	2007.7.3	汉			
	韩云宝	母亲	1930.1.10	汉			

家庭大事

1990年新建楼房2楼2底（120平方米）
1998年购买上海小户楼房（32平方米）

张庄村第12村民小组

	现有家属				已故家属		备注
	姓名	与户主关系	出生日期	民族	称呼	姓名	
家庭成员	陈道荣	户主	1953.9.1	汉	父亲	陈全福	
	陈招英	妻子	1956.4.14	汉			
	陈燕	女儿	1980.8.9	汉			
	戚仁强	女婿	1978.5.11	汉			
	陈笛	孙女	2007.8.2	汉			

家庭大事

1985年建造楼房2楼2底

张庄村第12村民小组

<table>
<thead>
<tr><th rowspan="2"></th><th colspan="4">现有家属</th><th colspan="2">已故家属</th><th rowspan="2">备注</th></tr>
<tr><th>姓名</th><th>与户主关系</th><th>出生日期</th><th>民族</th><th>称呼</th><th>姓名</th></tr>
</thead>
<tbody>
<tr><td rowspan="8">家庭成员</td><td>陆建家</td><td>户主</td><td>1977.12.26</td><td>汉</td><td></td><td></td><td></td></tr>
<tr><td>周　萍</td><td>妻子</td><td>1974.10.12</td><td>汉</td><td></td><td></td><td></td></tr>
<tr><td>陆　杰</td><td>长子</td><td>2001.8.12</td><td>汉</td><td></td><td></td><td></td></tr>
<tr><td>陆福林</td><td>父亲</td><td>1947.7.27</td><td>汉</td><td></td><td></td><td></td></tr>
<tr><td>李秀英</td><td>母亲</td><td>1953.5.3</td><td>汉</td><td></td><td></td><td></td></tr>
<tr><td></td><td></td><td></td><td></td><td></td><td></td><td></td></tr>
<tr><td></td><td></td><td></td><td></td><td></td><td></td><td></td></tr>
<tr><td></td><td></td><td></td><td></td><td></td><td></td><td></td></tr>
<tr><td>家庭大事</td><td colspan="7">1986年新建楼房2楼2底
2002年翻建楼房2楼2底，平房2间
2008年购买电脑2台
2014年购买轿车1辆</td></tr>
</tbody>
</table>

张庄村第12村民小组

<table>
<thead>
<tr><th rowspan="2"></th><th colspan="4">现有家属</th><th colspan="2">已故家属</th><th rowspan="2">备注</th></tr>
<tr><th>姓名</th><th>与户主关系</th><th>出生日期</th><th>民族</th><th>称呼</th><th>姓名</th></tr>
</thead>
<tbody>
<tr><td rowspan="7">家庭成员</td><td>陈金祥</td><td>户主</td><td>1958.4.19</td><td>汉</td><td>祖父</td><td>陈惠明</td><td></td></tr>
<tr><td>胡招君</td><td>妻子</td><td>1958.10.5</td><td>汉</td><td>祖母</td><td>郭大宝</td><td></td></tr>
<tr><td>陈鹤峰</td><td>长子</td><td>1981.10.10</td><td>汉</td><td>父亲</td><td>陈木根</td><td></td></tr>
<tr><td>凌凤琦</td><td>儿媳</td><td>1983.4.18</td><td>汉</td><td></td><td></td><td></td></tr>
<tr><td>陈泠州</td><td>孙子</td><td>2010.2.1</td><td>汉</td><td></td><td></td><td></td></tr>
<tr><td>凌晨倬</td><td>孙子</td><td>2012.11.15</td><td>汉</td><td></td><td></td><td></td></tr>
<tr><td>冯阿多</td><td>母亲</td><td>1935.1.13</td><td>汉</td><td></td><td></td><td></td></tr>
<tr><td>家庭大事</td><td colspan="7">1976年陈金祥担任西海生产队会计，1986年担任企业会计
1986年建造楼房2楼2底，2000年后面翻建楼房2楼2底
2004年陈鹤峰毕业于吉林大学（本科）
2006年新建楼房3楼3底
2008年陈鹤峰加入中国共产党
2008年陈鹤峰担任吴中区纪委效能监察室主任（副科级）
2009年购买轿车1辆
2016年凌凤琦加入中国共产党</td></tr>
</tbody>
</table>

张庄村第12村民小组

	现有家属				已故家属		备注
	姓名	与户主关系	出生日期	民族	称呼	姓名	
家庭成员	贝阿七	户主	1938.8.13	汉	父亲	贝明昌	
	贝四妹	妻子	1941.4.28	汉	母亲	贝老太	
	贝建珍	长女	1966.5.8	汉			
	吾三男	女婿	1966.2.25	汉			
	贝耀昱	孙子	1989.9.22	汉			
	刘艳	孙媳	1990.3.26	汉			
	贝美浠	曾孙女	2013.11.1	汉			
	贝承熙	曾孙子	2015.11.16	汉			
家庭大事	1959年3月贝阿七参军入伍，1964年3月退伍，一等伤残 1965年2月贝阿七担任张庄村团支部书记 1988年新建楼房2楼2底 2008年12月贝耀昱参军入伍，2010年7月加入中国共产党，2010年11月退伍 2009年购买商品房1套 2010年购买轿车1辆						

张庄村第12村民小组

	现有家属				已故家属		备注
	姓名	与户主关系	出生日期	民族	称呼	姓名	
家庭成员	陈金男	户主	1951.1.19	汉	祖父	陈根宝	
	陆小白	妻子	1954.1.13	汉	祖母	蒋小妹	
	陈卫娟	长女	1975.5.14	汉			
	万友慧	女婿	1968.10.10	汉			
	陈舒文	孙女	1996.8.25	汉			
	陈政超	孙子	2004.5.12	汉			
家庭大事	1985年新建楼房2楼2底 2008年购买电脑1台 2015年购买商品房1套（143平方米，依云华苑）						

张庄村第12村民小组

<table>
<tr><td rowspan="2"></td><td colspan="4">现有家属</td><td colspan="2">已故家属</td><td rowspan="2">备注</td></tr>
<tr><td>姓名</td><td>与户主关系</td><td>出生日期</td><td>民族</td><td>称呼</td><td>姓名</td></tr>
<tr><td rowspan="8">家庭成员</td><td>唐根林</td><td>户主</td><td>1946.6.18</td><td>汉</td><td>丈夫</td><td>陆福荣</td><td></td></tr>
<tr><td>陆素珍</td><td>长女</td><td>1965.8.24</td><td>汉</td><td></td><td></td><td></td></tr>
<tr><td>俞雪龙</td><td>女婿</td><td>1964.7.3</td><td>汉</td><td></td><td></td><td></td></tr>
<tr><td>陆俞斌</td><td>孙子</td><td>1990.3.2</td><td>汉</td><td></td><td></td><td></td></tr>
<tr><td>黄 杉</td><td>孙媳</td><td>1990.9.3</td><td>汉</td><td></td><td></td><td></td></tr>
<tr><td>陆嘉成</td><td>曾孙</td><td>2015.8.31</td><td>汉</td><td></td><td></td><td></td></tr>
<tr><td></td><td></td><td></td><td></td><td></td><td></td><td></td></tr>
<tr><td></td><td></td><td></td><td></td><td></td><td></td><td></td></tr>
<tr><td>家庭大事</td><td colspan="7">1986年新建楼房2楼2底
2009年12月陆俞斌参军入伍，2011年11月加入中国共产党，2011年11月退伍
2011年新建楼房2楼2底（生田村）
2012年购买轿车1辆</td></tr>
</table>

张庄村第12村民小组

<table>
<tr><td rowspan="2"></td><td colspan="4">现有家属</td><td colspan="2">已故家属</td><td rowspan="2">备注</td></tr>
<tr><td>姓名</td><td>与户主关系</td><td>出生日期</td><td>民族</td><td>称呼</td><td>姓名</td></tr>
<tr><td rowspan="8">家庭成员</td><td>蒋建龙</td><td>户主</td><td>1970.2.13</td><td>汉</td><td>祖父</td><td>陆水泉</td><td></td></tr>
<tr><td>陆建英</td><td>妻子</td><td>1973.2.19</td><td>汉</td><td>祖母</td><td>徐老太</td><td></td></tr>
<tr><td>陆梦瑶</td><td>长女</td><td>1994.12.6</td><td>汉</td><td></td><td></td><td></td></tr>
<tr><td>陆君瑶</td><td>次女</td><td>2003.3.4</td><td>汉</td><td></td><td></td><td></td></tr>
<tr><td>陆二男</td><td>父亲</td><td>1948.3.27</td><td>汉</td><td></td><td></td><td></td></tr>
<tr><td>黄桂芳</td><td>母亲</td><td>1951.8.17</td><td>汉</td><td></td><td></td><td></td></tr>
<tr><td></td><td></td><td></td><td></td><td></td><td></td><td></td></tr>
<tr><td></td><td></td><td></td><td></td><td></td><td></td><td></td></tr>
<tr><td>家庭大事</td><td colspan="7">1980年新建楼房2楼2底
1998年翻建平房3间
2016年陆梦瑶毕业于苏州农业技术学院（大专）
2016年购买轿车1辆</td></tr>
</table>

张庄村第12村民小组

<table>
<tr><td rowspan="2"></td><td colspan="4">现有家属</td><td colspan="2">已故家属</td><td rowspan="2">备注</td></tr>
<tr><td>姓名</td><td>与户主关系</td><td>出生日期</td><td>民族</td><td>称呼</td><td>姓名</td></tr>
<tr><td rowspan="9">家庭成员</td><td>陈菊明</td><td>户主</td><td>1971.1.29</td><td>汉</td><td>祖父</td><td>陈小弟</td><td></td></tr>
<tr><td>周美琴</td><td>妻子</td><td>1971.6.5</td><td>汉</td><td>祖母</td><td>陈叶宝</td><td></td></tr>
<tr><td>陈 淳</td><td>长子</td><td>1993.12.3</td><td>汉</td><td>父亲</td><td>陈根福</td><td></td></tr>
<tr><td></td><td></td><td></td><td></td><td>母亲</td><td>陈阿多</td><td></td></tr>
<tr><td></td><td></td><td></td><td></td><td></td><td></td><td></td></tr>
<tr><td></td><td></td><td></td><td></td><td></td><td></td><td></td></tr>
<tr><td></td><td></td><td></td><td></td><td></td><td></td><td></td></tr>
<tr><td></td><td></td><td></td><td></td><td></td><td></td><td></td></tr>
<tr><td></td><td></td><td></td><td></td><td></td><td></td><td></td></tr>
<tr><td>家庭大事</td><td colspan="7">1983年新建楼房2楼2底
1991年翻建平房2间
2010年购买电脑1台
2014年购买商品房1套（131平方米）
2015年购买电脑1台
2015年陈淳毕业于南京铁道技术学院苏州校区（机电专业，大专）</td></tr>
</table>

张庄村第12村民小组

<table>
<tr><td rowspan="2"></td><td colspan="4">现有家属</td><td colspan="2">已故家属</td><td rowspan="2">备注</td></tr>
<tr><td>姓名</td><td>与户主关系</td><td>出生日期</td><td>民族</td><td>称呼</td><td>姓名</td></tr>
<tr><td rowspan="8">家庭成员</td><td>汤进兴</td><td>户主</td><td>1957.9.5</td><td>汉</td><td>父亲</td><td>汤金根</td><td></td></tr>
<tr><td>汤微珍</td><td>女儿</td><td>1981.12.7</td><td>汉</td><td>母亲</td><td>韩阿香</td><td></td></tr>
<tr><td>沈 洋</td><td>女婿</td><td>1980.6.2</td><td>汉</td><td></td><td></td><td></td></tr>
<tr><td>汤孝申</td><td>孙子</td><td>2004.11.28</td><td>汉</td><td></td><td></td><td></td></tr>
<tr><td>汤孝鑫</td><td>孙女</td><td>2008.12.30</td><td>汉</td><td></td><td></td><td></td></tr>
<tr><td></td><td></td><td></td><td></td><td></td><td></td><td></td></tr>
<tr><td></td><td></td><td></td><td></td><td></td><td></td><td></td></tr>
<tr><td></td><td></td><td></td><td></td><td></td><td></td><td></td></tr>
<tr><td>家庭大事</td><td colspan="7">1983年新建楼房2楼2底，1993年后面翻建楼房2楼2底
1996年汤微珍毕业于太仓工业学校（中专）
1996年沈洋毕业于太仓工业学校（中专）
2010年购买轿车1辆
2013年购买轿车1辆</td></tr>
</table>

张庄村第12村民小组

<table>
<tr><td rowspan="2"></td><td colspan="4">现有家属</td><td colspan="2">已故家属</td><td rowspan="2">备注</td></tr>
<tr><td>姓名</td><td>与户主关系</td><td>出生日期</td><td>民族</td><td>称呼</td><td>姓名</td></tr>
<tr><td rowspan="8">家庭成员</td><td>邱根发</td><td>户主</td><td>1960.1.17</td><td>汉</td><td>父亲</td><td>邱寿松</td><td></td></tr>
<tr><td>陈卫珍</td><td>妻子</td><td>1959.3.13</td><td>汉</td><td>母亲</td><td>汤小香</td><td></td></tr>
<tr><td>邱冠华</td><td>长子</td><td>1983.4.8</td><td>汉</td><td></td><td></td><td></td></tr>
<tr><td>邱志昊</td><td>孙子</td><td>2006.7.6</td><td>汉</td><td></td><td></td><td></td></tr>
<tr><td></td><td></td><td></td><td></td><td></td><td></td><td></td></tr>
<tr><td></td><td></td><td></td><td></td><td></td><td></td><td></td></tr>
<tr><td></td><td></td><td></td><td></td><td></td><td></td><td></td></tr>
<tr><td></td><td></td><td></td><td></td><td></td><td></td><td></td></tr>
<tr><td>家庭大事</td><td colspan="7">1992年新建楼房2楼3底
2005年购买电脑1台
2016年预拆迁，安置于黄桥荷馨苑小区（180平方米）</td></tr>
</table>

张庄村第12村民小组

<table>
<tr><td rowspan="2"></td><td colspan="4">现有家属</td><td colspan="2">已故家属</td><td rowspan="2">备注</td></tr>
<tr><td>姓名</td><td>与户主关系</td><td>出生日期</td><td>民族</td><td>称呼</td><td>姓名</td></tr>
<tr><td rowspan="8">家庭成员</td><td>朱大妹</td><td>户主</td><td>1933.6.23</td><td>汉</td><td>祖父</td><td>陆根土</td><td></td></tr>
<tr><td>陆小林</td><td>三女</td><td>1968.6.1</td><td>汉</td><td>祖母</td><td>陆阿凤</td><td></td></tr>
<tr><td>施根龙</td><td>女婿</td><td>1964.7.5</td><td>汉</td><td>父亲</td><td>陆瞎男</td><td></td></tr>
<tr><td>陆施明</td><td>孙子</td><td>1989.12.11</td><td>汉</td><td></td><td></td><td></td></tr>
<tr><td>陆史轩</td><td>曾孙</td><td>2012.7.1</td><td>汉</td><td></td><td></td><td></td></tr>
<tr><td></td><td></td><td></td><td></td><td></td><td></td><td></td></tr>
<tr><td></td><td></td><td></td><td></td><td></td><td></td><td></td></tr>
<tr><td></td><td></td><td></td><td></td><td></td><td></td><td></td></tr>
<tr><td>家庭大事</td><td colspan="7">1982年陆瞎男新建楼房1楼1底
1994年施根龙购买陆永章房屋1楼1底</td></tr>
</table>

张庄村第12村民小组

<table>
<tr><td rowspan="9">家庭成员</td><td colspan="4">现有家属</td><td colspan="2">已故家属</td><td rowspan="2">备注</td></tr>
<tr><td>姓名</td><td>与户主关系</td><td>出生日期</td><td>民族</td><td>称呼</td><td>姓名</td></tr>
<tr><td>陈桂珍</td><td>户主</td><td>1944.11.19</td><td>汉</td><td>丈夫</td><td>陈永良</td><td></td></tr>
<tr><td>陈红珍</td><td>女儿</td><td>1969.9.16</td><td>汉</td><td></td><td></td><td></td></tr>
<tr><td>陈　良</td><td>女婿</td><td>1966.11.21</td><td>汉</td><td></td><td></td><td></td></tr>
<tr><td>陈　琦</td><td>孙子</td><td>1989.3.7</td><td>汉</td><td></td><td></td><td></td></tr>
<tr><td>尤菊兰</td><td>孙媳</td><td>1989.10.28</td><td>汉</td><td></td><td></td><td></td></tr>
<tr><td>陈熙杰</td><td>曾孙</td><td>2015.5.30</td><td>汉</td><td></td><td></td><td></td></tr>
<tr><td></td><td></td><td></td><td></td><td></td><td></td><td></td></tr>
<tr><td></td><td></td><td></td><td></td><td></td><td></td><td></td></tr>
<tr><td>家庭大事</td><td colspan="7">1982年建造楼房2楼2底
2002年建造2间平房
2008年陈琦毕业于苏州高新技术职业学院（电子专业，大专）
2011年购买轿车1辆
2014年购买轿车1辆</td></tr>
</table>

张庄村第12村民小组

<table>
<tr><td rowspan="9">家庭成员</td><td colspan="4">现有家属</td><td colspan="2">已故家属</td><td rowspan="2">备注</td></tr>
<tr><td>姓名</td><td>与户主关系</td><td>出生日期</td><td>民族</td><td>称呼</td><td>姓名</td></tr>
<tr><td>陆爱民</td><td>户主</td><td>1969.4.16</td><td>汉</td><td>父亲</td><td>陆木根</td><td></td></tr>
<tr><td></td><td></td><td></td><td></td><td>母亲</td><td>陆金宝</td><td></td></tr>
<tr><td></td><td></td><td></td><td></td><td>继父</td><td>杨仁庆</td><td></td></tr>
<tr><td></td><td></td><td></td><td></td><td></td><td></td><td></td></tr>
<tr><td></td><td></td><td></td><td></td><td></td><td></td><td></td></tr>
<tr><td></td><td></td><td></td><td></td><td></td><td></td><td></td></tr>
<tr><td></td><td></td><td></td><td></td><td></td><td></td><td></td></tr>
<tr><td></td><td></td><td></td><td></td><td></td><td></td><td></td></tr>
<tr><td>家庭大事</td><td colspan="7">2001年平房翻建楼房2楼2底</td></tr>
</table>

张庄村第12村民小组

		现有家属			已故家属		备注
	姓名	与户主关系	出生日期	民族	称呼	姓名	
家庭成员	曹数芳	户主	1969.1.30	汉			
	陆雨帆	长子	1991.8.19	汉			
	陆艺婷	长女	1993.3.16	汉			
家庭大事	1995年购买楼房2楼2底						

张庄村第12村民小组

		现有家属			已故家属		备注
	姓名	与户主关系	出生日期	民族	称呼	姓名	
家庭成员	陈岳英	户主	1957.1.16	汉			
家庭大事							

张庄村第12村民小组

		现有家属			已故家属		备注
	姓名	与户主关系	出生日期	民族	称呼	姓名	
家庭成员	陈土根	户主	1944.9.13	汉			
	刘彩娣	妻子	1952.5.12	汉			
	陈月珍	女儿	1975.7.6	汉			
	陈卫红	女婿	1971.9.7	汉			
	陈　烨	孙女	1996.11.11	汉			
家庭大事	1986年新建楼房2楼2底 2003年后面建造平房2间 2005年购车1辆						

张庄村第12村民小组

		现有家属			已故家属		备注
	姓名	与户主关系	出生日期	民族	称呼	姓名	
家庭成员	汤金根	户主	1948.11.7	汉			
	汤小妹	妻子	1949.7.15	汉			
	汤伟	儿子	1979.11.17	汉			
	胡泽慧	儿媳	1979.3.15	汉			
	汤盈盈	孙女	2013.12.4	汉			
家庭大事	1986年建造楼房2楼2底 1997年建造平房2间 2008年购买商品房1套（94平方米）						

张庄村第12村民小组

	现有家属				已故家属		备注
	姓名	与户主关系	出生日期	民族	称呼	姓名	
家庭成员	陆关林	户主	1962.7.12	汉	父亲	陆全兴	
	朱才琴	妻子	1963.9.9	汉			
	陆　静	长女	1986.2.4	汉			
	雷　华	女婿	1979.6.14	汉			
	陆孜涵	孙子	2010.2.4	汉			
	雷语涵	孙女	2011.10.7	汉			
	胡大妹	母亲	1928.1.27	汉			
家庭大事	1986年新建楼房3楼3底 2008年陆静毕业于南通理工大学（外贸专业，大专） 2009年8月购买尼桑轩逸轿车1辆 2016年6月购买商品房1套						

张庄村第12村民小组

<table>
<tr><td rowspan="2"></td><td colspan="4">现有家属</td><td colspan="2">已故家属</td><td rowspan="2">备注</td></tr>
<tr><td>姓名</td><td>与户主关系</td><td>出生日期</td><td>民族</td><td>称呼</td><td>姓名</td></tr>
<tr><td rowspan="10">家庭成员</td><td>陈鹤皋</td><td>户主</td><td>1938.7</td><td>汉</td><td>长女</td><td>陈 莉</td><td>1963~2015.6</td></tr>
<tr><td>苏月娥</td><td>妻子</td><td>1942</td><td>汉</td><td>父亲</td><td>陈维善</td><td>1995.11.8 去世</td></tr>
<tr><td>张振雄</td><td>大女婿</td><td>1963.9</td><td>汉</td><td>母亲</td><td>张阿二</td><td>1997.5.18 去世</td></tr>
<tr><td>张乐宸</td><td>外孙</td><td>2002</td><td>汉</td><td>祖父</td><td>陈春堂</td><td>1917 年去世</td></tr>
<tr><td>陈 洁</td><td>二女儿</td><td>1969</td><td>汉</td><td>祖母</td><td>陈陈氏</td><td>1961.5 去世</td></tr>
<tr><td>丁桂甫</td><td>二女婿</td><td>1967.10</td><td>汉</td><td>曾祖父</td><td>陈万福</td><td>1919 年去世</td></tr>
<tr><td>丁奕理</td><td>外孙女</td><td>1993</td><td>汉</td><td>大哥</td><td>陈鹤汀</td><td>1964 年去世</td></tr>
<tr><td>陈 斌</td><td>儿子</td><td>1969</td><td>汉</td><td></td><td></td><td></td></tr>
<tr><td>郑燕丽</td><td>儿媳</td><td>1974.1</td><td>汉</td><td></td><td></td><td></td></tr>
<tr><td>陈玄芳</td><td>孙女</td><td>2012</td><td>汉</td><td></td><td></td><td></td></tr>
<tr><td>家庭大事</td><td colspan="7">1962年7月陈鹤皋毕业于苏州大学（本科）
　　1963年10月陈鹤皋参加吴县"四清运动"当材料员，在太仓浮桥任光明大队工作组组长
　　1970年陈鹤皋到吴县中学任教语文，1980年9月到上海五十四中学任教
　　1983年9月陈鹤皋担任《光明日报》编辑，《华东物价报》记者、编辑、采访部主任，后担任上海市城市经济学会秘书处处长
　　1998年陈鹤皋退休后编纂《上海价格志》，编写《华东天地——新闻通讯集》第一、第二册，编写《上海人民政府志》《上海通志》及其《相城区志》《相城区农业志》等
　　张振雄，大学学历，中共党员。担任某日本合资公司中方人事部部长
　　陈洁，大学学历，中共党员。担任上海市物价局副科局级干部
　　丁桂甫，大学学历，中共党员。担任上海交通大学教授、博士生导师，已发表论文百余篇，申请发明专利60多项，已获得授权近20项
　　陈斌，1993年上海复旦大学（新闻系）本科毕业，1994年担任上海科技报社编辑记者，1998年中国社会科学院研究生院新闻系毕业（研究生），2000年担任东方网正教授级编辑，现为《文汇报》"笔会"专栏作者。他撰写的《网络新闻采编评》由福建人民出版社出版，该书为高校新闻专业必修本</td></tr>
</table>

张庄村第12村民小组

	现有家属				已故家属		备注
	姓名	与户主关系	出生日期	民族	称呼	姓名	
家庭成员	陈鹤鸣	户主	1944	汉	妻子	何玉琦	2013年病亡
	陈 皓	长子	1976.11	汉			
	周 燕	儿媳	1978.3	汉			
	陈彦卿	孙子	2002.4	汉			
	陈 彧	次子	1978.8	汉			
家庭大事	1970年陈鹤鸣毕业于中国海洋大学，1971年起担任洪泽县水产研究所所长，编写《洪泽湖水产资源汇编》等书籍 　1980年陈鹤鸣担任洪泽县科委副主任，洪泽县政协常委 　1992年陈鹤鸣到苏州昆山高新技术开发区管委会工作 　陈皓1996年毕业于江苏公安专科学校（现江苏警官学院），后中国人民公安大学本科毕业，现任昆山市公安局出入境大队副大队长 　陈彧2002年上海外贸大学本科毕业，中共党员，现担任美国独资公司总经理助理						

张庄村第12村民小组

	现有家属				已故家属		备注
	姓名	与户主关系	出生日期	民族	称呼	姓名	
家庭成员	陈夯狗	户主	1954.9.27	汉	祖父	陈春桥	
	周凤英	妻子	1954.10.6	汉	祖母	邱云娥	
	陈 港	长子	1979.11.1	汉	母亲	李大妹	
	唐红艳	儿媳	1979.8.10	汉			
	陈子俊	孙子	2002.7.20	汉			
	陈子凡	孙子	2010.3.26	汉			
	陈阿壮	父亲	1933.5.19	汉			
家庭大事	1983年新建楼房2楼2底 1989年后面翻建楼房2楼2底 2010年购买面包车1辆						

编纂始末

2016年2月,在中共张庄村总支部委员会、张庄村村民委员会的关心和重视下,《张庄村志》编纂委员会和办公室成立,着手编纂《张庄村志》。这是当地有史以来的第一部志书,得到广大干部群众和社会各界人士的欢迎和支持。

在编修过程中,编纂人员一面制订计划,编写纲目,一面走村入户,实地调查,并召集老党员、老干部和其他年长者参加座谈讨论。特别对即将失去的资料,包括物化遗存、口头传承,及时抢救。此外,编纂人员跑档案馆、图书馆等单位,收集和查核资料,然后认真编写,于2017年6月完成初稿,打印数十册,分送相关人员手中,征求意见。7月24日,相城区地方志编纂办公室就送审的初稿前来指导,提出修改意见。8月中旬,由张庄村村民委员会主持召开审稿座谈会。综合大家意见后,进行组织改写,或系统修改。11月中旬,送交相城区地方志编纂办公室审核后,再次增补有关资料,调整个别子目,修改后定稿。

《张庄村志》共分11章,约70万字,并配以丰富图照,用真实的记录还原张庄村各自然村的历史,用翔实的内容展现张庄大队、张庄村不断发展的印迹,用确凿的数据揭示中华人民共和国成立以来张庄村日新月异的发展变化。其内容涵盖建置区域、人口、经济、基层组织、乡村建设、村民生活等方面,比较系统地反映张庄村从民国至2015年自然和社会变迁的历史与现状。

编修《张庄村志》尚属首次,"看似寻常最奇崛,成如容易却艰辛",王安石的诗句正是《张庄村志》的真实写照。我们有幸参与其中,亦是取得一次学习的良机,获益匪浅。虽然编纂之中有着劳心劳力的艰辛,难以用文字表达,但志书即将问世所带来的喜悦,委实能使我们淡忘往日的繁难。

缘于我们学识浅陋,志书难免存在不少谬误和疏漏之处,恳请大家不吝指教。

《张庄村志》编纂办公室

2017年12月